디가 니까야

길게 설하신 경[長部]

제2권 대품

디가 니까야
Dīgha Nikāya

길게 설하신 경[長部]

제2권 대품(大品)

초기불전연구원

법왕의 곁에서
모든 괴로움 제거하기를
모든 행복 가져오기를
죽음 없는 안은(安隱) 증득하기를!

pahātuṁ sakalaṁ dukkhaṁ
viñituṁ sakalaṁ sukhaṁ
pappotuṁ amataṁ khemaṁ
dhammarājassa santike

그분
부처님
공양 올려 마땅한 분
바르게 깨달으신 분께 귀의합니다.

Namo tassa Bhagavato Arahato Sammāsambuddhassa

제2권 목차

약어
제2권 대품 해제 ____ 13

대전기경(D14)
위대한 이야기 – 부처님들 일대기 ____ 37

대인연경(D15)
연기에 대한 큰 가르침 ____ 111

대반열반경(D16)
부처님의 마지막 발자취들 ____ 159

마하수닷사나 경(D17)
대선견왕(大善見王) 이야기 ____ 309

자나와사바 경(D18)
자나와사바가 들려준 범천의 부처님 칭송 ____ 345

마하고윈다 경(D19)
　　마하고윈다의 일대기 ＿＿ 377

대회경(D20)
　　신들의 큰 모임 ＿＿ 423

제석문경(D21)
　　삭까(인드라)의 질문 ＿＿ 441

대념처경(D22)
　　마음챙김의 확립 ＿＿ 489

빠야시경(D23)
　　업과 윤회 ＿＿ 545

약어

A.	Aṅguttara Nikāya(증지부)
AA.	Aṅguttara Nikāya Aṭṭhakathā = Manorathapūraṇī(증지부 주석서)
AAṬ.	Aṅguttara Nikāya Aṭṭhakathā Ṭīkā(증지부 복주서)
BG.	Bhagavadgīta(바가왓 기따)
BHD	Buddhist Hybrid Sanskrit Dictionary
BPS	Buddhist Publication Society
BvA.	Buddhavaṁsa Aṭṭhakathā
D.	Dīgha Nikāya(장부)
DA.	Dīgha Nikāya Aṭṭhakathā = Sumaṅgalavilāsinī(장부 주석서)
DAṬ.	Dīgha Nikāya Aṭṭhakathā Ṭīkā(장부 복주서)
Dhp.	Dhammapada(법구경)
DhpA.	Dhammapada Aṭṭhakathā(법구경 주석서)
Dhs.	Dhammasaṅgaṇi(法集論)
DhsA.	Dhammasaṅgaṇi Aṭṭhakathā = Aṭṭhasālinī(법집론 주석서)
DPPN.	G. P. Malalasekera's *Dictionary of Pali Proper Names*
Dv.	Dīpavaṁsa(島史), edited by Oldenberg
It.	Itivuttaka(如是語)
ItA.	Itivuttaka Aṭṭhakathā(여시어 주석서)
J.	Jātaka(本生譚)
JA	Jātaka Aṭṭhakathā(본생담 주석서)

KhpA.	Khuddakapātha Aṭṭhakathā(小誦經 주석서)
M.	Majjhima Nikāya(중부)
MA.	Majjhima Nikāya Aṭṭhakathā(중부 주석서)
Miln.	Milindapañha(밀린다왕문경)
Mtu.	Mahāvastu(Edited by Senart)
Mhv.	Mahāvaṁsa(大史), edited by Geiger
Nd1.	Mahā Niddesa(大義釋)
Nd2.	Cūla Niddesa(소의석)
Netti.	Nettippakaraṇa(指道論)
NMD	Ven. Ñāamoli's *Pali-English Glossary of Buddhist Terms*
Pe.	Peṭakopadesa(藏釋論)
PED	*Pāli-English Dictionary*(PTS)
Pm.	Paramatthamañjūsā = Visuddhimagga Mahāṭīkā(청정도론 복주서)
Ps.	Paṭisambhidāmagga(무애해도)
Ptn.	Paṭṭhāna(發趣論)
PTS	Pāli Text Society
Pug.	Puggalapaññatti(人施設論)
PugA.	Puggalapaññatti Aṭṭhakathā(인시설론 주석서)
Pv.	Petavatthu(아귀사)
Rv.	Ṛgveda(리그베다)

S.	Saṁyutta Nikāya(상응부)
SA.	Saṁyutta Nikāya Aṭṭhakathā = Sāratthappakāsinī(상응부 주석서)
SAṬ.	Saṁyutta Nikāya Aṭṭhakathā Ṭīkā(상응부 복주서)
Sn.	Suttanipāta(經集)
SnA.	Suttanipāta Aṭṭhakathā(경집 주석서)
Thag.	Theragāthā(장로게)
ThagA.	Theragāthā Aṭṭhakathā(장로게 주석서)
ThigA.	Therīgāthā Aṭṭhakathā(장로니게 주석서)
Ud.	Udāna(감흥어)
UdA.	Udāna Aṭṭhakathā(감흥어 주석서)
Vbh.	Vibhaṅga(分別論)
VbhA.	Vibhaṅga Aṭṭhakathā = Sammohavinodanī(분별론 주석서)
Vin.	Vinaya Piṭaka(율장)
VinA.	Vinaya Piṭaka Aṭṭhakathā = Samantapāsādikā(율장 주석서)
Vis.	Visuddhimagga(청정도론)
V	Abhidhammattha Vibhavinī Ṭīkā(위바위니 띠까)
Vv.	Vimānavatthu(천궁사)
VvA.	Vimānavatthu Aṭṭhakathā(천궁사 주석서)
Yam.	Yamaka(쌍론)
YamA.	Yamaka Aṭṭhakathā = Pañcappakaraṇa(야마까 주석서)

냐나몰리	*The Middele Length Discourses of the Buddha.*
리즈 데이빗	*Dialogues of the Buddha*
월슈	*Thus Have I Heard - The Long Discourse of the Buddha*
청정도론	대림 스님 옮김, 초기불전연구원, 2004.

⊙ 일러두기

(1) 삼장(Tipitaka)과 주석서(Aṭṭhakathā)들과 『장부 복주서』(DAṬ)는 별다른 언급이 없는 한 모두 PTS본임. 그 외의 복주서(Ṭīkā)들은 미얀마 6차결집본이고 『청정도론』은 HOS본임.
D16/ii.145는 『디가 니까야』 16번 경으로 PTS본 『디가 니까야』 제2권 145쪽을, D16은 『디가 니까야』 16번 경을, D.ii.145는 『디가 니까야』 제2권 145쪽을 나타냄.

(2) 본문의 단락번호는 PTS본의 단락번호를 따랐음.

(3) 『숫따니빠따』『법구경』『장로게』『장로니게』 등은 PTS본의 게송번호이고 『청정도론 복주서』(Pm)의 숫자는 미얀마 6차결집본의 단락번호임.

제2권 대품 해제(解題)

1. 큰 경들을 모은 품

『디가 니까야』는 모두 34개의 경들로 구성되어 있는데 이들은 다시 『계온품』과 『대품』과 『빠띠까 품』의 세 품으로 나누어지며 각각 13개, 10개, 11개의 경들을 포함하고 있다. 『디가 니까야』 제2권은 『대품』(大品)이라 부른다. 이는 빠알리어 마하왁가(Mahāvagga)를 mahā(大)-vagga(品)로 이해해서 직역한 말인데 일단 '큰 [경들을 모은] 품'이라고 이해하면 된다. 그러면 왜 본 품을 『대품』 혹은 '큰 [경들을 모은] 품'이라고 이름을 붙였을까?

먼저 빠알리어 mahā의 일반적인 의미에 대해서 고찰을 해 보자. mahā는 단독으로도 쓰이지만 주로 합성어의 앞에 붙어서 쓰이는 경우가 많다. PED는 mahā에 대해서 *great, extensive, big, important, venerable*의 다섯 가지 의미로 해석을 하고 있다. 한글로 옮겨보면 각각 위대한, 넓은/확장된, 큰, 중요한, 훌륭한으로 옮길 수 있다.

그런데 중국에서는 거의 예외 없이 mahā를 대(大)로 옮겼기 때문에 우리도 mahā가 들어있으면 대부분 대(大)로 옮겨버린다. 그래서 mahā-vagga는 대품으로, Mahā-kassapa는 대가섭으로, mahā-niraya는 대지옥으로, mahā-purisa는 대인으로 옮긴다. 그러나 PED를 통해서 보듯이 mahā를 천편일률적으로 대(大)로만 이해하면 의미전달에 문제가 생긴다. 물론 한문 大는 위대하다, 넓다/광범위하다, 크다, 중요하다, 훌륭하다는 의미를 모두 다 포함하고 있다고 여겨지기 때문에 mahā에 가장 어울리는 한자임에는 틀림없겠지만 문맥에 따라 구분해서 이해할 필요가 있다. 특히 위대하다/중요하다/훌륭하다와 넓다/확장되었다는 그 의미가 전혀 다르기 때문이다.

2. 왜 『대품』인가

그러면 본 품의 제목인 Mahāvagga는 어떻게 이해해야 할까? 중요하고 위대하고 훌륭한 품으로 이해해야 할까? 아니면 넓고 확장된 품으로 이해해야 할까? 몇 가지 측면에서 살펴볼 수 있을 것이다.

먼저 가장 중요한 기준은 본 품에 나타나는 경들의 제목에 대부분 mahā가 붙어있기 때문에 Mahāvagga라고 이름을 붙였다고 이해할 수 있다. 본 품에 수록된 10개의 경들 가운데 「자나와사바 경」(D18), 「제석문경」(D21), 「빠야시 경」(D23)을 제외한 나머지 7개의 경의 제목에는 모두 mahā가 합성어로 나타난다. 그렇기 때문에 본 품을 Mahā-vaga라고 이름지었다고 이해하는 것이 가장 무난하다.

사실 「마하수닷사나 경」(D17)과 「자나와사바 경」(D18)은 각각 「대반열반경」(D16) §§2.6~2.9와 §§5.17~18에 대한 보유(補遺)적 성격이 강한 경이다. 그러므로 「대반열반경」 다음에 편성해서 넣는 것이 가장 합당하다고 판단했기 때문에 『대품』의 「대반열반경」 바로 다음에 나타나고 있다고 이해하는 것이 가장 정확하다.

그리고 「제석문경」(D21) 바로 앞의 세 경들 즉 「자나와사바 경」(D18)과 「마하고윈다 경」(D19)과 「대회경」(D20)이 모두 여러 신들과 관계된 경들이고 특히 「자나와사바 경」과 「마하고윈다 경」은 바라문들의 신인 범천이 설주(說主)가 되어서 전개해 가는 경이므로, 신들의 왕인 삭까(제석, 인드라)가 중심이 되는 「제석문경」도 『대품』의 이 자리에 넣는 것이 『디가 니까야』 전체를 볼 때 가장 합리적이라고 판단했기 때문에 『대품』의 이 부분에 넣어서 합송한 것으로 이해하는 것이 가장 타당할 것이다. 그래서 「자나와사바 경」과 「제석문경」은 경의 제목에 대(mahā)가 들어있지 않는데도 불구하고 『대품』에 포함시켰을 것이다.

문제는 본 품의 마지막인 「빠야시 경」(D23)인데 경의 내용이나 제목으로 볼 때 본 품보다는 마지막 품인 『빠띠까 품』에 들어가는 것이 더 합당해 보인다. 그런데 「빠야시 경」을 제3품에 넣으면 본 품은 9개의 경이 되고 제3품은 12개의 경이 되어 전체 균형이 맞지 않기 때문에 「빠야시 경」을 본 품의 맨 마지막 경으로 넣어서 합송한 것이라고 이해해야하지 않을까 생각한다.

(1) 『중부』의 경의 이름에 나타나는 mahā의 용례

이제 니까야 전체에서 mahā가 들어가는 경들에 대해서 먼저 고찰해 보자. 먼저 『맛지마 니까야』(중부)에서는 mahā가 들어가는 경과 mahā의 반대말인 cūḷa/culla가 들어가는 경이 함께 나타나는 경우가 적지 않게 있다. 예를 들면 M11은 '소(小, 짧은)사자후경'으로 옮길 수 있는 「쭐라 시하나다 경」(Cūḷasīhanāda Sutta)이고 M12는 '대(大, 긴)사자후경'으로 옮길 수 있는 「마하 시하나다 경」(Mahāsīhanāda Sutta)이다. 이 두 경은 사자후라는 같은 제목을 가지고 있지만 그 내용은 전혀 다르다. 그러므로 여기서 cūḷa와 mahā를 소(小)와 대(大)로 옮겼다고 하여 덜 중요하다거나 아주 중요하다는 식으로 이해하면 곤란하다. 여기서 소란 단지 분량이 작다는 말이고 대란 분량이 크다는 말이다. 그리고 우리에게 「전유경」(箭喩經, 독화살의 비유)」으로 잘 알려진 경은 『맛지마 니까야』의 「짧은 말룽꺄 경」(Cūḷamāluṅkya Sutta, M63)이고 바로 다음의 64번째 경은 「긴 말룽꺄 경」(Mahāmāluṅkya Sutta)이다. 이 경우도 두 경은 그 내용이 전혀 다르다. 그러므로 앞의 경의 분량이 적기 때문에 cūḷa를 붙여서 제목을 삼았고 뒤의 경은 분량이 상대적으로 많기 때문에 mahā라는 단어를 붙여서 두 경을 구분짓고 있을 뿐이다. 중요성으로 보자면 10사무기를 설하고 있는「짧은 말룽꺄 경」이「긴 말룽꺄 경」보다 더 크다고 할 수 있다.

중부에는 이 두 가지 예를 포함하여 모두 18개의 경들 그러니까 전체 152개의『맛지마 니까야』(중부) 경들 가운데 36개의 경이 이처럼 mahā(大)와 cūḷa(小)를 붙여서 같은 사람에게나 같은 지역에서 설한 경을 구분하고 있다. 그러므로『중부』의 경 제목에 붙인 mahā는 위대하다거나 훌륭하다는 의미가 절대로 아니다. 만일 이 mahā를 이렇게 이해해버리면 cūḷa가 붙은 경은 사소한 말씀이나 쓸데없는 말씀 정도의 뜻이 되어버리는 엄청난 우를 범하게 된다. 그러므로『중부』의 경 제목에 나타나는 mahā는 '길다'는 의미로 cūḷa는 '짧다'는 의미로 이해해야 마땅하다.

(2)『장부』『대품』의 경 이름에 나타나는 mahā의 용례

이제 이런 기준으로『디가 니까야』(장부)를 살펴보자.『장부』에 포함된 경의 제목에 나타나는 mahā도 그 기본적인 의미는『중부』처럼 길다는 의미를 가지고 있다. 그러나『장부』와『상응부』와『증지부』에 mahā가 붙어서 나타나는 경들은 단순히 길다는 것만을 뜻하지 않고 '확장되었다'는 의미를 가진다. 예를 들면 본 품의「대인연경」(Mahā-nidāna-sutta, D15)과『상응부』「인연경」(Nidāna Sutta, S12:60)은 설한 곳과 경의 전개 방법과 주요 내용이 일치한다. 이 경우『장부』의「대인연경」은『상응부』의「인연경」이 확장된 것으로 봐야한다.

같은 방법으로 본 품의「대회경」(大會經, Mahāsamaya Sutta, D20)은『상응부』「회경」(會經, Samaya Sutta, S1:37/i.26f.)이 확장된 경이며,

본 품의 「대념처경」(Mahāsatipaṭṭhāna Sutta, M22)은 『중부』 「염처경」(Satipaṭṭhāna Sutta, M119)이 확장된 경이다.

이런 의미에서 본 품의 「대반열반경」(Mahāparinibbāna Sutta, D16)도 확장된 경의 범주에 넣을 수 있다. 왜냐하면 「대반열반경」에 나타나는 많은 내용들이 『상응부』 「날란다 경」(S47:12), 「영지경」(靈知經, Vijjā Sutta, S56:21), 「긴자까아와사타 경」(Giñjakāvasatha Sutta, S55:8~10), 「마음챙김경」(Sati Sutta, S47:2), 「병실의 경」(Gilāna Sutta, S47:9), 「쩨띠야 경」(Cetiya Sutta, S51:10) 등과 꼭 같은 내용을 포함하고 있기 때문이다. 「대반열반경」은 부처님의 입멸 전의 행적을 소상하게 기록하고 있는 경인데, 물론 다른 경에 나타나지 않는 내용이 훨씬 더 많지만 이처럼 다른 여러 경들의 내용을 가져와서 전체를 구성하고 있다. 그러므로 「대반열반경」도 확장된 경의 범주에 넣을 수 있을 것이다.

그러나 본 품의 첫 번째 경인 「대전기경」(Mahāpadāna Sutta, D14)에 mahā가 들어가는 이유는 다음의 세 가지로 볼 수 있다.

먼저 그 분량 때문이라고 봐야 할 것이다. 「대전기경」에 해당하는 『장부 주석서』에서는 본경을 '경들의 왕(suttantarāja)'이라고 표현하고 있는데 경들 가운데 가장 많은 분량으로 구성되어 있기 때문이다. 현존하는 「대전기경」은 모두 세 바나와라의 분량으로 나타나는데 이것을 일곱 부처님 모두에게 적용하여 설하면 21바나와라가 된다. 그런데 이것은 우리 세존이신 석가모니 부처님이 설명하시는 분량이 된다. 본경의 §§3.29~3.32에서 언급하는 것처럼 무번천, 무열천, 선견천, 선현천, 색구경천의 천신들이 설명하는 것까지 계산하면 모두 21×6=126 바나와라의 분량이 된다고 주석서는 설명한다. 그래서 본경은 그 분량으로 경들의 왕이라고 주석서는 덧붙이고 있다.(DA.ii.480)

둘째, 본경이 유장한 과거로부터 석가모니 부처님까지의 일곱 부처님의 모든 것을 설하는 경이기 때문에 다른 어떤 경들보다도 더 위대한 경이라는 의미에서 mahā를 넣었다고 이해할 수도 있을 것이다.

셋째, 대전기(大傳記)로 옮긴 마하아빠다나(Mahā-apadāna)는 『쿳다까 니까야』(소부)의 열세 번째 경인 『아빠다나』(Apadāna, 傳記)와 구분짓기 위한 의도가 있는 것으로 이해할 수 있다. 『소부』의 『아빠다나』는 부처님 재세 시에 생존했던 547분의 장로와 40분의 장로니의 전기를 다룬 문헌이다. 그러므로 『소부』에 포함되어 있는 이 『아빠다나』와 구분하기 위해서 본경을 마하 아빠다나라고 불렀다고 보는 것도 가능하다. 『아빠다나』가 장로와 장로니들의 일대기를 다룬 것이므로 칠불의 일대기를 다룬 본경은 당연히 더 위대한 분들의 일대기이므로 본경을 마하 아빠다나(Mahāpadāna, 大傳記)로 이름을 붙였다고 간주할 수도 있다는 말이다. 이렇게 이해한다면 이 경우에 mahā는 확장된 것이나 긴 것의 의미가 아니라 더 위대한 것으로 해석해야 할 것이다. 그리고 이런 위대한 전기를 다룬 경이므로 당연히 『대품』의 첫 번째 경으로 삼았을 것이다.

그리고 「마하수닷사나 경」(D17)은 경의 주인공인 왕의 이름 자체가 마하수닷사나(大善見)였기 때문에 자연스럽게 마하가 첨가된 것이며 「마하고윈다 경」(D19)도 주인공의 이름이 마하고윈다였기 때문에 자연스럽게 마하가 첨가된 것으로 이해하면 되겠다.

(3) 요약

정리해서 말하자면 본 품의 이름이 『대품』(大品, 마하왁가)이 된 것은 본 품에 포함된 10개의 경들 가운데서 7개의 경의 제목에 대(mahā)가 들어가고, 대(mahā)가 들어가지 않는 경들 가운데서 「자나와사바 경」(D18)은 「대반열반경」(D16)의 보유적 성격이 강하기 때문에 본 품에 포함시켰으며, 「제석문경」(D21)은 그 성격상 신들의 회합을 다루는 앞의 「자나와사바 경」(D18)과 「마하고윈다 경」(D19)과 「대회경」(D20)의 연장선상에 있기 때문에 본 품에 포함되었다. 그러나 「빠야시 경」(D23)이 본 품에 포함된 것은 특별한 이유를 찾아보기 힘든데, 제2품과 제3품의 경의 개수를 비슷하게 맞추기 위해서 편의상 제2품의 마지막에 넣어서 결집한 것으로 이해된다.

그리고 본 품에 나타나는 대(mahā)가 붙은 7개의 경들 가운데서 「대인연경」(D15)과 「대회경」(D20)과 「대념처경」(D22)은 각각 『상응부』 「인연경」(S12:60)과 『상응부』 「회경」(S1:37)과 『중부』 「염처경」(M10)이 확장된 것이며, 「대반열반경」(D16)도 이 범주에 넣어서 이해할 수 있다. 「대전기경」(D14)은 그 분량이나 다루고 있는 내용상 경들의 왕이라고 불릴 만한 것이므로 대(大)자가 들어갔으며, 「마하수닷사나 경」(D17)과 「마하고윈다 경」(D19)은 경의 주인공들 이름에 대(mahā)가 들어갔기 때문에 생긴 경의 제목이다.

이런 이유들 때문에 본 품은 『대품』(마하왁가)이라는 이름을 가진 것이라고 이해할 수 있다.

『디가 니까야』의 제1품을 『계온품』이라고 명명한 것은 제1품이 포함하고 있는 13개의 경의 내용에 '계의 무더기'라는 공통된 가르침을 포함하기 때문이지만, 『대품』은 본 품에 포함된 10개의 경들의 내용만 가지고 서로를 연결 지을 고리는 전혀 없다. 단지 위에서 고찰해 보았듯이 본 품에 속하는 경들의 제목에 대(mahā)가 들어가거나 다른 경과 연관이 있는 확장된 경들을 모은 것이기 때문에 『대품』이라고 이름을 붙였을 뿐이다.

3. 『대품』의 주요 청법자는 비구들이다

우리는 본서의 제1권인 『계온품』의 해제를 통해서 『계온품』의 13개 경들 가운데서 단 하나의 경만 제외하고는 청법자(聽法者)들이 모두 당대의 지식인(바라문), 수행자(나체 수행자, 유행승 등), 정치가(왕, 태수), 재력가(장자)였음을 보았다. 그래서 『계온품』은 부처님의 가르침이 계·정·혜 삼학으로 정리되어서 이들 사이에 뿌리를 내려가는 과정, 즉 인도화 되고 토착화 되어가는 과정을 잘 보여주는 품이란 사실을 살펴보았다.

반면에 본 품을 구성하고 있는 10개의 경들 가운데 3분의 2가 넘는 7개의 경들이 비구 대중이나 아난다 존자와 같은 비구에게 설해진 것을 알 수 있다. 이를 내용별로 간단히 살펴보면 「대전기경」(D14)에서는 비구 가문의 혈통을 위빳시 부처님을 위시한 7불의 계보로 설명하고 있고 깨달음을 10지 연기와 오취온의 일어남과 사라짐의 통찰로 설명한다. 「대인연경」(D15)에서는 비구들의 삶의 이론적 토대가 되는 연기의 가르침이 얼마나 심오한가 하는 것을 9지 연기를 바탕으로 설하고 있다. 「대반열반경」(D16)은 부처님의 입멸을 토대로 비구들이 의지해야 할 것과 닦아야 할 것을 분명하게 드러낸다. 「마하수닷사나 경」(D17)은 부처님 전생일화를 통해서 아난다 존자에게 제행무상의 이치를 극명하게 설한다. 「자나와사바 경」(D18)은 범천이 가지고 있는 불교의 이해를 아난다 존자에게 소개하여 불법의 수승함을 설하고 있다. 「대회경」(D20)은 비구 대중에게 불법을 숭상하는 여러 신들의 세계를 드러내고 있다. 「대념처경」(D22)은 비구 대중에게 유일한 길이라고 천명하신 네 가지 마음챙기는 공부를 설하는 중요한 경이다. 이처럼 본 품은 대부분이 비구들에게 설하신 가르침을 담고 있다.

4. 『대품』의 각 경들에 대한 간략한 소개

(1) **「대전기경」**(大傳記經, Mahāpadāna Sutta, D14)
부처님은 깨달으신 분이다. 그러면 이 세상에 부처님은 석가모니 부처님 한 분만 계시는 것일까? 아니면 이전에 이미 많은 부처님이 계셨던 것일까? 당연히 부처님 시대부터 불자들이 가져왔던 의문일 수밖에 없다. 여기에 대한 부처님의 답이 바로 본경이다. 본경을 통해서 세존께서는 당신 이전에 여섯 분의 부처님이 이미 출현하셨음을 설하고 계시며, 「전륜성왕 사자후경」(D26)에서는 미래에 미륵 부처님이 출현하실 것이라고 말씀하신다.

본경에서는 91겁 전에 출현하셨다는 위빳시(Vipassi) 부처님의 출생에서부터 출가와 성도와 전법에 이르기까지 그분의 일대기를 통해서 모든 부처님께 보편적 법칙으로 통용되는 부처님들의 일대기를 볼 수 있다. 한편 본경이 가지는 신화적인 표현과 부처님들의 일대기를 주제로 하고 있다는 이유 때문에 본경을 후대에 결집된 것으로 보려는 견해가 있기도 하다. 그러나 『닛데사』(Niddesa, 義釋)에 의하면 본경은 초기 자따까의 형태를 보여주는 전형적인 경이라고 소개하고 있는데(Nd2.80) 이미 『쿳다까 니까야』(소부)에 속하는 『닛데사』에 본경이 언급되고 있다는 점만 보아도 본경의 결집을 후대로 보는 견해는 인정할 수가 없다.

본경이 신화적인 기법을 동원해서 부처님의 일대기를 서술하고 있다고 해서 현대적 취향에 맞지 않는다고 등한시 하면 안 될 것이다. 본경을 통해서 우리는 위빳시불의 깨닫는 과정을 눈여겨 볼 필요가 있다. 본경에서 위빳시불은 일반적으로 경에서 정리하고 있는 12지 연기 대신에 10지 연기를 통찰하고 계신다.

위빳시불은 노사우비고뇌 → 생 → 유 … → 명색 → 식으로 연기법을 고찰하고, 다시 식과 명색의 상호 관계로부터 식 ↔ 명색 → 육입 … → 생 → 노사우비고뇌로 이들의 법들이 일어남[起]을 통찰하셔서, '일어남, 일어남'이라고 전에 들어 보지 못한 법들에 대한 눈[眼]이 생기고, 지혜[智]가 생기고, 통찰지[慧]가 생기고, 영지[明]가 생기고, 광명[光]이 생겼다고 서술하고 있다. 그런 뒤에 같은 방법으로 이러한 법들이 소멸함[滅]을 통찰하셔서, '소멸, 소멸'이라고 전에 들어 보지 못한 법들에 대한 눈이 생기고, 지혜가 생기고, 통찰지가 생기고, 영지가 생기고, 광명이 생겼다고 드러내고 있다.

그런데 여기서 중요한 것은 연기의 이치를 순관하고 역관한 이것으로 해탈이 성취된 것이 아니라는 점이다. 본경에는 위빳시 부처님이 이렇게 연기법을 순관하고 역관한 뒤에 다시 "'이것이 물질이다. 이것이 물질의 일어남이다. 이것이 물질의 사라짐이다. … 이것이 알음알이다. 이것이 알음알이의 일어남이다. 이것이 알음알이의 사라짐이다'라고 취착하는 다섯 가지 무더기들[五取蘊]에 대해서 일어나고 사라짐에 대한 관찰을 하면서 머물렀다. 그가 이렇게 관찰하면서 머물자 오래지 않아 취착이 없어져서 번뇌들로부터 마음이 해탈하였다."(§2.22)라고 나타난다.

다시 말하면 연기법의 순관(順觀)과 역관(逆觀) 혹은 유전문(流轉門)과 환멸문(還滅門)의 관찰을 통해서는 안·지·혜·명·광(眼·智·慧·明·光)은 생기지만 해탈은 성취하지 못하였으며, 다시 이것을 토대로 해서 오취온과 그 일어남과 사라짐을 철견함으로 해서 해탈하셨다고 표현하고 있다. 이것은 오온의 무상·고·무아를 통찰해서 오온에 대해서 염오·이욕·소멸을 실현하고 그래서 해탈하고 열반을 실현한다는 『중부』나 『상응부』의 여러 경들과 일맥상통한다.

(2) 「**대인연경**」(大因緣經, Mahānidāna Sutta, D15)

불교의 핵심사상을 한마디로 말해 보라면 초기, 부파, 대승이 이구동성으로 한결같이 그리고 주저 없이 연기(緣起)라고 할 것이다. 연기는 존재론적인 실체가 없음을 천명하는 무아와 동의어이며,[1] 진리로서는 사

---

1) 그래서 본경 §§23~32에서도 자아의 문제가 심도 깊이 논의 되고 있다. 이렇게 연기 구조를 드러내신 직후 곧 바로 자아의 문제를 거론하시는 것은 연기의 가르침은 무아를 천명하는 불교의 사상적인 토대가 되기 때문

성제로, 실천 체계로서는 팔정도로 시현된다. 다시 연기는 무상·고·무아라는 제법의 보편적 특징을 결정짓는 준거가 되며, 이는 해탈의 세 가지 관문으로 설정이 된다. 이처럼 연기는 불교를 불교이게 하는 가장 중요한 가르침이다.

중요한 것은 초기경에서 연기의 가르침은 우주의 법칙이나 생성원리를 설명하는 체계가 결코 아니라, 현실 즉 지금여기에서 괴로움이 어떻게 일어나는가 하는 발생 구조와 어떻게 괴로움을 소멸시킬 것인가 하는 소멸 구조를 극명하게 드러내는 가르침으로 설해졌다는 사실이다. 그렇지 않고 연기를 우주의 전개 원리를 설명하는 쪽으로 적용해서 저 밖으로 천착해 들어가다 보면 괴로움의 소멸, 해탈, 열반이라는 부처님의 실천적인 고구정녕한 말씀을 잊어버리게 된다.

본경은 연기를 설하는 대표적인 경이지만 12지 연기를 설하는 경이 아니다. 그리고 「대전기경」(D14)에 나타나는 10지 연기에서 육입이 생략된 9지 연기로 나타난다. 본경에서 설하는 연기는 9지 연기이다. 이것은 「대전기경」의 10지 연기와 궤를 같이하는 가르침이며 육입을 제외시킴으로 해서 명색과 육입의 중복을 극복하였다. 사실 명색(名色, 정신·물질)과 육입(六入, 여섯 감각장소)은 같은 현상의 다른 이름에 지나지 않는다. 그리고 「대전기경」이나 본경에서 무명과 행을 언급하지 않는 이유는 연기구조를 과거 생으로 거슬러 올라가서 이해하지 않고 현재 생에서 어떻게 연기각지(緣起各支)가 서로 조건지워져 있는가를 보여 주기 위한 것이라고 주석서는 설명하고 있다.(본서 「대전기경」(D14) §2.19의 주해를 참조할 것)

이를 통해서 볼 때 6지, 8지, 9지, 10지 연기가 아닌 12지 연기는 반드시 삼세양중인과(三世兩重因果)로 해석해야 마땅하다고 보며, 그래서

이다. 이처럼 연기와 무아는 동전의 양면처럼 불가분의 관계이다.

상좌부 아비담마와 『구사론』으로 대표되는 북방 아비달마는 공히 12지 연기를 삼세양중인과로 이해한다고 역자는 받아들인다. 그리고 현재생에서의 연기나 찰나연기는 본서 제1권 「범망경」(D1)의 8지 연기(§3.71)와 본경의 9지 연기와 「대전기경」의 10지 연기와 『중부』 「육육경」(六六經, Chachakka Sutta, M148)의 6지 연기 등을 통해서 이해해야 한다는 것이 보다 명확해진다고 본다.

(3) 「**대반열반경**」(大般涅槃經, Mahāparinibbana Sutta, D16)

부처님이 입멸하셨다. 남은 우리는 무엇을 어떻게 해야 할 것인가? 제자들이 가졌던 당연한 문제의식이었을 것이다. 그들은 "아난다여, 그런데 아마 그대들에게 '스승의 가르침은 이제 끝나 버렸다. 이제 스승은 계시지 않는다.'라는 이런 생각이 들지도 모른다. 아난다여, 그러나 그렇게 봐서는 안 된다. 아난다여, 내가 가고난 후에는 내가 그대들에게 가르치고 천명한 법과 율이 그대들의 스승이 될 것이다."(D16 §6.1)라는 부처님의 마지막 유훈을 가슴 깊이 간직하고 바로 부처님 말씀을 결집하는 대합송 작업에 들어갔다. 그 작업은 라자가하의 칠엽굴에서 부처님께서 입멸하신 두 달 뒤에 시작하여 장장 7개월에 걸쳐서 이루어졌다고 한다.(본서 제3권 부록 『장부 주석서』 서문 §69)

그리고 그들은 부처님의 마지막 행적을 소상히 합송하여 부처님의 위대한 발자취를 전승해주고자 했을 것이며 그것이 제자 된 자들의 당연한 도리라 생각하였을 것이다. 이러한 배경에서 탄생한 것이 본경이다. 본경은 세존께서 입적하시기 약 2년 전의 행적부터 시작해서 부처님 유체를 화장하여 사리를 분배하고 탑을 만든 것까지 총 6개의 바나와라가 되는 많은 분량으로 이루어져 있다.

본경은 「유행경」(遊行經)으로 한역되어서 『장아함』의 두 번째 경으로 중국에 소개되었다. 그리고 동진(東晉) 때 법현(法顯) 스님이 「대반열반경」(大般涅槃經)으로 단행본으로 번역하였다. 그러나 본경은 담무참 (曇無讖)이 번역한 것으로 전해오는 대승의「대반열반경」(大般涅槃經)과는 그 체제나 내용이 완전히 다르다.

본경은 세존께서 반열반하시기 전 1~2년 동안에 하신 말씀을 모은 경이다. 그런 만큼 세존께서 마지막으로 제자들에게 하시고자한 육성을 고스란히 간직하고 있는 경이라 하겠다. 그러므로 본경에 나타나는 여러 말씀은 불제자들이 가슴 깊이 새기고 그대로 실천하려 노력해야 할 것이다. 특히 마지막 제자인 수밧다에게 하신 '불교교단에는 팔정도가 있기 때문에 진정한 사문의 집단'이라는 취지의 말씀과 경의 도처에서 마음챙김을 강조하신 점과 '방일하지 말고 [해야 할 바를 모두] 성취하라.'는 마지막 유언은 우리가 가슴깊이 새겨야 할 말씀이라고 역자는 파악한다.

(4)「**마하수닷사나 경**」(Mahāsudassana Sutta, D17)
세존께서는 꾸시나라라는 조그마하고 척박하고 볼품없는 도시에서 반열반하셨다. 인류의 대 스승이신 부처님께서 이런 볼품없는 곳에서 입멸하신다는 것이 격에 맞지 않는 것이 아닌가? 아난다를 위시한 몇몇 비구들은 분명히 이런 생각을 했던 것 같다.

그래서「대반열반경」§§5.18~19에서 아난다 존자는 세존께 이렇게 간청을 드린다.

"세존이시여, 세존께서는 이처럼 조그마하고 척박하고 볼품없는 도시에서 반열반하지 마시옵소서. 세존이시여, 짬빠, 라자가하, 사왓티, 사께따, 꼬삼비, 와라나시 같은 다른 큰 도시들이 있습니다. 거기에는 세존께 청정한 믿음을 가진 많은 끄샤뜨리야 부호들과 바라문 부호들과 장자 부호들이 있습니다. 그들은 여래의 존체를 잘 수습할 것입니다."

이런 아난다 존자의 간청에 세존께서는 "아난다여, 그렇게 말하지 말

라. 아난다여, 조그마하고 척박하고 볼품없는 도시라고 그렇게 말하지 말라."고 하신 다음 옛적에 이곳이 마하수닷사나라는 전륜성왕의 수도인 꾸사와띠였다고 하시며, 꾸사와띠의 번창함을 묘사하시는 것이 본경의 주요 내용이다. 그러므로 본경은 바로 앞의 「대반열반경」에 대한 보유(補遺)의 성격이 강한 경이다.

본경이 주는 더 중요한 메시지는, 세존께서 §2.15에서 말씀하고 계시듯이 그처럼 굉장한 왕이 제아무리 큰 궁전에 살아도 자는 곳은 한두 평 남짓한 침상뿐이며, 제 아무리 많은 재물과 재산과 음식이 있어도 한 끼 먹는 것은 일정 분량의 밥과 반찬이었다는 등의 묘사이다. 이러한 말씀이야말로 본경을 통해서 세존께서 제자들에게 간곡하게 전하고자 하시는 메시지일 것이다.

이처럼 세속적 권위를 모두 다 갖추어 누린 전륜성왕에게도, 깨달음을 실현하시고 법을 선포하신 여래에게도, 죽음이라는 현상은 필연적이다. 그러므로 세속적인 것이든 비세속적인 것이든 그 성취가 아무리 뛰어나다 해도 그것에 조금의 의미라도 부여하는 한 염오·이욕·해탈은 불가능하다. 상카라[行]들로 표현되는 세상의 모든 것에 대해서 사무치도록 넌더리치지[厭惡] 못하는 한 해탈·열반은 공허한 구호에 지나지 않기 때문이다. 본경은 이러한 간곡한 말씀을 간직하고 있는 가르침이다.

(5) 「**자나와사바 경**」(Janavasabha Sutta, D18)

본경도 「대반열반경」(D16)에 대한 보유(補遺)의 성격이 강한 경이다. 「대반열반경」의 §§2.6~2.9에 이미 나타났듯이, 세존께서 나디까 사부대중들이 죽어서 성스러운 과위(果位)를 증득한 것에 대해서 말씀하시자, 아난다 존자가 마가다의 빔비사라 왕과 마가다의 신도들의 행처에 대해서 질문을 드리고 세존께서 여기에 대해서 말씀하시는 경이다.

빔비사라 왕이 죽어서 자나와사바라는 사대왕천에 속하는 힘센 약카가 되어 세존께 와서 나누는 대화가 본「자나와사바 경」의 전체 구조이다.

비록 본경은「대반열반경」§§2.6~2.9에 대한 보유적인 성격의 경이고 전체가 신화적인 표현으로 구성되어 있지만, 그 내용은 시사하는 바가 크다 할 수 있다. 본경에서는 인도인들, 특히 바라문들이 제일의 신으로 믿고 섬기는 범천(Brahma)이라는 신의 입을 통해서 부처님 가르침이 수승함을 천명하고 있기 때문이다.

본경은 신화적 이야기로 가득하다. 그러나 그렇다고 해서 본경이 전하고자 하는 메시지까지 부정하면 안 될 것이다. 오히려 신화적 표현을 통해서 당대의 종교인들과 종교적 심성에 불교의 메시지를 더 강력하게 호소하는 것이라고 이해해야 할 것이다. 즉 불교가 아닌 바라문교라는 토착 종교의 언어와 관점으로 불교를 설명하는 것으로 봐야 할 것이며, 이것이 그 시대의 신화를 빌어서 불교를 표현하는 가장 중요한 목적일 것이다.

본경에서는 부처님 가르침을 믿고 그대로 실천하면 오히려 천상에 태어나는 자들이 더욱더 증가하게 되고 그렇게 되면 범천 등 천상의 신들도 더 기뻐한다는 것을 강조하고 있다. 이렇게 본경은 '불교는 전통 바라문교를 더욱더 빛나게 하는 가르침'이라는 안도감을 당대 바라문들을 비롯한 종교인들과 민중들에게 전하는 경이라 할 수 있다. 그래서 본경은 "이렇게 해서 청정범행은 잘 유지되고 번창하고 널리 퍼지고 많은 사람들이 따르고 대중적이 되어 신과 인간들 사이에서 잘 설명되었다."라고 끝맺고 있다.

(6)「마하고윈다 경」(Mahāgovinda Sutta, D19)

본경은 앞의「자나와사바 경」(D18)에 대한 보유(補遺)의 성격이 강한 경이다.「자나와사바 경」의 주요내용은 범천이 설주(說主)가 되어 세존의 가르침을 요약 정리해서 삼십삼천의 신들에게 설한 것을, 위룰하까 대천왕의 일원이 되어 그 회합에 참석한 자나와사바 약카가 듣고 세존께 와서 그 이야기를 알려드리는 형식으로 전개되었다. 마찬가지로 본경에서도 주요 내용은 범천이 설주가 되어 마하고윈다라는 부처님 전생담을 설한 것이다. 범천이 신들의 회합에서 삼십삼천의 신들에게 들려준 이런 이야기를 본경에서는 빤짜시카 약카 동자가 듣고 부처님께 찾아와서 부처님께 고하는 형식으로 전개되고 있다.

본경뿐만 아니라 초기경 전체에서 부처님께서 설하시는 범천에 태어나는 길은 자애[慈], 연민[悲], 같이 기뻐함[喜], 평온[捨]의 네 가지 거룩한 마음가짐[四梵住, 四無量]이다. 그러나 해탈·열반을 실현하는 길은 팔정도이다. 그래서 본경에서 부처님께서는 전생에 마하고윈다였을 때는 팔정도를 근본으로 하는 청정범행을 몰랐기 때문에 대중들을 범천에 태어나게만 인도했지만 금생에는 팔정도를 드러내고 실현했기 때문에 아라한, 불환자, 일래자, 예류자라는 성자의 경지로 무리들을 인도한다고 천명하신다. 그러므로 본경은 팔정도의 중요성을 거듭 천명한 경이다.

그리고 본경은 인도의 가장 유력한 신들 가운데 한사람인 끄리슈나의 이름인 고윈다를 등장시켜 그는 부처님의 전생 이름이었다고 하고 있으며, 그들의 친구가 바로 일곱 명의 바라따[2] 왕들이었다고 하여 불교의 종교화와 신화화를 전개시켜 나가고 있다는 점을 주목할 필요가 있다. 이런 이야기들이 모여서 오히려 나중에 힌두교에서는 끄리슈나(고윈다)를 위슈누(Viṣṇu)의 여덟 번째의 화신이라 하고 부처님을 위슈누의 아홉 번째 화신이라고 받아들이고 있다고 볼 수 있을 것이다.

---

2) 지금 인도의 명칭은 영어로는 India라고 표기하지만 힌디어로는 바라따(Bhārata)라고 표기한다. 이것은 우리나라를 영어로는 Korea라고 표기하지만 한글로는 대한민국이라고 표기하는 것과 같다. 그리고 일곱 바라따 왕들의 이야기는 인도의 대서사시 『마하바라따』에도 나타나고 그 외 여러 희곡에도 등장한다.

(7) 「**대회경**」(大會經, Mahāsamaya sutta, D20)

본경은 범부의 관점에서는 이해하기 힘든 수많은 신들의 세계를 언급하고 있다. 앞의 두 경을 통해서 우리는 인도 신화의 정상을 차지한다 할 수 있는 범천과 신들의 왕이라 불리는 삭까(인드라)를 필두로 하여 삼십삼천과 사대왕천에 속하는 천상의 신들이 모두 모여서 회합을 가지는 광경을 살펴보았다. 본경은 그런 신들뿐만 아니라 더 저급한 신들이나 정령의 무리들까지 모두 포함하여, 부처님과 비구 승가에 관심을 가지고 모여든 모든 신들을 언급하고 있다.

본경도 불교가 종교화 되고 신화화 되어가는 과정을 보여주고 있다고 여겨지는데 지금이나 예전이나 다신교적이요 물활론적이요 범신론적 성향이 아주 강하였던 인도 민중들이 있었기 때문에 이런 종류의 경이 결집될 수밖에 없지 않았나 생각된다. 그들은 사성제, 팔정도, 37조도품 등의 생사를 뛰어넘는 가르침이나, 계를 지키고 보시를 하여 천상에 태어나는 실천보다는, 직접적으로 여러 신들이나 눈에 보이지 않는 초자연적 현상의 가피를 입어서 삶의 현장에서 복잡다단하게 자신들을 힘들게 하는 여러 문제들을 해결하고 싶어 했을 것이기 때문이다. 이것은 지금 시대에 종교를 찾는 모든 나라의 사람들에게도 널리 퍼져 있는 관심사이기도 하다.

이런 문제에 대해서 불교 교단도 그냥 있을 수만은 없었을 것이다. 어떤 식으로든 신도들의 관심에 응답을 해야 했을 것이다. 이런 요구에 부응하여 불교도 일찍부터 종교화와 신화화의 길을 채택하여 받아들였다고 보아지며 특히 『디가 니까야』는 이런 성향을 잘 간직하고 있다. 본경의 결집도 이러한 배경에서 이해해야 할 것이며, 본경의 결집과 같은 과정을 거쳐서 본서 제3권의 「아따니띠야 경」(D32)과 같은 경들이 완전히 정착되어서 불자들의 일상생활을 보호하는 보호주(保護呪)의 역할을 하였으리라고 본다. 그러므로 본경은 불교가 어떻게 종교화되고 신화화되어 가는가를 여실히 볼 수 있는 경이라 하겠다.

(8)「**제석문경**」(帝釋問經, Sakkapañha Sutta, D21)

본서의「자나와사바 경」(D18)과「마하고윈다 경」(D19)이 불교를 외호하는 범천 사낭꾸마라가 중심이 된 경이요,「대회경」(D20)이 여러 신들과 정령에 관한 경이라 한다면, 이제 본경은 불교를 외호하는 최고의 천신이며 신들의 왕으로 불리는 삭까(인드라)가 중심이 되는 경이다. 앞의 두 경들을 통해서 보면 범천은 세존께 법문을 청하지 않은 것으로 나타나지만, 인드라는 여기서처럼 세존께 질문을 드리고 이 질문을 통해서 그는 예류과를 증득하여 불교의 성자(ariya) 반열에 들어가게 된다.

본경에서 삭까는 결국은 연기적인 고찰 끝에 깨달음을 증득한다. 그는 세존과 더불어 질투와 인색, 좋아하고 싫어함(piya-appiya), 열의[慾, chanda, 의욕, 애정], 일으킨 생각[尋, vitakka], 사량분별을 가진 인식이라는 헤아림(papañcasaññāsaṅkhā)으로 진행되는 문답을 나눈 뒤, 이러한 사량분별을 가진 인식이라는 헤아림의 소멸로 인도하는 도닦음의 실천에 대한 법문을 세존께 청한다. 사량분별의 소멸은 바로 열반이다. 그래서 세존께서는 열반을 실현하는 방법으로 세 가지 느낌들을 통찰하는 것을 심도 깊이 설명하신다. 삭까는 이 법문을 듣고 마침내 예류자가 된다. 이것은 수행자들이 깊이 새겨볼 가르침이다.

주석서에서는 명상주제를 물질의 명상주제와 비물질(정신, 名)의 명상주제로 둘로 나누어서 자세히 설명한 뒤(이 내용은『네 가지 마음챙기는 공부』200~201쪽과 같다) "그런데 여기서는 세존께서 비물질의 명상주제를 느낌을 상수(上首)로 하여 설하신다."(DA.iii.723)고 적고 있다. 아마 신들의 왕인 삭까가 자신의 죽음이라는 정신적인 괴로움 때문에 지금 세존을 방문하여 법문을 듣고 있으므로 이러한 느낌의 관찰은 물질의 관찰보다도 그에게 더 큰 호소력이 있었을 것이다.

비록 본경은 삭까(인드라)라는 인도의 신을 내세운 신화적인 구성으로 전개되는 가르침이지만 상좌부 전통에서는 본경을 수행과 관계된 중요한 경으로 취급하고 있다. 본경을 통해서 삭까가 예류자가 된 것으로 나타나기 때문에, 불교에서 설하는 성자가 되기 위해서 구체적으로 어떤 수행을 해야 하는가를 본경은 심도 있게 드러내고 있기 때문이다. 그래서 주석서도 그 내용이 상당히 길다. 이런 배경을 이해하여 본경을 소홀히 하지 말고 정독해야 할 것이다.

(9) 「**대념처경**」(Mahāsatipaṭṭhāna Sutta, D22)

부처님의 육성이 생생히 살아있는 초기경들 가운데서 실참수행법을 설한 경을 들라면 『장부』의 「대념처경」(Mahāsatipaṭṭhāna Sutta, D22)과 『중부』의 「들숨날숨에 마음챙기는 경」(Ānapānasati Sutta, M118)과 「몸에 마음챙기는 경」(Kayagatasati Sutta, M119)의 셋을 들 수 있다. 물론 『중부』의 「염처경」(M10)도 들어야겠으나 염처경은 사성제의 고성제에 관한 부분만 제외하고는 본경과 그 내용이 일치하기 때문에 언급하지 않았다. 그러므로 이 세 경들을 초기경들 가운데서 실참수행을 설하신 수행삼경(修行三經)이라 불러도 괜찮다.

이 가운데서 본경은 초기불교 수행법을 몸·느낌·마음·법[身·受·心·法]의 네 가지 주제 하에 집대성한 경으로 초기수행법에 관한 한 가장 중요한 경이며 그런만큼 가장 유명한 경이기도 하다. 마음챙김으로 대표되는 초기불교 수행법은 이 경을 토대로 지금까지 전승되어오고 있으며 남방의 수행법으로 알려진 위빳사나 수행법은 모두 이 경을 토대로 하여 가르쳐지고 있다해도 과언이 아니다.

마음챙김은 빠알리어 'sati(Sk. smṛti, 念)'의 역어인데 이것은 √smṛ

(*to remember*)에서 파생된 추상명사로 그 사전적인 의미는 기억 혹은 억념(憶念)이다. 초기경에서 sati는 거의 대부분 기억이라는 의미로는 쓰이지 않는다. 기억이라는 의미로 쓰일 때는 주로 접두어 'anu-'를 붙여 'anussati'라는 술어를 사용하거나 √smṛ에서 파생된 다른 명사인 'saraṇa'라는 단어가 쓰인다. 물론 수행과 관계없는 문맥에서 sati는 기억이라는 의미로 쓰이기도 한다.

sati는 지금 한국에서 '마음챙김', '마음지킴' 등으로 옮겨지고 있는데 '마음챙김'으로 정착이 되어가는 추세이다. 초기불전연구원에서도 '마음챙김'이라 정착시키고 있다. sati가 왜 마음챙김인가는 『네 가지 마음챙기는 공부』 서문에서 인용하고 있는 sati의 네 가지 의미를 읽어보면 분명하게 드러난다. sati는 대상에 깊이 들어가고 대상을 파지하고 대상에 확립하고 그래서 마음을 보호한다. 그러므로 sati는 대상을 챙기는 심리현상이라 할 수 있다. 그러므로 마음챙김은 일견 '마음을 챙김'으로 이해할 수 있겠지만 초기불전연구원에서는 마음챙김을 "마음이 대상을 챙김", 혹은 "대상에 마음을 챙김"이라 정의한다.

본경은 실참수행의 측면에서 마음챙김의 대상을 확정해서 수행자들에게 제시하고 있다. 그것이 바로 네 가지 마음챙김의 대상인 몸[身], 느낌[受], 마음[心], 법[法]이다. 이처럼 신·수·심·법은 중생들이 개념지어 '나'라거나 '내 것'이라 잘못 알고 있는 '나'라는 존재를 해체해서 네 가지로 제시하신 것이다. 그것을 정리해 보면 다음과 같다.

 (가) 몸[身, kāya] : 14가지
  ① 들숨날숨
  ② 네 가지 자세
  ③ 네 가지 분명하게 알아차림

④ 32가지 몸의 형태

⑤ 사대를 분석함

⑥-⑭ 아홉 가지 공동묘지의 관찰

(나) 느낌[受, vedanā]: 9가지

① 즐거운 느낌 ② 괴로운 느낌 ③ 괴롭지도 즐겁지도 않은 느낌

④ 세속적인 즐거운 느낌 ⑤ 세속적인 괴로운 느낌 ⑥ 세속적인 괴롭지도 즐겁지도 않은 느낌

⑦ 세속을 여읜 즐거운 느낌 ⑧ 세속을 여읜 괴로운 느낌 ⑨ 세속을 여읜 괴롭지도 즐겁지도 않은 느낌

(다) 마음[心, citta]: 16가지

① 탐욕이 있는 마음 ② 탐욕을 여읜 마음

③ 성냄이 있는 마음 ④ 성냄을 여읜 마음

⑤ 미혹이 있는 마음 ⑥ 미혹을 여읜 마음

⑦ 위축된 마음 ⑧ 산란한 마음

⑨ 고귀한 마음 ⑩ 고귀하지 않은 마음

⑪ 위가 남아있는 마음 ⑫ [더 이상] 위가 없는 마음

⑬ 삼매에 든 마음 ⑭ 삼매에 들지 않은 마음

⑮ 해탈한 마음 ⑯ 해탈하지 않은 마음

(라) 심리현상[法, dhamma]: 5가지

① 장애[蓋]를 파악함

② 무더기[蘊]를 파악함

③ 감각장소[處]를 파악함

④ 깨달음의 구성요소[覺支]를 파악함

⑤ 진리[諦]를 파악함

「대념처경」은 이렇게 모두 44가지로3) 마음챙김의 대상을 구분하여

밝히고 있다. 이 각각에 대한 자세한 설명은 해당 본문에 대한 주석을 참조하기 바란다.

⑽ 「**빠야시 경**」(Pāyāsi Sutta, D23)

과연 저세상이란 존재할까? 과연 내세란 존재할까? 금생에 이 몸이 죽어서 없어져 버리면 모든 것은 그것으로 끝나 버리는 것이 아닌가? 과연 도덕적 인과율이라는 것은 존재할까? — 이런 것은 현대인들이 가지는 의문들이며, 많은 사람들은 이러한 도덕적 인과율을 좀처럼 믿지 않으려한다.

그것은 부처님 시대에도 마찬가지였던 듯하다. 여기 빠야시라는 태수도 그러한 사람 가운데 한 명이다. 그래서 그는 대놓고 "저세상이란 존재하지 않는다. 화생하는 중생도 존재하지 않는다. 선행과 악행의 업들에 대한 열매도 과보도 존재하지 않는다."고 주장하였다. 본경은 이러한 사고에 물들어 있던 빠야시라는 태수에게 꾸마라깟사빠 존자가 한 법문이다.

꾸마라 깟사빠 존자는 태양과 달의 비유 등 대략 14개 정도의 비유를 들어서 마침내 태수를 설복시킨다. 태수는 "저는 깟사빠 존자께서 해 주신 바로 처음의 비유로 마음이 흡족하고 크게 기뻤습니다. 그래도 이러한 여러 가지 뛰어난 답변을 듣고 싶어서 깟사빠 존자께 이의를 제기해야겠다고 생각했습니다."라고 하면서 불교로 귀의한다. 본경은 특히 재가자들에게 인과의 이치를 분명히 믿게 하기 위한 목적이 크다. 불교는 한결같이 내세도 있고 보시를 베푼 공덕의 과보도 있다고 가르친다.

불교는 찰나생멸을 거듭하면서 흘러가는 것으로 윤회를 설명한다. 이

---

3) 『네 가지 마음챙기는 공부』 288~289쪽에서는 느낌과 마음을 각각 하나의 대상으로 간주하여 21가지로 분류하기도 한다. 한편 『청정도론』 XXII. 39에서도 44가지로 분류하고 있다.

런 윤회를 서양 사람들은 재생(再生, rebirth)이라고 표현한다. 물론 불교는 어떤 불변하는 자아나 영혼이 있어서 금생에 이 몸을 받고 죽어 내생에 또 다른 몸으로 들어가는 재육화(再肉化, reincarnation)는 인정하지 않는다. 그러나 갈애가 있는 한 재생의 흐름은 결코 멈추지 않는다고 분명하게 말한다. 그래서 여러 경들에서는 갈애를 뽀노바위까(ponobbhavika, 다시 태어남[再生]을 가져오는 것)라고 부른다. 특히 아비담마는 이전의 심찰나에 지은 의도적 행위는 업의 조건[業緣]에 따라서 그 과보를 반드시 다음의 어느 찰나에서 생기게 한다고 가르친다.

그리고 본경이 흥미롭고 중요한 또 다른 이유가 있다. 사실 자이나 문헌과 불교 문헌 가운데서 서로 같은 내용을 담고 있는 경은 극히 드물다. 그러나 흥미롭게도 본경과 내용이 아주 흡사한 문헌이 자이나 문헌에 나타난다.

역자가 인도에서 유학할 때 범어학과 교수님과 개인적으로 본경을 읽었는데 그때 그분은 어떤 노교수님이 쓴, 본경과 자이나 경전에 나타나는 어떤 경을 비교 연구한 글을 보여주었다. 아쉽게도 마라티로 쓰여 있어서 제대로 알 수가 없었다. 교수님이 간략히 소개해준 것을 노트에 적어두었고, 역자가 직접 해당 자이나 경전을 열람하여 몇 가지 사실을 기록해 두었는데, 한국으로 짐을 옮기는 와중에 그 노트가 분실되어 지금 자료가 남아있지 않아서 아쉽다. 역자가 자이나 경전의 자료를 다시 찾아보니 자이나의 『우빵가숫따』(Uvaṅgasutta)에 포함된 『라야빠세나이야(Rāyapaseṇaiya, 빠세나디 꼬살라 왕을 뜻함) 품』의 「빠에시 까하나감」(Paesi-kahāṇagaṁ)이다. 본경의 빠야시 태수는 자이나의 이 자료에서 빠에시 라자(Paesi Rāja) 즉 빠에시 왕으로 언급이 되고 있다.

대전기경(大傳記經)
위대한 이야기 — 부처님들 일대기
Mahāpadāna Sutta(D14)

대전기경(大傳記經)[4]

위대한 이야기 — 부처님들 일대기
Mahāpadāna Sutta(D14)

---

[4] 본경의 빠알리어 제목은 마하빠다나 숫따(Mahāpadāna Sutta)인데 마하빠다나(mahā,padāna)는 마하(mahā)와 아빠다나(apadāna)의 합성어이다. apadāna는 apa(떨어져서)+√dā(*to give*)에서 파생된 명사인데 불교 산스끄리뜨에서는 아와다나(avadāna)로 나타난다. 아빠다나와 아와다나는 '전기, 전설, 일대기' 등을 뜻한다. 그러므로 마하빠다나는 '위대한 전기'로 옮길 수 있겠는데, 위빳시 부처님부터 석가모니 부처님까지 칠불을 개략적으로 소개한 뒤 위빳시 부처님의 일대기를 소개하는 경이기 때문에 본경을 [부처님들의] 위대한 전기라고 이해해서 Mahāpadāna로 부른 듯하다. 중국에서는 「대본경」(大本經)으로 옮겨져서 『장아함』의 첫 번째 경으로 소개되었다. 역자는 아빠다나의 원의미를 살려서 「대전기경」이라 옮겼다.

한편 『쿳다까 니까야』(小部)의 열세 번째 경은 『아빠다나』(Apadāna, 傳記)이다. 이 『아빠다나』는 부처님 재세 시에 생존했던 547분의 장로와 40분의 장로니의 전기를 다룬 문헌이다. 그러므로 『소부』에 포함되어 있는 이 『아빠다나』와 구분하기 위해서 본경을 마하-아빠다나(Mahā-apadāna)라고 불렀다고 보는 것이 가장 적합한 해석이 아닐까 생각된다. 『소부』의 『아빠다나』가 장로와 장로니들의 일대기를 다룬 것이므로 칠불의 일대기를 다룬 본경은 당연히 더 위대한 분들의 일대기이므로 본경을 Mahā-apadāna(大傳記)로 이름을 붙였을 것이다.

서언

1.1. 이와 같이 나는 들었다. 한때 세존께서는 사왓티에서 제따 숲의 급고독원에 있는 까레리5) 토굴6)에 머무셨다. 그때 많은 비구들이 탁발하여 공양을 마친 뒤 까레리 원형천막7)에 함께 모여 앉아

---

5) "까레리(kareri)라는 것은 와루나 나무의 이름이다. 까레리 만다빠(maṇḍapa, 천막)가 이 토굴(kuṭikā, 꾸띠)의 문 앞에 있었다. 그래서 까레리 토굴(karerikuṭikā)이라고 부른다. 마치 꼬삼바 나무가 문 앞에 서있기 때문에 꼬삼바 토굴이라 하는 것과 같다.
제따 숲 안에는 까레리 토굴(Kareri-kuṭi), 꼬삼바 토굴(Kosambakuṭi), 간다 토굴(Gandha-kuṭi), 살랄라 건물(Salaḷāgāra)이라는 네 개의 큰 숙소(mahā-geha)가 있었는데 각각은 십만의 비용을 들여 완공하였다. 이 가운데서 살랄라 건물은 빠세나디 왕이 지은 것이며 나머지는 급고독 장자가 지었다."(DA.ii.407) 부처님께서 머무시던 곳은 간다 토굴이었으며(Jā.i.92) 지금도 그 터는 잘 보존되어 있다.

6) '토굴'로 옮긴 원어는 kuṭikā이다. kuṭī 혹은 kuṭikā는 율장에 tiṇa(마른 풀)-kuṭikā(움집)(Vin.iv.48)로 나타나고 있듯이 검소하고 조그만 수행자의 외딴 거처이다. 지금도 남방에서 많이 볼 수 있고 그들은 이런 거처를 지금도 kuṭī(꾸띠)라 부르고 있다. 우리나라에서는 이러한 수행처소를 토굴이라 부른다. 그래서 토굴로 옮겼다.
한편 토굴을 장만하려는 비구는 반드시 승가의 허락을 얻어야 하며 무엇보다도 정해진 규격(약 20평 이하)을 넘어서지 않는 검박한 것이어야 한다고 비구계목 가운데 두 번째로 무거운 범계(犯戒)에 해당하는 승잔죄(僧殘罪)의 6번째 계목은 못 박고 있다. 승가의 허락을 받는다는 것은 여러 의미를 담고 있겠으나 기본적으로는 그 비구가 토굴생활을 해도 해태하지 않고 재가자들의 비난을 받지 않을 만큼 수행력이 있는가를 승가가 고려한다는 뜻이며 중요한 것은 토굴은 승가 공동체의 것이지 결코 개인의 소유가 될 수 없다는 의미를 내포하고 있다.
그러나 여기서 언급되는 까레리 토굴은 기원정사라는 당대 최대의 승원에 있는 건물의 이름이지 외딴 거처로서의 토굴은 아니다.

7) "까레리 원형천막(maṇḍalamāḷa)은 까레리 천막(maṇḍapa)으로부터 그

"전생에는 이러했고 전생에는 이러했다."라고 전생에 관한 법담8)을 나누었다.

1.2. 그때 세존께서는 청정하고 인간의 영역을 넘어서는 신성한 귀의 요소[天耳界, 天耳通]로써 비구들이 이와 같이 담론하는 것을 들으셨다. 그러자 세존께서는 자리에서 일어나 까레리 원형천막으로 가셨다. 가셔서는 마련해드린 자리에 앉으셨다. 자리에 앉으셔서 세존께서는 비구들을 불러 말씀하셨다.

"비구들이여, 무슨 이야기를 하기 위해 지금 여기 모였는가? 그대들이 하다 만 이야기는 무엇인가?" 이와 같이 말씀하시자 비구들은 세존께 이렇게 말씀드렸다. "세존이시여, 저희들은 탁발하여 공양을 마친 뒤 까레리 원형천막에 함께 모여 앉아 '전생에는 이러했고 전생에는 이러했다.'라고 전생에 관한 법담을 나누었습니다. 세존이시여, 저희들은 이런 이야기를 하다가 중단하였고, 그때 세존께서 오셨습니다."

1.3. "비구들이여, 그대들은 전생에 관한 법문을 듣고 싶은가?"
"세존이시여, 지금이 바로 그 때입니다. 선서(善逝)9)시여, 지금이

리 멀지 않은 곳에 만든 건물이다. 이 까레리 천막은 간다 토굴과 [살랄라] 건물 사이에 있었다고 한다."(*Ibid*)

8) 원어는 dhammī(법다운) kathā(말)이며 지금 절집에서 사용하고 있는 법담(法談)과 그대로 일치하는 빠알리어이다.

9) '선서(善逝)'는 sugata의 역어인데, 부처님의 열 가지 명호[如來十號] 가운데 하나이며 본서 전체에서 '잘 가신 분'으로 옮기기도 하였다. 『청정도론』 VII.33에는 "행함이 아름답기 때문에, 멋진 곳으로 가셨기 때문에, 바르게 가셨기 때문에, 바르게 설하셨기 때문에 [피안으로] 잘 가신 분(善逝)이시다."라고 설명하고 있다.

바로 그 때입니다. 세존께서 전생에 관한 법문을 해 주시면 비구들은 세존의 말씀을 잘 듣고 마음에 새길 것입니다."

"비구들이여, 그렇다면 들어라. 듣고 마음에 잘 새겨라. 나는 설할 것이다."

"그렇게 하겠습니다, 세존이시여."라고 비구들은 세존께 대답했다. 세존께서는 다음과 같이 말씀하셨다.

칠불(七佛)

1.4. "비구들이여, 91겁 이전에 위빳시 세존·아라한·정등각께서 세상에 출현하셨다.10) 비구들이여, 31겁 이전에는 시키 세존·아라한·정등각께서 세상에 출현하셨다. 비구들이여, 그와 같은 31겁 이전에 웻사부 세존·아라한·정등각께서 세상에 출현하셨다. 비구들이여, 현재의 행운의 겁11) 동안에 까꾸산다 세존·아라한·정등각께서 세상에 출현하셨다. 비구들이여, 이 행운의 겁 동안에 꼬나가마나 세존·아라한·정등각께서 세상에 출현하셨다. 비구들이여, 이 행운의 겁 동안에 깟사빠 세존·아라한·정등각께서 세상에 출현하셨다. 비구들이여, 바로 이 행운의 겁 동안에 지금의 아라한·정등각인 내가 세상에 출현하였다."

---

10) 이하 칠불(七佛)에 관한 상세한 부처님의 말씀은 칠불에 대한 가장 권위 있는 자료다.

11) "행운의 겁(bhadda-kappa)이란 [미륵불을 포함하여] 다섯 분의 부처님들께서 출현하시어 장엄하시는 멋진(sundara) 겁이요 핵심이 되는(sāra) 겁이라고 세존께서 이 겁을 칭송하시면서 이렇게 말씀하셨다."(DA.ii.410) 즉 까꾸산다, 꼬나가마나, 깟사빠, 석가모니, 미륵의 다섯 부처님이 출현하셨거나 출현하실 겁이기 때문에 현재의 겁을 행운의 겁이라 부른다는 뜻이다.

1.5. "비구들이여, 위빳시 세존·아라한·정등각께서는 끄샤뜨리야 태생[12]이셨고, 끄샤뜨리야 가문에 태어나셨다. 비구들이여, 시키 세존·아라한·정등각과 웻사부 세존께서도 그와 같이 끄샤뜨리야 태생이셨고, 끄샤뜨리야 가문에 태어나셨다. 그러나 비구들이여, 까꾸산다 세존·아라한·정등각께서는 바라문 태생이셨고, 바라문 가문에 태어나셨다. 비구들이여, 꼬나가마나 세존·아라한·정등각과 깟사빠 세존·아라한·정등각께서도 그와 같이 바라문 태생이셨고, 바라문 가문에 태어나셨다. 비구들이여, 지금의 아라한·정등각인 나는 끄샤뜨리야 태생이고 끄샤뜨리야 가문에 태어났다."

1.6. "비구들이여, 위빳시 세존·아라한·정등각께서는 꼰단냐의 종족[13]이셨다. 비구들이여, 시키 세존·아라한·정등각과 웻사부 세존·아라한·정등각께서도 그와 같이 꼰단냐 종족이셨다. 비구들이여, 까꾸산다 세존·아라한·정등각께서는 깟사빠 종족이셨다. 비구들이여, 꼬나가마나 세존·아라한·정등각과 깟사빠 세존·아라한·정등각께서도 그와 같이 깟사빠 종족이셨다. 비구들이여, 지금의 아라한·정등각인 나는 고따마 종족이다."

1.7. "비구들이여, 위빳시 세존·아라한·정등각의 시대에는 수명의 한계가 8만 년이었다. 비구들이여, 시키 세존·아라한·정등각

---

12) 태생(jāti)과 가문(kula). 『청정도론』 XVI.32에서는 jāti(태어남, 태생)의 7가지 용법을 나열하고 그 중 하나가 가문(kula)의 뜻이라고 했다. 그러므로 여기서 태생과 가문은 동의어이다.

13) 종족(gotta)은 우리의 성(姓)에 해당한다. 그래서 족성(族姓)이라고 옮기기도 한다. 예를 들면 같은 바라문 태생 안에도 깟사빠, 앙기라사, 바라드와자 등의 다른 종족(족성)이 있다.

의 시대에는 수명의 한계가 7만 년이었다. 비구들이여, 웻사부 세존·아라한·정등각의 시대에는 수명의 한계가 6만 년이었다. 비구들이여, 까꾸산다 세존·아라한·정등각의 시대에는 수명의 한계가 4만 년이었다. 비구들이여, 꼬나가마나 세존·아라한·정등각의 시대에는 수명의 한계가 3만 년이었다. 비구들이여, 깟사빠 세존·아라한·정등각의 시대에는 수명의 한계가 2만 년이었다. 비구들이여, 지금 내 시대에 이르러서 수명의 한계는 짧고 제한적이고 빨리 지나가 버려, 오래 살아도 백 년의 이쪽저쪽이다."

1.8. "비구들이여, 위빳시 세존·아라한·정등각께서는 빠딸리 나무 아래에서 깨달음을 이루셨고, 시키 세존·아라한·정등각께서는 뿐다리까 나무 아래에서 깨달음을 이루셨고, 웻사부 세존·아라한·정등각께서는 살라 나무 아래에서 깨달음을 이루셨고, 까꾸산다 세존·아라한·정등각께서는 시리사 나무 아래에서 깨달음을 이루셨고, 꼬나가마나 세존·아라한·정등각께서는 우둠바라 나무 아래에서 깨달음을 이루셨고, 깟사빠 세존·아라한·정등각께서는 니그로다 나무 아래에서 깨달음을 이루셨고, 지금의 아라한·정등각인 나는 앗삿타 나무 아래에서 깨달음을 이루었다."14)

1.9. "비구들이여, 위빳시 세존·아라한·정등각께는 칸다와 띳사라는 고결한 두 상수제자가 있었다. 비구들이여, 시키 세존·아라한·정등각께는 아비부와 삼바와라는 고결한 두 상수제자가 있었고,

---

14) 부처님들이 그 밑에 앉아서 깨달음을 이루신 나무, 즉 보리수(菩提樹)는 이렇게 부처님들마다 각각 다르다. 우리가 일반적으로 보리수라고 하는 것은 바로 이 앗삿타(Asattha, *Sk.* Aśvattha) 나무이다. 보리수에 대해서는 아래 §3.8의 주해를 참조할 것.

웻사부 세존·아라한·정등각께는 소나와 웃따라는 고결한 두 상수제자가 있었고, 까꾸산다 세존·아라한·정등각께는 위두라와 산지와라는 고결한 두 상수제자가 있었고, 꼬나가마나 세존·아라한·정등각께는 비요사와 웃따라라는 고결한 두 상수제자가 있었고, 깟사빠 세존·아라한·정등각께는 띳사와 바라드와자라는 고결한 두 상수제자가 있었고, 지금의 나에게는 사리뿟따와 목갈라나라는 고결한 두 상수제자가 있다."

1.10. "비구들이여, 위빳시 세존·아라한·정등각께는 제자들의 회중(會衆)이 셋이 있었다. 한 회중은 비구들이 6백 8십만이었고, 한 회중은 십만이었고, 한 회중은 8만이었다. 비구들이여, 위빳시 세존·아라한·정등각의 제자들의 세 회중은 모두가 번뇌 다한 자들이었다.

비구들이여, 시키 세존·아라한·정등각께도 제자들의 회중이 셋이 있었다. 한 회중은 비구들이 십만이었고, 한 회중은 8만이었고, 한 회중은 7만이었다. 이들도 모두 번뇌 다한 자들이었다.

비구들이여, 웻사부 세존·아라한·정등각께도 제자들의 회중이 셋이 있었다. 한 회중은 비구들이 8만이었고, 한 회중은 7만이었고, 한 회중은 6만이었다. 이들도 모두 번뇌 다한 자들이었다.

비구들이여, 까꾸산다 세존·아라한·정등각께는 제자들의 회중이 하나가 있었다. 그것은 비구들이 4만이었는데, 이들도 모두 번뇌 다한 자들이었다.

비구들이여, 꼬나가마나 세존·아라한·정등각께도 제자들의 회중이 하나가 있었다. 그것은 비구들이 3만이었는데, 이들도 모두 번뇌 다한 자들이었다.

비구들이여, 깟사빠 세존·아라한·정등각께는 제자들의 회중이 하나가 있었다. 그것은 비구들이 2만이었는데, 이들도 모두 번뇌 다한 자들이었다.

비구들이여, 지금 내 제자들의 회중도 하나이다. 그것은 천이백오십 명의 비구들이고, 이들도 모두 번뇌 다한 자들이다."

1.11. "비구들이여, 위빳시 세존·아라한·정등각께는 아소까라는 비구가 시자로 있었는데, 그는 최고의 시자였다. 비구들이여, 시키 세존·아라한·정등각께는 케망까라라는 비구가 시자로 있었는데, 그는 최고의 시자였다. 비구들이여, 웻사부 세존·아라한·정등각께는 우빠산나까라는 비구가 시자로 있었는데, 그는 최고의 시자였다. 비구들이여, 까꾸산다 세존·아라한·정등각께는 붓디자라는 비구가 시자로 있었는데, 그는 최고의 시자였다. 비구들이여, 꼬나가마나 세존·아라한·정등각께는 솟티자라는 비구가 시자로 있었는데, 그는 최고의 시자였다. 비구들이여, 깟사빠 세존·아라한·정등각께는 삽바밋따라는 비구가 시자로 있었는데, 그는 최고의 시자였다. 비구들이여, 지금의 나에겐 아난다 비구가 시자인데, 그는 최고의 시자이다."

1.12. "비구들이여, 위빳시 세존·아라한·정등각의 아버지는 반두마 왕이었고, 그의 어머니는 반두마띠 왕비였으며, 반두마 왕의 수도는 반두마띠라는 도시였다.

비구들이여, 시키 세존·아라한·정등각의 아버지는 아루나 왕이었고, 그의 어머니는 빠바와띠 왕비였으며, 아루나 왕의 수도는 아루나와띠라는 도시였다.

비구들이여, 웻사부 세존·아라한·정등각의 아버지는 숩빠띠따 왕이었고, 그의 어머니는 야사와띠 왕비였으며, 숩빠띠따 왕의 수도는 아노빠마라는 도시였다.

비구들이여, 까꾸산다 세존·아라한·정등각의 아버지는 악기닷따라는 바라문이었고, 그의 어머니는 위사카라는 바라문녀였다. 비구들이여, 그때 케마라는 왕이 있었는데 케마 왕의 수도는 케마와띠라는 도시였다.

비구들이여, 꼬나가마나 세존·아라한·정등각의 아버지는 얀냐닷따라는 바라문이었고, 그의 어머니는 웃따라라는 바라문녀였다. 비구들이여, 그때 소바라는 왕이 있었는데 소바 왕의 수도는 소바와띠라는 도시였다.

비구들이여, 깟사빠 세존·아라한·정등각의 아버지는 브라흐마닷따라는 바라문이었고, 그의 어머니는 다나와띠라는 바라문녀였다. 비구들이여, 그때 끼끼라는 왕이 있었는데 끼끼 왕의 수도는 와라나시라는 도시였다.

비구들이여, 지금의 나의 아버지는 숫도다나 왕이고, 어머니는 마야 왕비이며, 수도는 까삘라왓투라는 도시였다."

세존께서는 이와 같이 말씀하셨다. 선서께서 이렇게 말씀하신 뒤 자리에서 일어나 거처로 들어가셨다.

1.13. 세존께서 떠나시자 비구들은 다음과 같은 이야기를 나누었다.

"도반들이여, 참으로 경이롭습니다. 도반들이여, 여래의 큰 신통력과 큰 위력은 참으로 놀랍습니다. 여래께서는 과거의 부처님들에 대해서 '그분 세존들은 이러한 태생이셨고, 이러한 이름이셨고, 이러한 종족이셨고, 이러한 계를 가지셨고, 이러한 법을 가지셨고, 이러한 통찰지를 가지셨고, 이렇게 머무셨고, 이렇게 해탈하셨다.'라고 그분들의 태생도 기억하시고, 이름도 기억하시고, 종족도 기억하시고, 수명의 한계도 기억하시고, 두 상수제자도 기억하시고, 제자들의 회중도 기억하십니다. 그분 과거의 부처님들께서는 이미 사량분별을 잘랐고, [업의] 행로15)를 잘랐고, 윤회를 종식시켰고, 모든 괴로움을 건너, 반열반에 드셨던 분들입니다.

도반들이여, 이를 어떻게 생각합니까? 여래께서는 참으로 과거의 부처님들에 대해서 '그분 세존들은 이러한 태생이셨고, 이러한 이름이셨고, 이러한 종족이셨고, 이러한 계를 가지셨고, 이러한 법을 가지셨고, 이러한 통찰지를 가지셨고, 이렇게 머무셨고, 이렇게 해탈하셨다.'라고 그분들의 태생도 기억하시고, 이름도 기억하시고, 종족도 기억하시고, 수명의 한계도 기억하시고, 두 상수제자도 기억하시고, 제자들의 회중도 기억하십니다. 그것은 여래께서 직접 법의 요소[法界]를 잘 꿰뚫으셨기 때문이라고 생각합니까, 아니면 신들이 이 뜻을 여래께 말씀드렸기 때문이라고 생각합니까?"

그러나 비구들의 이야기는 여기서 중단되었다.

1.14. 그때 세존께서는 해거름에 홀로 앉음16)을 풀고 일어나 까

---

15) "여기서 행로(vaṭuma)란 유익하거나 해로운 업[善·不善業]의 굴러감(vaṭṭa)을 말한다."(DA.ii.425)

16) '홀로 앉음'은 paṭisallāna의 역어이다. paṭisallāna는 prati(대하여)+saṁ(함께)+√lī(*to cling, to adhere*)에서 파생된 명사이다. 경에서는 주로 부처님이나 비구들이 공양을 마치고 낮 동안 나무 아래나 승원에서 홀로 앉아 지내는 것을 나타낸다. 그래서 '홀로 앉음'으로 옮겼다. 주석서에서는 "홀로 앉음(paṭisallāna)이란 혼자 있는 상태(ekībhāva)이다."(DA.iii.1040)로 설명하고 있다.
비슷한 단어로 paviveka가 있는데 대중에서 살지 않고 한적한 곳에 홀로 지내는 일종의 토굴생활을 뜻한다. 이 경우는 모두 한거(閑居)로 옮겼다.

레리 원형천막으로 가셨다. 가셔서는 마련해 드린 자리에 앉으셨다. 자리에 앉으셔서 세존께서는 비구들을 불러 말씀하셨다. "비구들이여, 그대들은 무슨 이야기를 하기 위해 지금 여기 모였는가? 그대들이 하다 만 이야기는 무엇인가?"

이와 같이 말씀하시자 비구들은 세존께 이렇게 말씀드렸다.

"세존이시여, 세존께서 떠나시고 저희들은 다음과 같은 이야기를 하였습니다. '도반들이여, 참으로 경이롭습니다. 도반들이여, 여래의 큰 신통력과 큰 위력은 참으로 놀랍습니다. 여래께서는 과거의 부처님들에 대해서 '그분 세존들은 이러한 태생이셨고, 이러한 이름이셨고, 이러한 종족이셨고, 이러한 계를 가지셨고, 이러한 법을 가지셨고, 이러한 통찰지를 가지셨고, 이렇게 머무셨고, 이렇게 해탈하셨다.'라고 그분들의 태생도 기억하시고, 이름도 기억하시고, 종족도 기억하시고, 수명의 한계도 기억하시고, 두 상수제자도 기억하시고, 제자들의 회중도 기억하십니다. 그분 과거의 부처님들께서는 이미 사량분별을 잘랐고, [업의] 행로를 잘랐고, 윤회를 종식시켰고, 모든 괴로움을 건너, 반열반에 드셨던 분들입니다.

도반들이여, 이를 어떻게 생각합니까? 여래께서는 참으로 과거의 부처님들에 대해서 '그분 세존들은 이러한 태생이셨고, 이러한 이름이셨고, 이러한 종족이셨고, 이러한 계를 가지셨고, 이러한 법을 가지셨고, 이러한 통찰지를 가지셨고, 이렇게 머무셨고, 이렇게 해탈하셨다.'라고 그분들의 태생도 기억하시고, 이름도 기억하시고, 종족도 기억하시고, 수명의 한계도 기억하시고, 두 상수제자도 기억하시고, 제자들의 회중도 기억하십니다. 그것은 여래께서 직접 법의 요소를 잘 꿰뚫으셨기 때문이라고 생각합니까, 아니면 신들이 이 뜻을 여래께 말씀드렸기 때문이라고 생각합니까?'라고. 세존이시여, 그러나 비구들의 이야기는 여기서 중단되었습니다. 그리고 이제 세존께서 오셨습니다."17)

1.15. "비구들이여, 여래는 참으로 법의 요소를 잘 꿰뚫었기 때문에18) 과거의 부처님들에 대해서 '그분 세존들은 이러한 태생이셨고, 이러한 이름이셨고, 이러한 종족이셨고, 이러한 계를 가지셨고, 이러한 법을 가지셨고, 이러한 통찰지를 가지셨고, 이렇게 머무셨고, 이렇게 해탈하셨다.'라고 그분들의 태생도 기억하고, 이름도 기억하고, 종족도 기억하고, 수명의 한계도 기억하고, 두 상수제자도 기억하고, 제자들의 회중도 기억한다.

그리고 신들도 이 뜻을 여래에게 알려주었기 때문에19) 여래는 이처럼 과거 부처님들의 태생도 기억하고, 이름도 기억하고, 종족도 기억하고, 수명의 한계도 기억하고, 두 상수제자도 기억하고, 제자들의 회중도 기억한다. 그분 과거의 부처님들께서는 이미 사량분별을 잘 랐고, [업의] 행로를 잘랐고, 윤회를 종식시켰고, 모든 괴로움을 건너, 반열반에 드셨던 분들이다. 비구들이여, 그대들은 전생에 관한 법을 더 많이 듣고 싶은가?"

"세존이시여, 지금이 바로 그 때입니다. 선서시여, 지금이 바로 그

---

17) 정리하면 부처님께서 칠불에 대해서 이렇게 상세하게 아시는 이유가 세존이 직접 통찰지로써 법을 꿰뚫어 보셨기 때문인가, 아니면 신들이 알려주었기 때문인가 하는 것이다. 부처님께서는 둘 다를 인정하고 계신다.

18) 이하 본경의 §§1.16~3.28까지는 세존께서 직접 꿰뚫어 보신 위빳시 부처님의 일대기가 전개되고 있다.

19) 이하 본경의 §§3.29~3.32에서는 정거천의 천신들이 이러한 사실을 세존께 알려드리는 장면이 서술되어 나타난다.

때입니다. 세존께서 전생에 관한 법을 더 많이 설해 주시면 비구들은 세존의 말씀을 잘 듣고 마음에 새길 것입니다."

"비구들이여, 그렇다면 들어라. 듣고 마음에 잘 새겨라. 나는 설할 것이다."

"그러겠습니다, 세존이시여."라고 비구들은 세존께 대답했다. 세존께서는 다음과 같이 말씀하셨다.

위빳시 부처님

1.16. "비구들이여, 91겁 이전에 위빳시 세존·아라한·정등각께서 세상에 출현하셨다. 비구들이여, 위빳시 세존·아라한·정등각께서는 끄샤뜨리야 태생이셨고 끄샤뜨리야 가문에 태어나셨다. 비구들이여, 위빳시 세존·아라한·정등각께서는 꼰단냐의 종족이셨다. 비구들이여, 위빳시 세존·아라한·정등각의 시대에는 수명의 한계가 8만 년이었다. 비구들이여, 위빳시 세존·아라한·정등각께서는 빠딸리 나무 아래에서 깨달음을 이루셨다. 비구들이여, 위빳시 세존·아라한·정등각께는 칸다와 띳사라는 고결한 두 상수제자가 있었다. 비구들이여, 위빳시 세존·아라한·정등각께는 제자들의 회중이 셋이 있었다. 한 회중은 비구들이 6백8십만이었고, 한 회중은 10만이었고, 한 회중은 8만이었다. 비구들이여, 위빳시 세존·아라한·정등각의 제자들의 세 회중은 그 모두가 번뇌 다한 자들이었다. 비구들이여, 위빳시 세존·아라한·정등각께는 아소까라는 비구가 시자로 있었는데 그는 최고의 시자였다. 비구들이여, 위빳시 세존·아라한·정등각의 아버지는 반두마 왕이었고, 그의 어머니는 반두마띠 왕비였

고, 반두마 왕의 수도는 반두마띠라는 도시였다."

보살에게 정해진 법칙

1.17. "비구들이여, 그때 위빳시 보살은 도솔천에서 몸을 버리고 마음챙기고 알아차리면서 어머니의 태에 들어갔다. 이것은 여기서 정해진 법칙이다.[20]

비구들이여, 이것도 정해진 법칙이다. 즉 보살이 도솔천에서 몸을 버리고 어머니의 태에 들어갈 때 신과 마라와 범천을 포함한 세상에서, 사문·바라문과 신과 사람을 포함한 무리 가운데에서 측량할 수 없이 광휘로운 빛이 나타나는데 그것은 신들의 광채를 능가한다. 암흑으로 덮여 있고 칠흑같이 어두운 우주의 사이에 놓여 있는 세상이 있어, 그곳에는 큰 신통력과 큰 위력을 가진 해와 달도 광선을 비추지 못한다. 그러나 그곳에까지도 측량할 수 없이 광휘로운 빛이 나타

---

20) '정해진 법칙'으로 옮긴 원어는 dhammatā(법다움)인데 주석서를 참조해서 정해진 법칙으로 의역을 하였다.
"여기서 정해진 법칙(dhammatā)이란 고유성질(sabhāva, 自性)이나 정해진 법칙(niyāma)이라는 말이다. … 정해진 법칙(niyāma)에는 업(kamma)의 정해진 법칙, 계절(utu)의 정해진 법칙, 씨앗(bīja)의 정해진 법칙, 마음(citta)의 정해진 법칙, 법(dhamma)의 정해진 법칙의 다섯 가지가 있다. … 여기서 보살이 어머니의 모태에 드는 등은 '법의 정해진 법칙'이다."(DA.ii.432)
즉 보살이 모태에 들고 나오고 할 때 벌어지는 모든 현상은 법칙으로 그렇게 정해져 있다는 말이다. 그리고 이것은 석가모니 부처님뿐만이 아니라 모든 부처님들께서 세상에 출현하실 때에는 예외 없이 모두 한결같이 이러한 법칙을 따라서 출현하고, 출가하고, 성도하고, 전법하고, 열반한다는 의미도 들어 있다. 그러므로 여기 위빳시 보살의 일대기는 모든 부처님들의 일대기로 간주되며, 사실 후대 불전문학(佛傳文學)에서는 이러한 위빳시 보살의 일대기가 그대로 부처님의 일대기로 간주되고 있다.

나는데 그것은 신들의 광채를 능가한다. 그곳에 태어난 중생들은 그 빛으로 '다른 중생들도 여기 태어났구나.'라고 서로를 알아본다. 일만 세계가 진동하고 흔들리고 전율한다. 측량할 수 없이 광휘로운 빛이 세상에 나타나는데 그것은 신들의 광채를 능가한다. 이것이 여기서 정해진 법칙이다.

비구들이여, 이것도 정해진 법칙이다. 즉 보살이 어머니의 태에 들어갈 때 네 명의 신의 아들이 '인간이나 귀신이나 혹은 그 어느 누구도 보살이나 보살의 어머니에게 해를 끼치지 말라.'고 하면서 그들을 보호하기 위해 사방으로 나아간다. 이것이 여기서 정해진 법칙이다."

1.18. "비구들이여, 이것도 정해진 법칙이다. 즉 보살이 어머니의 태에 들어갈 때 보살의 어머니는 천성적으로 계를 잘 지닌 분이다. 그녀는 생명을 죽이는 것을 삼갔고, 주지 않는 것을 가지는 것을 삼갔고, 삿된 음행을 삼갔고, 거짓말 하는 것을 삼갔고, 술 마시는 것을 삼갔다. 이것이 여기서 정해진 법칙이다."

1.19. "비구들이여, 이것도 정해진 법칙이다. 즉 보살이 어머니의 태에 들어갈 때 보살의 어머니는 남자들에 대해 감각적 욕망에 탐닉하는 마음이 일어나지 않는다. 그 어떤 남자도 애욕에 찬 마음으로 보살의 어머니를 범접할 수 없다. 이것이 여기서 정해진 법칙이다."

1.20. "비구들이여, 이것도 정해진 법칙이다. 즉 보살이 어머니의 태에 들어갈 때 보살의 어머니는 다섯 가닥의 감각적 욕망[21]을 모두

---

21) 바로 위 문단에서 감각적 욕망에 탐닉하는 마음이 일어나지 않는다는 것은 삿된 음행의 기지가 되는 남성에 대한 마음이고 여기서 말하는 감각적 욕망은 눈과 귀와 코와 혀와 몸으로 좋고 마음에 드는 대상을 향유하는 것

얻는다. 그녀는 다섯 가닥의 감각적 욕망을 갖추고 완비하여 즐긴다. 이것이 여기서 정해진 법칙이다."

1.21. "비구들이여, 이것도 정해진 법칙이다. 즉 보살이 어머니의 태에 들어갈 때 보살의 어머니는 어떤 병도 없다. 행복하고 몸도 편안하며, 보살의 어머니는 자궁 안에 있는 보살의 사지와 감각기관들을 훤히 볼 수 있다.

비구들이여, 예를 들면 진귀하고 빛나고 양질이고 팔각형이고 잘 다듬어졌고 투명하고 티가 없고 모든 측면에서 빼어난 보석이 있는데, 그것이 파란색이나 노란색이나 빨간색이나 흰색이나 회색 실에 꿰어 있다고 하자. 눈 있는 사람은 그것을 손에다 놓고 '이것은 진귀하고 빛나고 양질이고 팔각형이고 잘 다듬어졌고 투명하고 티가 없고 모든 측면에서 빼어난 보석이다. 그리고 이것은 파란색이나 노란색이나 빨간색이나 흰색이나 회색 실에 꿰어 있다.'라고 직접 확인할 수 있을 것이다. 비구들이여, 그와 마찬가지로 보살이 어머니의 태에 들어갈 때 보살의 어머니는 어떤 병도 없다. 행복하고 몸도 편안하며, 보살의 어머니는 자궁 안에 있는 보살의 사지와 감각기관들을 훤히 볼 수 있다. 이것이 여기서 정해진 법칙이다."

1.22. "비구들이여, 이것도 정해진 법칙이다. 즉 보살이 태어난 지 칠 일째에 보살의 어머니가 임종하여 도솔천에 태어난다. 이것이 여기서 정해진 법칙이다."

을 말한다. 흔히 오욕락(五慾樂)이라고도 한다. 다섯 가닥의 감각적 욕망에 대한 정형구는 본서 제1권 「삼명경」 (D13) §27을 참조할 것.

1.23. "비구들이여, 이것도 정해진 법칙이다. 즉 다른 여인들은 아홉 달 혹은 열 달 동안 임신하였다가 출산을 한다. 그러나 보살의 어머니는 그렇지 않다. 보살의 어머니는 보살을 반드시 열 달 동안 임신하였다가 출산한다. 이것이 여기서 정해진 법칙이다."

1.24. "비구들이여, 이것도 정해진 법칙이다. 즉 다른 여인들은 앉아서 출산을 하거나 혹은 누워서 출산을 한다. 그러나 보살의 어머니는 그렇지 않다. 보살의 어머니는 오직 서서 출산한다. 이것이 여기서 정해진 법칙이다."

1.25. "비구들이여, 이것도 정해진 법칙이다. 즉 보살이 어머니의 자궁에서 나올 때 신들이 먼저 받고 나중에 인간들이 받는다. 이것이 여기서 정해진 법칙이다."

1.26. "비구들이여, 이것도 여기서 정해진 법칙이다. 즉 보살이 어머니의 자궁에서 나와 아직 땅에 닿지 않았을 때 사대천왕들이 보살을 받아 '왕비시여, 기뻐하십시오. 큰 힘을 가진 아들이 태어났습니다.'라고 하면서 어머니의 앞에 놓는다. 이것이 여기서 정해진 법칙이다."

1.27. "비구들이여, 이것도 여기서 정해진 법칙이다. 즉 보살이 어머니의 자궁에서 나올 때 보살은 아주 깨끗한 상태로 나온다. 양수도 묻지 않고 점액도 묻지 않고 피도 묻지 않고, 그 어떤 불결한 것도 묻지 않으며, 청정하고 깨끗하다.

비구들이여, 예를 들면 보석이 까시[22]의 비단 위에 놓여 있을 때 보석이 까시의 비단을 더럽히지 않고, 까시의 비단도 보석을 더럽히지 않는다. 그것은 무슨 이유 때문인가? 둘 모두 청정하기 때문이다. 비구들이여, 그와 마찬가지로 보살이 어머니의 자궁에서 나올 때 보살은 아주 깨끗한 상태로 나온다. 양수도 묻지 않고 점액도 묻지 않고 피도 묻지 않고, 그 어떤 불결한 것도 묻지 않으며, 청정하고 깨끗하다. 이것이 여기서 정해진 법칙이다."

1.28. "비구들이여, 이것도 정해진 법칙이다. 즉 보살이 어머니의 자궁에서 나올 때 하늘에서 두 개의 물줄기가 내려온다. 하나는 차가운 것이고 또 하나는 따뜻한 것이다. 그것으로 보살과 보살의 어머니는 목욕을 한다. 이것이 여기서 정해진 법칙이다."

1.29. "비구들이여, 이것도 정해진 법칙이다. 즉 보살은 태어나면 두 발로 가지런히 땅에 서서 북쪽을 향해 일곱 발자국을 걸어간다. 하얀 일산이 펴질 때 모든 방향을 굽어 살펴보고 '나는 세상에서 최상이요, 나는 세상에서 제일 어른이요, 나는 세상에서 으뜸이다. 이것이 마지막 생이다. 더 이상 다시 태어남[再生]은 없다.'라고 대장부다운[23] 말을 한다. 이것이 여기서 정해진 법칙이다."

---

22) 옛적부터 와라나시(Varanasi, 바라나시)를 까시(Kāsi) 혹은 까시까(Kāsika)라고도 불렀다.(본서 제1권 「소나단다 경」(D4) §1의 주해 참조) 와라나시의 비단은 지금도 인도에서 유명한데 부처님 당시에도 그리 하였음을 알 수 있다.

23) '대장부다운'으로 옮긴 원어는 āsabhi인데 이 단어는 황소를 뜻하는 usabha의 곡용형인 āsabha에 '-in'어미를 첨가하여 만든 형용사로 '황소에 속하는, 황소와 같은 [음성을 가진]'이라는 뜻이다. 그래서 주석서에서는 "āsabhi란 황소의 음성과 같아서 동요함이 없고(acala) 떨지 않는 것이다."(DA.iii.878)라고 설명하고 있다. 초기경들에서 황소는 항상 남자다

1.30. "비구들이여, 이것도 정해진 법칙이다. 즉 보살이 어머니의 자궁에서 나올 때 신과 마라와 범천을 포함한 세상에서, 사문·바라문과 신과 사람을 포함한 무리 가운데에서 측량할 수 없이 광휘로운 빛이 나타나는데 그것은 신들의 광채를 능가한다. 암흑으로 덮여 있고 칠흑같이 어두운 우주의 사이에 놓여 있는 세상이 있어, 그곳에는 큰 신통력과 큰 위력을 가진 해와 달도 광선을 비추지 못한다. 그러나 그곳에까지도 측량할 수 없이 광휘로운 빛이 나타난다. 그것은 신들의 광채를 능가한다. 그곳에 태어난 중생들은 그 빛으로 '다른 중생들도 여기 태어났구나.'라고 서로를 알아본다. 일만 세계가 진동하고 흔들리고 전율한다. 측량할 수 없이 광휘로운 빛이 세상에 나타나는데 그것은 신들의 광채를 능가한다. 이것이 여기서 정해진 법칙이다."

서른두 가지 대인상[三十二相]

1.31. "비구들이여, 위빳시 왕자가 태어나자 그들은 '왕이시여, 왕자님이 탄생하셨습니다. 보십시오.'라고 반두마 왕에게 알렸다. 비구들이여, 반두마 왕은 위빳시 왕자를 쳐다보았다. 보고서는 관상술에 능한 바라문들을 불러 '관상술에 능한 바라문 존자들이여, 이 왕자의 점을 좀 봐 주시오.'라고 말하였다. 관상술에 능한 바라문들은 위빳시 왕자를 보았다. 보고서는 반두마 왕에게 이와 같이 말하였다. '폐하, 기뻐하십시오. 왕자님은 큰 위력을 가지고 태어나셨습니다. 대왕이시여, 이런 왕자님이 당신의 가문에 태어나다니 이것은 폐하의 행

운 남자, 대장부에 비유되고 있다. 그래서 '대장부다운'이라고 의역하였다. 한편 본서 「대반열반경」(D16) §1.16과 본서 제3권 「확신경」(D28) §1 등에서는 '황소같이 우렁찬 목소리'로 옮겼다.

운입니다. 아주 큰 행운입니다. 폐하, 이 왕자는 서른두 가지 대인
상[24]을 갖추었습니다. 그런 대인상을 갖춘 분에게는 두 가지 길만이
열려 있고 다른 것은 없습니다. 만일 재가에 머물면 전륜성왕[25]이
될 것입니다. 그는 정의로운 분이요 법다운 왕이며 사방을 정복한 승
리자가 되어 나라를 안정되게 하고 일곱 가지 보배[七寶][26]를 두루
갖추게 됩니다. 그에게는 이런 일곱 가지 보배들이 있으니 윤보(輪
寶), 상보(象寶), 마보(馬寶), 보배보(寶貝寶), 여인보(女人寶), 장자보(長子
寶), 그리고 주장신보(主臧臣寶)가 일곱 번째입니다. 천 명이 넘는 그
의 아들들은 용감하고 훤칠하며 적군을 정복합니다. 그는 바다를 끝
으로 하는 전 대지를 징벌과 무력을 쓰지 않고 법으로써 승리하여 통
치합니다. 그런데 만일 그가 집을 나와 출가하면 아라한·정등각이
되어 세상의 장막을 벗겨버릴 것입니다."

1.32. "폐하, 그러면 어떤 것이 왕자님이 갖춘 이러한 서른두 가
지 대인상입니까?

① 폐하, 이 왕자님은 발바닥이 편평합니다. 폐하, 왕자님의 발바
닥이 편평한 것은 대인에게 있는 대인상입니다.

② 폐하, 이 왕자님에게는 발바닥에 바퀴[輪]들이 [나타나] 있는데
그들 바퀴에는 천 개의 바퀴살과 테와 중심부가 있어 일체를 두루 갖

---

24) 32가지 대인상은 아래에서 열거되고 있으며, 본서 제3권 「삼십이상경」
(D30)에서 게송과 함께 상세하게 설명되어 있으므로 참조하기 바란다.

25) '전륜성왕'은 rājā cakkavatti의 역어이다. cakka(바퀴를)-vatti(굴리는)
왕(rājā)이라 직역할 수 있다. 그래서 전체를 중국에서는 전륜성왕이라 옮
겼다. 물론 여기서 바퀴는 칠보 가운데 첫 번째인 윤보(輪寶)를 뜻한다.

26) 칠보에 대해서는 본서 제17경 「마하수닷사나 경」(D17) §1.7 이하에 상
세하게 설명되어 있으므로 참조하기 바란다.

추었습니다. 폐하, 왕자님의 발바닥에 바퀴들이 [나타나] 있는데 그들 바퀴에는 천 개의 바퀴살과 테와 중심부가 있어 일체를 두루 갖춘 것 역시 대인에게 있는 대인상입니다.

③ 폐하, 이 왕자님은 속눈썹이 깁니다. …

④ 폐하, 이 왕자님은 손가락이 깁니다. …

⑤ 폐하, 이 왕자님은 손과 발이 부드럽고 섬세합니다. …

⑥ 폐하, 이 왕자님은 손가락과 발가락 사이마다 얇은 막이 있습니다. …

⑦ 폐하, 이 왕자님은 발꿈치가 발의 가운데 있습니다. …

⑧ 폐하, 이 왕자님은 장딴지가 마치 사슴 장딴지와 같습니다. …

⑨ 폐하, 이 왕자님은 꼿꼿이 서서 굽히지 않고도 두 손바닥으로 두 무릎을 만지고 문지를 수 있습니다. …

⑩ 폐하, 이 왕자님은 음경이 감추어진 것이 마치 말의 그것과 같습니다. …

⑪ 폐하, 이 왕자님은 몸이 황금색이어서 자마금(紫磨金)과 같습니다. …

⑫ 폐하, 이 왕자님은 살과 피부가 부드러워서 더러운 것이 몸에 붙지 않습니다. …

⑬ 폐하, 이 왕자님은 각각의 털구멍마다 하나의 털만 나있습니다. …

⑭ 폐하, 이 왕자님은 몸의 털이 위로 향해 있고 푸르고 검은 색이며 [소라처럼] 오른쪽으로 돌아 있습니다. …

⑮ 폐하, 이 왕자님은 몸이 넓고 곧습니다. …

⑯ 폐하, 이 왕자님은 [몸의] 일곱 군데가 풍만합니다. …

⑰ 폐하, 이 왕자님은 그 윗몸이 커서 마치 사자와 같습니다. …

⑱ 폐하, 이 왕자님은 어깨가 잘 뭉쳐져 있습니다. …

⑲ 폐하, 이 왕자님은 니그로다 나무처럼 몸 모양이 둥글게 균형이 잡혔는데, 신장과 두 팔을 벌린 길이가 같습니다. …

⑳ 폐하, 이 왕자님은 등이 편편하고 곧습니다. …

㉑ 폐하, 이 왕자님은 섬세한 미각을 가졌습니다. …

㉒ 폐하, 이 왕자님은 턱이 사자와 같습니다. …

㉓ 폐하, 이 왕자님은 이가 40개입니다. …

㉔ 폐하, 이 왕자님은 이가 고릅니다. …

㉕ 폐하, 이 왕자님은 이가 성글지 않습니다. …

㉖ 폐하, 이 왕자님은 이가 아주 흽니다. …

㉗ 폐하, 이 왕자님은 혀가 아주 깁니다. …

㉘ 폐하, 이 왕자님은 범천의 목소리를 가져서 가릉빈가 새 소리와 같습니다. …

㉙ 폐하, 이 왕자님은 눈동자가 검푸릅니다. …

㉚ 폐하, 이 왕자님은 속눈썹이 소와 같습니다. …

㉛ 폐하, 이 왕자님은 두 눈썹 사이에 털이 나서, 희고 섬세한 솜을 닮았습니다. …

㉜ 폐하, 이 왕자님은 머리에 육계가 솟았습니다. 폐하, 왕자님의 머리에 육계가 솟은 것도 역시 대인에게 있는 대인상입니다."

1.33. "폐하, 왕자님은 이러한 서른두 가지 대인상을 갖추었습니다. 그런 대인상을 갖춘 분에게는 두 가지 길만이 열려 있고 다른 것은 없습니다. 만일 재가에 머물면 전륜성왕이 될 것입니다. 그는 정의로운 분이요 법다운 왕이며 사방을 정복한 승리자가 되어 나라를

안정되게 하고 일곱 가지 보배[七寶]를 두루 갖추게 됩니다. 그에게 이런 일곱 가지 보배들이 있으니 윤보, 상보, 마보, 보배보, 여인보, 장자보, 그리고 주장신보가 일곱 번째입니다. 천 명이 넘는 그의 아들들은 용감하고 훤칠하며 적군을 정복합니다. 그는 바다를 끝으로 하는 전 대지를 징벌과 무력을 쓰지 않고 법으로써 승리하여 통치합니다. 그런데 만일 그가 집을 나와 출가하면 아라한·정등각이 되어 세상의 장막을 벗겨버릴 것입니다.

비구들이여, 그러자 반두마 왕은 관상술에 능한 바라문들에게 새 옷을 선물하고 그들이 원하는 모든 것을 충족시켜 주었다."

위빳시의 이름

1.34. "비구들이여, 그리고 반두마 왕은 유모들에게 위빳시 왕자를 돌보게 했다. 어떤 이는 젖을 먹였고, 어떤 이는 목욕을 시켰고, 어떤 이는 업어주었고, 어떤 이는 무릎에 앉혀 얼러주었다. 추위, 더위, 지푸라기, 먼지 혹은 이슬이 위빳시 왕자를 괴롭히지 못하도록 밤낮으로 하얀 일산이 펴져 있었다. 비구들이여, 태어나면서부터 많은 사람들이 위빳시 왕자를 좋아하고 귀여워했다. 마치 많은 사람들이 청련, 홍련, 백련을 좋아하고 마음에 들어 하듯이 위빳시 왕자를 좋아하고 귀여워했다. 그는 이 사람 저 사람의 무릎에 앉혀 있곤 했다."

1.35. "비구들이여, 그런데 태어나면서부터 위빳시 왕자의 목소리는 사랑스럽고, 아름답고, 감미롭고, 매력적이었다. 마치 히말라야 산에 사는 까라위까(가릉빈가)27) 새의 목소리가 사랑스럽고, 아름답고,

---

27) 까라위까(Karavīka) 새는 인도에 있는 뻐꾸기의 일종이다. 인도신화에 의하면 이 새는 우기철에 생기는 구름만을 먹고 사는 히말라야에 있는 신

「대전기경」(D14) *61*

감미롭고, 매력적이듯이 위빳시 왕자의 목소리도 사랑스럽고, 아름답고, 감미롭고, 매력적이었다."

1.36. "비구들이여, 태어나면서부터 위빳시 왕자는 [유익한] 업의 결과로 생긴 하늘눈을 가졌다[天眼通]. 그는 그것으로 낮이든 밤이든 1유순 안에 있는 것을 두루 보았다."

1.37. "비구들이여, 태어나면서부터 위빳시 왕자는 삼십삼천의 신들처럼 눈을 깜박이지 않고 보았다. '왕자는 눈을 깜박이지 않고 본다.'라고 해서 위빳시 왕자에게 '위빳시, 위빳시'라는 이름이 생겼다.28)

비구들이여, 반두마 왕은 정무를 보려고 앉을 때 위빳시 왕자를 무릎에 올려놓고 정무를 가르쳤다. 비구들이여, 위빳시 왕자는 아버지의 무릎에 앉아 바른 방법으로 면밀하게 정무(政務)를 보았다29). '왕자는 바른 방법으로 면밀하게 정무를 본다.'라고 해서 위빳시 왕자에

비로운 새이며 불교에서도 아름다운 목소리를 가진 천상의 새로 받아들여졌다. 중국에서는 가릉빈가(迦陵頻伽)로 음역하였고 미음조(美音鳥)로 옮기기도 하였다.

28) 주석서에서는 다음의 두 가지로 위빳시(vipassai)라는 단어의 뜻을 해석하고 있다. 첫 번째 설명은 본 문단의 첫 번째 단락에 해당하는 것이고 두 번째 설명은 두 번째 단락에 해당하는 설명이다.
"위빳시(vipassi)라는 단어의 뜻은 이러하다. 눈을 깜빡일 때에도 어두움이 없이 청정함을 본다(passati). 그리고 열린(vivaṭehi) 눈으로 본다(passati)고 해서 위빳시라 한다. 두 번째는 이러하다. 면밀하고 면밀하게 (viceyya) 본다(passati)라고 해서 위빳시이다. 분석하고 분석해서(vicinitvā) 본다(passati)는 뜻이다."(DA.ii.454)

29) "정무를 본다는 것은 일(attha)에 대해서 알고 본다, 혹은 인도한다, 전개한다는 뜻이다."(DA.ii.455)

게 '위빳시, 위빳시'라는 이름이 생겼다."

1.38. "비구들이여, 그때 반두마 왕은 위빳시 왕자를 위해 세 개의 궁전을 짓게 했다. 한 개는 우기철을 위한 것이고, 또 한 개는 겨울철을 위한 것이고, 다른 하나는 여름철을 위한 것이었다. 그는 왕자가 다섯 가닥의 감각적 욕망을 즐기게 해주었다. 비구들이여, 위빳시 왕자는 우기의 넉 달 동안은 거기 우기철을 위한 궁전에서 머물렀다. 그곳엔 남자들이 없었으며 그는 오직 여자 악사들에 의해 둘러싸여 있었다. 그는 그 궁전에서 내려오지 않았다."

첫 번째 바나와라(태어남에 대한 부분)가 끝났다.

늙은 사람

2.1. "비구들이여, 많은 세월이 흘러, 몇 백 년 혹은 몇 천 년이 지났을 때30) 위빳시 왕자는 마부를 불러 말했다. '착한 마부여, 훌륭한 마차들을 준비하시오. 나는 공원으로 구경하러 가고자 하오.' '그렇게 하겠습니다, 왕자님.31)'이라고 위빳시 왕자에게 대답하고서 마부는 훌륭한 마차들을 준비한 뒤 '왕자님, 훌륭한 마차들을 준비하였습니다. 지금이 적당한 시간입니다.'라고 왕자에게 알렸다. 비구들이여, 그러자 위빳시 왕자는 훌륭한 마차에 오른 뒤 다른 훌륭한 마차들과 함께 공원을 향해 떠났다."

---

30) 위빳시 부처님 때 사람의 수명은 8만 년이었다.
31) 원문은 deva이다. deva는 신을 뜻하지만 왕을 부를 때도 사용한다. 그러므로 '폐하'로 옮겨야 할 단어이지만 우리말에 맞지 않으므로 문맥에 맞는 '왕자님'으로 옮겼다.

2.2. "그때 위빳시 왕자는 공원으로 가던 도중 한 노인을 보았다. 그는 허리가 꼬부라질 대로 꼬부라졌고, 지팡이를 의지해 비틀거리며 걷고 있었고, 병들었고, 젊음은 온데간데없이 사라져버렸다. 그것을 보고 마부를 불러 말했다.

'착한 마부여, 이 사람에게 무슨 일이 있는가? 이 사람의 머리는 다른 사람의 머리와 다르고, 이 사람의 몸도 또한 다른 사람의 몸과 다르지 않은가?'

'왕자님, 이 사람은 늙어서 그렇습니다.'

'착한 마부여, 왜 늙었다고 하는가?'

'왕자님, 이제 살 날이 얼마 남지 않았기 때문에 늙었다고 합니다.'

'착한 마부여, 그렇다면 나도 필경엔 늙을 것이며 늙음을 건너뛸 순 없지 않은가?'

'왕자님, 왕자님도 저도, 모든 사람들은 필경엔 늙을 것이며 늙음을 건너뛸 순 없습니다.'

'착한 마부여, 그렇다면 지금 공원으로 가는 것을 중단하고 내전으로 돌아가자.'

비구들이여, 그러자 마부는 '그렇게 하겠습니다, 왕자님.'이라고 위빳시 왕자에게 대답한 뒤 내전으로 되돌아갔다. 비구들이여, 위빳시 왕자는 거기 내전에서 괴로움과 슬픔으로 번민하였다. '아, 참으로 태어난 자에겐 반드시 늙음이 오나니 그 태어남이란 것이 참으로 혐오스럽구나![32]'라고 하면서."

---

32) '혐오스럽구나'로 옮긴 원어는 dhiratthu인데 dhi(r)+atthu로 분석 된다. dhi(Sk. dhik)는 불변사로 상대 혹은 대상을 저주할 때 쓰는 말이다. atthu는 √as(*to be*)의 명령형이다. 주석서에서는 "이러한 태어남을 혐

2.3. "비구들이여, 그러자 반두마 왕은 마부를 불러 이와 같이 말했다.

'착한 마부여, 왕자는 공원에서 즐거워하였는가? 착한 마부여, 왕자는 공원에서 마음이 흡족해 하였는가?'

'폐하, 왕자님은 공원에서 즐거워하지 않았습니다. 폐하, 왕자님은 공원에서 마음이 흡족해 하지도 않았습니다.'

'착한 마부여, 그렇다면 공원으로 가던 중에 왕자는 무엇을 보았는가?'

'폐하, 왕자님은 공원으로 가던 도중에 한 노인을 보았습니다. 그는 허리가 꼬부라질 대로 꼬부라졌고, 지팡이를 의지해 비틀거리며 걷고 있었고, 병들었고, 젊음은 온데간데없이 사라져버렸습니다. 그것을 보고 저를 불러 이렇게 말했습니다.

'착한 마부여, 이 사람에게 무슨 일이 있는가? 이 사람의 머리는 다른 사람의 머리와 다르고, 이 사람의 몸도 또한 다른 사람의 몸과 다르지 않은가?'

'왕자님, 이 사람은 늙어서 그렇습니다.'

'착한 마부여, 왜 늙었다고 하는가?'

'왕자님, 이제 살 날이 얼마 남지 않았기 때문에 늙었다고 합니다.'

'착한 마부여, 그렇다면 나도 필경엔 늙을 것이며 늙음을 건너뛸 순 없지 않은가?'

'왕자님, 왕자님도 저도, 모든 사람들은 필경엔 늙을 것이며 늙음을 건너뛸 순 없습니다.'

오한다(jigucchāmi)."(DA.ii.456)라고 설명하고 있어서 혐오스럽다로 옮겼다.

'착한 마부여, 그렇다면 지금 공원으로 가는 것을 중단하고 내전으로 돌아가자.'

폐하, 그래서 저는 '그렇게 하겠습니다, 왕자님.'이라고 위빳시 왕자에게 대답한 뒤 내전으로 되돌아왔습니다. 폐하, 위빳시 왕자님은 거기 내전에서 괴로움과 슬픔으로 번민하였습니다. '아, 참으로 태어난 자에겐 반드시 늙음이 오나니 그 태어남이란 것이 참으로 혐오스럽구나!'라고 하시면서.'"

2.4. "그때 반두마 왕에게 이런 생각이 들었다. '위빳시 왕자가 왕국을 포기하지 않아야 할 텐데, 위빳시 왕자가 집을 떠나 출가하지 말아야 할 텐데. 관상술에 능한 바라문들의 말이 진실이 아니어야 할 텐데.'라고. 비구들이여, 그러자 반두마 왕은 위빳시 왕자가 왕국을 포기하지 못하도록, 위빳시 왕자가 집을 떠나 출가하지 못하도록, 관상술에 능한 바라문들의 말이 거짓이 되도록, 위빳시 왕자가 더욱더 다섯 가닥의 감각적 욕망을 즐기게 해주었다. 비구들이여, 거기서 참으로 위빳시 왕자는 다섯 가닥의 감각적 욕망을 갖추고 완비하여 즐겼다."

병든 사람

2.5. "비구들이여, 많은 세월이 흘러, 몇 백 년 혹은 몇 천 년이 지났을 때 위빳시 왕자는 마부를 불러 말했다. '착한 마부여, 훌륭한 마차들을 준비하시오. 나는 공원으로 구경하러 가고자 하오.' …"

2.6. "그때 위빳시 왕자는 공원으로 가던 도중에 한 병든 사람을 보았다. 그는 중병에 걸려 아픔과 고통에 시달렸으며, 자기의 대소변

에 범벅이 되어 드러누워 있었고, 남들이 일으켜 세워주고 남들이 앉혀주었다. 그것을 보고 마부를 불러 말했다.

'착한 마부여, 이 사람에게 무슨 일이 있는가? 이 사람의 눈은 다른 사람의 눈과 다르고, 이 사람의 목소리도 또한 다른 사람의 목소리와 다르지 않은가?'

'왕자님, 이 사람은 병들어서 그렇습니다.'

'착한 마부여, 왜 병들었다고 하는가?'

'왕자님, 이제 병에서 일어날 기약이 없기 때문에 병들었다고 합니다.'

'착한 마부여, 그렇다면 나도 필경엔 병들 것이며 병듦을 건너뛸 순 없지 않은가?'

'왕자님, 왕자님도 저도, 모든 사람들은 필경엔 병들 것이며 병듦을 건너뛸 순 없습니다.'

'착한 마부여, 그렇다면 지금 공원으로 가는 것을 중단하고 내전으로 돌아가자.'

비구들이여, 그러자 마부는 '그렇게 하겠습니다, 왕자님.'이라고 위빳시 왕자에게 대답한 뒤 내전으로 되돌아갔다. 비구들이여, 위빳시 왕자는 거기 내전에서 괴로움과 슬픔으로 번민하였다. '아, 참으로 태어난 자에겐 반드시 늙음이 오고 반드시 병이 드나니, 그 태어남이란 것이 참으로 혐오스럽구나!'라고 하면서."

2.7. "비구들이여, 그러자 반두마 왕은 마부를 불러 이와 같이 말했다.

'착한 마부여, 왕자는 공원에서 즐거워하였는가? 착한 마부여, 왕자는 공원에서 마음이 흡족해 하였는가?'

'폐하, 왕자님은 공원에서 즐거워하지 않았습니다. 폐하, 왕자님은 공원에서 마음이 흡족해 하지도 않았습니다.'

'착한 마부여, 그렇다면 공원으로 가던 중에 왕자는 무엇을 보았는가?'

'폐하, 왕자님은 공원으로 가던 도중에 한 병든 사람을 보았습니다. … 폐하, 위빳시 왕자님은 거기 내전에서 괴로움과 슬픔으로 번민하였습니다. '아, 참으로 태어난 자에겐 반드시 늙음이 오고 반드시 병이 드나니, 그 태어남이란 것이 참으로 혐오스럽구나!'라고 하면서.'"

2.8. "그때 반두마 왕에게 이런 생각이 들었다. '위빳시 왕자가 왕국을 포기하지 않아야 할 텐데, 위빳시 왕자가 집을 떠나 출가하지 말아야 할 텐데. 관상술에 능한 바라문들의 말이 진실이 아니어야 할 텐데.'라고. 비구들이여, 그러자 반두마 왕은 위빳시 왕자가 왕국을 포기하지 못하도록, 위빳시 왕자가 집을 떠나 출가하지 못하도록, 관상술에 능한 바라문들의 말이 거짓이 되도록, 위빳시 왕자가 더욱더 다섯 가닥의 감각적 욕망을 즐기게 해주었다. 비구들이여, 거기서 참으로 위빳시 왕자는 다섯 가닥의 감각적 욕망을 갖추고 완비하여 즐겼다."

죽은 사람

2.9. "비구들이여, 많은 세월이 흘러, 몇 백 년 혹은 몇 천 년이 지났을 때 위빳시 왕자는 마부를 불러 말했다. '착한 마부여, 훌륭한 마차들을 준비하시오. 나는 공원으로 구경하러 가고자 하오.' …"

2.10. "그때 위빳시 왕자는 공원으로 가던 도중에 많은 사람들이 모여서 여러 가지로 염색한 옷을 입고 상여33)를 매고 오는 것을 보

았다. 그것을 보고 마부를 불러 말했다.

'착한 마부여, 왜 많은 사람들이 모여서 여러 가지로 염색한 옷을 입고 상여를 매고 오는가?'

'왕자님, 이 사람은 죽었기 때문입니다.'

'착한 마부여, 그렇다면 저 죽은 사람에게로 마차를 모시오.'

'그렇게 하겠습니다, 왕자님.' 마부는 위빳시 왕자에게 그렇게 대답한 뒤 죽은 사람에게로 마차를 몰았다. 비구들이여, 위빳시 왕자는 그 죽은 사람을 보았다. 보고서는 마부를 불러서 말했다.

'착한 마부여, 그렇다면 왜 죽었다고 하는가?'

'왕자님, 이제 어머니나 아버지나 다른 일가친척들이 더 이상 그를 보지 못하고, 그도 역시 더 이상 어머니나 아버지나 일가친척들을 보지 못하기 때문에 죽었다고 합니다.'

'착한 마부여, 그렇다면 나도 필경엔 죽을 것이며, 죽음을 건너뛸 순 없지 않은가? 폐하나 대비마마나 일가친척들이 더 이상 나를 보지 못하고, 나도 역시 더 이상 폐하나 대비마마나 일가친척들을 보지 못하지 않은가?'

'왕자님, 왕자님도 저도, 모든 사람들은 필경엔 죽을 것이며, 죽음을 건너뛸 순 없습니다. 폐하나 대비마마나 일가친척들이 더 이상 왕자님을 보지 못하고, 왕자님 역시 더 이상 폐하나 대비마마나 일가친척들을 보지 못하게 됩니다.'

'착한 마부여, 그렇다면 지금 공원으로 가는 것을 중단하고 내전으로 돌아가자.'

---

33) '상여'로 옮긴 원어는 milāta(시든 것)인데 주석서에서 sivikā(관, 가마, 들것)이라고 설명하고 있어서(*Ibid*) 상여로 옮겼다.

비구들이여, 그러자 마부는 '그렇게 하겠습니다, 왕자님.'이라고 위빳시 왕자에게 대답한 뒤 내전으로 되돌아갔다. 비구들이여, 위빳시 왕자는 거기 내전에서 괴로움과 슬픔으로 번민하였다. '아, 참으로 태어난 자에겐 반드시 늙음이 오고 반드시 병이 들고 반드시 죽음이 닥치나니, 그 태어남이란 것이 참으로 혐오스럽구나!'라고 하면서."

2.11. "비구들이여, 그러자 반두마 왕은 마부를 불러 이와 같이 말했다.

'착한 마부여, 왕자는 공원에서 즐거워하였는가? 착한 마부여, 왕자는 공원에서 마음이 흡족해 하였는가?'

'폐하, 왕자님은 공원에서 즐거워하지 않았습니다. 폐하, 왕자님은 공원에서 마음이 흡족해 하지도 않았습니다.'

'착한 마부여, 그렇다면 공원으로 가던 중에 왕자는 무엇을 보았는가?'

'폐하, 왕자님은 공원으로 가던 도중에 많은 사람들이 모여서 여러 가지로 염색된 옷을 입고 상여를 매고 오는 것을 보았습니다. 그것을 보고 저를 불러 말했습니다.

'착한 마부여, 왜 많은 사람들이 모여서 여러 가지로 염색된 옷을 입고 상여를 매고 오는가?'

'왕자님, 이 사람은 죽었기 때문입니다.'

'착한 마부여, 그렇다면 저 죽은 사람에게로 마차를 모시오.'

…

폐하, 위빳시 왕자님은 거기 내전에서 괴로움과 슬픔으로 번민하였습니다. '아, 참으로 태어난 자에겐 반드시 늙음이 오고 반드시 병이 들고 반드시 죽나니, 그 태어남이란 것이 참으로 혐오스럽구나!'라고 하면서.'"

2.12. "그때 반두마 왕에게 이런 생각이 들었다. '위빳시 왕자가 왕국을 포기하지 않아야 할 텐데, 위빳시 왕자가 집을 떠나 출가하지 말아야 할 텐데. 관상술에 능한 바라문들의 말이 진실이 아니어야 할 텐데.'라고. 비구들이여, 그러자 반두마 왕은 위빳시 왕자가 왕국을 포기하지 못하도록, 위빳시 왕자가 집을 떠나 출가하지 못하도록, 관상술에 능한 바라문들의 말이 거짓이 되도록, 위빳시 왕자가 더욱더 다섯 가닥의 감각적 욕망을 즐기게 해주었다. 비구들이여, 거기서 참으로 위빳시 왕자는 다섯 가닥의 감각적 욕망을 갖추고 완비하여 즐겼다."

출가자

2.13. "비구들이여, 많은 세월이 흘러, 몇 백 년 혹은 몇 천 년이 지났을 때 위빳시 왕자는 마부를 불러 말했다. '착한 마부여, 훌륭한 마차들을 준비하시오. 나는 공원으로 구경하러 가고자 하오.' '그렇게 하겠습니다, 왕자님.'이라고 위빳시 왕자에게 대답하고서 마부는 훌륭한 마차들을 준비한 뒤 '왕자님, 훌륭한 마차들을 준비하였습니다. 지금이 적당한 시간입니다.'라고 왕자에게 알렸다. 비구들이여, 그러자 위빳시 왕자는 훌륭한 마차에 오른 뒤 다른 훌륭한 마차들과 함께 공원을 향해 떠났다."

2.14. "그때 위빳시 왕자는 공원으로 가던 도중에 머리를 깎고 물들인 옷을 입은 출가자[34]를 보았다. 그를 보고 마부를 불러 말했다.

---

34) 물론 불교의 출가자가 아닐 것이다. 인도 전통에서 출가(pabbajita)는 불교에만 있는 것은 아니다. 집을 떠나 독신생활을 하는 수행자를 사문

'착한 마부여, 이 사람에게 무슨 일이 있는가? 이 사람의 머리는 다른 사람의 머리와 다르고, 이 사람의 옷도 또한 다른 사람의 옷과 다르지 않은가?'

'왕자님, 이 사람은 출가자라서 그렇습니다.'

'착한 마부여, 왜 출가자라고 하는가?'

'왕자님, 이 사람은 참으로 법대로 잘 실천하고 고요함을 잘 실천하고 유익함을 받들어 행하고 항상 공덕을 짓고 해코지를 전혀 하지 않고 뭇 생명에 대해서 항상 연민하기 때문에 출가자라 합니다.'

'착한 마부여, 저 출가자는 법대로 잘 실천하고 고요함을 잘 실천하고 유익함을 받들어 행하고 항상 공덕을 짓고 해코지를 전혀 하지 않고 뭇 생명에 대해서 항상 연민하다니 참으로 좋구나. 착한 마부여, 그렇다면 저 출가자에게로 마차를 모시오.'

'그렇게 하겠습니다, 왕자님.'이라고 마부는 위빳시 왕자에게 대답한 뒤 출가자에게로 마차를 몰았다. 비구들이여, 그러자 위빳시 왕자는 그 출가자에게 이렇게 말했다.

'착한 분이시여, 당신께 무슨 일이 있습니까? 당신의 머리는 다른 사람의 머리와 다르고, 당신의 옷도 또한 다른 사람의 옷과 다르지 않습니까?'

'왕자님, 나는 출가자라서 그렇습니다.'

'착한 분이시여, 왜 출가자라고 합니까?'

'왕자님, 나는 참으로 법대로 잘 실천하고 고요함을 잘 실천하고 유익함을 받들어 행하고 항상 공덕을 짓고 해코지를 전혀 하지 않고 뭇 생명에 대해서 항상 연민하기 때문에 출가자라 합니다.'

(sāmaṇa)이라 통칭하였다.

'착한 분이시여, 당신이 법대로 잘 실천하시고 고요함을 잘 실천하시고 유익함을 받들어 행하시고 항상 공덕을 지으시고 해코지를 전혀 하지 않으시고 뭇 생명에 대해서 항상 연민하시다니 참으로 좋습니다.'"

보살의 출가

2.15. "비구들이여, 그러자 위빳시 왕자는 마부를 불러서 말했다.
'착한 마부여, 그렇다면 그대는 지금 마차를 가지고 여기서 내전으로 돌아가시오. 나는 지금 머리와 수염을 깎고 물들인 옷을 입고 집을 떠나 출가할 것이오.'
그러자 마부는 '그렇게 하겠습니다, 왕자님.'이라고 위빳시 왕자에게 대답한 뒤 내전으로 돌아갔다. 위빳시 왕자는 거기서 머리와 수염을 깎고 물들인 옷을 입고 집을 떠나 출가하였다."

많은 사람들도 따라서 출가함

2.16. "비구들이여, 수도 반두마띠에 사는 8만 4천의 많은 사람들은 위빳시 왕자가 머리와 수염을 깎고 물들인 옷을 입고 집을 떠나 출가하였다고 들었다. 그 말을 듣자 그들에게 이런 생각이 들었다. '위빳시 왕자가 머리와 수염을 깎고 물들인 옷을 입고 집을 떠나 출가하였다니, 참으로 그 법과 율은 범상한 것이 아닐 것이다. 참으로 그 출가는 범상한 것이 아닐 것이다. 그런데 참으로 왜 우리는 출가하지 못한단 말인가?'
비구들이여, 그러자 8만 4천의 많은 사람들은 머리와 수염을 깎고 물들인 옷을 입고 위빳시 보살이 집을 떠나 출가하는 것을 따라서 출

가하였다. 비구들이여, 위빳시 보살은 그 회중에 둘러싸여 마을과 성읍과 수도에서 유행(遊行)을 하였다."

2.17. "비구들이여, 그때 위빳시 보살이 한적한 곳에 가서 홀로 앉아 있는 중에 '내가 사람들로 붐비는 곳에 머무는 것은 적당하지 않다. 그러니 나는 혼자 무리로부터 은둔하여 지내야겠다.'라는 이런 고찰이 마음속에 일어났다. 비구들이여, 그러자 위빳시 보살은 나중에 혼자 무리로부터 은둔하여 지냈다. 이처럼 8만 4천 명이 가는 것과 위빳시 보살이 가는 것은 서로 달랐다."

보살의 천착

2.18. "비구들이여, 그때 위빳시 보살이 한적한 곳에 가서 홀로 앉아 있는 중에 이러한 고찰이 마음속에 일어났다. '참으로 이 세상은 고통으로 가득하구나. 태어나고 늙고 죽고 죽어서는 다시 태어난다.35) 그러나 늙음·죽음이라는 이 괴로움의 출구를 꿰뚫어 알지 못한다. 도대체 어디서 늙음·죽음[老死]이라는 이 괴로움의 출구를 꿰뚫어 알 것인가?'36)

---

35) "[죽어서는 다시 태어난다]는 이 둘은 각각 죽음의 [마음](cuti)과 재생연결[식](paṭisandhi)을 두고 한 말이다."(DA.ii.459) 죽음의 마음과 재생연결식에 대해서는 『아비담마 길라잡이』 3장 §8의 해설을 참조할 것.

36) 이하 연기법의 구성요소[緣起各支]를 늙음·죽음으로부터 올라가면서 관찰하고 있다. 본경에서 설해지고 있는 연기법의 특징은 무명과 행이 언급되지 않고 알음알이 ↔ 정신·물질의 상호관계로, 즉 식연명색(識緣名色)과 명색연식(名色緣識)의 순환구조로 연기의 순관(順觀)과 역관(逆觀)을 설하고 있다는 것이다. 그러므로 본경은 10지(十支) 연기를 설하고 있다. 자세한 것은 아래 주해를 참조할 것.
연기각지(緣起各支)의 설명은 『청정도론』 XVII장에 상세하게 설명되어 비구들이여, 그러자 위빳시 보살에게 이런 생각이 들었다. '무엇이 있을 때 늙음·죽음이 있으며 무엇을 조건으로 하여 늙음·죽음이 있는가?'라고. 비구들이여, 그러자 위빳시 보살은 지혜로운 주의[如理作意]37)를 통해서 마침내 '태어남이 있을 때 늙음·죽음이 있으며 태어남을 조건으로 하여 늙음·죽음이 있다.'라고 통찰지로 분명하게 꿰뚫어 보았다.

비구들이여, 그러자 위빳시 보살에게 이런 생각이 들었다. '무엇이 있을 때 태어남이 있으며 무엇을 조건으로 하여 태어남이 있는가?'라고. 비구들이여, 그러자 위빳시 보살은 지혜로운 주의를 통해서 마침내 '존재[有]가 있을 때 태어남이 있으며 존재를 조건으로 하여 태어남이 있다.'라고 통찰지로 분명하게 꿰뚫어 보았다.

비구들이여, 그러자 위빳시 보살에게 이런 생각이 들었다. '무엇이 있을 때 존재가 있으며 무엇을 조건으로 하여 존재가 있는가?'라고. 비구들이여, 그러자 위빳시 보살은 지혜로운 주의를 통해서 마침내 '취착[取]이 있을 때 존재가 있으며 취착을 조건으로 하여 존재가 있다.'라고 통찰지로 분명하게 꿰뚫어 보았다.

비구들이여, 그러자 위빳시 보살에게 이런 생각이 들었다. '무엇이 있을 때 취착이 있으며 무엇을 조건으로 하여 취착이 있는가?'라고

있으므로 참조하기 바란다.

37) '지혜로운 주의[如理作意]'로 옮긴 원어는 요니소 마나시까라(yoniso manasikāra)인데 초기불전연구원의 다른 번역서에서는 '근원적으로 마음에 잡도리함'이나 '지혜롭게 마음에 잡도리함'으로 옮겼다. 그리고 manasikāra가 단독으로 나타날 때는 예전대로 '마음에 잡도리함'으로 옮겼으며, 동사 manasikaroti는 '마음에 잘 새기다'로 옮겼다. 그리고 지혜로운 주의와 반대되는 ayoniso manasikāra는 '지혜롭지 못한 주의[非如理作意]'로 옮겼다.

비구들이여, 그러자 위빳시 보살은 지혜로운 주의를 통해서 마침내 '갈애[愛]가 있을 때 취착이 있으며 갈애를 조건으로 하여 취착이 있다.'라고 통찰지로 분명하게 꿰뚫어 보았다.

비구들이여, 그러자 위빳시 보살에게 이런 생각이 들었다. '무엇이 있을 때 갈애가 있으며 무엇을 조건으로 하여 갈애가 있는가?'라고. 비구들이여, 그러자 위빳시 보살은 지혜로운 주의를 통해서 마침내 '느낌[受]이 있을 때 갈애가 있으며 느낌을 조건으로 하여 갈애가 있다.'라고 통찰지로 분명하게 꿰뚫어 보았다.

비구들이여, 그러자 위빳시 보살에게 이런 생각이 들었다. '무엇이 있을 때 느낌이 있으며 무엇을 조건으로 하여 느낌이 있는가?'라고. 비구들이여, 그러자 위빳시 보살은 지혜로운 주의를 통해서 마침내 '감각접촉[觸]이 있을 때 느낌이 있으며 감각접촉을 조건으로 하여 느낌이 있다.'라고 통찰지로 분명하게 꿰뚫어 보았다.

비구들이여, 그러자 위빳시 보살에게 이런 생각이 들었다. '무엇이 있을 때 감각접촉이 있으며 무엇을 조건으로 하여 감각접촉이 있는가?'라고. 비구들이여, 그러자 위빳시 보살은 지혜로운 주의를 통해서 마침내 '여섯 감각장소[六入]가 있을 때 감각접촉이 있으며 여섯 감각장소를 조건으로 하여 감각접촉이 있다.'라고 통찰지로 분명하게 꿰뚫어 보았다.

비구들이여, 그러자 위빳시 보살에게 이런 생각이 들었다. '무엇이 있을 때 여섯 감각장소가 있으며 무엇을 조건으로 하여 여섯 감각장소가 있는가?'라고. 비구들이여, 그러자 위빳시 보살은 지혜로운 주의를 통해서 마침내 '정신·물질[名色]이 있을 때 여섯 감각장소가 있으며 정신·물질을 조건으로 하여 여섯 감각장소가 있다.'라고 통찰지로 분명하게 꿰뚫어 보았다.

비구들이여, 그러자 위빳시 보살에게 이런 생각이 들었다. '무엇이 있을 때 정신·물질이 있으며 무엇을 조건으로 하여 정신·물질이 있는가?'라고. 비구들이여, 그러자 위빳시 보살은 지혜로운 주의를 통해서 마침내 '알음알이[識]가 있을 때 정신·물질이 있으며 알음알이를 조건으로 하여 정신·물질이 있다.'라고 통찰지로 분명하게 꿰뚫어 보았다.

비구들이여, 그러자 위빳시 보살에게 이런 생각이 들었다. '무엇이 있을 때 알음알이가 있으며 무엇을 조건으로 하여 알음알이가 있는가?'라고. 비구들이여, 그러자 위빳시 보살은 지혜로운 주의를 통해서 마침내 '정신·물질[名色]이 있을 때 알음알이가 있으며 정신·물질을 조건으로 하여 알음알이가 있다.'라고 통찰지로 분명하게 꿰뚫어 보았다."

2.19. 비구들이여, 그러자 위빳시 보살에게 이런 생각이 들었다. '이 알음알이는 정신·물질에 다시 되돌아오고 더 이상 넘어가지 않는다.38) 이렇게 하여 태어나고 늙고 죽고 죽어서는 다시 태어난다.

---

38) "그러면 여기서 어떤 알음알이가 되돌아오고 넘어가지 않는가? ① 재생연결식(paṭisandhi-viññāṇa)과 ② 위빳사나의 지혜(vipassanā-ñāṇa)이다. 여기서 재생연결식은 '조건(paccaya, 緣)으로부터' 되돌아오고 위빳사나의 지혜는 '대상(ārammaṇa, 境)으로부터' 되돌아온다. 이 둘은 정신·물질[名色]을 넘어서지 못하고 정신·물질을 뛰어넘지 못한다."(DA. ii.460)
여기에 대해서 복주서는 다음과 같이 부연한다. "여기서 '조건으로부터'라는 것은 '원인의 [조건인] 상카래[行]로부터'라는 뜻이다. … '대상으로부터'라는 것은 '무명과 상카라라는 대상으로부터', 혹은 '과거의 존재(전생의 존재)라 불리는 대상으로부터'라는 뜻이다. 무명과 상카래[행]는 과거의 존재에 포함되기 때문이다. 알음알이는 과거의 존재로부터 되돌아오기

즉 정신·물질을 조건으로 하여 알음알이가, 알음알이를 조건으로 하여 정신·물질이, 정신·물질을 조건으로 하여 여섯 감각장소가, 여섯 감각장소를 조건으로 하여 감각접촉이, 감각접촉을 조건으로 하여 느낌이, 느낌을 조건으로 하여 갈애가, 갈애를 조건으로 하여 취착이, 취착을 조건으로 하여 존재가, 존재를 조건으로 하여 태어남이, 태어남을 조건으로 하여 늙음·죽음과 근심·탄식·육체적 고통·정신적 고통·절망이 있다. 이와 같이 전체 괴로움의 무더기[苦蘊]가 일어난다.

비구들이여, 위빳시 보살에게는 '일어남, 일어남'이라고 전에 들어보지 못한 법들에 대한 눈[眼]이 생겼다. 지혜[智]가 생겼다. 통찰지

때문에 되돌아온다고 한 것이다."(DA.T.ii.64)
아비담마의 지식이 없는 사람에게는 주석서와 복주서의 설명이 어렵게 느껴질 수도 있을 것이다. 여기서 논의의 초점은 삼세양중인과(三世兩重因果)에서 전생의 두 원인인 무명과 상카라[行]를 배제하고 금생의 시작인 재생연결식으로부터 시작해서 일어나는 알음알이의 조건을 금생에다 초점을 맞추고 있다는 점이다. 24가지 조건의 측면에서 보자면 상카라는 재생연결식에게 원인의 조건이 된다. 그러나 재생연결식이 생길 때 함께 생긴 정신·물질은 함께 생긴 조건 등이 된다. 본경은 이러한 함께 생긴 조건 등이 되는 정신·물질이라는 금생의 조건에 초점을 맞추고 있다.
그리고 위빳사나의 지혜를 일으키는 알음알이는 당연히 정신·물질이다. 위빳사나의 대상은 열 가지 추상물질을 제외한 72가지 구경법인 정신·물질이기 때문이다.(『아비담마 길라잡이』 7장 §1과 6장 §4를 참조할 것)
주석서와 복주서는 이렇게 두 가지 입장에서 알음알이↔정신·물질의 상호관계를 설명하고 있다. 까다로운 것 같지만 아비담마를 이해하면 어려운 설명이 전혀 아니다.
복주서의 설명처럼 무명과 행은 과거 생에 포함되기 때문에 여기서처럼 현재 생에 초점을 맞추어 연기를 설명할 때는 이 둘을 제외시키고 10지(十支) 연기에 초점을 맞추고 있다. 연기를 과거 생으로 거슬러 올라가서 이해하지 않고 금생 안에서 이해하고 있는 것이 본경에서 설하는 10지 연기의 핵심이다.

[慧]가 생겼다. 영지[明]가 생겼다. 광명[光]이 생겼다."39)

2.20. "비구들이여, 그때 위빳시 보살에게 이러한 생각이 들었다. '무엇이 없을 때 늙음·죽음[老死]이 없으며 무엇이 소멸하기 때문에 늙음·죽음이 소멸하는가?'라고. 비구들이여, 그러자 위빳시 보살은 지혜로운 주의를 통해서 마침내 '태어남[生]이 없을 때 늙음·죽음이 없으며 태어남이 소멸하기 때문에 늙음·죽음이 소멸한다.'라고 통찰지로 분명하게 꿰뚫어 보았다.

비구들이여, 그러자 위빳시 보살에게 이런 생각이 들었다. '무엇이 없을 때 태어남이 없으며 무엇이 소멸하기 때문에 태어남이 소멸하는가?'라고. 비구들이여, 그러자 위빳시 보살은 지혜로운 주의를 통해서 마침내 '존재[有]가 없을 때 태어남이 없으며 존재가 소멸하기 때문에 태어남이 소멸한다.'라고 통찰지로 분명하게 꿰뚫어 보았다.

비구들이여, 그러자 위빳시 보살에게 이런 생각이 들었다. '무엇이 없을 때 존재가 없으며 무엇이 소멸하기 때문에 존재가 소멸하는가?'라고. 비구들이여, 그러자 위빳시 보살은 지혜로운 주의를 통해서 마침내 '취착[取]이 없을 때 존재가 없으며 취착이 소멸하기 때문에 존재가 소멸한다.'라고 통찰지로 분명하게 꿰뚫어 보았다.

비구들이여, 그러자 위빳시 보살에게 이런 생각이 들었다. '무엇이 없을 때 취착이 없으며 무엇이 소멸하기 때문에 취착이 소멸하는가?'

---

39) 주석서는 "이 구문을 통해서 무엇을 설하신 것인가? 이것이 있을 때 저것이 있다는 조건(paccaya, 緣)을 인식(sañjānana)하게 하기 위해서 설하셨으며 과정을 닦음(vīthi-paṭipanna)을 통해서 '얕은(어린) 위빳사나(taruṇa-vipassanā)'를 설하셨다."(DA.ii.461)라고 적고 있다. 이를 통해서 볼 때 주석서는 이 정형구의 경지는 아직 완전한 깨달음에 이른 것으로는 인정하지 않고 있음을 알 수 있다.

라고. 비구들이여, 그러자 위빳시 보살은 지혜로운 주의를 통해서 마침내 '갈애[愛]가 없을 때 취착이 없으며 갈애가 소멸하기 때문에 취착이 소멸한다.'라고 통찰지로 분명하게 꿰뚫어 보았다.

비구들이여, 그러자 위빳시 보살에게 이런 생각이 들었다. '무엇이 없을 때 갈애가 없으며 무엇이 소멸하기 때문에 갈애가 소멸하는가?'라고. 비구들이여, 그러자 위빳시 보살은 지혜로운 주의를 통해서 마침내 '느낌[受]이 없을 때 갈애가 없으며 느낌이 소멸하기 때문에 갈애가 소멸한다.'라고 통찰지로 분명하게 꿰뚫어 보았다.

비구들이여, 그러자 위빳시 보살에게 이런 생각이 들었다. '무엇이 없을 때 느낌이 없으며 무엇이 소멸하기 때문에 느낌이 소멸하는가?'라고. 비구들이여, 그러자 위빳시 보살은 지혜로운 주의를 통해서 마침내 '감각접촉[觸]이 없을 때 느낌이 없으며 감각접촉이 소멸하기 때문에 느낌이 소멸한다.'라고 통찰지로 분명하게 꿰뚫어 보았다.

비구들이여, 그러자 위빳시 보살에게 이런 생각이 들었다. '무엇이 없을 때 감각접촉이 없으며 무엇이 소멸하기 때문에 감각접촉이 소멸하는가?'라고. 비구들이여, 그러자 위빳시 보살은 지혜로운 주의를 통해서 마침내 '여섯 감각장소[六入]가 없을 때 감각접촉이 없으며 여섯 감각장소가 소멸하기 때문에 감각접촉이 소멸한다.'라고 통찰지로 분명하게 꿰뚫어 보았다.

비구들이여, 그러자 위빳시 보살에게 이런 생각이 들었다. '무엇이 없을 때 여섯 감각장소가 없으며 무엇이 소멸하기 때문에 여섯 감각장소가 소멸하는가?'라고. 비구들이여, 그러자 위빳시 보살은 지혜로운 주의를 통해서 마침내 '정신·물질[名色]이 없을 때 여섯 감각장소가 없으며 정신·물질이 소멸하기 때문에 여섯 감각장소가 소멸한다.'라고 통찰지로 분명하게 꿰뚫어 보았다.

비구들이여, 그러자 위빳시 보살에게 이런 생각이 들었다. '무엇이 없을 때 정신·물질이 없으며 무엇이 소멸하기 때문에 정신·물질이 소멸하는가?'라고. 비구들이여, 그러자 위빳시 보살은 지혜로운 주의를 통해서 마침내 '알음알이[識]가 없을 때 정신·물질이 없으며 알음알이가 소멸하기 때문에 정신·물질이 소멸한다.'라고 통찰지로 분명하게 꿰뚫어 보았다.

비구들이여, 그러자 위빳시 보살에게 이런 생각이 들었다. '무엇이 없을 때 알음알이가 없으며 무엇이 소멸하기 때문에 알음알이가 소멸하는가?'라고. 비구들이여, 그러자 위빳시 보살은 지혜로운 주의를 통해서 마침내 '정신·물질[名色]이 없을 때 알음알이가 없으며 정신·물질이 소멸하기 때문에 알음알이가 소멸한다.'라고 통찰지로 분명하게 꿰뚫어 보았다."

2.21. 비구들이여, 그러자 위빳시 보살에게 이런 생각이 들었다. '나는 참으로 깨달음을 위한 위빳사나의 도40)를 증득하였다. 즉 정

---

40) 원어는 vipassanā-maggo이다. 그러나 미얀마 육차결집본에는 단지 maggo로만 나타난다. 그리고 육차결집본 주석서에 "maggo ti vipassanāmaggo"(DA.ii.461에 해당하는 육차결집본)라고 주석하고 있는 것을 볼 때(그러나 PTS본 주석서에는 이 구절이 나타나지 않는다. PTS본의 저본으로 사용된 스리랑카 고 필사본에는 이 구절이 나타나지 않았던 것 같다.) 역자의 입장에서 보자면 경의 원문은 vipassanā-maggo(위빳사나의 도)보다는 maggo(도)가 더 타당한 듯하다. vipassanā-magga라는 표현은 주석서와 복주서에서 몇 번 나타날 뿐 다른 경에서는 전혀 나타나지 않기 때문이다. 위빳시 보살과 위빳사나를 연결짓기 위해서 스리랑카의 필사본들에는 이렇게 적혀서 유통된 것이 아닌가 생각된다. 물론 이것은 역자의 추측일 뿐이다.
위빳시에 대해서는 본경 §1.37의 주해를 참조할 것.

신·물질이 소멸하기 때문에 알음알이가 소멸하고, 알음알이가 소멸하기 때문에 정신·물질이 소멸하고, 정신·물질이 소멸하기 때문에 여섯 감각장소가 소멸하고, 여섯 감각장소가 소멸하기 때문에 감각접촉이 소멸하고, 감각접촉이 소멸하기 때문에 느낌이 소멸하고, 느낌이 소멸하기 때문에 갈애가 소멸하고, 갈애가 소멸하기 때문에 취착이 소멸하고, 취착이 소멸하기 때문에 존재가 소멸하고, 존재가 소멸하기 때문에 태어남이 소멸하고, 태어남이 소멸하기 때문에 늙음·죽음과 근심·탄식·육체적 고통·정신적 고통·절망이 소멸한다. 이와 같이 전체 괴로움의 무더기[苦蘊]가 소멸한다.

비구들이여, 위빳시 보살에게는 '소멸, 소멸'이라고 전에 들어 보지 못한 법들에 대한 눈[眼]이 생겼다. 지혜[智]가 생겼다. 통찰지[慧]가 생겼다. 영지[明]가 생겼다. 광명[光]이 생겼다."

해탈의 실현

2.22. "비구들이여, 그러자 위빳시 보살은 그 후에[41] [나 등으로] 취착하는 다섯 가지 무더기들[五取蘊][42]에 대해서 일어나고 사라짐에 대한 관찰을 하면서 머물렀다. '이것이 물질이다. 이것이 물질의 일어남이다. 이것이 물질의 사라짐이다. 이것이 느낌이다. 이것이 느낌의 일어남이다. 이것이 느낌의 사라짐이다. 이것이 인식이다. 이것이 인식의 일어남이다. 이것이 인식의 사라짐이다. 이것이 상카라[行]들이다. 이것이 상카라들의 일어남이다. 이것이 상카라들의 사라짐이

---

41) "'그 후에(aparena samayena)'라는 것은 이와 같이 조건[緣]과 조건의 소멸[緣滅]을 분명하게 본 그 다음(aparabhāga)에."(*Ibid*)

42) "취착하는 무더기[取蘊, upādānakkhandhā]란 취착의 조건이 되는 무더기(upādānassa paccayabhūtā khandhā)이다."(*Ibid*)

다. 이것이 알음알이다. 이것이 알음알이의 일어남이다. 이것이 알음알이의 사라짐이다.'라고. 그가 [나 등으로] 취착하는 다섯 가지 무더기들[五取蘊]에 대해서 일어나고 사라짐에 대한 관찰을 하면서 머물자 오래지 않아 취착이 없어져서 번뇌들로부터 마음이 해탈하였다."43)

두 번째 바나와라가 끝났다.

범천의 권청(勸請)

3.1. "비구들이여, 그때 위빳시 세존·아라한·정등각께 이런 생각이 들었다. '나는 참으로 법을 설하리라.'라고. 비구들이여, 그런데 다시 위빳시 세존·아라한·정등각께 이런 생각이 들었다. '내가 증득한 이 법은 심오하여 알아차리기도 이해하기도 힘들며, 평화롭고 숭고하며, 단순한 사유의 영역을 넘어서 있고 미묘하여 오로지 현자만이 알아볼 수 있을 것이다. 그러나 사람들은 감각적 쾌락44)을 좋

---

43) 본경의 이 문맥을 잘 읽어 보면 연기법의 순관과 역관을 통해서 위빳사나의 도(vipassanā-magga)를 얻고(§2.21), 이를 바탕으로 본 문단에서 오취온의 일어나고 사라짐을 관찰하여(udayavyaya-anupassī) 해탈하였다고 밝히고 있다. 다시 말하면 연기구조의 통찰을 통해서 연기구조의 정점을 알음알이와 정신·물질의 상호관계(식연명색, 명색연식)로 극명하게 드러낸 뒤, 이 정신·물질이란 오온을 일컫는 것이므로 오온의 일어남과 사라짐을 통찰하여 해탈을 성취한 것으로 밝히고 있다.
그리고 분명히 본경에서는 연기법에 대한 안·지·혜·명·광이 생긴 것을 두고 해탈이라고 하지 않고 위빳사나의 도를 얻은 것이라 표현하고 있으며 주석서에서는 얕은 위빳사나(taruṇa-vipassanā)를 얻은 것이라고 표현하고 있다.(위 §2.19의 주해 참조)

44) '감각적 쾌락'으로 옮긴 원어는 ālaya이다. 주석서는 "중생들은 다섯 가닥의 감각적 욕망들에서 쾌락을 가진다(ālayati). 그러므로 그것들을 감각적 쾌락(ālaya)이라 부른다. 108가지 갈애를 지속적으로 생각하는 것에 쾌락

「대전기경」(D14) *83*

아하고 감각적 쾌락에 물들어 있고 감각적 쾌락에 탐닉하고 있다. 감각적 쾌락을 좋아하고 감각적 쾌락에 물들어 있고 감각적 쾌락에 탐닉하는 사람들이 이런 경지, 즉 '이것의 조건짓는 성질[此緣性]'45)인 연기(緣起)46)를 본다는 것은 어려울 것이다. 또한 모든 형성된 것[行]들을 가라앉힘[止],47) 일체의 생존에 대한 집착을 포기함, 갈애의 소진, 욕망의 빛바램[離慾], 소멸, 열반, — 이러한 것을 본다는 것은 어려울 것이다. 설혹 내가 법을 가르친다 하더라도 저들이 내 말을 완전하게 알지 못한다면 그것은 나에게 피로를 줄 뿐이고 그것은 나에게 성가신 일이다.'라고."48)

을 가진다. 그래서 감각적 쾌락이라 부른다."(DA.ii.464)라고 설명한다. 한편『청정도론 복주서』에서는 "alaya는 다섯 가닥의 감각적 욕망, 혹은 모든 대상에 대한 욕망, 혹은 욕계, 색계, 무색계인 이 세 가지 형태의 존재에 대한 욕망이라 불린다."(Pm.535)로 설명하고 있다.

ālaya는 ā+√lī(to cling)에서 파생된 명사로서 유식(唯識)에서 아뢰야로 음역되는 바로 그 단어이다. 문자적인 의미는 '달라붙다'이며 그래서 '집착, 욕망, 소유물, 의지처' 등의 의미로 쓰인다. 유식에서 모든 유위(有爲)의 최종의 의지처라는 의미로 알라야 윈냐나(아뢰야식)를 설하는 것은 후대에 발전된 개념이다.

45) '이것의 조건짓는 성질'로 옮긴 원어는 idappaccayatā이다. 이 단어는 idaṁ(이것)+paccaya(조건)에다 추상명사형 어미 '-tā'를 붙여서 만든 합성어이다. 주석서는 다음과 같이 설명한다. "이들의 조건이 '이것의 조건'이다. '이것의 조건'이 '이것의 조건짓는 성질'이다.(imesaṁ paccayā idappaccayā, idappaccayā eva idappaccayatā)"(DA.ii.464)

46) 연기(緣起, paṭiccasamuppāda)에 대한 문자적인 설명은『청정도론』XVII.15 이하에 상세하게 나타난다.

47) 주석서에서는 이 이하의 술어들은 모두 열반을 지칭한다고 설명한다. (sabbaṁ nibbānam eva — Ibid)

48) 전법(傳法)에 대한 이 부분(§§3.1~3.7)은 부처님의 성도와 전법을 결심하시는 과정을 서술하고 있는『중부』「성구경」(M26)과『중부』「긴

3.2. "비구들이여, 다시 위빳시 세존·아라한·정등각에게 이전에 들어 보지 못한 이러한 게송이 즉석에서 떠올랐다.

'어렵게 나는 증득했나니
이제 드러낼 필요가 있을까.
탐욕과 성냄으로 가득한 자들이
이 법을 실로 잘 깨닫기란 어렵다.
흐름을 거스르고49) 미묘하고 깊고
보기 어렵고 미세한 법을
어둠의 무더기로 덮여 있고
탐욕에 빠진 자들은 보지 못한다.'

비구들이여, 위빳시 세존·아라한·정등각께서는 이와 같이 숙고하면서 그의 마음은 법을 설하기보다는 무관심으로 기울었다.

비구들이여, 그때 어떤 대범천이 마음으로 위빳시 세존·아라한·정등각이 일으키신 생각을 알고서 이렇게 생각하였다. '오, 세상은 끝이로구나. 세상은 파멸하는구나. 참으로 위빳시 세존·아라한·정등각께서 법을 설하기보다는 무관심으로 마음을 기울이시다니!'라고."

3.3. "비구들이여, 그러자 대범천은 마치 힘 센 사람이 구부렸던 팔을 펴고 폈던 팔을 구부리는 것처럼 범천의 세상에서 사라져서 위

삿짜까 경」(M36)과 일치한다.

49) "흐름을 거스르는 것(paṭisotagāmi)이란 항상함 등[常·樂·我·淨]의 흐름을 거슬러서 무상이요 고요 무아요 부정하다고 전개되는 네 가지 진리(사성제)의 법이다."(DA.ii.465)

빳시 세존·아라한·정등각 앞에 나타났다. 비구들이여, 그러자 대범천은 한쪽 어깨가 드러나게 윗옷을 입고 오른쪽 무릎을 땅에 대고 위빳시 세존·아라한·정등각을 향해 합장하여 인사를 올리면서 이렇게 말했다.

'세존이시여, 세존께서는 법을 설하소서. 선서께서는 법을 설하소서. 눈에 먼지가 적게 들어간 중생들이 있습니다. 법을 듣지 않으면 그들은 파멸할 것입니다. [그러나 법을 들으면] 그들은 법에 대해 구경의 지혜를 가진 자가 될 것입니다.'라고."

3.4. "비구들이여, 이렇게 말하자 위빳시 세존·아라한·정등각께서는 대범천에게 이렇게 말하였다. '대범천이여, 나에게 이런 생각이 들었소. '나는 참으로 법을 설하리라.'라고. 대범천이여, 그런데 다시 나에게 이런 생각이 들었소. '내가 증득한 이 법은 심오하여 알아차리기도 이해하기도 힘들며, 평화롭고 숭고하며, 단순한 사유의 영역을 넘어서 있고 미묘하여 오로지 현자만이 알아볼 수 있을 것이다. 그러나 사람들은 감각적 쾌락을 좋아하고 감각적 쾌락에 물들어 있고 감각적 쾌락에 탐닉하고 있다. 감각적 쾌락을 좋아하고 감각적 쾌락에 물들어 있고 감각적 쾌락에 탐닉하는 사람들이 이런 경지, 즉 이것의 조건짓는 성질[此緣性]인 연기를 본다는 것은 어려울 것이다. 또한 모든 형성된 것들을 가라앉힘, 일체의 생존에 대한 집착을 포기함, 갈애의 소진, 욕망의 빛바램, 소멸, 열반 — 이러한 것을 본다는 것은 어려울 것이다. 설혹 내가 법을 가르친다 하더라도 저들이 내 말을 완전하게 알지 못한다면, 그것은 나에게 피로를 줄 뿐이고, 그것은 나에게 성가신 일이다.'라고.

대범천이여, 다시 나에게 이전에 들어 보지 못한 이러한 게송이 즉

석에서 떠올랐소.

'어렵게 나는 증득했나니
이제 드러낼 필요가 있을까.
탐욕과 성냄으로 가득한 자들이
이 법을 실로 잘 깨닫기란 어렵다.
흐름을 거스르고 미묘하고 깊고
보기 어렵고 미세한 법을
어둠의 무더기로 덮여 있고
탐욕에 빠진 자들은 보지 못한다.'

대범천이여, 내가 이와 같이 숙고하면서 나의 마음은 법을 설하기보다는 무관심으로 기울었소.'라고"

3.5. "비구들이여, 그러자 두 번째로 대범천은 위빳시 세존·아라한·정등각께 …"

3.6. "비구들이여, 그러자 세 번째로 대범천은 위빳시 세존·아라한·정등각께 이렇게 말했다.
'세존이시여, 세존께서는 법을 설하소서. 선서께서는 법을 설하소서. 눈에 먼지가 적게 들어간 중생들이 있습니다. 법을 듣지 않으면 그들은 파멸할 것입니다. [그러나 법을 들으면] 그들은 법에 대해 구경의 지혜를 가지게 될 것입니다.'라고
비구들이여, 그러자 위빳시 세존·아라한·정등각께서는 범천의 간청을 충분히 고려하신 뒤 중생에 대한 연민 때문에 부처의 눈[佛眼]으로 세상을 두루 살펴보셨다. 비구들이여, 위빳시 세존·아라한·정

등각께서는 부처의 눈으로 세상을 두루 살펴보면서 중생들 가운데는 [눈에] 때가 엷게 가린 사람도 때가 두텁게 가린 사람도 있고, [근기가] 높은 사람도 낮은 사람도 있고, 선량한 자질을 가진 사람, 나쁜 자질을 가진 사람, 가르치기 쉬운 사람, 가르치기 어려운 사람도 있으며, 어떤 사람들은 내생(來生)과 비난에 대해서 두려움을 보며 지내는 것도 보았다. 예를 들면 어떤 청련이나 홍련이나 백련은 물에서 생겨나 물속에서 성장하고 물에 잠겨 그 속에서만 자란다. 어떤 청련이나 홍련이나 백련은 물속에서 생겨나 물속에서 성장하여 물의 표면에 닿는다. 어떤 청련이나 홍련이나 백련은 물에서 생겨나 물에서 성장하여 물로부터 벗어나서 당당하게 서서 물에 물들지 않는다. 비구들이여, 그와 마찬가지로 위빳시 세존·아라한·정등각께서는 부처의 눈으로 세상을 두루 살펴보면서 중생들 가운데는 [눈에] 때가 엷게 가린 사람도 때가 두텁게 가린 사람도 있고, [근기가] 높은 사람도 낮은 사람도 있고, 선량한 자질을 가진 사람, 나쁜 자질을 가진 사람, 가르치기 쉬운 사람, 가르치기 어려운 사람도 있으며, 어떤 사람들은 내생과 비난에 대해서 두려움을 보며 지내는 것도 보았다."

3.7. "비구들이여, 그때 대범천은 마음으로 위빳시 세존·아라한·정등각이 일으키신 생각을 알고서 위빳시 세존·아라한·정등각께 이런 게송을 읊었다.

> '마치 산꼭대기에 선 자가
> 모든 곳에서 [아래에 있는] 사람들을 볼 수 있듯이
> 모두를 볼 수 있는 눈을 가지신 분이시여,
> 현자시여, 그와 같이 법으로 충만한 궁전을 오르소서.

슬픔에 빠지고 태어남과 늙음에 압도된 저들을
슬픔을 제거한 분께서는 굽어 살피소서.
영웅이시여, 전쟁에서 승리하신 분이시여,
대상(隊商)의 우두머리시여,
빚진 것이 없는 분이시여, 일어서소서.
세상에 유행(遊行)하소서. 세존께서는 법을 설하소서.
구경의 지혜를 가진 자들이 생길 것입니다.'

비구들이여, 그러자 위빳시 세존·아라한·정등각께서는 대범천에게 게송으로 대답하셨다.

'그들에게 불사(不死)의 문50)은 열렸도다.
귀를 가진 자 믿음을 내어라.
범천이여, 이 미묘하고 숭고한 법이 인간들 사이에서
해악을 초래할지도 모른다는 인식 때문에51)

---

50) "불사의 문(amatassa dvāra)이란 성스러운 도(ariya-magga, 팔정도)이다. 이것은 불사라 불리는 열반의 문이기 때문이다."(DA.ii.471)
'불사(不死)'로 옮긴 amata는 a(부정접두어)+√mṛ(to die)의 과거분사 형이며 명사로 쓰여서 '죽지 않음' 즉 불사로 옮긴다. 이것은 불사약 즉 만병통치약이란 의미가 되어 중국에서 감로로 옮기기도 하였다. 서양에서는 Nectar 혹은 Ambrosia로 옮긴다. 열반의 동의어이다.

51) 방편을 붙이지 않은 부처님의 가르침은 아무리 봐도 현생에서 즐거움을 누리려는 사람들에게는 어울리지 않는 가르침이다. 그것은 인생의 궁극적인 문제를 두고 고뇌하는 자들을 위한 가르침이기 때문이다. 세속적 즐거움에 모든 가치를 부여하고 사는 사람들이나, 천상에 나는 것으로 종교를 삼거나, 존재론적 실체를 상정하여 그것과 하나됨을 목적으로 삼고 살아가는 사람들에게 법은 성가시고 귀찮을 뿐만 아니라, 없애버리고 싶기조차 한 그런 대상으로 전락하고 말 것이다. 과연 출격장부의 길을 가고자 하는 사람이 몇 명이나 될까? 그러기에 부처님께서 이렇게도 법륜을 굴리

나는 설하지 않으려 하였다.'라고.

비구들이여, 그러자 대범천은 '나는 위빳시 세존·아라한·정등각께서 법을 설하시도록 기회를 만들어 드렸다.'라고 [생각하고] 위빳시 세존·아라한·정등각께 절을 올리고 오른쪽으로 [세 번] 돌아 [경의를 표한] 뒤 그곳에서 사라졌다."

두 명의 상수제자

3.8. "비구들이여, 그때 위빳시 세존·아라한·정등각께 이런 생각이 들었다. '누구에게 나는 제일 먼저 법을 가르쳐야 할까? 누가 이 법을 빠르게 이해할까?'라고. 그러자 위빳시 세존·아라한·정등각께 이런 생각이 들었다. '칸다 왕자와 띳사 궁중제관의 아들이 수도 반두마띠에 살고 있다. 그들은 현명하고 영민하고 지혜롭고 오랜 세월 동안 [눈에] 때가 엷게 가린 자들이다. 그러니 나는 칸다 왕자와 띳사 궁중제관의 아들에게 제일 먼저 법을 가르쳐야겠다. 그들은 이 법을 빠르게 이해할 것이다.'

비구들이여, 그러자 위빳시 세존·아라한·정등각께서는 마치 힘센 사람이 구부렸던 팔을 펴고 폈던 팔을 구부리는 것처럼 깨달음을 이루신 나무52) 아래에서 사라져서 수도 반두마띠에 있는 케마의 녹

시기를 주저하셨으리라.

52) '깨달음을 이룬 나무'는 bodhi-rukkha의 역어이다. 본경 §1.8에 의하면 위빳시 부처님은 빠딸리 나무 아래서 깨달음을 이루었으므로 위빳시 부처님이 깨달음을 이룬 나무는 빠딸리 나무이다. 한편 중국에서 깨달음을 이룬 나무를 보리수(菩提樹)로 옮겼는데 bodhi를 보리(菩提)로, rukkha를 수(樹)로 옮긴 것이다. 엄밀히 말하면 부처님들에 따라 보리수(菩提樹)는 다르다. 여기에 대해서는 본경 §1.8을 참조할 것.

야원에 나타나셨다."

3.9. "비구들이여, 그러자 위빳시 세존·아라한·정등각께서는 동산지기를 불러서 말씀하셨다. '이리 오라, 착한 동산지기여. 그대는 수도 반두마띠에 들어가서 칸다 왕자와 띳사 궁중제관의 아들에게 '존자들이여, 위빳시 세존·아라한·정등각께서 수도 반두마띠에 도착해서 케마의 녹야원에 머무십니다. 그분은 두 분을 만나고자 하십니다.'라고 말하여라.'

비구들이여, '그렇게 하겠습니다, 세존이시여.'라고 동산지기는 위빳시 세존·아라한·정등각께 대답한 뒤 수도 반두마띠에 들어가서 칸다 왕자와 띳사 궁중제관의 아들에게 이렇게 말하였다.

'존자들이시여, 위빳시 세존·아라한·정등각께서 수도 반두마띠에 도착해서 케마의 녹야원에 머무십니다. 그분께서는 두 분을 만나고자 하십니다.'라고"

3.10. "비구들이여, 그러자 칸다 왕자와 띳사 궁중제관의 아들은 아주 멋진 마차들을 준비하고는 그 멋진 마차에 올라 그렇게 멋진 마차들을 거느리고 수도 반두마띠를 나가서 케마의 녹야원으로 들어갔다. 더 이상 마차로 갈 수 없는 곳에 이르자 마차에서 내린 뒤 걸어서 위빳시 세존·아라한·정등각께로 다가갔다. 가서는 위빳시 아라한·정등각께 절을 올린 뒤 한 곁에 앉았다."

3.11. "그러자 위빳시 세존·아라한·정등각께서는 그들에게 순차적인 가르침을 설하셨다. 보시의 가르침, 계의 가르침, 천상의 가르침, 감각적 욕망들의 위험과 타락과 오염됨, 출리(出離)의 공덕을 밝

혀주셨다. 세존께서는 그들의 마음이 준비가 되고 마음이 부드러워지고 마음의 장애가 없어지고 마음이 고무되고 마음에 깨끗한 믿음이 생겼다고 아셨을 때, 모든 부처님들께서 찾아내신 괴로움[苦]과 일어남[集]과 소멸[滅]과 도[道]라는 법의 가르침을 드러내셨다. 마치 얼룩이 없는 깨끗한 천이 고르게 잘 염색되는 것처럼 칸다 왕자와 띳사 궁중제관의 아들에게는 그 자리에서 '일어나는 법은 그 무엇이든 모두 멸하기 마련인 법이다[集法卽滅法]'라는 티 없고 때가 없는 법의 눈[法眼]이 생겼다."

3.12. "그들은 법을 보았고 법을 얻었고 법을 체득했고 법을 간파했고 의심을 건넜고 혼란을 제거했고 무외를 얻었고 스승의 교법에서 남에게 의지하지 않게 되었다. 그들은 위빳시 세존·아라한·정등각께 이렇게 말씀드렸다.

'경이롭습니다, 세존이시여. 경이롭습니다, 세존이시여. 마치 넘어진 자를 일으켜 세우시듯, 덮여있는 것을 걷어내 보이시듯, [방향을] 잃어버린 자에게 길을 가리켜 주시듯, '눈 있는 자 형상을 보라.'고 어둠 속에서 등불을 비춰 주시듯, 세존께서는 여러 가지 방편으로 법을 설해주셨습니다. 저희는 이제 세존께 귀의하옵고, 법에 또한 귀의하옵니다.53) 세존이시여, 저희는 세존의 곁으로 출가하고자 합니다. 저희는 구족계를 받고자 합니다.'라고"

3.13. "비구들이여, 칸다 왕자와 띳사 궁중제관의 아들은 위빳시 세존·아라한·정등각의 곁으로 출가하였고 구족계를 받았다. 위빳

---

53) "아직 비구 승가는 충족되지 않았으므로 두 가지 언급만으로 귀의하였다."
(DA.ii.474)

시 세존·아라한·정등각께서는 그들에게 법다운 이야기로 가르치고 격려하고 분발하게 하고 기쁘게 하고 형성된 것[行]들의 위험과 타락과 오염됨을 밝혀주셨고 열반의 이익을 밝혀주셨다. 위빳시 세존·아라한·정등각께서 그들에게 법다운 이야기로 가르치고 격려하고 분발하게 하고 기쁘게 하시자 오래되지 않아서 그들의 마음은 취착이 없어져서 번뇌들로부터 해탈하였다."

많은 사람들의 출가

3.14. "비구들이여, 수도 반두마띠에 사는 8만 4천의 많은 사람들은 위빳시 세존·아라한·정등각께서 수도 반두마띠에 도착하여 케마의 녹야원에 머무신다고 들었다. 그리고 칸다 왕자와 띳사 궁중제관의 아들도 머리와 수염을 깎고 물들인 옷을 입고 집을 떠나 위빳시 세존·아라한·정등각의 곁으로 출가하였다고 들었다. 그 말을 듣자 그들에게 이런 생각이 들었다. '칸다 왕자와 띳사 궁중제관의 아들이 머리와 수염을 깎고 물들인 옷을 입고 집을 떠나 출가하였다니 참으로 그 법과 율은 범상한 것이 아닐 것이다. 참으로 그 출가는 범상한 것이 아닐 것이다. 그런데 칸다 왕자와 띳사 궁중제관의 아들이 위빳시 세존·아라한·정등각의 곁으로 머리와 수염을 깎고 물들인 옷을 입고 집을 떠나 출가하였는데 왜 우리는 출가하지 못한단 말인가?'

비구들이여, 그러자 8만 4천의 많은 사람들은 수도 반두마띠에서 나와 케마의 녹야원으로 위빳시 세존·아라한·정등각께 다가갔다. 가서는 위빳시 세존·아라한·정등각께 절을 올린 뒤 한 곁에 앉았다."

3.15. "그러자 위빳시 세존·아라한·정등각께서는 그들에게 순차

적인 가르침을 설하셨다. 보시의 가르침, 계의 가르침, 천상의 가르침, 감각적 욕망들의 위험과 타락과 오염됨, 출리의 공덕을 밝혀주셨다. 세존께서는 그들의 마음이 준비가 되고 마음이 부드러워지고 마음의 장애가 없어지고 마음이 고무되고 마음에 깨끗한 믿음이 생겼다고 아셨을 때, 모든 부처님들께서 찾아내신 괴로움[苦]과 일어남[集]과 소멸[滅]과 도[道]라는 법의 가르침을 드러내셨다. 마치 얼룩이 없는 깨끗한 천이 고르게 잘 염색되는 것처럼 8만 4천의 많은 사람들에게는 그 자리에서 '일어나는 법은 그 무엇이든 모두 멸하기 마련인 법이다[集法卽滅法]'라는 티 없고 때가 없는 법의 눈이 생겼다."

3.16. "그들은 법을 보았고 법을 얻었고 법을 체득했고 법을 간파했고 의심을 건넜고 혼란을 제거했고 무외를 얻었고 스승의 교법에서 남에게 의지하지 않게 되었다. 그들은 위빳시 세존·아라한·정등각께 이렇게 말씀드렸다.

'경이롭습니다, 세존이시여. 경이롭습니다, 세존이시여. 마치 넘어진 자를 일으켜 세우시듯, 덮여있는 것을 걷어내 보이시듯, [방향을] 잃어버린 자에게 길을 가리켜 주시듯, '눈 있는 자 형상을 보라.'고 어둠 속에서 등불을 비춰 주시듯, 세존께서는 여러 가지 방편으로 법을 설해주셨습니다. 저희는 이제 세존께 귀의하옵고, 법에 또한 귀의하옵니다. 세존께서는 저희를, 오늘부터 목숨이 있는 날까지 귀의한 청신사로 받아 주소서. 세존이시여, 저희는 세존의 곁으로 출가하고자 합니다. 저희는 구족계를 받고자 합니다.'라고"

3.17. "비구들이여, 수도 반두마띠에 사는 8만 4천의 많은 사람들은 위빳시 세존·아라한·정등각의 곁으로 출가하였고 구족계를 받

앉다. 위빳시 세존·아라한·정등각께서는 그들에게 법다운 이야기로 가르치고 격려하고 분발하게 하고 기쁘게 하고 형성된 것[行]들의 위험과 타락과 오염됨을 밝혀주셨고 열반의 이익을 밝혀주셨다. 위빳시 세존·아라한·정등각께서 그들에게 법다운 이야기로 가르치고 격려하고 분발하게 하고 기쁘게 하시자 오래되지 않아서 그들의 마음은 취착이 없어져서 번뇌들로부터 해탈하였다."

이전에 출가한 자들이 법을 꿰뚫어 앎

3.18. "비구들이여, 전에 출가한 8만 4천의 출가자들은 위빳시 세존·아라한·정등각께서 수도 반두마띠에 도착하여 케마의 녹야원에 머무시며 법을 설하신다고 들었다."

3.19. "비구들이여, 그러자 8만 4천의 출가자들은 수도 반두마띠에서 나와 케마의 녹야원으로 위빳시 세존·아라한·정등각께 다가갔다. 가서는 위빳시 세존·아라한·정등각께 절을 올린 뒤 한 곁에 앉았다."

3.20. "그러자 위빳시 세존·아라한·정등각께서는 그들에게 순차적인 가르침을 설하셨다. 보시의 가르침, 계의 가르침, 천상의 가르침, 감각적 욕망들의 위험과 타락과 오염됨, 출리의 공덕을 밝혀주셨다. 세존께서는 그들의 마음이 준비가 되고 마음이 부드러워지고 마음의 장애가 없어지고 마음이 고무되고 마음에 깨끗한 믿음이 생겼음을 아시게 되었을 때 모든 부처님들께서 찾아내신 괴로움[苦]과 일어남[集]과 소멸[滅]과 도[道]라는 법의 가르침을 드러내셨다. 마치 얼룩이 없는 깨끗한 천이 바르게 잘 염색되는 것처럼 8만 4천의 출가

자들에게는 그 자리에서 '일어나는 법은 그 무엇이든 모두 멸하기 마련인 법이다[集法卽滅法]'라는 티 없고 때가 없는 법의 눈이 생겼다."

3.21. "그들은 법을 보았고 법을 얻었고 법을 체득했고 법을 간파했고 의심을 건넜고 혼란을 제거했고 무외를 얻었고 스승의 교법에서 남에게 의지하지 않게 되었다. 그들은 위빳시 세존·아라한·정등각께 이렇게 말씀드렸다.

'경이롭습니다, 세존이시여. 경이롭습니다, 세존이시여. 마치 넘어진 자를 일으켜 세우시듯, 덮여있는 것을 걷어내 보이시듯, [방향을] 잃어버린 자에게 길을 가리켜 주시듯, '눈 있는 자 형상을 보라.'고 어둠 속에서 등불을 비춰 주시듯, 세존께서는 여러 가지 방편으로 법을 설해주셨습니다. 저는 이제 세존께 귀의하옵고, 법과 비구 승가에 또한 귀의하옵니다. 세존이시여, 저희는 세존의 곁으로 출가하고자 합니다. 저희는 구족계를 받고자 합니다.'라고."54)

"비구들이여, 8만 4천의 출가자들은 위빳시 세존·아라한·정등각의 곁으로 출가하였고 구족계를 받았다. 위빳시 세존·아라한·정등각께서는 그들에게 법다운 이야기로 가르치고 격려하고 분발하게 하고 기쁘게 하고 형성된 것[行]들의 위험과 타락과 오염됨을 밝혀주셨고 열반의 이익을 밝혀주셨다. 위빳시 세존·아라한·정등각께서 그들에게 법다운 이야기로 가르치고 격려하고 분발하게 하고 기쁘게 하시자 오래되지 않아서 그들의 마음은 취착이 없어져서 번뇌들로부터 해탈하였다."

---

54) 이들은 전에는 임의로 출가한 것이지 깨달은 부처님으로부터 구족계를 받은 것이 아니다. 이런 과정을 통해서 비구 승가의 일원이 되었다.

유행(遊行)을 허락하심

3.22. "비구들이여, 그 무렵에 수도 반두마띠에는 6백만 명의 많은 비구 승가가 머무르고 있었다. 비구들이여, 그때 위빳시 세존·아라한·정등각께서 한적한 곳에 가서 홀로 앉아 있는 중에 이러한 고찰이 마음속에 일어났다. '지금 수도 반두마띠에는 6백만 명의 많은 비구 승가가 머무르고 있다. 나는 이제 비구들에게 이와 같이 허락해야겠다. '비구들이여, 많은 사람의 이익을 위하고 많은 사람의 행복을 위하고 세상을 연민하고 신과 인간의 이상과 이익과 행복을 위하여 유행을 떠나라. 둘이서 같은 길로 가지 말라.55) 비구들이여, 법을 설하라. 시작도 훌륭하고 중간도 훌륭하고 끝도 훌륭하게 [법을 설하고], 의미와 표현을 구족하여 법56)을 설하여 더할 나위 없이 완벽하고 지극히 청정한 범행을 드러내어라. 눈에 먼지가 적게 들어간 중생들이 있다. 법을 듣지 않으면 그들은 파멸할 것이다. [그러나 법을 들으면] 그들은 법에 대해 구경의 지혜를 가질 것이다. 그러나 매 6년마다 계목(빠띠목카)을 배우기 위해서57) 수도 반두마띠로 모여라.'라고"

---

55) 원어는 mā ekena dve인데 『상응부 주석서』에 "한 길을 두 사람이 가지 마라는 뜻이다."(SA.i.172)라고 설명하고 있어서 '둘이서 같은 길로 가지 말라.'고 옮겼다.

56) '시작도 훌륭하고 중간도 훌륭하고 끝도 훌륭하게 [법을 설하고], 의미와 표현을 구족한 법'의 상세한 설명은 『청정도론』 VII.69 이하를 참조할 것.

57) '계목을 배움'으로 옮긴 원어는 pātimokkha-uddesa이다. 계목에 대해서는 본서 제2경 「사문과경」(D2) §42의 주해와 『청정도론』 I.43 이하를 참조할 것.
함께 모여서 계목을 배운다는 것은 통일된 승가를 유지하는 가장 기본 되는 길이다. 부처님 재세 시부터 포살(우뽀사타)일에 비구들이 함께 모여 계를 외우는 것은 승단을 유지하는 가장 기본적인 틀로 지켜졌다. 이것은

3.23. "비구들이여, 그때 어떤 대범천이 마음으로 위빳시 세존·아라한·정등각이 일으키신 생각을 알고서 마치 힘 센 사람이 구부렸던 팔을 펴고 폈던 팔을 구부리는 것처럼 범천의 세상에서 사라져서 위빳시 세존·아라한·정등각 앞에 나타났다. 비구들이여, 그러자 대범천은 한쪽 어깨가 드러나게 윗옷을 입고 위빳시 세존·아라한·정등각을 향해 합장하여 인사를 올린 뒤 이렇게 말했다.

'참으로 그러합니다, 세존이시여. 참으로 그러합니다, 세존이시여. 세존이시여, 지금 수도 반두마띠에는 6백만 명의 많은 비구 승가가 머무르고 있습니다. 세존이시여, 세존께서는 이제 비구들에게 이와 같이 허락하십시오. '비구들이여, 많은 사람의 이익을 위하고 많은 사람의 행복을 위하고 세상을 연민하고 신과 인간의 이상과 이익과 행복을 위하여 유행을 떠나라. 둘이서 같은 길로 가지 말라. 비구들이여, 법을 설하라. 시작도 훌륭하고 중간도 훌륭하고 끝도 훌륭하게 [법을 설하고], 의미와 표현을 구족하여 법을 설하여, 더할 나위 없이 완벽하고 지극히 청정한 범행을 드러내어라. 눈에 먼지가 적게 들어간 중생들이 있다. 법을 듣지 않으면 그들은 파멸할 것이다. [그러나

지금의 모든 불교국가에서도 변함없이 지켜지고 있다. 그리고 본서 제3권 「전륜성왕 사자후경」(D26) 등에서는 전륜성왕이 국가를 유지하는 기본적인 틀도 포살일을 준수하는 것으로 들고 있으며, 폭력을 사용하지 않고 적을 정복한 뒤 설하는 것도 기본 5계의 계목이다. 여기 위빳시 부처님의 일대기에서도 계목을 배우기 위해서 정기적으로 모이는 것을 승단을 유지하는 중요한 사항으로 들고 있다. 건전한 상식과 건전한 도덕성이 결여된 집단은 그것이 승단이든 국가든 오래 존속될 수가 없다.
여기서 6년마다 모이라고 한 것은 그들의 수명이 8만년이기 때문이다. 그러므로 석가모니 부처님 당시에 보름마다 계목을 외운 것과 같은 주기라고 보면 되겠다.

법을 들으면] 그들은 법에 대해 구경의 지혜를 가질 것이다. 그러나 매 6년마다 계목(빠띠목카)을 배우기 위해서 수도 반두마띠로 모여라.'라고.'

비구들이여, 그 대범천은 이렇게 말하였다. 그는 이렇게 말한 뒤 위빳시 세존·아라한·정등각께 절을 올리고 오른쪽으로 [세 번] 돌아 [경의를 표한] 뒤 그곳에서 사라졌다."

3.24. "비구들이여, 그러자 위빳시 세존·아라한·정등각은 해거름에 홀로 앉음에서 일어나서 비구들을 불러서 말씀하셨다. '비구들이여, 내가 한적한 곳에 가서 홀로 앉아 있는 중에 이러한 고찰이 마음속에 일어났다. '지금 수도 반두마띠에는 6백만 명의 많은 비구 승가가 머무르고 있다. 나는 이제 비구들에게 이와 같이 허락해야겠다. '비구들이여, 많은 사람의 이익을 위하고 많은 사람의 행복을 위하고 세상을 연민하고 신과 인간의 이상과 이익과 행복을 위하여 유행을 떠나라. 둘이서 같은 길로 가지 말라. 비구들이여, 법을 설하라. 시작도 훌륭하고 중간도 훌륭하고 끝도 훌륭하게 [법을 설하고], 의미와 표현을 구족하여 법을 설하여, 더할 나위 없이 완벽하고 지극히 청정한 범행을 드러내어라. 그들의 눈에 먼지가 적게 들어간 중생들이 있다. 법을 듣지 않으면 그들은 파멸할 것이다. [그러나 법을 들으면] 그들은 법에 대해 구경의 지혜를 가진 자들이 될 것이다. 그러나 매 6년마다 계목(빠띠목카)을 배우기 위해서 수도 반두마띠로 모여라.'라고.'"

3.25. "비구들이여, 그때 어떤 대범천이 마음으로 내가 일으킨 생각을 알고서 마치 힘 센 사람이 구부렸던 팔을 펴고 폈던 팔을 구부리는 것처럼 범천의 세상에서 사라져서 내 앞에 나타났다. 비구들이

여, 그러자 대범천은 한쪽 어깨가 드러나게 윗옷을 입고 나를 향해 합장하여 인사를 올린 뒤 이렇게 말했다.

'참으로 그러합니다, 세존이시여. 참으로 그러합니다, 세존이시여. 세존이시여, 지금 수도 반두마띠에는 6백만 명의 많은 비구 승가가 머무르고 있습니다. 세존이시여, 세존께서는 이제 비구들에게 이와 같이 허락하십시오. '비구들이여, 많은 사람의 이익을 위하고 많은 사람의 행복을 위하고 세상을 연민하고 신과 인간의 이상과 이익과 행복을 위하여 유행을 떠나라. 둘이서 같은 길로 가지 말라. 비구들이여, 법을 설하라. 시작도 훌륭하고 중간도 훌륭하고 끝도 훌륭하게 [법을 설하고], 의미와 표현을 구족하여 법을 설하여, 더할 나위 없이 완벽하고 지극히 청정한 범행을 드러내어라. 그들의 눈에 먼지가 적게 들어간 중생들이 있다. 법을 듣지 않으면 그들은 파멸할 것이다. [그러나 법을 들으면] 그들은 법에 대해 구경의 지혜를 가진 자들이 될 것이다. 그러나 매 6년마다 계목(빠띠목카)을 배우기 위해서 수도 반두마띠로 모여라.'라고.'

비구들이여, 그 대범천은 이렇게 말하였다. 그는 이렇게 말한 뒤 나에게 절을 올리고 오른쪽으로 [세 번] 돌아 [경의를 표한] 뒤 그곳에서 사라졌다."

3.26. "비구들이여, 나는 이제 허락하노라. 비구들이여, 많은 사람의 이익을 위하고 많은 사람의 행복을 위하고 세상을 연민하고 신과 인간의 이상과 이익과 행복을 위하여 유행을 떠나라. 둘이서 같은 길로 가지 말라. 비구들이여, 법을 설하라. 시작도 훌륭하고 중간도 훌륭하고 끝도 훌륭하게 [법을 설하고], 의미와 표현을 구족하여 법을 설하여, 더할 나위 없이 완벽하고 지극히 청정한 범행을 드러내어라.

그들의 눈에 먼지가 적게 들어간 중생들이 있다. 법을 듣지 않으면 그들은 파멸할 것이다. [그러나 법을 들으면] 그들은 법에 대해 구경의 지혜를 가진 자들이 될 것이다. 그러나 매 6년마다 계목(빠띠목카)을 배우기 위해서 수도 반두마띠로 모여라."

3.27. "비구들이여, 그 시기에 염부제(인도)에는 8만 4천의 승원이 있었다. 일 년이 지나면 신들은 '존자들이여, 일 년이 지났습니다. 앞으로 5년이 남았습니다. 5년 뒤에는 계목을 배우기 위해서 수도 반두마띠로 가야 합니다.'라고 소리를 내었다. 2년이 지나면 신들은 '존자들이여, 2년이 지났습니다. 앞으로 4년이 남았습니다. 4년 뒤에는 계목을 배우기 위해서 수도 반두마띠로 가야 합니다.'라고 소리를 내었다. 3년이 지나면 … 4년이 지나면 … 5년이 지나면 … 6년이 지나면 신들은 '존자들이여, 6년이 지났습니다. 이제 계목을 배우기 위해서 수도 반두마띠로 가야 할 때입니다.'라고 소리를 내었다.

비구들이여, 그러면 그 비구들 중에서 어떤 자들은 자신의 신통의 힘으로, 어떤 자들은 신들의 신통의 힘으로 같은 날에 계목을 배우기 위해서 수도 반두마띠로 모였다."

3.28. "비구들이여, 거기서 위빳시 세존·아라한·정등각은 비구승가에게 이와 같이 계목을 가르쳤다.

'관용이 [그 특징인] 인욕은 최상의 고행이고[58]
열반은 최상이라고 부처님들은 설하신다.

---

58) "관용(titikkhā)이란 인욕(khanti)의 동의어이다. 그러므로 관용이라 불리는 감내하는(adhivāsana) 인욕이 최상의 고행이라는 뜻이다."(DA.ii. 478)

남을 해치는 자는 출가자가 아니며
남을 괴롭히는 자는 사문이 아니기 때문이다.(Dhp.184)

모든 악59)을 행하지 않고 유익함[善]60)을 구족하며
자신의 마음을 깨끗하게 하는 것61) ―
이것이 모든 부처님들의 교법이다.62)(Dhp.183)

비방하지 않고 해치지 않고 계목으로 단속하며
음식에서 적당함을 알고 외딴 거처에 머물며
높은 마음에 전념하는 것63) ―
이것이 모든 부처님들의 교법이다.(Dhp.185)'"

---

59) 여기서 '악'으로 옮긴 원어는 pāpa이다. 본서 전체에서는 악이나 사악함으로 옮기고 있다. 주석서에서는 악을 해로움(akusala, 不善)으로 설명하고 있다.(sabbapāpassā ti sabbākusalassa ― DA.ii.478)

60) 주석서에서는 욕계, 색계, 무색계, 출세간의 네 세상에서의 유익함으로 설명하고 있다.(catu-bhūmika-kusalassa ― *Ibid*)

61) 주석서에서는 아라한 됨(아라한과)을 [증득함에] 의해서 이루어진다고 설명한다.(taṁ pana arahattena hoti ― *Ibid*)

62) "이와 같이 계를 통한 단속(sīlasaṁvara)으로 모든 악을 제거하고 사마타와 위빳사나로 유익함[善]을 구족한 뒤에 아라한과(arahattaphala)로 마음을 깨끗하게 해야 한다는, 이러한 모든 부처님들의 교법을 가르치시고 교계하시었다."(*Ibid*)

63) "여기서는 여덟 가지 증득(4禪-4處, 색계 4선과 무색계 4선)이 위빳사나의 기초가 된다는 의미이다."(*Ibid*)

신들이 알려줌

3.29. "비구들이여, 여기서 어느 때 나는 욱깟타에서 수바가 숲의 살라 나무 밑에 머물렀다.64) 비구들이여, 그런 내가 한적한 곳에 가서 홀로 앉아 있는 중에 이러한 고찰이 마음속에 일어났다. '내가 쉽게 갈 수 있는 중생들의 거처 가운데서, 정거천(淨居天)65)을 제외하고는 이 기나긴 [생사의] 여정에서 내가 전에 거주해본 적이 없는 곳은 없구나.66) 그러니 나는 정거천의 신들에게 가봐야겠다.'라고.

비구들이여, 그러자 나는 마치 힘 센 사람이 구부렸던 팔을 펴고 폈던 팔을 구부리는 것처럼 욱깟타의 수바가 숲의 살라 나무 밑에서 사라져 무번천(無煩天)67)의 신들 앞에 나타났다. 비구들이여, 그러자

---

64) 지금까지는 세존께서 스스로 꿰뚫어 아신 위빳시 부처님의 행적에 대해서 설하셨고 지금부터는 신들이 와서 일러주어서 그와 같이 아셨다는 것을 밝히고 있다.(DA.ii.489)
여기서는 정거천의 신들이 등장하는데 위빳시 부처님의 일대기는 91겁 전의 일이라 보통의 신들은 알지 못할 것이므로 최고의 높은 세상인 정거천에 머무는 신들이 알려주었다고 하시는 듯하다. 정거천은 순수 불교의 천상으로 불환과를 얻은 성자들이 머무는 세상이다.

65) 정거천은 Suddhāvāsa의 역어로 suddha(청정함)+vāsa(거주)의 합성어이다. 중국에서는 淨居로 옮겼다. 이 정거천은 불환과의 번뇌 멸한 자들만이 태어나는 곳이라고 한다.(Suddhāvāsā nāma suddhānaṁ anāgāmi-khīṇāsavānaṁ āvāsā – SA.i.75) 정거천은 다섯 가지 하늘(아래 주해들을 참조할 것)로 구성되는데 불환과를 얻은 자들은 여기에 태어나서 다시는 이보다 더 낮은 세상에 태어나지 않고 여기서 열반에 든다고 한다. (본서 제1권 「마할리 경」(D6) §13의 불환자의 정형구를 참조할 것)

66) 『중부』「긴 사자후경」(Mahāsīhanāda Sutta, M12) §57에서 언급하듯이 만일 세존께서 정거천의 신으로 태어나셨더라면 이 세상에 다시 오시지 않았을 것이기 때문이다.(정거천은 다시는 이 세상에 오지 않는 불환과를 이룬 성자들이 머무는 곳이기 때문이다.)

그 신들의 무리에 있던 수천 명의 신들이 나에게 다가왔다. 와서는 나에게 절을 올리고 한 곁에 섰다. 비구들이여, 한 곁에 서서 그 신들은 나에게 이렇게 말하였다.

'세존이시여, 91겁 이전에 위빳시 세존·아라한·정등각께서 세상에 출현하셨습니다. 세존이시여, 위빳시 세존·아라한·정등각께서는 끄샤뜨리야 태생이셨고 끄샤뜨리야 가문에 태어나셨습니다. 세존이시여, 위빳시 세존·아라한·정등각께서는 꼰단냐 종족이셨습니다. 세존이시여, 위빳시 세존·아라한·정등각의 시대에는 수명의 한계가 8만 년이었습니다. 세존이시여, 위빳시 세존·아라한·정등각께서는 빠딸리 나무 아래에서 깨달음을 이루셨습니다. 세존이시여, 위빳시 세존·아라한·정등각께는 칸다와 띳사라는 고결한 두 상수제자가 있었습니다. 세존이시여, 위빳시 세존·아라한·정등각께는 제자들의 회중이 셋이 있었습니다. 한 회중은 비구들이 6백 8십만이었고, 한 회중은 십만이었고, 한 회중은 8만이었습니다. 세존이시여, 위빳시 세존·아라한·정등각의 제자들의 세 회중은 그 모두가 번뇌 다한 자들이었습니다. 세존이시여, 위빳시 세존·아라한·정등각께는 아소까라는 비구가 시자로 있었는데 그는 최고의 시자였습니다. 세존이시여, 위빳시 세존·아라한·정등각의 아버지는 반두마 왕이었고,

---

67) 무번천(無煩天)은 Aviha의 역어인데 분명한 어원은 알려지지 않았다. 주석서에서는 '자신이 성취한 것으로부터 떨어지지 않는다(na hāyanti)고 해서 아위하라고 한다.'(VibhA.521; DA.ii.480)고 하며, a(부정접두어)+vi(분리접두어)+√hā(to abandon)에서 파생된 것으로 설명하고 있다. 북방불교에서는 avṛha나 abṛha/abṛhat로 a(부정접두어)+√bṛh(to be great)로 보기도 하며 그래서 티벳에서는 mi-che-ba(크지 않음)로도 옮겼다 한다.(PED) 왜 중국에서는 무번으로 옮겼는지는 분명치 않다. 정거천의 첫 번째 천상이다.

그의 어머니는 반두마띠 왕비였으며, 반두마 왕의 수도는 반두마띠라는 도시였습니다.

세존이시여, 위빳시 세존·아라한·정등각은 이와 같이 태어나셨고 이와 같이 출가하셨고 이와 같이 노력하셨고 이와 같이 깨달으셨고 이와 같이 법의 바퀴를 굴리셨습니다. 세존이시여, 그런 우리는 위빳시 세존 아래서 청정범행을 닦아 감각적 욕망들에 대한 욕탐을 빛바랜 뒤 여기에 태어났습니다.'라고"

3.30. "비구들이여, 그 신들의 무리에 있던 수천 명의 신들이 나에게 다가왔다. 와서는 나에게 절을 올리고 한 곁에 섰다. 비구들이여, 한 곁에 서서 그 신들은 나에게 이렇게 말하였다.

'세존이시여, 그 후 31겁 이전에 시키 세존·아라한·정등각께서 … '

'세존이시여, 그와 같은 31겁 이전에 웨사부 세존·아라한·정등각께서 … '

'세존이시여, 이 행운의 겁 동안에 까꾸산다 세존·아라한·정등각께서 … '

'세존이시여, 이 행운의 겁 동안에 꼬나가마나 세존·아라한·정등각께서 … '

'세존이시여, 이 행운의 겁 동안에 깟사빠 세존·아라한·정등각께서 … '

비구들이여, 그 신들의 무리에 있던 수천 명의 신들이 나에게 다가왔다. 와서는 나에게 절을 올리고 한 곁에 섰다. 비구들이여, 한 곁에 서서 그 신들은 나에게 이렇게 말하였다.

'세존이시여, 바로 이 행운의 겁 동안에 지금의 아라한·정등각인 세존께서 세상에 출현하셨습니다. 세존이시여, 세존께서는 끄샤뜨리야 태생이고 끄샤뜨리야 가문에 태어나셨습니다. 세존이시여, 세존께서는 고따마 종족이십니다. 세존이시여, 세존의 시대에는 수명의 한계는 짧고 제한적이고 빨리 지나가버려서 오래 살아도 백 년의 이쪽저쪽입니다. 세존이시여, 세존께서는 앗삿타 나무 아래에서 깨달음을 이루셨습니다. 세존이시여, 세존께는 사리뿟따와 목갈라나라는 고결한 두 상수제자가 있습니다. 세존이시여, 세존께는 제자들의 회중이 하나 있는데 모두 번뇌 다한 자들입니다. 세존이시여, 세존께는 아난다라는 비구가 시자로 있는데 그는 최고의 시자입니다. 세존이시여, 세존의 아버지는 숫도다나 왕이고, 어머니는 마야 왕비이며, 까삘라왓투가 수도입니다.

세존이시여, 세존은 이와 같이 태어나셨고 이와 같이 출가하셨고 이와 같이 노력하셨고 이와 같이 깨달으셨고 이와 같이 법의 바퀴를 굴리셨습니다. 세존이시여, 그런 우리는 세존 아래서 청정범행을 닦아 감각적 욕망들에 대한 욕탐을 빛바랜 뒤 여기에 태어났습니다.'라고"

3.31. "비구들이여, 그러자 나는 무번천의 신들과 함께 무열천(無熱天)68)의 신들에게로 갔다. …

비구들이여, 나는 무번천의 신들과 무열천의 신들과 함께 선현천(善現天)69)의 신들에게로 갔다. …

---

68) 무열천(無熱天)은 Atappā의 역어이다. atappa는 a(부정접두어)+√tap(*to burn*)에서 파생된 명사이다. 이 천상에 사는 천신들은 '다른 중생들을 괴롭히지 않는다(na tapenti)'(DA.ii.480; VbhA.521)라고 해서 붙여진 이름이라고 주석서에서는 설명하고 있다. 정거천의 두 번째 천상이다.

69) 선현천(善現天)은 Sudassā의 역어이다. 이 단어는 su(좋은, 쉬운)+√dṛś(*to see*)에서 파생된 명사로서 '보기에 아주 멋진'을 뜻한다. 그래서

비구들이여, 나는 무번천의 신들과 무열천의 신들과 선현천의 신들과 함께 선견천(善見天)70)의 신들에게로 갔다. …

나는 무번천의 신들과 무열천의 신들과 선현천의 신들과 선견천의 신들과 함께 색구경천(色究竟天)71)의 신들에게로 갔다. 비구들이여, 그러자 그 신들의 무리에 있던 수천 명의 신들이 나에게 다가왔다. 와서는 나에게 절을 올리고 한 곁에 섰다. 비구들이여, 한 곁에 서서 그 신들은 나에게 이렇게 말하였다.

'세존이시여, 91겁 이전에 위빳시 세존·아라한·정등각께서 세상에 출현하셨습니다. …'라고.'

3.32. "비구들이여, 그 신들의 무리에 있던 수천 명의 신들이 나에게 다가왔다. 와서는 나에게 절을 올리고 한 곁에 섰다. 비구들이여, 한 곁에 서서 그 신들은 나에게 이렇게 말하였다.

'세존이시여, 31겁 이전에 시키 세존·아라한·정등각께서 … '
'세존이시여, 그와 같은 31겁 이전에 웨사부 세존·아라한·정등각

중국에서 善現天으로 옮겼다. 정거천의 세 번째 천상이다.

70) 선견천(善見天)은 Sudassī의 역어이다. 이것은 선현과 같은 어원에서 파생된 명사이다. 정거천의 네 번째 천상이다.

71) 색구경천(色究竟天)은 Akaniṭṭhā의 역어이다. akaniṭṭhā는 kaññā(어린)의 비교급인 kaniṭṭhā에 부정접두어 'a-'를 첨가하여 만든 명사이다. 이 천상에 사는 신들은 그 공덕과 행복을 누림에 있어 최상이며 거기에는 어린 자들이 없기 때문에 이렇게 이름 붙였다고 주석서에서는 설명하고 있다.(DA.ii.480) 색계 천상의 제일 으뜸이라 해서 중국에서는 色究竟天으로 옮겼다.
한편 불환자가 어떻게 해서 이 다섯 천상에 각각 다르게 태어나는가 하는 것은 믿음[信]·정진(精進)·마음챙김[念]·삼매[定]·통찰지[慧]의 다섯 가지 기능[五根]과 관련지어 설명된다.(『아비담마 길라잡이』 5장 §31의 해설 네 번째를 참조할 것.)

께서 … '

'세존이시여, 이 행운의 겁 동안에 까꾸산다 세존·아라한·정등각께서 … '

'세존이시여, 이 행운의 겁 동안에 꼬나가마나 세존·아라한·정등각께서 … '

'세존이시여, 이 행운의 겁 동안에 깟사빠 세존·아라한·정등각께서 … '

비구들이여, 그 신들의 무리에 있던 수천 명의 신들이 나에게 다가왔다. 와서는 나에게 절을 올리고 한 곁에 섰다. 비구들이여, 한 곁에 서서 그 신들은 나에게 이렇게 말하였다.

'세존이시여, 바로 이 행운의 겁 동안에 지금의 아라한·정등각인 세존께서 세상에 출현하셨습니다. 세존이시여, 세존께서는 끄샤뜨리야 태생이고 끄샤뜨리야 가문에 태어나셨습니다. …'라고."

맺는 말

3.33. "비구들이여, 이와 같이 여래는 참으로 법의 요소를 잘 꿰뚫었기 때문에 과거의 부처님들에 대해서 '그분 세존들은 이러한 태생이셨고, 이러한 이름이셨고, 이러한 종족이셨고, 이러한 계를 가지셨고, 이러한 법을 가지셨고, 이러한 통찰지를 가지셨고, 이렇게 머무셨고, 이렇게 해탈하셨다.'라고 그분들의 태생도 기억하고, 이름도 기억하고, 종족도 기억하고, 수명의 한계도 기억하고, 두 상수제자도 기억하고, 제자들의 회중도 기억한다.

그리고 신들도 이 뜻을 여래에게 알려주었기 때문에 여래는 이처럼 과거 부처님들의 태생도 기억하고, 이름도 기억하고, 종족도 기억하고, 수명의 한계도 기억하고, 두 상수제자도 기억하고, 제자들의 회중도 기억한다. 그분 과거의 부처님들께서는 이미 사량분별을 잘랐고, [업의] 행로를 잘랐고, 윤회를 종식시켰고, 모든 괴로움을 건너, 반열반에 드셨던 분들이다."

　세존께서는 이와 같이 설하셨다. 비구들은 흡족한 마음으로 세존의 말씀을 크게 기뻐하였다.

　　　　　　「대전기경」이 끝났다.

대인연경(大因緣經)

연기에 대한 큰 가르침
Mahānidāna Sutta(D15)

대인연경(大因緣經)72)

연기에 대한 큰 가르침

Mahānidāna Sutta(D15)

서언 — 연기의 가르침은 심오하다

1. 이와 같이 나는 들었다. 한때 세존께서는 꾸루73)에서 깜마

---

72) 본경의 빠알리어 제목은 마하니다나 숫따(Mahānidāna Sutta)이다. 여기서 핵심은 nidāna라는 술어인데 이 단어는 ni(아래로)+√dā(*to give*)에서 파생된 명사로 '아래에 놓음'이라는 문자적인 뜻에서 '기초, 기본, 원천, 근원' 등의 뜻으로 쓰인다. 본경 §4 등에는 hetu(원인), nidāna(근원), samudaya(기원), paccaya(조건)로 나열되어 나타나고 있는데 『청정도론』에서 "조건, 원인, 이유, 근본, 근원, 기원 등은 뜻으로는 하나이며 글자만 다를 뿐이다.(paccayo, hetu, kāraṇaṁ, nidānaṁ, sambhavo, pabhavo ti ādi atthato ekaṁ, byañjanato nānaṁ.)"(Vis.XVII.68)라고 설명하듯이 이 단어들은 모두 동의어다. 이처럼 본문 안에서는 '근원'으로 옮겼는데 본경이 연기의 이치를 심오하게 설명하고 있는 경이라서 경의 제목을 우리에게 친숙한 '인연'으로 옮겼다. 본경은 「대연방편경」(大緣方便經)으로 옮겨져서 『장아함』의 13번째 경으로 중국에 소개되었고, 『중아함』의 97번째에 「대인경」(大因經)으로 포함되어 있다.

73) 꾸루(Kuru)는 인도 16국 가운데 하나였다. 주석서에서는 이 지역에 살던 왕자의 이름을 따서 꾸루라 불렀다고 하며(DA.ii.481) 지금의 델리 근처 지역이다. 지역으로 언급할 때는 거의 꾸루빤짤라(Kuru-Pañcāla)로 나

사담마74)라는 꾸루들의 성읍75)에 머무셨다. 그때 아난다 존자가 세
존께 다가갔다. 가서는 세존께 절을 올린 뒤 한 곁에 앉았다. 한 곁에

타나는데 지금 인도의 델리, 하랴나, 편잡, 히마찰쁘라데쉬 지역이 꾸루빤
짤라에 해당한다. 자따까 등에 의하면 이 지역은 상업과 학문이 번창하던
곳이다.(*cf.* Jā.ii.214)
중요한 초기경들이 꾸루 지방에서 설해지고 있는데 『장부 주석서』의 「대
념처경 주석」에 의하면 꾸루(Kuru) 지방 주민들은 심오한 가르침을 이
해하는 능력을 갖추었기 때문이라고 한다. 꾸루 지방의 비구와 비구니, 청
신사와 청신녀들은 아주 좋은 기후 등의 조건을 갖추어 살고 있었으며 적
당한 기후 조건 등으로 인해 그곳 사람들은 몸과 마음이 항상 건전했다고
적고 있다.(MA.i.184; AA.ii.820. 『네 가지 마음챙기는 공부』 76쪽 참조)

74) Kammāsadhamma. 꾸루의 한 읍이다. 본경과 「대념처경」(D22)과 「아
넨자 사빠야 경」(M106) 등 중요한 경들이 여기서 설해지고 있다. 주석서
는 깜마사담마라는 이름에 얽힌 설화를 다음과 같이 두 가지로 소개하고
있다. 첫째, Kammāsadhamma는 Kammāsadamma라고도 전승되어
오는데 이것은 깜마사를 길들였다(damita)는 뜻이다. 깜마사란 자따까에
서 언급되고 있는 깜마사빠다라는 인육을 먹는 사람을 말하며(Kammāsa
-pādo porisādo vuccati) 그런 인육을 먹는 깜마사빠다가 여기서 길들
여졌다고 해서 깜마사담마라고 한다는 것이다.
둘째, 꾸루 지방에는 꾸루족들이 지니는 Kuruvattadhamma(꾸루에 있
는 법도)라는 것이 있었는데 바로 이 지역에서 인육을 먹는 깜마사 종족
(깜마사빠다)들이 법(dhamma)을 받아들여서 순화되었다고 해서 깜마사
담마라고 한다고 한다.(DA.ii.483) 아마도 인육을 먹는 습관을 가진 사람
들과 인연이 있었던 곳이었을 것이다.

75) '성읍'으로 옮긴 원어는 nigama이다. 초기경들에 거주 지역을 나타내는
다른 단어가 몇 가지 있다. 가장 작은 단위가 gāma인데 우리의 마을이나
부락에 해당되는 개념이다. 본서에서는 모두 '마을'로 옮겼다. 그 다음으로
큰 단위가 바로 이 nigama인데 그래서 본서에서는 모두 '읍'으로 옮기고
있다. 영어로는 주로 *market-town*으로 옮기고 있다. 이보다 더욱 큰 단
위가 nagara인데 우리의 도시에 해당하며 본서에서는 '도시' 혹은 '시'로
옮기고 있다. 그리고 더 큰 지역을 나타내는 janapada가 있는데 '지역'이
나 '지방'을 뜻한다. 그리고 더 큰 단위가 raṭṭha인데 '왕국'을 뜻한다. 그
리고 '수도'를 뜻하는 rājadhāni도 나타나고 있다.

앉아서 아난다 존자는 세존께 이렇게 말씀드렸다.

"경이롭습니다, 세존이시여. 놀랍습니다, 세존이시여. 세존이시여, 이 연기(緣起)76)는 참으로 심오합니다. 그리고 참으로 심오하게 드러납니다. 그러나 이제 제게는 분명하고 또 분명한 것으로 드러납니다."

"아난다여, 그와 같이 말하지 말라. 아난다여, 그렇게 말하지 말라.77) 이 연기는 참으로 심오하다. 그리고 참으로 심오하게 드러난다. 아난다여, 이 법을 깨닫지 못하고 꿰뚫지 못하기 때문에 이 사람들은 실에 꿰어진 구슬처럼 얽히게 되고 베 짜는 사람의 실타래처럼 헝클어지고78) 문자 풀처럼 엉키어서 처참한 곳, 불행한 곳, 파멸처, 윤회를 벗어나지 못한다.

---

76) '연기(緣起)'는 빠알리어 paṭiccasamuppāda의 역어이다. 이 단어에 대한 여러 가지 해석은 『청정도론』 XVII.15 이하와 『아비담마 길라잡이』 8장 §2의 해설 1을 참조할 것.

77) 연기는 부처님들의 영역에 속하는 심오한 가르침인데 이를 두고 아난다 존자가 자신에게 이제 분명하게 드러난다(buddhavisayapañhaṁ attano uttānaṁ vadati – DA.ii.486)고 하자 부처님께서 아난다 존자의 그런 성급한 말을 제지하시면서 연기의 가르침에 대한 부처님의 심오하신 설명은 시작된다.

78) '베 짜는 사람의 실타래처럼 헝클어지고'로 옮긴 원어는 kulāgaṇṭhika-jāta이다. 주석서는 다음과 같이 설명한다.
"kulāgaṇṭhika란 베 짜는 사람의 실타래(sutta)를 말한다. 어떤 사람들은 말하기를 여기서 꿀라(kula)란 암컷 새를 말하며 그 새의 둥지(kulā-vaka)라고 한다. 이 두 경우 모두 헝클어져(ākula) 있으면 끝과 끝으로 처음과 처음으로 바르게 정돈하기가 어렵다는 것을 말한다. 여기서 첫 번째 방법을 적용해야 한다."(DA.ii.495) 그래서 역자도 처음 해석을 따라서 '베 짜는 사람의 실타래'로 옮겼다.

연기의 가르침

2. "아난다여, '조건이 있기 때문에79) 늙음·죽음[老死]이 있습니까?'라고 질문을 받으면 '그렇습니다.'라고 대답해야 한다. 만일 '그러면 무엇을 조건으로 하여 늙음·죽음이 있습니까?'80)라고 묻는다면 '태어남을 조건으로 하여 늙음·죽음이 있습니다.'라고 대답해야 한다.

아난다여, '조건이 있기 때문에 태어남[生]이 있습니까?'라고 질문을 받으면 '그렇습니다.'라고 그는 대답해야 한다. 만일 '그러면 무엇을 조건으로 하여 태어남이 있습니까?'라고 묻는다면 '존재[有]81)를 조건으로 하여 태어남이 있습니다.'라고 대답해야 한다.

아난다여, '조건이 있기 때문에 존재가 있습니까?'라고 질문을 받으면 '그렇습니다.'라고 대답해야 한다. 만일 '그러면 무엇을 조건으

---

79) '조건이 있기 때문에'로 옮긴 원어는 idappaccayā인데 탈격(Abl.)으로 나타나고 있음을 주목해야 한다. 그래서 '있기 때문에'로 옮겼다. '조건(idappaccaya)'에 대해서는 본서 「대전기경」(D14) §3.1의 해당 주해를 참조할 것.

80) 원문은 kiṁ paccayā jarāmaraṇaṁ인데 주석서에서는 "늙음·죽음이 있게 되는 그 조건이란 것이 도대체 무엇입니까?(ko nāma so paccayo, yato jarāmaraṇaṁ hoti)"(DA.ii.495)라고 설명하고 있다. 그래서 '그러면 무엇을 조건으로 하여 늙음·죽음이 있습니까?'라고 옮겼다.

81) 존재[有]는 bhava의 역어이다. 『청정도론』 등의 주석서는 '업으로서의 존재(kamma-bhava, 業有)'와 '재생으로서의 존재(upapatti-bhava, 生有)'의 두 가지가 있다고 설명한다. 업으로서의 존재는 의도와, 의도와 관련된 탐욕 등의 업이라고 불리는 법들을 말하며, 존재로 인도하는 업은 모두 업으로서의 존재이다.(Vbh.137) 재생으로서의 존재는 업에서 생긴 무더기들 즉 오온(五蘊)을 말하며 중생이라는 존재와 개체를 말한다. 상세한 것은 『청정도론』 XVII.251 이하와 『아비담마 길라잡이』 8장 §3의 해설 (9)와 (10)을 참조할 것.

로 하여 존재가 있습니까?'라고 묻는다면 '취착[取]82)을 조건으로 하여 존재가 있습니다.'라고 대답해야 한다.

아난다여, '조건이 있기 때문에 취착이 있습니까?'라고 질문을 받으면 '그렇습니다.'라고 대답해야 한다. 만일 '그러면 무엇을 조건으로 하여 취착이 있습니까?'라고 묻는다면 '갈애[愛]83)를 조건으로 하여 취착이 있습니다.'라고 대답해야 한다.

아난다여, '조건이 있기 때문에 갈애가 있습니까?'라고 질문을 받으면 '그렇습니다.'라고 대답해야 한다. 만일 '그러면 무엇을 조건으로 하여 갈애가 있습니까?'라고 묻는다면 '느낌[受]84)을 조건으로 하여 갈애가 있습니다.'라고 대답해야 한다.

아난다여, '조건이 있기 때문에 느낌이 있습니까?'라고 질문을 받

---

82) 취착(取着)은 upādāna의 역어이며 주석서들에서는 감각적 욕망에 대한 취착(kāma-upādāna, 慾取), 견해에 대한 취착(diṭṭhi-upādāna, 見取), 계율과 의식에 대한 취착(sīla-bbata-upādāna, 戒禁取), 자아의 교리에 대한 취착(atta-vāda-upādāna, 我語取)의 넷을 들고 있다. 상세한 것은 『청정도론』 XVII.240 이하와 『아비담마 길라잡이』 7장 §7과 8장 §3의 해설 (8)을 참조할 것.

83) 갈애(渴愛)는 taṇhā의 역어이다. 이 단어는 √tṛṣ(to be thirsty)에서 파생된 여성명사로 기본적으로는 갈증, 목마름 등을 의미한다. 중국에서는 주로 愛로 옮겼으나 우리는 어원을 살려서 갈애로 옮긴다. 갈애는 각각의 갈애가 일어나는 형태에 따라 ① 감각적 욕망에 대한 갈애(kāma-taṇhā, 慾愛) ② 존재에 대한 갈애(bhava-taṇhā, 有愛) ③ 존재하지 않음에 대한 갈애(vibhava-taṇhā, 無有愛)의 셋으로 분류하기도 하고 눈, 귀 등의 일어나는 장소에 따라 6가지로 분류하기도 한다. 이렇게 해서 18가지가 되고 안팎의 각각으로 36가지가 되고 다시 과거, 현재, 미래로 모두 108가지가 된다. 『청정도론』 XVII.233 이하와 『아비담마 길라잡이』 8장 §3의 해설 (7)을 참조할 것.

84) 느낌[受]은 vedanā의 역어이다. 느낌에 대해서는 『청정도론』 XIV.125 이하와 XVII.228 이하와 『아비담마 길라잡이』 2장 §2의 해설 2를 참조할 것

으면 '그렇습니다.'라고 대답해야 한다. 만일 '그러면 무엇을 조건으로 하여 느낌이 있습니까?'라고 묻는다면 '감각접촉[觸]85)을 조건으로 하여 느낌이 있습니다.'라고 대답해야 한다.

아난다여, '조건이 있기 때문에 감각접촉이 있습니까?'라고 질문을 받으면 '그렇습니다.'라고 대답해야 한다. 만일 '그러면 무엇을 조건으로 하여 감각접촉이 있습니까?'라고 묻는다면 '정신·물질[名色]86)을 조건으로 하여 감각접촉이 있습니다.'87)라고 대답해야 한다.

---

85) 감각접촉[觸]으로 옮긴 phassa는 『청정도론』 XIV.134와 XVII.220 이하와 『아비담마 길라잡이』 2장 §2의 두 번째 해설 1을 참조할 것.

86) 정신·물질[名色]은 nāma-rūpa의 역어이다. 본래 정신(nāma, 名)은 느낌, 인식, 상카라들, 알음알이[受想行識]의 네 가지 무더기[四蘊]를 뜻하고 물질(rūpa, 色)은 물질의 무더기[色蘊]를 의미한다. 그러나 『청정도론』에서 "정신(nāma, 名)이란 대상을 향하여 기울기 때문에(namanato) 느낌 등 세 가지 무더기들을 뜻한다. 물질이란 네 가지 근본물질들과 그 네 가지 근본물질에서 파생된 물질들이다."(XVII.187)라고 정의하듯이 연기각지(緣起各支)로서의 정신은 느낌·인식·상카라[受·想·行]의 3온만을 의미한다고 주석서들은 말한다. 알음알이[識]는 따로 언급되고 있기 때문이다. 정신·물질에 대한 상세한 설명은 『청정도론』 XVII.186 이하를 참조할 것.

87) 여기서는 12지(十二支) 연기의 여섯 감각장소[六入]가 빠지고 바로 감각접촉은 정신·물질에 조건 지워졌다[名色緣觸]고 나타난다. 이것이 본경에서 설하는 연기법의 가장 큰 특징 가운데 하나이다. 그러면 그 이유는 무엇일까? 주석서는 ① 조건이 일어남의 특별함과 ② 남은 조건의 특별함을 보여 주시기 위해서라고 설명한다. 그리고 결론으로 '조건의 근본원인(nidāna, 본경의 제목임)을 보여 주기 위해서'라고 설명한다.(아래 인용을 참조할 것)
달리 말하면, 여섯 감각장소를 넣어 버리면 감각접촉이 모두 여섯 감각장소만을 조건한 것처럼 보여지기 때문이라는 것이다. 그러나 감각접촉은 반드시 여섯 감각장소만을 조건한 것이 아니라 오히려 삼사화합생촉(三事和合生觸, 감각기능[根], 대상[境], 알음알이[識] 셋의 화합으로 감각접촉이 생긴다)에서 보듯이 12처 가운데 안·이·비·설·신·색·성·향·

미·촉의 10가지와 법의 일부는 물질[色]이고 의(意, mano)와 6식은 정신[名]이니, 오히려 정신·물질[名色]을 조건하여 감각접촉이 있다고 하는 것이 근본원인(nidāna)을 드러내는데 훨씬 분명하기 때문에 여기서는 육입을 제외시켰다는 주석서의 설명이다.

조금 산만하겠지만 중요한 부분이므로 주석서와 복주서의 해당 부분을 직역한다.

"정신·물질을 조건으로 하여 감각접촉이 있다고 했다. 그것은 '여섯 감각장소[六入]를 조건으로 하여 감각접촉이 있다.'라고 설하게 되면 눈의 감각접촉 등 여섯 가지의 과보로 나타난 감각접촉만을 취하게 된다. 그러나 여기 [본경]에서는 '여섯 감각장소를 조건으로 하여'라는 이런 구문을 취하거나 취하지 않거나 간에 ① 조건이 일어남의 특별함(visesa)과 ② 여섯 감각장소 이외에도 감각접촉의 남은(atiritta) 조건의 특별함을 보여 주기 위해서이다. 그래서 [여섯 감각장소를 조건으로 라는 구문을 생략하여] 이렇게 [정신·물질을 조건으로 하여 감각접촉이 있다]고 말씀하셨다고 알아야 한다. 그러면 이런 방법으로 세존께서는 무엇을 말씀하시는가? 조건들의 근본원인(nidāna)을 말씀하신다. 왜냐하면 이 경은 조건 가운데서 헝클어진 것을 없애고 잡목을 제거한 뒤에 말씀하셨기 때문에 '근본원인에 대해 길게 설하신 [경](mahānidāna, 大因緣)'이라 불리기 때문이다."(DA.ii.497)

여기에 대해서 복주서는 다음과 같이 설명을 덧붙이고 있다.

"'취하거나'라는 것은 여섯 가지의 과보로 나타난 감각접촉이다. '취하지 않거나'라는 것은 과보로 나타난 감각접촉이 아닌 유익하거나 해롭거나 작용만 하는 감각접촉이다. 이 구문은 '조건이 일어남의 특별함을 보여 주기 위해서'와 연결지어 해석해야 한다. 그리고 이것은 조건의 일어남만이 취착된 것(upādinna)이라는 것을 뜻할 뿐만 아니라 조건도 취착된 것이라는 뜻도 된다. 그래서 안의 감각장소인 여섯 감각장소를 취함(gahaṇa)에 의해서 취함이라고 만든 뒤 '여섯 감각장소 이외에도 감각접촉의 남은 조건의 특별함을 보여 주기 위해서이다.'라고도 설명하였다. 왜냐하면 감각접촉은 눈 등의 여섯 감각장소만이 그 조건인 것은 아니기 때문일 뿐만 아니라 "눈과 형상들을 반영하여 눈의 알음알이가 일어난다. 이 셋의 화합이 감각접촉이다."라는 등의 말씀으로부터 형상의 감각장소 등의 물질[色]과 눈의 알음알이 등의 정신[名]도 그 조건이기 때문이다. 그러므로 이 눈 등의 여섯 감각장소 이외의 남은 [조건인] 전향(轉向) 등처럼 일반적인 것이 아니며, 그런 감각접촉의 일반적인 것과는 다른 특별한 조건을 pi(역

아난다여, '조건이 있기 때문에 정신·물질이 있습니까?'라고 질문을 받으면 '그렇습니다.'라고 대답해야 한다. 만일 '그러면 무엇을 조건으로 하여 정신·물질이 있습니까?'라고 묻는다면 '알음알이[識]를 조건으로 하여 정신·물질이 있습니다.'라고 대답해야 한다.

아난다여, '조건이 있기 때문에 알음알이가 있습니까?'라고 질문을 받으면 '그렇습니다.'라고 대답해야 한다. 만일 '그러면 무엇을 조건으로 하여 알음알이가 있습니까?'라고 묻는다면 '정신·물질[名色]을 조건으로 하여 알음알이가 있습니다.'라고 대답해야 한다."[88]

3. "아난다여, 이처럼 정신·물질을 조건으로 하여 알음알이가, 알음알이를 조건으로 하여 정신·물질이, 정신·물질을 조건으로 하여 감각접촉이, 감각접촉을 조건으로 하여 느낌이, 느낌을 조건으로 하여 갈애가, 갈애를 조건으로 하여 취착이, 취착을 조건으로 하여 존재가, 존재를 조건으로 하여 태어남이, 태어남을 조건으로 하여 늙음·죽음과 근심·탄식·육체적 고통·정신적 고통·절망이 있다. 이

시)라는 단어로써 특별하지 않은 일반적인 조건을 제외하기 위해서 세존께서는 여기서 "정신·물질을 조건으로 하여 감각접촉이 있다."고 말씀하셨다고 적용해야 한다. [위방가의] 아비담마 바자니야(Abhidhamma-bhājanīya, 아비담마의 방법)에도 이러한 조건의 [특별함]을 두고 "정신·물질을 조건으로 하여 감각접촉이 있다."고 설하셨으며 그 주석서에서도 "조건의 특별함을 보여 주시기 위해서이고 중요한 근본 원인(mahā-nidāna)을 취하기 위해서이다."(VbhA.203)라고 주석을 하였다."(DAṬ. ii.122~23)

88) 본경은 알음알이의 조건으로 다시 정신·물질을 언급하면서 알음알이↔정신·물질의 상호관계로 연기를 설명한다. 무명과 행이 나타나지 않는 것에 대해서는 「대전기경」(D14)의 §2.19의 주해를 참조할 것.
이렇게 하여 본경에서는 12지 연기 가운데 무명, 행, 육입이 나타나지 않는 9지 연기로 연기의 근본(nidāna)을 정밀하게 설하고 있다.

와 같이 전체 괴로움의 무더기[苦蘊]가 일어난다."

4. "태어남을 조건으로 늙음·죽음이 있다[生緣老死]고 말하였다.[89] 아난다여, 태어남을 조건으로 늙음·죽음이 있다는 것은 다음과 같은 방법으로 알아야 한다. 아난다여, 만일 신들이 신이 되고, 간답바[90]들이 간답바가 되고, 약카[91]들이 약카가 되고, 정령[92]들이

---

89) 이상으로 9지 연기의 전체 골격을 드러내시고 이제 연기의 정형구 각각에 대한 상세한 설명을 전개하신다. 그래서 주석서도 "이제 그들 각각의 조건들이 참되고 거짓되지 않고 다르지 않게 조건짓는 상태(paccaya-bhāva)를 보여주시기 위해서 '태어남을 조건으로 늙음·죽음이 있다[生緣老死]'는 등을 말씀하신다."라고 적고 있다.(DA.ii.498)

90) 간답바(gandhabba, Sk. gandharva)는 중국에서 건달바(乾闥婆)로 옮겨졌는데, 초기경에서 크게 두 문맥에서 나타난다 할 수 있다.
첫 번째는 사대왕천(Cātummahārājika)에 있는 신들이다. 본서 「자나와사바 경」(D18) §20에서 그들은 가장 낮은 영역의 신들이라고 불리고 있다. 일반적으로 간답바는 천상의 음악가로 불리는데(Jā.ii.249 등) 본서 「제석문경」(D21) §1.2 이하에서도 빤짜시카 간답바가 벨루와빤두 루트를 켜면서 연주하고 노래하는 장면이 나타난다. 본서 제3권 「아따나띠야 경」(D32) §4에 의하면 간답바들은 사대왕천의 동쪽에 거주하며 다따랏타가 그들의 왕이라고 한다.
두 번째는 향기(gandha)나는 곳에 사는 신들을 뜻한다. 『상응부』에서 부처님께서는 간답바의 신들(Gandhabbakāyika devā)은 나무의 뿌리나 껍질이나 수액이나 꽃의 향기(gandha)에 거주하기 때문에 붙여진 이름이라고 설하고 계신다.(S.iii.250f.) 그래서 본경의 주석서에서도 "간답바는 뿌리의 무더기 등에 사는 신들"(DA.ii.498)이라고 설명하고 있다.

91) 약카(yakkha, Sk. yakṣa)는 중국에서 야차(夜叉)로 한역되었다. 이 단어는 √yakṣ(to move quickly)에서 파생된 명사인데 문자적으로는 '재빨리 움직이는 존재'를 뜻한다. 그러나 주석서에서는 √yaj(to sacrifice)에서 파생된 명사로 간주하여 "그에게 제사 지낸다. 그에게 제사음식을 가져간다고 해서 약카라 한다."(VvA.224) 혹은 "예배를 받을 만한 자라고 해서 약카라한다."(VvA.333)라고 풀이하고 있다.
본서 「빠야시 경」(D23) §23에서 보듯이 약카는 일반적으로 비인간

정령이 되고, 인간들이 인간이 되고, 네발짐승들이 네발짐승이 되고, 새들이 새가 되고, 파충류들이 파충류가 되는 이런 태어남이 어떤 것에 의해서도 어떤 식으로도 그 어디에도 그 누구에게도 없다고 하자. 그러면 이런저런 중생들의 이런 태어남은 결코 없을 것이다. 아난다

(amanussa)으로 묘사되고 있다. 주석서에 의하면 그들은 아귀(peta)들보다 위로 묘사되고 있으며 선한 아귀들을 야카로 부르는 경우도 있다.(PvA.45; 55) 그들은 많은 계통이 있는데 후대 문헌으로 올수록 우리말의 정령, 귀신, 요정, 유령, 도깨비 등 나쁜 비인간인 존재들을 모두 일컫는 말로 정착이 되고 있다. 이런 의미에서 힌두 문헌의 삐샤짜(piśāca, 도깨비, 악귀)와 거의 같은 존재를 나타낸다 할 수 있다.

일반적으로 약카는 힘이 아주 센 비인간을 뜻하는데 그래서 본서 「암밧타경」(D3)에는 금강수 약카가 금강저를 손에 들고 부처님 곁에 있는 것으로 묘사되기도 한다. 그래서 신들의 왕인 삭까(Sakka, Indra)도 약카로 표현되기도 하며(M.i.252; Jā.iv.4; DA.i.264.) 게송에서는 부처님도 약카로 묘사하고 있기도 하다.(M. i. 386) 자이나교에서도 약카는 신성한 존재로 숭배되고 있는데 이러한 영향이 아닌가 한다.

한편 본서 제3권 「아따나띠야 경」(D32) §7에 의하면 약카는 사대왕천의 북쪽에 거주하며 꾸웨라가 그들의 왕이라고 한다. 『마하바라따』(Mahā-bhārata) 등의 힌두 문헌에도 약카(Sk. Yakṣa)는 꾸웨라의 부하들로 묘사되고 있다.

92) '정령'으로 옮긴 원어는 bhūta이다. bhūta는 √bhū(to become)의 과거분사로서 기본적인 의미는 '존재하는 것, 생긴 것'의 의미이다.
초기경에서 bhūta는 크게 세 가지 문맥에서 나타난다.
첫 번째는 '존재하는 것 = 생긴 것, 있는 것 = 진실, 사실'의 의미로 쓰인다. 중국에서 여실지견(如實知見)으로 옮긴 단어 가운데 여실(있는 그대로)에 해당하는 것이 yathā-bhūtaṁ이다. 초기경에 아주 많이 나타나는 표현이다.
두 번째는 '존재하는 것 = 기본 요소 = 지·수·화·풍 = 근본물질'로 쓰였다. 이것은 사대(四大, 네 가지 근본물질, cattāri mahā-bhūtāni)로 많이 나타나고 있다.
그리고 세 번째가 본문에서처럼 '존재하는 것 = [살아있는] 존재'라는 뜻으로 쓰여 특히 유령 등 초자연적인 존재를 뜻하는 경우로도 많이 나타난다. 그래서 '정령'으로 옮겼다.

여, 그러면 이처럼 태어남이 소멸해버려 태어남이 어떤 식으로도 전혀 존재하지 않는데도 늙음·죽음을 천명할 수 있겠는가?"

"아닙니다, 세존이시여."

"아난다여, 그러므로 이것이 바로 늙음·죽음의 원인이고, 근원이고, 기원이고, 조건이니,93) 그것은 다름 아닌 태어남이다."

5. "존재를 조건으로 태어남이 있다[有緣生]고 말하였다. 아난다여, 존재를 조건으로 태어남이 있다는 것은 다음과 같은 방법으로 알아야 한다. 아난다여, 만일 욕계의 존재, 색계의 존재, 무색계의 존재 — 이러한 존재가 어떤 것에 의해서도 어떤 식으로도 그 어디에도 그 누구에게도 존재하지 않는다고 하자. 아난다여, 존재가 소멸해버려 존재가 어떤 식으로도 전혀 존재하지 않는데도 태어남을 천명할 수 있겠는가?"

"아닙니다, 세존이시여."

"아난다여, 그러므로 이것이 바로 태어남의 원인이고, 근원이고, 기원이고, 조건이니, 그것은 다름 아닌 존재이다."

6. "취착을 조건으로 존재가 있다[取緣有]고 말하였다. 아난다여, 취착을 조건으로 존재가 있다는 이것은 다음과 같은 방법으로 알아야 한다. 아난다여, 만일 감각적 욕망에 대한 취착[慾取], 견해에 대한 취착[見取], 계율과 의식에 대한 취착[戒禁取], 자아의 교리에 대한 취착[我語取] — 이러한 취착이 어떤 것에 의해서도 어떤 식으로도 그

---

93) 이 각각에 해당되는 원어는 hetu(원인), nidāna(근원), samudaya(기원), paccaya(조건)이다. 주석서에서 이 단어들은 모두 이유(kāraṇa)를 나타내는 단어이며 이 문맥에서 각각의 동의어(vevacana)로 간주하고 있다.(Ibid)

어디에도 그 누구에게도 존재하지 않는다고 하자. 아난다여, 취착이 소멸해버려 취착이 어떤 식으로도 전혀 존재하지 않는데도 존재를 천명할 수 있겠는가?"

"아닙니다, 세존이시여."

"아난다여, 그러므로 이것이 바로 존재의 원인이고, 근원이고, 기원이고, 조건이니, 그것은 다름 아닌 취착이다."

7. "갈애를 조건으로 취착이 있다[愛緣取]고 말하였다. 아난다여, 갈애를 조건으로 취착이 있다는 이것은 다음과 같은 방법으로 알아야 한다. 아난다여, 만일 형상에 대한 갈애, 소리에 대한 갈애, 냄새에 대한 갈애, 맛에 대한 갈애, 감촉에 대한 갈애, 법에 대한 갈애 — 이러한 갈애94)가 어떤 것에 의해서도 어떤 식으로도 그 어디에도 그 누구에게도 존재하지 않는다고 하자. 아난다여, 갈애가 소멸하여 버려 갈애가 어떤 식으로도 전혀 존재하지 않는데도 취착을 천명할 수 있겠는가?"

"아닙니다, 세존이시여."

"아난다여, 그러므로 이것이 바로 취착의 원인이고, 근원이고, 기원이고, 조건이니, 그것은 다름 아닌 갈애이다."

8. "느낌을 조건으로 갈애가 있다[受緣愛]고 말하였다. 아난다여, 느낌을 조건으로 갈애가 있다는 이것은 다음과 같은 방법으로 알

---

94) 여기서는 갈애를 여섯 가지 밖의 감각장소[六外處, 六境]와 관련지어 설명하고 있다. 그리고 아래의 느낌과 감각접촉도 같은 방법으로 여섯 가지 감각장소와 관련지어 설명한다. 이런 이유 때문에도 본경에서는 여섯 감각장소가 중복되기 때문에 '명색연육입 육입연촉'을 줄여서 '명색연촉(名色緣觸)'으로 설명하고 있다고도 이해할 수 있겠다.

야야 한다. 아난다여, 만일 형상에 닿아서 생긴 느낌, 소리에 닿아서 생긴 느낌, 냄새에 닿아서 생긴 느낌, 맛에 닿아서 생긴 느낌, 감촉에 닿아서 생긴 느낌, 법에 닿아서 생긴 느낌 — 이러한 느낌이 어떤 것에 의해서도 어떤 식으로도 그 어디에도 그 누구에게도 존재하지 않는다고 하자. 아난다여, 느낌이 소멸하여 버려 느낌이 어떤 식으로도 전혀 존재하지 않는데도 갈애를 천명할 수 있겠는가?"

"아닙니다, 세존이시여."

"아난다여, 그러므로 이것이 바로 갈애의 원인이고, 근원이고, 기원이고, 조건이니, 그것은 다름 아닌 느낌이다."

9가지 실제로 벌어지고 있는 갈애

9. "아난다여, 이처럼 느낌을 조건으로 갈애가,[95] 갈애를 조건으로 추구가, 추구를 조건으로 얻음이, 얻음을 조건으로 판별이, 판별을 조건으로 욕망[慾貪]이, 욕망을 조건으로 탐착이, 탐착을 조건으

---

95) 연기의 구성요소들[各支] 가운데서 생사유전(生死流轉)의 가장 직접적인 원인이 되는 것이 바로 갈애이다. 그래서 사성제에서도 고의 원인을 밝히는 집성제(괴로움의 일어남의 진리)에서 갈애를 괴로움의 원인으로 들고 있는 것이다. 갈애는 이처럼 중요한 구성요소이기 때문에 이제 여기서부터는 이러한 갈애가 실제로 전개되는 상황을 9가지로 심도 깊게 설명하고 계시는데 연기를 설명하는 다른 경에서는 전혀 나타나지 않는 본경 특유의 가르침이다.
여섯 감각장소[六入]가 나타나지 않는 것이 본경의 첫 번째 큰 특징이라면 이것은 두 번째 큰 특징이라 할 수 있다. 그래서 주석서는 이와 같이 설명하고 있다.
"이처럼 윤회의 뿌리가 되는 앞의 갈애를 '수연애[受緣愛]'로 설명하신 뒤 이제는 [말의] 등짝을 때리고 목의 털을 거머쥐고서 용감무쌍하게 길 위로 올라선 사람과 같이 9가지 구문을 통해서 실제로 벌어지고 있는 갈애(samudācāra-taṇhā)의 [모습을] 설하신다."(DA.ii.499)

로 거머쥠이, 거머쥠을 조건으로 인색이, 인색을 조건으로 수호가, 수호를 원인으로 하여 몽둥이를 들고 무기를 들고 싸우고 말다툼하고 분쟁하고 상호비방하고 중상모략하고 거짓말하는 수많은 사악하고 해로운 법들이 생겨난다."96)

10. "수호97)를 원인으로 하여 몽둥이를 들고 무기를 들고 싸우고 말다툼하고 분쟁하고 상호비방하고 중상모략하고 거짓말하는 수많은 사악하고 해로운 법들이 생겨난다고 말하였다. 아난다여, 이것은 다음과 같은 방법으로 알아야 한다. 아난다여, 만일 수호가 어떤 것에 의해서도 어떤 식으로도 그 어디에도 그 누구에게도 존재하지 않는다고 하자. 아난다여, 수호가 소멸하여 버려 수호가 어떤 식으로도 전혀 존재하지 않는데도 몽둥이를 들고 무기를 들고 싸우고 말다툼하고 분쟁하고 상호비방하고 중상모략하고 거짓말하는 수많은 사악하고 해로운 법들이 생겨날 수 있겠는가?"

"아닙니다, 세존이시여."

"아난다여, 그러므로 이것이 바로 몽둥이를 들고 무기를 들고 싸우고 말다툼하고 분쟁하고 상호비방하고 중상모략하고 거짓말하는 수많은 사악하고 해로운 법들이 생겨나는 원인이고, 근원이고, 기원

---

96) 이 9가지는 실제로 벌어지고 있는 갈애의 적나라한 모습이다. 윤회의 직접적인 원인이 되는 갈애가 어떻게 현실 속에서 실제로 사악하고 해로운 법들로 중생에게 일어나고 있는지를 적나라하게 보여 주고 계신다. 그래서 주석서에서는 이것을 실제로 벌어지고 있는 갈애(samudācāra-taṇhā)라고 표현하고 있다.(*Ibid*) 한편 본 문장은 본서 제3권 「십상경」(D34) §2.2.(4)에서 '아홉 가지 갈애를 뿌리로 가진 법들'로 정리되어 나타난다.

97) "수호(ārakkha)란 대문을 걸어 잠그고 보석함을 지킴에 의해서 잘 수호하는 것이다."(*Ibid*)
물론 여기서는 나쁜 뜻으로 쓰였다.

이고, 조건이니, 그것은 다름 아닌 수호다."

11. "인색98)을 조건으로 수호가 있다고 말하였다. 아난다여, 인색을 조건으로 수호가 있다는 이것은 다음과 같은 방법으로 알아야 한다. 아난다여, 만일 인색이 어떤 것에 의해서도 어떤 식으로도 그 어디에도 그 누구에게도 존재하지 않는다고 하자. 아난다여, 인색이 소멸하여 버려 인색이 어떤 식으로도 전혀 존재하지 않는데도 수호를 천명할 수 있겠는가?"

"아닙니다, 세존이시여."

"아난다여, 그러므로 이것이 바로 수호의 원인이고, 근원이고, 기원이고, 조건이니, 그것은 다름 아닌 인색이다."

12. "거머쥠99)을 조건으로 인색이 있다고 말하였다. 아난다여, 거머쥠을 조건으로 인색이 있다는 이것은 다음과 같은 방법으로 알아야 한다. 아난다여, 만일 거머쥠이 어떤 것에 의해서도 어떤 식으로도 그 어디에도 그 누구에게도 존재하지 않는다고 하자. 아난다여, 거머쥠이 소멸하여 버려 거머쥠이 어떤 식으로도 전혀 존재하지 않

---

98) '인색'의 원어는 macchariya이다. 주석서는 "남의 성공을 견디지 못하는 것"으로 설명한다. 그리고 이 단어를 경이로움을 뜻하는 acchariya에 견주어서 '이런 경이로움이 내게만 있고 남에게는 없기를(mā).'이라고 한다고 해서 mā+acchariya로 재미있게 풀이하고 있다.(DA.ii.499~500) 다른 문맥에서는 주로 질투(issā)와 짝을 이루어 issā-macchariya(질투와 인색)로 많이 나타난다.

99) '거머쥠'의 원어는 pariggaha이다. 수행의 문맥에서는 '파악, 파지, 이해'의 뜻으로 쓰이지만 여기서는 문자 그대로 거머쥠을 뜻한다. 그래서 주석서에서는 "갈애와 사견으로 거머쥐는 행동이다."라고 설명하고 있다.(DA.ii.500)

는데도 인색을 천명할 수 있겠는가?"

"아닙니다, 세존이시여."

"아난다여, 그러므로 이것이 바로 인색의 원인이고, 근원이고, 기원이고, 조건이니, 그것은 다름 아닌 거머쥠이다."

13. "탐착100)을 조건으로 거머쥠이 있다고 말하였다. 아난다여, 탐착을 조건으로 거머쥠이 있다는 이것은 다음과 같은 방법으로 알아야 한다. 아난다여, 만일 탐착이 어떤 것에 의해서도 어떤 식으로도 그 어디에도 그 누구에게도 존재하지 않는다고 하자. 아난다여, 탐착이 소멸하여 버려 탐착이 어떤 식으로도 전혀 존재하지 않는데도 거머쥠을 천명할 수 있겠는가?"

"아닙니다, 세존이시여."

"아난다여, 그러므로 이것이 바로 거머쥠의 원인이고, 근원이고, 기원이고, 조건이니, 그것은 다름 아닌 탐착이다."

14. "욕망101)을 조건으로 탐착이 있다고 말하였다. 아난다여, 욕망을 조건으로 탐착이 있다는 이것은 다음과 같은 방법으로 알아야 한다. 아난다여, 만일 욕망이 어떤 것에 의해서도 어떤 식으로도

---

100) "탐착(ajjhosāna)이란 '나'니 '내 것'이니 하면서 강하게 결론짓는 것(sanniṭṭhāna)이다."(*Ibid*)

101) '욕망'은 chanda-rāga의 역어인데 문맥에 따라서 욕탐(慾貪)으로 옮기기도 하였다. 주석서에는 "해로운 생각(akusala-vitakka)으로 생각을 일으킨 대상에 대해서 약한(dubbala) 감각적 욕망(rāga)이나 강한(balava) 감각적 욕망이 일어나나니 이것을 여기서 갈애(taṇhā)라고 한다. 욕망은 약한 감각적 욕망의 동의어이다."(*Ibid*)라고 설명하고 있다. 즉 강한 감각적 욕망을 갈애라 하고 상대적으로 약한 감각적 욕망을 욕망(chanda-rāga)이라 한다는 말이다.

그 어디에도 그 누구에게도 존재하지 않는다고 하자. 아난다여, 욕망이 소멸하여 버려 욕망이 어떤 식으로도 전혀 존재하지 않는데도 탐착을 천명할 수 있겠는가?"

"아닙니다, 세존이시여."

"아난다여, 그러므로 이것이 바로 탐착의 원인이고, 근원이고, 기원이고, 조건이니, 그것은 다름 아닌 욕망이다."

15. "판별102)을 조건으로 욕망이 있다고 말하였다. 아난다여, 판별을 조건으로 욕망이 있다는 이것은 다음과 같은 방법으로 알아야 한다. 아난다여, 만일 판별이 어떤 것에 의해서도 어떤 식으로도 그 어디에도 그 누구에게도 존재하지 않는다고 하자. 아난다여, 판별이 소멸하여 버려 판별이 어떤 식으로도 전혀 존재하지 않는데도 욕망을 천명할 수 있겠는가?"

"아닙니다, 세존이시여."

"아난다여, 그러므로 이것이 바로 욕망의 원인이고, 근원이고, 기원이고, 조건이니, 그것은 다름 아닌 판별이다."

16. "얻음103)을 조건으로 판별이 있다고 말하였다. 아난다여, 얻음을 조건으로 판별이 있다는 이것은 다음과 같은 방법으로 알아

---

102) "판별(vinicchaya)은 지혜(ñāṇa)에 의한 판별, 갈애(taṇhā)에 의한 판별, 사견(diṭṭhi)에 의한 판별, 일으킨 생각(vitakka)에 의한 판별의 네 가지가 있다. 여기서는 일으킨 생각에 의한 판별을 말한다. 얻을 것을 얻고서는 그것이 원하는 것인지 원하지 않는 것인지, 좋은 것인지 좋지 않은 것인지 하는 일으킨 생각을 통해서 판별하는 것이다."(DA.i.499)

103) "얻음(lābha)이란 형상 등의 대상을 획득하는 것이니 추구가 있을 때 얻음이 있다."(*Ibid*)

야 한다. 아난다여, 만일 얻음이 어떤 것에 의해서도 어떤 식으로도 그 어디에도 그 누구에게도 존재하지 않는다고 하자. 아난다여, 얻음이 소멸하여 버려 얻음이 어떤 식으로도 전혀 존재하지 않는데도 판별을 천명할 수 있겠는가?"

"아닙니다, 세존이시여."

"아난다여, 그러므로 이것이 바로 판별의 원인이고, 근원이고, 기원이고, 조건이니, 그것은 다름 아닌 얻음이다."

17. "추구104)를 조건으로 얻음이 있다고 말하였다. 아난다여, 추구를 조건으로 얻음이 있다는 이것은 다음과 같은 방법으로 알아야 한다. 아난다여, 만일 추구가 어떤 것에 의해서도 어떤 식으로도 그 어디에도 그 누구에게도 존재하지 않는다고 하자. 아난다여, 추구가 소멸하여 버려 추구가 어떤 식으로도 전혀 존재하지 않는데도 얻음을 천명할 수 있겠는가?"

"아닙니다, 세존이시여."

"아난다여, 그러므로 이것이 바로 얻음의 원인이고, 근원이고, 기원이고, 조건이니, 그것은 다름 아닌 추구다."

18. "갈애105)를 조건으로 추구가 있다고 말하였다. 아난다여,

---

104) "추구(pariyesanā)란 형상 등의 대상을 탐구하는 것이니 갈애가 있을 때 추구가 있다."(*Ibid*)

105) "갈애(taṇhā)는 추구하는(esana) 갈애와 추구된(esita) 갈애의 두 가지가 있다. 그 갈애 때문에 양들이 다니는 길과 갈고리를 사용해야만 하는 험난한 길 등을 다니면서 즐길 거리를 찾고 구하는 것을 '추구하는 갈애'라 한다. 찾았고 구했고 획득한 것들에 대한 갈애가 '추구된 갈애'이다. 이 두 가지도 실제로 벌어지고 있는 갈애(samudācāra-taṇhā)의 [모습]이다. 그러므로 느낌을 조건으로 이러한 두 가지 갈애가 있게 된다."(*Ibid*)

갈애를 조건으로 추구가 있다는 이것은 다음과 같은 방법으로 알아야 한다. 아난다여, 만일 갈애가 어떤 것에 의해서도 어떤 식으로도 그 어디에도 그 누구에게도 존재하지 않는다고 하자. 아난다여, 갈애가 소멸하여 버려 갈애가 어떤 식으로도 전혀 존재하지 않는데도 추구를 천명할 수 있겠는가?"

"아닙니다, 세존이시여."

"아난다여, 그러므로 이것이 바로 추구의 원인이고, 근원이고, 기원이고, 조건이니, 그것은 다름 아닌 갈애다. 아난다여, 이와 같이 두 가지 법들이106) 이처럼 두 가지 부분으로 느낌에 의해서 하나가 된다.107)"

19. "감각접촉을 조건으로 느낌이 있다[觸緣受]고 말하였다. 아난다여, 감각접촉을 조건으로 느낌이 있다는 이것은 다음과 같은 방법으로 알아야 한다. 아난다여, 만일 형상에 대한 감각접촉, 소리에 대한 감각접촉, 냄새에 대한 감각접촉, 맛에 대한 감각접촉, 감촉에 대한 감각접촉, 법에 대한 감각접촉 — 이러한 감각접촉이 어떤 것에

---

106) 여기서 두 가지 법(dhamma)들이란 윤회의 뿌리가 되는 갈애(vaṭṭamūla-taṇhā)와 바로 위 주해에서 설명한 실제로 벌어지고 있는 갈애(samudācāra-taṇhā)를 뜻한다.(DA.ii.500)

107) "이것은 취착의 원인이니 그것은 다름 아닌 갈애이다라고 설한 '윤회의 뿌리가 되는 갈애'와 갈애를 조건으로 하여 추구가 있다라고 설한 '현실에서 벌어지는 갈애'라는 이 두 가지는 갈애라는 특징으로는 하나의 성질을 가졌으며 모두 느낌이라는 하나의 귀결점을 가지게 되나니 느낌이라는 공통된 조건으로 하나의 조건을 가진다는 뜻이다."(*Ibid*)
즉 윤회의 뿌리가 되는 갈애와 현실에서 벌어지는 갈애, 둘 모두 결국은 여섯 감각장소에서 기인한 느낌을 조건으로 생긴 것이기 때문이다. 그래서 이 두 가지 갈애는 느낌이라는 하나의 조건을 가진다.

의해서도 어떤 식으로도 그 어디에도 그 누구에게도 존재하지 않는다고 하자. 아난다여, 감각접촉이 소멸해버려 감각접촉이 어떤 식으로도 전혀 존재하지 않는데도 느낌을 천명할 수 있겠는가?"

"아닙니다, 세존이시여."

"아난다여, 그러므로 이것이 바로 느낌의 원인이고, 근원이고, 기원이고, 조건이니, 그것은 다름 아닌 감각접촉이다."

20. "정신·물질을 조건으로 감각접촉이 있다[名色緣觸]고 말하였다. 아난다여, 정신·물질을 조건으로 감각접촉이 있다는 이것은 다음과 같은 방법으로 알아야 한다. 아난다여, 여기 [느낌, 인식, 상카라들, 알음알이의] 각각의 성질들108)이나 특징들109)이나 표상들110)이나 개요들111)에 의해서 정신의 무리[名身]112)라는 개념113)

---

108) "성질(ākāra)들이란 느낌, 인식 등의 서로서로 같지 않은 상태(asadisasa-bhāva)를 말한다."(Ibid)

109) "특징(liṅga)들이란 느낌, 인식 등을 잘 드러내면서 각각 분명하지 않은 뜻(līnamatthaṁ)을 드러내기(gamenti) 때문에 특징이라 한다."(Ibid) 복주서에서는 līnamatthaṁ을 apākaṭamatthaṁ(분명하지 않은 뜻)이라 설명했고, gamenti를 ñāpenti(알리다)라고 설명하고 있다.(DAṬ.ii.131) 그래서 각각 '분명하지 않은 뜻'과 '드러내다'로 옮겼다.

110) "인식의 원인(sañjānana-hetu)이 되기 때문에 표상(nimitta)이라 한다."(DA.ii.500)

111) "그렇게 요약(uddisitabba)되어야 한다고 해서 개요(uddesa)라 한다."(DA.ii.501)

112) 본 문단에서는 정신·물질(nāma-rūpa)을 정신의 무리(nāmakāya)와 물질의 무리(rūpakāya) 둘로 나누어서 고찰하고 있다.

113) 개념으로 옮긴 원어는 paññatti이다. 빤냣띠(paññatti)는 pra(앞으로)+√jñā(to know)의 사역형 동사 paññāpeti에서 파생된 여성형 명사이다. '[남들이] 잘 알게 하다'는 뜻에서 '선언하다, 선포하다, 알리다, 지적하다,

이 생긴다. 그러나 만약 이런 각각의 성질들이나 특징들이나 표상들이나 개요들이 존재하지 않는다면 물질의 무리[色身]에서 이름 붙이기114)를 통해 생기는 정신의 감각접촉을 천명할 수 있겠는가?"115)

"없습니다, 세존이시여."

"아난다여, 여기 각각의 성질들이나 특징들이나 표상들이나 개요들에 의해서 물질의 무리라는 개념이 생긴다. 그러나 만약 이런 각각의 성질들이나 특징들이나 표상들이나 개요들이 존재하지 않는다면 정신의 무리에서 부딪힘116)을 통해 생기는 [물질의] 감각접촉을 천

지목하다' 등의 의미로 쓰인다. 그래서 빤낫띠는 '알게 하는 것'이란 의미에서 '명칭, 개념, 서술, 술어, 용어' 등을 뜻한다. 중국에서는 시설(施設)로 번역되었다.
아비담마에서는 82가지 구경법(paramattha-dhamma)이 아닌 모든 것을 개념(paññatti)의 범주에 넣고 있다. 아비담마에서 제시하는 가장 큰 메시지는 바로 이러한 개념과 법을 구분해내는 것이다. 우리가 이름 지어서 아는 모든 것은 개념이다. 이런 개념을 해체해서 찰나생·찰나멸(무상)과 고와 무아를 특징으로 하는 법을 보아서 해탈·열반을 실현하도록 하는 체계가 아비담마의 체계이다.

114) '이름붙이기'로 옮긴 원어는 adhivacana이다. 이것은 부딪힘으로 옮긴 paṭigha와 더불어 본 문단의 두 가지 핵심 용어이다. 아비담마에서 adhivacana는 이름이란 뜻으로써 정신[名] 즉 수·상·행·식의 특징을, paṭigha는 부딪힘이란 뜻으로 물질[色]의 특징을 나타낸다. 아래 주해를 참조할 것.

115) 주석서에서는 물질의 무리로부터 정신의 감각접촉을 얻을 수 없는 것이 마치 망고 나무(amba-rukkha)가 없다면 잠부(jambu) 나무에서는 결코 망고 열매(pakka)를 얻지 못하는 것과 같다고 설명하고 있다.(*Ibid*)

116) '부딪힘'으로 옮긴 원어는 paṭigha이다. paṭigha는 보통 '적의' 혹은 '적대감'으로 옮기는 술어이다. 그러나 이 문맥에서는 prati(대하여)+√han(*to strike, to kill*)이라는 어원에 입각해서 '부딪힘'으로 옮긴다. 공무변처를 설명하는 문맥에서도 이 단어는 부딪힘으로 옮겼다. 왜냐하면 물질이 있을 때에는 반드시 부딪힘이 있지만 물질이 제거되면 부딪힘도 없기 때문

명할 수 있겠는가?"117)

"없습니다, 세존이시여."

"아난다여, 여기 성질들이나 특징들이나 표상들이나 개요들에 의해서 정신의 무리와 물질의 무리라는 개념이 생긴다. 그러나 만약 이런 고유성질들이나 특징들이나 표상들이나 개요들이 존재하지 않는다면 이름 짓기로 얻어지는 [정신의] 감각접촉이나 부딪힘으로 얻어지는 [물질의] 감각접촉을 천명할 수 있겠는가?"118)

"없습니다, 세존이시여."

"아난다여, 여기 각각의 성질들이나 특징들이나 표상들이나 개요들에 의해서 정신·물질이라는119) 개념이 생긴다. 그러나 만약 이런 각각의 성질들이나 특징들이나 표상들이나 개요들이 존재하지 않는다면 감각접촉을 천명할 수 있겠는가?"

"없습니다, 세존이시여."

이다.
그래서 주석서에서는 "부딪힘으로 얻어지는 감각접촉이란 부딪힘을 가진 물질의 무더기[色蘊]를 대상으로 하여 일어난 감각접촉이다."(*Ibid*)라고 설명하고 있다.

117) 주석서에서는 정신의 무리로부터 물질의 감각접촉을 얻을 수 없는 것을 잠부 나무가 없으면 망고 나무로부터 잠부 열매를 결코 얻지 못하는 것에 비유하고 있다.(*Ibid*)

118) '주석서에서는 이것을 허공에서는 망고 열매와 잠부 열매를 얻지 못하는 것에 비유하고 있다.(*Ibid*)

119) 지금까지는 정신·물질을 정신의 무리와 물질의 무리로 나누어서 세 가지로 고찰을 하였고 이제 마지막 네 번째로 정신·물질을 구분하지 않고 하나로 취급하여 이것이 감각접촉의 조건이 됨을 설하신다. 그래서 주석서는 "이와 같이 두 가지 감각접촉의 각각의 조건을 보여 주신 뒤, 이제 이 둘이 구분 없이 정신·물질을 조건으로 한 것을 보여 주시기 위해서 이제 네 번째로 질문을 던지셨다."(*Ibid*)라고 설명하고 있다.

"아난다여, 그러므로 이것이 바로 감각접촉의 원인이고, 근원이고, 기원이고, 조건이니, 그것은 다름 아닌 정신·물질이다."120)

알음알이와 정신·물질은 상호 조건이 된다

21. "알음알이를 조건으로 정신·물질이 있다[識緣名色]고 말하였다. 아난다여, 알음알이를 조건으로 정신·물질이 있다는 이것은 다음과 같은 방법으로 알아야 한다. 아난다여, 만일 알음알이가 모태에 들지 않았는데도 정신·물질이 모태에서 발전하겠는가?121)"

"아닙니다, 세존이시여."

"아난다여, 알음알이가 모태에 들어간 뒤 잘못되어버렸는데도122) 정신·물질이 [오온을 구비한] 그러한 상태를123) 생기게 하겠는가?"

"아닙니다, 세존이시여."

---

120) 이처럼 본경은 연기각지 특히 수연애(受緣愛)와 명색연촉(名色緣觸)을 철저하게 분석하고 계신다. 이런 태도는 아비담마와 궤를 같이하는 분석적이고 해체적인 태도이다. 연기의 가르침이 분명하게 드러난다는 아난다 존자의 말에 대해서 연기의 가르침은 참으로 심오하다고 하신 이유가 여기에 이르러서 분명해진다.

121) "발전하겠는가(samuccissatha)란 재생연결식(paṭisandhi-viññāṇa)이 [모태에 들지] 않았는데도 다른 순수한 정신·물질이 모태 안에서 깔랄라 등의 상태로 적집되고 혼합되어 존재하겠는가라는 말이다."(DA.ii.502) 재생연결식과 아래 주해의 죽음의 마음 등에 대해서는 『아비담마 길라잡이』 3장 §8의 해설을 참조할 것.

122) "'들어간 뒤 잘못되어버렸는데도(okkamitvā vokkamissatha)'라는 것은 재생연결식으로 들어가서 죽음의 마음(cuti)으로 잘못되어버렸는데도, 소멸되어버렸는데도라는 뜻이다."(*Ibid*)

123) "그러한 상태로(itthattāya)란 완전하게 된 다섯 무더기[五蘊]의 상태로라는 뜻이다."(*Ibid*)

"아난다여, 알음알이가 동자나 동녀와 같은 어린아이일 때 잘못되어버렸는데도 정신·물질이 향상하고 증장하고 번창하겠는가?"

"아닙니다, 세존이시여."

"아난다여, 그러므로 이것이 바로 정신·물질의 원인이고, 근원이고, 기원이고, 조건이니, 그것은 다름 아닌 알음알이다."

22. "정신·물질을 조건으로 알음알이가 있다[名色緣識]고 말하였다. 아난다여, 정신·물질을 조건으로 알음알이가 있다는 이것은 다음과 같은 방법으로 알아야 한다. 아난다여, 만일 알음알이가 정신·물질에 확립됨을 얻지 못하였는데도 미래에 태어남과 늙음·죽음과 괴로움의 일어남이 생긴다고 천명할 수 있겠는가?"

"그렇지 않습니다, 세존이시여."

"아난다여, 그러므로 이것이 바로 알음알이의 원인이고, 근원이고, 기원이고, 조건이니, 그것은 다름 아닌 정신·물질이다. 아난다여, 이와 같이 하여124) 태어나고 늙고 죽고 죽어서는 다시 태어나는 것이다. 이러한 [알음알이와 정신·물질의 상호 조건]에 의해 이름짓는 토대가125) 생기고, 어원에 입각한 언어의 토대가126) 생기고, 개념을

---

124) "'이와 같이 하여(ettāvatā kho)'라는 것은 알음알이가 정신·물질의 조건이 되고, 정신·물질이 알음알이의 조건이 되어, 이 둘이 서로 지탱하는 조건(aññamañña-paccaya, 相互緣)으로 조건이 될 때[라는 말이다.]"(DA.ii.503)
서로 지탱하는 조건은 『아비담마 길라잡이』 8장 §11의 해설 7과 『청정도론』 XVII.78을 참조할 것.

125) "이름을 얻는 길(adhivacana-patha)이란 시리왔다까, 다나왔다까 등이 [길상을 증장시키는 사람, 재산을 증식시키는 사람 등이라는] 뜻을 보여주지 않고 단지 단어(vacana)만 드러내는 인습적 표현(vohāra)의 길이다."(*Ibid*)

얻는 토대가127) 생기고, 통찰지의 영역128)이 생기며, 이 알음알이와 정신·물질의 상호 조건에 의해 [윤회는] 전개되는 것이다.129) 정신·물질은 알음알이와 더불어 [오온의] 이러한 상태를130) 천명하기 위한 것이다."

자아를 천명함

23. "아난다여, 그런데131) [사람들은] 어떻게 자아132)라고 천

---

126) "언어표현을 얻는 길(nirutti-patha)이란 마음챙긴다고 해서 마음챙김이라 하고, 알아차린다고 해서 알아차림이라 하는 등의 [명칭을 가지게 되는] 이유를 진술(kāraṇāpadesa)함에 의해서 드러내는 인습적 표현의 길이다."(*Ibid*)

127) "개념을 얻는 길(paññatti-patha)이란 [현명한 사람에 관계된] 빤디따, 밧따, 메다위, 니뿌나 등의 [단어를] 여러 측면에서 그 뜻을 알게 함(ñāpana)에 의해서 드러내는 인습적 표현의 길이다."(DA.ii.504)

128) "통찰지의 영역(paññāvacara)이란 통찰지로써 고찰해야 한다, 알아야 한다는 말이다."(*Ibid*)
"통찰지로써 드러내어야 한다, 알아져야 한다는 뜻이다."(DAṬ.ii.140)

129) "전개된다(vaṭṭaṁ vaṭṭati)는 것은 윤회(saṁsāra-vaṭṭa)가 전개된다는 말이다."(DA.ii.504)

130) "이러한 상태(itthatta)란 다섯 가지 무더기[五蘊]에 대한 이름이다. 이러한 정신·물질은 알음알이와 더불어 서로 지탱하는 조건으로 전개된다."(*Ibid*)
즉 삶의 전개과정에서 알음알이와 정신·물질은 매순간 서로가 서로를 지탱해주고 유지시켜주고 서로 관계 맺으면서 흘러간다는 뜻이다.

131) 세존께서는 본경을 시작하시면서 §1에서 이러한 연기의 심오함을 모르기에 중생들은 "실에 꿰어진 구슬처럼 얽히게 되고 베 짜는 사람의 실타래처럼 헝클어지고 문자 풀처럼 엉키어서 처참한 곳, 불행한 곳, 파멸처, 윤회를 벗어나지 못한다."고 하셨다. 그런 모습을 보여 주시기 위해서 설법을

명하는가?133) 아난다여, ① 물질[色]을 가진 유한한 자아를134) 천명
하면서 '나의 자아는 물질을 가졌고 유한하다.'고 천명한다. 아난다

> 계속하신다고 주석서는 설명하고 있다.(*Ibid*)

132) 여기서 주의해서 봐야 할 점은 이런 문자 풀처럼 얽히고설킨 윤회의 전개
의 중심에는 바로 '자아(attā)'가 있다는 점이다. 선정, 삼매, 신통이 아무
리 자유자재하더라도 자아라는 개념(paññatti, 빤낫띠)을 해체하지 못하
는 한 그는 결코 성자가 아니다. 우리는 이미 본서 제1권의 여러 경들을
통해서 여러 관점에서 자아를 척파하시는 세존의 설법을 들었다. 이러한
가르침을 듣고 아마 많은 사람들은 '자아가 없으면 아무것도 없는 허무주
의가 아니냐?'고 회의하고 두려워할지도 모른다. 거기에 대한 대답이 바로
본경의 주제인 연기이다. 자아가 없다는 말은 연기한다는 말이다. 여러 조
건들이 서로 일어나고 사라지고 뭉치고 흩어지고 하면서 흘러가는 것이
연기의 실상이다. 이것이 바로 무아다. 그러므로 연기를 꿰뚫지 못하는 한
자아의 개념은 척파하기 어려울 것이다. 그래서 본경에서도 심오한 연기
의 가르침의 결론으로 자아개념의 척파를 설하신다. 불교의 관점에서 볼
때 자아란 매순간 일어나고 사라지는 오온을 두고 나라거나 내 것이라
고 취착한 것이거나 이러한 오온들이 일어나고 사라지면서 서로 부딪혀서
만들어내는 물안개와 물보라와 같은 개념적 존재(paññatti)일 뿐이다.

133) 본 문단에서 거론되는 네 가지 자아는 본서 「범망경」(D1) §2.38의 '인식
을 가진 자아의 사후존재를 설하는 자들'의 16가지 견해에 포함된다. 그곳
의 주해를 참조할 것.

134) "확장시키지 않은(avaḍḍhita) 까시나의 표상(kasiṇa-nimitta)을 자아
라고 거머쥐는 자는 물질[色]을 가진 유한한 자아를 천명한다."(DA.ii.
504)
「범망경」(D1) §2.38의 주해에서도 보았듯이 유한이나 무한의 관념은
모두 까시나의 확장과 관계가 있다. 그리고 이러한 까시나의 표상을 취착
하는 순간 거기에 자아개념은 달라붙는다. 연기와 무아의 가르침은 삼매
수행에서 생기는 이러한 경계까지 모두 극복한 최상승의 도리요 출격장부
의 도리이다. 삼매의 표상은 『아비담마 길라잡이』 9장 §5의 해설을, 까시
나의 [닮은] 표상은 『청정도론』 IV.31 이하를, 표상의 확장은 『청정도
론』 IV.127 이하와 III.109 이하를 참조할 것. 10가지 까시나는 『아비담
마 길라잡이』 9장 §6에 명료하게 요약되어 있고 까시나 수행은 『청정도
론』 IV장과 V장에 상세하게 설명되어 있다.

여, ② 물질을 가진 무한한 자아를135) 천명하면서 '나의 자아는 물질을 가졌고 무한하다.'고 천명한다. 아난다여, ③ 물질을 가지지 않은 [無色] 유한한 자아를136) 천명하면서 '나의 자아는 물질을 가지지 않았고 유한하다.'고 천명한다. 아난다여, ④ 물질을 가지지 않은[無色] 무한한 자아를137) 천명하면서 '나의 자아는 물질을 가지지 않았고 무한하다.'고 천명한다."

24. "아난다여, ① 여기서 물질을 가진 유한한 자아를 천명하는 자는 자아는 현생에서138) 물질을 가지고 유한하다고 천명하거나, 혹은 '비록 [지금은] 그렇지 않지만 [다음 생에는] 그러한 상태가 될 것이다.'라고 생각하면서 내생에139) 자아는 물질을 가지고 유한하다고

---

135) "확장시킨(vaḍḍhita) 까시나의 표상을 자아라고 거머쥐는 자는 물질을 가진 무한한 자아를 천명한다."(DA.ii.504)

136) "확장시키지 않은(avaḍḍhita) 까시나의 표상을 거머쥔 뒤 표상에 닿는 부분(phuṭṭhokāsa)이나 거기서 전개되는 네 가지 무더기들(수상행식)이나 이들에 포함되어 있는 알음알이만을 자아라고 거머쥐는 자는 물질을 가지지 않은 유한한 자아를 천명한다."(*Ibid*)

137) "확장시킨(vaḍḍhita) 까시나의 표상을 거머쥔 뒤 표상에 닿는 부분이나 거기서 전개되는 네 가지 무더기들이나 이들에 포함되어 있는 알음알이만을 자아라고 거머쥐는 자가 물질을 가지지 않은 무한한 자아를 천명한다."(*Ibid*)

138) '현생에서'로 옮긴 원어는 etarahi인데 영어 *now*에 해당하는 부사이다. 지금여기를 강조하여 술어로 나타낼 때는 diṭṭha-dhamma(現法, 본서 제1권 「범망경」, D1 §3.19의 주해 참조)라는 표현을 쓰지만 일반적으로 지금을 뜻할 때는 etarahi나 idāni를 쓴다. 복주서에서는 "내생이 아니라 현생을 강조(avadhāraṇa)하기 위해서"(DAṬ.ii.141) etarahi라고 하였다고 설명한다.

139) 원어는 tatthabhāviṁ(그러한 상태)인데 주석서에서 '다음 세상(paraloka)에서의 상태'라고 설명하고 있다.(*Ibid*)

천명한다. 아난다여, 그렇기 때문에 물질을 가진140) [자아를 천명하는] 자에게는 이미 유한한 자아라는 견해가 잠재해 있다고 말할 수 있다.

아난다여, ② 여기서 물질을 가진 무한한 자아를 천명하는 자는 자아는 현생에서 물질을 가지고 무한하다고 천명하거나, 혹은 '비록 [지금은] 그렇지 않지만 [다음 생에는] 그러한 상태가 될 것이다.'라고 생각하면서 내생에 자아는 물질을 가지고 무한하다고 천명한다. 아난다여, 그렇기 때문에 물질을 가진 [자아를 천명하는] 자에게는 이미 무한한 자아라는 견해가 잠재해 있다고 말할 수 있다.

아난다여, ③ 여기서 물질을 가지지 않은141) 유한한 자아를 천명하는 자는 현생에서 자아는 물질을 가지지 않지만 유한하다고 천명하거나, 혹은 '비록 [지금은] 그렇지 않지만 [다음 생에는] 그러한 상태가 될 것이다.'라고 생각하면서 내생에 자아는 물질을 가지지 않지만 유한하다고 천명한다. 아난다여, 그렇기 때문에 물질을 가지지 않은 [자아를 천명하는] 자에게는 이미 유한한 자아라는 견해가 잠재해 있다고 말할 수 있다.

---

140) "물질을 가진 자(rūpi)란 물질의 까시나를 지닌 자이다."(DA.ii.505)

141) "물질을 가지지 않은 자(arūpi)란 무색의 까시나를 지녔거나 정신의 무더기(arūpakkhandha)를 대상(gocara)으로 가진 자라고 그 뜻을 봐야 한다."(Ibid)
여기에 대해서 복주서는 다음과 같이 더 상세하게 설명한다.
"무색의 까시나란 까시나를 제거한(kasiṇugghāṭi) 허공(ākāsa)이지 제한된 허공의 까시나(paricchinna-ākāsa-kasiṇa)가 아니다.(여기에 대해서는 『청정도론』 X.6 이하를 참조할 것) 어떤 자들은 이 둘 다 무색의 까시나라고 한다. 정신의 무더기를 대상으로 가진 자란 느낌 등의 정신의 무더기들을 자아라고 천착하는 대상으로 가진 자이니 이런 사견(邪見)을 가진 자를 말한다."(DAṬ.ii.142)

아난다여, ④ 여기서 물질을 가지지 않은 무한한 자아를 천명하는 자는 현생에서 그 물질을 가지지 않은 무한한 자아를 천명하거나 '비록 [지금은] 그렇지 않지만 [다음 생에는] 그러한 상태가 될 것이다.'라고 하면서 내생에서 물질을 가지지 않은 무한한 자아를 천명한다. 아난다여, 그렇기 때문에 물질을 가지지 않은 [자아를 천명하는] 자에게는 이미 무한한 자아라는 견해가 잠재해 있다고 말할 수 있다.

아난다여, [사람들은] 이렇게 자아를 천명한다."142)

자아를 천명하지 않음

25. "아난다여, 그런데 [성자들은]143) 어떻게 천명하지 않으면

---

142) 본 문단에서는 수행자들이 가질 수 있는 자아에 대한 견해를 이처럼 모두 4가지로 정리하고 있다. 주석서와 복주서에서는 이러한 자아에 대한 4가지 견해는 까시나 수행을 하는 수행자 자신이 어떠한 수행기법을 따르고 있는가에 따라서 이미 자아에 대한 견해가 스스로에 잠재해 있는 것이라고(anuseti) 설명하고 있다.
다시 주석서와 복주서는 이 넷을 다시 [까시나의 표상을] 얻은 자들(lābhī)과 그들의 제자들(antevāsikā), 그리고 수행은 하지 않았지만 논리에 의해서 이 넷을 상정하는 논리가들(takkikā)과 그들의 제자들로 구분하여 모두 16가지의 자아에 대한 견해를 가진 자들(diṭṭhigatika)을 상정하고 있다.(DA.ii.505, DAṬ.ii.142)

143) "모든 성자들(ariyapuggala, 성자는 불교의 성자로 예류과 이상을 증득한 사람들이다.)은 [자아를] 천명하지 않는다. 많이 배운 자들, 삼장(三藏)을 호지하는 자들(tipiṭakadharāa), 이장(二藏)을 호지하는 자들, 일장(一藏)을 호지하는 자들, 그리고 단지 하나의 니까야라도 잘 판별한 뒤에 법문을 수지하는 자들, 위빳사나를 시작한 사람들, 이들 중 누구도 [자아를] 천명하지 않는다. 이들에게는 닮은 까시나(paṭibhāgakasiṇa, 닮은 표상)에 대해서 단지 닮은 까시나라고 [아는] 그러한 지혜가 있다. 비물질의 무더기(수상행식)들에 대해서도 비물질의 무더기들이라고 [아는 그러한 지혜가 있다.]"(DA.ii.505
주석서의 이러한 말은 우리가 반드시 귀담아 들어야 한다. 불교 수행자는

서 자아를 천명하지 않는가? 아난다여, ① 물질[色]을 가진 유한한 자아를 천명하지 않으면서 '나의 자아는 물질을 가졌고 유한하다.'고 천명하지 않는다. 아난다여, ② 물질을 가진 무한한 자아를 천명하지 않으면서 '나의 자아는 물질을 가졌고 무한하다.'고 천명하지 않는다. 아난다여, ③ 물질을 가지지 않은 유한한 자아를 천명하지 않으면서 '나의 자아는 물질을 가지지 않았고 유한하다.'고 천명하지 않는다. 아난다여, ④ 물질을 가지지 않은 무한한 자아를 천명하지 않으면서 '나의 자아는 물질을 가지지 않았고 무한하다.'고 천명하지 않는다."

26. "아난다여, 여기서 물질을 가진 유한한 자아를 천명하지 않는 자는 지금 현재에서 그 물질을 가진 유한한 자아를 천명하지 않거나 '비록 [지금은] 그렇지 않지만 [다음 생에는] 그러한 상태가 될 것이다.'라고 하면서 다음 생에서 물질을 가진 유한한 자아를 천명하지 않는다. 아난다여, 그렇기 때문에 물질을 가진 [자아를 천명하지 않는] 자에게는 유한한 자아라는 견해가 결코 잠재해 있지 않다고 말할 수 있다.

아난다여, 여기서 물질을 가진 무한한 자아를 천명하지 않는 자는 지금 현재에서 그 물질을 가진 무한한 자아를 천명하지 않거나 '비록 [지금은] 그렇지 않지만 [다음 생에는] 그러한 상태가 될 것이다.'라고 하면서 다음 생에서 물질을 가진 무한한 자아를 천명하지 않는다.

그 누구도 그 어떤 경우에도 결코 수행 중에 생기는 현상이나 경계를 가지고 결코 자아라고 천명하지 않는다. 그러나 우리는 어떠한가? 연기가 불성이고 연기가 여래장이라는 경의 말씀은 잊어버리고 불성과 여래장을 존재론적 실체로 이해하고 생사를 초월한 진아로 삼아서 이런 것을 보고 이런 것과 계합하는 것쯤으로 최상승을 이해하고 있지는 않는지 한번쯤 돌아볼 일이다.

아난다여, 그렇기 때문에 물질을 가진 [자아를 천명하지 않는] 자에게는 무한한 자아라는 견해가 결코 잠재해 있지 않다고 말할 수 있다.

아난다여, 여기서 물질을 가지지 않은 유한한 자아를 천명하지 않는 자는 지금 현재에서 그 물질을 가지지 않은 유한한 자아를 천명하지 않거나 '비록 [지금은] 그렇지 않지만 [다음 생에는] 그러한 상태가 될 것이다.'라고 하면서 다음 생에서 물질을 가지지 않은 유한한 자아를 천명하지 않는다. 아난다여, 그렇기 때문에 물질을 가지지 않은 [자아를 천명하지 않는] 자에게는 유한한 자아라는 견해가 결코 잠재해 있지 않다고 말할 수 있다.

아난다여, 여기서 물질을 가지지 않은 무한한 자아를 천명하지 않는 자는 지금 현재에서 그 물질을 가지지 않은 무한한 자아를 천명하지 않거나 '비록 [지금은] 그렇지 않지만 [다음 생에는] 그러한 상태가 될 것이다.'라고 하면서 다음 생에서 물질을 가지지 않은 무한한 자아를 천명하지 않는다. 아난다여, 그렇기 때문에 물질을 가지지 않은 [자아를 천명하지 않는] 자에게는 무한한 자아라는 견해가 결코 잠재해 있지 않다고 말할 수 있다.

아난다여, [성자들은] 이렇게 천명하지 않으면서 자아를 천명하지 않는다."

자아를 관찰함

27. "아난다여, 그런데 [사람들은] 어떻게 관찰하면서 자아를 관찰하는가?144) 아난다여, 느낌145)을 관찰하면서 다음과 같이 자아

---

144) "[자아를] 천명하는 자들이 사견(邪見)으로 관찰한 뒤에 [자아를] 천명하는 것은 20가지 토대를 가진 유신견(有身見, sakkāyadiṭṭhi)을 버리지

를 관찰한다. ① '느낌은 나의 자아다.'146) ② '느낌은 나의 자아가 아니다. 나의 자아는 느껴지지 않는다.'147) ③ '느낌은 나의 자아가 아니다. 그러나 나의 자아는 느껴지지 않는 것은 아니다. 나의 자아는 느낀다. 나의 자아는 느끼는 성질을 가졌기 때문이다.'148)라고

못했기 때문이다. 이제 이러한 20가지 토대를 가진 유신견을 보여주시기 위해서 아난다를 부르신다."(*Ibid*)
한편 『중부』와 『상응부』를 비롯한 여러 경에서는 유신견을 다음의 20가지로 설하고 있다.
①-⑤ 오온을 자아라고 수관(隨觀)하는 것(rūpaṁ attato samanupassati)
⑥-⑩ 오온을 가진 것이 자아라고 [수관하는 것](rūpavantaṁ vā attānaṁ)
⑪-⑮ 오온이 자아 안에 있다고 [수관하는 것](attani vā rūpaṁ)
⑯-⑳ 오온 안에 자아가 있다고(rūpasmiṁ vā attānaṁ) [수관하는 것]이다.(M44/i.300; M109/iii.17 등)

145) 위에서는 물질의 측면에서 오온을 물질을 가진 색온과 물질을 가지지 않은 비물질(수·상·행·식)로 분류해서 물질이라는 관점에서 자아의 문제를 고찰하였다. 이제는 느낌[受]의 측면에서 오온을 수온, 색온, 상·행·식온의 셋으로 분류해서 느낌의 관점에서 자아의 문제를 심도 깊게 고찰한다.

146) "[이 첫 번째를] 통해서 느낌[受]을 토대로 한 유신견을 설하셨다."(DA.ii.505)

147) "'나의 자아는 느껴지지 않는다.'는 [이 두 번째를] 통해서 물질의 무더기[色蘊]를 토대로 한 [유신견을] 설하셨다."(*Ibid*)

148) "'나의 자아는 느낀다. 나의 자아는 느끼는 성질을 가졌기 때문이다.'라는 [이 세 번째를] 통해서 인식[想]과 상카라들[行]과 알음알이[識]의 무더기들을 토대로 한 [유신견을 설하셨다.] 이 세 무더기들은 느낌과 함께 하기(sampayutta) 때문에 느껴진다. 이들의 느끼는 성질은 분리되지 않는(avippayutta) 고유성질을 가졌다."(*Ibid*)
아비담마에 의하면 매순간 마음(citta, 알음알이와 동의어)이 일어날 때 마음부수들(수·상·행)이 항상 함께 일어나고 함께 멸한다. 자세한 것은

아난다여, [사람들은] 이와 같이 관찰하면서 자아를 관찰한다."

28. "아난다여, 여기서 ① '느낌은 나의 자아다.'라고 말하는 자에게는 이와 같이 말해주어야 한다. '도반이여, 세 가지 느낌이 있나니 즐거운 느낌과 괴로운 느낌과 괴롭지도 즐겁지도 않은 느낌입니다. 이러한 세 가지 느낌들 가운데서 그대는 어떠한 자아를 관찰합니까?'라고. 아난다여, 즐거운 느낌을 느낄 때는 괴로운 느낌을 느끼지 못하고 괴롭지도 즐겁지도 않은 느낌을 느끼지도 못한다. 그때는 오직 즐거운 느낌만을 느낀다. 아난다여, 괴로운 느낌을 느낄 때는 즐거운 느낌을 느끼지 못하고 괴롭지도 즐겁지도 않은 느낌을 느끼지도 못한다. 그때는 오직 괴로운 느낌만을 느낀다. 아난다여, 괴롭지도 즐겁지도 않은 느낌을 느낄 때는 즐거운 느낌을 느끼지 못하고 괴로운 느낌을 느끼지도 못한다. 그때는 오직 괴롭지도 즐겁지도 않은 느낌만을 느낀다."

29. "즐거운 느낌도 무상하고 형성된 것이며 조건에 의해서 일어난 것이요[緣起] 부서지기 마련인 법이며 사라지기 마련인 법이며 빛바래기 마련인 법이며 소멸하기 마련인 법이다. 아난다여, 괴로운 느낌도 무상하고 형성된 것이며 조건에 의해서 일어난 것이요 부서지기 마련인 법이며 사라지기 마련인 법이며 빛바래기 마련인 법이며 소멸하기 마련인 법이다. 아난다여, 괴롭지도 즐겁지도 않은 느낌도 무상하고 형성된 것이며 조건에 의해서 일어난 것이요 부서지기 마련인 법이며 사라지기 마련인 법이며 빛바래기 마련인 법이며 소멸하기 마련인 법이다.

『아비담마 길라잡이』 2장 §1의 해설을 참조할 것.

그러므로 즐거운 느낌을 느끼면서 '이것은 나의 자아다.'라고 하는 자는 누구든지 그 즐거운 느낌이 소멸하면 '나의 자아는 사라져버렸다.'고 해야 한다. 괴로운 느낌을 느끼면서 '이것은 나의 자아다.'라고 하는 자는 누구든지 그 괴로운 느낌이 소멸하면 '나의 자아는 사라져버렸다.'고 해야 한다. 괴롭지도 즐겁지도 않은 느낌을 느끼면서 '이것은 나의 자아다.'라고 하는 자는 누구든지 그 괴롭지도 즐겁지도 않은 느낌이 소멸하면 '나의 자아는 사라져버렸다.'고 해야 한다.

이와 같이 '느낌은 나의 자아이다.'라고 말하는 자는 결국 '자아는 현생에서 무상하고, 즐거움과 괴로움이 섞여있고, 일어나고 사라지기 마련인 법이다.'라고 관찰하면서 관찰하는 것이 된다. 아난다여, 그러므로 여기서 '느낌은 나의 자아다.'라고 관찰하는 것은 타당하지 않다."

30. "아난다여, 여기서 ② '느낌은 나의 자아가 아니다. 나의 자아는 느껴지지 않는다.'라고 말하는 자에게는 이와 같이 말해주어야 한다. '도반이여, 만약 느낌이 전혀 느껴지지 않는다면 내가 있다고 할 수 있습니까?'라고."

"그렇지 않습니다, 세존이시여."

"아난다여, 그러므로 '느낌은 나의 자아가 아니다. 나의 자아는 느껴지지 않는다.'라고 관찰하는 것은 타당하지 않다.

31. "아난다여, 여기서 ③ '느낌은 나의 자아가 아니다. 그러나 나의 자아는 느껴지지 않는 것은 아니다. 나의 자아는 느낀다. 나의 자아는 느끼는 성질을 가졌기 때문이다.'라고 말하는 자에게는 이와 같이 말해주어야 한다. '도반이여, 만약 모든 종류의 느낌이 남김없

이 전부 소멸해 버린다면 느낌이 소멸해 버렸기 때문에 그 어디서도 느낌은 존재하지 않게 됩니다. 그런데도 내가 있다고 할 수 있습니까?'라고."

"그렇지 않습니다, 세존이시여."

"아난다여, 그러므로 '느낌은 나의 자아가 아니다. 그러나 나의 자아는 느껴지지 않는 것은 아니다. 나의 자아는 느낀다. 나의 자아는 느끼는 성질을 가졌기 때문이다.'라고 관찰하는 것은 타당하지 않다.

32. "아난다여, 비구는 느낌을 자아라고 관찰하지 않으며, 자아는 느껴지지 않는다고도 관찰하지 않으며, 자아는 느끼는 성질을 가졌기 때문에 느낀다고도 관찰하지도 않는다. 그는 이와 같이 관찰하지 않기 때문에 세상에 대해서 어떤 것도 취착하지 않는다.149) 취착하지 않으면 갈증내지 않는다. 갈증내지 않으면 스스로 완전히 열반에 든다. '태어남은 다했다. 청정범행은 성취되었다. 할 일을 다 해 마쳤다. 다시는 어떤 존재로도 돌아오지 않을 것이다.'라고 꿰뚫어 안다.

아난다여, 이와 같이 해탈한 마음을 가진 비구에 대해 말하기를 '그는 여래는 사후에 존재한다는 견해를 가졌다.'라고 한다면 그것은 옳지 않다. '그는 여래는 사후에 존재하지 않는다는 견해를 가졌다.' 라고 한다면 그것도 옳지 않다. '그는 여래는 사후에 존재하기도 하고 존재하지 않기도 한다는 견해를 가졌다.'라고 한다면 그것도 옳지 않다. '그는 여래는 사후에 존재하는 것도 아니고 존재하지 않는 것

---

149) "무더기[蘊]와 세상 등으로 분류되는 세상(loka), 즉 물질 등의 법들에 대해서 어떤 한 법도 자아(atta)라거나 자아에 속하는 것(attaniya)이라고 취착하지 않는다."(DA.ii.508)

도 아니라는 견해를 가졌다.'라고 한다면 그것도 옳지 않다. 그것은 무슨 이유 때문인가? 아난다여, 이름과 그것의 토대가 그 어떤 범위까지 미치건, 어원에 입각한 언어와 그것의 토대가 그 어떤 범위까지 미치건, 개념과 그것의 토대가 그 어떤 범위까지 미치건, 통찰지와 그것의 영역이 그 어떤 범위까지 미치건, 윤회의 회전이 그 어떤 범위까지 미치건, 그 모든 것을 비구는 최상의 지혜로 안 뒤 해탈했다. 그러므로 '그 비구는 알지 못하고, 보지 못하고, 이러한 견해를 가졌다.'라고 한다면 참으로 옳지 않다."

일곱 가지 알음알이의 거주처

33. "아난다여, 참으로150) 일곱 가지 알음알이의 거주처[識

---

150) 이제 이 문맥에서 갑자기 알음알이의 거주처와 두 가지 장소, 그리고 팔해탈을 설하시는 이유를 주석서에서는 다음과 같이 들고 있다. "위 [§§25~26에서 네 가지로] 자아를 천명하지 않음을 통해서 지속적으로 가면서(gacchanto) 양면해탈을 하게 되고(ubhatobhāgavimutta) 다시 [§§27~32에서 세 가지로 유신견으로서의] 자아를 관찰하지 않음을 통해서 혜해탈을 하게 된다(paññāvimutta). 이러한 [범부인, DAṬ.ii.148] 두 부류의 비구들에 대한 벗어남(nigamana = nissaraṇa, Ibid)과 그런 [혜해탈과 양면해탈의, Ibid] 이름(nāmaṁ)을 제대로 보여 주시기 위해서이다."(DA.ii.508)
복주서에서는 다음과 같이 부연하고 있다.
"지속적으로 가면서(gacchanto, gacchanto)라는 것은 [§§25~26에서] 사마타를 닦음에 잘 확립된 뒤에 위빳사나로 인도함과 도로 인도함에 의해서 지속적으로 간다는 [뜻이다.] 양면으로 벗어나기 때문에(muccanato) 양면해탈이라 한다."(DAṬ.ii.148)
부연해서 설명하자면 아래 §34에서 "알음알이의 거주처와 두 가지 장소의 일어남과 사라짐과 달콤함과 위험과 벗어남을 있는 그대로 분명하게 알고서 해탈한다. 아난다여, 이를 일러 비구는 통찰지로써 해탈한 자[혜해탈자]라고 한다."고 나타나듯이 알음알이의 거주처와 두 가지 장소를 통해서

住]151)와 두 가지 장소[處]가 있다. 무엇이 일곱인가?

① 아난다여, 각자 다른 몸을 가지고 각자 다른 인식을 가지고 [거기에 태어난] 중생들152)이 있다. 예를 들면 인간들과 어떤 신들과 어떤 악처에 떨어진 자들이다.153) 이것이 첫 번째 알음알이의 거주처이다.

② 아난다여, 각자 다른 몸을 가졌지만 모두 같은 인식을 가지고 [태어난] 중생들이 있다. 예를 들면 [여기 이 세상에서] 초선(初禪)을 닦아서 [죽은 뒤] 범중천에 태어난 신들이다.154) 이것이 두 번째 알

는 혜해탈자에 대한 설명과 이름을 드러내고 있으며, §35 이하의 팔해탈과 상수멸을 통해서는 양면해탈자에 대한 설명과 이름을 드러내고 있다. 이처럼 위에서 네 가지 자아(§§25~26)와 세 가지를 통한 유신견을 파한 경지(§§27~32)가 각각 양면해탈과 혜해탈인데, 이를 더 부연해서 상세하게 설명하기 위해서 이제 알음알이의 거주처와 두 가지 장소와 팔해탈을 설하신다는 것이다.

151) "여기에 알음알이가 머문다(문자적으로는 서있다)고 해서 알음알이의 거주처이다. 알음알이가 [가서] 머무는 곳과 동의어이다."(DA.ii.509)
"알음알이가 [가서] 머무는 곳(viññāṇa-patiṭṭhāna)이란 재생연결식이 지금 [가서] 머물기 때문이다. 뜻으로는 특히 다섯 무더기를 가진 존재(pañcavokāra)의 경우에는(즉 욕계와 색계의 존재) 색수상행의 네 가지 무더기가 알음알이[識]의 거주처요. 네 무더기를 가진 존재(catuvokāra)의 경우에는(즉 물질이 없는 무색계의 존재) 수상행의 세 가지 무더기가 알음알이의 거주처라고 알아야 한다."(DAṬ.ii.148~49)

152) "여기서 중생들이란 재생연결식으로 설하였다."(DA.ii.509)
즉 아비담마적으로 보면 어떤 곳에 재생연결식이 처음 생기는 것이 그곳에 중생이 태어나는 것이다.

153) 주석서에 의하면 여기서 어떤 신들이란 욕계 천상[六欲天]의 신들을 말한다. 주석서에서는 인간들과 여섯 욕계 천상의 신들과 일부 악처 중생들에 대해서 자세히 설명하고 있다.(Ibid)

154) '[여기 이 세상에서] 초[禪]을 닦아서 [죽은 뒤] 범중천에 태어난 신들이다.'로 옮긴 원문은 devā Brahma-kāyikā paṭhamābhinibbattā이다.

음알이의 거주처이다.

③ 아난다여, 모두 같은 몸을 가졌지만 각자 다른 인식을 가진 중생들이 있다. 예를 들면 광음천155)의 신들이다. 이것이 세 번째 알음알이의 거주처이다.

④ 아난다여, 모두 같은 몸을 가졌고 모두 같은 인식을 가진 중생들이 있다. 예를 들면 변정천156)의 신들이다. 이것이 네 번째 알음알이의 거주처이다.

주석서에서는 "원문 paṭhama(첫 번)-abhinibbattā(태어남)는 '그들 모두는 초선으로 태어났다.'는 뜻이다."(*Ibid*)라고 설명하고 있다. 즉 여기서 첫 번째를 뜻하는 paṭhama는 초선을 의미하고 이런 초선을 닦아서 태어난 것을 말한다. 그래서 이렇게 의역을 하였다.
범중천을 비롯한 초선천에 대해서는 본서 제1권 「께왓다 경」(D11) §§72~79의 마지막 주해와 『아비담마 길라잡이』 5장 §6의 해설을 참조할 것.

155) 광음천은 Ābhassarā의 역어이다. 제2선을 닦아서 태어나는 2선천에는 소광천(Parittābhā)과 무량광천(Appamāṇābhā)과 광음천(Ābhassarā)이 있는데 여기서는 광음천을 대표로 들고 있다. 여기서 원어를 통해서 볼 수 있듯이 2선천의 키워드는 광명(ābha)이다. 제2禪의 키워드가 희열과 행복이듯이 여기서 광명은 희열(pīti)과 자비(mettā)의 빛을 말한다. 임종시에 2禪에 들은 정도에 따라서 광명의 크기도 달라지는 것이다.
주석서에서는 "횃불의 빛처럼 이들의 몸으로부터 광명이 계속해서 떨치고 나와 떨어지는 것처럼 나온다(sarati = dhavati, DAṬ.i.150)고 해서 광음천이라 한다."(DA.ii.509)고 설명하고 있다.

156) 변정천은 Subhakiṇhā의 역어이다. 3선천은 소정천(Parittasubhā)과 무량정천(Appamāṇasubhā)과 변정천(Subhakiṇhā)인데 여기서는 변정천을 대표로 들고 있다. 3선천의 키워드는 subha(깨끗함)이다. 변정천을 뜻하는 Subhakiṇhā의 kiṇha는 본래는 검은색을 뜻하는데 여기서는 '굳음, 덩어리'를 뜻한다. 광명이 크게 덩어리져서 오직 광명뿐인 그런 경지이다. 그래서 주석서는 "깨끗함이 뿌려지고 흩뿌려졌다. 깨끗한 몸의 밝은 빛깔로 하나로 뭉쳐졌다(ekagghana)는 뜻이다."(*Ibid*)라고 설명하고 있다.

⑤ 아난다여, 물질[色]에 대한 인식(산냐)을 완전히 초월하고 부딪힘의 인식을 소멸하고 갖가지 인식을 마음에 잡도리하지 않기 때문에 '무한한 허공'이라고 하면서 공무변처157)에 도달한 중생들이 있다. 이것이 다섯 번째 알음알이의 거주처이다.

⑥ 아난다여, 공무변처를 완전히 초월하여 '무한한 알음알이[識]'라고 하면서 식무변처(識無邊處)에 도달한 중생들이 있다. 이것이 여섯 번째 알음알이의 거주처이다.

⑦ 아난다여, 일체 식무변처를 완전히 초월하여 '아무 것도 없다.'라고 하면서 무소유처(無所有處)에 도달한 중생들이 있다. 이것이 일곱 번째 알음알이의 거주처이다.

그리고 무상유정처158)가 있고 두 번째로 비상비비상처가 있다."

34. "아난다여, 각자 다른 몸을 가지고 각자 다른 인식을 가진 중생들이 있다. 예를 들면 인간들과 어떤 신들과 어떤 악처에 떨어진 자들이다. 이것이 첫 번째 알음알이의 거주처이다. 그런데 이러한 첫 번째 알음알이의 거주처를 꿰뚫어 알고 그것의 일어남을 꿰뚫어 알고 그것의 사라짐을 꿰뚫어 알고 그것의 달콤함을 꿰뚫어 알고 그것의 위험을 꿰뚫어 알고 그것으로부터 벗어남을 꿰뚫어 아는 자가 그

---

157) 이하 공무변처에서부터 비상비비상처까지의 사처에 대한 설명은 『아비담마 길라잡이』 1장 §22와 9장 §12와 『청정도론』 X장을 참조할 것. 여기서 비상비비상처는 알음알이의 거주처에 넣지 않고 무상유정과 함께 따로 2처로 언급하고 있음에 유의해야 한다. 비상비비상처는 인식이 있는 것도 없는 것도 아닌 미세한 경지이므로 이런 인식[想]과 항상 함께 하는 알음알이가 확실하게 거주한다고 할 수 없기 때문이다.

158) 무상유정(無想有情)에 대해서는 본서 제1권 「범망경」(D1) §2.31의 주해와 『아비담마 길라잡이』 5장 §31의 해설과 5장 §6의 해설 등과 『청정도론』 XVII.197 등을 참조할 것.

것을 기뻐하는 것이 타당하겠는가?"

"그렇지 않습니다, 세존이시여."

"아난다여, 각자 다른 몸을 가졌지만 모두 같은 인식을 가진 중생들이 있다. 예를 들면 [여기 이 세상에서] 초선(初禪)을 닦아서 태어난 범중천의 신들이다. 이것이 두 번째 알음알이의 거주처이다. … 이것이 세 번째 알음알이의 거주처이다. … 이것이 네 번째 알음알이의 거주처이다. … 이것이 다섯 번째 알음알이의 거주처이다. … 이것이 여섯 번째 알음알이의 거주처이다. … 이것이 일곱 번째 알음알이의 거주처이다. 그런데 이러한 일곱 번째 알음알이의 거주처를 꿰뚫어 알고 그것의 일어남을 꿰뚫어 알고 그것의 사라짐을 꿰뚫어 알고 그것의 달콤함을 꿰뚫어 알고 그것의 위험을 꿰뚫어 알고 그것으로부터 벗어남을 꿰뚫어 아는 자가 그것을 기뻐하는 것이 타당하겠는가?"

"그렇지 않습니다, 세존이시여."

"아난다여, 무상유정처를 꿰뚫어 알고 그것의 일어남을 꿰뚫어 알고 그것의 사라짐을 꿰뚫어 알고 그것의 달콤함을 꿰뚫어 알고 그것의 위험을 꿰뚫어 알고 그것으로부터 벗어남을 꿰뚫어 아는 자가 그것을 기뻐하는 것이 타당하겠는가?"

"그렇지 않습니다, 세존이시여."

"아난다여, 비상비비상처를 꿰뚫어 알고 그것의 일어남을 꿰뚫어 알고 그것의 사라짐을 꿰뚫어 알고 그것의 달콤함을 꿰뚫어 알고 그것의 위험을 꿰뚫어 알고 그것으로부터 벗어남을 꿰뚫어 아는 자가 그것을 기뻐하는 것이 타당하겠는가?"

"그렇지 않습니다, 세존이시여."

"아난다여, 비구는 일곱 가지 알음알이의 거주처[識住]와 두 가지 장소[處]의 일어남과 사라짐과 달콤함과 위험과 벗어남을 있는 그대로 분명하게 알고서 해탈했다. 아난다여, 이를 일러 비구는 통찰지로써 해탈한 자[慧解脫者]라고 한다."

여덟 가지 해탈[八解脫]

35. "아난다여, 참으로159) 여덟 가지 해탈[八解脫]160)이 있다. 무엇이 여덟인가?

① 여기 비구는 [안으로] 색계에 속하는 [禪에 들어] 밖으로 물질들을 본다. 이것이 첫 번째 해탈이다.161)

---

159) "이와 같이 한 부류의 비구들에 대한 설명과 그 이름을 보여 주신 뒤에 다시 다른 부류를 보여 주시기 위해서 팔해탈을 설하신다."(DA.ii.512)

160) "해탈(vimokkha)은 무슨 뜻에서 해탈이라 하는가? 벗어남(adhimuccana)의 뜻에서 해탈이라 한다. 그러면 이 '벗어남의 뜻'이란 무엇인가? 반대되는 법들로부터 잘 벗어난다는 뜻이며 대상을 즐기는 것을 잘 벗어난다는 뜻이다. 아버지의 무릎에서 사지를 늘어뜨리고 잠든 어린아이처럼 거머쥐고 있지 않은 상태(aniggahitabhāva)로 어떠한 의심도 없이(nirāsaṅkatā) 대상에 들어가는 것이라고 설하신 것이다. 그러나 이 뜻은 맨 마지막의 [여덟 번째] 해탈에는 적용되지 않는다. 처음의 7가지에만 있다."(DA.ii.512~13)

"'벗어남의 뜻'은 상수멸이라는 이 마지막 [여덟 번째] 해탈에는 없다. 이 [여덟 번째 해탈에는] 다만 해탈했음의 뜻(vimuttaṭṭha)만이 적용된다."(DAṬ.ii.153)

즉 상수멸은 마음과 마음부수 모두가 소멸된 경지이므로 반대되는 법들이니 대상이니 하는 것이 없다. 그러므로 이러한 것들로부터 벗어남이라는 해탈의 뜻은 적용되지 않고 오직 해탈했음이라는 근본적인 뜻만이 적용된다는 말이다.

161) '색계에 속하는 [禪에 들어] [밖으로] 물질들을 본다'고 옮긴 원어는 rūpī rūpāni passati인데 직역하면 '물질을 가진 자가(rūpī) 물질들을(rūpāni)

② 안으로 물질에 대한 인식이 없으면서 밖으로 물질들을 본다. 이것이 두 번째 해탈이다.162)

③ 깨끗하다[淨]고 확신한다.163) 이것이 세 번째 해탈이다.164)

> 본다(passati)'이다. 주석서에서는 "안으로 머리털 등에서 푸른색의 까시나(nīlakasiṇa) 등을 통해서 생겨난 색계선들의 물질이 그에게 있다고 해서 물질을 가진 자라 한다."라고 설명하고 있어서 이와 같이 의역을 하였다.
> 그리고 계속하기를 "'밖으로 물질들을 본다.'는 것은 밖으로도 푸른색 등의 까시나의 물질들을 禪의 눈(jhāna-cakkhu)으로 본다는 뜻이다. 이것을 통해서 안과 밖의 토대들을 가진 까시나들에서 생긴 禪을 가진 사람의 네 가지 색계선들을 보이신 것이다."(DA.ii.513)라고 설명하고 있다.
> 요약하면 이 수행자는 안의 물질을 대상으로 삼아서도 색계선에 들고 밖의 물질을 대상으로 삼아서도 색계선에 든다는 의미이다. 물질을 대상으로 禪을 닦으면 거기서는 반드시 표상(nimitta)이 일어나는데 표상은 근접의 표상 → 익힌 표상 → 닮은 표상으로 발전하고, 닮은 표상이 확립될 때 그것을 대상으로 본삼매에 든다. 이것이 『청정도론』 등의 주석서 문헌에서 한결같이 설하는 물질을 대상으로 한 삼매 수행의 과정이다. 자세한 것은 『아비담마 길라잡이』 9장 §5의 해설과 375~376쪽(의문에서 본삼매 속행과정의 해설)과 『청정도론』 IV장을 참조할 것.

162) "'안으로 물질에 대한 인식이 없으면서'라는 것은 자신의 머리털 등에서 색계선을 일으키지 않는다는 뜻이다. 이렇게 해서 밖으로 준비단계(parikamma)의 수행을 짓고서 밖으로 禪을 일으킨 사람의 색계선들을 보이신 것이다."(*Ibid*)
즉 안의 물질을 대상으로 삼아서는 삼매에 들지 않고 밖의 물질을 대상으로 삼아서 색계선에 드는 사람을 말한다.

163) '확신한다'로 옮긴 원어는 adhimutto hoti이다. 여기서 adhimutta는 확신으로도 옮길 수 있고 벗어남으로도 옮길 수 있는 단어이다. 이것이 세 번째 해탈의 문맥에서 나타나기 때문에 벗어남=해탈의 구조로 해석해서 벗어난다로 해석하는 것이 더 타당할 수도 있다. 그러나 아래 주해에서 인용하는 주석서를 참조하면 확신한다라는 것이 문맥상 더 수월하다. 그래서 확신한다로 옮겼다.

164) "'깨끗하다[淨]고 확신한다(subhantveva adhimutto hoti)'라는 것은 이

④ 물질[色]에 대한 인식(산냐)을 완전히 초월하고 부딪힘의 인식을 소멸하고 갖가지 인식을 마음에 잡도리하지 않기 때문에 '무한한 허공'이라고 하면서 공무변처를 구족하여 머문다. 이것이 네 번째 해탈이다.

⑤ 공무변처를 완전히 초월하여 '무한한 알음알이[識]'라고 하면서 식무변처를 구족하여 머문다. 이것이 다섯 번째 해탈이다.

⑥ 식무변처를 완전히 초월하여 '아무것도 없다.'라고 하면서 무소유처를 구족하여 머문다. 이것이 여섯 번째 해탈이다.

⑦ 무소유처를 완전히 초월하여 비상비비상처를 구족하여 머문다. 이것이 일곱 번째 해탈이다.

⑧ 일체 비상비비상처를 완전히 초월하여 상수멸(想受滅, 인식과 느낌의 그침)165)을 구족하여 머문다. 이것이 여덟 번째 해탈이다.

아난다여, 이것이 여덟 가지 해탈이다."

렇게 해서 아주 청정한 푸른색 등의 색깔의 까시나들에 대한 禪들을 보이신 것이다. 그런데 여기서 어떠한 본삼매의 안에도(anto appanāyaṁ) 깨끗함이라는 즐길 거리(ābhoga)는 없다. 그러나 청정하고 깨끗한 까시나를 대상으로 삼고서 머무는 자에게는 깨끗하다고 확신한다는 설명이 적용되기 때문에 이와 같이 말씀하셨다."(*Ibid*)

165) 상수멸로 옮긴 원어는 saññā(상)-vedayita(수)-nirodha(멸)이다. 이 경지를 상수멸이라 부르는 이유는 이 경지에서는 인식[想]과 느낌[受]이라는 마음의 상카라들[心行]이 완전히 없어지기[滅] 때문이다.(『청정도론』 XXIII.24) 초기경에서는 거의 예외 없이 상수멸로 나타나는데 아비담마와 주석서 등에서는 니로다사마빳띠(nirodha-samāpatti, 滅盡定)란 용어가 더 많이 나타나고 있다. 상수멸과 멸진정은 동의어이다. 이 상수멸의 경지는 불환자 이상의 성자들만이 체득할 수 있는 경지이다. 상수멸(멸진정)에 대한 상세한 설명은 『청정도론』 XXIII.16~52를 참조할 것.

맺는 말

36. "아난다여, 비구는 이 여덟 가지 해탈을 순서대로도 증득하고, 역순으로도 증득하고, 순서대로와 역순으로도 증득한다. 그리고 그는 원하는 곳마다 원하는 때마다 원하는 만큼 증득하기도 하고 출정하기도 한다. 그리고 그는 모든 번뇌가 다하여 아무 번뇌가 없는 마음의 해탈[心解脫]166)과 통찰지의 해탈[慧解脫]을 바로 지금여기에서 스스로 최상의 지혜로 실현하고 구족하여 머문다. 아난다여, 이를 일러 비구는 양면해탈167)을 한 자라고 한다. 아난다여, 이 양면해탈

---

166) 마음의 해탈[心解脫]과 통찰지의 해탈[慧解脫]에 대해서는 본서 제1권 「마할리 경」(D6) §13의 주해를 참조할 것. 이렇게 마음의 해탈과 통찰지의 해탈을 다 갖춘 것을 양면해탈이라 한다.(아래 주해를 참조할 것)

167) "양면해탈(ubhatobhāgavimutta)이란 두 부분으로 해탈한 것이니 무색의 증득으로 물질의 무리(rūpakāya, 色身)로부터 해탈하였고, 도에 의해서 정신의 무리(nāma-kāya, 名身)로부터 해탈하였다는 [뜻이다]. 이 양면해탈은 공무변처 등의 어떤 경지로부터 출정하여(出定, uṭṭhāya) 아라한과(arahatta)를 얻는 것과 불환자가 된 뒤 멸진정(nirodha)으로부터 출정하여 아라한과를 얻는 것으로 모두 다섯 가지가 있다."(DA.ii.514)
이것이 양면해탈에 대한 주석서의 정리된 설명으로 잘 알려진 것이다. 여기서 보듯이 양면해탈은 반드시 사마타 수행을 통해서 공무변처부터 비상비비상처까지의 4무색정 가운데 하나에 들었다가 출정해서 아라한도를 증득해야 한다. 아라한도 등의 [네 가지] 도는 반드시 위빳사나를 통해야 가능하다. 이렇게 사마타를 통해서 4무색계정 가운데 하나를 증득하고 위빳사나를 통해서 아라한이 되는 것을 양면해탈이라 한다. 그래서 위 §33의 첫 번째 주해에서 인용했듯이 "사마타를 닦음에 잘 확립된 뒤에 위빳사나로 인도함과 도로 인도함에 의해서 지속적으로 간다."(DAṬ.ii.148)라고도 설명하는 것이다.
한편 통찰지의 해탈[慧解脫]은 「마할리 경」(D6) §13의 주해에서 보았듯이 색계4선 이하를 증득한 뒤 출정하거나 아예 禪의 증득 없이 위빳사나를 통해서 아라한도를 증득하는 것을 말한다.

과는 다른 더 높고 더 수승한 양면해탈이란 존재하지 않는다."

세존께서는 이와 같이 설하셨다. 아난다 존자는 마음이 흡족해져서 세존의 말씀을 크게 기뻐하였다.

「대인연경」이 끝났다.

주석서를 통해서 보면 마음의 해탈[心解脫]은 크게 두 가지 문맥으로 설명이 된다. 첫째는 "모든 오염원과 족쇄로부터 해탈한 아라한과의 마음과 동의어이다."(DA.i.313)라거나 "여기서 마음이란 아라한과와 함께 한 삼매이다. … 사마타의 과가 마음의 해탈이다."(MA.i.164~65)라는 주석서들의 설명을 종합해 볼 때 마음의 해탈은 양면해탈과 동의어로 간주해야 한다.

둘째, "마음의 해탈이란 색계와 무색계에 속하는 마음의 해탈이다. 그래서 말하기를 여덟 가지 증득들 가운데 어떤 하나의 증득(AA.iii.153)이라고 하였다."(AAT.ii.321)라는 설명을 통해서보면 마음의 해탈은 단지 색계 4선과 무색계 4선 가운데 하나의 경지를 얻은 것 즉 사마타의 경지를 말하기도 한다.

대반열반경(大般涅槃經)

부처님의 마지막 발자취들
Mahāparinibbāna Sutta(D16)

대반열반경(大般涅槃經)168)

부처님의 마지막 발자취들
Mahāparinibbāna Sutta(D16)

---

168) 본경의 빠알리어 제목은 마하빠리닙바나 숫따(Mahāparinibbāna Sutta)이며, 부처님께서 반열반에 드시기까지의 행적을 연대기적으로 기술하고 있는 경이다. 역자는 원어에 충실하여「대반열반경」(大般涅槃經)이라 옮겼다. 본경은「유행경」(遊行經)으로 한역되어서『장아함』의 두 번째 경으로 중국에 소개되었다. 그리고 동진(東晋) 때 법현(法顯) 스님이「대반열반경」(大般涅槃經)으로 단행본으로 번역하였다. 그러나 본경은 담무참(曇無讖)이 번역한 것으로 전해오는 대승의「대반열반경」(大般涅槃經)과는 그 체제나 내용이 완전히 다르다.

본경은 4부 니까야 가운데 유일하게 연대기적인 관점에서 부처님의 마지막 발자취를 기술하고 있는 경이다. 부처님께서 입멸하시기 전 해부터 부처님이 입멸하신 뒤 화장하여 사리를 수습하는 일까지 연대기적인 기술로 부처님의 행적을 기술하고 있다. 부처님 직계 제자들이 인류의 위대한 스승의 마지막 발자취를 후대 제자들에게 상세히 전승해주고 싶었기 때문일 것이다.

물론 본경은 역사서가 아니기 때문에 우리가 본경을 통해서 배워야하는 것은 역사적인 사실보다는 부처님의 말씀일 것이다. 본경은 우리의 큰 스승 부처님께서 마지막에 하신 말씀을 고스란히 담고 있기에 그 당시나 2600년이 지난 지금이나 불자들에게는 그 의미가 큰 가르침일 수밖에 없다.

서언

1.1. 이와 같이 나는 들었다. 한때 세존께서는 라자가하에서 독수리봉 산(영취산, 靈鷲山)169)에 머무셨다. 그 무렵에 마가다의 왕 아자따삿뚜 웨데히뿟따는 왓지170)를 공격하려 하고 있었다. 그는 이와 같이 말했다. "왓지가 이처럼 크게 번창하고 이처럼 큰 위력을 가졌지만 나는 왓지를 멸망시킬 것이고, 왓지를 파멸시킬 것이고, 왓지가 참극을 당하게 하고야 말 것이다."

1.2. 그리고 나서 마가다의 왕 아자따삿뚜 웨데히뿟따는 마가다의 대신인 왓사까라 바라문171)을 불러서 말하였다. "이리 오시오, 바

---

169) '독수리봉 산'으로 옮긴 원어는 Gijjhakūṭa pabbata이다. 주석서에서는 "독수리(gijjha)들이 그곳의 봉우리(kūṭa)들에 살았다고 해서, 혹은 그곳의 봉우리가 독수리를 닮았다고 해서 독수리봉이다."(DA.ii.516)라고 설명하고 있다. 독수리봉 산은 라자가하를 에워싸고 있는 다섯 봉우리 가운데 하나이다. 독수리봉으로 올라가는 기슭에는 데와닷따가 부처님을 시해하려고 바위를 굴렸던 곳이 있으며(Vin.ii.193 등) 이곳에서 설하신 경들이 다수 전해온다. 지금도 세계의 많은 불자들이 성지순례를 하는 곳이다. 특히 법화경이 설해진 곳이라 하여 대승불교권에서 신성시 하고 있다. 실제로 가보면 날개를 접은 독수리 모양을 한 바위가 있다.

170) 왓지(Vajjī)는 인도 중원의 16국 가운데 하나였다. 웨살리(Vesāli)를 수도로 하였으며 공화국 체제를 유지한 강성한 국가였다. 강가(Gaṅgā) 강을 경계로 하여 남쪽으로는 강대국 마가다가 있었다. 왓지국은 몇몇 부족들로 이루어졌다고 하는데 그 가운데서 릿차위(Licchavī)와 위데하(Videha)가 강성하였다고 하며, 브르하다란냐까 우빠니샤드에 의하면 바라문 전통에서 성군으로 칭송받는 자나까(Janaka) 왕이 위데하의 왕이었다. 부처님 당시에는 릿차위가 강성하여(MA.i.394.) 초기경에서는 릿차위와 왓지는 동일시되다시피 하고 있다. 웨살리에 대해서는 본서 제1권 「마할리 경」(D6) §1의 주해를 참조하고, 릿차위에 대해서는 같은 경 §3의 주해를 참조할 것.

라문이여. 그대는 세존께 가시오. 가서는 '세존이시여, 마가다의 왕 아자따삿뚜 웨데히뿟따는 세존의 발에 머리 조아려 절을 올립니다. 그리고 병이 없으시고 어려움도 없으시며 가볍고 힘 있고 편안하게 머무시는지 문안을 여쭙니다.'라고 내 이름으로 세존의 발에 머리 조아려 절을 올리고, 세존께서 병이 없으시고 어려움도 없으시며, 가볍고 힘 있고 편안하게 머무시는지 문안을 여쭈시오. 그리고 이렇게 말씀드리시오. '세존이시여, 마가다의 왕 아자따삿뚜 웨데히뿟따는 왓지를 공격하려 합니다. 그는 이와 같이 말했습니다. '왓지가 이처럼 크게 번창하고 이처럼 큰 위력을 가졌지만 나는 왓지를 멸망시킬 것이고, 왓지를 파멸시킬 것이고, 왓지가 참극을 당하게 하고야 말 것이다.'라고.' 그래서 세존께서 그대에게 설명해 주시는 것을 잘 호지하여 나에게 보고하시오. 여래들께서는 거짓을 말하지 않으시기 때문이오."

왓사까라 바라문

1.3. "그렇게 하겠습니다, 폐하."라고 마가다의 대신인 왓사까라 바라문은 마가다의 왕 아자따삿뚜 웨데히뿟따에게 대답한 뒤 아주

---

171) 왓사까라 바라문(Vassakāra brāhmaṇa)은 여기서 나타나듯이 마가다의 아자따삿뚜 왕의 대신이었다. 율장의 문맥(Vin.iii.42ff.)을 통해서 유추해 보면 그는 선왕 빔비사라 때도 대신이었던 것 같다. 『증지부』에서도 세존과 나눈 대화가 나타나며, 『중부』의 「소치는 목갈라나 경」(Gopaka-Moggallāna Sutta, M108)을 통해서 세존이 입멸하신 후에 불제자들은 누구를 의지하고 무엇을 의지해야 하는지에 대해서 아난다 존자와 나눈 대화가 잘 알려져 있다. 본경 §1.26 이하에서는 같은 마가다의 대신인 수니다(Sunidha)와 함께 왓지를 공격하기 위해서 빠딸리 마을에 도시를 건설하는 감독관으로 나타나고 있다.

멋진 마차들을 준비하게 하고 아주 멋진 마차에 올라서 아주 멋진 마차들을 거느리고 라자가하를 나가서 독수리봉 산으로 들어갔다. 더 이상 마차로 갈 수 없는 곳에 이르자 마차에서 내린 뒤 걸어서 세존께로 다가갔다. 가서는 세존과 함께 환담을 나누었다. 유쾌하고 기억할 만한 이야기로 서로 담소를 하고서 한 곁에 앉았다. 한 곁에 앉아서 마가다의 대신 왓사까라 바라문은 세존께 이렇게 말씀드렸다. "고따마 존자시여, 마가다의 왕 아자따삿뚜 웨데히뿟따는 세존의 발에 머리 조아려 절을 올립니다. 그리고 병이 없으시고 어려움도 없으시며, 가볍고 힘 있고 편안하게 머무시는지 문안을 여쭙니다. 고따마 존자시여, 마가다의 왕 아자따삿뚜 웨데히뿟따는 왓지를 공격하려 합니다. 그는 이와 같이 말했습니다. '왓지가 이처럼 크게 번창하고 이처럼 큰 위력을 가졌지만 나는 왓지를 멸망시킬 것이고, 왓지를 파멸시킬 것이고, 왓지가 참극을 당하게 하고야 말 것이다.'라고."

나라가 쇠퇴하지 않는 법

1.4. 그때 아난다 존자가 세존의 뒤에서 세존께 부채질을 해드리고 있었다. 그러자 세존께서는 아난다 존자를 불러서 말씀하셨다.

"(1) 아난다여, 그대는 왓지들이 정기적으로 모이고, 자주 모인다고 들었는가?"

"세존이시여, 저는 왓지들이 정기적으로 모이고, 자주 모인다고 들었습니다."

"아난다여, 왓지들이 정기적으로 모이고, 자주 모이는 한, 왓지들은 번영할 것이고 쇠퇴란 기대할 수 없다."

"(2) 아난다여, 그대는 왓지들이 화합하여 모이고, 화합하여 해산하고, 화합하여 왓지의 업무를 본다고 들었는가?"

"세존이시여, 저는 왓지들이 화합하여 모이고, 화합하여 해산하고, 화합하여 왓지의 업무를 본다고 들었습니다."

"아난다여, 왓지들이 화합하여 모이고, 화합하여 해산하고, 화합하여 왓지의 업무를 보는 한, 왓지들은 번영할 것이고 쇠퇴란 기대할 수 없다."

"(3) 아난다여, 그대는 왓지들이 공인하지 않은 것은 인정하지 않고, 공인한 것은 깨뜨리지 않으며, 공인되어 내려온 오래된 왓지의 법들을 준수하고 있다고 들었는가?"

"세존이시여, 저는 왓지들이 공인하지 않은 것은 인정하지 않고, 공인한 것은 깨뜨리지 않으며, 공인되어 내려온 오래된 왓지의 법들을 준수하고 있다고 들었습니다."

"아난다여, 왓지들이 공인하지 않은 것은 인정하지 않고, 공인한 것은 깨뜨리지 않으며, 공인되어 내려온 오래된 왓지의 법들을 준수하고 있는 한, 왓지들은 번영할 것이고 쇠퇴란 기대할 수 없다."

"(4) 아난다여, 그대는 왓지들이 왓지의 연장자들을 존경하고 존중하고 숭상하고 예배하며, 그들의 말을 경청해야 한다고 여긴다고 들었는가?"

"세존이시여, 저는 왓지들이 왓지의 연장자들을 존경하고 존중하고 숭상하고 예배하며, 그들의 말을 경청해야 한다고 여긴다고 들었습니다."

"아난다여, 왓지들이 왓지의 연장자들을 존경하고 존중하고 숭상하고 예배하며, 그들의 말을 경청해야 한다고 여기는 한, 왓지들은 번영할 것이고 쇠퇴란 기대할 수 없다."

"(5) 아난다여, 그대는 왓지들이 [남의] 집안의 아내와 [남의] 집안의 딸들을 강제로 끌고 와서 [자기와 함께] 살게 하지 않는다고 들었는가?"

"세존이시여, 저는 왓지들이 [남의] 집안의 아내와 [남의] 집안의 딸들을 강제로 끌고 와서 [자기와 함께] 살게 하지 않는다고 들었습니다."

"아난다여, 왓지들이 [남의] 집안의 아내와 [남의] 집안의 딸들을 강제로 끌고 와서 [자기와 함께] 살게 하지 않는 한, 왓지들은 번영할 것이고 쇠퇴란 기대할 수 없다."

"(6) 아난다여, 그대는 왓지들이 안에 있거나 밖에 있는 왓지의 탑묘172)들을 존경하고 존중하고 숭상하고 예배하며, [탑묘에] 전에 이미 바쳤고 전에 이미 시행했던 법다운 봉납173)을 철회하지 않는다고 들었는가?"

"세존이시여, 저는 왓지들이 안에 있거나 밖에 있는 왓지의 탑묘들을 존경하고 존중하고 숭상하고 예배하며, [탑묘에] 전에 이미 바쳤고 전에 이미 시행했던 법다운 봉납을 철회하지 않는다고 들었습니다."

"아난다여, 왓지들이 안에 있거나 밖에 있는 왓지의 탑묘들을 존경하고 존중하고 숭상하고 예배하며, [탑묘에] 전에 이미 바쳤고 전에 이미 시행했던 법다운 봉납을 철회하지 않는 한, 왓지들은 번영할

---

172) 탑묘는 cetiya의 역어이다. 탑묘에 대해서는 아래 §3.1 주해를 참조할 것.
173) '봉납'으로 옮긴 원어는 bali이다. bali는 크게 두 가지 뜻으로 쓰인다. 하나는 제사에서 바치는 공물이나 희생이나 종교적 봉헌(물), 헌납을 뜻하고 다른 하나는 국가에서 거두어들이는 세금을 뜻한다. 여기서는 문맥상 봉납으로 옮겼다.

것이고 쇠퇴란 기대할 수 없다."

"(7) 아난다여, 그대는 왓지들이 아라한들을 법답게 살피고 감싸고 보호해서 아직 오지 않은 아라한들은 그들의 영토에 오게 하며, 이미 그들의 영토에 온 아라한들은 편안하게 살도록 한다고 들었는가?"

"세존이시여, 저는 왓지들이 아라한들을 법답게 살피고 감싸고 보호해서 아직 오지 않은 아라한들은 그들의 영토에 오게 하며, 이미 그들의 영토에 온 아라한들은 편안하게 살도록 한다고 들었습니다."

"아난다여, 왓지들이 아라한들을 법답게 살피고 감싸고 보호해서 아직 오지 않은 아라한들은 그들의 영토에 오게 하며, 이미 그들의 영토에 온 아라한들이 편안하게 살도록 하는 한, 왓지들은 번영할 것이고 쇠퇴란 기대할 수 없다."

1.5. 그러자 세존께서는 마가다의 대신 왓사까라 바라문을 불러서 말씀하셨다. "바라문이여, 한때 나는 웨살리에서 사란다다 탑묘에 머물렀다. 나는 거기서 왓지들에게 이러한 일곱 가지 쇠퇴하지 않는 법들174)을 가르쳤다. 바라문이여, 이 일곱 가지 쇠퇴하지 않는 법들이 왓지들에게 정착이 되고, 이 일곱 가지 쇠퇴하지 않는 법들을 왓지들이 준수한다면, 왓지들은 번영할 것이고 쇠퇴란 기대할 수 없다."

이렇게 말씀하시자 마가다의 대신 왓사까라 바라문은 세존께 이렇게 말씀드렸다. "고따마 존자시여, 각각의 쇠퇴하지 않는 법 하나만으로도 왓지들은 번영할 것이고 쇠퇴란 기대할 수 없을 것인데, 일곱

---

174) 이들 일곱 가지를 현대적인 관점에서 보면 ① 민주적 절차 중시 ② 화합 ③ 준법정신 ④ 위계질서 ⑤ 건전한 성도덕 ⑥ 조상숭배 및 전통신앙 존중 ⑦ 종교인 존중으로 요약할 수 있을 것이다.

가지 쇠퇴하지 않는 법들 전체는 말해 무엇 하겠습니까? 고따마 존자시여, 마가다의 왕 아자따삿뚜 웨데히뿟따는 전쟁으로는 왓지들을 정복할 수 없겠습니다. 그 대신에 [왓지들의] 기만과 상호 불신175)을 획책해야겠습니다. 고따마 존자시여, 이제 저는 그만 물러가겠습니다. 저는 바쁘고 해야 할 일이 많습니다."

"바라문이여, 지금이 적당한 시간이라면 그렇게 하라."

그러자 마가다의 대신 왓사까라 바라문은 세존의 말씀을 기뻐하고 감사드린 뒤 자리에서 일어나 물러갔다.

비구가 퇴보하지 않는 법

1.6. 그러자 세존께서는 마가다의 대신 왓사까라 바라문이 물러간 지 오래지 않아서 아난다 존자를 불러서 말씀하셨다.

"아난다여, 그대는 가서 라자가하를 의지하여 머무르는 비구들을 모두 집회소로 모이게 하라."

"그러겠습니다, 세존이시여."라고 아난다 존자는 세존께 대답한 뒤, 라자가하를 의지하여 머무르는 비구들을 모두 집회소로 모이게 하고서 세존께 갔다. 가서는 세존께 절을 올리고 한 곁에 섰다. 한 곁에 서서 아난다 존자는 세존께 이렇게 말씀드렸다.

"세존이시여, 비구 승가가 다 모였습니다. 이제 세존께서 [가실] 시간이 되었습니다."

그러자 세존께서는 자리에서 일어나셔서 집회소로 가셨다. 가서는

---

175) '기만'과 '상호 불신'의 원어는 각각 upalāpanā와 mithubhedā이다. 주석서에 의하면 세존께서 웨살리를 마지막으로 방문하신 지 3년 후에(즉 불멸 3년 후에) 왓사까라가 분열을 획책하여 왓지의 국력을 쇠잔하게 한 뒤 마가다의 군대가 공격하여 왓지를 정복하였다고 한다.(DA.ii.522)

마련된 자리에 앉으셨다. 자리에 앉으셔서 세존께서는 비구들을 불러서 말씀하셨다.

"비구들이여, 그대들에게 일곱 가지 퇴보하지 않는 법들176)을 설하리라. 그것을 듣고 마음에 잘 새겨라. 이제 설하리라."

"그렇게 하겠습니다, 세존이시여."라고 비구들은 세존께 응답했다. 세존께서는 다음과 같이 말씀하셨다.

"(1) 비구들이여, 비구들이 정기적으로 모이고 자주 모이는 한, 비구들은 퇴보하는 일은 없고 오직 향상이 기대된다.

(2) 비구들이여, 비구들이 화합하여 모이고, 화합하여 해산하고, 화합하여 승가의 업무를 보는 한, 비구들은 퇴보하는 일은 없고 오직 향상이 기대된다.

(3) 비구들이여, 비구들이 공인하지 않은 것은 인정하지 않고, 공인한 것은 깨뜨리지 않으며, 공인되어 온 학습계목들을 준수하고 있는 한, 비구들은 퇴보하는 일은 없고 오직 향상이 기대된다.

(4) 비구들이여, 비구들이 승가의 아버지요 승가의 지도자인 구참(舊參)이요 출가한 지 오래된 장로 비구들을 존경하고 존중하고 숭상하고 예배하며, 그들의 말을 경청해야 한다고 여기는 한, 비구들은 퇴보하는 일은 없고 오직 향상이 기대된다.

(5) 비구들이여, 비구들이 다시 태어남을 가져오는 갈애가 생겼더

---

176) '일곱 가지 퇴보하지 않는 법'으로 옮긴 원어도 satta aparihāniya dhammā이다. 여기서는 비구들에게 적용되는 용어이기 때문에 쇠퇴-번영 대신에 퇴보-향상이라는 단어로 옮겼다. 왓지 족의 번역하는 일곱 가지 조목을 비구 승가에 바꾸어서 적용하고 계신다. 다시 말하면 비구들이 ① 민주적 절차 중시 ② 화합 ③ 계목준수 ④ 위계질서 ⑤ 욕망에 흔들리지 않음 ⑥ 한거 존중 ⑦ 도반 존중을 실천할 때 비구승단은 번영한다는 말씀이시다.

라도 그것의 지배를 받지 않는 한, 비구들은 퇴보하는 일은 없고 오직 향상이 기대된다.

(6) 비구들이여, 비구들이 숲 속의 거처에 대해서 큰 관심을 가지고 있는 한, 비구들은 퇴보하는 일은 없고 오직 향상이 기대된다.

(7) 비구들이여, 비구들이 개인적으로 각각 마음챙김을 확립해서 아직 오지 않은 좋은 동료 수행자들은 오게 하고, 이미 온 좋은 동료 수행자들은 편안하게 머물도록 하는 한, 비구들은 퇴보하는 일은 없고 오직 향상이 기대된다.

비구들이여, 이러한 일곱 가지 퇴보하지 않는 법들이 비구들에게 정착이 되고, 이러한 일곱 가지 퇴보하지 않는 법들을 비구들이 준수한다면, 비구들은 향상할 것이고 퇴보란 기대할 수 없다."

1.7. "비구들이여, 또 다른 일곱 가지 퇴보하지 않는 법들을 설하리라. 그것을 듣고 마음에 잘 새겨라. 이제 설하리라."

"그렇게 하겠습니다, 세존이시여."라고 비구들은 세존께 응답했다. 세존께서는 이와 같이 말씀하셨다.

"(1) 비구들이여, 비구들이 [잡다한] 일을 하기를177) 즐겨하지 않고 [잡다한] 일을 하기를 기뻐하지 않고 [잡다한] 일을 하는 즐거움에 몰입하지 않는 한, 퇴보하는 일은 없고 오직 향상이 기대된다.

---

177) 주석서에서는 잡다한 일(kamma)에 해당되는 것으로 옷을 찾아다니는 것, 옷을 만드는 것, 바늘 통, 발우집, 허리띠, 물거르개, 책상 등을 만드는 것 등을 들고 있으며, 혹은 이런 일로 온 종일을 보내는 것이라고 말한다. 그러나 이렇게 일 할 시간에는 이러한 일을 하면서도 강의(uddesa)시간에는 강의를 듣고, 독경(sajjhāya)시간에는 독경을 하고, 탑전(cetiya-ṅga)에 참배할 시간에는 탑전에 참배를 하고, 주의를 기울여야 할 시간에는 주의를 기울이는 자는 [잡다한] 일을 하기를 즐기는 것(kammārāma) 이 아니라고 설명하고 있다.(DA.ii.528)

(2) 비구들이여, 비구들이 말하기를 즐겨하지 않고 말하기를 기뻐하지 않고 말하는 즐거움에 몰입하지 않는 한, 비구들은 퇴보하는 일은 없고 오직 향상이 기대된다.

(3) 비구들이여, 비구들이 잠자기를 즐겨하지 않고 잠자기를 기뻐하지 않고 잠자는 즐거움에 몰입하지 않는 한, 비구들은 퇴보하는 일은 없고 오직 향상이 기대된다.

(4) 비구들이여, 비구들이 무리지어 살기를 즐겨하지 않고 무리지어 살기를 기뻐하지 않고 무리지어 사는 즐거움에 몰입하지 않는 한, 비구들은 퇴보하는 일은 없고 오직 향상이 기대된다.

(5) 비구들이여, 비구들이 삿된 원(願)들을 갖지 않고 삿된 원들의 지배를 받지 않는 한, 비구들은 퇴보하는 일은 없고 오직 향상이 기대된다.

(6) 비구들이여, 비구들이 삿된 친구가 되지 않고 삿된 동료가 되지 않고 삿된 벗이 되지 않는 한, 비구들은 퇴보하는 일은 없고 오직 향상이 기대된다.

(7) 비구들이여, 비구들이 낮은 경지의 특별한 증득을 얻었다 하여 도중에178) 포기해 버리지 않는 한, 비구들은 퇴보하는 일은 없고 오직 향상이 기대된다.

비구들이여, 이러한 일곱 가지 퇴보하지 않는 법들이 비구들에게 정착이 되고, 이러한 일곱 가지 퇴보하지 않는 법들을 비구들이 준수한다면, 비구들은 퇴보하는 일은 없고 오직 향상이 기대된다."

---

178) "'도중에(antara)'란 아라한과(arahatta)를 얻지 않은 도중에라는 [뜻이다.]"(DA.ii.529)

1.8. "비구들이여, 또 다른 일곱 가지 퇴보하지 않는 법들을 설하리라. 그것을 듣고 마음에 잘 새겨라. 이제 설하리라."

"그렇게 하겠습니다, 세존이시여."라고 비구들은 세존께 응답했다. 세존께서는 이와 같이 말씀하셨다.

"비구들이여, 비구들이 (1) 믿음이 있는 한 … (2) 양심이 있는 한 … (3) 수치심이 있는 한 … (4) 많이 배우는 한 … (5) 열심히 정진하는 한 … (6) 마음챙김을 확립하는 한 … (7) 통찰지를 가지는 한, 비구들은 퇴보하는 일은 없고 오직 향상이 기대된다.[179]

비구들이여, 이러한 일곱 가지 퇴보하지 않는 법들이 비구들에게 정착이 되고, 이러한 일곱 가지 퇴보하지 않는 법들을 비구들이 준수한다면, 비구들은 퇴보하는 일은 없고 오직 향상이 기대된다."

1.9. "비구들이여, 또 다른 일곱 가지 퇴보하지 않는 법들을 설하리라. 그것을 듣고 마음에 잘 새겨라. 이제 설하리라."

"그렇게 하겠습니다, 세존이시여."라고 비구들은 세존께 응답했다. 세존께서는 이와 같이 말씀하셨다.

"비구들이여, 비구들이 (1) 마음챙김의 깨달음의 구성요소를 닦는 한 … (2) 법을 간택하는 깨달음의 구성요소를 닦는 한 … (3) 정진의 깨달음의 구성요소를 닦는 한 … (4) 희열의 깨달음의 구성요소를 닦는 한 … (5) 편안함의 깨달음의 구성요소를 닦는 한 … (6) 삼매의 깨달음의 구성요소를 닦는 한 … (7) 평온의 깨달음의 구성요소를 닦는 한, 비구들은 퇴보하는 일은 없고 오직 향상이 기대된다.[180]

---

179) 이 일곱 가지는 본서 제3권 「합송경」(D33) §2.3에서 일곱 가지 성스러운 재산(dhana)으로 나타난다.

비구들이여, 이러한 일곱 가지 퇴보하지 않는 법들이 비구들에게 정착이 되고, 이러한 일곱 가지 퇴보하지 않는 법들을 비구들이 준수한다면, 비구들은 퇴보하는 일은 없고 오직 향상이 기대된다."

1.10. "비구들이여, 또 다른 일곱 가지 퇴보하지 않는 법들을 설하리라. 그것을 듣고 마음에 잘 새겨라. 이제 설하리라."

"그렇게 하겠습니다, 세존이시여."라고 비구들은 세존께 응답했다. 세존께서는 이와 같이 말씀하셨다.

"비구들이여, 비구들이 (1) 무상(無常)의 인식을 닦는 한 … (2) 무아의 인식을 닦는 한 … (3) 부정(不淨)의 인식을 닦는 한 … (4) 위험의 인식을 닦는 한 … (5) 버림의 인식을 닦는 한 … (6) 탐욕이 빛바램의 인식을 닦는 한 … (7) 소멸의 인식을 닦는 한, 비구들은 향상할 것이고 퇴보란 기대할 수 없다.[181]

비구들이여, 이러한 일곱 가지 퇴보하지 않는 법들이 비구들에게 정착이 되고, 이러한 일곱 가지 퇴보하지 않는 법들을 비구들이 준수한다면, 비구들은 향상할 것이고 퇴보란 기대할 수 없다."

1.11. "비구들이여, 또 다른 여섯 가지 퇴보하지 않는 법들을 설하리라. 그것을 듣고 마음에 잘 새겨라. 이제 설하리라."

"그렇게 하겠습니다, 세존이시여."라고 비구들은 세존께 응답했다. 세존께서는 이와 같이 말씀하셨다.

---

180) 이 일곱 가지는 일곱 가지 깨달음의 구성요소[七覺支]로 우리에게 잘 알려져 있다. 칠각지에 대한 상세한 설명은 『네 가지 마음챙기는 공부』235~257쪽을 참조할 것.

181) 이 일곱 가지도 「합송경」(D33) §2.3 (8)에서 일곱 가지 인식(sañña)으로 정리되어 나타난다.

"(1) 비구들이여, 비구들이 대중적으로나 개인적으로 동료 수행자들에 대해서 몸의 업으로 자애를 유지하는 한, 비구들은 향상할 것이고 퇴보란 기대할 수 없다.

(2) 비구들이여, 비구들이 대중적으로나 개인적으로 동료 수행자들에 대해서 말의 업으로 자애를 유지하는 한, 비구들은 향상할 것이고 퇴보란 기대할 수 없다.

(3) 비구들이여, 비구들이 대중적으로나 개인적으로 동료 수행자들에 대해서 마음의 업으로 자애를 유지하는 한, 비구들은 향상할 것이고 퇴보란 기대할 수 없다.

(4) 비구들이여, 비구들이 법답게 얻은 법다운 것들은 그것이 비록 발우 안에 담긴 것일지라도 혼자 두고 사용하지 않고 계를 잘 지키는 동료 수행자들과 함께 나누어서 사용하는 한, 비구들은 향상할 것이고 퇴보란 기대할 수 없다.

(5) 비구들이여, 비구들이 훼손되지 않았고 뚫어지지 않았고 오점이 없고 얼룩이 없고 벗어나게 하고 지자들이 찬탄하고 들러붙지 않고 삼매에 도움이 되는 그런 계들182)을 대중적으로나 개인적으로 동료 수행자들과 함께 구족하여 머무는 한, 비구들은 향상할 것이고 퇴보란 기대할 수 없다.

(6) 비구들이여, 비구들이 그대로 실천하면 괴로움의 소멸로 인도하며 성스럽고 출리(出離)로 인도하는 견해에 대해서, 대중적으로나 개인적으로 동료 수행자들과 함께 그런 견해를 구족하여 머무는 한, 비구들은 향상할 것이고 퇴보란 기대할 수 없다.

비구들이여, 이러한 여섯 가지 퇴보하지 않는 법들이 비구들에게

---

182) 『청정도론』 I.152에 설명되어 있음.

정착이 되고, 이러한 여섯 가지 퇴보하지 않는 법들을 비구들이 준수한다면, 비구들은 향상할 것이고 퇴보란 기대할 수 없다."

1.12. 참으로 이렇게 세존께서는 라자가하에서 독수리봉 산에 머무시면서 많은 비구들에게 법에 관한 말씀을 하셨다. "이러한 것이 계다. 이러한 것이 삼매다. 이러한 것이 통찰지다. 계를 철저히 닦아서 생긴 삼매는183) 큰 결실이 있고 큰 이익이 있다. 삼매를 철저히 닦아서 생긴 통찰지는184) 큰 결실이 있고 큰 이익이 있다. 통찰지를 철저히 닦아서 생긴 마음은185) 바르게 번뇌들로부터 해탈하나니,186) 그 번뇌들은 바로 이 감각적 욕망에 기인한 번뇌와 존재에 기인한 번

---

183) "'계를 철저히 닦아서(sīla-paribhāvito)'라는 것은 그 계에 확립되어 도의 삼매와 과의 삼매를 얻는다는 말이다. 이것이 그 계를 철저히 닦아서 생기는 큰 결실이고 큰 이익이다."(DA.ii.537)

184) "그 삼매에 확립되어 도의 통찰지와 과의 통찰지를 얻는다. 이것이 그 삼매를 철저히 닦아서 생기는 큰 결실이고 큰 이익이다."(*Ibid*)
복주서에서는 이러한 삼매는 '기초가 되는 禪의 삼매(pādakajjhāna-samādhi)'와 '[도의] 출현으로 인도하는 삼매(vuṭṭhāna-gāmini-samādhi)'라고 설명하고 있다.(DAṬ.ii.175)

185) "이러한 통찰지에 확립되어 도의 마음과 과의 마음을 생기게 한다. 그런 [마음을] 철저히 닦아서 바르게 번뇌들로부터 해탈한다."(DA.ii.537)
복주서에서는 "'통찰지에 확립되어'라는 것은 '위빳사나의 통찰지나 삼매에서 생긴 위빳사나의 통찰지(samādhi-vipassanā-paññā)에 확립되어'라는 뜻이다. 사마타의 길을 가는 자는 삼매와 함께 하는 통찰지가 도를 실현하기 위한 특별한 조건이 되기 때문이다."(DAṬ.ii.175)라고 설명하고 있다.

186) 이처럼 불교 수행은 계→정→혜→해탈의 순서로 정리된다. 본서 제3권 「합송경」(D33) §1.11.(25)에서는 이 넷을 법의 무더기[法蘊, dhamma-kkhandha]라고 정리하고 있으며, 본서 제3권 「십상경」(D34) §1.6.⑩에서는 여기에다 해탈지견(解脫知見)을 첨가하여 다섯 가지 법의 무더기[五法蘊]라고 정리하고 있다.

뇌와 무명에 기인한 번뇌이다."187)라고.188)

1.13. 그때 세존께서는 라자가하에서 원하는 만큼 머무신 뒤 아난다 존자를 불러서 말씀하셨다. "아난다여, 이제 암발랏티까로 가자."

"그렇게 하겠습니다, 세존이시여."라고 아난다 존자는 세존께 응답했다. 그리하여 세존께서는 많은 비구 승가와 함께 암발랏티까에 도착하셨다.189)

1.14. 세존께서는 거기 암발랏티까에서 왕의 객사에 머무셨다. 세존께서는 암발랏티까에서 왕의 객사에 머무시면서 많은 비구들에게 이러한 법에 관한 말씀을 하셨다. "이러한 것이 계다. 이러한 것이 삼매다. 이러한 것이 통찰지다. 계를 철저히 닦아서 생긴 삼매는 큰 결실이 있고 큰 이익이 있다. 삼매를 철저히 닦아서 생긴 통찰지는 큰 결실이 있고 큰 이익이 있다. 통찰지를 철저히 닦아서 생긴 마음은 바르게 번뇌들로부터 해탈하나니, 바로 이 감각적 욕망에 기인한 번뇌와 존재에 기인한 번뇌와 무명에 기인한 번뇌이다."라고

1.15. 그때 세존께서는 암발랏티까에서 원하는 만큼 머무신 뒤 아난다 존자를 불러서 말씀하셨다. "아난다여, 이제 날란다로 가자."

"그렇게 하겠습니다, 세존이시여."라고 아난다 존자는 세존께 응

---

187) 번뇌는 이처럼 3가지 번뇌로 정리되어 나타나기도 하고 여기에다 사견(邪見)의 번뇌가 첨가되어 네 가지 번뇌로 정리되어 나타나기도 한다. 번뇌에 대해서는 본서 제1권 「사문과경」(D2) §97의 주해를 참조할 것.

188) §1.12.의 이 정형구는 본경의 전체에서 각 장소에서의 상황이 끝날 때마다 반복해서 나타나고 있다.

189) 본경 전체에서 세존이 한 장소에서 다른 장소로 이동하시는 것을 이런 정형구로 서술하고 있다.

답했다. 그리하여 세존께서는 많은 비구 승가와 함께 날란다에 도착하셨다. 세존께서는 거기 날란다에서 빠와리까의 망고 숲에 머무셨다.

사리뿟따의 사자후

1.16. 그때 사리뿟따 존자가 세존께 다가갔다.190) 가서는 세존께 절을 올리고 한 곁에 앉았다. 한 곁에 앉아서 사리뿟따 존자는 세존께 이렇게 말씀드렸다.

"세존이시여, 저는 세존께 이러한 청정한 믿음이 있습니다. 바른 깨달음에 관한한 세존을 능가하고 세존을 초월하는 사문이나 바라문은 이전에도 없었고, 앞으로도 없을 것이며, 지금도 없습니다."

"사리뿟따여, 그대는 '세존이시여, 저는 세존께 이러한 청정한 믿음이 있습니다. 바른 깨달음에 관한 한 세존을 능가하고 세존을 초월하는 사문이나 바라문은 이전에도 없었고, 앞으로도 없을 것이며, 지금도 없습니다.'라고 이처럼 황소같이 우렁찬 목소리191)로 말을 하고 확신에 찬 사자후를 토하는구나. 사리뿟따여, 그러면 그대는 '그분 세존들께서는 이러한 계를 가진 분들이셨다. 그분 세존들께서는

---

190) 이하 §1.17까지는 『상응부』의 「날란다 경」(S47:12)과 꼭 같다. 그리고 이하 사리뿟따 존자의 이야기는 본서 제3권 「확신경」(D28)의 §1~2와 동일하다.
『장부 주석서』(DA.ii.549f.)와 『상응부』「쭌다 경」(S47:13)과 그 주석서에 의하면 사리뿟따 존자는 마가다국의 날라까 마을에 있는 그의 고향집에 가서 어머니를 불교에 귀의하게 하고, 옛날 자기 방에서 세존보다 먼저 반열반(般涅槃)한다. 사리뿟따 존자의 일대기는 『사리뿟따 이야기』에 상세하게 소개되어 있으므로 참조할 것.

191) '황소같이 우렁찬 목소리'로 옮긴 원어는 āsabhi인데 문자적으로 '황소에 속하는 [음성]'이란 의미이다. 본서 「대전기경」(D14)에서는 '대장부다운'으로 옮겼는데 「대전기경」 §1.29의 주해를 참조할 것.

이러한 법을 가진 분들이셨다. 그분 세존들께서는 이러한 통찰지를 가진 분들이셨다. 그분 세존들께서는 이러한 머묾을 가진 분들이셨다. 그분 세존들께서는 이런 해탈을 성취한 분들이셨다.'라고 과거의 모든 아라한·정등각들을 마음으로 마음을 통하여 알았는가?"

"아닙니다, 세존이시여."

"사리뿟따여, 그러면 그대는 '그분 세존들께서는 이러한 계를 가진 분들이실 것이다. 그분 세존들께서는 이러한 법을 가진 분들이실 것이다. 그분 세존들께서는 이러한 통찰지를 가진 분들이실 것이다. 그분 세존들께서는 이러한 머묾을 가진 분들이실 것이다. 그분 세존들께서는 이런 해탈을 성취한 분들이실 것이다.'라고 미래의 모든 아라한·정등각들을 마음으로 마음을 통하여 알았는가?"

"아닙니다, 세존이시여."

"사리뿟따여, 나는 지금 시대에 아라한·정등각이다. 그러면 그대는 '세존께서는 이러한 계를 가진 분이다. 세존께서는 이러한 법을 가진 분이다. 세존께서는 이러한 통찰지를 가진 분이다. 세존께서는 이러한 머묾을 가진 분이다. 세존께서는 이런 해탈을 성취한 분이다.'라고 [나에 대해서] 마음으로 마음을 통하여 알았는가?"

"아닙니다, 세존이시여."

"사리뿟따여, 그렇다면 참으로 그대에게는 과거와 미래와 현재의 아라한·정등각들에 대해서 [남의] 마음을 아는 지혜[他心通]가 없다. 사리뿟따여, 그런데 어떻게 그대는 '세존이시여, 저는 세존께 이러한 청정한 믿음이 있습니다. 바른 깨달음에 관한 한 세존을 능가하고 세존을 초월하는 사문이나 바라문은 이전에도 없었고, 앞으로도 없을 것이며, 지금도 없습니다.'라고 이처럼 황소같이 우렁찬 목소리로 말을 하고 확신에 찬 사자후를 토하는가?"

1.17. "세존이시여, 제게는 분명 과거와 미래와 현재의 아라한·정등각들의 마음을 아는 지혜[他心通]가 없습니다. 그러나 저는 법다운 추론으로 알았습니다. 세존이시여, 예를 들면 왕의 국경에 있는 도시는 튼튼한 기초와 튼튼한 성벽과 망루를 가지고 있고, 하나의 대문을 가지고 있습니다. 거기서 지혜롭고 입지가 굳고 현명한 문지기가 모르는 자들은 제지하고 아는 자들만 들어가게 합니다. 그러나 그는 그 도시의 모든 통로를 다 순찰하면서 성벽의 이음매와 갈라진 틈으로 고양이가 지나다니는 것 까지는 보지 않습니다. 그에게 이런 생각이 들 것입니다. '이 도시를 들어오고 나가는 큰 생명체는 누구든 모두 이 대문으로 들어오고 나간다.'라고. 세존이시여, 그와 마찬가지로 저는 법다운 추론으로 알았습니다.

세존이시여, 과거의 모든 세존·아라한·정등각들께서는 다섯 가지 장애[五蓋]들을 제거하셨고, 마음의 오염원들을 통찰지로써 무력하게 만드셨고, 네 가지 마음챙김의 확립[四念處]에 마음이 잘 확립되셨으며, 일곱 가지 깨달음의 구성요소[七覺支]들을 있는 그대로 닦으신 뒤, 위없는 정등각을 완전하게 깨달으셨습니다.

세존이시여, 미래의 모든 세존·아라한·정등각들께서도 다섯 가지 장애들을 제거하시고, 마음의 오염원들을 통찰지로써 무력하게 만드시고, 네 가지 마음챙김의 확립에 마음이 잘 확립되시며, 일곱 가지 깨달음의 구성요소들을 있는 그대로 닦으신 뒤, 위없는 정등각을 완전하게 깨달으실 것입니다.

세존이시여, 지금의 세존께서도 아라한·정등각이시니 다섯 가지 장애들을 제거하셨고, 마음의 오염원들을 통찰지로써 무력하게 만드셨고, 네 가지 마음챙김의 확립에 마음이 잘 확립되셨으며, 일곱 가지 깨달음의 구성요소들을 있는 그대로 닦으신 뒤, 위없는 정등각을 완전하게 깨달으셨습니다."192)

1.18. 세존께서는 거기 날란다에서 빠와리까의 망고 숲에 머무셨다. 세존께서는 날란다에서 빠와리까의 망고 숲에 머무시면서 많은 비구들에게 이러한 법에 관한 말씀을 하셨다. "이러한 것이 계다. 이러한 것이 삼매다. 이러한 것이 통찰지다. 계를 철저히 닦아서 생긴 삼매는 큰 결실이 있고 큰 이익이 있다. 삼매를 철저히 닦아서 생긴 통찰지는 큰 결실이 있고 큰 이익이 있다. 통찰지를 철저히 닦아서 생긴 마음은 바르게 번뇌들로부터 해탈하나니, 바로 이 감각적 욕망에 기인한 번뇌와 존재에 기인한 번뇌와 무명에 기인한 번뇌이다."라고.

1.19. 그때 세존께서는 날란다에서 원하는 만큼 머무신 뒤 아난다 존자를 불러서 말씀하셨다. "아난다여, 이제 빠딸리 마을로 가자."

"그렇게 하겠습니다, 세존이시여."라고 아난다 존자는 세존께 응답했다. 그리하여 세존께서는 많은 비구 승가와 함께 빠딸리 마을에 도착하셨다.

1.20. 빠딸리 마을의 청신사들은 세존께서 빠딸리 마을에 오셨다고 들었다. 그러자 빠딸리 마을의 청신사들은 세존께 다가갔다. 가서는 세존께 절을 올린 뒤 한 곁에 앉았다. 한 곁에 앉아서 빠딸리 마을의 청신사들은 세존께 이렇게 말씀드렸다. "세존이시여, 세존께서는

---

192) 사리뿟따 존자가 세존께 표하는 이러한 청정한 믿음이 본서 제3권 「확신경」(D28)의 내용이다. 자세한 것은 「확신경」(D28)을 참조할 것.

저희들의 공회당에 [머무실 것을] 허락하여 주시옵소서." 세존께서는 침묵으로 허락하셨다.

1.21. 그러자 빠딸리 마을의 청신사들은 세존께서 허락하신 것을 알고서 자리에서 일어나 세존께 인사드리고 오른쪽으로 [세 번] 돌아 [경의를 표한] 뒤에 공회당으로 갔다. 가서는 공회당을 덮개로 완전하게 덮고 자리를 준비하고 물 항아리를 마련하고 기름 등불을 매달고서 세존을 뵈러갔다. 세존을 뵙고 인사드리고 한 곁에 섰다. 한 곁에 서서 빠딸리 마을의 청신사들은 세존께 이렇게 말씀드렸다. "세존이시여, 공회당을 덮개로 완전하게 덮었고 자리를 준비하고 물 항아리를 마련하고 기름 등불을 매달았습니다. 세존이시여, 이제 세존께서 [가실] 시간이 되었습니다."

1.22. 그러자 세존께서는 옷매무새를 가다듬고 발우와 가사를 수하고 비구 승가와 더불어 공회당으로 가셨다. 발을 씻으시고 공회당으로 들어가셔서는 중간 기둥 곁에 동쪽을 향하여 앉으셨다. 비구들도 역시 발을 씻고서 공회당에 들어가서 서쪽 벽 근처에 동쪽을 향하여 세존을 앞에 모시고 앉았다. 빠딸리 마을의 청신사들도 역시 발을 씻고 공회당에 들어가서 동쪽 벽 근처에 서쪽을 보고 세존을 앞에 모시고 앉았다.

계행이 나쁜 자의 위험

1.23. 그러자 세존께서는 빠딸리 마을의 청신사들을 불러서 말씀하셨다. "장자들이여, 계행이 나쁘고 계를 파한 자에게 다섯 가지 위험이 있다. 무엇이 다섯인가? 장자들이여, 여기 ① 계행이 나쁘고 계

를 파한 자는 방일한 결과로 큰 재물을 잃는다. 이것이 계행이 나쁜 자가 계를 파해서 얻는 첫 번째 위험이다. 다시 장자들이여, ② 계행이 나쁘고 계를 파한 자는 악명이 자자하다. 이것이 계행이 나쁜 자가 계를 파해서 얻는 두 번째 위험이다. 다시 장자들이여, ③ 계행이 나쁘고 계를 파한 자는 끄샤뜨리야의 회중이든, 바라문의 회중이든, 장자의 회중이든, 수행자의 회중이든, 그 어떤 회중에 들어가더라도 의기소침하여 들어간다. 이것이 계행이 나쁜 자가 계를 파해서 얻는 세 번째 위험이다. 다시 장자들이여, ④ 계행이 나쁘고 계를 파한 자는 매(昧)해서 죽는다. 이것이 계행이 나쁜 자가 계를 파해서 얻는 네 번째 위험이다. 다시 장자들이여, ⑤ 계행이 나쁘고 계를 파한 자는 몸이 무너져 죽은 뒤에 처참한 곳, 불행한 곳, 파멸처, 지옥에 떨어진다. 이것이 계행이 나쁜 자가 계를 파해서 얻는 다섯 번째 위험이다."

계를 가진 자의 이익

1.24. "장자들이여, 계를 가진 자가 계를 받들어 지님에 다섯 가지 이익이 있다. 무엇이 다섯인가? 장자들이여, 여기 ① 계를 가지고 계를 갖춘 자는 방일하지 않은 결과로 큰 재물을 얻는다. 이것이 계를 가진 자가 계를 받아지님으로써 얻는 첫 번째 이익이다. 다시 장자들이여, ② 계를 가지고 계를 갖춘 자는 훌륭한 명성을 얻는다. 이것이 계를 가진 자가 계를 받아지님으로써 얻는 두 번째 이익이다. 다시 장자들이여, ③ 계를 가지고 계를 갖춘 자는 끄샤뜨리야의 회중이든, 바라문의 회중이든, 장자의 회중이든, 수행자의 회중이든, 그 어떤 회중에 들어가더라도 두려움 없고 당당하게 들어간다. 이것이 계를 가진 자가 계를 받아지님으로써 얻는 세 번째 이익이다. 다시

장자들이여, ④ 계를 지니고, 계를 갖춘 자는 매하지 않고 죽는다. 이것이 계를 가진 자가 계를 받아지님으로써 얻는 네 번째 이익이다. 다시 장자들이여, ⑤ 계를 지니고, 계를 갖춘 자는 몸이 무너져 죽은 뒤에 선처 혹은 천상세계에 태어난다. 이것이 계를 가진 자가 계를 받아지님으로써 얻는 다섯 번째 이익이다."

1.25. 그때 세존께서는 빠딸리 마을의 청신사들에게 밤이 깊도록 법을 설하시고 격려하시고 분발하게 하시고 기쁘게 하신 뒤 그들에게 떠날 것을 권하셨다.

"장자들이여, 밤이 참 아름답구나. 이제 그대들이 갈 시간이 되었구나."

"그렇게 하겠습니다, 세존이시여."라고 빠딸리 마을의 청신사들은 세존께 대답을 한 뒤 자리에서 일어나 세존께 절을 올리고 오른쪽으로 [세 번] 돌아 [경의를 표한] 뒤에 물러갔다.

빠딸리뿟따의 건설

1.26. 그 무렵에 마가다의 대신인 수니다와 왓사까라가 왓지들을 침략하기 위해서 빠딸리 마을에 도시를 건설하고 있었다. 그때 수천이나 되는 많은 신들이 빠딸리 마을에 터를 잡고 있었다. 그 지역에서 큰 위력을 가진 신들이 터를 잡고 있는 곳에는 왕의 측근 대신들 가운데 큰 위력을 가진 자들이 거기에 거처를 건설하도록 그 [대신]들의 마음을 움직였으며, 중간의 신들이 터를 잡고 있는 지역에는 왕의 측근 대신들 가운데 중간 정도의 위력을 가진 자들이 거기에 거처를 건설하도록 그들의 마음을 움직였으며, 낮은 신들이 터를 잡고 있

는 지역에는 왕의 측근 대신들 가운데 낮은 위력을 가진 자들이 거기에 거처를 건설하도록 그들의 마음을 움직였다.

1.27. 세존께서는 인간을 넘어선 청정한 하늘눈으로 수천이나 되는 많은 신들이 빠딸리 마을에 터를 잡고 있는 것을 보셨다. 그러자 세존께서는 밤이 지나고 새벽이 되었을 때 일어나셔서 아난다 존자를 불러서 말씀하셨다.

"아난다여, 누가 지금 빠딸리 마을에 도시를 건설하고 있는가?"

"세존이시여, 마가다의 대신인 수니다와 왓사까라가 왓지들을 침략하기 위해서 빠딸리 마을에 도시를 건설하고 있습니다."

1.28. "아난다여, 마치 삼십삼천의 신들과 협의나 한 듯이 마가다의 대신 수니다와 왓사까라는 왓지들을 침략하기 위해서 빠딸리 마을에 도시를 건설하는구나. 아난다여, 여기서 나는 인간을 넘어선 청정한 하늘눈으로 수천이나 되는 많은 신들이 빠딸리 마을에 터를 잡고 있는 것을 보았다. 그 지역에서 큰 위력을 가진 신들이 터를 잡고 있는 곳에는 큰 위력을 가진 왕의 측근 대신들이 거기에 거처를 건설하도록 그들의 마음을 움직였으며, 중간의 신들이 터를 잡고 있는 지역에는 중간의 왕의 측근 대신들이 거기에 거처를 건설하도록 그들의 마음을 움직였으며, 낮은 신들이 터를 잡고 있는 지역에는 낮은 왕의 측근 대신들이 거기에 거처를 건설하도록 그들의 마음을 움직였다. 아난다여, 고귀한 사람들이 계속해서 머물고 상인들이 왕래를 계속하는 한, 이곳은 빠딸리뿟따라 불리는 [물품이 가득 든] 통을 풀어놓는193) 최고의 도시가 될 것이다.194) 아난다여, 빠딸리뿟따는 세

---

193) '[물품이 가득 든] 통을 풀어놓는'으로 옮긴 원어는 puṭa-bhedana(통을

가지 재난을 가질 것이니 불로 인한 재난[火災]과 물로 인한 재난[水災]과 상호불신이다."

1.29. 그때 마가다의 대신 수니다와 왓사까라가 세존께 다가갔다. 가서는 세존과 함께 환담을 나누고 유쾌하고 기억할 만한 이야기로 서로 담소를 나누고 한 곁에 섰다. 한 곁에 서서 마가다의 대신 수니다와 왓사까라는 세존께 이렇게 말씀드렸다.

"세존이시여, 고따마 존자께서는 비구 승가와 함께 내일 저희들의 공양을 허락하여 주십시오."

세존께서는 침묵으로 허락하셨다.

1.30. 그러자 마가다의 대신 수니다와 왓사까라는 세존께서 침묵으로 허락하신 것을 알고서 자리에서 일어나 세존께 절을 올리고 오른쪽으로 [세 번] 돌아 [경의를 표한] 뒤에 물러갔다. 그리고 마가다의 대신 수니다와 왓사까라는 그 밤이 지나자 자신들의 집에서 맛있는 여러 음식을 준비하게 하여 세존께 시간을 알려드렸다. "고따마 존자시여, [가실] 시간이 되었습니다. 음식이 준비되었습니다."라고

부숨)이다. 주석서는 이렇게 설명한다.
"'통을 부숨(puṭabhedana)'이란 물품(bhaṇḍa)이 든 통을 부수는 곳, 물품 더미를 푸는(mocana) 곳이라는 말이다. 전 인도에서 얻을 수 없는 물품도 이곳에서는 얻을 수 있을 것이고 다른 곳에는 팔러 가지 않는 자도 여기에는 갈 것이다. 그러므로 여기에서 [물품이 든] 통을 부술 것이라는 뜻이다."(DA.ii.541) 그래서 '[물품이 가득 든] 통을 풀어 놓는 [곳]'이라고 옮겼다. 세계적인 상업 도시가 될 것이라는 뜻이다.

194) 본경에 적힌 대로 그 후 빠딸리 마을(gāma)은 빠딸리뿟뜨라(Paṭaliputra, Pāli. Paṭaliputta)로 불리게 되며 마우리야(Maurya) 왕조, 굽따(Gupta) 왕조 등 역대 인도 통일 국가의 수도로 그 이름을 떨쳤으며 현재 인도 비하르 주의 주도(州都)인 빠뜨나(Patna)이다.

그때 세존께서는 오전에 옷매무새를 가다듬고 발우와 가사를 수하시고 비구 승가와 함께 마가다의 대신 수니다와 왓사까라의 집으로 가셨다. 가셔서는 비구 승가와 함께 지정된 자리에 앉으셨다. 그러자 마가다의 대신 수니다와 왓사까라는 부처님을 상수로 하는 비구 승가에게 맛있는 여러 음식을 자기 손으로 직접 대접하고 드시게 했다. 세존께서 공양을 마치시고 발우에서 손을 떼시자 마가다의 대신 수니다와 왓사까라는 어떤 낮은 자리를 잡아서 한 곁에 앉았다.

1.31. 세존께서는 한 곁에 앉은 마가다의 대신 수니다와 왓사까라를 다음의 게송으로 기쁘게 하셨다.

"현자는 어느 지방에 거주하든
계를 지니고 잘 제어된
청정범행을 닦는 자들을 부양한다.
거기서 현자가 그들에게 보시를 베푸는 것을 보고
신들은 그에게 예배하고 그를 존경한다.
신들은 그를 연민하나니
마치 어머니가 친아들을 그리하듯이.
신들이 연민하는 그는
항상 경사스러움을 보게 된다."[195]

세존께서는 이 게송으로 마가다의 대신 수니다와 왓사까라를 기쁘게 하신 뒤 자리에서 일어나 나가시었다.

---

[195] 즉 청정범행을 닦는 부처님 제자들에게 보시를 베풀고 부양하는 현자를 신들은 존경하고 보호하며 그에게 항상 좋은 일만 생기게 한다는 뜻이다. 이런 말씀은 자연스럽게 후대에 불교의 신장(神將) 사상으로 발전하였다.

1.32. 그러자 마가다의 대신 수니다와 왓사까라는 세존을 계속해서 뒤따라갔다. "이제 사문 고따마께서 문으로 나가시는 곳은 오늘부터 '고따마의 문'이 될 것이고, 그분이 강가 강을 건너시는 여울은 오늘부터 '고따마의 여울'이 될 것이다."라고 하면서. 그래서 세존께서 나가신 문은 '고따마의 문'이 되었다.

1.33. 그때 세존께서는 강가 강으로 가셨다. 그 무렵에 강가 강은 까마귀가 [그 강물을] 먹을 수 있을 만큼 가득 차 있었다. 저쪽 언덕으로 가고자 하여, 어떤 사람들은 배를 찾고 있었고, 어떤 사람들은 뗏목을 찾고 있었고, 어떤 사람들은 뗏목을 묶고 있었다. 그러자 세존께서는 마치 힘 센 사람이 구부렸던 팔을 펴고 폈던 팔을 구부리는 것처럼 비구 승가와 함께 이쪽 언덕에서 사라져서 저쪽 언덕에 나타나셨다.

1.34. 세존께서는 사람들이 저쪽 언덕으로 가고자 하여, 어떤 사람들은 배를 찾고 있고, 어떤 사람들은 뗏목을 찾고 있고, 어떤 사람들은 뗏목을 묶고 있는 것을 보셨다. 그때 세존께서는 이런 의향을 아시고 저쪽 언덕에서 다음과 같은 감흥어를 읊으셨다.

> "바다나 호수나 못을 건너려고 사람들은 다리를 만들거나 뗏목을 묶지만 지혜로운 자들은 이미 건넜다."

첫 번째 바나와라가 끝났다.

2.1. 그때 세존께서는 아난다 존자를 불러서 말씀하셨다. "아난다여, 이제 꼬띠가마로 가자."

"그렇게 하겠습니다, 세존이시여."라고 아난다 존자는 세존께 응답했다. 그리하여 세존께서는 많은 비구 승가와 함께 꼬띠가마에 도착하셨다. 세존께서는 거기 꼬띠가마에 머무셨다.

네 가지 성스러운 진리(사성제)

2.2. 거기서196) 세존께서는 비구들을 불러서 말씀하셨다. "비구들이여, 네 가지 성스러운 진리[四聖諦]를 깨닫지 못하고 꿰뚫지 못하였기 때문에, 나와 그대들은 이처럼 긴 세월을 [이곳에서 저곳으로] 치달리고 윤회하였다. 어떤 것이 네 가지인가? 비구들이여, 괴로움의 성스러운 진리를 깨닫지 못하고 꿰뚫지 못하였기 때문에, 나와 그대들은 이처럼 긴 세월을 [이곳에서 저곳으로] 치달리고 윤회하였다. 비구들이여, 괴로움의 일어남의 성스러운 진리를 깨닫지 못하고 꿰뚫지 못하였기 때문에, 나와 그대들은 이처럼 긴 세월을 [이곳에서 저곳으로] 치달리고 윤회하였다. 비구들이여, 괴로움의 소멸의 성스러운 진리를 깨닫지 못하고 꿰뚫지 못하였기 때문에, 나와 그대들은 이처럼 긴 세월을 [이곳에서 저곳으로] 치달리고 윤회하였다. 비구들이여, 괴로움의 소멸로 인도하는 도닦음의 성스러운 진리를 깨닫지 못하고 꿰뚫지 못하였기 때문에, 나와 그대들은 이처럼 긴 세월을 [이곳에서 저곳으로] 치달리고 윤회하였다.

---

196) 이하 §2.3까지 사성제에 관한 설법은 『상응부』 「영지경」(靈知經, Vijjā Sutta, S56.21)과 꼭 같다.

비구들이여, 이제 괴로움의 성스러운 진리를 깨닫고 꿰뚫었다. 괴로움의 일어남의 성스러운 진리를 깨닫고 꿰뚫었다. 괴로움의 소멸의 성스러운 진리를 깨닫고 꿰뚫었다. 괴로움의 소멸로 인도하는 도 닦음의 성스러운 진리를 깨닫고 꿰뚫었다. 그러므로 존재에 대한 갈애는 잘라졌고, 존재로 인도함은 부수어졌으며, 다시 태어남은 이제 더 이상 존재하지 않는다."

2.3. 세존께서는 이렇게 말씀하셨다. 선서께서는 이렇게 말씀하신 뒤 다시 [게송으로] 이와 같이 설하셨다.

"네 가지 성스러운 진리들을
있는 그대로 보지 못했기 때문에
긴 세월을 이생 저생으로 치달려왔다.
이제 이 [네 가지 진리]들을 보았다.
존재로 인도함을 근절하였다.
괴로움의 뿌리를 잘라버렸다.
이제 다시 태어남이란 존재하지 않는다."

2.4. 참으로 이렇게 세존께서는 꼬띠가마에 머무시면서 많은 비구들에게 법에 관한 말씀을 하셨다. "이러한 것이 계다. 이러한 것이 삼매다. 이러한 것이 통찰지다. 계를 철저히 닦아서 생긴 삼매는 큰 결실이 있고 큰 이익이 있다. 삼매를 철저히 닦아서 생긴 통찰지는 큰 결실이 있고 큰 이익이 있다. 통찰지를 철저히 닦아서 생긴 마음은 바르게 번뇌들로부터 해탈하나니, 바로 이 감각적 욕망에 기인한 번뇌와 존재에 기인한 번뇌와 무명에 기인한 번뇌이다."라고.

윤회를 벗어나 깨달음으로 향하는 자들

2.5. 그때 세존께서는 꼬띠가마에서 원하는 만큼 머무신 뒤 아난다 존자를 불러서 말씀하셨다. "아난다여, 이제 나디까로 가자."

"그렇게 하겠습니다, 세존이시여."라고 아난다 존자는 세존께 응답했다. 그리하여 세존께서는 많은 비구 승가와 함께 나디까에 도착하셨다. 세존께서는 거기 나디까에서 벽돌집에 머무셨다.

2.6. 그때197) 아난다 존자는 세존께 다가갔다. 가서는 세존께 절을 올리고 한 곁에 앉았다. 한 곁에 앉아서 아난다 존자는 세존께 이와 같이 말씀드렸다. "세존이시여, 살하라는 비구가 나디까에서 임종을 했습니다. 그의 태어날 곳[行處]은 어디이고 그는 내세에 무엇이 되겠습니까? 세존이시여, 난다라는 비구니가 나디까에서 임종을 했습니다. 그의 태어날 곳은 어디이고 그는 내세에 무엇이 되겠습니까? 세존이시여, 수닷따라는 청신사가 나디까에서 임종을 했습니다. 그의 태어날 곳은 어디이고 그는 내세에 무엇이 되겠습니까? 세존이시여, 수자따라는 청신녀가 나디까에서 임종을 했습니다. 그의 태어날 곳은 어디이고 그는 내세에 무엇이 되겠습니까? 세존이시여, 까꾸다라는 청신사가 … 깔링가라는 청신사가 … 니까따라는 청신사가 … 까띳사바라는 청신사가 … 뚯타라는 청신사가 … 산뚯타라는 청신사가 … 밧다라는 청신사가 … 수밧다라는 청신사가 나디까에서 임종을 했습니다. 그의 태어날 곳은 어디이고 그는 내세에 무엇이 되겠습니까?"

---

197) 이하 §2.9까지 나디까의 불자들의 임종 후 태어날 곳에 대한 설법은 『상응부』 「긴자까아와사타 경」(Giñjakāvasatha Sutta, S55:8~10)과 꼭 같다.

2.7. "아난다여, 살하 비구는 모든 번뇌가 다하여 아무 번뇌가 없는 마음의 해탈[心解脫]과 통찰지의 해탈[慧解脫]을 바로 지금여기에서 스스로 최상의 지혜로 실현하고 구족하여 머물렀다.[阿羅漢]198)

아난다여, 난다 비구니는 다섯 가지 낮은 단계의 족쇄를 완전히 없애고 [정거천에] 화생하여 그곳에서 완전히 열반에 들어 그 세계로부터 다시 돌아오지 않는 법을 얻었다.[不還者]

아난다여, 수닷따 청신사는 세 가지 족쇄를 완전히 없애고 탐욕과 성냄과 미혹이 엷어져서 한 번만 더 돌아올 자[一來者]가 되어, 한 번만 이 세상에 와서 괴로움의 끝을 만들 것이다.

아난다여, 수자따 청신녀는 세 가지 족쇄를 완전히 없애고 흐름에 든 자[預流者]가 되어, [악취에] 떨어지지 않는 법을 가지고 [해탈이] 확실하며 정등각으로 나아가는 자가 되었다.

아난다여, 까꾸다 청신사는 다섯 가지 낮은 단계의 족쇄를 완전히 없애고 [정거천에] 화생하여 그곳에서 완전히 열반에 들어 그 세계로부터 다시 돌아오지 않는 법을 얻었다.

아난다여, 깔링가 청신사는 … 니까따 청신사는 … 까띳사바 청신사는 … 뚯따 청신사는 … 산뚯따 청신사는 … 밧다 청신사는 … 수밧다 청신사는 다섯 가지 낮은 단계의 족쇄를 완전히 없애고 [정거천에] 화생하여 그곳에서 완전히 열반에 들어 그 세계로부터 다시 돌아오지 않는 법을 얻었다.

아난다여, 50명이 넘는 나디까의 청신사들은 임종하여 다섯 가지 낮은 단계의 족쇄를 완전히 없애고 [정거천에] 화생하여 그곳에서

---

198) 본 문단에 나타나는 여러 술어들은 본서 제1권 「마할리 경」(D6) §13의 주해들에서 설명하였으므로 참조할 것.

완전히 열반에 들어 그 세계로부터 다시 돌아오지 않는 법을 얻었다.

아난다여, 90명이 넘는 나디까의 청신사들은 임종하여 세 가지 족쇄를 완전히 없애고 탐욕과 성냄과 미혹이 엷어져서 한 번만 더 돌아올 자[一來者]가 되어, 한 번만 이 세상에 와서 괴로움의 끝을 만들 것이다.

아난다여, 500명이 넘는 나디까의 청신사들은 임종하여 세 가지 족쇄를 완전히 없애고 흐름에 든 자[預流者]가 되어, [악취에] 떨어지지 않는 법을 가지고 [해탈이] 확실하며 정등각으로 나아가는 자가 되었다."199)

법의 거울[法鏡]에 대한 법문

2.8. "아난다여, 사람으로 태어난 자가 죽는 것은 놀랄 만한 일이 아니다. 그런데 이런저런 사람이 죽을 때마다 여래에게 다가와서 이러한 뜻을 묻는다면 이것은 여래에게 성가신 일이다. 아난다여, 그러므로 여기서 법의 거울[法鏡]이라는 법문을 하리니 이것을 구족한 성스러운 제자는 그가 원하기만 하면 '나는 지옥200)을 부수었다. 나

---

199) 나디까에서 하신 이런 말씀에 대한 보유(補遺)적인 경이 본서 「자나와사바 경」(D18)이다. 「자나와사바 경」을 참조하기 바란다.

200) '지옥'으로 옮긴 niraya는 nis(밖으로)+√i(*to go*)에서 파생된 남성명사로서 '밖으로 떨어져 나가다, 파멸하다'라는 문자적인 뜻에서 '지옥'을 뜻한다. 주석서에서는 '아무런 즐거움이 없는 곳'으로 설명한다.(AAṬ) 불교의 우주관에 따르면 지옥은 가장 낮은 곳에 위치한 세계로서 극심한 고통이 있는 곳이다. 여기에 태어난 중생은 그들이 지은 악업의 과보 때문에, 태어나는 순간부터 여기서 죽는 순간까지 단 한순간의 휴식도 없이 고통을 받아야만 한다고 한다. 주석서들은 여덟 가지 대지옥을 드는데 산지와(Sañjīva), 깔라숫따(Kālasutta), 상가따(Saṅghāta), 로루와(Roruva), 마하 로루와(Mahā Roruva), 따빠나(Tāpana), 마하 따빠나(Mahā Tā-

는 축생의 모태201)를 부수었고, 아귀계202)를 부수었으며, 나는 처참

> pana), 아위찌(Avīci)이다. 뒤의 지옥으로 갈수록 더 고통은 심해진다. 이들 가운데서 무간지옥으로 옮기는 아위찌(Avīci)는 제일 아래 있고 가장 무시무시한 곳이다. 이들 여덟 가지 대지옥의 사방은 다시 다섯 가지 작은 지옥으로 둘러싸여 있어서 모두 5×4×8+8=168가지 지옥이 있게 된다고 한다. 『중부』 「우현경」(愚賢經, Bālapaṇḍitasutta, M129)과 「천사경」(天使經, Devadūtasutta, M130)에서 부처님께서는 지옥을 상세하게 설명하고 계신다.

201) '축생의 모태'는 tiracchāna-yoni(띠랏차나 요니)를 직역한 것이다. tiracchāna(축생)-yoni(모태)가 합성된 단어라서 축생의 모태로 옮겼다. 우리에게는 축생으로 익숙하다. tiracchāna는 산스끄리뜨로 tiraścīna인데 '옆으로'라는 뜻이다. 동물들은 직립보행을 못하고 옆으로 즉 네 발로 걷거나 움직이기 때문에 붙여진 이름이다.
불교에서는 동물의 세계도 중생들이 악업의 결과로 태어나는 비참한 세계(악도)로 간주한다. 부처님께서는 악업을 지은 인간들은 축생의 세계에 태어나게 되고 축생들도 선업을 지으면 인간이나 천상에도 태어날 수 있다고 한다. 『청정도론』에는 개구리가 부처님 법을 들으면서 표상을 습득하여 죽어서 천신으로 태어난 이야기가 나타난다.(Vis.VII.51)

202) '아귀계'는 petti-visaya(뻿띠위사야)를 옮긴 것이다. 여기서 petti는 산스끄리뜨로는 paitri인데 아버지를 뜻하는 pitṛ(Pāli. pitā)의 곡용형이다. 그래서 일차적인 의미는 '아버지에 속하는'의 뜻이며 여기서 아버지란 물론 모든 돌아가신 선조들(Sk. pitaraḥ)을 뜻한다. visaya는 대상이나 영역을 뜻한다. petti-visaya 대신에 단지 peta로 나타나기도 하는데 이 단어 역시 아버지를 뜻하는 pitā의 곡용형으로 '아버지에 속하는'을 뜻하며 그래서 모든 조상신들을 뜻한다. petti-visaya나 peta는 베딕 문헌에서 나오는 조상신들에게 제사지내는 것(Sk.pitṛyajña, 祖靈祭)과 관계가 있다. 제사음식을 기다리는 자들이라는 뜻에서 '굶주린 귀신(餓鬼)'으로 불교에서 정착된 것으로 추정한다.
아귀는 항상 배고픔이나 목마름 혹은 다른 괴로움을 겪는 존재라고 불교에서는 말한다. 아귀는 그들이 사는 영역이 따로 없다. 그들은 숲이나 습지나 묘지 등 인간이 사는 세계에 같이 산다고 한다. 인간의 육안으로는 보이지 않는다. 물론 그들 스스로 모습을 드러낼 수도 있고 천안으로 보이기도 한다고 한다.

한 곳, 불행한 곳, 파멸처를 부수어서 흐름에 든 자[預流者]가 되어, [악취에] 떨어지지 않는 법을 가지고 [해탈이] 확실하며 정등각으로 나아가는 자가 되었다.'라고 스스로 자신에 대해서 설명을 할 수 있을 것이다."

2.9. "아난다여, 그러면 어떤 것이 그 법의 거울[法鏡]이라는 법문이기에 이것을 구족한 성스러운 제자는 그가 원하기만 하면 '나는 지옥을 부수었다. 나는 축생의 모태를 부수었고, 아귀계를 부수었으며, 나는 처참한 곳, 불행한 곳, 파멸처를 부수어서 흐름에 든 자[預流者]가 되어, [악취에] 떨어지지 않는 법을 가지고 [해탈이] 확실하며 정등각으로 나아가는 자가 되었다.'라고 스스로 자신에 대해서 설명을 할 수 있는가?

아난다여, 여기 성스러운 제자는 '이런 [이유로] 그분 세존께서는 아라한[應供]이시며, 완전히 깨달은 분[正等覺]이시며, 영지와 실천이 구족한 분[明行足]이시며, 피안으로 잘 가신 분[善逝]이시며, 세간을 잘 알고 계신 분[世間解]이시며, 가장 높은 분[無上士]이시며, 사람을 잘 길들이는 분[調御丈夫]이시며, 하늘과 인간의 스승[天人師]이시며, 부처님[佛]이시며, 세존(世尊)이시다.'라고 부처님께 움직이지 않는 깨끗한 믿음을 지닌다.203)

'이런 [이유로] 법은 세존에 의해서 잘 설해졌고, 스스로 보아 알 수 있고, 시간이 걸리지 않고, 와서 보라는 것이고, 향상으로 인도하고, 지자들이 각자 알아야 하는 것이다.'라고 법에 움직이지 않는 깨끗한 믿음을 지닌다.204)

---

203) 여래십호(如來十號)로 표현되는 부처님 대한 정형구는 『청정도론』 VII.2 이하에 상세하게 설명되어 있다.

'이런 [이유로] 세존의 제자들의 승가는 잘 도를 닦고, 세존의 제자들의 승가는 바르게 도를 닦고, 세존의 제자들의 승가는 참되게 도를 닦고, 세존의 제자들의 승가는 합당하게 도를 닦으니, 곧 네 쌍의 인간들이요[四雙] 여덟 단계에 있는 사람들[八輩]이시다. 이러한 세존의 제자들의 승가는 공양받아 마땅하고, 선사받아 마땅하고, 보시받아 마땅하고, 합장받아 마땅하며, 세상의 위없는 복밭[福田]이시다.'라고 승가에 움직이지 않는 깨끗한 믿음을 지닌다.

성자들이 좋아하며 훼손되지 않았고 뚫어지지 않았고 오점이 없고 얼룩이 없고 벗어나게 하고 지자들이 찬탄하고 들러붙지 않고 삼매에 도움이 되는 계를 구족한다.205)

아난다여, 이것이 법의 거울[法鏡]이라는 법문이니 이것을 구족한 성스러운 제자는 그가 원하기만 하면 '나는 지옥을 부수었다. 나는 축생의 모태를 부수었고, 아귀계를 부수었으며, 나는 처참한 곳, 불행한 곳, 파멸처를 부수어서 흐름에 든 자[預流者]가 되어, [악취에] 떨어지지 않는 법을 가지고 [해탈이] 확실하며 정등각으로 나아가는 자가 되었다.'라고 스스로 자신에 대해서 설명을 할 수 있다."

2.10. 참으로 이렇게 세존께서는 나디까에 머무시면서 많은 비구들에게 법에 관한 말씀을 하셨다. "이러한 것이 계다. 이러한 것이 삼매다. 이러한 것이 통찰지다. 계를 철저히 닦아서 생긴 삼매는 큰 결실이 있고 큰 이익이 있다. 삼매를 철저히 닦아서 생긴 통찰지는 큰 결실이 있고 큰 이익이 있다. 통찰지를 철저히 닦아서 생긴 마음은 바르게 번뇌들로부터 해탈하나니, 바로 이 감각적 욕망에 기인한

---

204) 이러한 법의 정형구는 『청정도론』 XII.68 이하에 잘 설명되어 있다.
205) 이러한 승가의 정형구는 『청정도론』 I.152에 설명되어 있다.

번뇌와 존재에 기인한 번뇌와 무명에 기인한 번뇌이다."라고.

마음챙김과 알아차림[正念正知]

2.11. 그때 세존께서는 나디까에서 원하는 만큼 머무신 뒤 아난다 존자를 불러서 말씀하셨다. "아난다여, 이제 웨살리로 가자."

"그렇게 하겠습니다, 세존이시여."라고 아난다 존자는 세존께 응답했다. 그리하여 세존께서는 많은 비구 승가와 함께 웨살리에 도착하셨다. 세존께서는 거기 웨살리에서 암바빨리 숲에 머무셨다.

2.12. 거기서206) 세존께서는 비구들을 불러서 말씀하셨다. "비구들이여, 비구는 마음챙기고 알아차리면서[正念正知] 머물러야 한다. 이것이 그대들에게 주는 나의 간곡한 당부이다. 비구들이여, 그러면 어떻게 비구는 마음챙기는가? 비구들이여, 여기 비구는 몸에서 몸을 관찰하며[身隨觀] 머문다. 세상에 대한 욕심과 싫어하는 마음을 버리면서 근면하게, 분명히 알아차리고 마음챙기는 자 되어 머문다. 느낌들에서 느낌을 관찰하며[受隨觀] 머문다. … 마음에서 마음을 관찰하며[心隨觀] 머문다 … 법에서 법을 관찰하며[法隨觀] 머문다. 세상에 대한 욕심과 싫어하는 마음을 버리면서 근면하게, 분명히 알아차리고 마음챙기는 자 되어 머문다. 비구들이여, 이와 같이 비구는 마음챙긴다."

2.13. "비구들이여, 비구는 어떻게 알아차리는가? 비구들이여, 비구는 나아갈 때도 물러날 때도 [자신의 거동을] 분명히 알면서[正知]

---

206) 이하 §2.13까지의 마음챙김과 알아차림[正念正知]에 대한 설법은 『상응부』 「마음챙김경」(S47:2)과 꼭 같다.

행한다. 앞을 볼 때도 돌아볼 때도 분명히 알면서 행한다. 구부릴 때도 펼 때도 분명히 알면서 행한다. 가사·발우·의복을 지닐 때도 분명히 알면서 행한다. 먹을 때도 마실 때도 씹을 때도 맛볼 때도 분명히 알면서 행한다. 대소변을 볼 때도 분명히 알면서 행한다. 걸으면서·서면서·앉으면서·잠들면서·잠을 깨면서·말하면서·침묵하면서도 분명히 알면서 행한다. 비구들이여, 이와 같이 비구는 알아차린다. 비구들이여, 비구는 마음챙기고 알아차리면서 머물러야 한다. 이것이 그대들에게 주는 나의 간곡한 당부이다."

암바빨리 기녀

2.14. 그때 암바빨리 기녀는 '세존께서 웨살리에 오셔서 나의207) 망고 숲에 머물고 계신다.'고 들었다. 그러자 암바빨리 기녀는 아주 멋진 마차들을 준비하게 하고 아주 멋진 마차에 올라서 아주 멋진 마차들을 거느리고 웨살리를 나가서 자신의 망고 숲으로 들어갔다. 더 이상 마차로 갈 수 없는 곳에 이르자 마차에서 내린 뒤 걸어서 세존께로 다가갔다. 가서는 세존께 절을 올린 뒤 한 곁에 앉았다. 세존께서는 한 곁에 앉은 암바빨리 기녀에게 법을 설하시고 격려하시고 분발하게 하시고 기쁘게 하셨다. 그러자 암바빨리 기녀는 세존께서 설하신 법을 [듣고] 격려 받고 분발하고 기뻐하여 세존께 이렇게 말씀드렸다. "세존이시여, 세존께서는 비구 승가와 함께 내일 저희들의 공양을 허락하여 주십시오."

세존께서는 침묵으로 허락하셨다. 암바빨리 기녀는 세존께서 허락

---

207) 세존께서 머물고 계시는 암바빨리 숲은 암바빨리 기녀(妓女)의 소유였다. 그래서 그녀는 이렇게 표현한다.

하신 것을 알고서 자리에서 일어나 세존께 절을 올리고 오른쪽으로 [세 번] 돌아 [경의를 표한] 뒤에 물러갔다.

2.15. 웨살리에 사는 릿차위208)들도 세존께서 웨살리에 오셔서 암바빨리 숲에 머무신다고 들었다. 그러자 릿차위들은 아주 멋진 마차들을 준비하게 하고 아주 멋진 마차에 올라서 아주 멋진 마차들을 거느리고 웨살리를 나갔다. 거기서 어떤 릿차위들은 푸른 색깔과 푸른 옷감과 푸른 장식을 하여 푸른색이었고, 어떤 릿차위들은 노란 색깔과 노란 옷감과 노란 장식을 하여 노란색이었고, 어떤 릿차위들은 붉은 색깔과 붉은 옷감과 붉은 장식을 하여 붉은색이었고, 어떤 릿차위들은 흰 색깔과 흰 옷감과 흰 장식을 하여 흰색이었다.

2.16. 그때 암바빨리 기녀는 차축은 차축끼리, 바퀴는 바퀴끼리, 멍에는 멍에끼리 릿차위의 젊은이들과 부딪히게 [마차를 몰면서 왔다]. 그러자 릿차위들은 암바빨리 기녀에게 이렇게 말했다.

"여보시오, 암바빨리님, 왜 그대는 차축은 차축끼리, 바퀴는 바퀴끼리, 멍에는 멍에끼리 릿차위의 젊은이들과 부딪히게 [마차를 모는가요]?"

"젊은 분들이여, 세존께서 비구 승가와 함께 내일 저의 공양에 초대되었기 때문입니다."209)

"여보시오, 암바빨리님. 그러면 십만의 [돈]210)으로 그 공양을 우

---

208) 릿차위(Licchavi)는 왓지(Vajji) 국을 대표하는 종족이다. 릿차위에 대해서는 본서 제1권 「마할리 경」(D6) §3의 주해를 참조할 것.

209) 암바빨리가 너무 기뻐서 큰 자부심을 가지고 있음을 알 수 있다.

210) 경에는 단지 '십만으로(satasahassena)'라고만 나타나고 있고 주석서에서는 아무 설명이 없다. 아마 그때 통용되던 화폐단위로 10만을 뜻하는 것

리에게 파시오."

"젊은 분들이여, 만일 그대들이 제게 웨살리를 음식을 [얻을 수 있는 지방까지] 포함해서211) 다 준다 하더라도 이와 같은 중요한 공양은 그대들에게 드릴 수가 없군요."

그러자 릿차위들은 손가락을 튕기면서 말했다. "여보게들, 우리가 이 망고지기 여인212)에게 져버렸네. 여보게들, 우리가 이 망고지기 여인에게 속아버렸네."

그러면서 그 릿차위들은 암바빨리 숲으로 들어갔다.

2.17. 세존께서는 릿차위들이 멀리서 오는 것을 보시고서 비구들을 불러서 말씀하셨다. "비구들이여, 비구들 가운데서 삼십삼천의 신들을 아직 보지 못한 자들은 릿차위의 회중을 보거라. 비구들이여, 릿차위의 회중을 잘 살펴 보거라. 비구들이여, 그대들은 릿차위의 회중이 삼십삼천을 닮은 것을 보게 될 것이다."

2.18. 그때 릿차위들은 더 이상 마차로 갈 수 없는 곳에 이르자 마차에서 내린 뒤 걸어서 세존께로 다가갔다. 가서는 세존께 절을 올린 뒤 한 곁에 앉았다. 세존께서는 한 곁에 앉은 릿차위들에게 법을 설하시고 격려하시고 분발하게 하시고 기쁘게 하셨다. 그러자 릿차위

같다.

211) 원문은 sāhāra(음식과 함께)인데 주석서에서 지방과 함께(sajanapada)라고 설명하고(DA.ii.545) 다시 복주서에서는 그것을 얻을 수 있는 지방(tappatta-janapada)이라고 풀이하고 있어서(DAṬ.ii.185) 이렇게 옮겼다.

212) 원어는 ambapālikā인데 이름에다 '-ka(kā)' 어미를 붙이면 비하하는 뜻이다. 그래서 '망고지기 여인'으로 옮겼다.

들은 세존께서 설하신 법을 [듣고] 격려 받고 분발하고 기뻐하여 세존께 이렇게 말씀드렸다. "세존이시여, 세존께서는 비구 승가와 함께 내일 저희들의 공양을 허락하여 주십시오."

"릿차위들이여, 나는 이미 내일 암바빨리 기녀의 공양을 허락하였다."

그러자 릿차위들은 손가락을 튕기면서 말했다. "여보게들, 우리가 망고지기 여인에게 져버렸네. 여보게들, 우리가 망고지기 여인에게 속아버렸네."

그리고 릿차위들은 세존의 말씀을 기뻐하고 감사드린 뒤 자리에서 일어나 물러갔다.

2.19. 암바빨리 기녀는 그 밤이 지나자 자신의 집에서 맛있는 여러 음식을 준비하게 한 뒤 세존께 시간을 알려드렸다. "세존이시여, [가실] 시간이 되었습니다. 음식이 준비되었습니다."라고.

그때 세존께서는 옷매무새를 가다듬고 발우와 가사를 수하시고 비구 승가와 함께 오전에 암바빨리 기녀의 집으로 가셨다. 가셔서는 비구 승가와 함께 지정된 자리에 앉으셨다. 그러자 암바빨리 기녀는 부처님을 상수로 하는 비구 승가에게 맛있는 여러 음식을 자기 손으로 직접 대접하고 드시게 했다. 세존께서 공양을 마치시고 그릇에서 손을 떼시자 암바빨리 기녀는 어떤 낮은 자리를 잡아서 한 곁에 앉았다. 한 곁에 앉아서 암바빨리 기녀는 세존께 이렇게 말씀드렸다.

"세존이시여, 이 원림을 부처님을 으뜸으로 한 비구 승가께 드립니다." 세존께서는 원림을 받으셨다. 그리고 세존께서는 암바빨리 기녀에게 법을 설하시고 격려하시고 분발하게 하시고 기쁘게 하신 뒤 자리에서 일어나 가시었다.

2.20. 참으로 이렇게 세존께서는 웨살리에서 암바빨리 숲에 머무시면서 많은 비구들에게 법에 관한 말씀을 하셨다. "이러한 것이 계다. 이러한 것이 삼매다. 이러한 것이 통찰지다. 계를 철저히 닦아서 생긴 삼매는 큰 결실이 있고 큰 이익이 있다. 삼매를 철저히 닦아서 생긴 통찰지는 큰 결실이 있고 큰 이익이 있다. 통찰지를 철저히 닦아서 생긴 마음은 바르게 번뇌들로부터 해탈하나니, 바로 이 감각적 욕망에 기인한 번뇌와 존재에 기인한 번뇌와 무명에 기인한 번뇌이다."라고.

벨루와가마에서 안거를 하심

2.21. 그때 세존께서는 암바빨리 숲에서 원하는 만큼 머무신 뒤 아난다 존자를 불러서 말씀하셨다. "아난다여, 이제 벨루와가마로 가자."

"그렇게 하겠습니다, 세존이시여."라고 아난다 존자는 세존께 응답했다. 그리하여 세존께서는 많은 비구 승가와 함께 벨루와가마에 도착하셨다. 세존께서는 거기 벨루와가마에 머무셨다.

2.22. 거기서213) 세존께서는 비구들을 불러서 말씀하셨다. "비구들이여, 이제 그대들은 도반을 따르거나 지인을 따르거나 후원자를 따라서 웨살리 전역으로 흩어져서 안거214)를 하여라. 나는 여기 이

---

213) 이하 두 번째 바나와라의 끝인 §2.26까지 언급되는, 벨루와에서 중병에 걸리셨다가 나으셔서 아난다 존자에게 하신 유명한 말씀은 『상응부』 「병실의 경」(Gilānasutta, S47:9)과 꼭 같다.

214) '안거(安居)'로 옮긴 원어는 vassa이다. 이 단어는 √vṛṣ(*to rain*)에서 파생된 명사로 '비, 소나기'를 뜻한다. 그리고 우기철이란 뜻으로도 쓰이고

벨루와가마에서 안거를 할 것이다."

"그렇게 하겠습니다, 세존이시여."라고 세존께 응답한 뒤 비구들은 도반을 따르거나 지인을 따르거나 후원자를 따라서 웨살리 전역으로 흩어져서 안거를 하였다. 세존께서는 거기 벨루와가마에서 안거를 하셨다.

2.23. 그때 세존께서는 안거를 하시는 도중에 혹독한 병에215) 걸려서 죽음에 다다르는 극심한 고통이 생기셨다. 거기서 세존께서는 마음챙기고 알아차리시면서 흔들림 없이 그것을 감내하셨다. 그때 세존께 이런 생각이 드셨다. "내가 신도들에게 아무런 말도 하지 않고, 비구 승가에게 알리지도 않고 반열반에 드는 것은 어울리지 않는다. 그러니 나는 이 병을 정진으로 다스리고 생명의 상카라를 굳세게 하여 머무르리라." 그리고 세존께서는 그 병을 정진으로 다스리고 생명의 상카라를 굳세게 하여 머무셨다. 그래서 세존께서는 그 병을 가라앉히셨다.

전문술어로 쓰이면 여기서처럼 안거를 뜻한다. 안거란 비구들이 우기철에는 유행(遊行)을 하지 않고 한 곳에 머물면서 하는 수행 전통을 말한다. 일반적으로 인도의 우기철은 다섯 달로 구성된다. 그것은 ① 아살하(Āsāḷha) ② 사와나(Sāvaṇa) ③ 밧다라(Bhaddara 혹은 Poṭṭhapāda) ④ 앗사유자(Assayuja, 혹은 앞의 깟띠까, Pubba-kattikā) ⑤ 뒤의 깟띠까(Pacchima-kattikā)이다. 대충 양력 6월부터 10월까지인데 지금 인도의 우기철과도 일치한다.
안거(vassa)는 이 가운데서 아살하 달의 보름에 시작해서 앗사유자 달의 보름에 마치는데 이렇게 되면 석 달간 결제를 하는 것이 된다. 대중이 동의를 하면 결제를 한 달 더 연장해서 깟띠까의 보름까지 하기도 한다. (『들숨날숨에 마음챙기는 공부』 22~23쪽 참조)

215) 복주서에서는 그냥 단순한 병이 아니라 사대(四大, dhātu)의 조화가 극도로 혼란스럽게 되어 생긴 아주 심한 병이라고 설명한다.(DAṬ.ii.186)

2.24. 세존께서는 병이 나으신지 오래되지 않아서 간병실에서 나와 승원의 그늘에 마련된 자리에 앉으셨다. 그러자 아난다 존자는 세존께 다가가서 절을 올리고 한 곁에 앉았다. 한 곁에 앉아서 아난다 존자는 세존께 이렇게 말씀드렸다. "세존이시여, 저는 세존께서 인내하시는 모습을 뵈었습니다. 저는 세존께서 삶을 지탱하시는 모습을 뵈었습니다. 세존이시여, 그런 저의 몸도 [세존께서 아프셨기 때문에] 마치 술에 취한 것과 같이 되어버렸습니다. 세존께서 아프셨기 때문에 저는 방향 감각을 잃어버렸고, 어떠한 법들도 제게 분명하게 드러나지 않았습니다.216) 그래도 제게는 '세존께서는 비구 승가를 두고 아무런 분부도 없으신 채로 반열반에 들지는 않으실 것이다.'라는 어떤 안심이 있었습니다."

2.25. "아난다여, 그런데 비구 승가는 나에 대해서 무엇을 [더] 바라는가? 아난다여, 나는 안과 밖이 없이217) 법을 설하였다. 아난다여, 여래가 [가르친] 법들에는 스승의 주먹[師拳]218)과 같은 것이 따

---

216) '세존께서 입멸하시면 어떻게 하나!'하는, 어찌할 바를 모르는 아난다 존자의 모습이 눈에 선하다.

217) 주석서에서는 법과 사람 둘 다에 안과 밖을 두지 않으신 것을 뜻한다고 설명한다. 즉 법을 남김없이 드러내셨을 뿐만 아니라, 사람을 차별하지 않고 법을 설하셨다는 말이다.(DA.ii.547~48)

218) '스승의 주먹[師拳]'은 ācariya-muṭṭhi를 직역한 것이다. '부처님 가르침에는 스승의 주먹이 없다.'는 이 말씀은 중요하다. 인도의 전통적인 우빠니샤드의 가르침은 비밀리에 전수함[秘傳]을 중시했기 때문이다. 우빠니샤드(Upaniśad)라는 단어 자체가 upa(근처에)+ni(아래로)+√śad(*to sit*)에서 파생된 명사로 '[스승의] 가까이 앉아서 전수받은 가르침'이라는 의미이다. 부처님께서는 이러한 비전(秘傳)을 인정하지 않으신다는 말씀이다. 당당하게 눈 있는 자는 와서 보라(ehipassika)고 숨김없이 설하셨다

로 없다. 아난다여, '나는 비구 승가를 거느린다.'거나 '비구 승가는 나의 지도를 받는다.'라고 생각하는 자는 비구 승가에 대해서 무엇인가를 당부할 것이다. 아난다여, 그러나 여래에게는 '나는 비구 승가를 거느린다.'거나 '비구 승가는 나의 지도를 받는다.'라는 생각이 없다. 그러므로 여래가 비구 승가에 대해서 무엇을 당부한단 말인가?

아난다여, 이제 나는 늙어서 나이 들고 노후하고, 긴 세월을 보냈고 노쇠하여, 내 나이가 여든이 되었다. 아난다여, 마치 낡은 수레가 가죽 끈에 묶여서 겨우 움직이는 것처럼 여래의 몸도 가죽 끈에 묶여서 겨우 [살아] 간다고 여겨진다.219) 아난다여, 여래가 모든 표상들220)을 마음에 잡도리하지 않고 이런 [세속적인] 명확한 느낌들을221) 소멸하여 표상 없는 마음의 삼매222)에 들어 머무는 그런 때에는 여래의 몸은 더욱더 편안해진다."

는 뜻이다.
한편 주석서에서는 "외도들에게는 스승의 주먹이 있다. 젊었을 때는 설하지 않다가 노년이 되어 마지막 침상에 누워서 좋아하는 측근 제자에게 말해 주는 것이다."(DA.ii.548)라고 설명하고 있다.

219) "'가죽 끈에 묶여서(veṭhamissakena)'라는 것은 [수레의] 손잡이를 묶고 바퀴를 묶는 등의 수선에 의해서라는 말이다. …[이러한] 낡은 수레가 가죽 끈에 묶여서 움직이는 것처럼 여래도 아라한과라는 가죽 끈에 묶여서(arahattaphalaveṭhana) [행·주·좌·와의] 네 가지 행동거지를 행하시는 것을 말씀하시는 것이다."(Ibid)

220) "모든 표상들이란 물질 등의 표상이다."(Ibid)

221) "'명확한 느낌들'이란 세속적인 느낌들이다."(Ibid)

222) "'표상 없는 마음의 삼매(animitta cetosamādhi)'란 항상하다[常]는 표상 등을 제거하고 생긴 위빳사나를 통한 삼매를 두고 한 말이다."(SA.iii.190) 표상 없는 삼매와 위빳사나를 통한 삼매에 대해서는 본서 제3권 「합송경」(D33) §1.10 (51)의 주해를 참조할 것.

자신과 법을 섬으로 삼고 귀의처로 삼아라

2.26. "아난다여, 그러므로 여기서223) 그대들은 자신224)을 섬225)으로 삼고[自燈明] 자신을 귀의처로 삼아[自歸依] 머물고, 남을 귀의처로 삼아 머물지 말라. 법을 섬으로 삼고[法燈明] 법을 귀의처로 삼아[法歸依] 머물고, 다른 것을 귀의처로 삼아 머물지 말라. 아난다여, 그러면 어떻게 비구는 자신을 섬으로 삼고 자신을 귀의처로 삼아 머물고, 남을 귀의처로 삼아 머물지 않는가? 어떻게 비구는 법을 섬으로 삼고 법을 귀의처로 삼아 머물고, 다른 것을 귀의처로 삼아 머물지 않는가?

비구들이여, 여기 비구는 몸에서 몸을 관찰하며[身隨觀] 머문다. 세상에 대한 욕심과 싫어하는 마음을 버리면서 근면하게, 분명하게 알아차리고 마음챙기는 자 되어 머문다. 느낌에서 느낌을 관찰하며[受隨觀] 머문다 … 마음에서 마음을 관찰하며[心隨觀] 머문다 … 법에서

---

223) "'그러므로 여기서'라는 것은 [바로 위에서 말씀하신] 과(果)의 증득에 머묾에 의해서 편안하듯이, 그대들도 그것을 위해서 이제 다음과 같이 머물러라고 말씀하시는 것이다."(DA.ii.548)

224) '자신'은 atta의 역어이다. atta는 문맥에 따라 자아(Sk. ātman)라고 옮기기도 한다. 이 문맥에서 atta는 단지 자기 자신을 뜻하지 자아를 의미하는 것이 아니다. 왜냐하면 자신에 의지하는 방법으로 아래에서 네 가지 마음챙김의 확립을 설하고 계시는데, 네 가지 마음챙김의 확립은 자신을 몸, 느낌, 마음, 심리현상들로 해체해서 불변하는 실체(자아)가 없음을 관찰하는 수행법이기 때문이다.

225) '섬'은 dīpa의 역어이다. 빠알리 dīpa에 해당하는 산스끄리뜨는 dvīpa(섬)와 dīpa(등불)가 있다. 상좌부에서는 이 문맥에 나타나는 dīpa를 모두 섬(Sk. dvīpa)으로 해석하고 있다. 그러나 북방에서는 등불(Sk. dīpa)로 이해를 하였고, 그래서 중국에서는 이 부분을 자등명(自燈明)과 법등명(法燈明)으로 옮겼다.

법을 관찰하며[法隨觀] 머문다. 세상에 대한 욕심과 싫어하는 마음을 버리면서 근면하게, 분명히 알아차리고 마음챙기는 자 되어 머문다.

아난다여, 이와 같이 비구는 자신을 섬으로 삼고 자신을 귀의처로 삼아 머물고 남을 귀의처로 삼아 머물지 않으며, 법을 섬으로 삼고 법을 귀의처로 삼아 머물고 다른 것을 귀의처로 삼아 머물지 않는다.

아난다여, 누구든지 지금이나 내가 죽고 난 후에 자신을 섬으로 삼고 자신을 귀의처로 삼아 머물고 남을 귀의처로 삼아 머물지 않으며, 법을 섬으로 삼고 법을 귀의처로 삼아 머물고 다른 것을 귀의처로 삼아 머물지 않으면서 공부짓기를 원하는 비구들은 최고 중의 최고가226) 될 것이다."

두 번째 바나와라가 끝났다.

암시와 빛

3.1. 그때227) 세존께서는 오전에 옷매무새를 가다듬고 발우와

---

226) '최고 중의 최고'로 옮긴 원어는 tamatagge인데 이 자체로는 뜻이 통하지 않는다. 그래서 주석서는 다음과 같이 설명한다.
"tamatagge는 tamāgge이다. 가운데 ta음절은 단어의 연음을 위해서 말한 것이다. 그래서 '이들이 가장 최고(aggatamā)라고 해서 tamataggā이다.'라고 말씀하신 것이다. 이와 같이 tama를 모두 잘라낸 뒤 '아난다여, 나의 비구들은 아주(ativiya) 최고인(agga) 최상의 상태(uttamabhāva)가 될 것이다.'라는 뜻이다."(DA.ii.548~49)
즉 주석서는 tamatagge를 tama-agge로 이해하고 이것을 다시 agga-tama로 이해하였다. 여기서 '-tama'는 최상급을 의미하는 어미이다. 그래서 아주(ativiya)라고 설명하였다. 그래서 역자는 '최고 중의 최고'로 옮겼다.

227) 이하 §3.10번까지, 세존께서 짜빨라 탑묘에서 석 달 후 열반에 드시기로

가사를 수하고 걸식을 위해서 웨살리로 들어가셨다. 웨살리에서 걸식을 하여 공양을 마치고 걸식에서 돌아와 아난다 존자를 불러서 말씀하셨다.

"아난다여, 좌구를 챙겨라. 낮 동안의 머묾을 위해서 짜빨라 탑묘228)로 가자."

"그렇게 하겠습니다, 세존이시여."라고 아난다 존자는 세존께 대답한 뒤 좌구를 챙겨서 세존의 뒤를 따라갔다.

마라에게 약속하시는 잘 알려진 사건은 『상응부』 「쩨띠야 경」(Cetiya, S51:10)과 꼭 같다.

228) '탑묘'로 옮긴 cetiya(Sk. caitya)는 √ci(*to heap up*)에서 파생된 명사로서 돌이나 흙, 벽돌 등을 쌓아서 만든 '기념물, 분묘'를 지칭하는 것이 일차적인 의미이다. 『샤따빠따 브라흐마나』 등의 제의서에도 짜이땨(caitya)라는 단어가 나타나며 짜이땨에 가서 제사지내는 것이 기술되어 있다. 아마 조상신이나 그 지역의 토지신 아니면 유력한 신을 모시고 그 지방 부족들이 모여서 제사 지내거나 숭배하던 장소를 말하는 것일 것이다. 지금도 인도의 시골에 가보면 곳곳에 이런 크고 작은 건물이나 조형물이 있으며 이런 곳을 짜이땨라 부르고 있다.
초기경에서 쩨띠야(cetiya)는 불교의 탑묘를 지칭하는 말로서는 거의 쓰이지 않는다. 불교의 탑묘를 나타낼 때는 대부분 투빠(thūpa, Sk. stūpa, 스뚜빠)라는 단어를 사용한다. 스뚜빠라는 단어는 브라흐마나(제의서) 문헌에서 묘지 — 초기 아리야족들은 화장이 아닌 매장을 하였다 — 라는 뜻으로 나타나고 있다. 초기경에서 쩨띠야는 불교 이전부터 있었던 신성한 곳을 말하며 불교 수행자들뿐 아니라 여러 종교의 수행자들의 좋은 거주처가 되었고 부처님께서도 이런 쩨띠야에 많이 머무셨다.
후대로 내려오면서 불교 사원에서 불상이나 탑을 모시고 예배드리는 곳은 쩨띠야(cetiya, Sk. caitya)라 부르고, 스님들이 머무는 곳은 문자 그대로 위하라(vihāra)라고 부르고 있다. 우리 식으로 말한다면 대웅전, 관음전, 명부전 등은 쩨띠야이고 스님들이 거주하는 요사채는 위하라라고 부른다고 이해하면 되겠다.

3.2. 세존께서는 짜빨라 탑묘로 가셔서 마련된 자리에 앉으셨다. 아난다 존자도 세존께 절을 올린 뒤 한 곁에 앉았다. 한 곁에 앉은 아난다 존자에게 세존께서는 이렇게 말씀하셨다.

"아난다여, 웨살리는 아름답구나. 우데나 탑묘도 아름답고, 고따마까 탑묘도 아름답고, 삿땀바까 탑묘도 아름답고, 바후뿟따 탑묘(다자탑)도 아름답고, 사란다다 탑묘도 아름답고, 짜빨라 탑묘도 아름답구나."229)

3.3. "아난다여, 누구든지 네 가지 성취수단[四如意足]230)을 닦고, 많이 [공부]짓고, 수레로 삼고, 기초로 삼고, 확립하고, 굳건히 하고, 부지런히 닦은 사람은 원하기만 하면 일 겁을 머물 수도 있고, 겁이 다하도록 머물 수도 있다. 아난다여, 여래는 네 가지 성취수단을 닦고, 많이 [공부]짓고, 수레로 삼고, 기초로 삼고, 확립하고, 굳건히 하고, 부지런히 닦았다. 여래는 원하기만 하면 일 겁을 머물 수도 있고

---

229) 본경에 나타나듯이 웨살리에는 우데나(Udena), 고따마까(Gotamaka), 삿땀바까(Sattambaka), 바후뿟따(Bahuputta, 多子塔), 사란다다(Sārandada), 짜빨라(Cāpāla) 등의 많은 탑묘(cetiya)들이 있었다. 주석서에서 "우데나 탑묘라는 것은 우데나 약카(yakkha, 야차)의 탑묘 자리에 만든 거처(vihāra)를 말한다. 고따마까 탑묘 등도 같은 뜻이다."(DA.ii. 555)라고 설명하고 있듯이 이들은 약카(yakkha, 야차)를 섬기는 곳이었다고 한다.

약카는 특히 자이나 문헌에서 숭배의 대상으로 많이 등장하는데 이것은 자이나 창시자인 마하위라가 이곳 웨살리 출신이며 웨살리의 니간타(자이나)들이 초기경에서 다수 등장하는 것과도 무관하지 않은 것 같다. 웨살리에 대해서는 본서 제1권 「마할리 경」(D6) §1의 주해를 참조할 것.

230) 네 가지 성취수단(iddhipāda)은 四如意足으로 한역되었다. 네 가지 성취수단은 본서 「자나와사바 경」(D18) §22의 주해를 참조할 것.

겁이 다하도록 머물 수도 있다."

3.4. 세존께서 이와 같이 분명한 암시를 주시고 분명한 빛을 드러내셨다. 그러나 아난다 존자는 그 [뜻]을 꿰뚫어 보지 못했으니, 그의 마음이 마라231)에게 사로잡혔기 때문이다. 그래서 그는 세존께

---

231) 마라(Māra)는 초기경의 아주 다양한 문맥에서 아주 많이 나타나며, 초기경에 나타나는 마라를 연구하는 자체가 하나의 논문감에 해당한다.
전통적으로 빠알리 주석서는 이런 다양한 마라의 언급을 다섯 가지로 정리한다. 그것은 오염원(kilesa)으로서의 마라(ItvA.197; ThagA.ii.70 등), 무더기(蘊, khandha)로서의 마라(S.iii.195 등), 업형성력(abhisaṅkhāra)으로서의 마라, 신(devaputta)으로서의 마라, 죽음(maccu)으로서의 마라이다.(ThagA.ii.46; 46; Vism.VII.59 등) 『청정도론』에서는 부처님은 이러한 다섯 가지 마라를 부순 분(bhaggavā)이기에 세존(bhagavā)이라 한다고 설명하고 있다.(VII.59) 그러므로 열반이나 출세간이 아닌 모든 경지는 마라의 영역에 속한다고 할 수 있다.
특히 신으로서의 마라는 자재천(Vasavatti)의 경지에 있는 다마리까 천신(Dāmarika-devaputta)이라고도 불리는데 마라는 욕계의 최고 천상인 타화자재천(Paranimmitavasavatti)에 거주하면서 수행자들이 욕계를 벗어나 색계·무색계·출세간의 경지로 향상하는 것을 방해하는 자이기 때문이다.(SnA.i.44; MA.i.28) 그리고 그는 신들의 왕인 인드라(삭까)처럼 군대를 가지고 있으며 이를 마군(魔軍, Mārasena)이라고 한다. 이처럼 그는 유력한 신이다.
주석서들에서는 Māra의 어원을 한결같이 √mṛ(to kill, to die)로 본다. 물론 산스끄리뜨 문헌들에서도 죽음을 뜻하는 √mṛ로도 보기도 하지만 역자는 기억을 뜻하는 √smṛ(to remember)로 보는 입장이다. 왜냐하면 Māra의 산스끄리뜨는 인도 최고의 희곡인 『샤꾼딸라』 등에서 Smāra로 나타나기 때문이다. 스마라는 바로 기억을 뜻하는 √smṛ에서 파생된 명사이다.
힌두 신화에서 마라는 사랑의 신을 뜻하는 까마데와(Kāmadeva)이며 이 신의 많은 별명 가운데 하나가 스마라이다. 까마데와는 로마 신화의 사랑의 신인 큐피드(Cupid)에 해당한다. 사랑의 신 까마데와도 큐피드처럼 사랑의 화살을 가지고 다니면서 화살을 쏜다. 이 화살에 맞으면 사랑의 열병에 걸린다. 산스끄리뜨 문학 작품에 의하면 마라는 수련화(Aravinda), 아

"세존이시여, 세존께서는 많은 사람의 이익을 위하고, 많은 사람의 행복을 위하고, 세상을 연민하고, 신과 인간의 이상과 이익과 행복을 위하여, 일 겁을 머물러 주소서. 부디 선서께서는 일 겁을 머물러 주소서."라고 간청하지 않았다.232)

3.5. 두 번째로 … 세 번째로 세존께서는 아난다 존자를 불러서 말씀하셨다.

"아난다여, 웨살리는 아름답구나. 우데나 탑묘도 아름답고, 고따마까 탑묘도 아름답고, 삿땀바까 탑묘도 아름답고, 바후뿟따 탑묘(다자탑)도 아름답고, 사란다다 탑묘도 아름답고, 짜빨라 탑묘도 아름답구나.

아난다여, 누구든지 네 가지 성취수단[四如意足]을 닦고, 많이 [공부]짓고, 수레로 삼고, 기초로 삼고, 확립하고, 굳건히 하고, 부지런히 닦은 사람은 원하기만 하면 일 겁을 머물 수도 있고 겁이 다하도록

쇼까 꽃(Aśoka), 망고 꽃(Cūta), 쟈스민(Navamālikā), 청련화(Nīlotpala)의 다섯 가지 꽃 화살을 가지고 있다고 하며, 이러한 까마데와의 꽃 화살에 맞게 되면 사랑에 빠지게 된다고 한다. 불교주석서들에서도 이러한 다섯 가지 마라의 꽃 화살은 언급되고 있다. 이처럼 마라는 유혹자이다. 이성을 서로 꼬드기게 한다. 이런 의미에서 마라는 *Tempter*(유혹자, 사탄)이다. 그래서 마라를 *Tempter*라고 옮기는 서양학자도 있다.
그리고 이 √smṛ에서 파생된 것이 빠알리의 sati이고 이것이 마음챙김이다. 마음챙김과 마라는 이렇게 대비가 된다. 이렇게 마라의 어원을 √smṛ(*to remember*)로 이해하면 마음챙김의 중요성을 새삼 절감케 하는 아주 의미심장한 해석이 된다.

232) 아난다 존자가 세존께 오래 머무시기를 간청하지 않은 이것은 부처님 입멸 후에 마하깟사빠(대가섭) 존자를 비롯한 승가 대중으로부터 크게 비판 받는 것 가운데 하나이다.(Vin.ii.289) 한편 이런 간청은 청불주세원(請佛住世願)이라 해서 『화엄경』에서 보현보살 10대원에 포함될 정도로, 후대 모든 불교 교파에서는 아난다 존자가 부처님께 오래 머무시기를 청하지 않은 것을 애통해 하고 있다.

머물 수도 있다. 아난다여, 여래는 네 가지 성취수단을 닦고, 많이 [공부]짓고, 수레로 삼고, 기초로 삼고, 확립하고, 굳건히 하고, 부지런히 닦았다. 여래는 원하기만 하면 일 겁을 머물 수도 있고 겁이 다 하도록 머물 수도 있다."

세존께서 이와 같이 분명한 암시를 주시고 분명한 빛을 드러내셨는데도 아난다 존자는 그 [뜻]을 꿰뚫어 보지 못했으니, 그의 마음은 마라에게 사로잡혔기 때문이다. 그래서 그는 세존께 "세존이시여, 세존께서는 많은 사람의 이익을 위하고 많은 사람의 행복을 위하고 세상을 연민하고 신과 인간의 이상과 이익과 행복을 위하여 일 겁을 머물러 주소서. 부디 선서께서는 일 겁을 머물러 주소서."라고 간청하지 않았다.

3.6. 그러자 세존께서는 아난다 존자를 불러서 말씀하셨다. "아난다여, 그대는 좀 떨어져 있어라. 이제 그럴 시간이 된 것 같구나."

"그렇게 하겠습니다, 세존이시여."라고 아난다 존자는 세존께 대답한 뒤 자리에서 일어나 세존께 절을 올리고 오른쪽으로 [세 번] 돌아 [경의를 표한] 뒤에 멀지 않은 곳에 있는 어떤 나무 아래 앉았다.

마라의 간청

3.7. 그러자 마라 빠삐만233)이 아난다 존자가 떠난 지 오래되지

---

233) "중생들에게 불행을 불러일으켜 죽게 한다고 해서 마라라고 한다.(satte anatthe niyojento māretīti māro) 빠삐만(pāpiman)이란 그의 별명이다. 그는 참으로 사악한 법(pāpa-dhamma)을 고루 갖추고 있기 때문에 빠삐만(사악한 자)이라 부른다. 깐하(Kaṇha, 검은 자), 안따까(Antaka, 끝을 내는 자), 나무찌(Namuci), 방일함의 친척(pamatta-bhandu)이라는 다른 이름들도 그는 가지고 있다."(*Ibid*)

않아서 세존께 다가갔다. 가서는 한 곁에 섰다. 한 곁에 서서 마라 빠삐만은 세존께 이렇게 말씀드렸다.

"세존이시여, 이제 세존께서는 반열반(般涅槃)234)에 드십시오. 선서께서는 반열반에 드십시오. 세존이시여, 지금이 세존께서 반열반에 드실 시간입니다. 세존이시여, 세존께서는 [전에] 이렇게 말씀하셨습니다. '빠삐만이여, 나는 나의 비구 제자들이235) 입지가 굳고, 수행이 되고, 출중하며236), 많이 배우고[多聞]237), 법을 잘 호지(護持)하고238), [출세간]법에 이르게 하는 법을 닦고239), 합당하게 도를 닦

---

234) 반열반(般涅槃)은 parinibbāna의 음역이다. 무여열반을 반열반이라 부른다. 무여열반과 유여열반에 대해서는 본경 §3.20의 주해를 참조할 것.

235) 마라가 인용하는 세존의 이런 말씀을 통해서 세존께서 바라는 참된 비구의 모습을 알 수 있다. 그래서 주석서의 설명을 통해서 이 각각의 의미를 살펴본다.

236) "'입지가 굳고(viyattā)'란 도에 의해서 입지가 굳다는 말이다. 이와 같이 [도에 의해서 오염원들을 잘라 버리는] 수행이 되고(vinīta), 이와 같이 [성스러운 도에 의해서 스승의 교법에서] 출중하다(visārada)는 말이다."(DA.ii.556)

237) "삼장(三藏, tepiṭaka)에 대해서 많이 배운 자들이라고 해서 많이 배운 자들(bahussutā)이다."(*Ibid*)

238) "법을 호지한다고 해서 법을 호지하는 자들(dhammadharā)이다. 혹은 교학(pariyatti)을 많이 배우고 통찰(paṭivedha)을 많이 배웠다는 뜻이다. 교학과 통찰의 법들을 호지하기 때문에 법을 호지하는 자들이라고 알아야 한다."(*Ibid*)

239) '[출세간]법에 이르게 하는 법을 닦고'로 옮긴 원어는 dhamma-anu-dhamma-paṭipanno이다. 먼저 몇몇 주석서들의 설명을 살펴보면 다음과 같다.
"아홉 가지 출세간법(lokuttara-dhamma)을 따르는 법을 닦는 것이다."(DA.ii.578)
"출세간법을 따르는 법이 되는 그 이전의 도닦음을 닦는 것이다."(DA.

고240), 법을 따라 행하며241), 자기 스승에게 속하는 것을 파악한 뒤 그것을 천명하고 가르치고 알게 하고 확립하고 드러내고 분석하고 명료하게 설명하며, 다른 [삿된] 교설이 나타날 때 그것을 법으로242) 잘 제압하고, 제압한 뒤 [해탈을 성취하는] 기적을 갖춘243) 법을 설

---

iii.1020)
"출세간인 열반의 법을 따르는 법인 [그 이전의] 도닦음을 닦는 것이다."
(SA.ii.34)
"여기서 '그 이전의 도닦음'이란 위빳사나에 몰두하는 것(vipassan-ānuyoga)이다."(DAṬ.iii.307) 그래서 『장부 주석서』의 본경에 해당하는 주석에는 "성스러운 법(ariya-dhamma)에 이르게 하는 법인 위빳사나의 법을 닦는 것이다."(DA.ii.556)라고 설명을 하고 있다. '아홉 가지 출세간법'이란 예류도·예류과부터 아라한도·아라한과까지의 여덟 성자[四雙八輩]와 열반을 말한다.
어떤 경우에는 dhamma-anudhamma를 "법과 따르는 법(dhammañca anudhammañca)"(DA.iii.929)으로 병렬복합어로 이해한 곳도 있는데 이 경우에는 '[출세간]법과 [그것에] 이르게 하는 법'이라는 뜻이다.

240) "합당하게 도를 닦음(sāmīci-ppaṭipannā)이란 적당한(anucchavika) 도를 닦는 것이다."(*Ibid*)

241) "법을 따라 행하는 자들(anudhammacārino)이란 법을 따라 행하는 습성(sīla)을 가진 자들이다."(*Ibid*)

242) "여기서 '법으로(sahadhammena)'라는 것은 원인을 갖추고(sahetuka) 이유를 갖춘(sakāraṇa) 말(vacana)로 제압한다는 [뜻이다.]"(*Ibid*)

243) "'[해탈을 성취하는] 기적을 갖춘(sappāṭihāriya)'이란 [해탈의] 출구(niyyānika, 벗어남, D13.§11의 주해 참조)를 만든 뒤에 법을 설하는 것이다."(*Ibid*)
여기에 대해서 복주서는 "아홉 가지의 출세간법을 깨닫게 할 것이라는 뜻이다."(DAṬ.ii.195)라고 설명하고 있다. 아홉 가지 출세간법이란 예류도와 예류과부터 아라한도와 아라한과까지의 8가지와 열반을 말한다.
한편 본서에 pāṭihāriya는 iddhi-pāṭihāriya(신통의 기적)로 나타나며 이것은 신통변화(iddhividha, 신족통)와 동의어로 쓰인다. 그래서 여기서도 sa-pāṭihāriya를 '기적을 갖춘'이라고 옮겼다. 사실 범부를 성자로 만

할 수 있게 되기까지는 반열반에 들지 않을 것이다.'라고"

3.8. "세존이시여, 그러나 지금 세존의 비구 제자들은 입지가 굳고, 수행이 되고, 출중하며, 많이 배우고, 법을 잘 호지하고, [출세간]법에 이르게 하는 법을 닦고, 합당하게 도를 닦고, 법을 따라 행하며, 자기 스승에게 속하는 것을 파악한 뒤 그것을 천명하고 가르치고 알게 하고 확립하고 드러내고 분석하고 명료하게 설명하며, 다른 [삿된] 교설이 나타날 때 그것을 법으로 잘 제압하고, 제압한 뒤 [해탈을 성취하는] 기적을 갖춘 법을 설할 수 있습니다. 세존이시여, 그러니 이제 세존께서는 반열반에 드십시오. 선서께서는 반열반에 드십시오. 세존이시여, 지금이 세존께서 반열반에 드실 시간입니다.

세존이시여, 세존께서는 [전에] 이렇게 말씀하셨습니다. '빠삐만이여, 나는 나의 비구니 제자들이 입지가 굳고, 수행이 되고, 출중하며, 많이 배우고, 법을 잘 호지하고, [출세간]법에 이르게 하는 법을 닦고, 합당하게 도를 닦고, 법을 따라 행하며, 자기 스승에게 속하는 것을 파악한 뒤 그것을 천명하고 가르치고 알게 하고 확립하고 드러내고 분석하고 명료하게 설명하며, 다른 [삿된] 교설이 나타날 때 그것을 법으로 잘 제압하고, 제압한 뒤 [해탈을 성취하는] 기적을 갖춘 법을 설할 수 있게 되기까지는 반열반에 들지 않을 것이다.'라고.

세존이시여, 그러나 지금 세존의 비구니 제자들은 입지가 굳고, 수행이 되고, 출중하며, 많이 배우고, 법을 잘 호지하고, [출세간]법에

들고, 범부로 하여금 최상의 해탈·열반을 실현하게 만드는 부처님의 가르침이야말로 기적 중의 기적이 아닐 수 없다. 그러니 중생들이 욕계 천상을 벗어나는 것을 견디지 못하는 마라가 부처님의 출현에 안절부절 못하여 빨리 반열반에 드시라고 권하는 것은 당연한지도 모른다.

이르게 하는 법을 닦고, 합당하게 도를 닦고, 법을 따라 행하며, 자기 스승에게 속하는 것을 파악한 뒤 그것을 천명하고 가르치고 알게 하고 확립하고 드러내고 분석하고 명료하게 설명하며, 다른 [삿된] 교설이 나타날 때 그것을 법으로 잘 제압하고, 제압한 뒤 [해탈을 성취하는] 기적을 갖춘 법을 설할 수 있습니다. 세존이시여, 그러니 이제 세존께서는 반열반에 드십시오. 선서께서는 반열반에 드십시오. 세존이시여, 지금이 세존께서 반열반에 드실 시간입니다.

세존이시여, 세존께서는 [전에] 이렇게 말씀하셨습니다. '빠삐만이여, 나는 나의 청신사 제자들이 입지가 굳고, 수행이 되고, 출중하며, 많이 배우고, 법을 잘 호지하고, [출세간]법에 이르게 하는 법을 닦고, 합당하게 도를 닦고, 법을 따라 행하며, 자기 스승에게 속하는 것을 파악한 뒤 그것을 천명하고 가르치고 알게 하고 확립하고 드러내고 분석하고 명료하게 설명하며, 다른 [삿된] 교설이 나타날 때 그것을 법으로 잘 제압하고, 제압한 뒤 [해탈을 성취하는] 기적을 갖춘 법을 설할 수 있게 되기까지는 반열반에 들지 않을 것이다.'라고.

세존이시여, 그러나 지금 세존의 청신사 제자들은 입지가 굳고, 수행이 되고, 출중하며, 많이 배우고, 법을 잘 호지하고, [출세간]법에 이르게 하는 법에 따라 도를 닦고, 합당하게 도를 닦고, 법을 따라 행하며, 자기 스승에게 속하는 것을 파악한 뒤 그것을 천명하고 가르치고 알게 하고 확립하고 드러내고 분석하고 명료하게 설명하며, 다른 [삿된] 교설이 나타날 때 그것을 법으로 잘 제압하고, 제압한 뒤 [해탈을 성취하는] 기적을 갖춘 법을 설할 수 있습니다. 세존이시여, 그러니 이제 세존께서는 반열반에 드십시오. 선서께서는 반열반에 드십시오. 세존이시여, 지금이 세존께서 반열반에 드실 시간입니다.

세존이시여, 세존께서는 [전에] 이렇게 말씀하셨습니다. '빠삐만이여, 나는 나의 청신녀 제자들이 입지가 굳고, 수행이 되고, 출중하며, 많이 배우고, 법을 잘 호지하고, [출세간]법에 이르게 하는 법을 닦고, 합당하게 도를 닦고, 법을 따라 행하며, 자기 스승에게 속하는 것을 파악한 뒤 그것을 천명하고 가르치고 알게 하고 확립하고 드러내고 분석하고 명료하게 설명하며, 다른 [삿된] 교설이 나타날 때 그것을 법으로 잘 제압하고, 제압한 뒤 [해탈을 성취하는] 기적을 갖춘 법을 설할 수 있게 되기까지는 반열반에 들지 않을 것이다.'라고.

세존이시여, 그러나 지금 세존의 청신녀 제자들은 입지가 굳고, 수행이 되고, 출중하며, 많이 배우고, 법을 잘 호지하고, [출세간]법에 이르게 하는 법을 닦고, 합당하게 도를 닦고, 법을 따라 행하며, 자기 스승에게 속하는 것을 파악한 뒤 그것을 천명하고 가르치고 알게 하고 확립하고 드러내고 분석하고 명료하게 설명하며, 다른 [삿된] 교설이 나타날 때 그것을 법으로 잘 제압하고, 제압한 뒤 [해탈을 성취하는] 기적을 갖춘 법을 설할 수 있습니다. 세존이시여, 그러니 이제 세존께서는 반열반에 드십시오. 선서께서는 반열반에 드십시오. 세존이시여, 지금이 세존께서 반열반에 드실 시간입니다.

세존이시여, 세존께서는 [전에] 이렇게 말씀하셨습니다. '빠삐만이여, 나는 나의 이러한 청정범행244)이 잘 유지되고, 번창하고, 널리 퍼지고, 많은 사람들이 따르고, 대중적이어서 신과 인간들 사이에서 잘 설명되기까지는 반열반에 들지 않을 것이다.'라고.

세존이시여, 그러나 지금 세존의 이러한 청정범행은 잘 유지되고,

---

244) "'청정범행(brahma-cariya, 梵行)'이란 [계·정·혜] 삼학(sikkhattaya)을 모두 합친 전체 교법(sāsana)이라는 청정범행이다."(DA.ii.556)

번창하고, 널리 퍼지고, 많은 사람들이 따르고, 대중적이어서 신과 인간들 사이에서 잘 설명되었습니다. 세존이시여, 그러니 이제 세존께서는 반열반에 드십시오. 선서께서는 반열반에 드십시오. 세존이시여, 지금이 세존께서 반열반에 드실 시간입니다."

3.9. 이렇게 말씀드리자 세존께서는 마라 빠삐만에게 이렇게 말씀하셨다. "빠삐만이여, 그대는 조용히 있어라. 오래지 않아 여래는 반열반에 들 것이다. 지금부터 3개월이 넘지 않아서 여래는 반열반에 들 것이다."

수명의 상카라를 포기하심

3.10. 그리고 세존께서는 짜빨라 탑묘에서 마음챙기고 알아차리시면서 수명(壽命)의 상카라를 포기하셨다.245) 세존께서 수명의 상카라를 포기하시자, 무시무시하고 털을 곤두서게 하는 큰 지진이 있었으며 천둥번개가 내리쳤다. 그때 세존께서는 이런 것을 아시고 그 시간에 다음의 감흥어를 읊으셨다.

"잴 수 없는 [열반과] 존재를 견주어 보고246)
성자는 존재의 상카라를 포기하였고247)

---

245) "여기서 세존께서는 손으로 흙덩이(leḍḍu)를 [버리]듯이 그렇게 수명의 상카라를 포기하시지 않았다. 앞으로 석 달간만 증득(samāpatti, 等至, 본삼매)을 유지하시고(samāpajjitvā) 그 후에는 증득을 유지하지 않을 것이라고 마음을 일으키셨다는 뜻이다. 이것을 두고 '포기하셨다.'고 말씀하셨다."(*Ibid*)

246) 주석서에서는 잴 수 없는 것(atula)을 열반이라고 설명하고 있다.(DA.ii. 557) 그러므로 열반과 존재(sambhava) 둘을 견주어 보고 무상하기 짝이 없는 존재를 포기하셨다는 뜻이다.

안으로 침잠하고 삼매에 들어248)
껍질을 벗듯이 자신의 생성을 벗어버렸노라."

대지가 진동하는 이유

3.11. 그때 아난다 존자에게 이런 생각이 들었다. "참으로 경이롭고, 참으로 놀랍구나. 이렇게 크게 대지가 진동하다니! 이렇게 무시무시하고 털을 곤두서게 하는 큰 지진이 있고 천둥번개가 내리치다니! 도대체 무슨 이유와 무슨 조건 때문에 이처럼 큰 지진이 일어났는가?"

3.12. 그러자 아난다 존자는 세존께 다가갔다. 가서는 세존께 절을 올리고 한 곁에 앉았다. 한 곁에 앉은 아난다 존자는 세존께 이와 같이 여쭈었다. "세존이시여, 참으로 경이롭습니다. 세존이시여, 참으로 놀랍습니다. 이렇게 크게 대지가 진동하다니요! 이렇게 무시무시하고 털을 곤두서게 하는, 엄청나게 큰 지진이 있고 천둥번개가 내리치다니요! 도대체 무슨 이유와 무슨 조건 때문에 이처럼 큰 지진이 일어났습니까?"

---

247) "'다섯 가지 무더기들[五蘊]은 무상하지만 이런 다섯 가지 무더기들의 소멸인 열반은 항상한다.'라는 등으로 재어보면서 부처님께서는 존재에서 위험과 열반에서 이익을 보신 뒤, 무더기들의 근본이 되는 존재의 상카라의 업(bhava-saṅkhāra-kamma)을 '업의 소멸(kammakkhaya)이 있다.'(M59/i.389)라고 설하신, 업을 소멸하는 성스러운 도를 통해서 포기하셨다."(DA.ii.557)

248) "위빳사나를 통해서 안으로 침잠하시고, 사마타를 통해서 삼매에 드셨다."(*Ibid*)

3.13. "아난다여, 여덟 가지 원인과 여덟 가지 조건 때문에 큰 지진은 일어난다. 무엇이 여덟인가? 아난다여, ① 이 대지는 물에 놓여 있고 물은 바람에 놓여 있고 바람은 허공에 놓여 있다. 아난다여, 큰 바람이 불기 시작하면 큰 바람은 불면서 물을 흔들고 물은 흔들려서 땅을 흔든다. 이것이 큰 지진이 일어나는 첫 번째 원인이요 첫 번째 조건이다."

3.14. "다시 아난다여, ② 신통이 있고 마음의 자유자재를 얻은 사문이나 바라문이나, 큰 신통과 큰 위력을 가진 신이 있는데 그들의 인식이 땅에 대해서는 제한적으로 개발되었지만 물에 대한 인식은 무량하게 개발되었다. 이런 자들이 이 땅을 흔들리게 하고 아주 흔들리게 하고 강하게 흔들리게 하고 요동치게 한다. 이것이 큰 지진이 일어나는 두 번째 원인이요 두 번째 조건이다."

3.15. "다시 아난다여, ③ 보살이 마음챙기고 분명하게 알아차리면서 도솔천에서 몸을 버리고 모태에 들 때에 땅은 흔들리고 많이 흔들리고 강하게 흔들리고 요동친다. 이것이 큰 지진이 일어나는 세 번째 원인이요 세 번째 조건이다."

3.16. "다시 아난다여, ④ 보살이 마음챙기고 분명하게 알아차리면서 모태로부터 나올 때에 땅은 흔들리고 많이 흔들리고 강하게 흔들리고 요동친다. 이것이 큰 지진이 일어나는 네 번째 원인이요 네 번째 조건이다."

3.17. "다시 아난다여, ⑤ 여래가 위없는 정등각을 깨달을 때에 땅은 흔들리고 아주 흔들리고 강하게 흔들리고 요동친다. 이것이 큰 지진이 일어나는 다섯 번째 원인이요 다섯 번째 조건이다."

3.18. "다시 아난다여, ⑥ 여래가 위없는 법의 바퀴를 굴릴 때에 땅은 흔들리고 아주 흔들리고 강하게 흔들리고 요동친다. 이것이 큰 지진이 일어나는 여섯 번째 원인이요 여섯 번째 조건이다."

3.19. "다시 아난다여, ⑦ 여래가 마음챙기고 알아차리면서 수명의 상카라를 포기할 때에 땅은 흔들리고 아주 흔들리고 강하게 흔들리고 요동친다. 이것이 큰 지진이 일어나는 일곱 번째 원인이요 일곱 번째 조건이다."

3.20. "다시 아난다여, ⑧ 여래가 무여249)열반의 요소[界]250)로

---

249) '무여'로 옮긴 원어는 anupādisesa이다. 이것은 an(부정접두어)+upādi(취)+sesa(남음)으로 분석 된다. 그래서 무여(無餘)로 옮기고 이와 반대 되는 것은 saupādi-sesa이며 유여(有餘)로 옮긴다.
여기서 upādi는 upa(위로)+ā(이 쪽으로)+√dā(to give)에서 파생된 남성명사로서(이것은 12연기에서 取로 번역하는 upādāna와 같은 어원을 가졌다) '위로 받아들이다'라는 문자적인 의미에서 '거머쥐고 있음, 남아 있음'을 뜻한다. 거의 대부분 sa-upādisesa와 an-upādisesa로만 나타나고 이 둘은 다시 거의 대부분 열반과 함께 쓰여서 중국에서는 각각 유여열반과 무여열반으로 번역되었다. 주석서들에서는 이 우빠디가 생명을 지속시켜 주는 연료와도 같은 것이어서 바로 오온을 가리킨다고 설명한다. (VṬ)
sesa는 √śiṣ(to leave)에서 파생된 형용사로 문자적인 뜻 그대로 '남아 있는'을 뜻한다. 그래서 유여열반(sa-upādisesa-nibbāna)은 '받은 것이 남아 있는 열반'이라는 뜻이며, 아라한들의 경우 번뇌는 완전히 멸진되었지만 그의 수명이 남아 있는 한 과거의 취착의 산물인 오온은 아직 잔류해

반열반할 때에 땅은 흔들리고 아주 흔들리고 강하게 흔들리고 요동친다. 이것이 큰 지진이 일어나는 여덟 번째 원인이요 여덟 번째 조건이다. 이들 여덟 가지 원인과 여덟 가지 조건 때문에 큰 지진은 일어난다."

있기 때문에 유여열반이라 한다. 무여열반(an-upādisesa-nibbāna)은 이런 오온까지도 완전히 멸한 열반을 말한다. 그래서 이런 무여열반을 빠리닙바나(parinibbāna)라고 하며 중국에서는 반열반(般涅槃)으로 옮겼다.

250) '열반의 요소'는 nibbāna-dhātu의 역어이다. 열반을 열반의 요소[涅槃界]라고 표현하는 것은 『장부』, 『상응부』, 『증지부』의 몇 군데에 나타난다. 중요한 것은 이 열반의 요소라는 표현은 거의 대부분 여기서처럼 무여열반이나 반열반의 문맥에서 나타나고 있다는 점이다. 그러면 왜 무여열반이나 반열반의 문맥에서는 열반의 요소라는 표현을 사용할까? 주석서들에서는 열반의 요소에 대한 설명은 나타나지 않고 당연한 것으로 받아들인다.

요소(dhātu, 界)라는 술어를 써서 열반을 표현하는 것은 열반도 구경법(paramattha)의 하나라는 점을 강조하기 위해서 일 것이다. 잘 알려진 대로 초기불교와 아비담마에서는 일체법(一切法, sabba-dhamma, 諸法, 구경법)을 [81가지] 유위법과 [한 가지] 무위법으로 분류한다. 이러한 일체법의 법(dhamma)은 √dhṛ(to hold)에서 파생된 술어이며 이 dhātu(계, 요소)도 같은 어근에서 생긴 술어이다. 자세한 것은 『아비담마 길라잡이』 7장 §37의 해설을 참조할 것. 그리고 일체법[諸法]은 18계(요소)로 분류하기도 하는데 상좌부에서는 『아비담마 길라잡이』 7장의 <도표 7.4>에서 보듯이 열반도 법의 요소[法界]에 포함시키고 있다. 이것은 본경에서처럼 무위법인 열반도 요소라는 술어를 사용하여 표현하고 있기 때문이다.

무엇보다도 이렇게 무여열반이나 반열반이나 열반을 요소[界]라는 술어를 사용하여 기술하는 가장 중요한 이유는, 자칫 열반 — 특히 부처님이나 아라한의 반열반(무여열반) — 을 아무 것도 없는 허무적멸의 경지로 오해할 소지를 없애기 위해서일 것이다. 그래서 이 열반의 요소라는 표현은 반열반 혹은 무여열반의 문맥에서 나타나고 있다.

여덟 가지 회중

3.21. "아난다여, 여덟 가지 회중[八會衆]이 있나니 끄샤뜨리야의 회중, 바라문의 회중, 장자의 회중, 사문의 회중, 사대천왕의 회중, 삼십삼천의 회중, 마라의 회중, 범천의 회중이다."

3.22. "아난다여, 전에 나는 수백의 끄샤뜨리야 회중을 만나러 가서 거기에 함께 앉았고 대화를 하였고 토론에 몰두하였음을 잘 알고 있다. 거기서 그들이 어떤 [빼어난] 용모를 가졌다 할지라도 나도 그런 [빼어난] 용모를 가졌으며, 그들이 어떤 [좋은] 음성을 가졌다 할지라도 나도 그런 [좋은] 음성을 가졌다. 나는 그들에게 법을 설하고 격려하고 분발하게 하고 기쁘게 하였지만 그들은 내가 그렇게 말할 때 '누가 이런 말을 하는가, 그는 신인가 인간인가?'라고 하면서 나를 알지 못하였다. 나는 그들에게 법을 설하고 격려하고 분발하게 하고 기쁘게 한 뒤 사라졌나니 그들은 내가 사라졌을 때 '누가 여기서 사라졌는가, 그는 신인가 인간인가?'라고 하면서 나를 알지 못하였다."

3.23. "아난다여, 전에 나는 수백의 바라문의 회중을 … 장자의 회중을 … 사문의 회중을 … 사대천왕의 회중을 … 삼십삼천의 회중을 … 마라의 회중을 … 범천의 회중을 만나러 가서 거기에 함께 앉았고 대화를 하였고 토론에 몰두하였음을 잘 알고 있다. 거기서 그들이 어떤 [빼어난] 용모를 가졌다 할지라도 나도 그런 [빼어난] 용모를 가졌으며, 그들이 어떤 [좋은] 음성을 가졌더라도 나도 그런 [좋은] 음성을 가졌다. 나는 그들에게 법을 설하고 격려하고 분발하게 하고 기쁘게 하였지만 그들은 내가 그렇게 말할 때 '누가 이런 말을

하는가, 그는 신인가 인간인가?'라고 하면서 나를 알지 못하였다. 나는 그들에게 법을 설하고 격려하고 분발하게 하고 기쁘게 한 뒤 사라졌나니 그들은 내가 사라졌을 때 '누가 여기서 사라졌는가, 그는 신인가 인간인가?'라고 하면서 나를 알지 못하였다."

여덟 가지 지배의 경지

3.24. "아난다여, 여덟 가지 지배의 경지[八勝處]251)가 있다. 무엇이 여덟인가?"

3.25. "① 어떤 자는 안으로 물질[色]을 인식하면서,252) 밖으로 좋

---

251) '지배의 경지'로 옮긴 원어는 abhibhāyatana인데 이는 abhibhu+āyatana의 합성어이다. 복주서에서 지배의 경지란 禪이라고 설명하듯이 이것은 여덟 단계의 삼매의 경지를 뜻한다. 주석서의 설명을 살펴보자.
"'지배의 경지'란 지배를 행하는 것(abhibhavan-akāraṇa)이다. 그러면 무엇을 지배하는가? 반대가 되는 법(paccanīka-dhamma)들과 대상(ārammaṇa)들을 [지배한다]. 상대가 됨(paṭipakkha-bhāva)에 의해서 반대가 되는 법들을 지배하고 인간의 최고의 지혜로 대상들을 지배한다."(DA.ii.561)
복주서에서는 "지배란 준비(parikamma) 혹은 지혜(ñāṇa)이다. 지배의 경지란 禪(jhāna)이다. 지배 되어야 하는 경지나 대상이라 불리는 경지가 지배의 경지이다. 대상을 지배하기 때문에 지배이며, 그런 경지이기도 한 이런 것이 수행자(yogi)의 특별한 행복들을 굳세게 하기 때문에, 혹은 [수행자의] 마노의 감각장소[意處]와 법의 감각장소[法處]가 되기 때문에, 이러한 것들과 함께 하는 禪이 바로 지배의 경지이다."(DAṬ.ii.205)라고 설명한다.

252) 주석서에서는 준비단계(parikamma)를 통해서 안의 물질들을 청·황·적·백으로 인식하는 것이라 설명한다. 즉 "머리털, 담즙 등에 대해서는 푸른색의 준비단계의 [표상]을 만들고, 굳기름과 피부 등에 대해서는 노란색을, 살과 피와 혀 등에 대해서는 붉은색을, 뼈와 이빨과 손톱 등에 대해서는 흰색의 준비단계의 [표상]을 만든다. 그러나 이들은 아직 [닮은 표상]

은 색깔이나 나쁜 색깔을 가진 제한된 물질들을 본다. 이것들을 지배하면서 '나는 알고 본다.'라고 이렇게 인식한다. 이것이 첫 번째 지배의 경지이다."253)

3.26. "② 어떤 자는 안으로 물질을 인식하면서, 밖으로 좋은 색깔이나 나쁜 색깔을 가진 무량한 물질들을 본다. 이것들을 지배하면서 '나는 알고 본다.'라고 이렇게 인식한다. 이것이 두 번째 지배의 경지이다."254)

        이 아니기 때문에 아주 선명한 청·황·적·백의 색깔은 아니다."(DA.ii. 561)라고 설명하고 있다.
        복주서에서는 여기에 덧붙여서 "이것은 본삼매(appanā)가 아니다. 왜냐하면 닮은 표상(paṭibhāga-nimitta)을 대상으로 가지는 본삼매는 안의 영역이 존재하지 않기 때문이다. 이것은 안의 물질들에 대해서 준비단계로 까시나의 표상을 얻은 것에 불과하다."라고 설명한다.(DAṬ.ii.205)

253) 주석서에서는 이 경지는 안의 물질들을 대상으로 하여 준비단계를 닦지만 밖의 물질들을 대상으로 삼아서 표상을 일으켜 본삼매(appanā)를 얻은 경지라고 한다. 그러나 아직 그 대상들을 확장시키지 못하기(avaḍḍhitāni) 때문에 대상은 제한되었다고 설명한다.(DA.ii.561)
     여기서 언급되고 있는 준비단계, 닮은 표상, 본삼매, 청·황·적·백 등의 표상, 확장 등의 개념을 제대로 파악해야 지배의 경지는 이해된다. 그래서 주석서에서도 이런 뜻에 대해서는 『청정도론』에 상세하게 설명되었으므로 이를 참조하라고 덧붙이고 있다.(ettha kasiṇakaraṇañca parikammañca appanāvidhānañca sabbaṁ Visuddhimagge vitthārato vuttameva. - *Ibid*)
     표상에 대해서는 『아비담마 길라잡이』 9장 §5의 해설과 375~376쪽(의문에서 본삼매 속행과정)의 해설을 참조하고, 다른 술어들은 『청정도론』 IV장을 참조할 것.
254) 여기서는 표상의 크기가 확장된(vaḍḍhitappamāṇāni) 경우이다.(DA.ii. 562) 표상의 확장은 『청정도론』 IV.127 이하와 III.109 이하를 참조할 것.

3.27. "③ 어떤 자는 안으로 물질을 인식하지 않으면서,255) 밖으로 좋은 색깔이나 나쁜 색깔을 가진 제한된 물질들을 본다. 이것들을 지배하면서 '나는 알고 본다.'라고 이렇게 인식한다. 이것이 세 번째 지배의 경지이다."

3.28. "④ 어떤 자는 안으로 물질을 인식하지 않으면서, 밖으로 좋은 색깔이나 나쁜 색깔을 가진 무량한 물질들을 본다. 이것들을 지배하면서 '나는 알고 본다.'라고 이렇게 인식한다. 이것이 네 번째 지배의 경지이다."256)

3.29. "⑤ 어떤 자는 안으로는 물질을 인식하지 않으면서, 밖으로 푸른 색깔을 가졌고257) 푸른 외양을 가졌고 푸른 광명을 가진 푸른 물질들을 본다. 마치 아마 꽃이 푸르고 푸른 색깔을 가졌고 푸른 외양을 가졌고 푸른 광명을 가진 것처럼, 마치 양면이 모두 부드러운

---

255) 세 번째 이하에서는 안의 물질들에 대한 준비단계를 닦지 않고 바로 밖의 대상에서 준비단계와 그 표상을 일으켜서 본삼매에 드는 경우를 말한다.(*Ibid*)

256) "여기서 제한된(paritta) 대상은 사색하는 기질(vitakka-carita)을 가진 사람에게 적합하고, 무량한(appamāṇa) 대상은 어리석은 기질(moha-carita)을 가진 사람에게, 좋은 색깔을 가진 대상은 성내는 기질(dosa-carita)을 가진 사람에게, 나쁜 색깔을 가진 대상은 탐하는 기질(rāga-carita)을 가진 사람에게 적합하다. 자세한 것은 『청정도론』의 기질을 설명하는 부분에서 설해졌다."(*Ibid*) 기질에 대한 자세한 설명은 『청정도론』 III.74 이하를 참조할 것.

257) 여덟 가지 지배의 경지 중 ①에서 ④까지는 제한된 대상, 무량한 대상, 좋은 색깔을 가진 대상, 나쁜 색깔을 가진 대상의 측면에서 설명하였고 이하 ⑤에서 ⑧까지는 각각 청·황·적·백의 대상으로 설명하였다.

와라나시 옷감이 푸르고 푸른 색깔을 가졌고 푸른 외양을 가졌고 푸른 광명을 가진 것처럼, 어떤 자는 안으로 물질을 인식하지 않으면서 밖으로 푸르고 푸른 색깔을 가졌고 푸른 외양을 가졌고 푸른 광명을 가진 물질들을 본다. 이것들을 지배하면서 '나는 알고 본다.'라고 이렇게 인식한다. 이것이 다섯 번째 지배의 경지이다."258)

3.30. "⑥ 어떤 자는 안으로는 물질을 인식하지 않으면서, 밖으로 노란 색깔을 가졌고 노란 외양을 가졌고 노란 광명을 가진 노란 물질들을 본다. 마치 깐니까라 꽃이 노랗고 노란 색깔을 가졌고 노란 외양을 가졌고 노란 광명을 가진 것처럼, 마치 양면이 모두 부드러운 와라나시 옷감이 노랗고 노란 색깔을 가졌고 노란 외양을 가졌고 노란 광명을 가진 것처럼, 어떤 자는 안으로 물질을 인식하지 않으면서 밖으로 노랗고 노란 색깔을 가졌고 노란 외양을 가졌고 노란 광명을 가진 물질들을 본다. 이것들을 지배하면서 '나는 알고 본다.'라고 이렇게 인식한다. 이것이 여섯 번째 지배의 경지이다."

3.31. "⑦ 어떤 자는 안으로는 물질을 인식하지 않으면서, 밖으로 빨간 색깔을 가졌고 빨간 외양을 가졌고 빨간 광명을 가진 빨간 물질들을 본다. 마치 월계꽃이 빨갛고 빨간 색깔을 가졌고 빨간 외양을 가졌고 빨간 광명을 가진 것처럼, 마치 양면이 모두 부드러운 와라나시 옷감이 빨갛고 빨간 색깔을 가졌고 빨간 외양을 가졌고 빨간 광명을 가진 것처럼, 어떤 자는 안으로는 물질을 인식하지 않고 밖으로 빨간 색깔을 가졌고 빨간 외양을 가졌고 빨간 광명을 가진 빨간 물질

---

258) 이하 네 가지 경우는 각각 『청정도론』 V.12 이하의 푸른색 까시나와 노란색 까시나와 붉은색 까시나와 흰색 까시나에 대한 설명을 참조할 것.

들을 본다. 이것들을 지배하면서 '나는 알고 본다.'라고 이렇게 인식한다. 이것이 일곱 번째 지배의 경지이다."

3.32. "⑧ 어떤 자는 안으로는 물질을 인식하지 않으면서, 밖으로 흰 색깔을 가졌고 흰 외양을 가졌고 흰 광명을 가진 흰 물질들을 본다. 마치 샛별이 희고 흰 색깔을 가졌고 흰 외양을 가졌고 흰 광명을 가진 것처럼, 마치 양면이 모두 부드러운 와라나시 옷감이 희고 흰 색깔을 가졌고 흰 외양을 가졌고 흰 광명을 가진 것처럼 어떤 자는 안으로는 물질을 인식하지 않고 밖으로 흰 색깔을 가졌고 흰 외양을 가졌고 흰 광명을 가진 흰 물질들을 본다. 이것들을 지배하면서 '나는 알고 본다.'라고 이렇게 인식한다. 이것이 여덟 번째 지배의 경지이다."259)

여덟 가지 해탈

3.33. "아난다여, 여덟 가지 해탈[八解脫]260)이 있다. 무엇이 여덟인가?

① 여기 비구는 [안으로] 색계에 속하는 [禪에 들어] [밖으로] 물질들을 본다. 이것이 첫 번째 해탈이다.

---

259) 부처님께서는 이렇게 여덟 가지 지배의 경지를 터득하셨기 때문에 아무런 두려움이나 공포가 없이 수명의 상카라(āyu-saṅkhāra)를 놓으셨다는 것을 보여 주시기 위해서 이 여덟 가지 지배의 경지를 설하셨다고 주석서는 설명한다.(DA.ii.563)

260) 팔해탈의 설명은 본서 「대인연경」(D15)의 §35에서 설명한 주해들을 참조할 것. 특히 이 가운데 공무변처부터 비상비비상처까지는 『청정도론』 X장(무색의 경지) 전체를 참조하고 상수멸은 『청정도론』 XXIII.16~52의 멸진정의 증득을 참조할 것.

② 안으로 물질에 대한 인식이 없이 밖으로 물질들을 본다. 이것이 두 번째 해탈이다.

③ 깨끗하다고[淨] 확신한다. 이것이 세 번째 해탈이다.

④ 물질에 대한 인식(산냐)을 완전히 초월하고, 부딪힘의 인식을 소멸하고, 갖가지 인식을 마음에 잡도리하지 않기 때문에 '무한한 허공'이라고 하면서 공무변처(空無邊處)를 구족하여 머문다. 이것이 네 번째 해탈이다.

⑤ 공무변처를 완전히 초월하여 '무한한 알음알이[識]'라고 하면서 식무변처(識無邊處)를 구족하여 머문다. 이것이 다섯 번째 해탈이다.

⑥ 식무변처를 완전히 초월하여 '아무것도 없다.'라고 하면서 무소유처(無所有處)를 구족하여 머문다. 이것이 여섯 번째 해탈이다.

⑦ 무소유처를 완전히 초월하여 비상비비상처(非想非非想處)를 구족하여 머문다. 이것이 일곱 번째 해탈이다.

⑧ 일체 비상비비상처를 완전히 초월하여 상수멸(想受滅, 인식과 느낌의 그침)을 구족하여 머문다. 이것이 여덟 번째 해탈이다."

3.34. "아난다여, 한때 나는 우루웰라에서 네란자라 강둑에 있는 염소치기의 니그로다 나무261) 아래에서 처음 정등각을 성취하여 머

---

261) '염소치기의 니그로다 나무'로 옮긴 원어는 ajapāla-nigrodha이다. 수자따(Sujātā)가 고행을 그만두신 세존께 우유죽을 공양올린 곳이 바로 이 나무 아래였다.(Ja.i.16, 69) 부처님께서는 지금 보드가야의 보리수(bodhi-rukkha) 아래서 깨달음을 이루신 후에 수차례 이곳을 찾아가셨다고 한다. 사함빠띠 범천이 부처님께 법륜을 굴리기를 간청한 곳도 이곳이었으며(Vin.i.5~7), 본경에 나타나듯이 마라가 세존이 깨달으신 직후에 바로 열반에 드시기를 간청한 곳도 이곳이었다. 혹자는 세존께서는 이 니그로다 나무 아래서 깨달음을 성취하신 것으로 이해하기도 하지만 율장과 주석서에는 분명히 세존께서 보리수 아래서 깨달음을 성취하시고 삼매에서

물렀다. 그러자 마라 빠삐만이 나에게 다가왔다. 와서는 한 곁에 섰다. 한 곁에 서서 마라 빠삐만은 나에게 이렇게 말했다. '세존이시여, 이제 세존께서는 반열반에 드십시오. 선서께서는 반열반에 드십시오. 세존이시여, 지금이 세존께서 반열반에 드실 시간입니다.'라고"

3.35. "아난다여, 이렇게 말했을 때 나는 마라 빠삐만에게 이렇게 대답했다.

'빠삐만이여, 나는 나의 비구 제자들이 입지가 굳고, 수행이 되고, 출중하며, 많이 배우고[多聞], 법을 잘 호지하고, [출세간]법에 이르게 하는 법에 따라 도를 닦고, 합당하게 도를 닦고, 법을 따라 행하며, 자기 스승에게 속하는 것을 파악한 뒤 그것을 천명하고 가르치고 알게 하고 확립하고 드러내고 분석하고 명료하게 설명하며, 다른 [삿된] 교설이 나타날 때 그것을 법으로 잘 제압하고, 제압한 뒤 [해탈을 성취하는] 기적을 갖춘 법을 설할 수 있게 되기까지는 반열반에 들지 않을 것이다.

빠삐만이여, 나는 나의 비구니 제자들이 입지가 굳고, 수행이 되고, 출중하며, 많이 배우고, 법을 잘 호지하고, [출세간]법에 이르게 하는

출정하셔서 이 나무로 오신 것으로 밝히고 있다.(Vin.i.2, 3, 5 등)
한편 주석서는 왜 이 니그로다 나무를 염소치기의 니그로다 나무라 부르는가에 대해서 몇 가지로 설명을 한다. 첫째, 이 나무의 그늘에서 염소치기(ajapāla)들이 쉬었기 때문이며, 둘째 나이든 바라문들이 연로하여 더 이상 베다를 암송하지 못하게 되자(ajapā) 이곳에 거처를 마련하고 살았기 때문이며, 셋째 한밤에 염소(aja)들에게 의지처(pāla)가 되었기 때문이라고 한다.(UdA.51) 그리고 북방불교의 전승에 의하면 이 나무는 부처님께서 육년 고행을 하실 동안 의지처를 마련해드리기 위해서 염소치기가 심은 것이라고 한다.(Mtu.iii.302) 이런 정황을 참작하여 염소치기의 니그로다 나무로 옮겼다.

법에 따라 도를 닦고, 합당하게 도를 닦고, 법을 따라 행하며, 자기 스승에게 속하는 것을 파악한 뒤 그것을 천명하고 가르치고 알게 하고 확립하고 드러내고 분석하고 명료하게 설명하며, 다른 [삿된] 교설이 나타날 때 그것을 법으로 잘 제압하고, 제압한 뒤 [해탈을 성취하는] 기적을 갖춘 법을 설할 수 있게 되기까지는 반열반에 들지 않을 것이다.

빠삐만이여, 나는 나의 청신사 제자들이 입지가 굳고, 수행이 되고, 출중하며, 많이 배우고, 법을 잘 호지하고, [출세간]법에 이르게 하는 법에 따라 도를 닦고, 합당하게 도를 닦고, 법을 따라 행하며, 자기 스승에게 속하는 것을 파악한 뒤 그것을 천명하고 가르치고 알게 하고 확립하고 드러내고 분석하고 명료하게 설명하며, 다른 [삿된] 교설이 나타날 때 그것을 법으로 잘 제압하고, 제압한 뒤 [해탈을 성취하는] 기적을 갖춘 법을 설할 수 있게 되기까지는 반열반에 들지 않을 것이다.

빠삐만이여, 나는 나의 청신녀 제자들이 입지가 굳고, 수행이 되고, 출중하며, 많이 배우고, 법을 잘 호지하고, [출세간]법에 이르게 하는 법에 따라 도를 닦고, 합당하게 도를 닦고, 법을 따라 행하며, 자기 스승에게 속하는 것을 파악한 뒤 그것을 천명하고 가르치고 알게 하고 확립하고 드러내고 분석하고 명료하게 설명하며, 다른 [삿된] 교설이 나타날 때 그것을 법으로 잘 제압하고, 제압한 뒤 [해탈을 성취하는] 기적을 갖춘 법을 설할 수 있게 되기까지는 반열반에 들지 않을 것이다.

빠삐만이여, 나는 나의 이러한 청정범행이 잘 유지되고, 번창하고, 널리 퍼지고, 많은 사람들이 따르고, 대중적이어서 신과 인간들 사이에서 잘 설명되기까지는 반열반에 들지 않을 것이다.'라고."

3.36. "아난다여, 그런데 지금 오늘 이 짜빨라 탑묘에서 마라 빠삐만이 [다시] 나에게 다가왔다. 와서는 한 곁에 섰다. 한 곁에 서서 마라 빠삐만은 나에게 이렇게 말했다. '세존이시여, 이제 세존께서는 반열반에 드십시오. 선서께서는 반열반에 드십시오. 세존이시여, 지금이 세존께서 반열반에 드실 시간입니다. 세존이시여, 세존께서는 이렇게 말씀하셨습니다. … <중간생략> … 세존이시여, 그러나 지금 세존의 이러한 청정범행은 잘 유지되고, 번창하고, 널리 퍼지고, 많은 사람들이 따르고, 대중적이어서 신과 인간들 사이에서 잘 설명되었습니다. 세존이시여, 그러니 이제 세존께서는 반열반에 드십시오. 선서께서는 반열반에 드십시오. 세존이시여, 지금이 세존께서 반열반에 드실 시간입니다.'라고."

3.37. "이렇게 말하였을 때 나는 마라 빠삐만에게 이렇게 대답하였다. '빠삐만이여, 그대는 조용히 있어라. 오래지 않아 여래는 반열반에 들 것이다. 지금부터 3개월이 넘지 않아서 여래는 반열반에 들 것이다.'라고. 아난다여, 지금 오늘 이 짜빨라 탑묘에서 여래는 마음 챙기고 알아차리면서 수명의 상카라를 포기하였다."

아난다의 간청

3.38. 이렇게 말씀하시자 아난다 존자는 [그때서야] 세존께 이렇게 말씀드렸다. "세존이시여, 세존께서는 많은 사람의 이익을 위하고 많은 사람의 행복을 위하고 세상을 연민하고 신과 인간의 이상과 이익과 행복을 위하여 일 겁을 머물러 주소서. 부디 선서께서는 일 겁

을 머물러 주소서."

"아난다여, 이제 되었다. 여래에게 간청을 하지 말아라. 아난다여, 지금은 여래에게 간청할 적당한 시간이 아니다."

3.39. 두 번째로 … 세 번째로 아난다 존자는 세존께 이렇게 말씀드렸다. "세존이시여, 세존께서는 많은 사람의 이익을 위하고 많은 사람의 행복을 위하고 세상을 연민하고 신과 인간의 이상과 이익과 행복을 위하여 일 겁을 머물러 주소서. 부디 선서께서는 일 겁을 머물러 주소서."

"아난다여, 그대는 여래의 깨달음을 믿는가?"

"그러하옵니다, 세존이시여."

"아난다여, 그렇다면 그대는 왜 세 번까지 [간청을 하여] 여래를 성가시게 하는가?"

3.40. "세존이시여, 저는 세존의 면전에서 '아난다여, 누구든지 네 가지 성취수단[四如意足]을 닦고, 많이 [공부]짓고, 수레로 삼고, 기초로 삼고, 확립하고, 굳건히 하고, 부지런히 닦은 사람은 원하기만 하면 일 겁 동안 머물 수도 있고 겁이 다하도록 머물 수도 있다. 아난다여, 여래는 네 가지 성취수단을 닦고, 많이 [공부]짓고, 수레로 삼고, 기초로 삼고, 확립하고, 굳건히 하고, 부지런히 닦았다. 여래는 원하기만 하면 일 겁 동안 머물 수도 있고 겁이 다하도록 머물 수도 있다.'라고 들었고 면전에서 받아 지녔습니다."

"아난다여, 그대는 여래의 깨달음을 믿는가?"

"그러하옵니다, 세존이시여."

"아난다여, 그러므로 이런 잘못은 그대에게 있다. 그대가 이런 잘못을 범하였다. 여래가 이와 같이 분명한 암시를 주고 분명한 빛을 드러내었는데도 그대는 그 뜻을 꿰뚫어 보지 못했다. 그래서 그대는 여래에게 '세존이시여, 세존께서는 많은 사람의 이익을 위하고 많은 사람의 행복을 위하고 세상을 연민하고 신과 인간의 이상과 이익과 행복을 위하여 일 겁을 머물러 주소서. 부디 선서께서는 일 겁을 머물러 주소서.'라고 간청하지 않았다. 아난다여, 만일 그대가 여래에게 간청을 했더라면 두 번은 그대의 말을 거절했을 것이지만 여래는 세 번째에는 허락하였을 것이다. 아난다여, 그러므로 이런 잘못은 그대에게 있다. 그대가 이런 잘못을 범하였다."

3.41. "아난다여, 한때 나는 라자가하에서 독수리봉 산(영취산)에 머물렀다. 아난다여, 거기서도 나는 그대를 불러서 말하였다. '아난다여, 라자가하는 아름답구나. 독수리봉 산은 아름답구나. 아난다여, 누구든지 네 가지 성취수단[四如意足]을 닦고, 많이 [공부]짓고, 수레로 삼고, 기초로 삼고, 확립하고, 굳건히 하고, 부지런히 닦은 사람은 원하기만 하면 일 겁을 머물 수도 있고 겁이 다하도록 머물 수도 있다. 아난다여, 여래는 네 가지 성취수단을 닦고, 많이 [공부]짓고, 수레로 삼고, 기초로 삼고, 확립하고, 굳건히 하고, 부지런히 닦았다. 여래는 원하기만 하면 일 겁을 머물 수도 있고 겁이 다하도록 머물 수도 있다.'라고.

아난다여, 여래가 이와 같이 분명한 암시를 주고 분명한 빛을 드러내었는데도 그대는 그 뜻을 꿰뚫어 보지 못했다. 그래서 그대는 여래에게 '세존이시여, 세존께서는 많은 사람의 이익을 위하고 많은 사람의 행복을 위하고 세상을 연민하고 신과 인간의 이상과 이익과 행복을 위하여 일 겁을 머물러 주소서. 부디 선서께서는 일 겁을 머물러 주소서.'라고 간청하지 않았다. 아난다여, 만일 그대가 여래에게 간청을 했더라면 두 번은 그대의 말을 거절했을 것이지만 여래는 세 번째에는 허락하였을 것이다. 아난다여, 그러므로 이런 잘못은 그대에게 있다. 그대가 이런 잘못을 범하였다."

3.42. "아난다여, 한때 나는 라자가하에서 니그로다 숲에 … 라자가하에서 도둑의 낭떠러지에 … 라자가하에서 웨바라 산비탈의 칠엽굴에 … 라자가하에서 이시길리 산비탈의 검은 바위에 … 라자가하에서 차가운 숲에 있는 뱀 못의 비탈에 … 라자가하에서 따뽀다 원림에 … 라자가하에서 웰루와나의 다람쥐 보호구역에 … 라자가하에서 지와까의 망고 숲에 … 라자가하에서 맛다꿋치의 녹야원에 머물렀다."

3.43. "아난다여, 거기서도 나는 그대를 불러서 말하였다. '아난다여, 라자가하는 아름답구나. 독수리봉 산은 아름답구나. 니그로다 숲은 아름답구나. 도둑의 낭떠러지는 아름답구나. 웨바라 산비탈의 칠엽굴은 아름답구나. 이시길리 산비탈의 검은 바위는 아름답구나. 차가운 숲에 있는 뱀 못의 비탈은 아름답구나. 따뽀다 원림은 아름답구나. 웰루와나의 다람쥐 보호구역은 아름답구나. 지와까의 망고 숲은 아름답구나. 맛다꿋치의 녹야원은 아름답구나.'"

3.44. "아난다여, 누구든지 네 가지 성취수단[四如意足]을 닦고, 많이 [공부]짓고, 수레로 삼고, 기초로 삼고, 확립하고, 굳건히 하고, 부지런히 닦은 사람은 원하기만 하면 일 겁을 머물 수도 있고 겁이 다하도록 머물 수도 있다. 아난다여, 여래는 네 가지 성취수단을 닦고,

많이 [공부]짓고, 수레로 삼고, 기초로 삼고, 확립하고, 굳건히 하고, 부지런히 닦았다. 여래는 원하기만 하면 일 겁을 머물 수도 있고 겁이 다하도록 머물 수도 있다.'라고.

아난다여, 여래가 이와 같이 분명한 암시를 주고 분명한 빛을 드러내었는데도 그대는 그 뜻을 꿰뚫어 보지 못했다. 그래서 그대는 여래에게 '세존이시여, 세존께서는 많은 사람의 이익을 위하고 많은 사람의 행복을 위하고 세상을 연민하고 신과 인간의 이상과 이익과 행복을 위하여 일 겁을 머물러 주소서. 부디 선서께서는 일 겁을 머물러 주소서.'라고 간청하지 않았다. 아난다여, 만일 그대가 여래에게 간청을 했더라면 두 번은 그대의 말을 거절했을 것이지만 여래는 세 번째에는 허락하였을 것이다. 아난다여, 그러므로 이런 잘못은 그대에게 있다. 그대가 이런 잘못을 범하였다."

3.45. "아난다여, 한때 나는 여기 웨살리에서 우데나 탑묘에 머물렀다. 아난다여, 거기서도 나는 그대를 불러서 말하였다. '아난다여, 웨살리는 아름답구나. 우데나 탑묘는 아름답구나. 아난다여, 누구든지 네 가지 성취수단[四如意足]을 닦고, 많이 [공부]짓고, 수레로 삼고, 기초로 삼고, 확립하고, 굳건히 하고, 부지런히 닦은 사람은 원하기만 하면 일 겁을 머물 수도 있고 겁이 다하도록 머물 수도 있다. 아난다여, 여래는 네 가지 성취수단을 닦고, 많이 [공부]짓고, 수레로 삼고, 기초로 삼고, 확립하고, 굳건히 하고, 부지런히 닦았다. 여래는 원하기만 하면 일 겁을 머물 수도 있고 겁이 다하도록 머물 수도 있다.'라고.

아난다여, 여래가 이와 같이 분명한 암시를 주고 분명한 빛을 드러내었는데도 그대는 그것을 꿰뚫어 볼 수가 없었다. 그래서 그대는 여래에게 '세존이시여, 세존께서는 많은 사람의 이익을 위하고 많은 사람의 행복을 위하고 세상을 연민하고 신과 인간의 이상과 이익과 행복을 위하여 일 겁을 머물러 주소서. 부디 선서께서는 일 겁을 머물러 주소서.'라고 간청하지 않았다. 아난다여, 만일 그대가 여래에게 간청을 했더라면 두 번은 그대의 말을 거절하였을 것이지만 여래는 세 번째에는 허락하였을 것이다. 아난다여, 그러므로 이런 잘못은 그대에게 있다. 그대가 이런 잘못을 범하였다."

3.46. "아난다여, 한때 나는 여기 웨살리에서 고따마까 탑묘에 … 웨살리에서 삿따마까 탑묘에 … 웨살리에서 바후뿟따 탑묘에 … 웨살리에서 사란다다 탑묘에 머물렀다."

3.47. "아난다여, 그리고 지금 오늘 짜빨라 탑묘에서 그대를 불러서 말하였다. '아난다여, 웨살리는 아름답구나. 우데나 탑묘도 아름답고, 고따마까 탑묘도 아름답고, 삿땀바 탑묘도 아름답고, 바후뿟따 탑묘(다자탑)도 아름답고, 사란다다 탑묘도 아름답고, 짜빨라 탑묘도 아름답구나.

아난다여, 누구든지 네 가지 성취수단[四如意足]을 닦고, 많이 [공부]짓고, 수레로 삼고, 기초로 삼고, 확립하고, 굳건히 하고, 부지런히 닦은 사람은 원하기만 하면 일 겁을 머물 수도 있고 겁이 다하도록 머물 수도 있다. 아난다여, 여래는 네 가지 성취수단을 닦고, 많이 [공부]짓고, 수레로 삼고, 기초로 삼고, 확립하고, 굳건히 하고, 부지런히 닦았다. 여래는 원하기만 하면 일 겁을 머물 수도 있고 겁이 다하도록 머물 수도 있다.'라고.

아난다여, 여래가 이와 같이 분명한 암시를 주고 분명한 빛을 드러내었는데도 그대는 그뜻을 꿰뚫어 보지 못하였다. 그래서 그대는 여래에게 '세존이시여, 세존께서는 많은 사람의 이익을 위하고 많은 사람의 행복을 위하고 세상을 연민하고 신과 인간의 이상과 이익과 행복을 위하여 일 겁을 머물러 주소서. 부디 선서께서는 일 겁을 머물러 주소서.'라고 간청하지 않았다. 아난다여, 만일 그대가 여래에게 간청을 했더라면 두 번은 그대의 말을 거절했을 것이지만 여래는 세 번째에는 허락하였을 것이다. 아난다여, 그러므로 이런 잘못은 그대에게 있다. 그대가 이런 잘못을 범하였다."

3.48. "아난다여, [그리고] 참으로 내가 전에 사랑스럽고 마음에 드는 모든 것과는 헤어지기 마련이고 없어지기 마련이고 달라지기 마련이라고 그처럼 말하지 않았던가. 아난다여, 그러니 여기서 [그대가 간청하는 것이] 무슨 소용이 있겠는가?262) 아난다여, 태어났고 존재했고 형성된 것은 모두 부서지기 마련인 법이거늘 그런 것을 두고 '절대로 부서지지 말라.'고 한다면 그것은 있을 수 없는 일이다. 아난다여, 그리고 여래는 이미 수명의 상카라를 포기하여 그것을 버렸고 내던졌고 풀어버렸고 제거했고 방기하였다. 그리하여 '오래지 않아서 여래는 반열반에 들 것이다. 지금부터 3개월이 넘지 않아서 여래는 반열반에 들 것이다.'라고 분명하게 말하였다. 그런데 그것을 여래가 [더] 살기 위해서 다시 돌이킨다는 것은 결코 있을 수 없는

---

262) "사랑스럽고 마음에 드는 모든 것과는 헤어지기 마련이기 때문에 십바라밀을 완성하셨다 하더라도, 정등각을 얻으셨다 하더라도, 법륜을 굴리셨다 하더라도, 쌍신변을 나투셨다 하더라도, 천상에 올라가셨다 하더라도, 태어났고 존재했고 형성된 것은 부서지기 마련인 법(paloka-dhamma)이니 참으로 여래라 할지라도 그분의 몸을 두고 부서지지 말라고 하는 그런 경우는 존재하지 않는다. 슬피 운다고 해서 해결되지 않는다."(DA.ii.564)

일이다. 아난다여, 이제 큰 숲에 있는 중각강당263)으로 가자."

"그렇게 하겠습니다, 세존이시여."라고 아난다 존자는 세존께 대답했다.

3.49. 그러자 세존께서는 아난다 존자와 함께 큰 숲에 있는 중각강당으로 가셨다. 가서는 아난다 존자를 불러서 말씀하셨다.

"아난다여, 그대는 가서 웨살리를 의지하여 머무르는 비구들을 모두 집회소로 모이게 하라."

"그렇게 하겠습니다, 세존이시여."라고 아난다 존자는 세존께 대답한 뒤 웨살리를 의지하여 머무르는 비구들을 모두 집회소로 모이게 하고서 세존께 갔다. 가서는 세존께 절을 올리고 한 곁에 섰다. 한 곁에 서서 아난다 존자는 세존께 이렇게 말씀드렸다.

"세존이시여, 비구 승가가 다 모였습니다. 이제 세존께서 [가실] 시간이 되었습니다."

3.50. 그러자 세존께서는 자리에서 일어나 집회소로 가셨다. 가서는 마련된 자리에 앉으셨다. 자리에 앉아서 세존께서는 비구들을 불러서 말씀하셨다.

"비구들이여, 여기 [이 세상]에서 나는 이런 법들을 최상의 지혜로 안 뒤에 설하였나니 그대들은 그것을 호지한 뒤 받들어 행해야 하고 닦아야 하고 많이 [공부]지어야 한다. 그래서 이 청정범행이 길이 전해지고 오래 머물게 해야 한다. 이것이 많은 사람의 이익을 위하고 많은 사람의 행복을 위하고 세상을 연민하고 신과 인간의 이상과 이

---

263) 중각강당(重閣講堂)은 이층 누각이 있는 집이란 뜻이다. 여기에 대해서는 본서 제1권 「마할리 경」 (D6) §1의 주해를 참조할 것.

익과 행복을 위하는 것이다.

비구들이여, 그러면 나는 어떤 법들을 최상의 지혜로 안 뒤에 설하였는가? 그것은 네 가지 마음챙김의 확립[四念處], 네 가지 바른 노력[四正勤], 네 가지 성취수단[四如意足], 다섯 가지 기능[五根], 다섯 가지 힘[五力], 일곱 가지 깨달음의 구성요소[七覺支], 여덟 가지 구성요소를 가진 성스러운 도[八支聖道]이다.264) 비구들이여, 나는 이런 법들을 최상의 지혜로 안 뒤에 설하였나니 그대들은 이를 호지한 뒤 받들어 행해야 하고 닦아야 하고 많이 [공부]지어야 한다. 그래서 이 청정범행이 길이 전해지고 오래 머물게 해야 한다. 이것이 많은 사람의 이익을 위하고 많은 사람의 행복을 위하고 세상을 연민하고 신과 인간의 이상과 이익과 행복을 위하는 것이다."

3.51. 그리고 다시 세존께서는 비구들을 불러서 말씀하셨다. "비구들이여, 참으로 이제 나는 당부하노니 모든 형성된 것들은 소멸하기 마련인 법이다. 방일하지 말고 [해야 할 바를 모두] 성취하라.265) 오래지 않아서 여래의 반열반이 있을 것이다. 지금부터 3개월이 넘

---

264) 이들은 37보리분법(菩提分法, bodhipakkhiya-dhamma)이라고 불리는데 이들은 깨달음의 편(bodhi-pakkha)에 있는 유익한 심리현상들이기 때문에 이렇게 불렀다. 여기에 대해서는 본서 제3권 「확신경」(D28) §3의 주해와 「전륜성왕 사자후경」(D26) §1의 주해를 참조할 것.

265) 이 말씀은 부처님께서 반열반에 드시기 직전에도 유훈으로 하신 말씀인데 석 달 후의 반열반을 예고하는 지금 상황에서도 이 말씀을 하신 것으로 나타나고 있다. 주석서는 이렇게 설명하고 있다. "마음챙김이 현전하도록 하여 해야 할 바를 모두 성취하라.(satiavippavāsena sabbakiccāni sampādeyyātha)" 즉 불방일(不放逸, appamāda)을 마음챙김의 현전으로 설명하는데 다른 주석서들에서도 한결같다.
더 자세한 설명은 본경 §6.7의 주해를 참조할 것.

지 않아서 여래는 반열반할 것이다."

세존께서는 이렇게 말씀하셨다. 선서께서는 이렇게 말씀하신 뒤 다시 [게송으로] 이와 같이 설하셨다.

"내 나이 무르익어
나의 수명은 이제 한계에 달했도다.
그대들을 버리고 나는 가리니
나는 내 자신을 의지처로 삼았다.

비구들이여, 방일하지 말고
마음챙김을 가지고 계를 잘 지켜라.
사유(思惟)를 잘 안주시키고
자신의 마음을 잘 보호하라.

이 법과 율에서
방일하지 않고 머무는 자는
태어남의 윤회를 버리고
괴로움의 끝을 만들 것이다."266)

세 번째 바나와라가 끝났다.

코끼리가 뒤돌아보듯

4.1. 그때 세존께서는 오전에 옷매무새를 가다듬고 발우와 가사를 수하시고 걸식을 위해서 웨살리로 들어가셨다. 웨살리에서 걸식

---

266) 주석서에는 이 게송에 대한 설명이 없다.

하여 공양을 마치고 걸식에서 돌아오시면서, 코끼리가 뒤를 돌아다 보듯이 웨살리를 돌아다보신 후 아난다 존자를 불러서 말씀하셨다. "아난다여, 이것이 여래가 웨살리를 보는 마지막이 될 것이다. 오라, 아난다여. 이제 반다가마로 가자."

"그렇게 하겠습니다, 세존이시여."라고 아난다 존자는 세존께 대답했다. 그러자 세존께서는 많은 비구 승가와 함께 반다가마로 가셨다. 세존께서는 거기 반다가마에서 머무셨다.

4.2. 거기서 세존께서는 비구들을 불러서 말씀하셨다. "비구들이여, 네 가지를 깨닫지 못하고 꿰뚫지 못하였기 때문에 나와 그대들은 이처럼 긴 세월을 [이곳에서 저곳으로] 치달리고 윤회하였다.

무엇이 네 가지인가? 비구들이여, 성스러운 계를 깨닫지 못하고 꿰뚫지 못하였기 때문에 나와 그대들은 이처럼 긴 세월을 [이곳에서 저곳으로] 치달리고 윤회하였다. 비구들이여, 성스러운 삼매를 깨닫지 못하고 꿰뚫지 못하였기 때문에, 나와 그대들은 이처럼 긴 세월을 [이곳에서 저곳으로] 치달리고 윤회하였다. 비구들이여, 성스러운 통찰지를 깨닫지 못하고 꿰뚫지 못하였기 때문에, 나와 그대들은 이처럼 긴 세월을 [이곳에서 저곳으로] 치달리고 윤회하였다. 비구들이여, 성스러운 해탈을 깨닫지 못하고 꿰뚫지 못하였기 때문에, 나와 그대들은 이처럼 긴 세월을 [이곳에서 저곳으로] 치달리고 윤회하였다.

비구들이여, 이제 성스러운 계를 깨닫고 꿰뚫었다. 성스러운 삼매를 깨닫고 꿰뚫었다. 성스러운 통찰지를 깨닫고 꿰뚫었다. 성스러운 해탈을 깨닫고 꿰뚫었다. 그러므로 존재에 대한 갈애는 잘라졌고, 존재로 인도함은 부수어졌으며, 다시 태어남은 이제 더 이상 존재하지 않는다."

4.3. 세존께서는 이렇게 말씀하셨다. 선서께서는 이렇게 말씀하신 뒤 다시 [게송으로] 이와 같이 설하셨다.

"계와 삼매와 통찰지와 위없는 해탈 —
이 법들을 명성을 가진 고따마는 깨달았도다.
이처럼 부처는 최상의 지혜로 안 뒤에
비구들에게 법을 설하였노라.
이제 괴로움의 끝을 낸
눈을 갖춘 스승은 반열반할 것이다."

4.4. 참으로 이렇게 세존께서는 반다가마에 머무시면서 많은 비구들에게 법에 관한 말씀을 하셨다. "이러한 것이 계다. 이러한 것이 삼매다. 이러한 것이 통찰지다. 계를 철저히 닦아서 생긴 삼매는 큰 결실이 있고 큰 이익이 있다. 삼매를 철저히 닦아서 생긴 통찰지는 큰 결실이 있고 큰 이익이 있다. 통찰지를 철저히 닦아서 생긴 마음은 바르게 번뇌들로부터 해탈하나니, 그것은 바로 이 감각적 욕망에 기인한 번뇌와 존재에 기인한 번뇌와 무명에 기인한 번뇌이다."라고.

4.5. 그때 세존께서는 반다가마에서 원하는 만큼 머무신 뒤 아난다 존자를 불러서 말씀하셨다. "아난다여, 이제 핫티가마로 … 암바가마로 … 잠부가마로 … 보가나가라로 가자."

4.6. "그렇게 하겠습니다, 세존이시여."라고 아난다 존자는 세존께 응답했다. 그리하여 세존께서는 많은 비구 승가와 함께 보가나가라에 도착하셨다.

네 가지 큰 권위

4.7. 세존께서는 거기 보가나가라에서 아난다 탑묘에 머무셨다. 거기서 세존께서는 비구들을 불러서 말씀하셨다. "비구들이여, 네 가지 큰 권위[大法敎]267)를 설하리라. 그것을 듣고 마음에 잘 새겨라. 이제 설하리라."

"그렇게 하겠습니다, 세존이시여."라고 비구들은 세존께 응답했다. 세존께서는 이와 같이 말씀하셨다.

4.8. "비구들이여, 여기 비구가 말하기를 '도반들이여, 나는 이것

---

267) 세존께서는 당신이 입멸하고 나면 "법과 율이 그대들의 스승이 될 것이다."라고 천명하셨다. 그러면 이러한 법과 율을 어떻게 확정해야 할 것인가가 최대의 문제로 떠오른다. 그 방법으로 제시하고 계시는 것이 바로 '큰 권위'로 옮긴 이 mahā-apadesa이다. 불법이 지금까지 끊이지 않고 내려오는 것은 이러한 부처님의 유훈을 제자들이 생명으로 여기고 부처님의 법과 율을 확정지었기 때문이다.
이제 주석서와 복주서의 설명을 살펴보자. 먼저 주석서에서는 "부처님 등의 위대하고 위대한 분들을 권위(증인)로 하여(apadisitvā) 설해진 큰 행위(kāraṇa)들이라는 뜻이다."(DA.ii.565)라고 설명하고 있다.
한편 복주서에서는 다음과 같이 설명한다. "법을 확립하게 하는(patiṭṭhāpana) 위대한 경우들이다. 확립된 법은 의심 없이(asandeha) 결정되었다. 그것은 어떤 것들인가? 경(經)들로 전해내려 오는(suttotraṇa) 등으로 특별히 전승된 것들이다. 두 번째 해석은 다음과 같다. 권위를 가진다고 해서 권위이다. '도반들이여, 나는 이것을 세존의 면전에서 듣고 세존의 면전에서 받아 지녔습니다.'라는 등에 의해서 전해진 어떤 것을 '법'이라고 확정하는 행위(kāraṇa)이다. … 이것은 『넷띠빠까라나』에서 부처님에 의한 권위, 승가에 의한 권위, 많은 장로(thera)들에 의한 권위, 한 장로에 의한 권위의 넷으로 설명되었다. '부처님이 이것의 권위이다. (buddho apadeso etassa)'라고 해서 부처님에 의한 권위이다." (DAṬ. ii.211~12)

을 세존의 면전에서 듣고 세존의 면전에서 받아 지녔습니다. 이것은 법이고 이것은 율이고 이것은 스승의 교법입니다.'라고 하면, [일단] 그런 비구의 말을 인정하지도 말고 공박하지도 말아야 한다. 인정하지도 공박하지도 않은 채로 그 단어와 문장들을 주의 깊게 들어서 경과 대조해 보고 율에 비추어 보아야 한다.

그의 말을 경과 대조해 보고 율에 비추어 보아서, 만일 경과 견주어지지 않고 율과 맞지 않는다면 여기서 '이것은 세존의 말씀이 아닙니다. 이 비구가 잘못 호지한 것입니다.'라는 결론에 도달해야 한다. 비구들이여, 이렇게 해서 이것은 물리쳐야 한다. 그의 말을 경과 견주어 보고 율에 비추어 보아서 만일 경과 견주어지고 율과 맞는다면 여기서 '이것은 세존의 말씀입니다. 이 비구가 잘 호지한 것입니다.'라는 결론에 도달해야 한다. 비구들이여, 이것이 첫 번째 큰 권위이다."

4.9. "비구들이여, 여기 비구가 말하기를 '도반들이여, 아무개 거처에 장로들과 유명한 스승이 계시는 승가가 있습니다. 그런 나는 이것을 그 승가의 면전에서 듣고 승가의 면전에서 받아 지녔습니다. 이것은 법이고 이것은 율이고 이것은 스승의 교법입니다.'라고 하면, [일단] 그런 비구의 말을 인정하지도 말고 공박하지도 말아야 한다. 인정하지도 공박하지도 않은 채로 그 단어와 문장들을 주의 깊게 들어서 경과 대조해 보고 율에 비추어 보아야 한다.

그의 말을 경과 대조해 보고 율에 비추어 보아서, 만일 경과 견주어지지 않고 율과 맞지 않는다면 여기서 '이것은 세존의 말씀이 아닙니다. 이 비구가 잘못 호지한 것입니다.'라는 결론에 도달해야 한다. 비구들이여, 이렇게 해서 이것은 물리쳐야 한다. 그의 말을 경과 대조해 보고 율에 비추어 보아서 만일 경과 견주어지고 율과 맞는다면 여기서 '이것은 세존의 말씀입니다. 이 비구가 잘 호지한 것입니다.'라는 결론에 도달해야 한다. 비구들이여, 이것이 두 번째 큰 권위이다."

4.10. "비구들이여, 여기 비구가 말하기를 '도반들이여, 아무개 거처에 많이 배우고, 전승된 가르침에 능통하고, 법을 호지하고, 율을 호지하고, 마띠까(論母)를 호지하는268) 많은 장로 비구들이 계십니다. 그런 나는 이것을 그 장로들의 면전에서 듣고 장로들의 면전에서 받아 지녔습니다. 이것은 법이고 이것은 율이고 이것은 스승의 교법입니다.'라고 하면, [일단] 그런 비구의 말을 인정하지도 말고 공박하지도 말아야 한다. 인정하지도 공박하지도 않은 채로 그 단어와 문장들을 주의 깊게 들어서 경과 대조해 보고 율에 비추어 보아야 한다.

그의 말을 경과 대조해 보고 율에 비추어 보아서, 만일 경과 견주어지지 않고 율과 맞지 않는다면 여기서 '이것은 세존의 말씀이 아닙니다. 이 비구가 잘못 호지한 것입니다.'라는 결론에 도달해야 한다.

---

268) 마띠까(mātikā)는 논모(論母)나 개요로 옮겨지듯이 경이나 율의 주요 주제를 표제어만 뽑아서 외우기 쉽고 전체를 파악하기 쉽게 축약한 것이다. 마띠까는 법에 대한 마띠까와 율에 대한 마띠까가 있다. 법에 대한 마띠까는 논장의 첫머리에 나타나는데 논장은 이 마띠까를 상세하게 설명하는 형식으로 구성되어 있다. 그리고 율장의 마띠까는 비구계본과 비구니계본이다. 이를 "두 가지 마띠까(dve mātikā)"(VinA.i.247 등)라고 부르기도 한다. 전체 율장은 그래서 율의 마띠까인 이 두 계본에 대한 설명을 주축으로 하고 있다.

이처럼 주석서에서는 일반적으로 "마띠까를 호지하는 자(Mātikadhāra)는 비구계본과 비구니계본의 두 가지 마띠까를 호지하는 자(mātikādharā ti dvepātimokkhadharā"(AA.iii.382)라고 설명하고 있다. 그러나 같은 주석서에 대한 복주서에서는 "법과 율의 마띠까를 호지하는 자(dhamma-vinayānaṁ mātikāya dhāraṇena mātikādharā)"(AAṬ.iii. 109)라고 설명하고 있다. 본경의 문맥에서는 이러한 복주서의 설명이 더 타당하다. 마띠까에 대해서는 『아비담마 길라잡이』 서문 §4를 참조할 것.

비구들이여, 이렇게 해서 이것은 물리쳐야 한다. 만일 그의 말을 경과 대조해 보고 율에 비추어 보아서 만일 경과 견주어지고 율과 맞는다면 여기서 '이것은 세존의 말씀입니다. 이 비구가 잘 호지한 것입니다.'라는 결론에 도달해야 한다. 비구들이여, 이것이 세 번째 큰 권위이다."

4.11. "비구들이여, 여기 비구가 말하기를 '도반들이여, 아무개 거처에 많이 배우고, 전승된 가르침에 능통하고, 법을 호지하고, 율을 호지하고, 마띠까(論母)를 호지하는 한 분의 장로 비구가 계십니다. 그런 나는 이것을 그 장로의 면전에서 듣고 장로들의 면전에서 받아 지녔습니다. 이것은 법이고 이것은 율이고 이것은 스승의 교법입니다.'라고 하면, [일단] 그런 비구의 말을 인정하지도 말고 공박하지도 말아야 한다. 인정하지도 공박하지도 않은 채로 그 단어와 문장들을 주의 깊게 들어서 경과 대조해 보고 율에 비추어 보아야 한다.

그의 말을 경과 대조해 보고 율에 비추어 보아서, 만일 경과 견주어지지 않고 율과 맞지 않는다면 여기서 '이것은 세존의 말씀이 아닙니다. 이 비구가 잘못 호지한 것입니다.'라는 결론에 도달해야 한다. 비구들이여, 이렇게 해서 이것은 물리쳐야 한다. 그의 말을 경과 대조해 보고 율에 비추어 보아서 만일 경과 견주어지고 율과 맞는다면 여기서 '이것은 세존의 말씀입니다. 이 비구가 잘 호지한 것입니다.'라는 결론에 도달해야 한다. 비구들이여, 이것이 네 번째 큰 권위이다."

4.12. 참으로 이렇게 세존께서는 보가나가라에 머무시면서 많은 비구들에게 법에 관한 말씀을 하셨다. "이러한 것이 계다. 이러한 것이 삼매다. 이러한 것이 통찰지다. 계를 철저히 닦아서 생긴 삼매는

큰 결실이 있고 큰 이익이 있다. 삼매를 철저히 닦아서 생긴 통찰지는 큰 결실이 있고 큰 이익이 있다. 통찰지를 철저히 닦아서 생긴 마음은 바르게 번뇌들로부터 해탈하나니, 바로 이 감각적 욕망에 기인한 번뇌와 존재에 기인한 번뇌와 무명에 기인한 번뇌이다."라고.

대장장이의 아들 쭌다의 공양

4.13. 그때 세존께서는 보가나가라에서 원하는 만큼 머무신 뒤 아난다 존자를 불러서 말씀하셨다. "아난다여, 이제 빠와269)로 가자."

"그렇게 하겠습니다, 세존이시여."라고 아난다 존자는 세존께 응답했다. 그리하여 세존께서는 많은 비구 승가와 함께 빠와에 도착하셨다. 세존께서는 거기 빠와에서 대장장이의 아들 쭌다270)의 망고 숲에 머무셨다.

4.14. 대장장이의 아들 쭌다는 세존께서 빠와에 오셨다고 들었다. 그러자 대장장이의 아들 쭌다는 세존께 갔다. 가서는 세존께 절을 올린 뒤 한 곁에 앉았다. 세존께서는 한 곁에 앉은 대장장이의 아들 쭌다에게 법을 설하시고 격려하시고 분발하게 하시고 기쁘게 하셨다.

---

269) 빠와(Pāva)는 말라(Malla) 족들의 도시이다. 본서 제3권 「정신경」(D 29) §1에 의하면 니간타 나따뿟따가 이곳에서 임종을 하였다.

270) 대장장이의 아들 쭌다(kammāraputta Cunda)는 세존께 마지막 공양을 올린 바로 그 사람이다. 세존께서는 그가 올린 음식을 드시고 심한 적리(赤痢, 피와 곱이 섞여 나오는 이질)에 걸리셨고 꾸시나라에서 반열반에 드셨다.
주석서에 의하면 그는 금을 다루는 대장장이의 아들(suvaṇṇa-kāraputta)이었으며 전에 세존을 처음 뵙고 이미 수다원과(예류과)를 얻었다고 한다. 그래서 자신의 망고 숲에 승원(vihāra)을 지었다고 하는데 지금 세존이 머무시는 바로 이 곳이다.(DA.ii.568)

4.15. 그러자 대장장이의 아들 쭌다는 세존께서 설하신 법을 [듣고] 격려 받고 분발하고 기뻐하여 세존께 이렇게 말씀드렸다. "세존이시여, 세존께서는 비구 승가와 함께 내일 저의 공양을 허락하여 주십시오."

세존께서는 침묵으로 허락하셨다.

4.16. 대장장이의 아들 쭌다는 세존께서 허락하신 것을 알고서 자리에서 일어나 세존께 절을 올리고 오른쪽으로 [세 번] 돌아 [경의를 표한] 뒤에 물러갔다.

4.17. 그리고 대장장이의 아들 쭌다는 그 밤이 지나자 자신의 집에서 맛있는 여러 음식과 부드러운 돼지고기로 만든 음식271)을 많이 준비하게 하여 세존께 시간을 알려드렸다. "세존이시여, [가실] 시간이 되었습니다. 음식이 준비되었습니다."라고.

---

271) '부드러운 돼지고기로 만든 음식'으로 옮긴 원어는 sūkaramaddava인데 주석서에서는 다음과 같이 세 가지 경우로 설명하고 있다.
"수까라맛다와는 지나치게 어리지 않고 지나치게 늙지 않은 어떤 큰 돼지(jeṭṭhaka-sūkara)의 고기(maṁsa)이다. 이것은 부드럽고 기름지다고 한다. 이것을 장만하여 잘 요리하게 한 것이라는 뜻이다. 어떤 자들은 이렇게 말한다. '수까라맛다와는 부드러운 음식(mudu-odana)인데 소에서 생긴 다섯 가지 산출물(pañca-gorasa-yūsa)을 요리하는 과정의 이름이다. 마치 가와빠나(gava-pāna, 쇠고기국)라는 요리의 이름과 같다.'라고 다른 사람들은 말한다. '수까라맛다와는 연금술(rasāyana-vidhi)이다. 연금술사들이 왔을 때 쭌다가 '세존께서 반열반에 드시지 않게 하리라.'하고 바로 이 연금술로 제조된 것(rasāyana)을 드린 것이다.'라고."(*Ibid*) 한편 복주서에는 "야생 멧돼지의 부드러운 고기(vanavarāhassa mudu-maṁsa)"(DAṬ.ii.218)라고 적고 있다.

4.18. 그때 세존께서는 오전에 옷매무새를 가다듬고 발우와 가사를 수하시고 비구 승가와 함께 대장장이의 아들 쭌다의 집으로 가셨다. 가셔서는 비구 승가와 함께 지정된 자리에 앉으셨다. 앉으셔서는 대장장이의 아들 쭌다를 불러서 말씀하셨다. "쭌다여, 부드러운 돼지고기로 만든 음식은 나에게 공양하고, 다른 여러 음식은 비구 승가에게 공양하여라."

"그렇게 하겠습니다, 세존이시여."라고 대장장이의 아들 쭌다는 세존께 대답하고서 부드러운 돼지고기가 든 음식은 세존께 공양하고, 다른 여러 음식은 비구 승가에게 공양하였다.

4.19. 그러자 세존께서는 대장장이의 아들 쭌다를 불러서 말씀하셨다. "쭌다여, 부드러운 돼지고기로 만든 음식이 남은 것은 깊은 구덩이를 파서 묻어라. 쭌다여, 나는 신들을 포함하고 마라를 포함하고 범천을 포함한 세상에서, 사문·바라문을 포함하고 신과 인간을 포함한 생명체들 가운데서, 여래를 제외한 어느 누구도 이 음식을 먹고 바르게 소화시킬 사람을 보지 못한다."

"그렇게 하겠습니다, 세존이시여."라고 대장장이의 아들 쭌다는 세존께 대답한 뒤 부드러운 돼지고기로 만든 음식이 남은 것은 깊은 구덩이를 파서 묻고 세존께로 갔다. 가서는 세존께 절을 올리고 한 곁에 앉았다. 세존께서는 한 곁에 앉은 대장장이의 아들 쭌다에게 법을 설하시고 격려하시고 분발하게 하시고 기쁘게 하셨다.272)

---

272) 아래 §4.42에서도 나타나듯이 쭌다의 공양은 비난받지 않는 것이다. 그는 선한 의도로 나름대로 최상의 음식을 준비해서 세존께 공양을 올렸다. 승가도 이를 인정하였기 때문에 후대의 어떤 문헌에서도 쭌다를 비난하는 글은 발견되지 않는다. 만일 쭌다의 공양에 어떤 조그만 하자라도 발견되

4.20. 그때 세존께서는 대장장이의 아들 쭌다가 올린 음식을 드시고 혹독한 병에 걸리셨나니 피가 나오는 적리(赤痢)273)에 걸려서 죽음에 다다르는 극심한 고통이 생기셨다. 거기서 세존께서는 마음챙기고 알아차리시면서 흔들림 없이 그것을 감내하셨다. 그때 세존께서는 아난다 존자를 불러서 말씀하셨다.

"아난다여, 이제 꾸시나라로 가자."

"그렇게 하겠습니다, 세존이시여."라고 아난다 존자는 세존께 응답했다.

> 나는 이렇게 들었나니
> 대장장이 쭌다가 올린 음식을 드시고
> 현자께서는 죽음에 다다르는 극심한 병에 걸리셨다.
> 부드러운 돼지고기로 만든 음식을 드신
> 스승께 극심한 병이 생겼나니
> 그것을 깨끗하게 하시면서 세존께서는
> 꾸시나라 도시로 가자고 말씀하셨다.274)

었더라면 분명히 경이나 주석서와 복주서에서 어떤 식으로든 이를 언급하였을 것이다. 그러나 본경 §4.42에서 그는 오히려 부처님께 마지막 공양을 올린 행운을 가진 사람으로 언급되고 있다.

273) 적리(赤痢)로 옮긴 lohita-pakkhandikā는 문자적으로 '피가 나오는'이란 뜻인데 이것은 발열과 복통이 따르고 피와 곱이 섞인 대변을 누는 이질(diarrhoea) 혹은 설사병을 말한다.

274) 태국본에는 이 게송의 말미에 '이 게송은 합송 때 합송자들이 읊은 것이다.(imā gāthāyo saṅgītikāle saṅgītikārakehi vuttā)'라고 나타난다.

물을 떠 옴

4.21. 그때 세존께서는 길을 가시다가 어떤 나무 아래로 가셨다. 가셔서는 아난다 존자를 불러서 말씀하셨다. "아난다여, 가사를 네 겹으로 접어서 [자리를] 만들어라. 아난다여, 피곤하구나. 나는 좀 앉아야겠다."

"그렇게 하겠습니다, 세존이시여."라고 아난다 존자는 세존께 대답한 뒤 가사를 네 겹으로 접어서 [자리를] 만들었다.

4.22. 세존께서는 만들어 드린 자리에 앉으셨다. 앉으신 뒤 세존께서는 아난다 존자를 불러서 말씀하셨다. "아난다여, 그대는 나를 위해서 물을 좀 다오. 아난다여, 목이 마르구나. 나는 물을 마셔야겠다."

이렇게 말씀하시자 아난다 존자는 세존께 이렇게 말씀드렸다. "세존이시여, 지금 500대의 수레가 지나갔습니다. 수레바퀴로 휘저은 물은 좋지 않고 뒤범벅이 되어 혼탁해졌습니다. 세존이시여, 까꿋타 강이 멀지 않은 곳에 있습니다. 그 물은 맑고 만족을 주고 차갑고 투명하며, 튼튼한 제방으로 보호되어 있습니다. 거기서 세존께서는 물을 드시고 몸을 시원하게 하실 수 있습니다."

4.23. 두 번째로 세존께서는 아난다 존자를 불러서 말씀하셨다. "아난다여, 그대는 나를 위해서 물을 좀 다오. 아난다여, 목이 마르구나. 나는 물을 마셔야겠다."

이렇게 말씀하시자 아난다 존자는 세존께 이렇게 말씀드렸다. "세존이시여, 지금 500대의 수레가 지나갔습니다. 수레바퀴로 휘저은 물은 좋지 않고 뒤범벅이 되어 혼탁해졌습니다. 세존이시여, 까꿋타 강이 멀지 않은 곳에 있습니다. 그 물은 맑고 만족을 주고 차갑고 투명하며, 튼튼한 제방으로 보호되어 있습니다. 거기서 세존께서는 물을 드시고 몸을 시원하게 하실 수 있습니다."

4.24. 세 번째로 세존께서는 아난다 존자를 불러서 말씀하셨다. "아난다여, 그대는 나를 위해서 물을 좀 다오. 아난다여, 목이 마르구나. 나는 물을 마셔야겠다."

"그렇게 하겠습니다, 세존이시여."라고 아난다 존자는 세존께 대답한 뒤 발우를 가지고 그 작은 강으로 갔다. 아난다 존자가 다가가자 수레바퀴로 휘저어져서 좋지 않고 뒤범벅이 되어 혼탁해진 그 물은 맑고 만족을 주고 차갑게 되었다.

4.25. 그러자 아난다 존자에게 이런 생각이 들었다. "여래의 큰 신통과 큰 위력은 참으로 경이롭고, 참으로 놀랍구나. 수레바퀴로 휘저어져서 좋지 않고 뒤범벅이 되어 혼탁해진 물이 내가 다가가자 좋고 맑고 혼탁하지 않게 되었구나." 아난다 존자는 발우로 물을 떠서 세존께 다가갔다. 가서는 세존께 이렇게 말씀드렸다. "세존이시여, 여래의 큰 신통과 큰 위력은 참으로 경이롭습니다. 세존이시여, 참으로 놀랍습니다. 세존이시여, 수레바퀴로 휘저어져서 좋지 않고 뒤범벅이 되어 혼탁해진 물이 제가 다가가자 좋고 맑고 혼탁하지 않게 되었습니다. 세존께서는 물을 드십시오. 선서께서는 물을 드십시오." 그러자 세존께서는 물을 드셨다.

뿍꾸사 말라뿟따의 일화

4.26. 그 무렵에 뿍꾸사 말라뿟따는 알라라 깔라마의 제자였는데 꾸시나라로부터 말라275)로 가는 대로를 따라가고 있었다. 뿍꾸사 말라뿟따는 세존께서 어떤 나무 아래에 앉아계신 것을 보고 세존께로 다가갔다. 가서는 세존께 절을 올리고 한 곁에 앉았다. 한 곁에 앉은 뿍꾸사 말라뿟따는 세존께 이렇게 말씀드렸다. "경이롭습니다, 세존이시여. 놀랍습니다, 세존이시여. 세존이시여, 출가자들은 참으로 고요하게 머무십니다."

4.27. "세존이시여, 전에 알라라 깔라마는 대로를 따라가다가 길에서 나와 멀지 않은 곳에 있는 어떤 나무 아래 낮 동안의 머묾을 위해서 앉았습니다. 세존이시여, 그때 500대의 수레가 알라라 깔라마의 곁으로 계속해서 지나갔습니다. 세존이시여, 그때 어떤 사람이 그 대상의 뒤를 따라 오다가 알라라 깔라마에게 다가갔습니다. 가서는 알라라 깔라마에게 이렇게 말했습니다.
'존자여, 500대의 수레가 지나가는 것을 보셨습니까?'
'도반이여, 나는 보지 못했다오.'
'존자여, 그러면 소리를 들었습니까?'
'도반이여, 나는 소리를 듣지 못했다오.'
'존자시여, 그러면 잠들었습니까?'
'도반이여, 나는 잠들지 않았다오.'
'존자이여, 그러면 인식은 가지고 있었습니까?'

---

275) 말라(Malla)에 대해서는 본서 제3권 「빠띠까 경」(D24) §1의 주해를 참조할 것.

'도반이여, 그랬다오.'

'존자여, 그런 당신은 인식을 가지고 있고 깨어 있으면서도 500대의 수레가 곁으로 계속해서 지나가는데도 보지도 못하고 소리를 듣지도 못했다는 말씀이십니까? 존자여, 당신의 겉옷은 먼지로 범벅이 되어 있는데도 말입니까?'

'도반이여, 그렇다오.'

그러자 그 사람에게 이런 생각이 들었습니다. '출가자들은 참으로 고요하게 머무르니 참으로 경이롭고 참으로 놀랍구나. 여기서 인식을 가지고 있고 깨어 있으면서도 500대의 수레가 곁으로 계속해서 지나가는 것을 보지도 못하고 소리를 듣지도 못하는구나.'라고. 이와 같이 그는 알라라 깔라마에게 청정한 믿음을 크게 표시한 뒤 떠났습니다."

4.28. "뿍꾸사여, 이를 어떻게 생각하는가? 인식을 가지고 있고 깨어 있으면서도 500대의 수레가 곁으로 계속해서 지나가는 것을 보지도 못하고 듣지도 못하는 것이 더 행하기 어렵고 더 경험하기 어려운가? 아니면 인식을 가지고 있고 깨어 있으면서도 비가 억수같이 내리고 비가 쾅쾅 쏟아지고 번개가 치고 천둥소리가 요란한 것을 보지도 못하고 듣지도 못하는 것이 더 행하기 어렵고 더 경험하기 어려운가?"

4.29. "세존이시여, 500대의 수레가 아니라 600대, 700대, 800대, 900대, 천 대, 아니 십만 대의 수레라도 어떻게 비교를 할 수 있겠습니까? 참으로 인식을 가지고 있고 깨어 있으면서도 비가 억수같이 내리고 비가 쾅쾅 쏟아지고 번개가 치고 천둥소리가 요란한 것을 보

지도 못하고 듣지도 못하는 것이 더 행하기 어렵고 더 경험하기 어렵습니다."

4.30. "뿍꾸사여, 한때 나는 아뚜마에서 탈곡장에 머물렀다. 그러던 어느 때에 비가 억수같이 내리고 비가 콸콸 쏟아지고 번개가 치고 천둥소리가 요란하였으며 탈곡장에서 농부 두 사람과 황소 네 마리가 벼락에 맞아 죽었다. 뿍꾸사여, 그러자 아뚜마의 많은 사람들이 나와서 농부 두 사람이 죽고 황소 네 마리가 죽은 곳으로 갔다."

4.31. "뿍꾸사여, 그 무렵에 나는 탈곡장의 문밖으로 나와 노지에서 포행을 하고 있었다. 뿍꾸사여, 그러자 어떤 사람이 많은 사람들의 무리로부터 나와서 나에게로 다가왔다. 와서는 나에게 절을 올리고 한 곁에 섰다. 뿍꾸사여, 나는 한 곁에 선 그 사람에게 이렇게 말했다."

4.32. "'여보게, 왜 많은 사람들의 무리가 여기 모였는가?'
'세존이시여, 여기에 비가 억수같이 내리고 비가 콸콸 쏟아지고 번개가 치고 천둥소리가 요란하였으며 탈곡장에서 농부 두 사람과 황소 네 마리가 벼락에 맞아서 죽었습니다. 그래서 저 많은 사람들의 무리가 여기 모인 것입니다. 세존이시여, 그런데 세존께서는 어디에 계셨습니까?'
'여보게, 바로 여기 있었다네.'
'세존이시여, 그런데 보지 못하셨단 말입니까?'
'여보게, 나는 보지 못하였다네.'
'세존이시여, 그렇다면 소리도 듣지 못하셨습니까?'

'여보게, 나는 소리도 듣지 못하였네.'

'세존이시여, 그러면 잠드셨습니까?'

'여보게, 나는 잠들지 않았네.'

'세존이시여, 그러면 인식을 가지고 계셨습니까?'

'여보게, 그렇다네.'

'세존이시여, 그런 세존께서는 참으로 인식을 가지고 있고 깨어 있으면서도 비가 억수같이 내리고 비가 쾅쾅 쏟아지고 번개가 치고 천둥소리가 요란한데도 그것을 보지도 못하고 듣지도 못하셨단 말입니까?'

'여보게, 그렇다네.'"

4.33. "뿍꾸사여, 그러자 그 사람에게 이런 생각이 들었다. '출가자들은 참으로 고요하게 머무르니 참으로 경이롭고 참으로 놀랍구나. 여기서 인식을 가지고 있고 깨어 있으면서도 비가 억수같이 내리고 비가 쾅쾅 쏟아지고 번개가 치고 천둥소리가 요란한 것을 보지도 못하고 소리를 듣지도 못하는구나.'라고. 이와 같이 그는 나에게 청정한 믿음을 크게 표시한 뒤 떠났다."

4.34. 이렇게 말씀하시자 뿍꾸사 말라뿟따는 세존께 이렇게 말씀드렸다. "세존이시여, 제가 알라라 깔라마에게 가졌던 청정한 믿음은 마치 강풍에 날아가듯이 날아 가버렸고, 강의 급류에 휩쓸리듯이 휩쓸려 가버렸습니다. 경이롭습니다, 세존이시여. 경이롭습니다, 세존이시여. 마치 넘어진 자를 일으켜 세우시듯, 덮여있는 것을 걷어내 보이시듯, [방향을] 잃어버린 자에게 길을 가리켜 주시듯, '눈 있는 자 형상을 보라.'고 어둠 속에서 등불을 비춰 주시듯, 세존께서는 여

러 가지 방편으로 법을 설해주셨습니다. 저는 이제 세존께 귀의하옵고, 법과 비구 승가에 또한 귀의하옵니다. 세존께서는 저를, 오늘부터 목숨이 있는 날까지 귀의한 청신사로 받아 주소서."

4.35. 그리고 뿍꾸사 말라뿟따는 어떤 사람을 불러서 말하였다. "여보게, 그대는 지금 입을 수 있는 황금색 옷 두 벌을 나에게로 가져오시오."

"그렇게 하겠습니다, 존자시여."라고 그 사람은 뿍꾸사 말라뿟따에게 대답한 뒤 지금 입을 수 있는 황금색 옷 두 벌을 가지고 왔다. 그러자 꾹꾸사 말라뿟따는 지금 입을 수 있는 황금색 옷 두 벌을 세존께 바쳤다.

"세존이시여, 세존께서는 저를 애민하게 여기시어 지금 있는 황금색 옷 두 벌을 받아 주소서."

"뿍꾸사여, 그렇다면 한 벌은 내게 보시하고, 한 벌은 아난다에게 보시하여라."

"그렇게 하겠습니다, 세존이시여."라고 뿍꾸사 말라뿟따는 세존께 대답한 뒤 한 벌은 세존께 보시하였고, 한 벌은 아난다 존자께 보시하였다.

4.36. 그러자 세존께서는 뿍꾸사 말라뿟따에게 법을 설하시고 격려하시고 분발하게 하시고 기쁘게 하셨다. 그러자 뿍꾸사 말라뿟따는 세존께서 설하신 법을 [듣고] 격려 받고 분발하고 기뻐하여 자리에서 일어나 세존께 절을 올리고 오른쪽으로 [세 번] 돌아 [경의를 표한] 뒤에 물러갔다.

광채가 나는 여래의 몸

4.37. 뿍꾸사 말라뿟따가 물러간 지 오래지 않아서 아난다 존자는 지금 입을 수 있는 황금색 옷을 세존께 입혀드렸다. 세존의 몸에 그 옷을 입혀드렸지만 [세존의 몸에서] 그 옷의 황금빛은 죽어 버린 것처럼 빛이 나지 않았다. 그러자 아난다 존자는 세존께 이렇게 말씀드렸다.

"경이롭습니다, 세존이시여. 놀랍습니다, 세존이시여. 세존이시여, 여래의 피부색이 이렇게 청정하고 이렇게 깨끗하다니요. 세존이시여, 지금 입을 수 있는 황금색 옷을 세존의 몸에 입혀드렸지만 그 옷의 황금빛은 마치 광채가 죽어 버린 것처럼 빛이 나지 않습니다."

"참으로 그러하다, 아난다여. 참으로 그러하다, 아난다여. 아난다여, 두 가지 경우에 여래의 몸은 지극히 청정하고 피부색은 깨끗하게 된다. 그러면 그 두 가지 경우란 어떤 것인가? 아난다여, 여래가 위없는 정등각을 깨달은 그 밤과 여래가 무여열반의 요소[界]로 반열반하는 밤이다. 아난다여, 이런 두 가지 경우에 여래의 몸은 지극히 청정하고, 피부색은 깨끗하게 된다."

4.38. "아난다여, 오늘 밤 삼경에 꾸시나라 근처에 있는 말라들의 살라 숲에서 한 쌍의 살라 나무[娑羅雙樹] 사이에서 여래의 반열반이 있을 것이다. 오라, 아난다여. 까꿋타 강으로 가자."

"그렇게 하겠습니다, 세존이시여."라고 아난다 존자는 세존께 대답하였다.

> 빛나는 황금색 옷 두 벌을 뿍꾸사는 바쳤으며
> 그것을 입은 황금색 피부를 가진 스승은 더 빛이 났다.276)

4.39. 그리고 세존께서는 많은 비구 승가와 함께 까꿋타 강으로 가셨다. 가서는 까꿋타 강에 들어가서 목욕을 하고 물을 마시고 다시 나오셔서 망고 숲으로 가셨다. 가셔서는 쭌다까 존자277)를 불러서 말씀하셨다. "쭌다까여, 가사를 네 겹으로 접어서 [자리를] 만들어라. 쭌다까여, 피곤하구나. 나는 좀 앉아야겠다."

"그렇게 하겠습니다, 세존이시여."라고 쭌다까 존자는 세존께 대답한 뒤 가사를 네 겹으로 접어서 [자리를] 만들었다.

4.40. 그러자 세존께서는 발과 발을 포개시고, 마음챙기고 알아차리시면서[正念正知] 일어날 시간을 인식하여 마음에 잡도리하신 후 오른쪽 옆구리로 사자처럼 누우셨다. 쭌다까 존자는 거기 세존의 앞에 앉았다.

4.41. 부처님은 까꿋타 강으로 가셨으니
투명하고 맑고 혼탁하지 않은 [그 강에]
세상에서 비할 데 없는 큰 스승 여래께선
심히 지친 몸을 담그고 목욕하고 물을 마시고 나오셨다.

---

276) "이 게송은 [일차]합송(saṅgīti) 때에 지은 것이다."(DA.ii.571)

277) 주석서에 의하면 이때 아난다 존자는 목욕할 때 입은 옷을 짜기 위해서 나가 있었고 쭌다까 존자가 옆에 있어서 세존께서는 그를 부르셨다고 한다. (*Ibid*)
DPPN에 의하면 쭌다까(Cundaka) 존자는 쭌다(Cunda) 존자이며 주석서에 의하면 이 쭌다 존자는 쭌다 사미(Cunda Samaṇuddesa)로도 불리던 사리뿟따 존자의 동생이었으며 구족계를 받은 후에도 이 사미라는 호칭은 없어지지 않았다고 한다.(DA.iii.907) 한때 그는 세존의 시자 소임을 맡기도 하였다.(ThagA.ii.124; Jā.iv.95 등)

비구 승가의 수장이시고
여기 [이 세상에서] 법을 설하시는 분
대 선인(仙人)278)이신 그분 세존께서는
비구 승가에 둘러싸여서 망고 숲으로 가셨다.
쭌다까라는 비구를 불러서 말씀하셨으니
'네 겹으로 접은 가사 위에 나는 누우리라.'고,
자신을 잘 닦은 분에게서 명을 받은 쭌다279)는
네 겹으로 가사를 접어서 [자리를] 만들었다.
스승께서는 피로한 몸을 누이셨나니
쭌다도 그분 앞에 앉았다.

4.42. 그런 후 세존께서는 아난다 존자를 불러서 말씀하셨다. "아난다여, 그런데 대장장이의 아들 쭌다가 이렇게 스스로를 힐난할지도 모른다. '여보게 쭌다여, 여래께서는 네가 드린 탁발 음식을 마지막으로 드시고 반열반에 드셨으니 이건 참으로 너의 잘못이고 너의 불행이로구나.'

아난다여, 대장장이 쭌다의 아들에게 이와 같이 말하여 자책감을 없애주어야 한다. '도반 쭌다여, 여래께서는 그대가 드린 탁발 음식을 마지막으로 드시고 반열반에 드셨으니 이건 그대의 공덕이고 그대의 행운입니다. 도반 쭌다여, 모든 곳에서 두루 결실280)을 가져오

---

278) 선인(仙人)은 isi의 역어이다. 선인에 대해서는 본서 제1권 「암밧타 경」
(D3) §1.23의 주해를 참조할 것.

279) 본 게송에서 언급되는 쭌다(Cunda)는 쭌다까 존자이다. 대장장이 쭌다가
아니다. 게송의 운율을 맞추기 위해서 '-ka'어미를 생략했다. 그리고 '-ka'
어미는 이름이나 직업의 명칭 등에 자유로이 붙여 쓰기 때문에 Cundaka
라 하든 Cunda라 하든 차이는 없다.

고 모든 곳에서 두루 과보를 가져오는 두 가지 탁발 음식이 다른 탁발 음식들을 훨씬 능가하는 더 큰 결실과 더 큰 이익을 가져다 준다고 나는 세존의 면전에서 직접 듣고 세존의 면전에서 직접 받아 지녔습니다.

어떤 것이 둘입니까? 그 탁발 음식을 드시고 여래께서 위없는 정등각을 깨달으신 것과 그 탁발 음식을 드시고 여래께서 무여열반의 요소[界]로 반열반을 하신 것입니다. 이런 두 가지 탁발 음식은 더 큰 결실과 더 큰 이익을 가져다줍니다. 다른 탁발 음식들을 훨씬 능가합니다.

이제 대장장이의 아들 쭌다님은 긴 수명을 가져다 줄 업을 쌓았습니다. 이제 대장장이의 아들 쭌다님은 좋은 용모를 가져다 줄 업을 쌓았습니다. 이제 대장장이의 아들 쭌다님은 행복을 가져다 줄 업을 쌓았습니다. 이제 대장장이의 아들 쭌다님은 명성을 가져다 줄 업을 쌓았습니다. 이제 대장장이의 아들 쭌다님은 천상에 태어날 업을 쌓았습니다. 이제 대장장이의 아들 쭌다님은 위세를 가질 업을 쌓았습니다.'라고.

아난다여, 이렇게 대장장이의 아들 쭌다의 자책감을 없애주어야 한다."

4.43. 그때 세존께서는 이런 뜻을 드러내신 뒤 다음의 감흥어를 읊으셨다.

"베풂에 의해서 공덕은 증가하고

---

280) 원문은 samasamaphalā인데 복주서에서 "한 곳이 아닌(na ekadesa) 모든 곳에서 고르게 되어 고른 결실이 있다."(DAṬ.ii.222)라고 설명하고 있어서 이렇게 옮겼다.

제어에 의해서 증오는 쌓이지 않는다.
지혜로운 자281) 사악함을 없애고
탐욕과 성냄과 어리석음을 버려서 열반을 얻는다."

네 번째 바나와라가 끝났다.

한 쌍의 살라 나무

5.1. 그러자 세존께서는 아난다 존자를 불러서 말씀하셨다. "오라, 아난다여. 히란냐와띠 강의 저쪽 언덕, 꾸시나라 근처에 있는 말라들의 살라 숲으로 가자."

"그렇게 하겠습니다, 세존이시여."라고 아난다 존자는 세존께 대답했다. 그때 세존께서는 많은 비구 승가와 함께 히란냐와띠 강의 저쪽 언덕, 꾸시나라 근처에 있는 말라들의 살라 숲으로 가셨다.

가셔서는 아난다 존자를 불러서 말씀하셨다.

"아난다여, 그대는 한 쌍의 살라 나무 사이에 북쪽으로 머리를 둔 침상을 만들어라. 아난다여, 피곤하구나. 누워야겠다."

"그렇게 하겠습니다, 세존이시여."라고 아난다 존자는 세존께 대답한 뒤 두 살라 나무 사이에 북쪽으로 머리를 둔 침상을 만들었다. 그러자 세존께서는 발과 발을 포개고 마음챙기고 알아차리시면서[正念正知] 오른쪽 옆구리로 사자처럼 누우셨다.

5.2. 그러자 한 쌍의 살라 나무는 때 아닌 꽃들로 만개하여 여래

---

281) 원어는 kusalo(善者, 능숙한 자)인데 주석서에서는 '지혜를 갖춘 자(ñāṇa-sampanno)'로 설명하고 있어서 이렇게 옮겼다.(DA.ii.572)

께 예배를 올리기 위해서 여래의 몸 위로 떨어지고 흩날리고 덮었다. 하늘나라의 만다라와 꽃282)들이 허공에서 떨어져서 여래께 예배를 올리기 위해서 여래의 몸 위로 떨어지고 흩날리고 덮었다. 하늘나라의 전단향 가루가 허공에서 떨어져서 여래께 예배를 올리기 위해서 여래의 몸 위로 떨어지고 흩날리고 덮었다. 하늘나라의 음악이 여래께 예배를 올리기 위해서 허공에서 연주되었으며 하늘나라의 노래가 여래께 예배를 올리기 위해서 울려 퍼졌다.

5.3. 그러자 세존께서는 아난다 존자를 불러서 말씀하셨다. "아난다여, 한 쌍의 살라 나무는 때 아닌 꽃들로 만개하여 여래께 예배를 올리기 위해서 여래의 몸 위로 떨어지고 흩날리고 덮이는구나. 하늘나라의 만다라와 꽃들이 허공에서 떨어져서 여래께 예배를 올리기 위해서 여래의 몸 위로 떨어지고 흩날리고 덮이는구나. 하늘나라의 전단향 가루가 허공에서 떨어져서 여래께 예배를 올리기 위해서 여래의 몸 위로 떨어지고 흩날리고 덮이는구나. 하늘나라의 음악이 여래께 예배를 올리기 위해서 허공에서 연주되고 하늘나라의 노래가 여래께 예배를 올리기 위해서 울려 퍼지는구나.

아난다여, 그러나 이러한 것으로는 여래를 존경하고 존중하고 숭상하고 예배하는 것이 아니다. 아난다여, 비구나 비구니나 청신사나 청신녀가 [출세간]법에 이르게 하는 법을 닦고, 합당하게 도를 닦고, 법을 따라 행하며 머무는 것이 참으로 최고의 예배로 여래를 존경하고 존중하고 숭상하고 예배하는 것이다. 그러므로 아난다여, 여기서

---

282) 원어는 mandārava-puppha인데 우리에게 만다라(曼茶羅) 꽃으로 알려져 있다. 천묘화(天妙華)로 번역되기도 하였다. 이것은 천상에 있는 다섯 가지 꽃들 가운데 하나이다.

우리는 [출세간]법에 이르게 하는 법을 닦고, 합당하게 도를 닦고, 법을 따라 행하며 머물러야 한다."

우빠와나 장로

5.4. 그때에 우빠와나283) 존자가 세존의 앞에 서서 세존께 부채를 부쳐드리고 있었다. 그러자 세존께서는 "비구여, 저리로 가거라. 내 앞에 서지 말라."고 하시면서 우빠와나 존자를 달가워하지 않으셨다.

그러자 아난다 존자에게 이런 생각이 들었다.

'이 우빠와나 존자는 오랜 세월 세존의 시자였으며 항상 임석해 있었고 항상 곁에 모시고 살았다. 그런데 지금 세존께서는 마지막 [임종]시간에 이르러 '비구여, 저리로 가거라. 내 앞에 서지 말라.'고 하시면서 우빠와나 존자를 달가워하지 않으신다. 무슨 이유와 무슨 조건 때문에 세존께서는 '비구여, 저리로 가거라. 내 앞에 서지 말라.'고 하시면서 우빠와나 존자를 달가워하지 않으시는 것일까?'

5.5. 그래서 아난다 존자는 세존께 이렇게 말씀드렸다. "세존이시여, 우빠와나 존자는 오랜 세월 세존의 시자였으며 항상 임석해 있었고 항상 곁에 모시고 살았습니다. 그런데 지금 세존께서는 마지막 [임종]시간에 이르러 '비구여, 저리로 가거라. 내 앞에 서지 말라.'고 하시면서 우빠와나 존자를 달가워하지 않으십니다. 세존이시여, 무

---

283) 『장로게 주석서』에 의하면 우빠와나(Upavāna) 존자는 사왓티의 부유한 바라문 출신이라고 한다. 세존께서 사왓티의 제따 숲에 머무실 때 세존의 위엄(anubhāva)에 감동하여 출가하였다고 한다.(ThagA.i.308) 본문에서 보듯이 그는 아난다 존자 이전에 세존의 시자로 있었다. 그와 관련된 경들이 『상응부』와 『증지부』에 나타난다.

슨 이유와 무슨 조건 때문에 세존께서는 '비구여, 저리로 가거라. 내 앞에 서지 말라.'고 하시면서 우빠와나 존자를 달가워하지 않으시는 것입니까?"

"아난다여, 여래를 친견하기 위해서 신들은 꾸시나라 근처에 있는 말라들의 살라 숲을 12요자나284)까지 가득 채우고, 대략 열 곳의 세계로부터 모여들었다. 이 지역은 머리카락 한 올이 들어갈 틈이 없을 정도로, 큰 위력을 지닌 신들로 채워지지 않은 곳이 없다. 아난다여, 신들은 이렇게 푸념하고 있다. '우리는 참으로 여래를 친견하기 위해서 멀리서 왔다. 참으로 드물게 여래·아라한·정등각께서는 세상에 태어나신다. 오늘 밤 삼경에 그런 여래의 반열반이 있을 것이다. 그런데 이 큰 위력을 가진 비구가 세존의 앞에 서서 막고 있어서, 우리는 마지막 [임종]시간에 여래를 친견할 수가 없구나.'라고."

5.6. "세존이시여, 그러면 세존께서는 어떠한 신들을 마음에 잡도리하십니까?"

"아난다여, 허공에서 [땅을 창조하여] 땅의 인식을 가진 신들이 있나니285) 그들은 머리칼을 뜯으면서 울부짖고 손을 마구 흔들면서 울부짖고 다리가 잘린 듯이 넘어지고 이리 뒹굴고 저리 뒹굴면서 '세존께서는 너무 빨리 반열반하려 하시는구나. 너무 빨리 선서께서는 반열반하려 하시는구나. 너무 빨리 눈을 가진 분이 세상에서 사라지려 하시는구나.'라고 한다.

---

284) 1요자나(yojana)는 대략 7마일 즉 11km 정도의 거리이다. 본서 제1권 「소나단다 경」(D4) §7의 주해를 참조할 것.

285) "허공에다 땅을 만든 뒤에(pathaviṁ māpetvā) 그것에 대해서 땅이라는 인식을 가진 신들이다."(DA.ii.581)

아난다여, 땅에서 [땅을 창조하여] 땅의 인식을 가진 신들이 있나
니286) 그들은 머리칼을 뜯으면서 울부짖고 손을 마구 흔들면서 울부
짖고 다리가 잘린 듯이 넘어지고 이리 뒹굴고 저리 뒹굴면서 '세존께
서는 너무 빨리 반열반하려 하시는구나. 너무 빨리 선서께서는 반열
반하려 하시는구나. 너무 빨리 눈을 가진 분이 세상에서 사라지려 하
시는구나.'라고 한다.

그러나 애욕을 벗어난 신들은287) 마음챙기고 알아차리면서 '형성
된 것들은 무상하다. 그러니 여기서 [울부짖는다 해서] 무슨 소용이
있겠는가?'라고 한다."

---

286) "자연적으로 된 땅은 신들이 밟지 못한다. 거기서는 핫타까 범천처럼 신들
이 가라 앉아버린다. 그래서 세존께서는 핫타까 범천에게 "핫타까여, 거친
몸(attabhāva)을 창조하라."(A.i.279)고 말씀하셨다. 그러므로 땅에서 땅
을 창조하는 신들을 두고 이런 말씀을 하신 것이다."(DA.ii.581)

287) "애욕을 벗어난(vītarāgā) 신들은 슬픔을 버려서 마치 바위나 기둥과 같
은 불환과를 얻은 신들과 번뇌 다한 신들(anāgāmi-khīṇāsava-devatā)
이다."(Ibid)
불환과를 얻은 성자들은 정거천의 신들로 태어난다. 그런데 초기경들에서
는 번뇌 다한(khīṇāsava) 자들은 아라한과 동의어로 쓰인다. 아라한은
어떤 수승한 신의 경지로도 가능할 수 없다. 그러므로 이러한 번뇌 다한
신들이란 표현은 수긍이 가지 않는다. 월슈도 주에서 이런 견해를 밝히고
있다.(Walshe, 537 주 424) 그래서 '번뇌 다한 불환과를 얻은 신들'들로
옮기고 싶지만, 그러나 분명히 복주서에서도 anāgāmino ca khīṇāsavā
ca라고 '불환자들과 번뇌 다한 자들'로 설명하고 있어서 본문처럼 옮겼
다.(MAṬ.i.76)
주석서와 복주서에서는 정거천과 관련하여 anāgāmi-khīṇāsava가 머무
는 곳이라는 표현이 종종 나타난다.(본서 「대전기경」(D14) §3.29 주해
참조) 아라한도 정거천에 태어난다는 이론은 대승불교적인 발상이 아닌가
생각되는데 여기에 대해서는 더 많은 자료를 찾아볼 예정이다.

네 가지 순례해야 할 장소

5.7. "세존이시여, 전에는 안거가 끝나면 비구들은 여래를 친견하러 왔고 우리는 그런 마음을 잘 닦은 비구들을 맞이하였고 그들은 세존을 친견하고 공경을 할 수 있었습니다. 세존이시여, 그러나 이제 세존께서 가시고 나면 우리는 그런 마음을 잘 닦은 비구들을 맞이하지 못할 것이고 그들은 세존을 친견하고 공경을 하지 못할 것입니다."

5.8. "아난다여, 믿음을 가진 선남자가 친견해야 하고 절박함을 일으켜야 하는 네 가지 장소가 있다.288) 어떤 것이 넷인가?

'여기서 여래가 태어나셨다.' — 아난다여, 이곳이 믿음을 가진 선남자가 친견해야 하고 절박함을 일으켜야 하는 장소이다. '여기서 여래가 위없는 정등각을 깨달으셨다.' — 이곳이 믿음을 가진 선남자가 친견해야 하고 절박함을 일으켜야 하는 장소이다. '여기서 여래가 위없는 법의 바퀴를 굴리셨다.' — 이곳이 믿음을 가진 선남자가 친견해야 하고 절박함을 일으켜야 하는 장소이다. '여기서 여래가 무여열반의 요소로 반열반하셨다.' — 이곳이 믿음을 가진 선남자가 친견해야 하고 절박함을 일으켜야 하는 장소이다. 아난다여, 이것이 믿음을 가진 선남자가 친견해야 하고 절박함을 일으켜야 하는 네 가지 장소이다.

아난다여, '여기서 여래가 태어나셨다.' '여기서 여래가 위없는 정등각을 깨달으셨다.' '여기서 여래가 위없는 법의 바퀴를 굴리셨다.' '여기서 여래가 무여열반의 요소로 반열반하셨다.'라면서 믿음을 가

---

288) 네 가지 장소는 우리에게 잘 알려진 부처님의 탄생지 룸비니와 성도지 보드가야와 초전법륜지 와라나시의 녹야원과 입멸지 꾸시나라이다. 지금도 이 네 곳은 세계의 불자들이 성지순례를 위해서 모여드는 곳이다.

진 비구들과 비구니들과 청신사들과 청신녀들이 이곳을 방문할 것이다. 아난다여, 누구든 이러한 성지순례289)를 떠나는 청정한 믿음을 가진 자들은 모두 몸이 무너져 죽은 뒤 좋은 곳[善處], 천상세계에 태어날 것이다."

아난다의 질문

5.9. "세존이시여, 저희들은 어떻게 여인을 대처해야 합니까?"
"아난다여, 쳐다보지 말라."
"세존이시여, 쳐다보게 되면 어떻게 대처해야 합니까?"
"아난다여, 말하지 말라."
"세존이시여, 말을 하게 되면 어떻게 대처해야 합니까?"
"아난다여, 마음챙김을 확립해야 한다."

5.10. "세존이시여, 저희들은 어떻게 여래의 존체(尊體)290)에 대처해야 합니까?"
"아난다여, 그대들은 여래의 몸을 수습하는 것에는291) 관심을 두

---

289) '성지순례'로 옮긴 원어는 cetiya-cārika로 '탑묘의 순례'라고 직역할 수 있다.

290) 여기서 '존체(尊體)'로 옮긴 원어는 sarīra인데 일반적으로 몸을 뜻하며, 죽은 자의 시체/유체를 뜻하기도 한다. 여기서는 부처님의 유체(遺體)를 존중해서 부르는 의미에서 존체라고 옮기고, 문맥에 따라서 유체(遺體)라고도 옮기고 있다. 그리고 화장을 하고 난 뒤 남는 유골도 같은 sarīra라고 부르고 있는데 이것이 사리(舍利)로 한역되었다. 이 두 가지는 주석서에서도 구분해서 설명하고 있다. 여기에 대해서는 아래 §6.23의 주해를 참조할 것.

291) 원어는 sarīraṁ pūjāya인데 '존체를 공경하는 것에는'이라고 옮길 수 있다. 여기서는 문맥에 따라 이렇게 옮겼다.

지 말라. 아난다여, 그대들은 근본에 힘쓰고292) 근본에 몰두하여라. 근본에 방일하지 말고 근면하고 스스로 독려하며 머물러라. 아난다여, 여래에 청정한 믿음이 있는 끄샤뜨리야 현자들과 바라문 현자들과 장자 현자들이 여래의 몸을 수습할 것이다."

5.11. "세존이시여, 그러면 어떻게 여래의 존체에 대처해야 합니까?"

"아난다여, 전륜성왕의 유체에 대처하듯이 여래의 유체에도 대처하면 된다."

"세존이시여, 그러면 어떻게 전륜성왕의 유체에 대처합니까?"

"아난다여, 전륜성왕의 유체는 새 천으로 감싼다. 새 천으로 감싼 뒤 새 솜으로 감싼다. 새 솜으로 감싼 뒤 [다시] 새 천으로 감싼다. 이런 방법으로 500번 전륜성왕의 유체를 감싼 뒤 황금으로293) [만든] 기름통에 넣고, 황금으로 만든 다른 통으로 덮은 뒤, 모든 향으로 장엄을 하여, 전륜성왕의 유체를 화장한다. 그리고 큰 길 사거리에 전륜성왕의 탑을 조성한다. 아난다여, 전륜성왕의 유체는 이렇게 대처한다.

아난다여, 전륜성왕의 유체에 대처하듯이 여래의 유체도 대처해야 한다. 그리고 큰 길 사거리에 여래의 탑을 조성해야 한다. 거기에 화

---

292) "'근본에 힘쓰고(sāratthe ghaṭatha)'라는 것은 궁극적인 이상인 아라한과(arahatta)를 얻는 것에 힘쓰고라는 말이다."(DA.ii.583)

293) 여기서 '황금'으로 옮긴 원어는 'ayasa'이다. 주석서에서는 이것을 황금(sovaṇṇa)과 동의어라고 설명하고 있다.(Ibid) āyasa는 철이지만 여기서는 ayasa로 나타난다. 그래서 역자도 황금으로 옮겼다. 한편 미얀마본에는 āyasa(철)로 나타나지만 주석서에는 역시 황금이라고 설명하고 있다.

환이나 향이나 향가루를 올리거나 절을 하거나 마음으로 청정한 믿음을 가지는 자들에게는 오랜 세월 이익과 행복이 있을 것이다.

탑을 조성할 만한 사람

5.12. "아난다여, 탑을 조성할 만한 사람으로 네 사람이 있다. 어떤 것이 넷인가? 여래·아라한·정등각의 탑은 조성할 만하다. 벽지불의 탑은 조성할 만하다. 여래의 제자의 탑은 조성할 만하다. 전륜성왕의 탑은 조성할 만하다.

아난다여, 그러면 어떤 이익이 있기 때문에 여래·아라한·정등각의 탑은 조성할 만한가? 아난다여, '이것은 그분 세존·아라한·정등각의 탑이다.'라고 많은 사람들은 마음으로 청정한 믿음을 가진다. 그들은 거기서 마음으로 청정한 믿음을 가지고서 몸이 무너져 죽은 뒤 좋은 곳[善處], 천상세계에 태어난다. 아난다여, 이런 이익이 있기 때문에 여래·아라한·정등각의 탑은 조성할 만하다.

아난다여, 그러면 어떤 이익이 있기 때문에 벽지불의 탑은 조성할 만한가? 아난다여, '이것은 그분 벽지불의 탑이다.'라고 많은 사람들은 마음으로 청정한 믿음을 가진다. 그들은 거기서 마음으로 청정한 믿음을 가지고서 몸이 무너져 죽은 뒤 좋은 곳, 천상세계에 태어난다. 아난다여, 이런 이익이 있기 때문에 벽지불의 탑은 조성할 만하다.

아난다여, 그러면 어떤 이익이 있기 때문에 여래의 제자의 탑은 조성할 만한가? 아난다여, '이것은 여래의 제자의 탑이다.'라고 많은 사람들은 마음으로 청정한 믿음을 가진다. 그들은 거기서 마음으로 청정한 믿음을 가지고서 몸이 무너져 죽은 뒤 좋은 곳, 천상세계에 태어난다. 아난다여, 이런 이익이 있기 때문에 여래의 제자의 탑은 조성할 만하다.

아난다여, 그러면 어떤 이익이 있기 때문에 전륜성왕의 탑은 조성할 만한가? 아난다여, '이것은 정의로운 분이요 법다운 왕의 탑이다.'라고 많은 사람들은 마음으로 청정한 믿음을 가진다. 그들은 거기서 마음으로 청정한 믿음을 가지고서 몸이 무너져 죽은 뒤 좋은 곳, 천상세계에 태어난다. 아난다여, 이런 이익이 있기 때문에 전륜성왕의 탑은 조성할 만하다. 아난다여, 이것이 탑을 조성할 만한 네 사람이다."

아난다가 가진 경이로운 자질

5.13. 그러자 아난다 존자는 방으로 들어가서 문틀에 기대어 "나는 아직 유학(有學)[294]이라서 더 닦아야 할 것이 있다. 그러나 나를 연민해 주시는 스승께서는 이제 반열반을 하실 것이다."라고 울면서 서있었다.

그때 세존께서는 비구들을 불러서 말씀하셨다.

"비구들이여, 지금 아난다는 어디에 있는가?"

"세존이시여, 아난다 존자는 방으로 들어가서 문틀에 기대어 '나는 아직 유학이라서 더 닦아야 할 것이 있다. 그러나 나를 연민해 주시는 스승께서는 이제 반열반을 하실 것이다.'라고 울면서 서있습니다."

그러자 세존께서는 어떤 비구를 불러서 말씀하셨다.

---

294) 유학(有學)은 sekha(Sk. śaikṣa)의 번역이다. sekha는 √śikṣ(*to be helpful, to learn*)에서 파생된 명사이며 문자 그대로 배우는 자라는 뜻이다. 불교에서는 예류자, 일래자, 불환자의 성자를 유학이라 부른다. 아라한은 더 이상 배우거나 닦아야 할 것이 없으므로 무학(無學, asekha)이라 하고 아직 유학과 무학의 성자의 반열에 들지 못한 모든 중생들을 범부(凡夫, puthujjana)라 부른다. 본서 제1권 「범망경」(D1) §1.7의 주해를 참조할 것.

"오라, 비구여. 그대는 나의 이름으로 아난다를 불러오라. '도반 아난다여, 스승께서 그대를 부르십니다.'라고"

"그렇게 하겠습니다, 세존이시여."라고 그 비구는 세존께 대답한 뒤 아난다 존자에게 다가갔다. 가서는 아난다 존자에게 이렇게 말하였다.

"도반 아난다여, 스승께서 그대를 부르십니다."

"알겠습니다, 도반이여."라고 아난다 존자는 그 비구에게 대답한 뒤 세존께 다가갔다. 가서는 세존께 절을 올리고 한 곁에 앉았다.

5.14. 한 곁에 앉은 아난다 존자에게 세존께서는 이렇게 말씀하셨다. "그만 하여라, 아난다여. 슬퍼하지 말라. 탄식하지 말라. 아난다여, 참으로 내가 전에 사랑스럽고 마음에 드는 모든 것과는 헤어지기 마련이고 없어지기 마련이고 달라지기 마련이라고 그처럼 말하지 않았던가. 아난다여, 그러니 여기서 [그대가 슬퍼한들] 무슨 소용이 있겠는가? 아난다여, 태어났고 존재했고 형성된 것은 모두 부서지기 마련인 법이거늘 그런 것을 두고 '절대로 부서지지 말라.'고 한다면 그것은 있을 수 없는 일이다. 그런 경우란 존재하지 않는다. 아난다여, 그대는 오랜 세월 동안 이롭고 행복하고 둘이 아니고 한량이 없는 자애로운 몸의 업과, 이롭고 행복하고 둘이 아니고 한량이 없는 자애로운 말의 업과, 이롭고 행복하고 둘이 아니고 한량이 없는 자애로운 마음의 업으로 여래를 시봉하였다. 아난다여, 그대는 참으로 공덕을 지었다. 정진에 몰두하여라. 그대는 곧 번뇌 다한 [아라한이] 될 것이다."295)

---

295) 주석서들에 의하면 실제로 아난다 존자는 일차결집에 모인 몇몇 장로 비구들로부터 심한 경책을 받고 칠엽굴에서 1차 결집하는 날에 몸에 대한

5.15. 그리고 나서 세존께서는 비구들을 불러서 말씀하셨다. "비구들이여, 과거세의 아라한·정등각들인 그분 세존들에게는 각각 최고의 시자들이 있었나니 예를 들면 나에게 아난다가 있는 것과 같다. 비구들이여, 미래세의 아라한·정등각들인 그분 세존들에게도 각각 최고의 시자들이 있을 것이니 예를 들면 나에게 아난다가 있는 것과 같다.

비구들이여, 아난다는 현자이다. 비구들이여, 아난다는 지혜롭다. 그는 '지금은 비구들이 여래를 친견하러 가기에 적당한 시간이다. 지금은 비구니들이 … 청신사들이 … 청신녀들이 … 왕들이 … 왕의 대신들이 … 외도들이 … 외도의 제자들이 여래를 친견하러 가기에 적당한 시간이다.'라고 잘 안다."

5.16. "비구들이여, 아난다에게는 네 가지 놀랍고 경이로운 법이 있다. 무엇이 넷인가?

비구들이여, 만일 비구의 무리가 아난다를 보기 위해서 다가가면 보는 것만으로 그들은 마음이 흡족해진다. 만일 거기서 아난다가 법을 설하면 설하는 것만으로도 그들의 마음은 흡족해진다. 만일 아난다가 침묵하고 있으면 비구의 무리는 흡족해 하지 않는다.

비구들이여, 만일 비구니의 무리가 아난다를 보기 위해서 다가가면 보는 것만으로 그들은 마음이 흡족해진다. 만일 거기서 아난다가 법을 설하면 설하는 것만으로도 그들의 마음은 흡족해진다. 만일 아난다가 침묵하고 있으면 비구니의 무리는 흡족해 하지 않는다.

마음챙김을 통해서 아라한이 되었다고 한다. 본서 제3권 부록 『장부 주석서』 서문 §26 이하를 참조할 것.

비구들이여, 만일 청신사의 무리가 아난다를 보기 위해서 다가가면 보는 것만으로 그들은 마음이 흡족해진다. 만일 거기서 아난다가 법을 설하면 설하는 것만으로도 그들의 마음은 흡족해진다. 만일 아난다가 침묵하고 있으면 청신사의 무리는 흡족해 하지 않는다.

비구들이여, 만일 청신녀의 무리가 아난다를 보기 위해서 다가가면 보는 것만으로 그들은 마음이 흡족해진다. 만일 거기서 아난다가 법을 설하면 설하는 것만으로도 그들의 마음은 흡족해진다. 만일 아난다가 침묵하고 있으면 청신녀의 무리는 흡족해 하지 않는다. 비구들이여, 아난다에게는 이런 네 가지 놀랍고 경이로운 법이 있다.

비구들이여, 전륜성왕에게는 네 가지 놀랍고 경이로운 법이 있다. 무엇이 넷인가?

비구들이여, 만일 끄샤뜨리야의 무리가 전륜성왕을 보기 위해서 다가가면 보는 것만으로 그들은 마음이 흡족해진다. 만일 거기서 전륜성왕이 말을 하면 말하는 것만으로도 그들의 마음은 흡족해진다. 만일 전륜성왕이 침묵하고 있으면 끄샤뜨리야의 무리는 흡족해 하지 않는다.

비구들이여, 만일 바라문의 무리가 … 장자의 무리가 … 사문의 무리가 전륜성왕을 보기 위해서 다가가면 보는 것만으로 그들은 마음이 흡족해진다. 만일 거기서 전륜성왕이 말을 하면 말하는 것만으로도 그들의 마음은 흡족해진다. 만일 전륜성왕이 침묵하고 있으면 사문의 무리는 흡족해 하지 않는다.

그와 마찬가지로 비구들이여, 아난다에게는 네 가지 놀랍고 경이로운 법이 있다. 비구들이여, 만일 비구의 무리가 … 비구니의 무리가 … 청신사의 무리가 … 청신녀의 무리가 아난다를 보기 위해서 다가가면 보는 것만으로 그들은 마음이 흡족해진다. 만일 거기서 아난다가 법을 설하면 설하는 것만으로도 그들의 마음은 흡족해진다. 만일 아난다가 침묵하고 있으면 청신녀의 무리는 흡족해 하지 않는다."

마하수닷사나 왕에 대한 말씀

5.17. 이렇게 말씀하시자 아난다 존자는 세존께 이렇게 말씀드렸다. "세존이시여, 세존께서는 이처럼 조그마하고 척박하고 볼품없는 도시에서 반열반하지 마시옵소서. 세존이시여, 짬빠, 라자가하, 사왓티, 사께따, 꼬삼비, 와라나시 같은 다른 큰 도시들이 있습니다. 거기에는 세존께 청정한 믿음을 가진 많은 끄샤뜨리야 부호들과 바라문 부호들과 장자 부호들이 있습니다. 그들은 여래의 존체를 잘 수습할 것입니다."

"아난다여, 그렇게 말하지 말라. 아난다여, [꾸시나라를] 조그마하고 척박하고 볼품없는 도시라고 그렇게 말하지 말라."

5.18. "아난다여, 옛적에 마하수닷사나라는 전륜성왕이 있었나니 그는 정의로운 분이요 법다운 왕이었으며 사방을 정복한 승리자여서 나라를 안정되게 하고 일곱 가지 보배를 두루 갖추었다. 아난다여, 이 꾸시나라는 마하수닷사나 왕이 [다스리던] 꾸사와띠라는 수도였으니 동쪽부터 서쪽까지는 12요자나의 길이였고 북쪽부터 남쪽까지는 7요자나의 너비였다. 아난다여, 수도 꾸사와띠는 부유하고 번창하였으며 인구가 많고 사람들로 붐비며 풍족하였다. 아난다여, 마치 알라까만다라는 신들의 수도가 부유하고 번창하고 인구가 많고 사람

들로 붐비며 풍족한 것처럼, 그와 같이 수도 꾸사와띠는 부유하고 번창하였으며 인구가 많고 사람들로 붐비며 풍족하였다. 아난다여, 수도 꾸사와띠에는 열 가지 소리가 끊인 적이 없었나니 즉 코끼리 소리, 말 소리, 마차 소리, 북 소리, 무딩가 북 소리, 류트 소리, 노래 소리, 심벌즈 소리, 벨 소리, 그리고 열 번째로 '잡수세요, 마시세요, 드세요.'라는 소리였다."296)

말라들의 친견

5.19. "아난다여, 가거라. 그대는 꾸시나라에 들어가서 꾸시나라에 사는 말라들에게 이렇게 일러라. '와셋타297)들이여, 오늘 밤 삼경에 여래의 반열반이 있을 것입니다. 와셋타들이여, 오십시오. 와셋타들이여, 오십시오. '우리 마을의 땅에서 여래의 반열반이 있었는데 우리는 마지막 [임종]시간에 여래를 친견하지 못했구나.'라고 나중에 자책하지 마십시오.'라고."

"그렇게 하겠습니다, 세존이시여."라고 아난다 존자는 세존께 대답한 뒤 옷매무새를 가다듬고 발우와 가사를 수하고 도반과 함께 꾸시나라로 들어갔다.

5.20. 그 무렵에 꾸시나라에 사는 말라들은 어떤 일 때문에 집회소에 함께 모여 있었다. 그때 아난다 존자는 꾸시나라에 사는 말라들

---

296) 마하수닷사나 왕에 대한 이야기는 바로 다음 경인 「마하수닷사나 경」 (Mahāsudassanasutta, D17)에 상세하게 나타나고 있다.

297) 여기서 보듯이 와셋타(Vāseṭṭha)는 꾸시나라에 사는 말라들의 족성 (gotta)이다. 아마 인도의 유명한 선인 Vaisiṣṭha에서 유래했을 것이다. (DPPN) 본서 제3권 「합송경」 (D33) §1.4에서는 빠와(Pāvā)에 사는 말라들도 와셋타라고 호칭하고 있다.

의 집회소로 다가갔다. 가서는 꾸시나라의 말라들에게 이렇게 일렀다. "와셋타들이여, 오늘 밤 삼경에 여래의 반열반이 있을 것입니다. 와셋타들이여, 오십시오. 와셋타들이여, 오십시오. '우리 마을의 땅에서 여래께서 반열반하셨는데 우리는 마지막 [임종]시간에 여래를 친견하지 못했구나.'라고 나중에 자책하지 마십시오."

5.21. 아난다 존자의 이런 말을 듣고서 말라들과 말라의 아들들과 말라의 며느리들과 말라의 아내들은 괴롭고 슬프고 정신적인 공황상태에 빠져 어떤 자들은 머리칼을 뜯으면서 울부짖고 손을 마구 흔들면서 울부짖고 다리가 잘린 듯이 넘어지고 이리 뒹굴고 저리 뒹굴면서 "세존께서는 너무 빨리 반열반하려 하시는구나. 너무 빨리 선서께서는 반열반하려 하시는구나. 너무 빨리 눈을 가진 분이 세상에서 사라지려 하시는구나."라고 하였다. 그리고 말라들과 말라의 아들들과 말라의 며느리들과 말라의 아내들은 괴롭고 슬프고 정신적인 공황상태에 빠져 근처에 있는 말라들의 살라 숲으로 아난다 존자에게 다가갔다.

5.22. 그리고 아난다 존자에게 이런 생각이 들었다. "만일 내가 꾸시나라에 사는 말라들을 한 사람씩 세존께 인사드리게 한다면 꾸시나라에 사는 말라들이 다 인사드리지 못한 채 밤이 새어버릴 것이다. 그러니 나는 꾸시나라에 사는 말라들을 가문별로 서게 하여 '세존이시여, 이러한 이름의 말라가 아들들과 아내와 일꾼들과 친구들과 함께 세존의 발에 머리 조아려 인사드립니다.'라고 세존께 인사드리게 해야겠다." 그리고 나서 아난다 존자는 꾸시나라에 사는 말라들을 가문별로 서게 하여 '세존이시여, 이러한 이름의 말라가 아들들

과 아내와 일꾼들과 친구들과 함께 세존의 발에 머리 조아려 인사드립니다.'라고 세존께 인사드리게 했다. 그래서 아난다 존자는 이런 방법으로 초경에 꾸시나라에 사는 말라들이 모두 세존께 인사를 마치게 하였다.

수밧다 유행승의 일화

5.23. 그 무렵에 수밧다라는 유행승298)이 꾸시나라에 살고 있었다. 수밧다 유행승은 '오늘 밤 삼경에 사문 고따마의 반열반이 있을 것이다.'라고 들었다. 그러자 수밧다 유행승에게 이런 생각이 들었다. "늙고 나이 든, 스승들의 전통을 가진 유행승들이 말하기를 '참으로 드물게 여래·아라한·정등각은 세상에 태어나신다.'라고 하는 것을 나는 들었다. 그런데 오늘 밤 삼경에 사문 고따마께서는 반열반하신다고 한다. 내게는 법에 대한 의심이 생겼다. 나는 사문 고따마께 청정한 믿음이 있다. 그러므로 사문 고따마께서는 내가 [품은] 법에 대한 의심을 제거할 수 있도록 법을 설해 주실 것이다."

5.24. 그러자 수밧다 유행승은 근처에 있는 말라들의 살라 숲으로 아난다 존자에게 다가갔다. 가서는 아난다 존자에게 이렇게 말했다. "아난다 존자여, 늙고 나이 든, 스승들의 전통을 가진 유행승들이 말하기를 '참으로 드물게 여래·아라한·정등각은 세상에 태어나신다.'라고 하는 것을 나는 들었습니다. 그런데 오늘 밤 삼경에 사문 고따마께서는 반열반하신다고 합니다. 내게는 법에 대한 의심이 생겼습니다. 나는 사문 고따마께 청정한 믿음이 있습니다. 그러므로 사문

---

298) 유행승(遊行僧)에 대해서는 본서 제1권 「범망경」(D1) §1.1의 주해를 참조할 것.

고따마께서는 내가 [품은] 법에 대한 의심을 제거할 수 있도록 법을 설해 주실 것입니다. 아난다 존자여, 이런 내가 사문 고따마를 친견하도록 해 주시면 감사하겠습니다."

그러자 아난다 존자는 수밧다 유행승에게 이렇게 말했다. "도반 수밧다여, 그만 되었습니다. 여래를 성가시게 하지 마십시오. 세존께서는 피로하십니다."

두 번째로 … 세 번째로 수밧다 유행승은 아난다 존자에게 이렇게 말했다. "아난다 존자여, 늙고 나이 든, 스승들의 전통을 가진 유행승들이 말하기를 '참으로 드물게 여래·아라한·정등각은 세상에 태어나신다.'라고 하는 것을 나는 들었습니다. 그런데 오늘 밤 삼경에 사문 고따마께서는 반열반하신다고 합니다. 내게는 법에 대한 의심이 생겼습니다. 나는 사문 고따마께 청정한 믿음이 있습니다. 그러므로 사문 고따마께서는 내가 [품은] 법에 대한 의심을 제거할 수 있도록 법을 설해 주실 것입니다. 아난다 존자여, 이런 내가 사문 고따마를 친견하도록 해 주시면 감사하겠습니다."

세 번째로 아난다 존자는 수밧다 유행승에게 이렇게 말했다. "도반 수밧다여, 그만 되었습니다. 여래를 성가시게 하지 마십시오. 세존께서는 피로하십니다."

5.25. 세존께서는 아난다 존자가 수밧다 유행승과 함께 나눈 대화를 들으셨다. 그러자 세존께서는 아난다 존자를 불러서 말씀하셨다. "아난다여, 그만 하라. 수밧다를 막지 말라. 아난다여, 수밧다가 여래를 친견하게 해주어라. 수밧다가 내게 질문하려 하는 것은 모두 구경의 지혜를 터득하고자 함이지, 나를 성가시게 하고자 함이 아니다. 그가 질문한 것에 대해 내가 설명해 주면 그는 빨리 그것을 알게 될

것이다." 그러자 아난다 존자는 수밧다 유행승에게 이렇게 말하였다. "도반 수밧다여, 들어가십시오. 세존께서 그대에게 기회를 주셨습니다."

5.26. 그러자 수밧다 유행승은 세존께 다가갔다. 가서는 세존과 함께 환담을 나누었다. 유쾌하고 기억할 만한 이야기로 서로 담소를 하고서 한 곁에 앉았다. 한 곁에 앉은 수밧다 유행승은 세존께 이렇게 말씀드렸다. "고따마 존자시여, 어떤 사문·바라문들은 승가를 가졌고 무리를 가졌고 무리의 스승이며 잘 알려졌고 명성을 가졌고 교단의 창시자이며 많은 사람들이 사두라고 인정합니다. 그들은 뿌라나 깟사빠, 막칼리 고살라, 아지따 께사깜발라, 빠꾸다 깟짜야나, 산자야 벨랏티뿟따, 니간타 나따뿟따입니다.299) 그들은 모두 스스로 자처하듯이 최상의 지혜를 가졌습니까? 아니면 모두 최상의 지혜를 가지지 못했습니까? 아니면 어떤 자들은 최상의 지혜를 가졌고 어떤 자들은 최상의 지혜를 가지지 못했습니까?"

"그만하라, 수밧다여. 그만 멈추어라. 그들 모두가 스스로 자처하듯이 최상의 지혜를 가졌건, 모두가 최상의 지혜를 가지지 못했건, 어떤 자들은 최상의 지혜를 가졌고 어떤 자들은 최상의 지혜를 가지지 못했건 간에, 나는 그대에게 법을 설하리라. 이것을 잘 들어라. 듣고 마음에 잘 새겨라. 이제 나는 설하리라."

"그렇게 하겠습니다, 존자시여."라고 수밧다 유행승은 세존께 대답했다. 세존께서는 이렇게 말씀하셨다.300)

---

299) 이들의 가르침은 본서 제1권 「사문과경」(D2)에 정리되어 나타나 있다.

300) 한편 수밧다의 이러한 질문은 『중부』「짧은 고갱이 비유경」(Cūlasār-opama Sutta, M30)에서 바라문 삥갈라꼿차가 세존께 드린 질문과 같다.

5.27. "수밧다여, 어떤 법과 율에서든 여덟 가지 성스러운 도[八支聖道]가 없으면 거기에는 사문도 없다. 거기에는 두 번째 사문도 없다. 거기에는 세 번째 사문도 없다. 거기에는 네 번째 사문도 없다. 수밧다여, 그러나 어떤 법과 율에서든 여덟 가지 성스러운 도[八支聖道]가 있으면 거기에는 사문도 있다. 거기에는 두 번째 사문도 있다. 거기에는 세 번째 사문도 있다. 거기에는 네 번째 사문도 있다.

수밧다여, 이 법과 율에는 여덟 가지 성스러운 도가 있다. 수밧다여, 그러므로 오직 여기에만 사문이 있다. 여기에만 두 번째 사문이 있다. 여기에만 세 번째 사문이 있다. 여기에만 네 번째 사문이 있다. 다른 교설들에는 사문들이 텅 비어 있다. 수밧다여, 이 비구들이 바르게 머문다면 세상에는 아라한들이 텅 비지 않을 것이다.

> 수밧다여, 29세가 되어 나는
> 무엇이 유익함인지를 구하여 출가하였노라.
> 수밧다여, 이제 51년 동안
> 출가 생활을 하면서 바른 방법과 법을 위해서
> [여러] 지방에 머물렀나니
> 이밖에는 사문이 없다.

두 번째 사문도 없다. 세 번째 사문도 없다. 네 번째 사문도 없다. 다른 교설들에는 사문들이 텅 비어 있다. 수밧다여, 이 비구들이 바르게 머문다면 세상에는 아라한들이 텅 비지 않을 것이다."

5.28. 이렇게 말씀하시자 수밧다 유행승은 세존께 이렇게 말씀드렸다. "경이롭습니다, 세존이시여. 경이롭습니다, 세존이시여. 마치

넘어진 자를 일으켜 세우시듯, 덮여있는 것을 걷어내 보이시듯, [방향을] 잃어버린 자에게 길을 가리켜 주시듯, '눈 있는 자 형상을 보라.'고 어둠 속에서 등불을 비춰 주시듯, 세존께서는 여러 가지 방편으로 법을 설해주셨습니다. 저는 이제 세존께 귀의하옵고, 법과 비구승가에 또한 귀의하옵니다. 세존이시여, 저는 세존의 곁에 출가하고자 합니다. 저는 구족계를 받고자 합니다."

"수밧다여, 전에 외도였던 자가 이 법과 율에서 출가하기를 원하고 구족계 받기를 원하면 그는 넉 달의 견습기간을 거쳐야 한다. 넉 달이 지나고 비구들이 동의하면 출가하게 하여 비구가 되는 구족계를 받게 한다. 물론 여기에 개인마다 차이가 있음을 나는 인정한다."

5.29. "세존이시여, 만일 전에 외도였던 자가 이 법과 율에서 출가하기를 원하고 구족계 받기를 원하면 그는 넉 달의 견습기간을 거쳐야 하고, 넉 달이 지나고 비구들이 동의하면 출가하게 하여 비구가 되는 구족계를 받게 하신다면, 저는 4년의 견습기간을 거치겠습니다. 4년이 지나고 비구들이 동의하면 출가하게 하시어 비구가 되는 구족계를 받게 해 주소서."

그러자 세존께서는 아난다를 불러서 말씀하셨다.

"아난다여, 참으로 저러하니 수밧다 유행승을 출가하게 하여라."

"그렇게 하겠습니다, 세존이시여."라고 아난다 존자는 세존께 대답하였다.

5.30. 그러자 수밧다 유행승은 아난다 존자에게 이렇게 말하였다. "도반 아난다여, 그대들은 스승의 면전에서 그분의 제자로 수계를 받았으니 그대들은 참으로 이익을 얻었습니다. 그대들은 참으로 큰

이익을 얻었습니다."

수밧다 유행승은 세존의 곁으로 출가하였고 구족계를 받았다. 구족계를 받은 지 얼마 되지 않아서 수밧다 존자는 혼자 은둔하여 방일하지 않고 열심히, 스스로 독려하며 지냈다. 그는 오래지 않아 좋은 가문의 아들들이 집에서 나와 출가하여 성취하고자 하는 그 위없는 청정범행의 완성을 지금여기에서 스스로 최상의 지혜로 실현하고 구족하여 머물렀다. '태어남은 다했다. 청정범행은 성취되었다. 할 일을 다 해 마쳤다. 다시는 어떤 존재로도 돌아오지 않을 것이다.'라고 최상의 지혜로 알았다. 수밧다 존자는 아라한들 중의 한 분이 되었다. 그는 세존의 마지막 직계제자였다.

다섯 번째 바나와라가 끝났다.

여래의 마지막 유훈

6.1. 그때 세존께서는 아난다 존자를 불러서 말씀하셨다. "아난다여, 그런데 아마 그대들에게 '스승의 가르침은 이제 끝나 버렸다. 이제 스승은 계시지 않는다.'라는 이런 생각이 들지도 모른다. 아난다여, 그러나 그렇게 봐서는 안된다. 아난다여, 내가 가고난 후에는 내가 그대들에게 가르치고 천명한301) 법과 율이 그대들의 스승이 될 것이다."302)

---

301) 주석서에 의하면 여기서 '가르치고 천명한'은 법과 율에 모두 다 적용되어, '내가 가르치고 천명한 법'과 '내가 가르치고 천명한 율'로 해석해야 한다고 한다.(DA.ii.591)
302) 세존의 마지막 말씀 가운데 제일 처음이 '법(dhamma)과 율(vinaya)이 비구들의 스승'이라는 귀하고도 귀한 말씀이다. 그러면 어떤 것이 법이고

6.2. "아난다여, 그리고 지금 비구들은 서로를 모두 도반(āvuso)

어떤 것이 율인가? 주석서에서는 다음과 같이 구체적으로 경·율·론 삼장으로 법과 율을 설명하고 있다.

"나는 그대들에게 '이것은 가벼운 것이다. 이것은 무거운 것이다. 이것은 회과(悔過)할 수 있는 것이다. 이것은 회과할 수 없는 것이다. 이것은 일반적인 잘못이다. 이것은 개념적인 잘못이다. 이러한 범계(犯戒)는 개인의 앞에서 [참회하여] 벗어난다. 이러한 범계는 승가의 앞에서 [참회하여] 벗어난다.'라고 확정하였다. 이처럼 중생의 범계의 무더기를 갖춘 사건들에 대한 『칸다까』(犍度, 品)와 『빠리와라』(附錄, 주석서들과 복주서들에서는 이 둘을 아비위나야(Abhivinaya)라고 이름하기도 한다)와 더불어 두 가지 『위방가』(비구계와 비구니계에 대한 분석)인 율(vinaya)을 설하였다. 이 전체 율장이 내가 반열반하고 나면 그대들의 스승의 역할을 할 것이다.

나는 그대들에게 '네 가지 마음챙김의 확립[四念處], 네 가지 바른 노력[四正勤], 네 가지 성취수단[四如意足], 다섯 가지 기능[五根], 다섯 가지 힘[五力], 일곱 가지 깨달음의 구성요소[七覺支], 여덟 가지 구성요소로 된 성스러운 도[八正道]'라는 이러한 가르침을 확정하였다.(이 37보리분법에 대해서는 『청정도론』 XXII.33 이하와 『아비담마 길라잡이』 7장 §§ 24~33을 참조할 것) 이처럼 이러한 법들을 분석하고 분석한 뒤에 경장을 설하였다. 이 전체 경장이 내가 반열반하고 나면 그대들의 스승의 역할을 할 것이다.

그리고 나는 그대들에게 다섯 가지 무더기들[蘊], 12가지 감각장소들[處], 18가지 요소들[界], 네 가지 진리들[諦], 22가지 기능들[根], 아홉 가지 원인들[因], 네 가지 음식[食], 일곱 가지 감각접촉[觸], 일곱 가지 느낌[受], 일곱 가지 인식[想], 일곱 가지 의도[思], 일곱 가지 마음[心]을 확정하였다. 여기서 이러한 법들은 욕계에 속하고, 이러한 법들은 색계에 속하고, 이러한 법들은 무색계에 속하고, 이러한 법들은 [세속에] 속하는 것이고, 이러한 법들은 [세속에] 속하지 않는 것이고, 이러한 법들은 세간적인 것이고, 이러한 법들은 출세간적인 것이라고 확정하였다. 이러한 법들을 분석하고 분석한 뒤 24가지 전체 빳타나(paṭṭhāna, 상호의존, 『아비담마 길라잡이』 8장 §11 이하 참조)를 끝이 없는 방법으로 큰 빳타나로 장엄하여 논장을 설하였다. 이 전체 논장이 내가 반열반하고 나면 그대들의 스승의 역할을 할 것이다."(DA.ii.592)

이라는 말로 부르고 있다. 그러나 내가 가고난 후에는 그대들은 이렇게 불러서는 안된다. 아난다여, 구참(舊參) 비구는 신참 비구를 이름이나 성이나 도반이라는 말로 불러야 한다. 신참 비구는 구참 비구를 존자(bhante)라거나 장로(āyasmā)라고 불러야 한다."303)

6.3. "아난다여, 승가가 원한다면 내가 가고난 후에는 사소한[雜碎]304) 학습계목들은 폐지해도 좋다."305)

---

303) 세존의 두 번째 마지막 유훈은 호칭에 대한 것이다. 세존이 살아계실 동안은 존자(bhante)라는 호칭은 은사 스님 등에게도 사용되었지만 대부분 세존을 지칭하는 호칭으로 쓰였다. 이제 세존께서 반열반에 드시면 신참 비구들은 구참 비구들을 모두 존자(bhante)로 불러라는 말씀이시다.
한편 bhante는 예외 없이 호격으로만 쓰이고 있고 āyasmā는 거의 대부분 장로 스님들의 이름 앞에 쓰여서 āyasmā Ānando(아난다 존자), āyasmā Sāriputto(사리뿟따 존자) 등으로 나타나고 있다. 본서에서는 bhante와 āyasmā 둘 다를 모두 '존자'로 옮기고 있다. 단 bhante가 세존께 대한 호칭일 때는 '세존이시여'로 구분해서 옮기고 있다. 그리고 thera는 장로로 옮겼다.

304) 사소한 것[雜碎, khudda-anukhuddaka]은 비구계목의 일곱 가지 항목 가운데서 4바라이죄(pārājika)를 제외한 나머지들이라고 설명한다.(DA.ii.592) 여기에 대해서는 『청정도론』 I.27의 주해를 참조할 것. 그러나 주석서는 『밀린다왕문경』에서 나가세나 존자가 어떤 것이 사소한 것인지 결정하기 힘들다고 한 것을 덧붙여 소개하고 있다.(Ibid)
한편 세존이 입멸하신 뒤 마하깟사빠(대가섭) 존자를 위시한 일련의 스님들이 아난다 존자를 비난한 것 가운데 하나가 세존께 어떤 것이 사소한 계인지 여쭙지 않았다는 것이다. 이처럼 초기부터 어떤 것이 사소한 계인지를 결정하는 것은 비구 승가 안에서도 논란거리였음이 분명하다.

305) "그러면 왜 세존께서는 '폐지하라(samūhanatha)'고 전적으로 말씀하시지 않고 '원한다면 … 폐지해도 좋다(samūhantu)'라고 말씀하셨는가? 세존께서는 '폐지하라'고 해도 결집 때 깟사빠(가섭) 존자가 폐지하지 않을 것이라고 아셨기 때문에 이렇게 선택할 수 있는 말씀(vikappa-vacana)을 하셨다."(DA.ii.593)

6.4. "아난다여, 내가 가고난 후에 찬나 비구306)에게는 최고의 처벌307)을 주어야 한다."

"세존이시여, 그러면 어떤 것이 최고의 처벌입니까?"

"아난다여, 찬나 비구가 자기가 하고 싶은 대로 말하더라도 비구들은 결코 그에게 말을 해서도 안되고, 훈계를 해서도 안되고, 가르쳐서도 안된다."

복주서에서는 "만일 원하지 않는다면 버리지 않아도 된다."(DAT.ii.238)는 말씀이라고 적고 있다. 비록 부처님께서는 이렇게 사소한 것은 버려도 된다고 하셨지만 마하깟사빠 존자 등의 직계제자인 장로 스님들이 부처님이 제정하신 계를 얼마나 귀중하게 여겼는지를 알 수 있다. 이런 전통은 지금까지 면면히 이어져 남북의 모든 불교 교단에서 계목은 하나도 버리지 않고 그대로 지니고 있다. 한편 『청정도론』 I.98에서는 비구들은 세존에 대한 믿음으로 받아 지녀 학습계목을 철저하게 수지한다고 적고 있다. 사소한 계목이라 할지라도 모두 지키려고 노력하는 것이 바로 세존에 대한 절대적인 믿음의 표시이기 때문이다.

306) 부처님이 출가할 때 마부였던 찬나(Channa)이다. 그는 부처님께서 성도 후에 까삘라왓투를 방문하셨을 때 출가하였다. 장로게 주석서에 의하면 그는 부처님과 법에 대한 집착과 자만심이 너무나 강해서 출가의 이익을 체득할 수 없었다고 한다.(ThagA.i.155) 율장에는 그의 자만심과 제멋대로 하는 성질을 언급한 곳이 몇 군데 있다.(Vin.ii.23ff; iv.35; 113; 141 등)

307) '최고의 처벌'로 옮긴 원어는 brahmadaṇḍa이다. 이 문맥에서도 보듯이 이 처벌은 일종의 집단 따돌림으로 원어 그대로 최고(brahma)의 처벌(daṇḍa)이다. 그래서 PED에서도 'temporary deathsentence(한시적 사형선고)'라고 적고 있다. 세존께서는 찬나와의 인연을 중히 여기시어 임종시의 마지막 침상에 누우셔서도 그를 구제할 방법을 찾으셨다. 그래서 유훈으로 그에게 최고의 처벌을 내리라고 말씀하고 계신다. 율장에 의하면 찬나 비구는 이 처벌을 받고 정신이 들어서 자만심과 제멋대로 하는 성질을 꺾고 홀로 한거하여 열심히 정진하였으며 마침내 아라한이 되었다고 한다.(Vin.ii.292) 부처님의 대자대비를 실감케 하는 대목이다.

6.5. 그리고 나서 세존께서는 비구들을 불러서 말씀하셨다. "비구들이여, 어느 한 비구라도 부처나 법이나 승가나 도나 도닦음308)에 대해서 의심이 있거나 혼란이 있으면 지금 물어라. 비구들이여, 그대들은 '우리의 스승은 면전에 계셨다. 그러나 우리는 세존의 면전에서 제대로 여쭈어 보지 못했다.'라고 나중에 자책하는 자가 되지 말라." 이렇게 말씀하셨지만 비구들은 침묵하고 있었다.

두 번째로 … 세 번째로 세존께서는 비구들을 불러서 말씀하셨다. "비구들이여, 어느 한 비구라도 부처나 법이나 승가나 도나 도닦음에 대해서 의심이 있거나 혼란이 있으면 지금 물어라. 비구들이여, 그대들은 '우리의 스승은 면전에 계셨다. 그러나 우리는 세존의 면전에서 제대로 여쭈어 보지 못했다.'라고 나중에 자책하는 자가 되지 말라." 이렇게 말씀하셨지만 비구들은 [여전히] 침묵하고 있었다.

그러자 세존께서는 비구들을 불러서 말씀하셨다. "비구들이여, 만일 그대들이 스승에 대한 존경심 때문에 묻지 않는다면 도반들끼리 서로 물어보도록 하라." 이렇게 말씀하셨지만 비구들은 [여전히] 침묵하고 있었다. 그러자 아난다 존자가 세존께 이렇게 말씀드렸다.

6.6. "세존이시여, 참으로 경이롭습니다. 세존이시여, 참으로 놀랍습니다. 세존이시여, 이 비구 승가에는 부처님이나 법이나 승가나 도나 도닦음에 대해서 의심이 있거나 혼란이 있는 비구는 단 한명도 없다고 제게는 청정한 믿음이 있습니다."

"아난다여, 그대는 청정한 믿음으로 말을 하는구나. 아난다여, 참으로 여기에 대해서 여래에게는 '이 비구 승가에는 부처님이나 법이

---

308) '도'로 옮긴 원어는 magga이고 '도닦음'으로 옮긴 원어는 paṭipadā이다. 이 둘의 차이는 본서 제1권 「마할리 경」(D6) §14의 주해를 참조할 것.

나 승가나 도나 도닦음에 대해서 의심이 있거나 혼란이 있는 비구는 단 한명도 없다.'는 지혜가 있느니라. 아난다여, 이들 500명의 비구들 가운데 최하인 비구가 예류자이니309) 그는 [악취에] 떨어지지 않는 법을 가지고 [해탈이] 확실하며 정등각으로 나아가는 자이다."

6.7. 그리고 나서 세존께서는 비구들을 불러서 말씀하셨다. "비구들이여, 참으로 이제 그대들에게 당부하노니, 형성된 것들은 소멸하기 마련인 법이다. 방일하지 말고 [해야 할 바를 모두] 성취하라!310)"

---

309) "'최하인 자(pacchimaka)'란 덕(guṇa)에 의해서 최하인 자이다. 아난다 존자를 두고 한 말이다."(DA.ii.593) 아난다 존자는 아직 예류자에 머물고 있기 때문이다.

310) 이 말씀은 부처님의 최후의 유훈으로 모든 불자들 가슴에 남아 있는 말씀이다. 세존께서는 석 달 뒤에 열반에 드실 것을 예고하신 후에도 이 말씀을 하셨다.(본경 §3.51 주해 참조) 주석서는 다음과 같이 설명하고 있다.
"'방일하지 말고 [해야 할 바를 모두] 성취하라.'는 것은 마음챙김의 현전(sati-avippavāsa)을 통해서 해야 할 바를 모두(sabbakiccāni) 성취하라는 말씀이다. 이와 같이 세존께서는 반열반하시는 침상에 누우셔서 45년 동안 주셨던 교계(教誡, ovāda) 모두를 불방일(不放逸, appamāda)이라는 단어에 담아서 주셨다."(DA.ii.593)
복주서에서는 "그런데 이것은 뜻으로는 지혜를 수반한(ñāṇūpasañhita) 마음챙김이다. 여기서 마음챙김의 작용(vyāpāra)은 굉장한 것(sātisaya)이기 때문에 그래서 마음챙김의 현전이라고 설명하였다. 전체 부처님의 말씀을 다 포괄하고 있기 때문에 '불방일(appamāda)이라는 단어에 담아서 주셨다."(DAṬ.ii.239)고 설명하고 있다. 한편 현전(現前)으로 옮긴 avippavāsa는 a(부정접두어) + vi(분리해서) + pra(앞으로) + √vas(*to stay*)에서 파생된 명사 혹은 형용사인데 '부재중이 아닌'이라는 문자적인 의미에서 '주의 깊은, 유념하는, 현전하는' 등의 의미로 쓰인다. 한편 『장부 주석서』의 다른 곳에서는 "불방일이란 마음챙김의 현전(마음챙김에 의한 현전)을 말한다.(appamādo vuccati satiyā avippavāso)"(DA.i. 104)라고 해석하고 있다. 그래서 마음챙김의 현전으로 옮겼다.
여기서도 보듯이 불방일과 동의어인 마음챙김(sati)의 현전이야말로 부처님 45년 설법을 마무리하는 굉장한(sātisaya) 가르침이라고 주석서와 복

이것이 여래의 마지막 유훈이다.311)

여래의 반열반

6.8. 그러자 세존께서는 초선에 드셨다. 초선에서 출정하신 뒤 제2선에 드셨다. 제2선에서 출정하신 뒤 제3선에 드셨다. 제3선에서 출정하신 뒤 제4선에 드셨다. 제4선에서 출정하신 뒤 공무변처에 드셨다. 공무변처의 증득에서 출정하신 뒤 식무변처에 드셨다. 식무변처의 증득에서 출정하신 뒤 무소유처에 드셨다. 무소유처의 증득에서 출정하신 뒤 비상비비상처에 드셨다. 비상비비상처의 증득에서 출정하신 뒤 상수멸에 드셨다.

그러자 아난다 존자는 아누룻다 존자에게 이렇게 말하였다.
"아누룻다 존자시여, 세존께서는 반열반하셨습니다."
"도반 아난다여, 세존께서는 반열반하시지 않았습니다. 상수멸에 드신 것입니다."

6.9. 그러자 세존께서는 상수멸의 증득에서 출정하신 뒤 비상비비상처에 드셨다. 비상비비상처의 증득에서 출정하신 뒤 무소유처에 드셨다. 무소유처의 증득에서 출정하신 뒤 식무변처에 드셨다. 식무

주석은 강조하고 있다.

311) 불방일(不放逸), 즉 마음챙김의 현전을 통해서 성취해야 할 것을 성취하라는 것이 세존께서 마지막으로 하신 말씀이다. 이것은 앞 §3.51에서 비구들에게 석 달 뒤에 입멸할 것이라고 말씀하시면서도 하신 말씀이다. 한편 아비담마에서는 불방일을 구경법으로 간주하지 않는다. 여기서 보듯이 불방일은 마음챙김(sati)의 동의어로 간주하기 때문이다. 아비담마에서는 마음챙김을 유익한 마음부수법으로 분류하고 있는데, 이처럼 비구들이 성취해야 할 열반을 성취하게 하는 가장 중요한 심리현상이기 때문이다. 『아비담마 길라잡이』 2장 <도표 2.1>과 §5의 해설 2를 참조할 것.

변처의 증득에서 출정하신 뒤 공무변처에 드셨다. 공무변처의 증득
에서 출정하신 뒤 제4선에 드셨다. 제4선에서 출정하신 뒤 제3선에
드셨다. 제3선에서 출정하신 뒤 제2선에 드셨다. 제2선에서 출정하
신 뒤 초선에 드셨다. 초선에서 출정하신 뒤 제2선에 드셨다. 제2선
에서 출정하신 뒤 제3선에 드셨다. 제3선에서 출정하신 뒤 제4선에
드셨다. 제4선에서 출정하신 뒤 바로 다음에312) 세존께서는 반열반
하셨다.

---

312) '바로 다음'으로 옮긴 원어는 samanantarā이다. 혹자들은 세존께서는 제
4선에서 열반하셨다고 대충 말한다. 그러나 경은 이렇게 제4선에서 출정
하신 바로 다음에 즉시 반열반하셨다고 기술하고 있다. 주석서의 설명을
살펴보자.
"'바로 다음(samanantarā)'이란 '禪(jhāna)의 바로 다음'과 '반조(返照,
paccavekkhaṇā)의 바로 다음'이라는 두 가지가 있다. 첫째, 禪에서 출정
한 뒤에 바왕가로 들어가서, 거기서 반열반에 드는 것을 '禪의 바로 다음'
이라 한다. 둘째, 禪에서 출정한 뒤 다시 선의 구성요소들을 반조한 뒤에
바왕가로 들어가서, 거기서 반열반에 드는 것을 '반조의 바로 다음'이라 한다.
이러한 두 가지 '바로 다음' 가운데서 세존께서는 禪을 증득하시고 禪에서
출정하신 뒤 선의 구성요소들을 반조하신 후에, 무기(無記, abyākata)요
괴로움의 진리[苦諦]인 바왕가의 마음으로 반열반하셨다. 부처님들이나
벽지불들이나 성제자들은 누구 할 것 없이 적어도 [아주 작은] 개미와 [같
은 순간을] 취한 뒤(kunthakipillikaṁ upādāya), 무기요 괴로움의 진리
인 바왕가의 마음으로 임종을 맞는다."(DA.ii.594~95)
부연하자면, 우리가 거칠게 볼 때는 삼매에 드셔서 반열반하신 것 같거나
좀 더 미세하게 관찰하면 삼매에서 출정하신 뒤 바로 반열반하신 것 같아
보이지만 아비담마의 정밀한 눈으로 관찰해 보면 부처님을 위시한 모든
깨달은 분들은 이처럼 반드시 바왕가의 마음상태에서, 그것도 괴로움의
진리를 통해서 반열반하신다는 뜻이다. 물론 모든 유정들도 죽을 때는 반
드시 바왕가(죽음의 마음)의 상태에서 죽는다.
출정과 반조 등은 『아비담마 길라잡이』 9장 §18과 §34의 주해와 『청정도
론』 XXII.19 등을 참조할 것.

6.10. 세존께서 반열반하시자 반열반과 함께 두려움과 공포의 전율을 일으키는 큰 지진이 있었으며 천둥번개가 내리쳤다.

세존께서 반열반하시자 반열반과 함께 사함빠띠 범천은 이런 게송을 읊었다.

"세상의 모든 존재들은 필경에는 몸을 내려놓는구나.
이 세상 그 누구와도 견줄 수 없는 스승
힘을 갖추셨고 바르게 깨달으신 여래
그분도 이처럼 반열반하시는구나!"

세존께서 반열반하시자 반열반과 함께 신들의 왕인 삭까(인드라)는 이런 게송을 읊었다.

"형성된 것들은 참으로 무상하여
일어났다가는 사라지는 법
일어났다가는 소멸하나니
이들의 가라앉음이 행복이로다."

세존께서 반열반하시자 반열반과 함께 아누룻다 존자는 이런 게송을 읊었다.

"들숨날숨이 없으신 분, 확고부동하신 분, 여여하신 분,
욕망을 여의신 분, 성인께서는 고요함으로 가셨네.
흔들림 없는 마음으로 [고통스런] 느낌을 감내하셨으니
등불이 꺼지듯 그렇게 그분의 마음은 해탈하셨네."

세존께서 반열반하시자 반열반과 함께 아난다 존자는 이런 게송을 읊었다.

"[최상의 계행 등] 모든 덕을 구족하신
정등각께서 반열반하셨을 때
그때 [생긴 지진은] 무서웠고,
그때 [생긴 지진은] 모골이 송연했네."

세존께서 반열반하시자 반열반과 함께 애정을 버리지 못한 비구들313)은 손을 마구 흔들면서 울부짖고 다리가 잘린 듯이 넘어지고 이리 뒹굴고 저리 뒹굴면서, "세존께서는 너무 빨리 반열반하시는구나. 너무 빨리 선서께서는 반열반하시는구나. 너무 빨리 눈을 가진 분이 세상에서 사라지시는구나."라고 하였다.

그러나 애정을 벗어난 비구들은 마음챙기고 알아차리면서, "형성된 것들은 무상하다. 그러니 여기서 [슬퍼함이] 무슨 소용이 있겠는가?"라고 하였다.

6.11.
그러자 아누룻다 존자는 비구들을 불러서 말하였다.
"도반들이여, 이제 그만하십시오. 슬퍼하지 마십시오. 탄식하지 마

---

313) "애정을 버리지 못한 비구들에는 범부들뿐만 아니라 예류자와 일래자도 포함된다. 왜냐하면 이들에겐 아직 슬픔(domanassa)이 남아있기 때문이다. 그래서 울부짖으면서 슬퍼한다."(DA.ii.595)
열 가지 족쇄 가운데 감각적 욕망의 족쇄와 적의의 족쇄는 불환자가 되어야 소멸한다. 그러므로 예류자와 일래자는 아직 애정이 남아있는 것이다. (열 가지 족쇄는 『아비담마 길라잡이』 1장 §28의 해설을 참조할 것)
본문에서 애정으로 옮긴 단어는 rāga인데 다른 문맥에서는 탐욕, 욕망 등으로도 옮겼다. 여기서는 세존에 대한 애착을 뜻하므로 애정이라 옮겼다.

십시오. 도반들이여, 참으로 세존께서는 전에 사랑스럽고 마음에 드는 모든 것과는 헤어지기 마련이고 없어지기 마련이고 달라지기 마련이라고 그처럼 말씀하시지 않으셨습니까? 도반들이여, 그러므로 태어났고 존재했고 형성된 것은 모두 부서지기 마련인 법이거늘 그런 것을 두고 '절대로 부서지지 말라.'고 한다면 그것은 있을 수 없는 일입니다. 그런 경우란 존재하지 않습니다. 도반들이여, 신들이 푸념합니다."

"아누룻다 존자시여, 그러면 아누룻다 존자는 어떠한 신들을 마음에 잡도리합니까?"

"도반 아난다여, 허공에서 [땅을 창조하여] 땅의 인식을 가진 신들이 있습니다. 그들은 머리칼을 뜯으면서 울부짖고 손을 마구 흔들면서 울부짖고 다리가 잘린 듯이 넘어지고 이리 뒹굴고 저리 뒹굴면서 '세존께서는 너무 빨리 반열반하려 하시는구나. 너무 빨리 선서께서는 반열반하려 하시는구나. 너무 빨리 눈을 가진 분이 세상에서 사라지려 하시는구나.'라고 합니다.

도반 아난다여, 땅에서 [땅을 창조하여] 땅의 인식을 가진 신들이 있습니다. 그들은 머리칼을 뜯으면서 울부짖고 손을 마구 흔들면서 울부짖고 다리가 잘린 듯이 넘어지고 이리 뒹굴고 저리 뒹굴면서 '세존께서는 너무 빨리 반열반하려 하시는구나. 너무 빨리 선서께서는 반열반하려 하시는구나. 너무 빨리 눈을 가진 분이 세상에서 사라지려 하시는구나.'라고 합니다.

그러나 애정을 벗어난 신들은 마음챙기고 알아차리면서 '형성된 것들은 무상하다. 그러니 여기서 [울부짖는다 해서] 무슨 소용이 있겠는가?'라고 합니다."

6.12. 그러자 아누룻다 존자는 아난다 존자를 불러서 말하였다.

"도반 아난다여, 가시오. 그대는 꾸시나라에 들어가서 꾸시나라에 사는 말라들에게 이렇게 말하시오. '와셋타들이여, 세존께서 반열반하셨습니다. 와셋타들이여, 지금이 [그대들이 방문하기에] 적당한 시간입니다.'라고."

"그렇게 하겠습니다, 존자시여."라고 아난다 존자는 아누룻다 존자에게 대답한 뒤 오전에 옷매무새를 가다듬고 발우와 가사를 수하고 동료와 함께 꾸시나라로 들어갔다.

그 무렵에 꾸시나라에 사는 말라들은 어떤 일 때문에 집회소에 함께 모여 있었다. 그때 아난다 존자는 꾸시나라에 사는 말라들의 집회소로 다가갔다. 가서는 꾸시나라의 말라들에게 이렇게 일렀다.

"와셋타들이여, 세존께서 반열반하셨습니다. 와셋타들이여, 지금이 [그대들이 방문하기에] 적당한 시간입니다."라고.

아난다 존자의 이런 말을 듣고서 말라들과 말라의 아들들과 말라의 며느리들과 말라의 아내들은 괴롭고 슬프고 정신적인 공황상태에 빠져 어떤 자들은 머리칼을 뜯으면서 울부짖고 손을 마구 흔들면서 울부짖고 다리가 잘린 듯이 넘어지고 이리 뒹굴고 저리 뒹굴면서 "세존께서는 너무 빨리 반열반하시는구나. 너무 빨리 선서께서는 반열반하시는구나. 너무 빨리 눈을 가진 분이 세상에서 사라지시는구나."라고 하였다.

부처님 존체(尊體)에 예배함

6.13. 그리고 꾸시나라에 사는 말라들은 사람들에게 꾸시나라로 향과 화환을 가져오게 하고 모든 음악가들을 모이도록 하였다. 그러

자 꾸시나라에 사는 말라들은 향과 화환을 가져오고 모든 음악가들을 모으고 500필의 천을 가지고 근처에 있는 말라들의 살라 숲으로 세존의 존체가 있는 곳으로 다가갔다. 가서는 춤과 노래와 음악과 화환과 향으로 세존의 존체를 존경하고 존중하고 숭상하고 예배하고 천으로 차일을 치고 둥근 천막을 만들면서 이와 같이 하여 그날을 보냈다.

그때 꾸시나라의 말라들에게 이런 생각이 들었다. "오늘 세존의 존체를 화장하는 것은 참으로 바른 시간이 아니다. 우리는 내일 세존의 존체를 화장해야겠다."

그러자 꾸시나라에 사는 말라들은 춤과 노래와 음악과 화환과 향으로 세존의 존체를 존경하고 존중하고 숭상하고 예배하고 천으로 차일을 치고 둥근 천막을 만들면서 이와 같이 하여 둘째 날을 보냈고, 셋째 날을 보냈고, 넷째 날을 보냈고, 다섯 째 날을 보냈고, 여섯째 날을 보냈다.314)

6.14. 그리고 칠 일째에 꾸시나라에 사는 말라들에게 이런 생각이 들었다. "우리는 춤과 노래와 음악과 화환과 향으로 세존의 존체를 존경하고 존중하고 숭상하고 예배하면서 도시의 남쪽으로 운구해서 도시의 남쪽 밖에서 세존의 존체를 화장하리라."

그 무렵에 여덟 명의 말라의 수장들은 머리를 깎고 새 옷으로 갈아입고, '세존의 존체를 운구하리라.' 하였지만 들어올릴 수가 없었다. 그러자 꾸시나라에 사는 말라들은 아누룻다 존자에게 이렇게 말했다.

"아누룻다 존자시여, 무슨 이유 때문에 우리 여덟 명의 말라의 수

---

314) 왜 말라들이 '내일(sve) 세존의 존체를 화장하리라.'고 하고서도 7일을 보냈는지 주석서에서는 설명이 없다.

장들이 머리를 깎고 새 옷으로 갈아입고 '세존의 존체를 운구하리라.' 하였지만 들어올릴 수가 없습니까?"

"와셋타들이여, 그대들이 뜻하는 바와 신들이 뜻하는 바가 다르기 때문입니다."

6.15. "존자시여, 그러면 신들이 뜻하는 바는 무엇입니까?"

"와셋타들이여, 그대들이 뜻하는 바는 '우리는 춤과 노래와 음악과 화환과 향으로 세존의 존체를 존경하고 존중하고 숭상하고 예배하면서 도시의 남쪽으로 운구해서 도시의 남쪽 밖에서 세존의 존체를 화장하리라.'는 것입니다. 와셋타들이여, 그러나 신들이 뜻하는 바는 '우리는 춤과 노래와 음악과 화환과 향으로 세존의 존체를 존경하고 존중하고 숭상하고 예배하면서 도시의 북쪽으로 운구해서 도시의 북문으로 도시에 들어간 뒤, 도시의 가운데로 운구해서 다시 동쪽 문으로 나가서 도시의 동쪽에 있는 마꾸따반다나라는 말라들의 탑묘에서 세존의 존체를 화장하리라.'라는 것입니다."

"존자시여, 그러면 신들이 뜻하는 바대로 하겠습니다."

6.16. 그 무렵에 꾸시나라에는 하수구와 쓰레기 더미에조차 무릎까지 차도록 만다라와 꽃이 [하늘에서] 내렸으며, 신들과 꾸시나라의 말라들은 하늘과 인간의 춤과 노래와 음악과 화환과 향으로 세존의 존체를 존경하고 존중하고 숭상하고 예배하면서 도시의 북쪽으로 운구해서 도시의 북문으로 도시에 들어간 뒤, 도시의 가운데로 운구해서 다시 동쪽 문으로 나가서 도시의 동쪽에 있는 마꾸따반다나라는 말라들의 탑묘에 세존의 존체를 내려놓았다.

6.17. 그리고 나서 꾸시나라에 사는 말라들은 아난다 존자에게 이렇게 말했다.

"아난다 존자시여, 저희들이 어떻게 여래의 존체에 대처해야 합니까?"

"와셋타들이여, 전륜성왕의 유체에 대처하듯이 여래의 유체에도 대처하면 됩니다."

"아난다 존자시여, 그러면 어떻게 전륜성왕의 유체에 대처합니까?"

"와셋타들이여, 전륜성왕의 유체는 새 천으로 감쌉니다. 새 천으로 감싼 뒤 새 솜으로 감쌉니다. 새 솜으로 감싼 뒤 [다시] 새 천으로 감쌉니다. 이런 방법으로 500번을 전륜성왕의 유체를 감싼 뒤 황금으로 [만든] 기름통에 넣고, 황금으로 만든 다른 통으로 덮은 뒤, 모든 향으로 장엄을 하여 전륜성왕의 유체를 화장합니다. 그리고 큰 길 사거리에 전륜성왕의 탑을 조성합니다. 와셋타들이여, 이와 같이 전륜성왕의 유체에 대처합니다. 와셋타들이여, 전륜성왕의 유체에 대처하듯이 여래의 유체에도 대처해야 합니다. 그리고 큰 길 사거리에 여래의 탑을 조성해야 합니다. 거기에 화환이나 향이나 향가루를 올리거나 절을 하거나 마음으로 청정한 믿음을 가지는 자들에게는 오랜 세월 이익과 행복이 있을 것입니다."

6.18. 그러자 꾸시나라에 사는 말라들은 사람들에게, "말라들의 새 솜을 모두 모아오라."고 하였다. 그리고 꾸시나라에 사는 말라들은 세존의 존체를 새 천으로 감쌌다. 새 천으로 감싼 뒤 새 솜으로 감쌌다. 새 솜으로 감싼 뒤 [다시] 새 천으로 감쌌다. 이런 방법으로 500번을 세존의 존체를 감싼 뒤 황금으로 [만든] 기름통에 넣고, 황

금으로 만든 다른 통으로 덮은 뒤, 모든 향으로 장엄을 하고 모든 향기로운 나무로 화장용 장작더미를 만들어서 세존의 존체를 그 위에 올렸다.

마하깟사빠 존자의 일화

6.19. 그 무렵에 마하깟사빠(대가섭) 존자는 500명의 많은 비구 승가와 함께 빠와로부터 꾸시나라로 통하는 대로를 따라가다가 길에서 나와 멀지 않은 곳에 있는 어떤 나무 아래 낮 동안의 머묾을 위해서 앉아 있었다. 그때 어떤 아지와까315)가 꾸시나라로부터 만다라와 꽃을 가지고 빠와로 가는 대로를 따라가고 있었다. 마하깟사빠 존자는 그 아지와까가 멀리서 오는 것을 보고서 그에게 이렇게 말했다.

"도반이여, 우리 스승에 대해서 아십니까?"

"물론이지요, 도반이여. 저는 알고 있습니다. 오늘부터 7일 전에 사문 고따마께서는 반열반하셨습니다. 거기서 나는 이 만다라와 꽃을 가지게 되었습니다."

그러자 애정을 버리지 못한 비구들은 손을 마구 흔들면서 울부짖

---

315) 아지와까(Ājīvaka)는 중국에서 사명외도(邪命外道)로 옮겨져서 우리에게 알려져 있다. 아지와까는 생계수단을 뜻하는 ājīva에서 파생된 단어인데 그들은 바르지 못한 생계수단으로 삶을 영위하고 있다고 이해했기 때문에 중국에서 사명외도로 옮겼다. 그래서 학계에서는 아지와까라는 이름은 불교를 위시한 다른 종교집단에서 붙인 이름이라고 보고 있다. 주석서에 의하면 아지와까는 나체수행자(nagga-paribbājaka)들이었다.(AA. iii.334) DPPN에 의하면 그들은 막칼리 고살라(본서 제1권 「사문과경」 (D2) §19 주해 참조)의 제자들이었다고 한다. 아지와까 교단은 불교와 자이나교와 함께 아소까 대왕 때까지도 남아있었으며 그래서 아소까 대왕이 그들을 위해서 보시를 하기도 하였다고 한다.(Barua 1943, 34쪽, 215~216쪽)

고 다리가 잘린 듯이 넘어지고 이리 뒹굴고 저리 뒹굴면서 "세존께서는 너무 빨리 반열반하시는구나. 너무 빨리 선서께서는 반열반하시는구나. 너무 빨리 눈을 가진 분이 세상에서 사라지시는구나."라고 하였다.

그러나 애정을 벗어난 비구들은 마음챙기고 알아차리면서, "형성된 것들은 무상하다. 그러니 여기서 [슬퍼하는 것이] 무슨 소용이 있겠는가?"라고 하였다.

6.20. 그때 수밧다라는 늦깎이316)가 그 회중에 앉아 있었다. 늦깎이 수밧다는 비구들에게 이렇게 말했다. "도반들이여, 이제 그만하십시오. 슬퍼하지 마십시오. 탄식하지 마십시오. 도반들이여, 우리는 이제 그러한 대사문으로부터 속 시원하게 해방되었습니다. 우리는 '이것은 그대들에게 적당하다. 이것은 그대들에게 적당하지 않다.'라고 늘 간섭받았습니다. 그러나 이제 우리들은 무엇이든 원하는 것은 할 수 있고 무엇이든 원하지 않는 것은 하지 않을 수 있게 되었습니다."317)

---

316) '늦깎이'로 옮긴 원어는 buddhapabbajita이다. buddha는 √vṛdh(*to grow*)의 과거분사로 '나이 든'이란 뜻이고 pabbajita는 '출가한'이란 의미이다. 그래서 전체를 늦깎이라고 옮겼다.
여기서 주의할 점은 이 늦깎이 수밧다와 본경 §5.23~30에 나타나는 수밧다는 다른 인물이라는 것이다. 불교 교단에는 같은 이름이 아주 많았다. 그래서 이미 초기경에서부터 다른 칭호를 이름 앞에 붙여서 구분하고 있다. 예를 들면 두타제일이요 결집을 주도한 깟사빠 존자는 마하 깟사빠(Mahā Kassapa)로, 불을 섬기다 출가한 가섭 삼형제는 우루웰라 깟사빠(Uruvela Kassapa)로, 나체수행자였다 부처님 제자로 출가한 깟사빠는 아쩰라 깟사빠(Acela Kassapa) 등으로 구분하여 부른다. 그래서 여기서도 어처구니없는 말을 해대는 수밧다를 '늦깎이 수밧다'로 부르고 있는 것이다.

그러자 마하깟사빠 존자는 비구들을 불러서 말하였다. "도반들이여, 이제 그만하십시오. 슬퍼하지 마십시오. 탄식하지 마십시오. 도반들이여, 참으로 세존께서는 전에 사랑스럽고 마음에 드는 모든 것과는 헤어지기 마련이고 없어지기 마련이고 달라지기 마련이라고 그처럼 말씀하시지 않으셨습니까? 도반들이여, 그러니 여기서 [그대들이 슬퍼하는 것이] 무슨 소용이 있겠습니까? 도반들이여, 태어났고 존재했고 형성된 것은 모두 부서지기 마련인 법이거늘 그런 것을 두고 '절대로 부서지지 말라.'고 한다면 그것은 있을 수 없는 일입니다."

6.21. 그때 네 명의 말라의 수장들이 머리를 깎고 새 옷으로 갈아입고 '우리는 세존의 화장용 장작더미에 불을 붙이리라.'라고 하였지만 불을 붙일 수가 없었다. 그러자 꾸시나라에 사는 말라들은 아누룻다 존자에게 이렇게 말했다.

"아누룻다 존자시여, 무슨 이유 때문에 우리 네 명의 말라들의 수장들이 머리를 깎고 새 옷으로 갈아입고 '우리는 세존의 화장용 장작더미에 불을 붙이리라.'라고 하였지만 불을 붙일 수가 없습니까?"

"와셋타들이여, 그대들이 뜻하는 바와 신들이 뜻하는 바가 다르기 때문입니다."

"존자시여. 그러면 신들이 뜻하는 바는 무엇입니까?"

"와셋타들이여, 그대들이 뜻하는 바는 '우리는 세존의 화장용 장작

---

317) 율장 등에 의하면 마하깟사빠 존자는 늦깎이 수밧다가 한 이 말을 기억하고, 법과 율을 서둘러 결집하지 않으면 오래지 않아 정법(正法)이 사라질 것이라고 우려하여, 결집을 주도하게 되었다고 한다.(Vin.i.5; 본서 제3권 부록 『장부 주석서』 서문 §6도 참조할 것)

더미에 불을 붙이리라.'는 것입니다. 와셋타들이여, 그러나 신들이 뜻하는 바는 '그분 마하깟사빠 존자가 500명의 많은 비구 승가와 함께 빠와로부터 꾸시나라로 통하는 대로를 따라 오고 있다. 마하깟사빠 존자가 세존의 발에 머리로 절을 하기 전에는 세존의 화장용 장작더미가 타지말기를!'이라는 것입니다."

"존자시여, 그러면 신들이 뜻하는 바대로 하겠습니다."

6.22. 그때 마하깟사빠 존자가 꾸시나라의 마꾸따반다나라는 말라들의 탑묘에 있는 세존의 화장용 장작더미로 왔다. 와서는 한쪽 어깨가 드러나게 옷을 입고 합장하고 화장용 장작더미를 오른쪽으로 세 번 돌아 [경의를 표한] 뒤 발쪽을 열고318) 세존의 발에 머리로 절을 올렸다. 함께 온 500명의 비구들도 한쪽 어깨가 드러나게 옷을 입

---

318) 원어는 pādato(발로부터) vivaritvā(연 뒤)이고 이를 직역하여 '발쪽을 열고'라고 옮겼다. 그러나 미얀마본에는 이 부분이 빠져 있다.
한편 주석서에는 중국 선종의 삼처전심(三處傳心) 가운데 마지막인 곽시쌍부(槨示雙趺)에 견줄 수 있는 흥미로운 대목이 나타난다. 이것을 옮겨본다.
"[마하깟사빠 장로는 세존의] 발의 근처에 서서 신통지의 기초(abhiññā-pādaka)가 되는 제4선에 들었다가 출정해서(vuṭṭhāya) '열 가지 힘[十力]을 가지신 [부처님의] 두 발이 500겹으로 싸인 천과 황금통과 장작더미를 둘로 열어 제치고, 우리의 제일 높은 머리에 놓이게 되기'라고 결심하였다. 이렇게 결심하는 마음(adhiṭṭhāna-citta)과 더불어 500겹의 천을 둘로 열어 제치고 마치 먹구름 사이에서 보름달이 나타나듯이 두 발이 나왔다."(DA.ii.603)
이러한 주석서의 전통이 중국 선종에서는 곽시쌍부로 정착이 된 듯하다. 그러나 분명한 것은 상좌부 주석서는 이것을 마하깟사빠 존자의 신통력에 의해서 이루어진 것으로 설명하고 있다는 점이다. 위 주석서의 인용에서도 보듯이 신통지는 항상 제4선과 연결되어 있다. 신통에 관계된 이러한 상세한 기술은 『청정도론』 XIII장에 나타나므로 참조할 것.

고 합장하고 화장용 장작더미를 오른쪽으로 [세 번] 돌아 [경의를 표한] 뒤 발쪽을 열고 세존의 발에 머리로 절을 올렸다. 마하깟사빠 존자와 500명의 비구들이 절을 하자 세존의 화장용 장작불은 저절로 타올랐다.

6.23. 세존의 존체는 표피와 속 살갗과 살점과 힘줄과 관절활액은 모두 다 타고 재도 먼지도 없이 오직 사리들만이 남았다.319) 마치 버터기름이나 참기름이 타면 재도 먼지도 없는 것처럼 세존의 존체도 표피와 속 살갗과 살점과 힘줄과 관절활액은 모두 다 타고 재도 먼지도 없이 오직 사리들만이 남았다. 500겹을 둘러싼 천들도 가장 안쪽에 있는 것과 가장 바깥에 있는 두 개의 천조차도 모두 다 탔다.

세존의 존체가 다 타자 허공에서 물줄기가 나타나서 세존의 화장용 장작더미를 껐다. 살라 나무로부터도 물이 나와서 세존의 화장용 장작더미를 껐다. 꾸시나라에 사는 말라들은 모든 종류의 향수로 세존의 화장용 장작더미를 껐다.

그리고 나서 꾸시나라에 사는 말라들은 집회소에 격자 모양의 통을 만들고 [그 주위에 다시] 활로 된 벽을 만든 뒤 칠 일 동안 춤과 노래와 음악과 화환과 향으로 세존의 사리들을 존경하고 존중하고 숭상하고 예배하였다.

---

319) 본경 §5.10의 주해에서 밝혔듯이 존체(尊體)나 유체(遺體)로 번역한 원어도 sarīra이고 여기서 사리로 음역한 단어도 sarīra이다. 주석서에서는 이 둘을 다음과 같이 구분하고 있다.
"앞에서는 하나의 덩어리(eka-gghana)로 남아 있었기 때문에 사리라(유체)라고 하였다. 여기서는 흩어졌기 때문에(vippakiṇṇattā) 사리라(사리)라고 불리나니, 재스민 꽃봉오리(sumana-makuḷa)와 같고, 깨끗한 진주(dhota-mutta)와 같고, 황금과 같은 유골(dhātu)들이 남았다는 뜻이다." (DA.ii.603~604)

사리 분배

6.24. 이때 마가다의 왕 아자따삿뚜 웨데히뿟따는 세존께서 꾸시나라에서 반열반하셨다고 들었다. 그러자 마가다의 왕 아자따삿뚜 웨데히뿟따는 꾸시나라에 사는 말라들에게 사자(使者)를 보내서 "세존께서도 끄샤뜨리야이시고 짐도 끄샤뜨리야이니 짐도 세존의 사리들 가운데 일부분을 가져갈 자격이 있습니다. 나는 세존의 사리들로 큰 탑을 만들 것입니다."라고 전하였다.

웨살리에 사는 릿차위들도 세존께서 꾸시나라에서 반열반하셨다고 들었다. 그러자 웨살리에 사는 릿차위들은 꾸시나라에 사는 말라들에게 사자를 보내서 "세존께서도 끄샤뜨리야이시고 우리도 끄샤뜨리야이니 우리도 세존의 사리들 가운데 일부분을 가져갈 자격이 있습니다. 우리는 세존의 사리들로 큰 탑을 만들 것입니다."라고 전하였다.

까삘라왓투에 사는 사꺄들도 세존께서 꾸시나라에서 반열반하셨다고 들었다. 그러자 까삘라왓투에 사는 사꺄들은 꾸시나라에 사는 말라들에게 사자를 보내서 "세존께서는 우리 종족의 최고어른이시니 우리도 세존의 사리들 가운데 일부분을 가져갈 자격이 있습니다. 우리는 세존의 사리들로 큰 탑을 만들 것입니다."라고 전하였다.

알라깝빠에 사는 불리들도 세존께서 꾸시나라에서 반열반하셨다고 들었다. 그러자 알라깝빠에 사는 불리들은 꾸시나라에 사는 말라들에게 사자를 보내서 "세존께서도 끄샤뜨리야이시고 우리도 끄샤뜨리야이니 우리도 세존의 사리들 가운데 일부분을 가져갈 자격이 있습니다. 우리는 세존의 사리들로 큰 탑을 만들 것입니다."라고 전하였다.

라마가마에 사는 꼴리야들도 세존께서 꾸시나라에서 반열반하셨다고 들었다. 그러자 라마가마에 사는 꼴리야들은 꾸시나라에 사는 말라들에게 사자를 보내서 "세존께서도 끄샤뜨리야이시고 우리도 끄샤뜨리야이니 우리도 세존의 사리들 가운데 일부분을 가져갈 자격이 있습니다. 우리는 세존의 사리들로 큰 탑을 만들 것입니다."라고 전하였다.

웨타디빠에 사는 바라문도 세존께서 꾸시나라에서 반열반하셨다고 들었다. 그러자 웨타디빠에 사는 바라문은 꾸시나라에 사는 말라들에게 사자를 보내서 "세존께서는 끄샤뜨리야이시고 나는 바라문이니 나도 세존의 사리들 가운데 일부분을 가져갈 자격이 있습니다. 나는 세존의 사리들로 큰 탑을 만들 것입니다."라고 전하였다.

빠와에 사는 말라들도 세존께서 꾸시나라에서 반열반하셨다고 들었다. 그러자 빠와에 사는 말라들은 꾸시나라에 사는 말라들에게 사자를 보내서 "세존께서도 끄샤뜨리야이시고 우리도 끄샤뜨리야이니 우리도 세존의 사리들 가운데 일부분을 가져갈 자격이 있습니다. 우리는 세존의 사리들로 큰 탑을 만들 것입니다."라고 전하였다.

6.25. 이렇게 말하였을 때, 꾸시나라에 사는 말라들은 그 대중과 무리에게 이렇게 말하였다. "세존께서는 우리 마을의 땅에서 반열반하셨습니다. 그러므로 우리는 세존의 사리들을 나누어 가지지 않겠습니다."320)

---

320) 주석서에서는 이들 일곱 군데의 전령들이 와서 "우리에게 사리를 주거나 전쟁을 하거나 하자(amhākaṁ dhātuyo vā dentu, yuddhaṁ vā)" (DA.ii.607)고 하였다고 적고 있으며 여기에 대해서 꾸시나라 사람들은

이렇게 말하자, 도나 바라문321)이 그 대중과 무리에게 이렇게 말했다.

> "존자들이여, 나의 제안을 들어 보시오.
> 우리의 부처님은 인욕을 설하신 분입니다.
> 최고이신 어른의 사리 분배를 두고
> 싸움이 일어난다면 그건 좋지 못합니다.
> 존자들이여, 모두 우정을 가지고 화합하며
> 서로 사이좋게 분배해 나눕시다.
> 널리 사방에 탑들을 만드십시오.
> 많은 사람들이 눈을 가지신 분께 청정한 믿음을 가지도록."

"바라문이여, 그렇다면 그대가 세존의 사리들을 여덟 등분으로 공평하게 잘 분배하십시오."322)

"당신들도 당신들의 땅에서 난 보배를 우리에게 주지 않듯이 우리도 우리의 땅에서 난 보배를 줄 수 없다."고 하였으며 만일 전쟁이 난다면 부처님의 사리를 친견하러 온 신들이 꾸시나라의 편에 있었기 때문에 그들이 이기도록 했을 것이라고 소개하면서, "그러나 경에는 단지 '우리는 세존의 사리들을 나누어 가지지 않겠습니다.'라고만 밝히고 있다."(*Ibid*)고 설명하고 있다.

321) 『증지부』에 의하면 도나 바라문(Doṇa brahmana)은 욱깟따에서 세따뱌로 가는 길에서 부처님의 족적을 보고 찾아뵈었다고 한다.(A.ii.37f.) 『증지부 주석서』에 의하면 부처님의 설법을 듣고 그는 불환과를 얻었다고 하며(AA.iii.77), 두 바나와라 분량(500게송 정도)의 '도나의 환호(Doṇagajjita)'라는 세존을 칭송하는 시를 지었다고 한다. 그는 아주 잘 알려진 바라문 학자였다고 하며, 사리 배분을 놓고 벌어진 일촉즉발의 이러한 분쟁을 이 시를 읊어서 가라앉혔다고 한다.(DA.ii.608; AA.iii.77)

322) 『장부 주석서』 서문에 의하면 세존께서는 웨사카 달(음4월)의 보름날 새벽에 반열반하셨고, 칠 일간을 존체에 예경을 한 뒤, 칠 일 동안은 화장을

"그렇게 하겠습니다, 존자들이여."라고 도나 바라문은 그 대중들과 무리들에게 대답한 뒤 세존의 사리들을 여덟 등분으로 공평하게 잘 배분하여 대중과 무리들에게 이렇게 말했다.

"존자들이여, 이 [사리]함은 제게 주십시오. 나도 [사리]함으로 큰 탑을 만들 것입니다."

그들은 도나 바라문에게 [사리]함을 주었다.

6.26. 뻽팔리 숲에 사는 모리야들도 세존께서 꾸시나라에서 반열반하셨다고 들었다. 그러자 뻽팔리 숲에 사는 모리야들은 꾸시나라에 사는 말라들에게 사자를 보내서 "세존께서도 끄샤뜨리야이시고 우리도 끄샤뜨리야이니 우리도 세존의 사리들 가운데 일부분을 가져갈 자격이 있습니다. 우리는 세존의 사리들로 큰 탑을 만들 것입니다."라고 전하였다.

"세존의 사리들 가운데 분배할 것이 없습니다. 세존의 사리들은 모두 분배하였습니다. 이곳에서 숯이라도 가져가십시오."

그들은 거기서 숯을 가져갔다.

하였으며, 다시 칠 일간은 집회소에서 사리에 예배하였다고 한다. 이렇게 21일이 지난 후 젯타물라 달의 상현의 5일째 날(음5월 5일)에 사리를 분배하였다고 한다. 이 사리를 분배하는 날에 많은 비구 승가가 운집하였는데 마하깟사빠 존자가 40일 후에 라자가하의 칠엽굴에서 대합송을 하여 법과 율을 결집하자고 대중공사를 하여 승가는 그렇게 하기로 결정하였다고 한다. 그래서 그들은 아살하 달(음6월) 보름에 대합송을 시작하여 장장 7개월에 걸쳐서 법과 율을 합송해내었다고 한다. 이것을 우리는 일차합송 혹은 일차결집이라 부른다. 상세한 것은 본서 제3권 부록 『장부 주석서』 서문 §18(DA.i.6), §69(DA.i.25) 등을 참조할 것.

사리탑의 건립

6.27. 그러자 마가다의 왕 아자따삿뚜 웨데히뿟따는 라자가하에 세존의 사리들로 큰 탑을 만들었다. 웨살리에 사는 릿차위들도 웨살리에 세존의 사리들로 큰 탑을 만들었다. 까삘라왓투의 사꺄들도 까삘라왓투에 세존의 사리들로 큰 탑을 만들었다. 알라깝빠에 사는 불리들도 알라깝빠에 세존의 사리들로 큰 탑을 만들었다. 라마가마에 사는 꼴리야들도 라마가마에 세존의 사리들로 큰 탑을 만들었다. 웨타디빠에 사는 바라문도 웨타디빠에 세존의 사리들로 큰 탑을 만들었다. 빠와에 사는 말라들도 빠와에 세존의 사리들로 큰 탑을 만들었다. 꾸시나라에 사는 말라들도 꾸시나라에 세존의 사리들로 큰 탑을 만들었다. 도나 바라문은 [사리]함으로 큰 탑을 만들었다. 삡팔리 숲에 사는 모리야들도 삡팔리 숲에 숯으로 큰 탑을 만들었다. 이와 같이 여덟 군데에 사리탑이, 아홉 번째로 [사리함]의 탑이, 열 번째로 숯을 담은 탑이 옛적에323) 건립되었다.

6.28. "눈을 가지신 분의 사리는 여덟 부분으로 [분배하여]
  일곱 부분은 인도 대륙에서 모시고 있다.
  최상의 인간의 한 부분은
  라마가마에서 나가 왕이 모시고 있고
  치아 하나는 삼십삼천이 예배하고
  하나는 간다라의 도시에서 모시고 있다.
  깔링가 왕이 다시 하나를 얻었으며

---

323) 주석서에서는 '옛적에(bhūta-pubbaṁ)'라는 단어는 삼차결집을 주도했던 분들(tatiyasaṅgītikārā)이 넣은 것이라고 설명하고 있다.(DA.ii.615)

하나는 다시 나가 왕이 모시고 있다.
그분의 광명으로 이 영광을 가진 [땅]은 장엄되고
최상의 제사를 받을 만한 자들에 의해서
대지는 장엄되었다.
이와 같이 눈을 가진 분의 사리는
존경할 만한 분들에 의해서 존경되었다.
신의 왕과 나가의 왕과 인간의 왕의
예배를 받는 그 분은
이처럼 인간의 왕들로부터 예배 받았다.
손을 높이 합장하여 그분께 절을 올려라.
부처님은 백 겁 동안 만나기 어려우리라."324)

「대반열반경」이 끝났다.

---

324) 주석서에서는 이 게송은 땀바빤니 섬(Tambapaṇṇidīpa, 스리랑카)의 장로들이 읊은 것이라고 설명하고 있다.(*Ibid*)

마하수닷사나 경

대선견왕(大善見王) 이야기
Mahāsudassana Sutta(D17)

마하수닷사나 경[325]

대선견왕(大善見王) 이야기
Mahāsudassana Sutta(D17)

서언

1.1. 이와 같이 나는 들었다. 한때 세존께서는 꾸시나라에서 근처에 있는 말라[326]들의 살라 숲에서 한 쌍의 살라 나무 사이에 머무셨나니 반열반에 드실 바로 그 무렵이었다.

1.2. 그때 아난다 존자가 세존께 다가갔다. 가서는 세존께 절을 올리고 한 곁에 앉았다. 한 곁에 앉아서 아난다 존자는 세존께 이렇게 말씀드렸다. "세존이시여, 세존께서는 이처럼 조그마하고 척박하

---

325) 본경은 앞의 「대반열반경」(D16) §§5.17-18에 나타나는 마하수닷사나 왕의 일대기에 대한 상세한 내용을 담고 있는 경이다. 그러므로 본경은 「대반열반경」에 대한 보유(補遺)의 성격이 강한 경이다. 그리고 본경은 이처럼 마하수닷사나왕의 행적을 서술하고 있기 때문에 「마하수닷다나 경」이라고 이름을 붙였다. 여기서 mahāsudassana는 大(mahā)-善(su)-見(dassana)으로 한역할 수 있다. 그래서 본경은 「대선견왕경」(大善見王經)으로 한역되어『중아함』의 68번째 경으로 중국에 소개되었다.

326) 말라(Malla)에 대해서는 본서 제3권「빠띠까 경」(D24) §1의 주해를 참조할 것.

고 볼품없는 도시에서 반열반하지 마시옵소서. 세존이시여, 짬빠, 라자가하, 사왓티, 사께따, 꼬삼비, 와라나시 같은 다른 큰 도시들이 있습니다. 거기에는 세존께 청정한 믿음을 가진 많은 끄샤뜨리야 부호들과 바라문 부호들과 장자 부호들이 있습니다. 그들은 여래의 존체를 잘 수습할 것입니다."

수도 꾸사와띠

1.3. "아난다여, 그렇게 말하지 말라. 아난다여, [꾸시나라를] 조그마하고 척박하고 볼품없는 도시라고 그렇게 말하지 말라. 아난다여, 옛적에 마하수닷사나라는 전륜성왕이 있었나니 그는 정의로운 분이요 법다운 왕이었으며 사방을 정복한 승리자여서 나라를 안정되게 하고 일곱 가지 보배[327]를 두루 갖추었다. 아난다여, 이 꾸시나라는 마하수닷사나 왕이 [다스리던] 꾸사와띠라는 수도였으니 동쪽부터 서쪽까지는 12요자나의 길이였고 북쪽부터 남쪽까지는 7요자나의 너비였다. 아난다여, 수도 꾸사와띠는 부유하고 번창하였으며 인구가 많고 사람들로 붐비며 풍족하였다. 아난다여, 마치 알라까만다라는 신들의 수도가 부유하고 번창하고 인구가 많고 사람들로 붐비며 풍족한 것처럼, 그와 같이 수도 꾸사와띠는 부유하고 번창하였으며 인구가 많고 사람들로 붐비며 풍족하였다. 아난다여, 수도 꾸사와띠에는 열 가지 소리가 끊인 적이 없었나니 즉 코끼리 소리, 말 소리, 마차 소리, 북 소리, 무딩가 북 소리, 류트 소리, 노래 소리, 심벌즈 소리, 벨 소리, 그리고 열 번째로 '잡수세요. 마시세요. 드세요.'라는 소리였다."

---

327) 일곱 가지 보배는 본경 §§1.7~1.17에서 설명되어 있다.

1.4. "아난다여, 수도 꾸사와띠는 일곱 가지 성벽으로 둘러싸여 있었나니, 하나는 황금으로 된 성벽이었고, 하나는 은으로, 하나는 녹주석으로, 하나는 수정으로, 하나는 홍옥(루비)으로, 하나는 녹옥(에메랄드)으로, 하나는 모든 보석으로 된 것이었다."

1.5. "아난다여, 수도 꾸사와띠에는 네 가지 색깔의 대문이 있었다. 하나는 황금으로 된 대문이었으며, 하나는 은으로, 하나는 녹주석으로, 하나는 수정으로 된 것이었다. 각각의 대문에는 각각 일곱 개의 기둥이 있었는데 사람 키의 서너 배가 되었다. 그 가운데 하나는 황금으로, 하나는 은으로, 하나는 녹주석으로, 하나는 수정으로, 하나는 홍옥(루비)으로, 하나는 녹옥(에메랄드)으로, 하나는 모든 보석으로 된 것이었다."

1.6. "아난다여, 수도 꾸사와띠는 일곱 줄의 야자나무로 둘러싸여 있었다. 한 줄은 황금으로, 한 줄은 은으로, 한 줄은 녹주석으로, 한 줄은 수정으로, 한 줄은 홍옥(루비)으로, 한 줄은 녹옥(에메랄드)으로, 한 줄은 모든 보석으로 된 것이었다. 황금으로 된 야자나무의 줄기는 황금으로 되었고 잎과 열매는 은으로 되었다. 은으로 된 야자나무의 줄기는 은으로 되었고 잎과 열매는 황금으로 되었다. 녹주석으로 된 야자나무의 줄기는 녹주석으로 되었고 잎과 열매는 수정으로 되었다. 수정으로 된 야자나무의 줄기는 수정으로 되었고 잎과 열매는 녹주석으로 되었다. 홍옥으로 된 야자나무의 줄기는 홍옥으로 되었고 잎과 열매는 녹옥으로 되었다. 녹옥으로 된 야자나무의 줄기는 녹옥으로 되었고 잎과 열매는 홍옥으로 되었다. 모든 보석으로 된 야

자나무는 줄기도 모든 보석으로 되었고 잎과 열매도 모든 보석으로 되었다.

아난다여, 이들 야자나무의 줄들이 바람에 움직이면 사랑스럽고 매혹적이고 아름답고 취하게 하는 소리가 났다. 아난다여, 마치 잘 훈련되고 숙련된 연주자들이 다섯 가지로 구성된 악기로328) 멋지게 연주한 음악 소리가 사랑스럽고 매혹적이고 아름답고 취하게 하는 것처럼 야자나무의 줄들이 바람에 움직이면 사랑스럽고 매혹적이고 활발하게 하고 취하게 하는 소리가 났다."

일곱 가지 보배[七寶]

1.7. "아난다여, 마하수닷사나 왕은 일곱 가지 보배[七寶]329)를 갖추었고 네 가지 성취를 구족하였다. 무엇이 일곱인가?

윤보(輪寶, 바퀴 보배)

아난다여, 여기 마하수닷사나 왕이 보름의 포살일330)에 머리를 감고 나서 포살을 위해서 왕궁의 윗층에 올라가 앉아 있으면 천 개의 바퀴살과 테와 중심부가 있어 일체를 두루 갖춘 신성한 윤보(輪寶, 바퀴 보배)가 나타났다. 그것을 보고서 마하수닷사나 왕에게 이런 생각이 들었다. '나는 이렇게 들었다. 관정(灌頂)한 끄샤뜨리야 왕이 보름

---

328) "한 면만 있는 북(ātata), 양면이 있는 북(vitata), 여러 면이 있는 북(ātata-vitata), 피리(susira), 심벌즈(ghana)의 다섯이다."(DA.ii.617)

329) 한역『중아함』「칠보경」(七寶經)에서는 이 일곱을 각각 輪寶, 象寶, 馬寶, 珠寶, 女寶, 居士寶, 主兵臣寶로 옮겼으며,『장아함』「유행경」(遊行經)에서는 각각 金輪寶, 白象寶, 紺馬寶, 神珠寶, 玉女寶, 居士寶, 主兵寶로 옮겼다.

330) 포살일에 대해서는 본서 제1권 「사문과경」(D2) §1의 주해를 참조할 것.

의 포살일에 머리를 감고 나서 포살을 위해서 왕궁의 윗층에 올라가 앉아 있으면 천 개의 바퀴살과 테와 중심부가 있어 일체를 두루 갖춘 신성한 윤보가 나타난다. 그러면 그는 전륜성왕이 된다고. 그러면 나도 전륜성왕이 될 수 있을까?'라고."

1.8. "아난다여, 그때 마하수닷사나 왕은 자리에서 일어나 '그대 윤보는 돌아가기를. 그대 윤보는 돌아가기를.'이라고 하면서 왼손에는 물병을 들고 오른손으로는 윤보에 물을 뿌렸다. 아난다여, 그러자 그 윤보는 돌면서 동쪽으로 갔다. 그러자 마하수닷사나 왕은 네 무리의 군대331)와 더불어 윤보를 따라갔다. 아난다여, 그곳이 어디건 윤보가 서는 곳에 마하수닷사나 왕은 네 무리의 군대와 함께 머물렀다."

1.9. "아난다여, 그러자 동쪽 방향의 적국의 왕들은 마하수닷사나 왕에게 다가와서 이렇게 말하였다. '어서 오십시오, 대왕이시여. 환영합니다, 대왕이시여. 명령을 하십시오, 대왕이시여. 충고를 하십시오, 대왕이시여.'라고. 그러자 마하수닷사나 왕은 이렇게 말하였다. '생명을 죽이지 말라. 주지 않은 것을 가지지 말라. 삿된 음행을 하지 말라. 거짓말을 하지 말라. 술을 마시지 말라. 적당한 것만을 먹어라.'라고. 아난다여, 그러자 동쪽 방향의 적국의 왕들은 마하수닷사나 왕에게 복종하였다."332)

---

331) '네 무리의 군대(caturaṅginī senā)'란 코끼리(hatthi) 부대, 기마(assa) 부대, 전차(ratha) 부대, 보병(patti)의 네 가지 구성요소를 갖춘 군대를 말한다.(DA.i.154)
332) 전륜성왕이라 해서 특별히 다른 것을 제시하지 않고 오계를 기본으로 하고 있다. 오계는 모든 세속 법령의 기초가 되는 것이요, 세계 모든 종교와 윤리도덕이 이구동성으로 강조하고 있는 것이기도 하다.

1.10. "아난다여, 그러면 그 윤보는 동쪽 바다로 들어갔다가 다시 나와서 남쪽으로 돌면서 갔다. … 남쪽 바다로 들어갔다가 다시 나와서 서쪽으로 돌면서 갔다. … 서쪽 바다로 들어갔다가 다시 나와서 북쪽으로 돌면서 갔다. 그러자 마하수닷사나 왕은 네 무리의 군대와 더불어 윤보를 따라갔다. 아난다여, 윤보가 서는 지방에 마하수닷사나 왕은 네 무리의 군대와 함께 머물렀다. 아난다여, 그러자 북쪽 방향의 적국의 왕들은 마하수닷사나 왕에게 다가와서 이렇게 말하였다. '어서 오십시오, 대왕이시여. 환영합니다, 대왕이시여. 명령을 하십시오, 대왕이시여. 충고를 하십시오, 대왕이시여.'라고. 그러자 마하수닷사나 왕은 이렇게 말하였다. '생명을 죽이지 말라. 주지 않은 것을 가지지 말라. 삿된 음행을 하지 말라. 거짓말을 하지 말라. 술을 마시지 말라. 적당한 것만을 먹어라.'라고. 아난다여, 그러자 북쪽 방향의 적국의 왕들은 마하수닷사나 왕에게 복종하였다."

1.11. "아난다여, 그러자 윤보는 바다로 둘러싸인 땅을 정복한 뒤 수도 꾸사와띠로 돌아와서 법정을 향하는 마하수닷사나 왕의 내전의 문에, 차축에 꿰어졌다는 생각이 들 정도로 굳게 서서 마하수닷사나 왕의 내전을 아주 멋있게 장엄하였다. 아난다여, 마하수닷사나 왕에게는 이런 윤보가 나타났다."

상보(象寶, 코끼리 보배)

1.12. "다시 아난다여, 마하수닷사나 왕에게는 전체가 희고 일곱 곳으로 서며 신통을 가져서 하늘을 나는 우뽀사타라는 코끼리의 왕인 상보(象寶, 코끼리 보배)가 나타났다. 그를 보고서 마하수닷사나 왕의

마음에는 청정한 믿음이 생겼다. '이 코끼리가 잘 조련되면 이 상보는 굉장하겠구나.'라고. 아난다여, 그러자 그 상보는 마치 경이로운 좋은 혈통의 코끼리가 오랜 세월 동안 잘 조련된 것처럼 조련되었다. 아난다여, 한번은 마하수닷사나 왕이 그 상보를 검증하기 위해서 아침에 코끼리에 올라서 바다로 둘러싸인 땅을 둘러본 뒤 수도 꾸사와띠에 돌아와서 아침을 먹었다. 아난다여, 마하수닷사나 왕에게 이런 상보가 나타났다."

마보(馬寶, 말 보배)

1.13. "다시 아난다여, 전륜성왕에게는 전체가 희고 머리가 검으며 문자 풀과 같은 갈기를 가졌고 신통을 가져서 하늘을 나는 왈라하까라는 말의 왕인 마보(馬寶, 말 보배)가 나타났다. 그를 보고서 마하수닷사나 왕의 마음은 청정한 믿음이 생겼다. '이 말이 잘 조련이 되면 이 마보는 굉장하겠구나.'라고. 아난다여, 그러자 그 마보는 마치 경이로운 좋은 혈통의 말이 오랜 세월 동안 잘 조련된 것처럼 조련되었다. 아난다여, 한번은 전륜성왕이 그 마보를 검증하기 위해서 아침에 말에 올라서 바다로 둘러싸인 땅을 둘러본 뒤 수도 꾸사와띠에 돌아와서 아침을 먹었다. 아난다여, 마하수닷사나 왕에게 이런 마보가 나타났다."

보배보(寶貝寶, 보물 보배)

1.14. "다시 아난다여, 마하수닷사나 왕에게는 보배보(寶貝寶, 보물 보배)가 나타났다. 그 보물은 녹주석인데 깨끗하고 최상품이며 팔각형이고 아주 잘 가공되었다. 아난다여, 그 보배보의 광명은 온 사방

에 두루 퍼졌다. 아난다여, 한번은 전륜성왕이 그 보배보를 검증하기 위해서 네 무리의 군대를 도열시킨 뒤 보배를 깃발의 끝에 올리고서 칠흑 같이 어두운 밤에 행군을 했다. 그러자 부근에 있는 모든 마을 사람들이 그 광명 때문에 대낮인 줄 알고 일을 시작했다. 아난다여, 마하수닷사나 왕에게 이런 보배보가 나타났다."

여인보(女人寶, 여인 보배)

1.15. "다시 아난다여, 마하수닷사나 왕에게는 여인보(女人寶, 여인 보배)가 나타났다. 그녀는 아름답고 예쁘고 우아하고 최상의 외모를 갖추었으며, 너무 크지도 않고 너무 작지도 않으며, 너무 마르지도 너무 뚱뚱하지도 않으며, 너무 검지도 너무 희지도 않으며, 인간의 미모를 넘어섰지만 천상의 미모에는 미치지 못한다. 여인보의 몸에 닿는 것은 마치 케이폭의 씨를 싸고 있는 털이나 솜털에 닿는 것과도 같다. 아난다여, 추우면 여인보의 몸은 더워지고 더우면 몸은 시원해진다. 아난다여, 그 여인보의 몸으로부터는 전단향 냄새가 풍겨나며, 입으로부터는 연꽃의 향기가 풍겨난다. 아난다여, 여인보는 마하수닷사나 왕보다 일찍 일어나고 늦게 잠든다. 여인보는 시중을 잘 들고 행실이 곱고 말이 예쁘다. 아난다여, 그 여인보는 마하수닷사나 왕을 마음으로조차 거역해본 적이 없는데 어떻게 몸으로 나쁜 행실을 하겠는가? 아난다여, 전륜성왕에게 이런 여인보가 나타났다."

장자보(長子寶, 장자 보배)

1.16. "다시 아난다여, 마하수닷사나 왕에게는 장자보(長子寶, 장자 보배)가 나타났다. 그에게는 업의 과보로 생긴 신성한 눈이 있어서 그

것으로 주인이 있거나 주인이 없는 재물을 보았다. 그는 마하수닷사나 왕에게 와서 이렇게 말하였다. '폐하, 폐하께서는 편히 계십시오. 제가 폐하의 재물을 관리하겠습니다.'라고. 아난다여, 한번은 마하수닷사나 왕이 그 장자보를 검증하기 위해서 배를 타고 강가 강의 흐름 가운데로 들어가서 장자보에게 이렇게 말했다. '장자여, 나는 황금과 금덩이가 필요하오.' '대왕이시여, 그러시다면 한쪽 기슭에 배를 대십시오.' '장자여, 바로 여기서 나는 황금과 금덩이가 필요하오.' 그러자 장자보는 양손을 물속에 넣고서 한 항아리 가득 황금과 금덩이를 끄집어 올려서 마하수닷사나 왕에게 이렇게 말하였다. '이만하면 충분합니까, 대왕이시여? 이만하면 되었습니까, 대왕이시여? 이만하면 충분히 바쳤습니까, 대왕이시여?'라고. 마하수닷사나 왕은 대답했다. '그만하면 충분하도다, 장자여. 그만하면 되었도다, 장자여. 그만하면 충분히 바쳤도다, 장자여.'라고. 아난다여, 마하수닷사나 왕에게 이런 장자보가 나타났다."

주장신보(主藏臣寶, 국무대신 보배)

1.17. "다시 아난다여, 마하수닷사나 왕에게는 주장신보(主藏臣寶, 국무대신 보배)가 나타났다. 현명하고 영리하고 슬기롭고 힘이 있어서 전륜성왕이 증장해야 할 것을 증장하게 하고 없애야 할 것을 없애게 하며 확립해야 할 것을 확립하게 한다. 그는 마하수닷사나 왕에게 와서 이렇게 말하였다. '폐하, 폐하께서는 편히 계십시오. 제가 통치를 하겠습니다.'라고. 아난다여, 마하수닷사나 왕에게 이런 주장신보가 나타났다. 아난다여, 마하수닷사나 왕은 이런 일곱 가지 보배를 구족하였다."

네 가지 성취

1.18. "다시 아난다여, 마하수닷사나 왕은 네 가지 성취를 구족하였다. 무엇이 네 가지 성취인가? 아난다여, 여기 마하사수닷사나 왕은 멋있고 수려하고 우아하고 최상의 외모를 갖추어서 다른 인간들을 능가하였다. 아난다여, 마하수닷사나 왕은 이런 첫 번째 성취를 구족하였다."

1.19. "다시 아난다여, 마하수닷사나 왕은 장수하며 오래 머물러서 다른 인간들을 능가한다. 아난다여, 마하수닷사나 왕은 이런 두 번째 성취를 구족하였다."

1.20. "다시 아난다여, 마하수닷사나 왕은 병이 없고 성가심이 없으며 소화력을 잘 갖추어서 너무 차지도 않고 너무 덥지도 않아서 다른 인간들을 능가한다. 아난다여, 마하수닷사나 왕은 이런 세 번째 성취를 구족하였다."

1.21. "다시 아난다여, 마하수닷사나 왕은 바라문들과 장자들에게 호감을 주었고 그들의 마음에 들었다. 아난다여, 마치 아버지가 아들들에게 호감을 주고 마음에 들듯이, 마하수닷사나 왕은 바라문들과 장자들에게 호감을 주었고 그들의 마음에 들었다. 아난다여, 바라문들과 장자들도 역시 마하수닷사나 왕에게 호감을 주었고 그의 마음에 들었다. 아난다여, 마치 아들들이 아버지에게 호감을 주고 마음에 들듯이, 바라문들과 장자들도 역시 마하수닷사나 왕에게 사랑스러웠고 그의 마음에 들었다.

한번은 마하수닷사나 왕이 네 무리의 군대와 함께 공원으로 향하였다. 아난다여, 그때 바라문들과 장자들이 마하수닷사나 왕에게 와서 이렇게 말하였다. '폐하, 서두르지 말고 가소서. 그래야 저희들이 좀 더 오래 폐하를 볼 수 있습니다.'라고. 아난다여, 마하수닷사나 왕도 마부를 불러서 말했다. '마부여, 서두르지 말고 몰아라. 그래야 짐이 더 오래 바라문들과 장자들을 볼 수 있다.'라고. 아난다여, 마하수닷사나 왕은 이런 네 번째 성취를 구족하였다. 아난다여, 마하수닷사나 왕은 이런 네 가지 성취를 구족하였다."

연못들

1.22. "아난다여, 그때 마하수닷사나 왕에게 이런 생각이 들었다. '나는 이 야자나무들 사이에 100활[333]의 간격으로 연못들을 만들게 해야겠다.'라고. 아난다여, 마하수닷사나 왕은 야자나무들 사이에 100활의 간격으로 연못들을 만들게 하였다. 아난다여, 그들 연못은 각각 네 가지 색깔을 가진 벽돌을 쌓아서 만들었다. 한 면의 벽돌은 황금으로, 한 면은 은으로, 한 면은 녹주석으로, 한 면은 수정으로 만들었다. 아난다여, 그들 연못에는 네 가지 색깔을 가진 계단들이 있었다. 한 계단은 황금으로, 한 계단은 은으로, 한 계단은 녹주석으로, 한 계단은 수정으로 되어 있었다.

황금으로 된 계단에는 황금으로 된 기둥과 은으로 된 난간과 난간동자가 있었다. 은으로 된 계단에는 은으로 된 기둥과 황금으로 된 난간과 난간동자가 있었다. 녹주석으로 된 계단에는 녹주석으로 된

---

333) '활'은 dhanu를 옮긴 것인데 길이를 재는 단위이다. 2000활(dhanu)이 1 꼬사(kosa)이고, 1꼬사는 대략 1마일(1.6㎞) 정도의 길이라 한다.(NMD) 그러므로 1활은 대략 80㎝ 정도의 길이다.

기둥과 수정으로 된 난간과 난간동자가 있었다. 수정으로 된 계단에는 수정으로 된 기둥과 녹주석으로 된 난간과 난간동자가 있었다.

아난다여, 그들 연못은 두 종류의 흉벽으로 에워싸여 있었다. 하나는 황금으로 된 흉벽이고 하나는 은으로 된 것이었다. 황금으로 된 흉벽에는 황금으로 된 기둥과 은으로 된 난간과 난간동자가 있었다. 은으로 된 흉벽에는 은으로 된 기둥과 황금으로 된 난간과 난간동자가 있었다."

1.23. "아난다여, 그러자 마하수닷사나 왕에게 이런 생각이 들었다. '나는 이들 연못에 화환을 [만드는 꽃]들을 자라게 해야겠다. 사시사철 피는 청련, 홍련, 자련, 백련을 심어 모든 사람에게 개방해야겠다.'라고. 아난다여, 마하수닷사나 왕은 그들 연못에 화환을 [만드는 꽃]들을 자라게 하였나니 사시사철 피는 청련, 홍련, 자련, 백련을 심어 모든 사람에게 개방하였다.

아난다여, 그러자 마하수닷사나 왕에게 이런 생각이 들었다. '나는 이들 연못의 둑에 목욕관리자를 두어야겠다. 그래서 여기에 오는 사람들이 목욕하게 해야겠다.'라고. 아난다여, 마하수닷사나 왕은 그들 연못의 둑에 목욕관리자를 두어서 거기에 오는 사람들이 목욕하게 했다.

아난다여, 그러자 마하수닷사나 왕에게 이런 생각이 들었다. '나는 이들 연못의 둑에 이러한 보시를 베푸는 곳을 개설해야겠다. 음식을 원하는 자에게는 음식을 베풀고, 마실 것을 원하는 자에게는 물을 베풀고, 옷을 원하는 자에게는 옷을 베풀고, 탈것을 원하는 자에게는 탈것을 베풀고, 잘 곳을 원하는 자에게는 잠자리를 베풀고, 배필을 원하는 자에게는 배필을 얻도록 하고, 금화를 원하는 자에게는 금화를 베풀고, 황금을 원하는 자에게는 황금을 베풀도록.'이라고. 아난다여, 마하수닷사나 왕은 그들 연못의 둑에 이러한 보시를 베푸는 곳을 개설해서 먹을 것을 원하는 자에게는 음식을 베풀고, 마실 것을 원하는 자에게는 물을 베풀고, 옷을 원하는 자에게는 옷을 베풀고, 탈것을 원하는 자에게는 탈것을 베풀고, 잘 곳을 원하는 자에게는 잠자리를 베풀고, 배필을 원하는 자에게는 배필을 얻도록 하고, 금화를 원하는 자에게는 금화를 베풀고, 황금을 원하는 자에게는 황금을 베풀었다."

1.24. "아난다여, 그러자 바라문들과 장자들이 수많은 자신들의 재물을 가지고 마하수닷사나 왕에게 다가와서 이렇게 말했다. '폐하 저희들이 가지고 온 이런 수많은 재물들은 모두 폐하께 바치는 것이오니 이를 받아 주십시오.' '존자들이여, 이처럼 내가 가진 수많은 재물들로도 충분하오. 그것은 법답게 모은 세금이오. 그러니 그대들이 가지고 온 것은 그대들이 가지시고 이것을 더 가져가시오.'

그들은 왕이 거절을 하자 한 곁에 모여서 이렇게 상의를 하였다. '우리가 우리의 소유물들을 다시 각자의 집으로 가져간다는 것은 어울리지 않습니다. 우리는 마하수닷사나 왕의 거처를 지어 드립시다.' 라고. 아난다여, 그들은 마하수닷사나 왕에게 다가가서 이렇게 말하였다. '폐하, 저희들이 폐하의 거처를 지어 드리겠습니다.' 아난다여, 마하수닷사나 왕은 침묵으로 허락하였다."

담마 궁전의 묘사

1.25. "아난다여, 그때 신들의 왕 삭까는 마하수닷사나 왕의 마음

에 일어난 생각을 마음으로 알고 신의 아들 윗사깜마334)를 불러서 말하였다. '오라, 착한 윗사깜마여. 그대는 마하수닷사나 왕의 거처인 담마라 불리는 궁전을 지어 주어라.' '그렇게 하겠습니다, 존자시여.' 라고 신의 아들 윗사깜마는 신들의 왕 삭까에게 대답한 뒤 마치 힘 센 사람이 구부렸던 팔을 펴고 폈던 팔을 구부리는 것처럼 삼십삼천의 신들 사이에서 사라져서 마하수닷사나 왕 앞에 나타났다. 아난다여, 그러자 신의 아들 윗사깜마는 마하수닷사나 왕에게 이렇게 말하였다. '폐하, 당신의 거처인 담마라 불리는 궁전을 지어 드리겠습니다.' 마하수닷사나 왕은 침묵으로 허락하였다. 아난다여, 그러자 신의 아들 윗사깜마는 마하수닷사나 왕의 거처인 담마라 불리는 궁전을 지어 주었다."

1.26. "아난다여, 담마 궁전은 동쪽부터 서쪽까지는 일 요자나의 길이였고 북쪽부터 남쪽까지는 반 요자나의 너비였다.

아난다여, 담마 궁전은 그 기초가 사람 세 길의 높이가 되도록 돋워서 지었으며 각각 네 가지 색깔을 가진 벽돌을 쌓아서 만들었다. 한 면의 벽돌은 황금으로, 한 면은 은으로, 한 면은 녹주석으로, 한 면은 수정으로 만들었다.

아난다여, 담마 궁전은 8만 4천 개의 기둥이 있었는데 네 가지 색

---

334) 윗사깜마(Vissakamma)는 삼십삼천에 있는 신들의 목수이다. 그는 초기경의 몇 군데에서 신들의 목수로 등장하고 있다. 자따까에서 아난다 존자도 전생에 윗사깜마였다고 하는 것을 볼 때(Jā.iv.325.) 윗사깜마는 개인의 이름이 아닌 신들의 목수라는 직책의 이름인 듯하다. 산스끄리뜨어는 위슈와까르만(Visvakarman)인데 산스끄리뜨 문헌에서도 그는 신들의 목수이다. 이러한 산스끄리뜨 신화가 자연스럽게 불교 안으로 채용된 것이다.

깔을 가졌다. 한 면의 기둥들은 황금으로, 한 면은 은으로, 한 면은 녹주석으로, 한 면은 수정으로 만들었다.

아난다여, 담마 궁전은 네 가지 색깔을 가진 벽들로 에워싸였는데 한 면의 벽들은 황금으로, 한 면은 은으로, 한 면은 녹주석으로, 한 면은 수정으로 만들었다.

아난다여, 담마 궁전은 24개의 계단들이 있었는데 네 가지 색깔을 가졌다. 한 면의 계단은 황금으로, 한 계단은 은으로, 한 계단은 녹주석으로, 한 계단은 수정으로 되어 있었다.

황금으로 된 계단에는 황금으로 된 기둥과 은으로 된 난간과 난간동자가 있었다. 은으로 된 계단에는 은으로 된 기둥과 황금으로 된 난간과 난간동자가 있었다. 녹주석으로 된 계단에는 녹주석으로 된 기둥과 수정으로 된 난간과 난간동자가 있었다. 수정으로 된 계단에는 수정으로 된 기둥과 녹주석으로 된 난간과 난간동자가 있었다.

아난다여, 담마 궁전은 8만 4천 개의 방이 있었는데 네 가지 색깔을 가졌다. 한 무리의 방은 황금으로, 한 무리는 은으로, 한 무리는 녹주석으로, 한 무리는 수정으로 되어 있었다. 황금으로 된 방에는 은으로 된 침상이, 은으로 된 방에는 황금으로 된 침상이, 녹주석으로 된 방에는 상아로 된 침상이, 수정으로 된 방에는 전단향으로 된 침상이 있었다.

황금으로 된 방의 문에는 은으로 된 야자나무가 서있었는데 줄기는 은으로 되었고 잎과 열매는 황금으로 되었다. 은으로 된 방의 문에는 황금으로 된 야자나무가 서있었는데 줄기는 황금으로 되었고 잎과 열매는 은으로 되었다. 녹주석으로 된 방의 문에는 수정으로 된 야자나무가 서있었는데 줄기는 수정으로 되었고 잎과 열매는 녹주석으로 되었다. 수정으로 된 방의 문에는 녹주석으로 된 야자나무가 서 있었는데 줄기는 녹주석으로 되었고 잎과 열매는 수정으로 되었다."

1.27. "아난다여, 그러자 마하수닷사나 왕에게 이런 생각이 들었다. '나는 내가 낮의 머묾을 위해 앉아 있는 큰 중각강당의 문에 전체가 황금으로 된 야자나무 숲을 만들게 하리라.'라고. 아난다여, 마하수닷사나 왕은 낮의 머묾을 위해 앉아 있는 큰 중각강당의 문에 전체가 황금으로 된 야자나무 숲을 만들게 하였다."

1.28. "아난다여, 담마 궁전은 두 종류의 흉벽으로 에워싸여 있었다. 하나는 황금으로 된 흉벽이고 하나는 은으로 된 것이었다. 황금으로 된 흉벽에는 황금으로 된 기둥과 은으로 된 난간과 난간동자가 있었다. 은으로 된 흉벽에는 은으로 된 기둥과 황금으로 된 난간과 난간동자가 있었다."

1.29. "아난다여, 담마 궁전은 두 종류의 종으로 가득한 그물들로 에워싸여 있었다. 하나는 황금으로 된 그물이고 하나는 은으로 된 것이었다. 황금으로 된 그물에는 은으로 된 종들이, 은으로 된 그물에는 황금으로 된 종들이 있었다. 아난다여, 그 종으로 가득한 그물들이 바람에 움직이면 사랑스럽고 매혹적이고 아름답고 취하게 하는 소리가 났다. 아난다여, 마치 잘 훈련되고 숙련된 연주자들이 다섯 가지로 구성된 악기로 멋지게 연주한 음악 소리가 사랑스럽고 매혹적이고 아름답고 취하게 하는 것처럼, 종으로 가득한 그물들이 바람에 움직이면 사랑스럽고 매혹적이고 아름답고 취하게 하는 소리가 났다."

1.30. "아난다여, 담마 궁전이 완성되자 눈이 부셔서 쳐다보기가 어려웠다. 아난다여, 마치 우기철의 마지막 달인 가을에 하늘이 청명하고 구름 한 점 없을 때 태양이 창공에 떠오르면 눈이 부셔서 쳐다보기 어려운 것처럼, 그와 마찬가지로 담마 궁전도 눈이 부셔서 쳐다보기가 어려웠다."

1.31. "아난다여, 그때 마하수닷사나 왕에게 이런 생각이 들었다. '나는 이 담마 궁전의 앞에 담마라는 연못을 만들게 해야겠다.'라고. 아난다여, 마하수닷사나 왕은 담마 궁전의 앞에 담마라는 연못을 만들게 하였다. 아난다여, 담마 연못은 동쪽부터 서쪽까지는 일 요자나의 길이였고 북쪽부터 남쪽까지는 반 요자나의 너비였다. 아난다여, 담마 연못은 각각 네 가지 색깔을 가진 벽돌을 쌓아서 만들었다. 한 면의 벽돌은 황금으로, 한 면은 은으로, 한 면은 녹주석으로, 한 면은 수정으로 만들었다. 아난다여, 담마 연못에는 네 가지 색깔을 가진 24개의 계단들이 있었다. 한 계단은 황금으로, 한 계단은 은으로, 한 계단은 녹주석으로, 한 계단은 수정으로 되어 있었다.

황금으로 된 계단에는 황금으로 된 기둥과 은으로 된 난간과 난간동자가 있었다. 은으로 된 계단에는 은으로 된 기둥과 황금으로 된 난간과 난간동자가 있었다. 녹주석으로 된 계단에는 녹주석으로 된 기둥과 수정으로 된 난간과 난간동자가 있었다. 수정으로 된 계단에는 수정으로 된 기둥과 녹주석으로 된 난간과 난간동자가 있었다.

아난다여, 담마 연못은 두 종류의 흉벽으로 에워싸여 있었다. 하나는 황금으로 된 흉벽이고 하나는 은으로 된 것이었다. 황금으로 된 흉벽에는 황금으로 된 기둥과 은으로 된 난간과 난간동자가 있었다.

은으로 된 홍벽에는 은으로 된 기둥과 황금으로 된 난간과 난간동자가 있었다."

1.32. "아난다여, 그러자 마하수닷사나 왕에게 이런 생각이 들었다. '나는 담마 연못에 화환을 [만드는 꽃]들을 자라게 해야겠다. 사시사철 피는 청련, 홍련, 자련, 백련을 심어 모든 사람들에게 개방해야겠다.'라고. 아난다여, 마하수닷사나 왕은 담마 연못에 화환을 [만드는 꽃]들을 자라게 하였나니 사시사철 피는 청련, 홍련, 자련, 백련을 심어 모든 사람들에게 개방하였다.

아난다여, 그러자 마하수닷사나 왕에게 이런 생각이 들었다. '나는 담마 연못의 둑에 목욕관리자를 두어야겠다. 그래서 여기에 오는 사람이 목욕하게 해야겠다.'라고. 아난다여, 마하수닷사나 왕은 담마 연못의 둑에 목욕관리자를 두어서 거기에 오는 사람이 목욕하게 했다.

아난다여, 그러자 마하수닷사나 왕에게 이런 생각이 들었다. '나는 담마 연못의 둑에 이러한 보시를 베푸는 곳을 개설해야겠다. 음식을 원하는 자에게는 음식을 베풀고, 마실 것을 원하는 자에게는 물을 베풀고, 옷을 원하는 자에게는 옷을 베풀고, 탈것을 원하는 자에게는 탈것을 베풀고, 잘 곳을 원하는 자에게는 잠자리를 베풀고, 배필을 원하는 자에게는 배필을 얻도록 하고, 금화를 원하는 자에게는 금화를 베풀고, 황금을 원하는 자에게는 황금을 베풀도록.'이라고 아난다여, 마하수닷사나 왕은 담마 연못의 둑에 이러한 보시를 베푸는 곳을 개설해서 먹을 것을 원하는 자에게는 음식을 베풀고, 마실 것을 원하는 자에게는 물을 베풀고, 옷을 원하는 자에게는 옷을 베풀고, 탈것을 원하는 자에게는 탈것을 베풀고, 잘 곳을 원하는 자에게는 잠자리를 베풀고, 배필을 원하는 자에게는 배필을 얻도록 하고, 금화를 원하는 자에게는 금화를 베풀고, 황금을 원하는 자에게는 황금을 베풀었다."

1.33. "아난다여, 담마 궁전이 완성되고 담마 연못이 완성되자 마하수닷사나 왕은 그 당시에 사문이었던 자들에게는 사문으로서의 존경을 표시하고 바라문들에게는 바라문으로서의 존경을 표시하여 그들이 원하는 모든 것을 충족하게 한 뒤 담마 궁전에 올랐다."

첫 번째 바나와라가 끝났다.

선(禪)의 증득

2.1. "아난다여, 그때 마하수닷사나 왕에게 이런 생각이 들었다. '나는 무슨 업의 결실과 무슨 업의 과보로 지금 이런 크나큰 번영과 크나큰 위세를 가지게 되었을까?' 아난다여, 그러자 마하수닷사나 왕에게 이런 생각이 들었다. '나는 세 가지 업의 결실과 세 가지 업의 과보로 지금 이런 크나큰 번영과 크나큰 위세를 가지게 되었으니 그것은 보시와 길들임과 제어이다.335)"

2.2. "아난다여, 그때 마하수닷사나 왕은 대장엄336) 중각강당으

---

335) '보시'와 '길들임'과 '제어'로 옮긴 원어는 각각 dāna와 dama와 saṁyama이다. 주석서에서는 길들임을 포살의 준수(uposathakamma)로, 제어를 계(sīla)라고 설명하고 있다.(DA.ii.630~31)

336) '대장엄'은 Mahāvyūha의 역어이다. 여기서 vyūha는 vi(분리하여)+√vah(*to carry*)의 명사이며 초기경에서는 '정렬, 정돈, 열, 군대의 정렬' 등의 뜻으로 주로 쓰였으며, 대승에서는 '장식, 장엄, 치장' 등의 뜻으로 발전하였고 중국에서는 莊嚴으로 옮겼다. 본경에서 대장엄은 마하수닷사나 궁

로 갔다. 가서는 대장엄 중각강당의 문에 서서 감흥어를 읊었다.

'감각적 욕망의 생각이여, 멈추어라. 악의의 생각이여, 멈추어라. 해코지의 생각이여, 멈추어라. 감각적 욕망의 생각이여, 이만하면 되었다. 악의의 생각이여, 이만하면 되었다. 해코지의 생각이여, 이만하면 되었다.'라고."

2.3. "아난다여, 그러자 마하수닷사나 왕은 대장엄 중각강당에 들어간 뒤 황금으로 된 침상에 앉아 감각적 욕망들을 완전히 떨쳐버리고 해로운 법[不善法]들을 떨쳐버린 뒤, 일으킨 생각[尋]과 지속적인 고찰[伺]이 있고, 떨쳐버렸음에서 생겼으며, 희열[喜]과 행복[樂]이 있는 초선(初禪)을 구족하여 머물렀다.

일으킨 생각[尋]과 지속적인 고찰[伺]을 가라앉혔기 때문에 [더 이상 존재하지 않으며], 자기 내면의 것이고, 확신이 있으며, 마음의 단일한 상태이고, 일으킨 생각과 지속적인 고찰은 없고, 삼매에서 생긴 희열과 행복이 있는 제2선(二禪)을 구족하여 머물렀다.

희열이 빛바랬기 때문에 평온하게 머물고, 마음챙기고 알아차리며 [正念正知] 몸으로 행복을 경험한다. [이 禪 때문에] 성자들이 그를 두고 '평온하고 마음챙기며 행복하게 머문다.'고 묘사하는 제3선(三禪)을 구족하여 머물렀다.

행복도 버리고 괴로움도 버리고, 아울러 그 이전에 이미 기쁨과 슬픔을 소멸하였으므로 괴롭지도 즐겁지도 않으며, 평온으로 인해 마음챙김이 청정한[捨念淸淨] 제4선(四禪)을 구족하여 머물렀다."

전의 여러 중각강당(누각)들 가운데 가장 중심이 되는 중각강당의 이름으로 쓰이고 있다. 중각강당에 대해서는 본서 제1권 「마할리 경」(D6) §1의 주해를 참조할 것.

2.4. "아난다여, 그때 마하수닷사나 왕은 대장엄 중각강당에서 나와 황금으로 만든 중각강당에 들어가 은으로 된 침상에 앉아 자애 [慈]가 함께한 마음으로 한 방향을 가득 채우면서 머물렀다. 그처럼 두 번째 방향을, 그처럼 세 번째 방향을, 그처럼 네 번째 방향을, 이와 같이 위로, 아래로, 주위로, 모든 곳에서 모두를 자신처럼 여기고, 모든 세상을 풍만하고, 광대하고, 무량하고, 원한 없고, 고통 없는 자애가 함께한 마음으로 가득 채우고 머물렀다. 연민[悲]이 함께한 마음으로 … 더불어 기뻐함[喜]이 함께한 마음으로 … 평온[捨]이 함께한 마음으로 한 방향을 가득 채우면서 머물렀다. 그처럼 두 번째 방향을, 그처럼 세 번째 방향을, 그처럼 네 번째 방향을, 이와 같이 위로, 아래로, 주위로, 모든 곳에서 모두를 자신처럼 여기고, 모든 세상을 풍만하고, 광대하고, 무량하고, 원한 없고, 고통 없는 평온이 함께한 마음으로 가득 채우고 머물렀다."

팔만사천 개의 도시

2.5. "아난다여, 마하수닷사나 왕에게는 8만 4천 개의 도시가 있었나니 수도 꾸사와띠가 최상이었다. 8만 4천의 궁전이 있었나니 담마 궁전이 최상이었다. 8만 4천의 중각강당이 있었나니 대장엄 중각강당이 최상이었다. 8만 4천의 침상이 있었나니 황금으로 된 것, 은으로 된 것, 상아로 된 것, 향나무로 된 것, 다리에 동물 형상을 새긴 것, 긴 술을 가진 덮개가 깔린 것, 천 조각을 덧댄 이불이 깔린 것, 영양 가죽 깔개를 가진 것, 차양으로 가린 것, 붉은 베개와 붉은 발 받침을 가진 것이었다. 8만 4천의 코끼리가 있었나니 황금으로 장식되

고 황금의 깃발을 가지고 황금의 그물로 덮였으며 우뽀사타 코끼리 왕이 최상이었다. 8만 4천의 말이 있었나니 황금으로 장식되고 황금 깃발을 가지고 황금의 그물로 덮였으며 왈라하까 말의 왕이 최상이었다.

8만 4천 개의 마차가 있었나니 사자 가죽으로 덮인 것, 호랑이 가죽으로 덮인 것, 표범 가죽으로 덮인 것, 황색 천으로 덮인 것, 황금으로 장식된 것, 황금의 깃발을 가진 것, 황금의 그물로 덮인 것들이며 웨자얀따 마차가 최상이었다. 8만 4천의 보배가 있었나니 보배보가 최상이었다. 8만 4천의 여인들이 있었나니 수밧다 왕비가 최상이었다. 8만 4천의 장자가 있었나니 장자보가 최상이었다. 8만 4천의 끄샤뜨리야 가신(家臣)들이 있었나니 주장신보(국무대신)가 최상이었다. 8만 4천의 암소들이 있었나니 황마로 된 끈을 가졌으며 은으로 된 우유통을 가졌다. 8만 4천의 옷이 있었나니 섬세한 아마로 된 것, 섬세한 면으로 된 것, 섬세한 비단으로 된 것, 섬세한 모직으로 된 것이었다. 8만 4천의 탈리빠까(밥 보시)337)가 있었나니 저녁과 아침에 밥을 원하는 자가 먹었다."

2.6. "아난다여, 그 무렵에 8만 4천의 코끼리가 저녁과 아침에 마하수닷사나 왕에게 시중을 들러 왔다. 아난다여, 그러자 마하수닷사나 왕에게 이런 생각이 들었다. '8만 4천의 코끼리가 저녁과 아침에 나에게 시중을 들러온다. 백 년마다 매번 4만 2천씩의 코끼리들이 돌아가면서 시중들러 오게 해야겠다.'라고. 아난다여, 그러자 마하

---

337) 탈리빠까(thāli-pāka)는 주석서에 의하면 결혼식(maṅgala)이나 축제 등에서 준비하는 음식이라고 설명한다. 본서 제1권 「암밧타 경」(D3) §1.24의 주해를 참조할 것.

수닷사나 왕은 주장신보(국무대신)를 불러서 말하였다. '착한 주장신보여, 8만 4천의 코끼리가 저녁과 아침에 나에게 시중을 들러오는데 백 년마다 매번 4만 2천씩의 코끼리들이 돌아가면서 시중들러 오게 하시오.' '그렇게 하겠습니다, 폐하.'라고 주장신보는 마하수닷사나 왕에게 대답했다. 아난다여, 그러자 그 후부터는 백 년마다 매번 4만 2천씩의 코끼리들이 돌아가면서 시중들러 왔다."

수밧다 왕비와의 대화

2.7. "아난다여, 그렇게 수백, 수천 년의 수많은 세월이 지나서 수밧다 왕비에게 이런 생각이 들었다. '내가 마하수닷사나 왕을 뵌 지도 오래되었다. 나는 마하수닷사나 왕을 뵈러 가야겠다.'라고, 아난다여, 그러자 수밧다 왕비는 그의 여인들을 불러서 말했다. '이리들 오세요. 머리를 감고 새 옷으로 단장을 하세요. 우리는 마하수닷사나 왕을 뵌 지 오래되었습니다. 이제 마하수닷사나 왕을 뵈러갈 것입니다.' '그렇게 하겠습니다, 왕비님.'이라고 여인들은 수밧다 왕비에게 대답한 뒤 머리를 감고 새 옷으로 단장을 하고 수밧다 왕비에게로 갔다.

아난다여, 그러자 수밧다 왕비는 주장신보를 불러서 말하였다. '착한 주장신보여, 네 무리의 군대를 도열하십시오. 우리는 오랫동안 마하수닷사나 왕을 뵙지 못했습니다. 우리는 마하수닷사나 왕을 뵈러 갈 것입니다.' '그렇게 하겠습니다, 왕비님.'이라고 주장신보는 수밧다 왕비에게 대답한 뒤 네 무리의 군대를 도열하고 수밧다 왕비에게 보고했다. '왕비님, 네 무리의 군대는 도열하였습니다. 이제 [가실] 시간이 되었습니다.'"

2.8. "아난다여, 그때 수밧다 왕비는 네 무리의 군대와 여인들과 더불어 담마 궁전으로 갔다. 가서는 담마 궁전에 올라가서 대장엄 중각강당으로 다가갔다. 가서는 대장엄 중각강당 문기둥에 기대어 섰다. 아난다여, 그때 마하수닷사나 왕은 소리를 듣고서 '많은 사람들이 온 것 같은 이 소리는 무엇인가?'라고 대장엄 중각강당을 나와 수밧다 왕비가 문기둥에 기대어 서있는 것을 보았다. 보고서는 수밧다 왕비에게 '왕비여, 거기에 계시오. 들어오지 마시오.'라고 말했다."

2.9. "아난다여, 그리고 마하수닷사나 왕은 어떤 사람을 불러서 말하였다. '여봐라, 이리 오너라. 대장엄 중각강당으로부터 황금 침상을 가져와서 전체가 황금으로 된 야자나무 숲에 자리를 마련하여라.' '그렇게 하겠습니다, 폐하.'라고 그 사람은 마하수닷사나 왕에게 대답한 뒤 대장엄 중각강당으로부터 황금 침상을 가져와서 전체가 황금으로 된 야자나무 숲에 자리를 마련하였다. 아난다여, 그러자 마하수닷사나 왕은 발로써 발을 포개고 마음챙기고 알아차리면서 오른쪽 옆구리로 사자처럼 누웠다."

2.10. "아난다여, 그때 수밧다 왕비에게 이런 생각이 들었다. '마하수닷사나 왕의 감관(감각기능)들은 밝고 피부색도 청정하고 빛이 난다.338) 그러니 참으로 마하수닷사나 왕이 임종하지 마시도록 해야겠다.'라고. 그래서 왕비는 마하수닷사나 왕에게 이렇게 말했다.

'폐하, 폐하께는 8만 4천의 도시가 있나니 수도 꾸사와띠가 최상입니다. 그러니 의욕을 내십시오. 삶에 대한 애착을 가지십시오.339) 폐

---

338) 본서 「대반열반경」(D16) §4.37에서 여래가 임종하려 할 때 그의 몸은 빛이 난다고 했다. 여기서도 같은 뜻이다.

하, 폐하께서는 8만 4천의 궁전이 있나니 담마 궁전이 최상입니다. 그러니 의욕을 내십시오. 삶에 대한 애착을 가지십시오. 폐하, 폐하께서는 8만 4천의 중각강당이 있나니 대장엄 중각강당이 최상입니다. 그러니 의욕을 내십시오. 삶에 대한 애착을 가지십시오. 폐하, 폐하께서는 8만 4천의 침상이 있나니 황금으로 된 것, 은으로 된 것, 상아로 된 것, 향나무로 된 것, 다리에 동물 형상을 새긴 것, 긴 술을 가진 덮개가 깔린 것, 천 조각을 덧댄 이불이 깔린 것, 영양 가죽 깔개를 가진 것, 차양으로 가린 것, 붉은 베개와 붉은 발 받침을 가진 것입니다. 그러니 의욕을 내십시오. 삶에 대한 애착을 가지십시오. 폐하, 폐하께서는 8만 4천의 코끼리가 있나니 황금으로 장식되고 황금 깃발을 가지고 황금의 그물로 덮였으며 우뽀사타 코끼리 왕이 최상입니다. 그러니 의욕을 내십시오. 삶에 대한 애착을 가지십시오. 폐하, 폐하께서는 8만 4천의 말이 있나니 황금으로 장식되고 황금 깃발을 가지고 황금의 그물로 덮였으며 왈라하까 말의 왕이 최상입니다. 그러니 의욕을 내십시오. 삶에 대한 애착을 가지십시오.

폐하, 폐하께서는 8만 4천의 마차가 있나니 사자 가죽으로 덮인 것, 호랑이 가죽으로 덮인 것, 표범 가죽으로 덮인 것, 황색 천으로 덮인 것, 황금으로 장식된 것, 황금의 깃발을 가진 것, 황금의 그물로 덮인 것들이며 웨자얀따 마차가 최상입니다. 그러니 의욕을 내십시오. 삶에 대한 애착을 가지십시오. 폐하, 폐하께서는 8만 4천의 보배가 있나니 보배보가 최상입니다. 그러니 의욕을 내십시오. 삶에 대한 애착을 가지십시오. 폐하, 폐하께서는 8만 4천의 여인들이 있나니 여인보가 최

---

339) '애착을 가진'으로 옮긴 원어는 sāpekha인데 '기대를 가진' 정도로 직역할 수 있다. 주석서에서 "애착(ālaya)과 갈애(taṇhā)를 가진다는 뜻이다." (DA.ii.633)라고 설명하고 있어서 이렇게 옮겼다.

상입니다. 그러니 의욕을 내십시오. 삶에 대한 애착을 가지십시오. 폐하, 폐하께는 8만 4천의 장자가 있나니 장자보가 최상입니다. 그러니 의욕을 내십시오. 삶에 대한 애착을 가지십시오. 폐하, 폐하께는 8만 4천의 끄샤뜨리야 가신들이 있나니 주장신보가 최상입니다. 그러니 의욕을 내십시오. 삶에 대한 애착을 가지십시오. 폐하, 폐하께는 8만 4천의 암소들이 있나니 황마로 된 끈을 가졌으며 은으로 된 우유통을 가졌습니다. 그러니 의욕을 내십시오. 삶에 대한 애착을 가지십시오. 폐하, 폐하께는 8만 4천의 옷이 있나니 섬세한 아마로 된 것, 섬세한 면으로 된 것, 섬세한 비단으로 된 것, 섬세한 모직으로 된 것입니다. 그러니 의욕을 내십시오. 삶에 대한 애착을 가지십시오. 폐하, 폐하께는 8만 4천의 탈리빠까(밥 보시)가 있나니 저녁과 아침에 밥을 원하는 자가 먹습니다. 그러니 의욕을 내십시오. 삶에 대한 애착을 가지십시오.”

2.11. "아난다여, 이렇게 말하자 마하수닷사나 왕은 수밧다 왕비에게 이렇게 말하였다. '왕비여, 그대는 오랜 세월 짐이 원하고, 좋아하고, 마음에 들게 말을 하였습니다. 그런데 그대는 짐의 마지막 [임종]시간에 짐이 원하지 않고 좋아하지 않고 마음에 들지 않게 말을 합니다.'

'폐하, 그러면 제가 어떻게 말씀을 드려야 합니까?'

'왕비여, 그대는 짐에게 이렇게 말하시오. '폐하, 사랑스럽고 마음에 드는 모든 것과는 헤어지기 마련이고 없어지기 마련이고 달라지기 마련입니다. 폐하, 그러니 폐하께서는 애착을 가지고 임종하지 마십시오. 애착을 가지고 임종하는 것은 괴로움입니다. 애착을 가지고 임종하는 것은 비난받게 됩니다.

폐하, 폐하께서는 8만 4천의 도시가 있나니 수도 꾸사와띠가 최상입니다. 폐하, 여기에 대해서 의욕을 버리십시오. 삶에 대한 애착을 가지지 마십시오. 폐하, 폐하께서는 8만 4천의 궁전이 있나니 담마 궁전이 최상입니다. 폐하, 여기에 대해서 의욕을 버리십시오. 삶에 대한 애착을 가지지 마십시오. 폐하, 폐하께서는 8만 4천의 중각강당이 있나니 대장엄 중각강당이 최상입니다. 폐하, 여기에 대해서 의욕을 버리십시오. 삶에 대한 애착을 가지지 마십시오. 폐하, 폐하께서는 8만 4천의 침상이 있나니 황금으로 된 것, 은으로 된 것, 상아로 된 것, 향나무로 된 것, 다리에 동물 형상을 새긴 것, 긴 술을 가진 덮개가 깔린 것, 천 조각을 덧댄 이불이 깔린 것, 영양 가죽 깔개를 가진 것, 차양으로 가린 것. 붉은 베개와 붉은 발 받침을 가진 것입니다. 폐하, 여기에 대해서 의욕을 버리십시오. 삶에 대한 애착을 가지지 마십시오. 폐하, 폐하께서는 8만 4천의 코끼리가 있나니 황금으로 장식되고 황금 깃발을 가지고 황금의 그물로 덮였으며 우뽀사타 코끼리 왕이 최상입니다. 폐하, 여기에 대해서 의욕을 버리십시오. 삶에 대한 애착을 가지지 마십시오. 폐하, 폐하께서는 8만 4천의 말이 있나니 황금으로 장식되고 황금 깃발을 가지고 황금의 그물로 덮였으며 왈라하까 말의 왕이 최상입니다. 폐하, 이들에 대한 애착을 버리십시오. 삶에 대한 애착을 가지지 마십시오.

폐하, 폐하께서는 8만 4천의 마차가 있나니 사자 가죽으로 덮인 것, 호랑이 가죽으로 덮인 것, 표범 가죽으로 덮인 것, 황색 천으로 덮인 것, 황금으로 장식된 것, 황금의 깃발을 가진 것, 황금의 그물로 덮인 것들이며 웨자얀따 마차가 최상입니다. 폐하, 여기에 대해서 의욕을 버리십시오. 삶에 대한 애착을 가지지 마십시오. 폐하, 폐하께서는 8만

4천의 보배가 있나니 보배보가 최상입니다. 폐하, 여기에 대해서 의욕을 버리십시오. 삶에 대한 애착을 가지지 마십시오. 폐하, 폐하께서는 8만 4천의 여인들이 있나니 여인보가 최상입니다. 폐하, 여기에 대해서 의욕을 버리십시오. 삶에 대한 애착을 가지지 마십시오. 폐하, 폐하께서는 8만 4천의 장자가 있나니 장자보가 최상입니다. 폐하, 여기에 대해서 의욕을 버리십시오. 삶에 대한 애착을 가지지 마십시오. 폐하, 폐하께서는 8만 4천의 끄샤뜨리야 가신들이 있나니 주장신보가 최상입니다. 폐하, 여기에 대해서 의욕을 버리십시오. 삶에 대한 애착을 가지지 마십시오. 폐하, 폐하께서는 8만 4천의 암소들이 있나니 황마로 된 끈을 가졌으며 은으로 된 우유통을 가졌습니다. 폐하, 여기에 대해서 의욕을 버리십시오. 삶에 대한 애착을 가지지 마십시오. 폐하, 폐하께서는 8만 4천의 옷이 있나니 섬세한 아마로 된 것, 섬세한 면으로 된 것, 섬세한 비단으로 된 것, 섬세한 모직으로 된 것입니다. 폐하, 여기에 대해서 의욕을 버리십시오. 삶에 대한 애착을 가지지 마십시오. 폐하, 폐하께서는 8만 4천의 탈리빠까(밥 보시)가 있나니 저녁과 아침에 밥을 원하는 자가 먹습니다. 폐하, 여기에 대해서 의욕을 버리십시오. 삶에 대한 애착을 가지지 마십시오.'라고.'"

2.12. "아난다여, 이렇게 말하자 수밧다 왕비는 울면서 눈물을 흘렸다. 울면서 눈물을 흘린 뒤 마하수닷사나 왕에게 이렇게 말하였다.
'폐하, 사랑스럽고 마음에 드는 모든 것과는 헤어지기 마련이고 없어지기 마련이고 달라지기 마련입니다. 폐하, 그러니 폐하께서는 애착을 가지고 임종하지 마십시오. 애착을 가지고 임종하는 것은 괴로움입니다. 애착을 가지고 임종하는 것은 비난받게 됩니다.
폐하, 폐하께서는 8만 4천의 도시가 있나니 수도 꾸사와띠가 최상입니다. 폐하, 여기에 대해서 의욕을 버리십시오. 삶에 대한 애착을 가지지 마십시오. 폐하, 폐하께서는 8만 4천의 궁전이 있나니 담마 궁전이 최상입니다. 폐하, 여기에 대해서 의욕을 버리십시오. 삶에 대한 애착을 가지지 마십시오. 폐하, 폐하께서는 8만 4천의 중각강당이 있나니 대장엄 중각강당이 최상입니다. 폐하, 여기에 대해서 의욕을 버리십시오. 삶에 대한 애착을 가지지 마십시오. 폐하, 폐하께서는 8만 4천의 침상이 있나니 황금으로 된 것, 은으로 된 것, 상아로 된 것, 향나무로 된 것, 다리에 동물 형상을 새긴 것, 긴 술을 가진 덮개가 깔린 것, 천 조각을 덧댄 이불이 깔린 것, 영양 가죽 깔개를 가진 것, 차양으로 가린 것. 붉은 베개와 붉은 발 받침을 가진 것입니다. 폐하, 여기에 대해서 의욕을 버리십시오. 삶에 대한 애착을 가지지 마십시오. 폐하, 폐하께서는 8만 4천의 코끼리가 있나니 황금으로 장식되고 황금 깃발을 가지고 황금의 그물로 덮였으며 우뽀사타 코끼리 왕이 최상입니다. 폐하, 여기에 대해서 의욕을 버리십시오. 삶에 대한 애착을 가지지 마십시오. 폐하, 폐하께서는 8만 4천의 말이 있나니 황금으로 장식되고 황금 깃발을 가지고 황금의 그물로 덮였으며 왈라하까 말의 왕이 최상입니다. 폐하, 여기에 대해서 의욕을 버리십시오. 삶에 대한 애착을 가지지 마십시오.

폐하, 폐하께서는 8만 4천의 마차가 있나니 사자 가죽으로 덮인 것, 호랑이 가죽으로 덮인 것, 표범 가죽으로 덮인 것, 황색 천으로 덮인 것, 황금으로 장식된 것, 황금의 깃발을 가진 것, 황금의 그물로 덮인 것들이며 웨자얀따 마차가 최상입니다. 폐하, 여기에 대해서 의욕을 버리십시오. 삶에 대한 애착을 가지지 마십시오. 폐하, 폐하께서는 8만 4천의 보배가 있나니 보배보가 최상입니다. 폐하, 여기에 대해서 의욕을 버리십시오. 삶에 대한 애착을 가지지 마십시오. 폐하, 폐하께서는 8만 4천의 여인들이 있나니 여인보가 최상입니다. 폐하, 여기에 대해서 의욕을 버리십시오. 삶에 대한 애착을 가지지 마십시오. 폐하, 폐하께서는 8만 4천의 장자가 있나니 장자보가 최상입니다. 폐하, 여기에 대해서 의욕을 버리십시오. 삶에 대한 애착을 가지지 마십시오. 폐하, 폐하께서는 8만 4천의 끄샤뜨리야 가신들이 있나니 주장신보가 최상입니다. 폐하, 여기에 대해서 의욕을 버리십시오. 삶에 대한 애착을 가지지 마십시오. 폐하, 폐하께서는 8만 4천의 암소들이 있나니 황마로 된 끈을 가졌으며 은으로 된 우유통을 가졌습니다. 폐하, 여기에 대해서 의욕을 버리십시오. 삶에 대한 애착을 가지지 마십시오. 폐하, 폐하께서는 8만 4천의 옷이 있나니 섬세한 아마로 된 것, 섬세한 면으로 된 것, 섬세한 비단으로 된 것, 섬세한 모직으로 된 것입니다. 폐하, 여기에 대해서 의욕을 버리십시오. 삶에 대한 애착을 가지지 마십시오. 폐하, 폐하께서는 8만 4천의 탈리빠까(밥 보시)가 있나니 저녁과 아침에 밥을 원하는 자가 먹습니다. 폐하, 여기에 대해서 의욕을 버리십시오. 삶에 대한 애착을 가지지 마십시오.'라고."

범천에 태어남

2.13. "아난다여, 그러자 마하수닷사나 왕은 오래지 않아서 임종을 하였다. 아난다여, 마치 장자나 장자의 아들이 맛있는 음식을 먹고 난 뒤에 식곤증이 생기듯이 마하수닷사나 왕에게는 그와 같은 임종의 느낌이 있었다.

아난다여, 마하수닷사나 왕은 임종하여 범천의 세상에 태어났다. 아난다여, 마하수닷사나 왕은 8만 4천 년 동안을 어린아이처럼 유희를 즐겼고, 8만 4천 년 동안을 소왕국을 통치했고, 8만 4천 년 동안을 왕국을 통치했고, 8만 4천 년 동안을 재가자로서 담마 궁전에서 청정범행을 닦았다. 그는 네 가지 거룩한 마음가짐(신성한 머묾, 四梵住, 四無量)을 닦았고 몸이 무너져 죽은 뒤 범천의 세상에 태어났다."

마하수닷사나 왕은 세존의 전신(前身)이었다

2.14. "아난다여, 아마 그대에게 이런 생각이 들지도 모른다. '그때의 마하수닷사나 왕은 다른 사람이었을 것이다.'라고. 아난다여, 그러나 이것을 그렇게 보아서는 안된다. 아난다여, 내가 바로 그때의 마하수닷사나 왕이었다.

그때 8만 4천의 도시가 있었고 수도 꾸사와띠가 최상이었는데 이것은 모두 나의 것이었다. 8만 4천의 궁전이 있었고 담마 궁전이 최상이었는데 이것은 모두 나의 것이었다. 8만 4천의 중각강당이 있었고 대장엄 중각강당이 최상이었는데 이것은 모두 나의 것이었다. 8만 4천의 침상이 있어서 황금으로 된 것, 은으로 된 것, 상아로 된 것, 향나무로 된 것, 다리에 동물 형상을 새긴 것, 긴 술을 가진 덮개가 깔린 것, 천 조각을 덧댄 이불이 깔린 것, 영양 가죽 깔개를 가진 것, 차양으로 가린 것, 붉은 베개와 붉은 발 받침을 가진 것이었는데 이것은 모두 나의 것이었다. 8만 4천의 코끼리가 있어서 황금으로 장식되고 황금 깃발을 가지고 황금의 그물로 덮였으며 우뽀사타 코끼리 왕이 최상이었는데 이것은 모두 나의 것이었다. 8만 4천의 말이 있어서 황금으로 장식되고 황금 깃발을 가지고 황금의 그물로 덮였으며 왈라하까 말의 왕이 최상이었는데 이것은 모두 나의 것이었다.

8만 4천의 마차가 있어서 사자 가죽으로 덮인 것, 호랑이 가죽으로 덮인 것, 표범 가죽으로 덮인 것, 황색 천으로 덮인 것, 황금으로 장식된 것, 황금의 깃발을 가진 것, 황금의 그물로 덮인 것들이며 웨자얀따 마차가 최상이었는데 이것은 모두 나의 것이었다. 8만 4천의 보배가 있었고 보배보가 최상이었는데 이것은 모두 나의 것이었다. 8만 4천의 여인들이 있었고 수밧다 왕비가 최상이었는데 이들은 모두 나의 사람이었다. 8만 4천의 장자가 있었고 장자보가 최상이었는데 이들은 모두 나의 사람이었다. 8만 4천의 끄샤뜨리야 가신들이 있었고 주장신보가 최상이었는데 이들은 모두 나의 사람이었다. 8만 4천의 암소들이 있어서 황마로 된 끈을 가졌으며 은으로 된 우유통을 가졌는데 이것은 모두 나의 것이었다. 8만 4천의 옷이 있어서 섬세한 아마로 된 것, 섬세한 면으로 된 것, 섬세한 비단으로 된 것, 섬세한 모직으로 된 것이었는데 이것은 모두 나의 것이었다. 8만 4천의 탈리빠까(밥 보시)가 있어서 저녁과 아침에 밥을 원하는 자가 먹었는데 이것은 모두 나의 것이다."

2.15. "아난다여, 그러나 그들 8만 4천의 도시 가운데 내가 살았던 곳은 오직 한 곳이었으니 그것은 수도 꾸사와띠였다. 아난다여, 그들 8만 4천의 궁전 가운데 내가 머물렀던 곳은 오직 한 곳이었으니 담마 궁전이었다. 아난다여, 그들 8만 4천의 중각강당 가운데서 내가 머물렀던 곳은 오직 한 곳이었으니 대장엄 중각강당이었다. 아난다여, 그들 8만 4천의 침상 가운데 내가 사용했던 것은 오직 하나뿐이었으니 그것은 금으로 만든 것이었거나, 은으로 만든 것이었거나, 상아로 만든 것이었거나, 혹은 향나무로 만든 것이었다. 아난다여, 그들 8만 4천의 코끼리 가운데 내가 탔던 것은 오직 우뽀사타 코끼리 왕뿐이었다. 아난다여, 그들 8만 4천의 말 가운데서 내가 탔던

것은 오직 왈라하까 말의 왕뿐이었다. 아난다여, 그들 8만 4천의 마차 가운데서 내가 탔던 것은 웨자얀따 마차 오직 하나뿐이었다. 아난다여, 그들 8만 4천의 여인들 가운데 끄샤뜨리야 여인이나 웰라미까 여인 한 사람만이 시중을 들었다. 아난다여, 그들 8만 4천의 옷 가운데 내가 입었던 것은 오직 하나뿐이었으니 그것은 섬세한 아마로 된 것이거나, 섬세한 면으로 된 것이거나, 섬세한 비단으로 된 것이거나, 혹은 섬세한 모직으로 된 것이었다. 아난다여, 그들 8만 4천의 탈리빠까(밥 보시) 가운데서 내가 먹었던 것은 오직 하나였나니 한 날리까 분량의 쌀밥과 그 안에 부은 국(카레)이 전부였다."340)

맺는 말

2.16. "보라, 아난다여. 그 형성된 것[行]들은 모두 지나갔고 소멸하였고 변해버렸다. 아난다여, 이와 같이 형성된 것들은 무상하다. 아난다여, 이와 같이 형성된 것은 견고하지 않다. 아난다여, 이와 같이 형성된 것들은 안식을 주지 못한다. 아난다여, 그러므로 형성된 것들[諸行]은 모두 역겨워 해야 마땅하며[厭惡] 빛바래도록 해야 마땅하며[離慾] 해탈해야 마땅하다[解脫]."341)

---

340) 새겨들어야 할 가르침이다. 제아무리 큰 궁전에 살아도 자는 곳은 한두 평 남짓한 침상뿐이며 제아무리 많은 재물과 재산과 음식이 있어도 한 끼 먹는 것은 일정분량의 밥과 반찬이다. 그 이상을 먹으면 병이 들 뿐이다.

341) 이 구절이 「마하수닷사나 경」을 통해서 세존께서 제자들에게 간곡하게 전하고자 하시는 메시지이다. 세속적인 것이든 비세속적인 것이든 그 성취가 아무리 뛰어나다 해도 그것에 조금이라도 의미를 부여하는 한 염오-이욕-해탈은 불가능하다. 상카라[行]들로 표현되는 세상의 모든 것에 대해서 사무치도록 넌더리치지[厭惡] 못하는 한 해탈·열반은 학자들의 공허한 구호에 지나지 않을 것이다.

2.17. "아난다여, 내가 기억하기로는 나는 이 장소에서 여섯 번 몸을 버렸다. 그런 나는 전륜성왕이어서 정의로운 자요 법다운 왕이었으며 사방을 정복한 승리자여서 나라를 안정되게 하고 일곱 가지 보배를 두루 갖추었다. 그리고 이것이 일곱 번째 몸을 버리는 것이다. 아난다여, 그러나 나는 신들을 포함하고 마라를 포함하고 범천을 포함한 세상에서, 사문·바라문을 포함하고 신과 인간을 포함한 생명체들342) 가운데서, 여덟 번째로 여래가 몸을 버릴 그런 곳을 찾아보지 못한다."

세존께서는 이렇게 말씀하셨다. 선서께서는 이렇게 말씀하신 뒤 다시 [게송으로] 이와 같이 설하셨다.

"형성된 것들은 참으로 무상하여
일어났다가는 사라지는 법
일어났다가는 소멸하나니
이들의 가라앉음이 행복이로다."

「마하수닷사나 경」이 끝났다.

한편 역겨워함[厭惡, nibbidā] - 욕망의 빛바램[離慾, virāga] - 해탈(vimutti)은 초기경들의 도처에서 부처님께서 열반의 실현을 위해서 강조하고 계시는 체계이다. 여기에 대해서는 본서 제1권 「뽓타빠다 경」(D9) §30의 주해를 참조할 것.

342) '생명체들'로 옮긴 원어는 pajā이다. pajā는 pra(앞으로) + √jan(*to generate*)에서 파생된 여성 명사인데 항상 단수로 나타나지만 복수의 뜻을 나타내며, 보통 백성, 후손, 인류, 인간 등의 뜻으로 쓰인다. 여기서는 신과 인간을 포함한 모든 존재들이라는 뜻에서 생명체들로 의역을 하였다.

자나와사바 경

자나와사바가 들려준 범천의 부처님 칭송

Janavasabha Sutta(D18)

자나와사바 경343)

자나와사바가 들려준 범천의 부처님 칭송
Janavasabha Sutta(D18)

서언

1. 이와 같이 나는 들었다. 한때 세존께서는 나디까344)에서 벽

---

343) 본경도 「대반열반경」(D16)에 대한 보유(補遺)의 성격이 강한 경이다. 「대반열반경」의 §§2.6~2.9에 이미 나타났듯이, 세존께서 나디까 사부대중들이 죽어서 성스러운 과위를 증득한 것을 말씀하시자, 아난다 존자가 마가다의 빔비사라 왕과 마가다의 신도들이 임종 후에 태어날 곳[行處]에 대해서 질문을 드리고 세존께서 여기에 대해서 말씀하시는 경이다. 빔비사라 왕이 죽어서 자나와사바라는 사대왕천에 속하는 힘센 약카가 되어 세존께 와서 나누는 대화가 본경의 전체 구조이다. 그래서 경의 이름도 「자나와사바 경」이다.
본경은 중국에서 「사니사경」(闍尼沙經)으로 한역되어 『장아함』의 네 번째 경으로 전해온다. 여기서 사니사(闍尼沙)는 자나와사바의 음역이다.

344) 나디까는 본서의 「대반열반경」(D16)에 의하면 꼬띠가마와 웨살리를 연결하는 대로변에 위치한 왓지(Vajjī) 족의 마을이다. 『중부』의 「짧은 고싱가살라 경」(M31)과 「긴 고싱가살라 경」(M32) 등을 통해서 보면 이 나디까의 고싱가살라 숲은 여러 유명한 장로들이 즐겨 수행하던 곳이었다. 그런 만큼 이 지역 사람들도 불교와 큰 인연이 있었으며 그래서 본경을 통해서 보듯이 과위를 증득한 신도들이 많이 배출되었다.
일찍부터 이 지명에 대해서는 나디까(Nādika)로도 전승되었고, 냐띠까(Ñātika)로도 전승되어 온 듯하다. 주석서들에서 각각 다른 해석을 하기

돌집345)에 머무셨다. 그 무렵에 세존께서는 까시와 꼬살라, 왓지와 말라, 쩨띠와 왐사, 꾸루와 빤짤라, 맛차와 수라세나와 같은 여러 지역에서 신도346)들이 임종한 뒤 태어난 곳들에 대해서 설명을 하셨다.

"이 자는 어디에 태어났고, 이 자는 어디에 태어났다. 50명이 넘는 나디까의 신도들은 임종하여 다섯 가지 낮은 족쇄347)를 완전히 없애고 [정거천에] 화생하여 그곳에서 완전히 열반에 들어 그 세계로부터 다시 돌아오지 않는 법을 얻었다.[不還者] 90명이 넘는 나디까의 신도들은 임종하여 세 가지 족쇄를 완전히 없애고 탐욕과 성냄과 미혹이 엷어져서 한 번만 더 돌아올 자[一來者]가 되어, 한 번만 이 세상에 와서 괴로움의 끝을 만들 것이다. 500명이 넘는 나디까의 신도들은 임종하여 세 가지 족쇄를 완전히 없애고 흐름에 든 자[預流者]가 되어, [악취에] 떨어지지 않는 법을 가지고 [해탈이] 확실하며 정등각으로 나아가는 자가 되었다."라고.

때문이다. 나띠까는 친척(ñāti)들끼리 사는 마을로 설명되고, 나디까는 강(nadī)과 연관이 있는 이름으로 간주된다. 현재 인도 비하르주의 웨살리와 빠뜨나 사이의 강가(Gaṅgā) 강에 있는 나따까(Nātaka)라는 마을이라고 학자들은 말한다.

345) 원어는 giñjakā-āvasatha인데 주석서에서 iṭṭhakāmaya(벽돌로 만든) āvasatha(집)이라고 설명하고 있다.(DA.ii.543) 그래서 '벽돌집'으로 옮겼다. 인도 유적지에서 흔히 보는 빨간 흙벽돌을 말한다. 『중부』「짧은 고싱가살라 경」(M31) 등 몇몇 경들에 이 나디까의 벽돌집이 나타나고 있다.

346) 여기서 '신도'로 옮긴 원어는 paricāraka이다. 이 단어는 pari(주위에서) + √car(to move)에서 파생된 명사로 '시중드는 자, 섬기는 자, 신도, 하인'을 뜻한다. 본서 「대반열반경」(D16) §2.23에서는 upaṭṭhaka가 복수로 쓰여서 신도들을 뜻했다. 보통 upaṭṭhaka는 시봉이나 시자를 뜻한다.

347) 본 문단에 나타나는 여러 술어들은 본서 제1권 「마할리 경」(D6) §13의 주해들에서 설명하였으므로 참조할 것.

2. 나디까의 신도들은 이와 같이 들었다. "세존께서는 까시와 꼬살라, 왓지와 말라, 쩨띠와 왐사, 꾸루와 빤짤라, 맛차와 수라세나와 같은 여러 지역에서 신도들이 임종한 뒤 태어난 곳들에 대해서 이렇게 설명을 하셨다. '이 자는 어디에 태어났고, 이 자는 어디에 태어났다. 50명이 넘는 나디까의 신도들은 임종하여 다섯 가지 낮은 단계의 족쇄를 완전히 없애고 [정거천에] 화생하여 그곳에서 완전히 열반에 들어 그 세계로부터 다시 돌아오지 않는 법을 얻었다.[不還者] 아난다여, 90명이 넘는 나디까의 신도들은 임종하여 세 가지 족쇄를 완전히 없애고 탐욕과 성냄과 미혹이 엷어져서 한 번만 더 돌아올 자[一來者]가 되어, 한 번만 이 세상에 와서 괴로움의 끝을 만들 것이다. 500명이 넘는 나디까의 신도들은 임종하여 세 가지 족쇄를 완전히 없애고 흐름에 든 자[預流者]가 되어, [악취에] 떨어지지 않는 법을 가지고 [해탈이] 확실하며 정등각으로 나아가는 자가 되었다.'라고"

그래서 나디까의 신도들은 세존의 상세한 설명[記別, 授記]을 듣고 마음이 흡족하고 환희하고 기뻐하고 즐거워하였다.

3. 아난다 존자는 이와 같이 들었다. "세존께서는 까시와 꼬살라, 왓지와 말라, 쩨띠와 왐사, 꾸루와 빤짤라, 맛차와 수라세나와 같은 여러 지역에서 신도들이 임종한 뒤 태어난 곳들에 대해서 이렇게 설명을 하셨다. '이 자는 어디에 태어났고, 이 자는 어디에 태어났다. 50명이 넘는 나디까의 신도들은 임종하여 다섯 가지 낮은 단계의 족쇄를 완전히 없애고 [정거천에] 화생하여 그곳에서 완전히 열반에 들어 그 세계로부터 다시 돌아오지 않는 법을 얻었다.[不還者] 90명이 넘는 나디까의 신도들은 임종하여 세 가지 족쇄를 완전히 없애고 탐

욕과 성냄과 미혹이 엷어져서 한 번만 더 돌아올 자[一來者]가 되어, 한 번만 이 세상에 와서 괴로움의 끝을 만들 것이다. 500명이 넘는 나디까의 신도들은 임종하여 세 가지 족쇄를 완전히 없애고 흐름에 든 자[預流者]가 되어, [악취에] 떨어지지 않는 법을 가지고 [해탈이] 확실하며 정등각으로 나아가는 자가 되었다.'라고. 그래서 나디까의 신도들은 세존의 상세한 설명을 듣고 마음이 흡족하고 환희하고 기뻐하고 즐거워하였다."라고.

아난다 존자의 사색

4. 그러자 아난다 존자에게 이런 생각이 들었다. "그런데 마가다에 사는 많은 구참 신도들도 임종하였다. 마가다에 사는 이들 구참 신도들이 임종하니 앙가와 마가다는 마치 텅 빈 듯하구나. 그들도 부처님께 청정한 믿음이 있었고 법에 청정한 믿음이 있었고 승가에 청정한 믿음이 있었고 계를 구족하였다. 그러나 세존께서는 그들이 임종했는데도 아무런 설명이 없으시다. 그들에 대해서도 설명을 해주신다면 얼마나 좋을까. 많은 사람들은 청정한 믿음을 가질 것이며 그래서 선서께로 다가갈 것이다.

그리고 마가다의 왕 세니야 빔비사라348)도 정의로운 분이요 법다운 왕이었으며 바라문들과 장자들과 도시와 지방 사람들에게 이로움을 주었다. 그래서 사람들은 '이처럼 정의로운 분이요 법다운 왕이신 그분은 우리에게 행복을 주시고 임종하셨다. 우리는 이처럼 정의로운 분이요 법다운 왕이신 그분의 통치 하에 편안하게 지냈다.'라고

---

348) 빔비사라(Bimbisāra) 왕에 대해서는 본서 제1권 「소나단다 경」(D4) §1의 주해를 참조할 것.

칭송하면서 머문다. 그리고 그는 부처님께 청정한 믿음이 있었고 법에 청정한 믿음이 있었고 승가에 청정한 믿음이 있었고 계를 구족하였다. 그리고 사람들은 이렇게 말한다. '마가다의 왕 세니야 빔비사라는 임종할 때조차도 세존을 칭송하면서 임종하였다.'라고. 그는 이렇게 임종을 하였지만 세존께서는 아무런 설명이 없으시다. 그에 대해서도 상세한 설명을 해 주신다면 얼마나 좋을까. 많은 사람들은 청정한 믿음을 가질 것이며 그래서 선서께로 다가갈 것이다.

그리고 세존은 마가다에서 깨달으셨다. 세존께서는 마가다에서 깨달으셨는데도 어떻게 마가다에 사는 신도들이 임종했을 때 태어날 곳에 대해서 설명을 하지 않으신단 말인가? 만일 세존께서 마가다에 사는 신도들이 임종한 뒤 태어날 곳에 대해서 설명을 하지 않으신다면, 마가다 신도들은 크게 상심할 것이다. 그들의 상심이 이렇게 큰데도 어째서 세존께서는 마가다에 사는 신도들이 임종했을 때 태어날 곳에 대해서 설명을 하지 않으신단 말인가?"

아난다 존자의 간청

5. 아난다 존자는 마가다에 사는 신도들에 대해서 홀로 골똘히 생각한 뒤, 밤이 새고 이른 아침에 일어나서 세존께로 다가갔다. 가서는 세존께 절을 올리고, 한 곁에 앉았다. 한 곁에 앉아서 아난다 존자는, 세존께 이렇게 말씀드렸다.

"세존이시여, 세존께서 까시와 꼬살라, 왓지와 말라, 쩨띠와 왐사, 꾸루와 빤짤라, 맛차와 수라세나와 같은 여러 지역에서는 신도들이 임종한 뒤 태어난 곳들에 대해서 상세한 설명을 하셨다고 저는 들었습니다.

'이 자는 어디에 태어났고, 이 자는 어디에 태어났다. 50명이 넘는 나디까의 신도들은 임종하여 다섯 가지 낮은 단계의 족쇄를 완전히 없애고 [정거천에] 화생하여 그곳에서 완전히 열반에 들어 그 세계로부터 다시 돌아오지 않는 법을 얻었다.[不還者] 90명이 넘는 나디까의 신도들은 임종하여 세 가지 족쇄를 완전히 없애고 탐욕과 성냄과 미혹이 엷어져서 한 번만 더 돌아올 자[一來者]가 되어, 한 번만 이 세상에 와서 괴로움의 끝을 만들 것이다. 500명이 넘는 나디까의 신도들은 임종하여 세 가지 족쇄를 완전히 없애고 흐름에 든 자[預流者]가 되어, [악취에] 떨어지지 않는 법을 가지고 [해탈이] 확실하며 정등각으로 나아가는 자가 되었다.'라고. 그래서 나디까의 신도들은 세존의 설명을 듣고 마음이 흡족하고 환희하고 기뻐하고 즐거워합니다."

6. "그런데 마가다에 사는 많은 구참 신도들도 임종을 하였습니다. 마가다에 사는 구참 신도들이 임종하니 앙가와 마가다는 마치 텅 빈 듯합니다. 그들도 부처님께 청정한 믿음이 있었고 법에 청정한 믿음이 있었고 승가에 청정한 믿음이 있었고 계를 구족하였습니다. 그러나 세존께서는 그들이 임종했을 때엔 아무런 설명이 없으십니다. 그들에 대해서도 상세한 설명을 해 주신다면 참으로 좋겠습니다. 많은 사람들은 청정한 믿음을 가질 것이며 그래서 선서께로 다가갈 것입니다.

그리고 마가다의 왕 세니야 빔비사라도 정의로운 분이요 법다운 왕이었으며 바라문들과 장자들과 도시와 지방 사람들에게 이로움을 주었습니다. 그래서 사람들은 '이처럼 정의로운 분이요 법다운 왕이신 그분은 우리에게 행복을 주시고 임종하셨다. 우리는 이처럼 정의로운 분이요 법다운 왕이신 그분의 통치하에 편안하게 지냈다.'라고 칭송하면서 머뭅니다. 그리고 그는 부처님께 청정한 믿음이 있었고 법에 청정한 믿음이 있었고 승가에 청정한 믿음이 있었고 계를 구족하였습니다. 그리고 사람들은 이렇게 말합니다. '마가다의 왕 세니야 빔비사라는 임종할 때조차도 세존을 칭송하면서 임종을 하였다.'라고. 그는 이렇게 임종을 하였지만 세존께서는 아무런 설명이 없으십니다. 그에 대해서도 상세한 설명을 해 주신다면 참으로 좋겠습니다. 많은 사람들은 청정한 믿음을 가질 것이며 그래서 선서께로 다가갈 것입니다.

그리고 세존께서는 마가다에서 깨달으셨습니다. 세존께서는 마가다에서 깨달으셨는데 어떻게 마가다에 사는 신도들이 임종했을 때 태어난 곳에 대해서 설명을 하지 않으신단 말입니까? 만일 세존께서 마가다에 사는 신도들이 임종한 뒤 태어난 곳에 대해서 설명을 하지 않으신다면 마가다 신도들은 크게 상심할 것입니다. 그들의 상심이 이렇게 큰데도 어째서 세존께서는 마가다에 사는 신도들이 임종했을 때 태어난 곳에 대해서 설명을 하지 않으신단 말입니까?"

이와 같이 아난다 존자는 마가다에 사는 신도들에 관해서 세존의 면전에서 말씀을 드린 뒤 자리에서 일어나 세존께 절을 올리고 오른쪽으로 [세 번] 돌아 [경의를 표한] 뒤에 나왔다.

7. 그러자 세존께서는 아난다 존자가 나간 지 오래되지 않아서 오전에 옷매무새를 가다듬고 발우와 가사를 수하시고 걸식을 위해서 나디까로 들어가셨다. 나디까에서 걸식을 하여 공양을 마치시고 걸식에서 돌아와 발을 씻고 벽돌집에 들어가셔서 마가다에 사는 신도들에 대해 알고자349) 마음에 잡도리하시고 모든 마음을 다하여

---
349) 원어는 aṭṭhikatvā(미얀마본은 aṭṭhiṁ katvā)인데 뜻이 분명치 않다.

몰두하신 뒤 '그들이 어디에 태어나고 어디로 향하는지 나는 그들의 태어날 곳과 향하는 곳에 대해서 알아보리라.'고 하시면서 마련된 자리에 앉으셨다. 거기서 세존께서는 마가다에 사는 신도들이 어디에 태어나고 어디로 향하는지를 보셨다. 그러자 세존께서는 해거름에 홀로 앉음을 풀고 일어나셔서 벽돌집을 나와 승원의 그늘에 마련된 자리에 앉으셨다.

8. 그러자 아난다 존자는 세존께 다가갔다. 가서는 세존께 절을 올린 뒤 한 곁에 앉았다. 한 곁에 앉은 아난다 존자는 세존께 이렇게 말씀드렸다. "세존이시여, 세존께서는 고요하게 보이시고 안색은 빛이 나며 감관은 밝습니다. 세존이시여, 세존께서는 오늘 [낮 동안의] 머무심을 편안하게 잘 보내셨습니까?"

자나와사바 약카

9. "아난다여, 그대가 나에게 마가다에 사는 신도들에 관해서 면전에서 말을 한 뒤 자리에서 일어나 물러간 후에 나는 오전에 옷매무새를 가다듬고 발우와 가사를 수하고 걸식을 위해서 나디까로 들어갔다. 나디까에서 걸식을 하여 공양을 마치고 걸식에서 돌아와 발을 씻고 벽돌집에 들어가서 마가다에 사는 신도들에 대해 알고자 마음에 잡도리하고 모든 마음을 다하여 몰두한 뒤 '그들이 어디에 태어나고 어디로 향하는지 나는 그들의 태어날 곳과 향하는 곳에 대해서 알아보리라.'고 하면서 마련된 자리에 앉았다. 아난다여, 거기서 나는

『중부 주석서』(MA.ii.403)에서는 "원하는 상태(atthikabhāva)가 되어서, 원하는 자(atthika)가 되고서라는 뜻이다."라고 설명한다. 그래서 '알고자'로 옮겼다.

마가다에 사는 신도들이 어디에 태어나고 어디로 향하는지를 보았다. 아난다여, 그때 눈에 보이지 않는 약카가 소리를 질렀다. '세존이시여, 저는 자나와사바350)입니다. 선서시여, 저는 자나와사바입니다.'라고. 아난다여, 그대는 이전에 자나와사바라는 이런 이름을 들어본 적이 있는가?"

"세존이시여, 저는 이전에 자나와사바라는 이런 이름을 들어본 적이 없습니다. 세존이시여, 그렇지만 자나와사바라는 이름을 듣자 저의 털이 곤두섭니다. 세존이시여, 이런 제게 '자나와사바라는 이런 이름을 가진 자는 필시 범상한 약카가 아닐 것이다.'라는 생각이 듭니다."

10. "아난다여, 그 소리를 들은 즉시에 크나큰 형상을 가진 약카가 나의 면전에 모습을 드러내었다. 그는 두 번째로 소리를 질렀다.

'세존이시여, 저는 빔비사라입니다. 선서시여, 저는 빔비사라입니다. 세존이시여, 이것이 일곱 번째로 저는 웻사와나 대천왕351)의 일원으로 태어났습니다. 저는 거기서 인간의 왕으로 죽어서 여기서 비인간의 왕인 신이 되었습니다.

여기서 일곱 번, 저기서 일곱 번, 모두 열네 번을 저는 윤회했습니다.

---

350) 원어 Janavasabha는 jana(사람, 백성)+vasabha(황소)의 합성어이다. 말 그대로 사람들 가운데 황소와 같은 자란 의미이고 빔비사라 왕이 사대왕천에 태어나서 얻은 이름이다.

351) 웻사와나(Vessavaṇa)는 사대천왕의 한 신으로 북쪽을 관장하는 신이며 꾸웨라(Kuvera)라고도 이름하며 약카들의 왕이다. 자세한 것은 아래 본경 §12와 본서 제3권 「아따나띠야 경」(D32) §7을 참조할 것. 대천왕에 대해서는 본서 제1권 「께왓다 경」(D11) §68의 주해를 참조할 것.

저는 제가 전에 살았던 거주처를 잘 기억합니다.

세존이시여, 저는 오랜 세월 악처에 떨어지지 않았음을 알고 있습니다. 그런 저는 이제 일래자가 되고자 하는 소원이 확고합니다.'

'자나와사바 약카 존자에게 그런 [생각이 들었다니] 참으로 경이롭구나. 자나와사바 약카 존자에게 그런 [생각이 들었다니] 참으로 놀랍구나. 그대가 말하기를 '세존이시여, 저는 오랜 세월 악처에 떨어지지 않았음을 알고 있습니다. 그런 저는 이제 일래자가 되고자 하는 소원이 확고합니다.'라고 하니 무슨 인연으로 자나와사바 약카 존자는 이러한 광대하고 특별한 경지를 알게 되었는가?'"

11. "'세존이시여, 당신의 가르침 이외의 다른 것이 아닙니다. 선서시여, 당신의 가르침 이외의 다른 것이 아닙니다. 세존이시여, 저는 세존께 전일(全一)한 믿음을 가진 그때부터 오랜 세월 악처에 떨어지지 않았음을 알고 있습니다. 그런 저는 이제 예류자가 되고자 하는 소원이 확고합니다. 세존이시여, 여기서 저는 웻사와나 대천왕이 보내어 위룰하까 대천왕의 곁으로 어떤 용무 때문에 가는 도중에 벽돌집에 들어와서, 세존께서 마가다에 사는 신도들에 대해서 알고자 마음에 잡도리하고 모든 마음을 다하여 몰두하신 뒤 '그들이 어디에 태어나고 어디로 향하는지 나는 그들의 태어날 곳과 향하는 곳에 대해서 알아보리라.'고 하시면서 마련된 자리에 앉아계신 것을 보았습니다. 세존이시여, 그러나 저는 그들이 어디에 태어나고 어디로 향하는지를 웻사와나 대천왕이 회합에서 말하는 것을 직접 대면하여 파악하였기 때문에 새삼스러운 것이 아닙니다. 세존이시여, 그런 제게 '나는 세존을 뵙고 이것에 대해서 세존께 여쭈어봐야겠다.'라는 이런 생각이 들었습니다. 세존이시여, 저는 이런 두 가지352) 이유 때문에

세존을 뵙기 위해서 온 것입니다.'"

신들의 의회

12. "세존이시여, 옛날, 아주 옛적부터 보름의 포살일에, 그 결제가 시작되는 보름날 밤에 삼십삼천의 신들이 모두 수담마 의회353)에 모여 앉았는데, 큰 하늘의 회중들이 모두 모여 앉았습니다.354) 사대천왕들355)은 네 방위에 앉았습니다. 동쪽 방위에는 다따랏타 대천왕이 서쪽을 향하여 신들을 앞에 하고 앉습니다. 남쪽 방위에는 위룰하까 대천왕이 북쪽을 향하여 신들을 앞에 하고 앉습니다. 서쪽 방위에는 위루빡카 대천왕이 동쪽을 향하여 신들을 앞에 하고 앉습니다. 북쪽 방위에는 웻사와나 대천왕이 남쪽을 향하여 신들을 앞에 하고 앉습니다. 세존이시여, 삼십삼천의 신들이 수담마 의회에 모두 모여서 큰 하늘의 회중들이 모두 모여 앉았을 때에 사대천왕들은 네 방위에 앉습니다. 이것이 그들의 자리입니다. 그 다음이 우리들 약카들의

---

352) 어떻게 하면 예류자가 될 수 있는가 하는 질문을 드리는 것과, 삼십삼천의 신들의 회합에서 마가다의 신도들이 삼십삼천에 태어난 이야기를 하며 기뻐했던 소식을 알려드리는 두 가지 목적을 말한다.

353) 원어는 Sudhammā sabhā이다. sudhamma는 '좋은 법'이란 뜻이며 sabhā는 현재 인도에서도 국회를 뜻하는 용어로 쓰이듯이 '의회, 회의, 회합' 등을 뜻한다.

354) 신들은 다음의 네 가지 경우에 모인다고 주석서는 적고 있다.
"그들은 네 가지 경우에 모인다. ① 안거에 들어가는(vassūpanāyika) 회합을 위해서 ② [안거를] 마치는(pavāraṇa) 회합을 위해서 ③ 법을 듣기(dhammasavana) 위해서 ④ [삼십삼천에 있는] 산호나무 놀이를 즐기기(kīḷānubhavana) 위해서이다."(DA.ii.639)

355) 사대천왕에 대해서는 본서 제1권 「께왓다 경」(D11) §68의 주해와 제3권 「아따나띠야 경」(D32) §4 이하를 참조할 것.

자리입니다. 세존이시여, 세존의 문하에서 청정범행을 닦은 뒤 최근에 삼십삼천에 태어난 신들은 다른 신들보다 용모와 명성이 훨씬 뛰어납니다. 세존이시여, 그래서 삼십삼천의 신들은 '참으로 하늘의 무리는 가득 차고 아수라356) 무리는 줄어든다.'고 마음으로 흡족해 하고 환희로워 하고 기뻐하고 즐거워하였습니다."

13. "세존이시여, 그러자 신들의 왕 삭까(인드라)가 삼십삼천의 신들이 청정한 믿음이 있는 것을 알고 이런 게송으로 기쁘게 합니다.

'오, 참으로 삼십삼천의 신들은
그들의 우두머리와 함께 기뻐합니다.
여래와 좋은 가르침인 법에 귀의합니다.

용모를 갖추고 명성을 가진 새로운 신들을 보나니
그들은 선서의 문하에서
청정범행을 닦고 여기에 왔으며
용모와 명성에서 다른 자들을 크게 능가합니다.

---

356) 아수라(asura)는 신(deva)들과 항상 싸우는 존재들로 『리그베다』에서부터 나타나며, 그 후 많은 인도의 고대 신화에 등장한다. 전투의 신인 인드라(Indra, Sakka)는 그래서 아수라를 물리치는 왕으로 리그베다에 아주 많이 묘사되고 있으며 본서 「대회경」(D20) §12와 「제석문경」(D21) §2.7에서도 그렇게 나타나고 있다. 아수라는 어원으로 보면 서아시아에서 유력했던 조로아스터교의 『아베스타』에 나타나는 신이나 주(主)의 개념인 아후루(ahuroo)를 나타낸다고 학자들은 말하고 있다. 이런 의미에서 대승불교에서는 아수라를 악도에 포함시키지 않고 인간보다도 수승한 존재로 설정하기도 한다. 그러나 본서 제3권 「빠띠까 경」(D24) §1.7에서처럼 저열한 아수라들은 신들과 버금가는 아수라는 아니다. 그래서 아비담마에서는 아수라를 악도에 포함시키고 있다.(『아비담마 길라잡이』5장 §4의 해설 4와 §11의 해설 3 참조)

광대한 통찰지를 가진 분의 제자들은
특별히 여기에 왔나니
이것을 보고서 삼십삼천의 신들은
그들의 우두머리와 함께 즐거워합니다.
여래와 좋은 가르침인 법에 귀의합니다.'

세존이시여, 그러자 삼십삼천의 천신들은 '참으로 하늘의 무리는 가득 차고 아수라 무리는 줄어든다.'고 더욱더 마음으로 흡족해 하고 환희로워 하고 기뻐하고 즐거워하였습니다."

14. "세존이시여, 그러면 삼십삼천의 신들은 수담마 의회에 모여 앉아 그들이 모이게 된 안건을 심사숙고하고 그 안건을 토의합니다. 그리고 논의하여 결정된 것은 사대천왕들에게 각각 통보되고 하달됩니다. 그러면 사대천왕들은 자신들의 자리에 선 채로 움직이지 않고 그 안건을 통보받고 하달받습니다.

그 왕들은 결정된 대로 따르는 자들이어서
명령된 것을 수지하나니
밝고 고요한 그들은
자신들의 자리에 서있었습니다."

범천 사낭꾸마라 일화

15. "세존이시여, 그러자 북쪽 방향에 광대한 빛이 인식되면서 광명이 드러났습니다. 그것은 신들의 광채를 능가하였습니다. 세존이시여, 그러자 신들의 왕인 삭까가 삼십삼천의 신들을 불러서 말했

습니다. '존자들이여, 저런 표상이 보이고 저런 광명이 생기고 저런 빛이 드러나는 징후가 보이면 그것은 범천이 출현하는 것입니다. 광명이 생기고 빛이 드러나는 징후가 보이면 그것은 범천이 출현하는 전조이기 때문입니다.

표상이 보이기 때문에 범천이 출현할 것이니
범천에게는 풍부하고 큰 빛이라는 전조가 있기 때문입니다."

16. "세존이시여, 그러자 삼십삼천의 신들은 '우리는 이 광명이 어떤 결과를 가져올지 알아야겠다. 그것이 눈앞에 가시화되면357) 그때 그에게 다가가야겠다.'라고 하면서 모두 자신의 자리에 앉아 있습니다. 사대천왕들도 '우리는 이 광명이 어떤 결과를 가져올지 알아야겠다. 그것이 눈앞에 가시화되면 그때 그에게 다가가야겠다.'라고 하면서 모두 자신의 자리에 앉아 있습니다. 이 말을 들은 뒤 삼십삼천의 신들은 모두 '우리는 이 광명이 어떤 결과를 가져올지 알아야겠다. 그것이 눈앞에 가시화되면 그때 그에게 다가가야겠다.'라고 하나로 동의를 했습니다.

17. "세존이시여, 범천 사낭꾸마라358)가 삼십삼천의 신들에게

---

357) '눈앞에 가시화되면'으로 옮긴 원어는 sacchikatvā인데 sa + akkhi + katvā(√kṛ, *to do*)로 분석 된다. 직역하면 '눈과 함께 되게 하다, 눈앞에 만들다'는 의미이다. 그래서 본서의 다른 문맥에서는 대부분 '실현하다'로 옮기고 있다.(예를 들면 '최상의 지혜로 실현하여') 특히 열반을 실현한다고 표현할 때의 실현도 이 단어의 옮긴 말이다. 그러나 여기서는 문맥에 따라 단어의 원의미를 살려서 옮겼다.

358) 원어는 Sanaṅkumāra인데 문자적으로는 '항상(sanaṁ) 동자(kumāra, 소년)인 자'라는 뜻이다. 사낭꾸마라에 대해서는 본서 제1권 「암밧타 경」

출현할 때는 거친 자기 모습359)을 창조한 뒤에 출현합니다. 세존이시여, 범천의 본래 모습은 삼십삼천의 신들의 눈의 영역으로는 체험하지 못합니다. 세존이시여, 범천 사낭꾸마라가 삼십삼천의 신들에게 출현할 때에 그는 용모와 명성에서 다른 신들을 훨씬 능가합니다. 세존이시여, 마치 황금으로 만든 형상이 인간의 형상을 훨씬 능가하듯이, 범천 사낭꾸마라가 삼십삼천의 신들에게 출현할 때에 그는 용모와 명성에서 다른 신들을 훨씬 능가합니다. 세존이시여, 범천 사낭꾸마라가 삼십삼천의 신들에게 출현할 때 그 회중의 어느 한 신도 절을 하거나 일어서거나 자리를 권하지 않습니다. 그들은 모두 '이제 범천 사낭꾸마라께서는 그가 원하는 신의 자리에 앉으실 것이다.'라고 여기면서 침묵한 채로 합장하고 가부좌하고 앉아 있습니다. 세존이시여, 범천 사낭꾸마라가 앉는 자리를 가진 그 신은 크나큰 만족360)과 크나큰 기쁨을 얻게 됩니다. 마치 방금 관정한 끄샤뜨리야 왕이 그의 왕실에서 엄청난 감격과 엄청난 기쁨을 얻는 것처럼, 범천 사낭꾸마라가 앉는 자리를 가진 그 신은 엄청난 감격과 엄청난 기쁨을 얻게 됩니다."

18. "세존이시여, 그러면 범천 사낭꾸마라는 거친 자기 모습을 창조하여 빤짜시카361) 동자의 용모를 하고 삼십삼천의 신들에게 출

(D3) §1.28의 주해를 참조할 것.

359) '자기 모습'으로 옮긴 원어는 atta-bhāva인데 '자기 상태'로 직역할 수 있다. 주석서에서 많이 나타나는 단어인데 '자기 자신, 몸' 등을 뜻한다.

360) '크나큰 만족'으로 옮긴 원어는 veda-paṭilābha인데 주석서에서 tuṭṭhi-paṭilābha로 설명하고 있어서 이렇게 옮겼다.(DA.ii.640)

361) "빤짜시카 간답바 신의 아들은 모든 신들이 아주 좋아하는 모습(atta-bhāva)이다. 그래서 범천도 그와 같은 자기 모습을 창조한 뒤에 나타난

현합니다. 그는 공중으로 올라가 허공에서 가부좌를 하고 앉습니다. 마치 힘센 사람이 잘 덮인 좌상이나 고른 땅 위에 가부좌를 하고 앉는 것처럼 그와 같이 범천 사낭꾸마라는 공중으로 올라가 허공에서 가부좌를 하고 앉은 뒤 삼십삼천의 신들에게 청정한 믿음이 있음을 알고서 이런 게송으로 기쁘게 합니다.

'오, 참으로 삼십삼천의 신들은
그들의 우두머리와 함께 기뻐합니다.
여래와 좋은 가르침인 법에 귀의합니다.

용모를 갖추고 명성을 가진 새로운 신들을 보나니
그들은 선서의 문하에서
청정범행을 닦고 여기에 왔으며
용모와 명성에서 다른 자들을 크게 능가합니다.

광대한 통찰지를 가진 분의 제자들은
특별히 여기에 왔나니
이것을 보고서 삼십삼천의 신들은
그들의 우두머리와 함께 즐거워합니다.
여래와 좋은 가르침인 법에 귀의합니다.'라고"

19. "세존이시여, 범천 사낭꾸마라는 이런 뜻을 말하였습니다. 세존이시여, 범천 사낭꾸마라가 이런 뜻을 말한 그 목소리는 여덟 가

다."(DA.ii.640)
빤짜시카(Pañcasikha)에 대해서는 본서 「마하고윈다 경」(D19) §1의 주해를 참조할 것.

지 특질을 구족합니다. 그분의 목소리는 분명하고, 이해할 수 있고, 선율이 있으며, 관심을 끌고, 함축적이며, 늘어지지 않고, 깊고, 낭랑합니다. 세존이시여, 범천 사낭꾸마라의 목소리는 회중에게만 들렸고 회중 밖으로는 목소리가 새어나가지 않습니다. 세존이시여, 그래서 이와 같이 여덟 가지 특질을 구족한 목소리를 범천의 목소리라 부릅니다."

20. "세존이시여, 그러면 범천 사낭꾸마라는 서른세 가지로 자기 모습을 창조한 뒤 삼십삼천의 신들의 각각의 자리에 가부좌하고 앉아 삼십삼천의 신들을 불러서 말합니다.

'삼십삼천의 신들이여, 이를 어떻게 생각합니까? 세존께서는 많은 사람의 이익을 위하고, 많은 사람의 행복을 위하고, 세상을 연민하고, 신과 인간의 이상과 이익과 행복을 위하여 도를 닦으셨습니다. 존자들이여, 누구든지 부처님을 의지처로 하고, 법을 의지처로 하고, 승가를 의지처로 하고, 계를 잘 지니는 자들은 몸이 무너져 죽은 뒤에 어떤 자들은 타화자재천의 신들의 동료로 태어납니다. 어떤 자들은 화락천의 신들의 동료로 태어납니다. 어떤 자들은 도솔천의 신들의 동료로 태어납니다. 어떤 자들은 야마천의 신들의 동료로 태어납니다. 어떤 자들은 삼십삼천의 신들의 동료로 태어납니다. 어떤 자들은 사대왕천의 신들의 동료로 태어납니다. 가장 낮은 몸을 받는다 하더라도 간답바의 무리에는 태어납니다."362)

21. "세존이시여, 범천 사낭꾸마라는 이런 뜻을 말하였습니다.

---

362) 불·법·승을 믿고 계를 지니는 불자들은 여섯 가지 욕계 천생[六欲天]에 태어난다는 말이다.

세존이시여, 범천 사낭꾸마라가 이런 뜻을 말한 그 목소리를 두고 신들은 '이분은 나의 자리에 앉아 오직 나에게만 설하신다.'고 생각합니다.

'한 분이 설하면 모든 창조된 분들도 [동시에] 설하며
한 분이 침묵하면 그들 모두는 침묵한다.
그러면 삼십삼천의 신들은
그들의 우두머리와 함께 생각하기를
이분은 나의 자리에 앉아
오직 나에게만 설하신다고 한다.'"

네 가지 성취수단[四如意足]을 닦음

22. "세존이시여, 그러면 범천 사낭꾸마라는 자기 모습을 하나로 만듭니다. 자기 모습을 하나로 만든 뒤 신들의 왕 삭까의 자리에 앉아 삼십삼천의 신들을 불러서 말합니다. '삼십삼천의 신들이여, 이를 어떻게 생각합니까? 아시는 분, 보시는 분, 그분 세존·아라한·정등각께서는 네 가지 성취수단[四如意足]363)을 천명하셨고, 또 그 성

---

363) "완성한다는 뜻에서, 성취한다는 뜻에서, 이것을 통해 중생들이 성공하고, 성장하고, 증진하기 때문에 성취(신통, iddhi)라 한다. 이러한 방법으로 신통지(초월지, 최상의 지혜, abhiññā)의 마음과 관련된 열의 [등을] 주로 한 삼매와 정근의 의도적 행위가 얻어지기 때문이다. 그런 삼매와 의도적 행위의 토대(adhiṭṭhāna)라는 의미에서 수단(pāda, 기초)이라 한다. 여기서 수단(기초)이란 나머지 마음과 마음부수의 더미라는 뜻이다."(DA.ii.641;『청정도론』XII.52)
주석서는 덧붙이기를 "그리고 근접삼매는 수단(기초)이고 초선은 성취이다. 근접삼매를 가진 초선이 수단이고 제2선은 성취이다. 이와 같이 이전의 단계는 수단(pāda)이고 뒤의 단계는 성취(iddhi)이다. 이와 같이 그 뜻

취수단을 어떻게 가능하게 하고, 그것을 어떻게 받들어 행하고, 어떻게 변환시키는가도 천명하셨습니다. 어떤 것이 그 넷인가요?

존자들이여, 여기 비구는 열의를 [주로 한] 삼매와 정근의 의도적 행위[行]를 갖춘364) 성취수단을 닦습니다. 정진을 [주로 한] 삼매와 정근의 의도적 행위를 갖춘 성취수단을 닦습니다. 마음을 [주로 한] 삼매와 정근의 의도적 행위를 갖춘 성취수단을 닦습니다. 검증을 [주로 한] 삼매와 정근의 의도적 행위를 갖춘 성취수단을 닦습니다. 존자들이여, 아시는 분, 보시는 분, 그분 세존·아라한·정등각께서는 이러한 네 가지 성취수단[四如意足]을 천명하셨고, 어떻게 성취수단을 가능하게 하고 어떻게 성취수단을 받들어 행하고 어떻게 성취수단을 변환시키는가를 천명하셨습니다.

존자들이여, 과거의 사문들이나 바라문들이 여러 가지로 성취수단을 체득한 것은 모두 이 네 가지 성취수단을 닦고 많이 [공부]지었기 때문입니다. 존자들이여, 미래의 사문들이나 바라문들이 여러 가지로 성취수단을 체득하는 것은 모두 이 네 가지 성취수단을 닦고 많이

을 알아야 한다."(DA.ii.641)
그리고 『청정도론』 XII.53에는 또 다른 설명이 나타나므로 참조할 것. 한마디로 말하면 성취수단이란 삼매라는 성취를 얻는 수단을 말한다. 즉 열의, 정진, 마음, 검증의 네 가지를 통해서 이러한 수단과 성취를 얻는 것을 말한다. 그리고 이러한 삼매를 닦음으로 해서 신통지(최상의 지혜, 초월지)가 생기고 높은 천상에 태어난다. 그래서 범천은 이러한 삼매의 성취수단을 칭송하는 것이다.

364) 원문은 chandasamādhi-ppadhāna-saṅkhāra-samannāgata라는 긴 합성어이다. 주석서는 이를 chandasamādhinā ca padhānasaṅkhārena ca samannāgataṁ으로 일차적으로 분석한다.(DA.ii.641) 그래서 역자는 '열의를 [주로 한] 삼매와 정근의 의도적 행위(saṅkhāra, 行)를 갖춘'으로 옮겼다.

[공부]지을 것이기 때문입니다. 존자들이여, 지금의 사문들이나 바라문들이 여러 가지로 성취수단을 체득하는 것은 모두 이 네 가지 성취수단을 닦고 많이 [공부]짓기 때문입니다. 삼십삼천의 신들이여, 그대들은 내가 이러한 성취수단을 체득한 것을 봅니까?'

'그렇습니다, 대범천이시여.'

'존자들이여, 나도 이 네 가지 성취수단을 닦고 많이 [공부]지었기 때문에 이처럼 큰 신통을 가지고 큰 위력을 가지는 것입니다.'"

세 가지 기회의 터득

23. "세존이시여, 범천 사낭꾸마라는 이런 뜻을 말하였습니다. 세존이시여, 범천 사낭꾸마라는 이런 뜻을 말한 뒤에 다시 삼십삼천의 신들을 불러서 말했습니다. '삼십삼천의 신들이여, 이를 어떻게 생각합니까? 아시는 분, 보시는 분, 그분 세존·아라한·정등각께서는 행복을 성취하기 위한365) 세 가지 기회의 터득을 깨달으셨습니다. 어떤 것이 셋인가요?

존자들이여, 여기 어떤 자는 감각적 욕망에 얽매이고366) 해로운 법들에 얽매여서 머뭅니다. 그는 그 후에 성스러운 법을 배우고 지혜로운 주의[如理作意]를 기울이고 [출세간]법에 이르게 하는 법367)에 따라 도를 닦습니다. 그는 성스러운 법을 배우고 지혜로운 주의를 기울이고 [출세간]법과 [그것에] 이르게 하는 법에 따라 도를 닦아, 감

---

365) "禪의 행복(jhāna-sukha)과 도(道)의 행복(magga-sukha)과 과(果)의 행복(phala-sukha)을 얻기 위해서이다."(DA.ii.643)
366) "얽매이고(saṁsaṭṭha)란 함께한 마음으로라는 뜻이다"(*Ibid*)
367) 본서 「대반열반경」(D16) §3.7의 해당 주해를 참조할 것.

각적 욕망에 얽매이지 않고 해로운 법들에 얽매이지 않고 머뭅니다.

그가 감각적 욕망에 얽매이지 않고 해로운 법들에 얽매이지 않을 때 행복368)이 생겨나고 행복을 능가하는 기쁨이369) 생겨납니다. 존자들이여, 마치 희열이 환희를 생기게 하는 것처럼 그와 같이 감각적 욕망에 얽매이지 않고 해로운 법들에 얽매이지 않을 때, 행복이 생겨나고 행복을 능가하는 기쁨이 생겨납니다. 존자들이여, 이것이 아시는 분, 보시는 분, 그분 세존·아라한·정등각께서 깨달으신, 행복을 성취하기 위한 첫 번째 기회의 터득입니다."370)

24. "'다시 존자들이여, 여기 어떤 자는 거친371) 몸의 작용[身行]들을 가라앉히지 못하고, 거친 말의 작용[口行]들을 가라앉히지 못하고, 거친 마음의 작용[心行]들을 가라앉히지 못합니다. 그는 그 후에

---

368) "초선의 행복(paṭhamajjhāna-sukha)이다."(*Ibid*)

369) "'행복을 능가하는 기쁨', 즉 증득[等至]으로부터 출정한 자에게 禪의 행복을 조건으로 계속해서 기쁨(smanassa)이 생긴다."(*Ibid*)

370) 첫 번째 기회의 터득은 초선(初禪)을 터득한 것을 말한다. 그래서 주석서는 "초선은 다섯 가지 장애들[五蓋]을 억압한 뒤(vikkhambhetvā) 자신의 기회를 가지고서 존재한다. 그래서 첫 번째 기회의 터득(okāsa-adhigama)이라고 말한다."(*Ibid*)고 적고 있다.
한편 『청정도론』 등의 주석서 문헌에 의하면 계는 [오염원들과] 반대되는 것으로 대체하여 버림(tadaṅga-ppahāna)을 통해서 오염원을 버리는 것을 나타내고, 삼매는 [오염원들을] 억압(vikkhambhana)하여 오염원을 버림을, 통찰지는 [오염원들을] 근절함(samuccheda)으로써 오염원을 버리는 것을 나타낸다고 한다.(『청정도론』 I.12)

371) "'거친(oḷārika)'이라고 하였다. 몸과 말의 상카라들은 당연히 거칠다. 그런데 마음의 상카라는 왜 거칠다고 하는가? 제거되지 않았기 때문이다(appahīnattā). 몸의 상카라는 제4선에 의해서 제거되고 말의 상카라는 제2선에 의해서 제거되지만 마음의 상카라는 멸진정(nirodhasamāpatti, 소멸의 증득)에 의해서 제거되기 때문이다."(DA.ii.643)

성스러운 법을 배우고 지혜로운 주의를 기울이고 [출세간]법에 이르게 하는 법에 따라 도를 닦습니다. 그는 성스러운 법을 배우고 지혜로운 주의를 기울이고 [출세간]법에 이르게 하는 법에 따라 도를 닦아, 거친 몸의 작용들을 가라앉히고, 거친 말의 작용들을 가라앉히고, 거친 마음의 작용들을 가라앉힙니다.

그가 거친 몸의 작용들을 가라앉히고, 거친 말의 작용들을 가라앉히고, 거친 마음의 작용들을 가라앉히면 행복372)이 생겨나고 행복을 능가하는 기쁨373)이 생겨납니다. 존자들이여, 마치 희열이 환희를 생기게 하는 것처럼 그와 같이 거친 몸의 작용들을 가라앉히고, 거친 말의 작용들을 가라앉히고, 거친 마음의 작용들을 가라앉히면, 행복이 생겨나고 행복을 능가하는 기쁨이 생겨납니다. 존자들이여, 이것이 아시는 분, 보시는 분, 그분 세존·아라한·정등각께서 깨달으신, 행복을 성취하기 위한 두 번째 기회의 터득입니다."374)

25. "'다시 존자들이여, 여기 어떤 자는 이것은 유익한 것375)

---

372) "멸진정(nirodha)으로부터 출정한 자에게 생긴 제4선을 통해서 과(果)를 증득한 행복이다."(DA.ii.644)
　복주서에서는 제4선에서 몸의 상카라가 가라앉기 때문에 제4선을 언급했고 멸진정을 통해서 마음의 상카라가 가라앉기 때문에 멸진정을 언급했다고 설명하고 있다.(DAṬ.ii.272)

373) 과(果)의 증득으로부터 출정한 자에게 계속해서 기쁨(somanassa)이 생긴다."(DA.ii.644)

374) "제4선은 행복과 괴로움을 억압한 뒤 자신의 기회를 가지고서 존재한다. 그래서 두 번째 기회를 터득했다고 한다. 제2선과 제3선은 제4선이 [기회를] 가지면 이들도 기회를 가진 것이 된다고 해서 따로 설명하지 않았다."(*Ibid*)

375) 주석서에서는 유익한 것 등은 열 가지 유익한 업의 길(dasakusala-

이라고 있는 그대로 꿰뚫어 알지 못하고 이것은 해로운 것이라고 있는 그대로 꿰뚫어 알지 못합니다. 이것은 비난받아 마땅한 것이라고 있는 그대로 꿰뚫어 알지 못하고 이것은 비난받지 않는 것이라고 있는 그대로 꿰뚫어 알지 못합니다. 이것은 받들어 행해야 하는 것이라고 있는 그대로 꿰뚫어 알지 못하고 이것은 받들어 행하지 말아야 하는 것이라고 있는 그대로 꿰뚫어 알지 못합니다. 이것은 저열한 것이라고 있는 그대로 꿰뚫어 알지 못하고 이것은 수승한 것이라고 있는 그대로 꿰뚫어 알지 못합니다. 이것은 검고 흰 부분들을 잘 갖춘 것376)이라고 있는 그대로 꿰뚫어 알지 못합니다.

그는 그 후에 성스러운 법을 배우고 지혜로운 주의를 기울이고 [출세간]법에 이르게 하는 법에 따라 도를 닦습니다. 그는 성스러운 법을 배우고 지혜로운 주의를 기울이고 [출세간]법에 이르게 하는 법에 따라 도를 닦아, 이것은 유익한 것이라고 있는 그대로 꿰뚫어 알고 이것은 해로운 것이라고 있는 그대로 꿰뚫어 압니다. … 이것은 검고 흰 부분들을 잘 갖춘 것이라고 있는 그대로 꿰뚫어 압니다.

이와 같이 알고 이와 같이 볼 때 무명이 제거되고 영지(靈知)가 일어납니다.377) 그의 무명이 빛바래고 영지가 일어날 때 행복378)이 생

---

kammapatha, 十善業道)을 말하고 해로운 것 등은 열 가지 해로운 업의 길[十不善業道]을 말한다고 설명한다. 그리고 이것들은 각각 흰 부분과 검은 부분에 속하기 때문에 맨 마지막에 검고 흰 부분들을 잘 갖춘 것(kaṇha-sukka-sappaṭibhāga)으로 언급한다고 설명한다.(*Ibid*) 그러므로 검은 부분은 십불선업도를, 흰 부분은 십선업도를 말한다.

376) 위 주해에서 언급했듯이 검고 흰 부분들을 잘 갖춘 것(kaṇha-sukka-sappaṭibhāga)에서 검은 부분은 십불선업도를, 흰 부분은 십선업도를 말한다.

377) "아라한도의 영지(靈知)(arahattamagga-vijjā)가 일어난다."(*Ibid*)

겨나고 행복을 능가하는 기쁨이 생겨납니다. 존자들이여, 마치 희열이 환희를 생기게 하는 것처럼 그와 같이 무명이 빛바래고 영지가 일어날 때, 행복이 생겨나고 행복을 능가하는 기쁨이 생겨납니다. 존자들이여, 이것이 아시는 분, 보시는 분, 그분 세존·아라한·정등각께서 깨달으신, 행복을 성취하기 위한 세 번째 기회의 터득입니다.379)

존자들이여, 이러한 것들이 아시는 분, 보시는 분, 그분 세존·아라한·정등각께서 깨달으신, 행복을 성취하기 위한 세 가지 기회의 터득입니다.'"380)

---

378) "아라한도의 행복과 과의 행복이다.(*Ibid*)

379) "아라한도는 모든 오염원(sabbakilesa)들을 억누른 뒤, 자신의 기회를 가지고서 존재한다. 그래서 세 번째 기회를 터득했다고 한다. [예류도 등] 나머지 도들은 이 [아라한도가 기회를] 가지면 그 안에 포함되기 때문에 따로 설명하지 않았다."(*Ibid*)

380) 주석서에는 이 세 가지 기회의 터득을 다음과 같이 다른 여러 가지와 관련지어 설명하고 있다.
"이들 세 가지 기회의 터득은 38가지 대상(ārammaṇa, 명상주제, 『청정도론』에서는 40가지로 명상주제를 정리하였지만 주석서에서는 여기처럼 38가지로 나타나는 곳도 있다)을 통해서 [삼매의 측면에서] 상세하게 설명되어야 한다. 어떻게? 모든 대상은 『청정도론』에서 설명한 방법대로 근접[삼매](upacāra)와 본[삼매](appanā)로 상세하게 설명한 뒤, 24가지 경우들에서 [얻어지는] 초선이 여기서 언급하는 첫 번째 기회의 터득이라고 설명되어야 한다. 13가지 경우들에서 [얻어지는] 제2선, 제3선과 15가지 경우들에서 [얻어지는] 제4선과 멸진정은 두 번째 기회의 터득이라고 설명되어야 한다. 열 가지 근접삼매는 도의 가까운 원인(padaṭṭhāna)이 되는데 이것은 세 번째 기회의 터득에 해당된다.(『아비담마 길라잡이』 9장 <도표 9.1> 40가지 명상주제 참조. 무색계 선은 모두 제4선과 같은 것으로 간주한다. 그래서 제4선은 15가지 경우라고 했다.)
그리고 [계·정·혜] 삼학(세 가지 공부지음, sikkhā) 가운데서 높은 계학(adhisīlasikkhā, 높은 계를 공부지음, 增上戒學)은 첫 번째 기회의 터득에 해당하고, 높은 심학(adhicittasikkhā, 높은 마음을 공부지음)은 두 번

네 가지 마음챙김의 확립[四念處]

26. "세존이시여, 범천 사낭꾸마라는 이런 뜻을 말하였습니다. 세존이시여, 범천 사낭꾸마라는 이런 뜻을 말한 뒤, 다시 삼십삼천의 신들을 불러서 말했습니다. '삼십삼천의 신들이여, 이를 어떻게 생각합니까? 아시는 분, 보시는 분, 그분 세존·아라한·정등각께서는 유익함을 터득하기 위한381) 네 가지 마음챙김의 확립382)을 천명하셨습니다. 무엇이 넷입니까?

존자들이여, 여기 비구는 안으로 몸에서 몸을 관찰하며[身隨觀] 머뭅니다. 세상에 대한 욕심과 싫어하는 마음을 버리면서 근면하게, 분명히 알아차리고 마음챙기는 자 되어 머뭅니다. 그는 안으로 몸에서 몸을 관찰하여 머물면서 바르게 삼매에 들고 고요하게 됩니다.383)

째에, 높은 혜학(adhipaññāsikkhā, 높은 통찰지를 공부지음)은 세 번째에 해당된다. 이와 같이 공부지음을 통해서도 설명되어야 한다.
[본서 제1권] 「사문과경」(D2)에서 짧은 길이의 계부터 초선까지는 첫 번째 기회의 터득이고, 제2선부터 비상비비상처까지는 두 번째 기회의 터득이고, 위빳사나부터 아라한과까지는 세 번째 기회의 터득이다. 이와 같이 「사문과경」을 통해서도 설명되어야 한다.
삼장(tipiṭaka)을 통해서는, 율장은 첫 번째 기회의 터득에 해당되고 경장은 두 번째에, 논장은 세 번째에 해당된다. 이와 같이 삼장을 통해서도 설명되어야 한다."(DA.ii.644~45)

381) "여기서는 도의 유익함과 과의 유익함을 터득하기 위해서이다."(DA.ii.645)
382) 네 가지 마음챙김의 확립[四念處]은 본서 「대념처경」(D22)의 주제이다. 이 「대념처경」과 이에 관계된 주석서들을 취합하여 『네 가지 마음챙기는 공부』로 번역되어 있으니 참고할 것.
383) 주목해야 할 점은 여기서 범천은 삼매의 관점에서 4념처를 설명하고 있다는 것이다. 그렇기 때문에 여기서 나타나는 4념처의 정형구는 「대념처

그는 거기서 바르게 삼매에 들고 고요하게 되어 밖으로 남의 몸에 대해서 지와 견을 가지게 됩니다.

　존자들이여, 여기 비구는 안으로 느낌에서 느낌을 관찰하며[受隨觀] 머뭅니다. 세상에 대한 욕심과 싫어하는 마음을 버리면서 근면하게, 분명히 알아차리고 마음챙기는 자 되어 머뭅니다. 그는 안으로 느낌에서 느낌을 관찰하여 머물면서 바르게 삼매에 들고 고요하게 됩니다. 그는 거기서 바르게 삼매에 들고 고요하게 되어 밖으로 남의 느낌에 대해서 지와 견을 가지게 됩니다.

　존자들이여, 여기 비구는 안으로 마음에서 마음을 관찰하며[心隨觀] 머뭅니다. 세상에 대한 욕심과 싫어하는 마음을 버리면서 근면하게, 분명히 알아차리고 마음챙기는 자 되어 머뭅니다. 그는 안으로 마음에서 마음을 관찰하여 머물면서 바르게 삼매에 들고 고요하게 됩니다. 그는 거기서 바르게 삼매에 들고 고요하게 되어 밖으로 남의 마음에 대해서 지와 견을 가지게 됩니다.

　존자들이여, 여기 비구는 안으로 법(法)에서 법을 관찰하며[法隨觀] 머뭅니다. 세상에 대한 욕심과 싫어하는 마음을 버리면서 근면하게, 분명히 알아차리고 마음챙기는 자 되어 머뭅니다. 그는 안으로 법들에서 법들을 관찰하여 머물면서 바르게 삼매에 들고 고요하게 됩니다. 그는 거기서 바르게 삼매에 들고 고요하게 되어 밖으로 남의 법들에 대해서 지와 견을 가지게 됩니다.

　존자들이여, 아시는 분, 보시는 분, 그분 세존·아라한·정등각께서는 유익함을 터득하기 위한 이들 네 가지 마음챙김의 확립을 천명하셨습니다.'"

경」 등의 다른 경들에 나타나는 정형구와 조금 다르다.

일곱 가지 삼매의 필수품

27. "세존이시여, 범천 사낭꾸마라는 이런 뜻을 말하였습니다. 세존이시여, 범천 사낭꾸마라는 이런 뜻을 말한 뒤, 다시 삼십삼천의 신들을 불러서 말했습니다. '삼십삼천의 신들이여, 이를 어떻게 생각합니까? 아시는 분, 보시는 분, 그분 세존·아라한·정등각께서는 바른 삼매를 닦고 바른 삼매를 성취하기 위한 일곱 가지 삼매의 필수품을 천명하셨습니다. 무엇이 일곱입니까?

그것은 바른 견해[正見], 바른 사유[正思惟], 바른 말[正語], 바른 행위[正業], 바른 생계[正命], 바른 정진[正精進], 바른 마음챙김[正念]입니다. 존자들이여, 이런 일곱 가지 구성요소들로 마음이 하나가 되면[心一境性] 이것을 일러 성스러운 바른 삼매는 기반을 가졌다고 하고 필수품을 가졌다고 합니다.384)

---

384) 여기서도 범천의 관심은 삼매이다. 그래서 8정도의 앞의 일곱 가지를 삼매를 얻기 위한 필수품으로 파악하고 있다. 이처럼 범천의 입을 통해서 부처님께서 설하신 중요한 가르침들이 모두 삼매의 관점에서 설해지고 있는 것이 본경의 큰 특징 가운데 하나이다.
8정도 각지(各支)의 설명은 본서 「대념처경」(D22) §21과 『네 가지 마음챙기는 공부』 277~287쪽과 『청정도론』 XVI.75~83을 참조할 것.
이처럼 본경에서는 인도인들, 특히 바라문들이 제일의 신으로 믿고 섬기는 범천이라는 신의 입을 통해서 우빠니샤드 등에서 설해지고 있으며 바라문 수행자들이 치중하는 삼매 수행의 관점에서 불교를 드러내어, 불교에도 이러한 깊은 삼매의 경지가 있으며 아울러 삼매의 경지뿐만 아니라 이를 토대로 통찰지를 닦아 도와 과를 증득하는 것 까지도 잘 설해져 있다고 가르치고 있다. 그래서 §§20~27에서 보았듯이 불교를 믿는 것(§20의 불·법·승을 믿고 계를 지님)을 바탕으로 네 가지 성취수단(§22), 세 가지 행복의 터득(§§23~25), 네 가지 마음챙김의 확립(§26), 팔정도(§27)를 모두 삼매의 관점에서 드러내고 있다.

존자들이여, 바른 견해로부터 바른 사유가 생겨납니다. 바른 사유로부터 바른 말이 생겨납니다. 바른 말로부터 바른 행위가 생겨납니다. 바른 행위로부터 바른 생계가 생겨납니다. 바른 생계로부터 바른 정진이 생겨납니다. 바른 정진으로부터 바른 마음챙김이 생겨납니다. 바른 마음챙김으로부터 바른 삼매가 생겨납니다. 바른 삼매로부터 바른 지혜가 생겨납니다. 바른 지혜로부터 바른 해탈이 생겨납니다.

존자들이여, 바르게 말하는 자들이 말하기를 '법은 세존에 의해서 잘 설해졌고, 스스로 보아 알 수 있고, 시간이 걸리지 않고, 와서 보라는 것이고, 향상으로 인도하고, 지자들이 각자 알아야 하는 것이다.'385)라고 하고, 다시 '불사(不死)의 문은 활짝 열렸다.'386)라고 한다면 바로 이것을 두고 말해야 합니다. 왜냐하면 법은 세존에 의해서 잘 설해졌고, 스스로 보아 알 수 있고, 시간이 걸리지 않고, 와서 보라는 것이고, 향상으로 인도하고, 지자들이 각자 알아야 하는 것이기 때문이고, 불사의 문은 활짝 열렸기 때문입니다.

존자들이여, 부처님께 흔들림 없는 깨끗한 믿음을 가지고, 법에 흔들림 없는 깨끗한 믿음을 가지고, 승가에 흔들림 없는 깨끗한 믿음을 가지고, 성자들이 좋아하는 계를 구족한 자들과 법을 잘 실천해서 임종하여 여기 [삼십삼천에] 화현한 2백 4십만이 넘는 마가다에 사는 신

---

385) 이것은 법을 찬탄하는 정형구인데 본서의 다른 경들에서도 몇 번 나타났다. 이 정형구에 대한 상세한 설명은 『청정도론』 Ⅶ.68~88에 잘 나타나 있다.

386) "불사의 문(amatassa dvāra)이란 성스러운 도(팔정도)를 말한다. 이것은 스승의 주먹[師拳]이 없고, 안도 없고 밖도 없이 인간들에게 잘 드러내셨기 때문에 활짝 열린(vivaṭa) 것이다."(DAṬ.ii.276) 스승의 주먹과 안팎이 없음에 대해서는 본서 「대반열반경」(D16) §2.25의 주해를 참조할 것.

도들은 세 가지 족쇄를 완전히 없애고 흐름에 든 자[預流者]가 되어, [악취에] 떨어지지 않는 법을 가지고 [해탈이] 확실하며 정등각으로 나아가는 자가 되었습니다. 그리고 여기에는 한 번만 더 [이 세상으로] 돌아오는 자[一來者]들도 있습니다.

> 그리고 [불환자 등의] 공덕을 지닌
> 다른 분들도 더 있지만
> 나의 마음은 헤아릴 수 없으니
> 거짓말을 할까 두렵기 때문입니다."387)

맺는 말

28. "세존이시여, 범천 사낭꾸마라는 이런 뜻을 말하였습니다. 세존이시여, 범천 사낭꾸마라가 이런 뜻을 말하자 웻사와나 대천왕의 마음에는 이런 생각이 일어났습니다. '참으로 경이롭고, 참으로 놀랍구나. 이러한 굉장한 스승이 계시다니, 이러한 굉장한 법을 설하시다니, 이러한 굉장한 특별함을 증득하는 것을 선포하시다니!'라고. 세존이시여, 그러자 범천 사낭꾸마라는 웻사와나 대천왕의 마음에 일어난 생각을 마음으로 알고 웻사와나 대천왕에게 이렇게 말했습니다. '웻사와나 존자여, 이를 어떻게 생각합니까? 과거에도 이러한 굉장한 스승이 계셨고, 이러한 굉장한 법을 설하였고, 이러한 굉장한 특별함을 증득하는 것을 선포하였습니다. 미래에도 이러한 굉장한 스승이 계실 것이고, 이러한 굉장한 법을 설할 것이고, 이러한 굉장한 특별함을 증득하는 것을 선포할 것입니다.'라고."

---

387) 범천의 입을 빌어서 마가다의 신도들이 죽어서 예류과 등을 얻었다는 것을 드러내고 있으며, 이것은 본경의 주제이다.

29. "세존이시여, 범천 사낭꾸마라는 삼십삼천의 신들에게 이런 뜻을 말하였습니다. 세존이시여, 웻사와나 대천왕은 범천 사낭꾸마라가 삼십삼천의 신들에게 이런 뜻을 말하는 것을 면전에서 직접 듣고, 면전에서 직접 파악하여 자신의 회중에게 알렸습니다."

자나와사바 약카는 웻사와나 대천왕이 이런 뜻을 자신의 회중에게 말하는 것을 면전에서 직접 듣고, 면전에서 직접 파악하여 세존께 아뢴 것이다. 세존께서는 자나와사바 약카가 이런 뜻을 말하는 것을 [그의] 면전에서 직접 듣고, 면전에서 직접 파악하셨으며 그리고 스스로 최상의 지혜로 아신 뒤 다시 아난다 존자에게 알려주셨다. 이런 뜻을 아난다 존자는 세존의 면전에서 직접 듣고, 면전에서 직접 파악하여 비구들과 비구니들과 청신사들과 청신녀들에게 알려주었다.

이렇게 해서 청정범행은 잘 유지되고 번창하고 널리 퍼지고 많은 사람들이 따르고 대중적이 되어 신과 인간들 사이에서 잘 설명되었다.

「자나와사바 경」이 끝났다.

마하고윈다 경
마하고윈다의 일대기
Mahāgovinda Sutta(D19)

마하고윈다 경388)

마하고윈다의 일대기
Mahāgovinda Sutta(D19)

서언

1. 이와 같이 나는 들었다. 한때 세존께서는 라자가하에서 독수리봉 산389)에 머무셨다. 그때 빤짜시카390) 간답바391)의 아들이

---

388) 본경은 앞의「자나와사바 경」(D18)에 대한 보유(補遺)의 성격이 강한 경이다.「자나와사바 경」의 주요내용은 범천이 설주(說主)가 되어 세존의 가르침을 요약 정리해서 삼십삼천의 신들에게 설한 것을, 웻사와나 대천왕의 일원이 되어 그 회합에 참석한 자나와사바 약카가 듣고, 세존께 와서 그 이야기를 알려드리는 형식을 빌어서 전개 되었다. 마찬가지로 본경의 주요내용은 범천이 설주가 되어 마하고윈다라는 부처님 전생담을 설하는 것이다.
이처럼 본경은 마하고윈다라는 바라문의 일대기를 범천이 드러내고 있기 때문에「마하고윈다 경」(Mahāgovinda Sutta)이라고 불렸다. 중국에서는「전존경」(典尊經)으로 한역되어『장아함』의 세 번째 경으로 전해온다.「전존경」에서는 고윈다(Govinda)를 전존(典尊)이라 옮기고, 마하고윈다(Mahāgovinda)를 대전존(大典尊)으로 옮기고 있다.

389) 독수리봉 산에 대해서는 본서「대반열반경」(D16) §1.1의 주해를 참조할 것.

390) 빤짜시카는『장부』에서만 세 군데 경에서 나타나고 있다.(D18, D19, D21) 주석서에 의하면 빤짜시카는 pañcacūla(다섯 가지 머리띠를 두른

밤이 아주 깊었을 때 아주 멋진 모습을 하고 온 독수리봉 산을 환하게 밝히고서 세존께 다가왔다. 다가와서는 세존께 절을 올린 뒤 한 곁에 섰다. 한 곁에 서서 빤짜시카 간답바의 아들은 세존께 이와 같이 말씀드렸다.

"세존이시여, 저는 삼십삼천의 신들의 면전에서 직접 듣고 면전에서 직접 파악한 것을 세존께 아뢰고자 합니다."

"빤짜시카여, 그대는 나에게 말하여 보라."라고 세존께서는 말씀하셨다.

자)라고도 하고, pañcakuṇḍalika(같은 뜻)라고도 불린다고 한다. 그가 어린아이였을 때 그는 머리에 다섯 가지 머리띠를 두른 (pañca-cūḷaka-dāraka) 골목대장이었다. 다른 아이들과 함께 도로를 보수하고 우물을 파고 휴게소를 짓는 등의 선행을 하였다고 한다. 그래서 어릴 때 죽었지만 사대왕천에 태어나서 수명은 9만 년이 되었고 키는 3가우따(1가우따는 2마일정도)였으며 100수레 분의 장신구로 치장하고 몸에는 아홉 항아리 분의 향수를 발랐고 붉은 옷을 입고 머리에는 붉은 금으로 된 화관을 썼으며 머리 주위로 다섯줄의 띠(kuṇḍalak)를 둘렀는데 어린아이들이 하듯이 뒤쪽으로 묶었다고 한다. 그래서 다섯 가지 띠를 두르고 있는 자(pañca-cūḷikadārakaparihāra)라고 불렸다. 그래서 그의 이름이 빤짜시카가 되었다고 주석서는 설명하고 있다.(DA.ii.647) 앞의 「자나와사바 경」(D18) §18의 주해에서도 밝혔듯이 그는 여러 신들의 귀여움을 받았다고 하며 그래서 범천 사낭꾸마라가 형상을 나툴 때는 이 빤짜시카의 모습으로 나툰다고 한다. 우리나라에서 흔히 볼 수 있는 문수동자의 상호를 연상하면 될 듯하다.

본경은 이런 빤짜시카가 세존께 와서 범천 사낭꾸마라가 신들에게 이야기해 주었던 마하고윈다의 일대기를 기술하고 있다.

391) 간답바는 우리에게 건달바로 친숙한 이름이다. 간답바에 대해서는 본서 「대인연경」(D15) §4의 주해를 참조할 것.

신들의 의회

2. "세존이시여, 옛날, 아주 옛적부터 보름의 포살일에, 그 결제가 시작되는 보름날 밤에 삼십삼천의 신들이 모두 수담마 의회에 모여 앉았는데, 큰 하늘의 회중들이 모두 모여 앉았습니다.392) 사대천왕들은 네 방위에 앉았습니다. 동쪽 방위에는 다따랏타 대천왕이 서쪽을 향하여 신들을 앞에 하고 앉습니다. 남쪽 방위에는 위룰하까 대천왕이 북쪽을 향하여 신들을 앞에 하고 앉습니다. 서쪽 방위에는 위루빡카 대천왕이 동쪽을 향하여 신들을 앞에 하고 앉습니다. 북쪽 방위에는 웻사와나 대천왕이 남쪽을 향하여 신들을 앞에 하고 앉습니다. 세존이시여, 삼십삼천의 신들이 모두 수담마 의회에 모여서 큰 하늘의 회중들이 모두 모여 앉았을 때 사대천왕들은 네 방위에 앉습니다. 이것이 그들의 자리입니다. 그 다음이 우리들 약카들의 자리입니다.

세존이시여, 세존의 문하에서 청정범행을 닦은 뒤 최근에 삼십삼천에 태어난 신들은 다른 신들보다 용모와 명성이 훨씬 뛰어납니다. 세존이시여, 그래서 삼십삼천의 신들은 '참으로 하늘의 무리는 가득 차고 아수라 무리는 줄어든다.'고 마음으로 흡족해 하고 환희로워 하고 기뻐하고 즐거워하였습니다."

3. "세존이시여, 그러자 신들의 왕 삭까(인드라)가 삼십삼천의 신들이 청정한 믿음이 있는 것을 알고 이런 게송으로 기뻐합니다.

'오, 참으로 삼십삼천의 신들은

---

392) 이하 §3번까지는 앞의 「자나와사바 경」(D18)의 §§12~13번과 동일함.

그들의 우두머리와 함께 기뻐합니다.
여래와 좋은 가르침인 법에 귀의합니다.

용모를 갖추고 명성을 가진 새로운 신들을 보나니
그들은 선서의 문하에서
청정범행을 닦고 여기에 왔으며
용모와 명성에서 다른 자들을 크게 능가합니다.

광대한 통찰지를 가진 분의 제자들은
특별히 여기에 왔나니
이것을 보고서 삼십삼천의 신들은
그들의 우두머리와 함께 즐거워합니다.
여래와 좋은 가르침인 법에 귀의합니다.'

세존이시여, 그러자 삼십삼천의 천신들은 '참으로 하늘의 무리는 가득 차고 아수라 무리는 줄어든다.'고 더욱더 마음으로 흡족해 하고 환희로워 하고 기뻐하고 즐거워하였습니다."

여덟 가지 있는 그대로의 칭송

4. "세존이시여, 그러자 신들의 왕 삭까(인드라)는 삼십삼천의 신들이 청정한 믿음이 있는 것을 알고 삼십삼천의 신들을 불러서 말하였습니다.
'존자들이여, 그대들은 그분 세존의 여덟 가지 있는 그대로의 칭송을 듣고자 합니까?'
'존자시여, 우리는 그분 세존의 여덟 가지 있는 그대로의 칭송을

듣고자 합니다.'

세존이시여, 그러자 신들의 왕 삭까(인드라)는 삼십삼천의 신들에게 여덟 가지 있는 그대로의 칭송을 분명하게 드러내었습니다."

5. "'삼십삼천의 신들이여, 이를 어떻게 생각합니까? 그분 세존께서는 많은 사람의 이익을 위하고, 많은 사람의 행복을 위하고, 세상을 연민하고, 신과 인간의 이상과 이익과 행복을 위하여 도를 닦으셨습니다.

이와 같이 많은 사람의 이익을 위하고, 많은 사람의 행복을 위하고, 세상을 연민하고, 신과 인간의 이상과 이익과 행복을 위하여 도를 닦는 이런 구성요소를 구족하신 스승을 그분 세존을 제외하고는 과거에도 찾아보지 못했고 지금도 찾지 못합니다.'"

6. "'법은 세존에 의해서 잘 설해졌고, 스스로 보아 알 수 있고, 시간이 걸리지 않고, 와서 보라는 것이고, 향상으로 인도하고, 지자들이 각자 알아야 하는 것입니다.

이와 같이 향상으로 인도하는 법을 가르치시는 이런 구성요소를 구족하신 스승을 그분 세존을 제외하고는 과거에도 찾아보지 못했고 지금도 찾아보지 못합니다.'"

7. "'그분 세존께서는 이것은 유익한 것이라고 잘 천명하셨고 이것은 해로운 것이라고 잘 천명하셨습니다. 이것은 비난받아 마땅한 것이고 이것은 비난받지 않는 것이며, 이것은 받들어 행해야 하는 것이고 이것은 받들어 행하지 말아야 하는 것이며, 이것은 저열한 것이고 이것은 수승한 것이며, 이것은 검고 흰 부분들을 잘 갖춘 것이

라고 잘 천명하셨습니다.

이와 같이 유익하거나 해로우며, 비난받아 마땅하거나 비난받지 않으며, 받들어 행해야 하거나 받들어 행하지 말아야 하며, 저열하거나 수승하며, 검고 흰 부분들을 잘 갖춘 법들을 천명하는 이런 구성요소를 구족하신 스승을 그분 세존을 제외하고는 과거에도 찾아보지 못했고 지금도 찾아보지 못합니다.'"

8. "'그분 세존께서는 제자들에게 열반으로 인도하는 도닦음을 잘 천명하셨습니다. 열반과 도닦음은 일체가 됩니다. 마치 강가 강물과 야무나 강물이 일체가 되고 함께 흐르듯이 그와 같이 그분 세존께서는 제자들에게 열반으로 인도하는 도닦음을 잘 선포하셨고, 그 열반과 도닦음은 일체가 됩니다.

이와 같이 열반으로 인도하는 도닦음을 천명하는 이런 구성요소를 구족하신 스승을 그분 세존을 제외하고는 과거에도 찾아보지 못했고 지금도 찾아보지 못합니다.'"

9. "'그분 세존께서는 도를 닦는 유학(有學)들과 청정범행을 닦은 번뇌 다한 자들을 동료로 하십니다. 그러나 세존께서는 [마음으로는] 그들과 떨어져서393) 혼자되는 즐거움에 계합하여 머무십니다.

이와 같이 혼자되는 즐거움에 계합하는 이런 구성요소를 구족하신

---

393) "그들의 가운데에 계실지라도 과(果)의 증득으로 머무시기 때문에 마음으로는(cittena) 떨어져 계신다."(DA.ii.652)
'떨어져서'로 옮긴 원어는 apanujjā인데 복주서에서는 apanīya(떨어져서)와 vivajjetvā(피해서)라는 두 단어가 합쳐져서 만들어진 단어라고 설명하고 있다.(DAṬ.ii.282) 실제로는 apa(away)+√nud(to push)의 동명사로 보는 것이 타당하다.

스승을 그분 세존을 제외하고는 과거에도 찾아보지 못했고 지금도 찾아보지 못합니다.'"

10. "'그분 세존께서는 큰 이익을 성취하셨고 명성을 얻으셨습니다. 그래서 끄샤뜨리야들을 [비롯한 모든 유정들은]394) 그분을 흠모하면서 머문다고 생각합니다. 그러나 그분 세존은 자만하지 않고 음식을 드십니다.

이와 같이 자만하지 않고 음식을 드시는 이런 구성요소를 구족하신 스승을 그분 세존을 제외하고는 과거에도 찾아보지 못했고 지금도 찾아보지 못합니다.'"

11. "'그분 세존은 설하는 그대로 행하시는 분이고 행하는 그대로 설하시는 분이니, 이처럼 설하는 그대로 행하시고 행하는 그대로 설하시는 분이십니다.

이와 같이 [출세간]법에 이르게 하는 법395)에 따라 도를 닦는 이런 구성요소를 구족하신 스승을 그분 세존을 제외하고는 과거에도 찾아보지 못했고 지금도 찾아보지 못합니다.'"

12. "'그분 세존께서는 최상이요 최고로 존귀한 청정범행에 대해서 의심을 건넜고 혼란을 제거했고 사유의 끝에 도달하셨습니다.

이와 같이 최상이요 최고로 존귀한 청정범행에 대해서 의심을 건넜고 혼란을 제거했고 사유의 끝에 도달하신 이런 구성요소를 구족

---

394) "[원문의] '끄샤뜨리야들은'이란 끄샤뜨리야들, 바라문들, 와이샤들, 수드라들, 용들, 가루다들, 약카들, 아수라들, 신들, 범천들이라는 이 모든 자들이다."(DA.ii.656) 그래서 이렇게 옮겼다.

395) 본서 「대반열반경」(D16) §3.7의 해당 주해를 참조할 것.

하신 스승을 그분 세존을 제외하고는 과거에도 찾아보지 못했고 지금도 찾아보지 못합니다.'

세존이시여, 이것이 신들의 왕 삭까가 삼십삼천의 신들에게 분명히 드러낸 세존에 대한 여덟 가지 있는 그대로의 칭송입니다. 세존이시여, 그러자 삼십삼천의 천신들은 세존에 대한 여덟 가지 있는 그대로의 칭송을 들은 뒤 더욱더 마음으로 흡족해 하고 환희로워 하고 기뻐하고 즐거워하였습니다."

13. "세존이시여, 그때 어떤 신들이 이렇게 말했습니다. '존자들이여, 참으로 네 분의 정등각들께서 세상에 출현하시어 지금의 세존처럼 법을 설하시기를! 그러면 그것은 많은 사람의 이익을 위하고, 많은 사람의 행복을 위하고, 세상을 연민하고, 신과 인간의 이상과 이익과 행복을 위하는 것이 될 것입니다.'라고 어떤 신들은 이렇게 말했습니다. '존자여, 네 분의 정등각은 그만 두고 세 분의 정등각이라도 세상에 출현하시어 지금의 세존처럼 법을 설하시기를! 그러면 그것은 많은 사람의 이익을 위하고, 많은 사람의 행복을 위하고, 세상을 연민하고, 신과 인간의 이상과 이익과 행복을 위하는 것이 될 것입니다.'라고 어떤 신들은 이렇게 말했습니다. '존자여, 세 분의 정등각은 그만 두고 두 분의 정등각이라도 세상에 출현하시어 지금의 세존처럼 법을 설하시기를! 그러면 그것은 많은 사람의 이익을 위하고, 많은 사람의 행복을 위하고, 세상을 연민하고, 신과 인간의 이상과 이익과 행복을 위하는 것이 될 것입니다.'라고"

14. "세존이시여, 이렇게 말하자 신들의 왕 삭까는 삼십삼천의 신들에게 이렇게 말하였습니다. '존자들이여, 하나의 세계에 두 분의

아라한·정등각들이 전도 아니고 후도 아닌 [동시에] 출현한다는 것은 불가능하고 이치에 맞지 않습니다.396) 그런 경우는 존재하지 않습니다. 존자들이여, 그러니 그분 세존께서 병이 없으시고 어려움도 없으시며 오래, 오랜 세월 머무셔야 합니다. 그러면 그것은 많은 사람의 이익을 위하고 많은 사람의 행복을 위하고 세상을 연민하고 신과 인간의 이상과 이익과 행복을 위하는 것이 될 것입니다.'라고.

세존이시여, 삼십삼천의 신들은 수담마 의회에 모여 앉아 그들이 모이게 된 안건을 심사숙고하고 그 안건을 토의합니다. 그리고 논의하여 결정된 것은 사대천왕들에게 각각 통보되고 하달됩니다. 그러면 사대천왕들은 자신들의 자리에 선 채로 움직이지 않고 그 안건을 통보받고 하달받습니다.

> 그 왕들은 결정된 대로 따르는 자들이어서
> 명령된 것을 수지하나니
> 밝고 고요한 그들은
> 자신들의 자리에 서있었습니다."

15. "세존이시여, 그러자 북쪽 방향에 광대한 빛이 인식되면서 광명이 드러났습니다. 그것은 신들의 광채를 능가하였습니다. 세존이시여, 그러자 신들의 왕인 삭까가 삼십삼천의 신들을 불러서 말했습니다. '존자들이여, 저런 표상이 보이고 저런 광명이 생기고 저런 빛이 드러나는 징후가 보이면 그것은 범천이 출현하는 것입니다. 광

---

396) 하나의 세계에 두 분 이상의 부처님이 출현하지 않는다는 것이 초기불교의 정설이다. 본서 제3권 「확신경」(D28) §20과 『중부』「다계경」(多界經, Bahudhātuka Sutta, M115) §14와 『증지부』 등에서도 같은 문장이 나타난다.

「마하고원다 경」(D19) *387*

명이 생기고 빛이 드러나는 징후가 보이면 그것은 범천이 출현하는 전조이기 때문입니다.'

표상이 보이기 때문에 범천은 출현할 것이니
범천에게는 풍부하고 큰 빛이라는 전조가 있기 때문입니다.'"

범천 사낭꾸마라의 일화

16. "세존이시여,[397] 그러자 삼십삼천의 신들은 '우리는 이 광명이 어떤 결과를 가져올지 알아야겠다. 그것이 눈앞에 가시화되면 그때 그에게 다가가야겠다.'라고 하면서 모두 자신의 자리에 앉아 있습니다. 사대천왕들도 '우리는 이 광명이 어떤 결과를 가져올지 알아야겠다. 그것이 눈앞에 가시화되면 그때 그에게 다가가야겠다.'라고 하면서 모두 자신의 자리에 앉아 있습니다. 이 말을 들은 뒤 삼십삼천의 신들은 모두 '우리는 이 광명이 어떤 결과를 가져올지 알아야겠다. 그것이 눈앞에 가시화되면 그때 그에게 다가가야겠다.'라고 하나로 동의를 했습니다."

17. "세존이시여, 범천 사낭꾸마라가 삼십삼천의 신들에게 출현할 때는 거친 자기 모습을 창조한 뒤에 출현합니다. 세존이시여, 범천의 본래 모습은 삼십삼천의 신들의 눈의 영역으로는 체험하지 못합니다. 세존이시여, 범천 사낭꾸마라가 삼십삼천의 신들에게 출현할 때에 그는 용모와 명성에서 다른 신들을 훨씬 능가합니다. 세존이시여, 마치 황금으로 만든 형상이 인간의 형상을 훨씬 능가하듯이, 범천 사낭꾸마라가 삼십삼천의 신들에게 출현할 때에 그는 용모와

---

397) 이하 §18까지는 앞의 「자나와사바 경」(D18) §§16~19와 동일함.

명성에서 다른 신들을 훨씬 능가합니다. 세존이시여, 범천 사냥꾸마라가 삼십삼천의 신들에게 출현할 때 그 회중의 어느 한 신도 절을 하거나 일어서거나 자리를 권하지 않습니다. 그들은 모두 '이제 범천 사냥꾸마라께서는 그가 원하는 신의 자리에 앉으실 것이다.'라고 여기면서 침묵한 채로 합장하고 가부좌하고 앉아 있습니다. 세존이시여, 범천 사냥꾸마라가 앉는 자리를 가진 그 신은 크나큰 만족과 크나큰 기쁨을 얻게 됩니다. 마치 방금 관정(灌頂)한 끄샤뜨리야 왕이 그의 왕실에서 크나큰 만족과 크나큰 기쁨을 얻는 것처럼 범천 사냥꾸마라가 앉는 자리를 가진 그 신은 크나큰 만족과 크나큰 기쁨을 얻게 됩니다.

세존이시여, 그러면 범천 사냥꾸마라는 거친 자기 모습을 창조하여 빤짜시카 동자의 용모를 하고 삼십삼천의 신들에게 출현합니다. 그는 공중으로 올라가 허공에서 가부좌를 하고 앉습니다. 마치 힘센 사람이 잘 덮인 좌상이나 고른 땅 위에 가부좌를 하고 앉는 것처럼, 그와 같이 범천 사냥꾸마라는 공중으로 올라가 허공에서 가부좌를 하고 앉은 뒤 삼십삼천의 신들에게 청정한 믿음이 있음을 알고서 이런 게송으로 기쁘게 합니다.

'오, 참으로 삼십삼천의 신들은
그들의 우두머리와 함께 기뻐합니다.
여래와 좋은 가르침인 법에 귀의합니다.

용모를 갖추고 명성을 가진 새로운 신들을 보나니
그들은 선서의 문하에서
청정범행을 닦고 여기에 왔으며

용모와 명성에서 다른 자들을 크게 능가합니다.

광대한 통찰지를 가진 분의 제자들은
특별히 여기에 왔나니
이것을 보고서 삼십삼천의 신들은
그들의 우두머리와 함께 즐거워합니다.
여래와 좋은 가르침인 법에 귀의합니다.'라고"

18. "세존이시여, 범천 사낭꾸마라는 이런 뜻을 말하였습니다. 세존이시여, 범천 사낭꾸마라가 이런 뜻을 말한 그 목소리는 여덟 가지 특질을 구족합니다. 그분의 목소리는 분명하고, 이해할 수 있고, 선율이 있으며, 관심을 끌고, 함축적이며, 늘어지지 않고, 깊고, 낭랑합니다. 세존이시여, 범천 사낭꾸마라의 목소리는 회중에게만 들렸고 회중 밖으로는 목소리가 새어나가지 않습니다. 세존이시여, 그래서 이와 같이 여덟 가지 특질을 구족한 목소리를 범천의 목소리라 부릅니다."

19. "세존이시여, 그러자 삼십삼천의 신들은 범천 사낭꾸마라에게 이렇게 말했습니다. '감사합니다, 범천이시여. 우리는 이런 지혜의 말씀398)을 [들어서] 기쁩니다. 신들의 왕인 삭까께서도 그분 세존의 여덟 가지 있는 그대로의 칭송을 말씀해 주셨습니다. 우리는 그런 지혜의 말씀을 [들어서] 역시 기쁩니다.'라고.

세존이시여, 그러자 범천 사낭꾸마라는 신들의 왕 삭까에게 이렇게 말했습니다. '감사합니다, 신들의 왕이여. 우리도 그분 세존의 여

---

398) '지혜의 말씀'으로 옮긴 원어는 saṅkhā(숫자, 헤아림)인데 복주서에서 지혜(ñāṇa)라고 부연하고 있어서(DAṬ.iii.289) 지혜의 말씀으로 옮겼다.

덟 가지 있는 그대로의 칭송을 듣고자 합니다.' '그렇게 하겠습니다, 대범천이시여.'라고 신들의 왕 삭까는 범천 사낭꾸마라에게 세존의 여덟 가지 있는 그대로의 칭송을 분명히 드러냈습니다."

20. "'대범천이시여399), 이를 어떻게 생각합니까? 그분 세존께서는 많은 사람의 이익을 위하고, 많은 사람의 행복을 위하고, 세상을 연민하고, 신과 인간의 이상과 이익과 행복을 위하여 도를 닦으셨습니다.

이와 같이 많은 사람의 이익을 위하고, 많은 사람의 행복을 위하고, 세상을 연민하고, 신과 인간의 이상과 이익과 행복을 위하여 도를 닦는 이런 구성요소를 구족하신 스승을 그분 세존을 제외하고는 과거에도 찾아보지 못했고 지금도 찾아보지 못합니다.'"

21. "'법은 세존에 의해서 잘 설해졌고, 스스로 보아 알 수 있고, 시간이 걸리지 않고, 와서 보라는 것이고, 향상으로 인도하고, 지자들이 각자 알아야 하는 것입니다.

이와 같이 향상으로 인도하는 법을 가르치시는 이런 구성요소를 구족하신 스승을 그분 세존을 제외하고는 과거에도 찾아보지 못했고 지금도 찾아보지 못합니다.'"

22. "'그분 세존께서는 이것은 유익한 것이라고 잘 천명하셨고 이것은 해로운 것이라고 잘 천명하셨습니다. 이것은 비난받아 마땅한 것이고 이것은 비난받지 않는 것이며, 이것은 받들어 행해야 하는 것이고 이것은 받들어 행하지 말아야 하는 것이며, 이것은 저열한 것이고 이것은 수승한 것이며, 이것은 검고 흰 부분들을 잘 갖춘 것이

---

399) 이하 §27까지는 위 §§5~12와 같은 내용임.

라고 잘 천명하셨습니다.

　이와 같이 유익하거나 해로우며, 비난받아 마땅하거나 비난받지 않으며, 받들어 행해야 하거나 받들어 행하지 말아야 하며, 저열하거나 수승하며, 검고 흰 부분들을 잘 갖춘 법들을 천명하는 이런 구성요소를 구족하신 스승을 그분 세존을 제외하고는 과거에도 찾아보지 못했고 지금도 찾아보지 못합니다.'"

　23. "'그분 세존께서는 제자들에게 열반으로 인도하는 도닦음을 잘 천명하셨습니다. 열반과 도닦음은 일체가 됩니다. 마치 강가 강물과 야무나 강물이 일체가 되고 함께 흐르듯이 그와 같이 그분 세존께서는 제자들에게 열반으로 인도하는 도닦음을 잘 선포하셨고, 그 열반과 도닦음은 일체가 됩니다.

　이와 같이 열반으로 인도하는 도닦음을 천명하는 이런 구성요소를 구족하신 스승을 그분 세존을 제외하고는 과거에도 찾아보지 못했고 지금도 찾아보지 못합니다.'"

　24. "'그분 세존께서는 도를 닦는 유학들과 청정범행을 닦은 번뇌 다한 자들을 동료로 하십니다. 그러나 세존께서는 [마음으로는] 그들과 떨어져서 혼자되는 즐거움에 계합하여 머무십니다.

　이와 같이 혼자되는 즐거움에 계합하는 이런 구성요소를 구족하신 스승을 그분 세존을 제외하고는 과거에도 찾아보지 못했고 지금도 찾아보지 못합니다.'"

　25. "'그분 세존께서는 큰 이익을 성취하셨고 명성을 얻으셨습니다. 그래서 끄샤뜨리야들을 [비롯한 모든 유정들은] 그분을 흠모하면서 머문다고 생각합니다. 그러나 그분 세존은 자만하지 않고 음식

을 드십니다.

이와 같이 자만하지 않고 음식을 드시는 이런 구성요소를 구족하신 스승을 그분 세존을 제외하고는 과거에도 보지 못했고 지금도 보지 못합니다.'"

26. "'그분 세존은 설하는 그대로 행하시는 분이고 행하는 그대로 설하시는 분이니, 이처럼 설하는 그대로 행하시고 행하는 그대로 설하시는 분이십니다.

이와 같이 [출세간]법에 이르게 하는 법에 따라 도를 닦는 이런 구성요소를 구족하신 스승을 그분 세존을 제외하고는 과거에도 찾아보지 못했고 지금도 찾아보지 못합니다.'"

27. "'그분 세존께서는 최상이요 최고로 존귀한 청정범행에 대해서 의심을 건넜고 혼란을 제거했고 사유의 끝에 도달하셨습니다.

이와 같이 최상이요 최고로 존귀한 청정범행에 대해서 의심을 건넜고 혼란을 제거했고 사유의 끝에 도달하신 이런 구성요소를 구족하신 스승을 그분 세존을 제외하고는 과거에도 찾아보지 못했고 지금도 찾아보지 못합니다.'"

28. "세존이시여, 이것이 신들의 왕 삭까가 범천 사낭꾸마라에게 분명히 드러낸 세존에 대한 여덟 가지 있는 그대로의 칭송입니다. 세존이시여, 그러자 범천 사낭꾸마라는 세존에 대한 여덟 가지 있는 그대로의 칭송을 들은 뒤 마음으로 흡족해 하고 환희로워 하고 기뻐하고 즐거워하였습니다.

세존이시여, 그러자 범천 사낭꾸마라는 거친 자기 모습을 창조한 뒤 빤짜시카 동자의 용모를 하고 삼십삼천의 신들에게 모습을 드러 내었습니다. 그는 공중으로 올라가 허공에서 가부좌를 하고 앉았습니다. 마치 힘센 사람이 잘 덮인 좌상이나 고른 땅 위에 가부좌를 하고 앉는 것처럼, 그와 같이 범천 사낭꾸마라는 공중으로 올라가 허공에서 가부좌를 하고 앉은 뒤 삼십삼천의 신들을 불러서 말했습니다. '삼십삼천의 신들이여, 이를 어떻게 생각합니까? 얼마나 오래 전에 그분 세존께서는 큰 통찰지를 가진 분이 되었겠습니까?'"

고윈다 바라문의 일화

29. [범천 사낭꾸마라는 계속하였다.]400) "존자들이여, 옛날에 디삼빠띠라는 왕이 있었습니다. 디삼빠띠 왕에게는 고윈다401)라는 바라문 궁중제관402)이 있었습니다. 디삼빠띠 왕에게는 레누라는 왕자가 있었습니다. 고윈다 바라문에게는 조띠빨라라는 바라문 학도 아들이 있었습니다. 레누 왕자와 조띠빨라 바라문 학도와 다른 여섯 명의 끄샤뜨리야를 합하여 여덟은 동무가 되었습니다.

존자들이여, 그러자 많은 세월이 지나서 고윈다 바라문이 임종하였습니다. 고윈다 바라문이 임종하자 디삼빠띠 왕은 '오, 참으로 짐은 고윈다 바라문에게 모든 업무를 바르게 위임한 뒤 다섯 가닥의 감

---

400) 이하 §60까지, 범천 사낭꾸마라가 설하는 마하고윈다에 대한 이야기가 계속된다.
401) 고윈다(Govinda)는 소치는 사람 즉 목자(牧子)라는 뜻이며 힌두의 성전인 바가왓기따(Bhagavadgītā)를 설하는 신인 끄리슈나의 다른 이름이기도 하다.
402) 궁중제관(purohita)에 대해서는 본서 제1권 「꾸따단따 경」(D5) §10의 주해를 참조할 것.

각적 욕망을 고루 즐기고 싶었는데, 바로 이때 고윈다 바라문이 임종을 하였구나.'라고 크게 슬퍼하였습니다.

이렇게 말하자 레누 왕자가 디삼빠띠 왕에게 이렇게 말했습니다. '폐하, 폐하께서는 고윈다 바라문이 임종하였다고 해서 너무 크게 슬퍼하지 마십시오. 폐하, 고윈다 바라문에게는 조띠빨라라는 바라문 학도인 아들이 있습니다. 그는 그의 아버지보다 더 현명하고 아버지보다 일을 보는 눈이 더 뛰어납니다. 그러니 폐하께서 그의 아버지에게 맡겼던 업무를 모두 조띠빨라 바라문 학도에게 맡기십시오.'

'참으로 그러한가, 왕자여?'

'참으로 그러합니다, 폐하.'"

마하고윈다

30. "존자들이여, 그러자 디삼빠띠 왕은 어떤 사람을 불러서 말했습니다. '여봐라. 이리 오너라. 그대는 조띠빨라라는 바라문 학도에게 가라. 가서는 조띠빨라 바라문 학도에게 이렇게 말하라. '조띠빨라 존자는 잘 지내십니까. 디삼빠띠 왕이 조띠빨라 바라문 학도를 부르십니다. 디삼빠띠 왕은 조띠빨라 바라문 학도를 보고자 합니다.'라고.'

'그렇게 하겠습니다, 폐하.'라고 그 사람은 디삼빠띠 왕에게 대답한 뒤 조띠빨라 바라문 학도에게 다가갔습니다. 가서는 조띠빨라 바라문 학도에게 이렇게 말했습니다.

'조띠빨라 존자는 잘 지내십니까. 디삼빠띠 왕이 조띠빨라 바라문 학도를 부르십니다. 디삼빠띠 왕은 조띠빨라 바라문 학도를 보고자 합니다.'

'그렇게 하겠습니다, 존자여.'라고 조띠빨라 바라문 학도는 그 사람에게 대답한 뒤 디삼빠띠 왕에게 갔습니다. 가서는 디삼빠띠 왕과 함께 환담을 나누었습니다. 유쾌하고 기억할 만한 이야기로 서로 담소를 한 뒤 한 곁에 앉았습니다. 한 곁에 앉은 조띠빨라 바라문 학도에게 디삼빠띠 왕은 이렇게 말했습니다.

'조띠빨라 존자여, 우리의 업무를 맡아주시오. 조띠빨라 존자는 우리의 청을 거절하지 마시오. 그대의 아버지가 맡았던 자리에 그대를 앉히겠소. 고윈다(목자)의 자리에 그대를 임명하려 하오.'

'그렇게 하겠습니다, 폐하.'라고 조띠빨라 바라문 학도는 디삼빠띠 왕에게 대답했습니다."

31. "존자들이여, 그러자 디삼빠띠 왕은 조띠빨라 바라문 학도를 고윈다(목자)의 자리에 임명하여 그를 아버지의 자리에 앉혔습니다. 조띠빨라 바라문 학도는 고윈다의 자리에 임명되어 아버지의 자리에 앉아 아버지가 보던 업무를 그대로 보았고 아버지가 보지 않던 업무는 그도 보지 않았으며, 아버지가 하던 일을 그대로 완수하였고 아버지가 하지 않은 일은 그도 하지 않았습니다. 이런 그를 두고 사람들은 '오, 참으로 이 바라문은 고윈다(목자)로다. 오, 참으로 이 바라문은 마하고윈다(큰 목자)로다.'라고 말했습니다. 존자들이여, 이런 방법으로 조띠빨라 바라문 학도는 '마하고윈다, 마하고윈다'라는 이름을 가지게 되었습니다."

왕국을 나누어 가짐

32. "존자들이여, 그때 마하고윈다 바라문은 여섯 끄샤뜨리야에게 갔습니다. 여섯 끄샤뜨리야에게 가서는 이렇게 말했습니다.

'존자들이여, 디삼빠띠 왕은 늙어서 나이 들고 노후하고 긴 세월을 보냈고 노쇠합니다. 존자들이여, 어느 누가 사람 목숨에 대해서 알겠습니까? 디삼빠띠 왕이 임종을 하면 왕을 추대하는 자들이403) 레누 왕자를 왕위에 관정하는404) 경우가 생길 것입니다. 가시오. 존자들은 레누 왕자에게 가십시오. 가서는 레누 왕자에게 이와 같이 말하십시오. '우리는 레누 왕자의 사랑스럽고 마음에 들고 거스르지 않는 동무들입니다. 우리는 왕자와 더불어 행복과 괴로움을 함께 합니다. 존자여, 디삼빠띠 왕은 늙어서 나이 들고 노후하고 긴 세월을 보냈고 노쇠합니다. 존자여, 어느 누가 사람 목숨에 대해서 알겠습니까? 디삼빠띠 왕이 임종을 하면 왕을 추대하는 자들이 레누 존자를 왕위에 관정하는 경우가 생길 것입니다. 만일 레누 존자가 왕위를 얻으면 우리에게도 나누어 주십시오.'라고.'"

33. "'그렇게 하겠습니다, 존자여.'라고 그 여섯 끄샤뜨리야는 마하고윈다 바라문에게 대답한 뒤 레누 왕자에게 갔습니다. 가서는 레누 왕자에게 이렇게 말했습니다.

'우리는 레누 존자의 사랑스럽고 마음에 들고 거스르지 않는 동무들입니다. 그대의 행복은 우리의 행복이고 그대의 괴로움은 우리의 괴로움입니다. 존자여, 디삼빠띠 왕은 늙어서 나이 들고 노후하고 긴 세월을 보냈고 노쇠합니다. 존자여, 어느 누가 사람 목숨에 대해서

---

403) 원어는 rāja-kattāro이다. 주석서에서는 "왕을 만드는 대신들(rājakārakā amaccā)"(DA.ii.661)이라고만 언급하고 있다.

404) 관정(灌頂)하다로 옮긴 원어는 abhisiñcati인데 abhi(넘어서)+√sic(to sprinkle)의 동사이다. 왕위에 임명될 때 머리에 물을 뿌리는 의식을 거행하기 때문에 이런 표현이 나타난다. 이것의 명사인 abhiseka는 '관정식, 대관식'이란 뜻으로 쓰인다.

알겠습니까? 디삼빠띠 왕이 임종을 하면 왕을 추대하는 자들이 레누 존자를 왕위에 관정하는 경우가 생길 것입니다. 만일 레누 존자가 왕위를 얻으면 우리에게도 나누어 주십시오.'

'존자들이여, 나의 영토에서 그대들 말고 어떤 다른 행복이 있겠습니까? 존자들이여, 만일 내가 왕위를 얻으면 그대들에게도 나누어 주겠습니다.'"

34. "존자들이여, 그러자 세월이 흘러서 디삼빠띠 왕은 임종하였습니다. 디삼빠띠 왕이 임종하자 왕을 추대하는 자들은 레누 왕자를 왕위에 추대하는 관정식을 거행하였습니다. 왕위에 오른 레누는 다섯 가닥의 감각적 욕망에 빠지고 사로잡혀 지냈습니다. 존자들이여, 그러자 마하고윈다 바라문은 그들 여섯 끄샤뜨리야에게 다가갔습니다. 가서는 그들 여섯 끄샤뜨리야에게 이렇게 말했습니다.

'존자들이여, 디삼빠띠 왕은 임종했습니다. 왕위에 오른 레누는 다섯 가닥의 감각적 욕망에 빠지고 사로잡혀 지냅니다. 존자들이여, 누가 알겠습니까? 감각적 욕망이란 취하기 마련인 것입니다. 가시오 존자들은 레누 왕에게 가십시오. 가서는 레누 왕에게 이와 같이 말하십시오. '폐하, 디삼빠띠 왕은 임종하였고 레누 존자는 왕위에 추대되었습니다. 폐하는 전에 하신 말씀을 기억하십니까?'라고.'

'그렇게 하겠습니다, 존자여.'라고 그 여섯 끄샤뜨리야는 마하고윈다 바라문에게 대답한 뒤 레누 왕에게 갔습니다. 가서는 레누 왕에게 이렇게 말했습니다.

'폐하, 디삼빠띠 왕은 임종하였고 레누 존자는 왕위에 추대되었습니다. 폐하는 전에 하신 말씀을 기억하십니까?'

'존자들이여, 나는 기억하고 있습니다. 존자들이여, 그러면 누가

북쪽은 넓고 남쪽은 수레의 앞쪽처럼 [좁은] 이 대지를 일곱 등분으로 공평하게 잘 나눌 수 있겠습니까?'

'폐하, 마하고윈다 바라문을 제외하고 누가 있겠습니까?'"

35. "존자들이여, 그러자 레누 왕은 어떤 사람을 불러서 말했습니다. '여봐라, 이리 오너라. 그대는 마하고윈다 바라문에게 가라. 가서는 마하고윈다 바라문에게 이렇게 말하라. '존자여, 레누 왕이 그대를 부르십니다.'라고.'

'그렇게 하겠습니다, 폐하.'라고 그 사람은 레누 왕에게 대답한 뒤 마하고윈다 바라문에게 다가갔습니다. 가서는 마하고윈다 바라문에게 이렇게 말했습니다.

'존자여, 레누 왕이 그대를 부르십니다.'

'알겠습니다, 존자여.'라고 마하고윈다 바라문은 그 사람에게 대답한 뒤 레누 왕에게 갔습니다. 가서는 레누 왕과 함께 환담을 나누었습니다. 유쾌하고 기억할 만한 이야기로 서로 담소를 한 뒤 한 곁에 앉았습니다. 한 곁에 앉은 마하고윈다 바라문에게 레누 왕은 이렇게 말했습니다.

'오십시오, 고윈다 존자여. 북쪽은 넓고 남쪽은 수레의 앞쪽처럼 [좁은] 이 대지를 일곱 등분으로 공평하게 잘 나누어 보십시오.'

'그렇게 하겠습니다, 폐하.'라고 마하고윈다 바라문은 레누 왕에게 대답한 뒤 북쪽은 넓고 남쪽은 수레의 앞쪽처럼 [좁은] 이 대지를 일곱 등분으로 공평하게 잘 나누었는데 모두 수레의 앞쪽처럼 [좁게] 만들어서 [나누었습니다.]"

36. "이들 중에서 레누 왕의 지역은 가운데였습니다.

단따뿌라는 깔링가들에게, 뽀따까는 앗사까들에게,
마힛사띠는 아완띠들에게, 로루까는 소위라들에게,
미틸라는 위데하들에게, 짬빠는 앙가들에게,
와라나시는 까시들에게, 이처럼 고윈다가
[일곱 개의 도시를] 배분했습니다.

존자들이여, 그러자 여섯 끄샤뜨리야는 '참으로 우리가 원하고 바라고 지향하고 얻으려고 애쓰던 것을 우리는 얻었구나.'라고 그들 각자가 얻은 것에 마음이 흡족하였으며 그들이 의도하는 바는 성취되었습니다.

삿따부, 브라흐마닷따, 웻사부,
바라따, 레누, 두 명의 다따랏타
이들은 바라따405)의 일곱 명의 [대왕]들입니다."

첫 번째 바나와라가 끝났다.

---

405) '바라따(Bhārata)'는 지금도 인도의 공식 명칭이다. 영어로는 India라고 표기하지만 국내에서는 바라따로 부른다. 마치 우리나라가 영어로는 Korea라고 표기하지만 국내에서는 대한민국 혹은 한국이라고 부르는 것과 같다. 『마하바라따』 등의 산스끄리뜨 문헌에 바라따 왕들에 관한 이야기가 많이 나타나는데 이렇게 초기불교 문헌에도 바라따 왕들이 언급되고 있다.
본경은 인도의 가장 유력한 신들 가운데 한 사람인 끄리슈나의 이름인 고윈다를 등장시켜 바로 부처님의 전생 이름이었다고 하고 있으며 그들의 친구가 바로 일곱 명의 바라따 왕들이었다고 하여 불교의 인도화를 전개시켜 나가고 있다. 이런 이야기들이 모여서 오히려 나중에 힌두교에서는 부처님을 위슈누의 아홉 번째 화신이라고 받아들이고, 끄리슈나(고윈다)는 8번째 화신으로 받아들이는 것과 무관하지는 않을 것이다.

명성이 퍼짐

37. "존자들이여, 그러자 여섯 끄샤뜨리야는 마하고윈다 바라문에게 다가갔습니다. 가서는 마하고윈다 바라문에게 이렇게 말했습니다. '고윈다 존자는 레누 왕의 사랑스럽고 마음에 들고 거스르지 않는 동무입니다. 그와 같이 고윈다 존자는 우리들의 사랑스럽고 마음에 들고 거스르지 않는 동무입니다. 고윈다 존자는 우리의 업무를 맡아주십시오. 고윈다 존자는 우리의 청을 거절하지 마십시오.'
'그렇게 하겠습니다, 존자들이여.'라고 마하고윈다 바라문은 여섯 명의 끄샤뜨리야에게 대답했습니다. 존자들이여, 그러자 마하고윈다 바라문은 일곱 명의 관정식을 거친 끄샤뜨리야 왕들의 왕국의 업무를 관장하였으며, 일곱 명의 뛰어난 바라문들과 700명의 기본과정을 마친 자들406)에게 만뜨라를 가르쳤습니다."

38. "존자들이여, 그러자 마하고윈다 바라문에게는 그 후에 '마하고윈다 바라문은 범천을 눈으로 직접 본다. 마하고윈다 바라문은 범천과 직접 토론하고 이야기하고 상의한다.'라는 이런 좋은 명성이

---

406) '기본과정을 마친 자'로 옮긴 원어는 nahātaka(Sk. snātaka)인데 √snā(*to bathe*)에서 파생된 명사이다. 그래서 문자적인 의미는 '목욕을 마친 자'이다. 바라문들은 보통 8살에 스승을 정해서 그 문하에 들어가서 20살까지 12년 동안 자기 문파의 베다(본집, 제의서, 삼림서, 우빠니샤드)와 여러 가지 지식들을 배운다. 이런 과정을 다 마치면 졸업식을 하는데 요즘처럼 졸업장을 주는 것이 아니라 인도인들이 신성시 여기는 강에 들어가서 목욕하는 것으로 공부를 마친 것을 표시하였다. 그래서 '목욕을 마친 자'는 바로 바라문이 배워야 할 공부를 마친 자를 뜻한다. 그래서 이런 표현이 생긴 것이다. 본서에서는 알기 쉽게 '기본과정을 마친 자'로 의역을 하였다.

퍼졌습니다.

존자들이여, 그러자 마하고윈다 바라문에게 이런 생각이 들었습니다. '마하고윈다 바라문은 범천을 눈으로 직접 본다. 마하고윈다 바라문은 범천과 직접 토론하고 이야기하고 상의한다.'라고 나에 대해서 좋은 명성이 퍼졌다. 그러나 나는 범천을 보지도 못하고 범천과 토론하지도 못하고 범천과 이야기 하지도 못하고 범천과 상의하지도 못한다. 그러나 나는 늙고 나이 든, 스승들의 전통을 가진 바라문들이 '우기철 넉 달 동안 홀로 앉아 연민[悲]하는 禪을 닦는 자는 범천을 보고 범천과 토론하고 범천과 이야기하고 범천과 상의하게 된다.'라고 말하는 것을 들었다. 그러니 나는 우기철 넉 달 동안 홀로 앉아 연민하는 禪을 닦으리라.'라고."

39. "존자들이여, 그러자 마하고윈다 바라문은 레누 왕에게 갔습니다. 가서는 레누 왕에게 이렇게 말했습니다.

'폐하407), '마하고윈다 바라문은 범천을 눈으로 직접 본다. 마하고윈다 바라문은 범천과 직접 토론하고 이야기하고 상의한다.'라고 저에 대해서 좋은 명성이 퍼졌습니다. 폐하, 그러나 저는 범천을 보지도 못하고 범천과 토론하지도 못하고 범천과 이야기 하지도 못하고 범천과 상의하지도 못합니다. 그러나 저는 늙고 나이 든, 스승들의 전통을 가진 바라문들이 '우기철 넉 달 동안 홀로 앉아 연민하는 禪을 닦는 자는 범천을 보고 범천과 토론하고 범천과 이야기하고 범천과 상의하게 된다.'라고 이렇게 말하는 것을 들었습니다. 폐하, 그러니 저는 우기철 넉 달 동안 홀로 앉아 연민하는 禪을 닦고자 합니다.

---

407) 두 사람은 친구 사이이므로 일반 호칭인 bho로 부르고 있다. 그러나 우리 실정에 맞게 '폐하'라고 옮겼다.

밥을 가져다주는 한 사람 외에는 아무도 제게 접근하지 못할 것입니다.'

'고윈다 존자가 적당하다고 생각하는 대로 하십시오.'"

40. "존자들이여, 그러자 마하고윈다 바라문은 여섯 끄샤뜨리야에게 갔습니다. 가서는 여섯 끄샤뜨리야에게 이렇게 말했습니다.

'나에게는 '마하고윈다 바라문은 범천을 눈으로 직접 본다. 마하고윈다 바라문은 범천과 직접 토론하고 이야기하고 상의한다.'라는 이런 좋은 명성이 퍼졌습니다. 그러나 나는 범천을 보지도 못하고 범천과 토론하지도 못하고 범천과 이야기 하지도 못하고 범천과 상의하지도 못합니다. 그러나 나는 늙고 나이 든, 스승들의 전통을 가진 바라문들이 '우기철 넉 달 동안 홀로 앉아 연민하는 禪을 닦는 자는 범천을 보고 범천과 토론하고 범천과 이야기하고 범천과 상의하게 된다.'라고 이렇게 말하는 것을 들었습니다. 왕들이여, 그러니 나는 우기철 넉 달 동안 홀로 앉아 연민하는 禪을 닦고자 원합니다. 밥을 가져다주는 한 사람 외에는 아무도 나에게 접근하지 못할 것입니다.'

'고윈다 존자가 적당하다고 생각하는 대로 하십시오.'"

41. "존자들이여, 그러자 마하고윈다 바라문은 일곱 명의 뛰어난 바라문들과 700명의 기본과정을 마친 자들에게 갔습니다. 가서는 그들에게 이렇게 말했습니다.

'존자들이여, 나에게는 '마하고윈다 바라문은 범천을 눈으로 직접 본다. 마하고윈다 바라문은 범천과 직접 토론하고 이야기하고 상의한다.'라는 이런 좋은 명성이 퍼졌습니다. 존자들이여, 그러나 나는 범천을 보지도 못하고 범천과 토론하지도 못하고 범천과 이야기 하지도 못하고 범천과 상의하지도 못합니다. 그러나 나는 늙고 나이든, 스승들의 전통을 가진 바라문들이 '우기철 넉 달 동안 홀로 앉아 연민하는 禪을 닦는 자는 범천을 보고 범천과 토론하고 범천과 이야기하고 범천과 상의하게 된다.'라고 이렇게 말하는 것을 들었습니다. 존자들이여, 그러니 나는 우기철 넉 달 동안 홀로 앉아 연민하는 禪을 닦고자 합니다. 밥을 가져다 주는 한 사람 외에는 아무도 나에게 접근하지 못할 것입니다.'

'고윈다 존자께서 적당하다고 생각하는 대로 하십시오.'"

42. "존자들이여, 그러자 마하고윈다 바라문은 40명의 동등한 위치에 있는 아내들에게 갔습니다. 가서는 40명의 동등한 위치에 있는 아내들에게 이렇게 말했습니다.

'여인들이여, 나에게는 '마하고윈다 바라문은 범천을 눈으로 직접 본다. 마하고윈다 바라문은 범천과 직접 토론하고 이야기하고 상의한다.'라는 이런 좋은 명성이 퍼졌습니다. 여인들이여, 그러나 나는 범천을 보지도 못하고 범천과 토론하지도 못하고 범천과 이야기 하지도 못하고 범천과 상의하지도 못합니다. 그러나 나는 늙고 나이든, 스승들의 전통을 가진 바라문들이 '우기철 넉 달 동안 홀로 앉아 연민하는 禪을 닦는 자는 범천을 보고 범천과 토론하고 범천과 이야기하고 범천과 상의하게 된다.'라고 이렇게 말하는 것을 들었습니다. 여인들이여, 그러니 나는 우기철 넉 달 동안 홀로 앉아 연민하는 禪을 닦기를 원합니다. 밥을 가져다주는 한 사람 외에는 아무도 나에게 접근하지 못할 것입니다.'

'고윈다 존자께서 적당하다고 생각하는 대로 하십시오.'"

43. "존자들이여, 그러자 마하고윈다 바라문은 도시의 동쪽에 새 공회당을 짓게 하고 우기철 넉 달 동안 홀로 앉아 연민하는 禪을 닦았습니다. 밥을 가져다 주는 한 사람 외에는 아무도 그에게 접근하지 못하였습니다. 존자들이여, 그와 같이 마하고윈다 바라문은 넉 달이 지났지만 만족하지 못했고 피곤하기만 했습니다. '나는 늙고 나이든, 스승들의 전통을 가진 바라문들이 '우기철 넉 달 동안 홀로 앉아 연민하는 禪을 닦는 자는 범천을 보고 범천과 토론하고 범천과 이야기하고 범천과 상의하게 된다.'라고 이렇게 말하는 것을 들었다. 그러나 나는 범천을 보지도 못하고 범천과 토론하지도 못하고 범천과 이야기 하지도 못하고 범천과 상의하지도 못한다.'라고"

범천과의 대면

44. "존자들이여, 그러자 범천 사낭꾸마라는 마하고윈다 바라문의 마음에 일어난 생각을 마음으로 알고 마치 힘센 자가 오므렸던 팔을 펴고 편 팔을 오므리듯이 그와 같이 범천의 세상에서 사라져서 마하고윈다 바라문 앞에 나타났습니다. 존자들이여, 그러자 마하고윈다 바라문은 전에 보지 못한 모습을 보자 두려움이 생겼고 공포가 생겼고 털이 곤두섰습니다. 존자들이여, 그러자 마하고윈다 바라문은 두렵고 무시무시하고 털이 곤두서서 범천 사낭꾸마라에게 게송으로 말하였습니다.

'존자시여, 용모를 갖추고 명성을 가지고
행운을 가진 당신은 누구십니까?
당신을 모르기에 묻습니다.

당신을 누구라고 알아야 합니까?'

'나를 참으로 [사낭]꾸마라라고
범천의 세상에서는 모두들 그렇게 안다오.
모든 신들은 나를 그렇게 아나니
고윈다여, 그대도 그렇게 아시오.'

'앉을 자리와 발 씻을 물과
꿀 과자를 시물408)로 올립니다.
존자께 여쭙나니
저의 시물을 받아 주십시오.'

'고윈다여, 그대의 시물을 섭수하노라.
기회를 주리니 그대는 말하시오.
현생의 이익과 내생의 행복을 위해서
그대가 원하는 것은 무엇이든 물어보시오.'

45. "존자들이여, 그러자 마하고윈다 바라문에게 이런 생각이 들었습니다. '범천 사낭꾸마라는 나에게 허락을 하셨다. 나는 현생의 이익을 물어볼 것인가 아니면 내생의 이익을 물어볼 것인가?'라고. 존자들이여, 그러자 마하고윈다 바라문에게 다시 이런 생각이 들었습니다. '나는 현생의 이익에 대해서는 능숙하다. 남들도 나에게 현생의 이익에 대해서 묻는다. 그러니 나는 범천 사낭꾸마라에게 내생

---

408) 원어 aggha는 값진 것, 중요한 것이란 뜻이다. 주석서에서 손님에게 선사하는 것(atithino upanāmetabba)이라고 설명하고 있어서(DA.ii.664) 이렇게 옮겼다.

의 이익에 대해서 물어 보리라.'라고, 존자들이여, 그러자 마하고윈다 바라문은 사냥꾼마라에게 게송으로 말하였습니다.

'남들의 질문에 대해 의문이 없으신 분
범천 사냥꾼마라께 의문을 가진 저는 여쭙니다.
어디에 서고 어디서 공부지어야
죽기 마련인 [인간]은
불사인 범천의 세상을 얻게 됩니까?'

'인간들에 있으면서 내 것이라는 [애착을] 버린 뒤
홀로 연민[하는 禪]에 확고부동하고
세속의 비린내들이 없고 성행위를 삼가는 것 ―
여기에 서고 여기서 공부지어야
죽기 마련인 [인간]은
불사인 범천의 세상을 얻게 되노라.'"

46. "'존자시여, '내 것이라는 [애착을] 버린 뒤'라는 것을 저는 잘 알겠습니다. 여기 어떤 자가 작은 재물의 무더기나 많은 재물의 무더기를 버리고 작은 친지와 측근이나 많은 친지와 측근을 버린 뒤 머리와 수염을 깎고 물들인 옷[染衣]을 입고 집을 떠나 출가하는 것입니다. 존자시여, 이와 같이 '내 것이라는 [애착을] 버린 뒤'라는 것을 저는 잘 압니다.

존자시여, '홀로'라는 것도 저는 잘 알겠습니다. 여기 어떤 자는 숲속이나 나무 아래나 산이나 골짜기나 산속 동굴이나 묘지나 밀림이나 노지나 짚더미와 같은 외딴 처소를 의지합니다. 존자시여, 이와 같이 '홀로'라는 것을 저는 잘 압니다.

존자시여, '연민[하는 禪]에 확고부동하고'라는 것을 저는 잘 압니다. 여기 어떤 자는 연민이 함께한 마음으로 한 방향을 가득 채우면서 머뭅니다. 그처럼 두 번째 방향을, 그처럼 세 번째 방향을, 그처럼 네 번째 방향을, 이와 같이 위로, 아래로, 주위로, 모든 곳에서 모두를 자신처럼 여기고, 모든 세상을 풍만하고, 광대하고, 무량하고, 원한 없고, 고통 없는 연민이 함께한 마음으로 가득 채우고 머뭅니다. 존자시여, 이와 같이 '연민[하는 禪]에 확고부동하고'라는 것을 저는 잘 압니다. 존자시여, 그러나 '세속의 비린내들'이라는 것을 저는 잘 알지 못합니다.

'범천이시여, 인간들에 있으면서
세속의 비린내들이란 무엇입니까?
지자시여, 이것을 알지 못하여 저는 묻습니다.
어떤 [오염원의] 장막에 가리어
사람들은 [냄새를] 내뿜으며[409]
범천의 세상으로부터 떨어져서 지옥에 가게 됩니까?'

'분노, 거짓말, 사기, 기만,
허욕, 자만, 질투,
바람, 의심, 남을 해코지함,
탐욕, 성냄, 취함, 어리석음 ―

---

409) 이렇게 옮긴 원문은 kenāvaṭā vāti pajā kuruttharū인데 주석서에서 "어떠한 오염원의 장막(kilesāvaraṇa)에 가리어서 사람들은 썩은 냄새를 내뿜게 됩니까(pūtikā vāyati)라는 말이다."(DA.ii.665)라고 풀이하고 있어서 이렇게 옮겼다.

이런 것에 빠지면
　　세속의 비린내들을 없애지 못하나니410)
　　범천의 세상으로부터 떨어져서 지옥에 가게 된다오.'

'제가 존자님이 말씀하시는 '세속의 비린내들'에 대해 이해하는 바로는 재가에 머물면서 그것들을 몰아내기란 쉽지 않겠습니다. 존자시여, 저는 집을 떠나 출가하려 합니다.'

'고윈다 존자가 적당하다고 생각하는 대로 하시오.'"

레누 왕과의 상의

47. "존자들이여, 그러자 마하고윈다 바라문은 레누 왕에게 다가갔습니다. 가서는 레누 왕에게 이렇게 말했습니다.

'이제 폐하는 폐하의 왕국의 업무를 관장할 다른 궁중제관을 찾으십시오. 저는 집을 떠나 출가하려 합니다. 범천이 말씀하신 세속의 비린내들에 대해서 제가 듣기에는 재가에 머물면서 그것들을 몰아내기란 쉽지 않습니다. 폐하, 저는 집을 떠나 출가하려 합니다.'

　　'대지의 주인인 레누 왕에게 아뢰오니
　　왕국을 [직접] 다스리십시오.
　　저는 궁중제관직에 관심이 없습니다.'

　　'만일 그대가 감각적인 것에

---

410) '세속의 비린내를 없애지 못한다'로 옮긴 원어는 anirāmagandhā인데 āmagandha는 āma(비린)+gandha(냄새)를 뜻하고 여기에다 부정 접두어 'a-'와 'nir-'를 두 번 붙여서 만들어진 단어이다. 이 게송에서 열거하고 있는 14가지 오염원(kilesa)들의 냄새라는 말이다.

부족함이 있다면 채워줄 것이오.
그대를 해치는 자가 있다면
대지의 대장군인 내가 보호하겠소.
그대는 아버지고 나는 아들입니다.
고원다여, 떠나지 마시오.'

'나는 감각적인 것에도 부족함이 없으며
나를 해치는 자도 없습니다.
신의 말씀을 들은 뒤로부터
나는 재가의 삶에 관심이 없어졌습니다.'

'신이라니 그는 어떤 용모를 가졌으며
그대에게 어떤 뜻을 말하였습니까?
그의 말을 들은 뒤 그대는 집도 나도
모두 버리게 되다니요.'

'나는 한거를 하기 전에는
제사를 지내고자 하던 자였습니다.
불을 피웠고411)
꾸사 풀을 뿌렸습니다.412)
이제 범천의 세상으로부터

---

411) 제사에 대해서는 본서 제2권 「소나단다 경」(D4) §13의 주해와 「꾸따단따 경」(D5)의 주해들을 참조하고 제사에서 피우는 불에 대해서는 본서 제3권 「합송경」(D33) §1.10(32)의 주해를 참조할 것.

412) 꾸사 풀에 대해서는 본서 제1권 「꾸따단따 경」(D5) §18의 주해를 참조할 것.

사낭꾸마라413) 범천이 나타났습니다.
저는 질문했고 그는 설명하였나니
그것을 듣고 재가의 삶에 관심이 없어졌습니다.'

'존자시여, 당신이 말씀하신 것에 대해서
나는 존자를 믿습니다.
신의 말씀을 들은 뒤
어찌 다른 것이 있을 수 있겠습니까.
그런 우리는 당신을 따를 것입니다.
고원다여, 존자는 우리의 스승이십니다.
마치 녹주석의 보석이
깨끗하고 때가 없고 청정하듯이
그와 같이 청정하게 되어
우리는 고원다의 가르침을 따를 것입니다.

만일 고원다 존자가 집을 떠나 출가한다면 나도 집을 떠나 출가할 것입니다. 당신이 가는 곳은 바로 우리가 가는 곳이 될 것입니다.'"

여섯 끄샤뜨리야와의 상의

48. "존자들이여, 그러자 마하고원다 바라문은 여섯 끄샤뜨리야에게 다가갔습니다. 가서는 여섯 끄샤뜨리야에게 이렇게 말했습니다. '이제 존자들은 존자들의 왕국의 업무를 관장할 다른 궁중제관을

---

413) 본문에는 sanantano(영원한)으로 나타나는데 주석서에서 밝히듯이 바로 사낭꾸마라 범천을 말한다.(sanantano ti sanaṅkumāro brahmā – DA.ii.668)

찾으십시오. 존자들이여, 나는 집을 떠나 출가하려 합니다. 범천이 말씀하신 세속의 비린내들에 대해서 내가 듣기에는 재가에 머물면서 그것들을 몰아내기란 쉽지 않습니다. 존자들이여, 나는 집을 떠나 출가하려 합니다.'

존자들이여, 그러자 여섯 끄샤뜨리야는 한 곁으로 간 뒤 이와 같이 의논을 하였습니다.

'바라문들은 재물에 욕심이 많다고 합니다. 그러니 우리는 마하고윈다 바라문을 재물로 길들입시다.'라고

그들은 마하고윈다 바라문에게 다가가서 이렇게 말했습니다.

'존자여, 이 일곱 왕국에는 수많은 재물들이 있습니다. 그 중에서 존자가 원하는 만큼 가져가십시오.'

'존자들이여, 나는 존자들로부터 받은 이런 재물만 해도 엄청나게 많습니다. 나는 그런 모든 것을 버리고 집을 떠나 출가하려는 것입니다. 범천이 말씀하신 세속의 비린내들에 대해서 내가 듣기에는 재가에 머물면서 그것들을 몰아내기란 쉽지 않습니다. 존자들이여, 나는 집을 떠나 출가하려 합니다.'"

49. "존자들이여, 그러자 여섯 끄샤뜨리야는 한 곁으로 간 뒤 이와 같이 의논을 하였습니다. '바라문들은 여인들에 욕심이 많다고 합니다. 그러니 우리는 마하고윈다 바라문을 여자로 길들입시다.'라고

그들은 마하고윈다 바라문에게 다가가서 이렇게 말했습니다. '존자여, 이 일곱 왕국에는 수많은 여인들이 있습니다. 그 가운데 존자가 원하는 만큼 가져가십시오.'

'존자들이여, 나에게는 40명의 동등한 위치에 있는 아내들이 있습니다. 나는 그런 모든 것을 버리고 집을 떠나 출가하려는 것입니다.

범천이 말씀하신 세속의 비린내들에 대해서 내가 듣기에는 재가에 머물면서 그것들을 몰아내기란 쉽지 않습니다. 존자들이여, 나는 집을 떠나 출가하려 합니다.'"

50. "'만일 고윈다 존자가 집을 떠나 출가한다면 우리도 집을 떠나 출가할 것입니다. 당신이 가는 곳은 바로 우리가 가는 곳이 될 것입니다.'

'만일 그대가 범부가 탐닉하는
감각적 욕망들을 버리고
정진하고 강인하고
인욕의 힘을 구족하면
그 길은 바른 길이요
그 길은 최상의 길이니
바른 법을 가진 자를
지자들은 보호하나니
그가 범천의 세상에 태어나도록.'"

51. "'그러면 고윈다 존자는 칠 년만 기다려 주십시오. 칠 년이 지나면 우리도 집을 떠나 출가할 것입니다. 당신이 가는 곳은 바로 우리가 가는 곳이 될 것입니다.'

'존자들이여, 칠 년은 너무나 깁니다. 나는 그대들을 칠 년이나 기다릴 수 없습니다. 존자들이여, 어느 누가 사람 목숨에 대해서 알겠습니까? 우리는 다음 생으로 가야 합니다. [통찰지의] 만뜨라로 깨달아야 합니다. 유익함을 행해야 합니다. 청정범행을 닦아야 합니다.

태어난 자 반드시 죽어야 합니다. 범천이 말씀하신 세속의 비린내들에 대해서 내가 듣기에는 재가에 머물면서 그것들을 몰아내기란 쉽지 않습니다. 존자들이여, 우리는 집을 떠나 출가해야 합니다.'"

52. "'그렇다면 고원다 존자는 육 년만 … 오 년만 … 사 년만 … 삼 년만 … 이 년만 … 일 년만 기다려 주십시오. 일 년 뒤면 우리도 집을 떠나 출가할 것입니다. 당신이 가는 곳은 바로 우리가 가는 곳이 될 것입니다.'"

53. "'존자들이여, 일 년은 너무나 깁니다. 나는 그대들을 일 년이나 기다릴 수 없습니다. 존자들이여, 어느 누가 사람 목숨에 대해서 알겠습니까? 우리는 다음 생으로 가야 합니다. [통찰지의] 만뜨라로 깨달아야 합니다. 유익함을 행해야 합니다. 청정범행을 닦아야 합니다. 태어난 자 반드시 죽어야 합니다. 범천이 말씀하신 세속의 비린내들에 대해서 내가 듣기에는 재가에 머물면서 그것들을 몰아내기란 쉽지 않습니다. 존자들이여, 우리는 집을 떠나 출가해야 합니다.'
'그렇다면 고원다 존자는 칠 개월만 기다려 주십시오. 칠 개월 뒤면 우리도 집을 떠나 출가할 것입니다. 당신이 가는 곳은 바로 우리가 가는 곳이 될 것입니다.'"

54. "'존자들이여, 칠 개월은 너무나 깁니다. 나는 그대들을 칠 개월이나 기다릴 수 없습니다. 존자들이여, 어느 누가 사람 목숨에 대해서 알겠습니까? 우리는 다음 생으로 가야 합니다. [통찰지의] 만뜨라로 깨달아야 합니다. 유익함을 행해야 합니다. 청정범행을 닦아야 합니다. 태어난 자 반드시 죽어야 합니다. 범천이 말씀하신 세속

의 비린내들에 대해서 내가 듣기에는 재가에 머물면서 그것들을 몰아내기란 쉽지 않습니다. 존자들이여, 우리는 집을 떠나 출가해야 합니다.'

'그렇다면 고윈다 존자는 육 개월만 … 오 개월만 … 사 개월만 … 삼 개월만 … 이 개월만 … 일 개월만 … 보름만 기다려 주십시오. 보름 뒤면 우리도 집을 떠나 출가할 것입니다. 당신이 가는 곳은 바로 우리가 가는 곳이 될 것입니다.'"

55. "'존자들이여, 보름은 너무나 깁니다. 나는 그대들을 보름이나 기다릴 수 없습니다. 존자들이여, 어느 누가 사람 목숨에 대해서 알겠습니까? 우리는 다음 생으로 가야 합니다. [통찰지의] 만뜨라로 깨달아야 합니다. 유익함을 행해야 합니다. 청정범행을 닦아야 합니다. 태어난 자 반드시 죽어야 합니다. 범천이 말씀하신 세속의 비린내들에 대해서 내가 듣기에는 재가에 머물면서 그것들을 몰아내기란 쉽지 않습니다. 존자들이여, 우리는 집을 떠나 출가해야 합니다.'

'그렇다면 고윈다 존자는 칠일만 기다려 주십시오. 칠일 뒤면 우리도 집을 떠나 출가할 것입니다. 당신이 가는 곳은 바로 우리가 가는 곳이 될 것입니다.'

'존자들이여, 칠일은 길지 않습니다. 존자들이여, 나는 칠일에 동의합니다.'"

뛰어난 바라문 등과의 상의

56. "존자들이여, 그러자 마하고윈다 바라문은 일곱 명의 뛰어난 바라문들과 700명의 기본과정을 마친 자들에게 다가갔습니다. 가

서는 그들에게 이렇게 말했습니다.

'이제 존자들은 존자들에게 만뜨라를 가르쳐 줄 다른 스승을 찾으시오. 존자들이여, 나는 집을 떠나 출가하려 합니다. 범천이 말씀하신 세속의 비린내들에 대해서 내가 듣기에는 재가에 머물면서 그것들을 몰아내기란 쉽지 않을 것입니다. 존자들이여, 나는 집을 떠나 출가하려 합니다.'

'고원다 존자는 집을 떠나 출가하지 마십시오. 존자시여, 출가하면 권력도 적고 얻는 것도 적지만 바라문 생활에는 권력도 많고 얻는 것도 많습니다.'

'존자들은 '출가하면 권력도 적고 얻는 것도 적지만 바라문 생활에는 권력도 많고 얻는 것도 많다.'고 말하지 마시오. 존자들이여, 나 말고 누가 더 많은 권력을 가졌고 더 많은 것을 얻었단 말이오. 존자들이여, 참으로 나는 지금, 왕들의 왕과 같고 바라문들의 바라문과 같고 재가자들의 신과 같습니다. 그런 나는 모든 것을 버리고 집을 떠나 출가하려 합니다. 범천이 말씀하신 세속의 비린내들에 대해서 내가 듣기에는 재가에 머물면서 그것들을 몰아내기란 쉽지 않습니다. 존자들이여, 나는 집을 떠나 출가하려 합니다.'

'만일 고원다 존자가 집을 떠나 출가한다면 우리도 집을 떠나 출가할 것입니다. 당신이 가는 곳은 바로 우리가 가는 곳이 될 것입니다.'"

아내들과의 상의

57. "존자들이여, 그러자 마하고원다 바라문은 40명의 동등한 위치에 있는 아내들에게 다가갔습니다. 가서는 그들에게 이렇게 말했습니다.

'이제 그대들은 자신의 친정집으로 가거나 다른 남편을 찾으시오. 여인들이여, 나는 집을 떠나 출가하려 합니다. 범천이 말씀하신 세속의 비린내들에 대해서 내가 듣기에는 재가에 머물면서 그것들을 몰아내기란 쉽지 않습니다. 여인들이여, 나는 집을 떠나 출가하려 합니다.'

'당신만이 친척들 중의 친척입니다. 당신만이 남편들 중의 남편입니다. 만일 고윈다 존자가 집을 떠나 출가한다면 우리도 집을 떠나 출가할 것입니다. 당신이 가는 곳은 바로 우리가 가는 곳이 될 것입니다.'"

마하고윈다의 출가

58. "존자들이여, 마하고윈다 바라문은 칠일이 지나자 머리와 수염을 깎고 물들인 옷[染衣]을 입고 집을 떠나 출가하였습니다. 마하고윈다 바라문이 출가하자 관정식을 거행한 일곱 명의 끄샤뜨리야 왕과, 일곱 명의 뛰어난 바라문들과, 700명의 기본과정을 마친 자들과, 40명의 동등한 위치에 있는 아내들과, 수천 명의 끄샤뜨리야들과, 수천 명의 바라문들과, 수천 명의 장자들과, 여러 명의 후궁의 여인들까지도 머리와 수염을 깎고 물들인 옷을 입고 마하고윈다 바라문을 따라서 출가하였습니다.

존자들이여, 그런 회중에 둘러싸여 마하고윈다 바라문은 마을과 성읍과 수도 등지에서 유행(遊行)을 하였습니다. 존자들이여, 그때 그 무렵에 마하고윈다 바라문이 마을과 성읍에 다가가면 거기서 그는 왕들의 왕과 같았고 바라문들의 바라문과 같았고 재가자들의 신과 같았습니다. 그 무렵에 사람들은 재치기를 하거나 넘어지거나 하면

'마하고윈다 바라문에게 귀의합니다. 일곱 [왕들의] 궁중제관께 귀의합니다.'라고 하였습니다."

59. "존자들이여, 마하고윈다 바라문은 자애[慈]가 함께한 마음으로 한 방향을 가득 채우면서 머물렀습니다. 그처럼 두 번째 방향을, 그처럼 세 번째 방향을, 그처럼 네 번째 방향을, 이와 같이 위로, 아래로, 주위로, 모든 곳에서 모두를 자신처럼 여기고, 모든 세상을 풍만하고, 광대하고, 무량하고, 원한 없고, 고통 없는 자애가 함께한 마음으로 가득 채우고 머물렀습니다. 연민이 함께한 마음으로 … 더불어 기뻐함이 함께한 마음으로 … 평온이 함께한 마음으로 한 방향을 가득 채우면서 머물렀습니다. 그처럼 두 번째 방향을, 그처럼 세 번째 방향을, 그처럼 네 번째 방향을, 이와 같이 위로, 아래로, 주위로, 모든 곳에서 모두를 자신처럼 여기고, 모든 세상을 풍만하고, 광대하고, 무량하고, 원한 없고, 고통 없는 평온이 함께한 마음으로 가득 채우고 머물렀습니다."

60. "그때 마하고윈다 바라문의 제자들 가운데 그의 가르침을 모두 남김없이 완전히 알았던 자들은 몸이 무너져 죽은 뒤에 선처인 범천의 세상에 태어났습니다. 그의 가르침을 모두 남김없이 완전히 알지 못한 사람들은 몸이 무너져 죽은 뒤에 어떤 자들은 타화자재천의 신들의 동료로 태어났습니다. 어떤 자들은 화락천의 신들의 동료로 태어났습니다. 어떤 자들은 도솔천의 신들의 동료로 태어났습니다. 어떤 자들은 야마천의 신들의 동료로 태어났습니다. 어떤 자들은 삼십삼천의 신들의 동료로 태어났습니다. 어떤 자들은 사대왕천의 신들의 동료로 태어났습니다. 가장 낮은 몸을 받는다 하더라도 간답

바의 무리에는 태어났습니다. 존자들이여, 이처럼 그들 모든 선남자들의 출가는 헛되지 않았고 무익하지 않았으며 결실이 있고 이익이 있었습니다."

[범천 사낭꾸마라의 이야기가 끝났다.]

맺는 말

61. [빤짜시카는 말하였다.] "세존께서는 이것을 기억하십니까?"
"빤짜시카여, 나는 기억하노라. 나는 그때에 마하고윈다 바라문이었다. 나는 그 제자들에게 범천의 일원이 되는 길을 가르쳤다. 빤짜시카여, 나의 그런 청정범행은 [속된 것들을] 역겨워함으로 인도하지 못했고, 욕망이 빛바램으로 인도하지 못했고, 소멸로 인도하지 못했고, 고요함으로 인도하지 못했고, 최상의 지혜로 인도하지 못했고, 바른 깨달음으로 인도하지 못했고, 열반으로 인도하지 못했다. 그것은 단지 범천의 세상에 태어남으로 인도하는 것이었다.414)

빤짜시카여, 그러나 지금 나의 이러한 청정범행은 전적으로 [속된

---

414) 즉 이전에 마하고윈다였을 때는 팔정도를 알지 못하였기 때문에 열반을 실현하지는 못하고 단지 범천의 세상에 태어나는 것만이 가능했다는 말씀이다. 금생에서는 열반을 실현한 부처님이 되어 이제부터 팔정도를 설하시어 천상으로 윤회하는 것조차 완전히 극복한 열반의 길을 드러내 보이신다.
본경 외에도 본서 제1권의 「마할리 경」(D6 §14)과 「깟사빠 사자후경」(D8 §13)과 본서의 「빠야시 경」(D23 §31)에서는 팔정도를 불교에만 있는 가장 현저한 가르침으로 언급하고 있다. 특히 세존의 임종 직전에 마지막으로 세존의 제자가 된 수밧다 유행승에게 팔정도가 있기 때문에 불교교단에는 진정한 사문이 있다고 하신 본서 「대반열반경」(D16, §5.27)의 말씀은 불교 만대의 표준이 되는 대사자후이시다.

것들을] 역겨워함으로 인도하고, 욕망이 빛바램으로 인도하고, 소멸로 인도하고, 고요함으로 인도하고, 최상의 지혜로 인도하고, 바른 깨달음으로 인도하고, 열반으로 인도한다. 그것은 바로 이 여덟 가지 성스러운 도[八支聖道]이니 그것은 곧 바른 견해[正見], 바른 사유[正思惟], 바른 말[正語], 바른 행위[正業], 바른 생계[正命], 바른 정진[正精進], 바른 마음챙김[正念], 바른 삼매[正定]이니라. 빤짜시카여, 이러한 청정범행은 전적으로 [속된 것들을] 역겨워함으로 인도하고, 욕망이 빛바램으로 인도하고, 소멸로 인도하고, 고요함으로 인도하고, 최상의 지혜로 인도하고, 바른 깨달음으로 인도하고, 열반으로 인도한다."

62. "빤짜시카여, 나의 제자들 가운데 나의 가르침을 모두 남김없이 완전히 아는415) 자들은 모든 번뇌가 다하여 아무 번뇌가 없는 마음의 해탈과 통찰지의 해탈을 바로 지금여기에서 스스로 최상의 지혜로 알고 실현하여 구족하여 머문다.[阿羅漢] 모두 남김없이 완전히 알지 못하는 자들은 다섯 가지 낮은 단계의 족쇄를 완전히 없애고 [정거천에] 화생하여 그곳에서 완전히 열반에 들어 그 세계로부터 다시 돌아오지 않는 법을 얻는다.[不還者] 모두 남김없이 완전히 알지 못하는 자들 가운데 어떤 자들은 세 가지 족쇄를 완전히 없애고 탐욕과 성냄과 미혹이 엷어져서 한 번만 더 돌아올 자[一來者]가 되어, 한 번만 이 세상에 와서 괴로움의 끝을 만들 것이다. 모두 남김없이 잘 알지 못하는 자들 가운데 어떤 자들은 세 가지 족쇄를 완전히 없애고

---

415) '남김없이 완전히 알다'는 ājānāti의 역어이다. 이것의 명사 aññā는 구경지 혹은 구경의 지혜라고 옮기는데 아라한이 되어 번뇌를 다한 경지의 지혜를 일컫는 말이다. 그래서 본서에서는 ājānāti를 '완전히 알다'로 옮기고 있다.

흐름에 든 자[預流者]가 되어, [악취에] 떨어지지 않는 법을 가지고 [해탈이] 확실하며 정등각으로 나아가는 자가 된다. 빤짜시카여, 이처럼 모든 선남자들의 출가는 헛되지 않고 무익하지 않으며 결실이 있고 이익이 있다."416)

세존께서는 이와 같이 설하셨다. 간답바의 아들 빤짜시카는 마음이 흡족해져서 세존의 말씀을 크게 기뻐한 뒤 세존께 절을 올리고 오른쪽으로 [세 번] 돌아 [경의를 표한] 뒤에 거기서 사라졌다.

「마하고윈다 경」이 끝났다.

---

416) 이들 아라한, 불환, 일래, 예류의 정형구에 대한 설명은 본서 제1권 「마할리 경」(D6) §13의 주해와 『청정도론』 XXII.3~30을 참조할 것.

대회경(大會經)

신들의 큰 모임
Mahāsamaya Sutta(D20)

대회경(大會經)417)

신들의 큰 모임
Mahāsamaya Sutta(D20)

서언

1. 이와 같이 나는 들었다. 한때 세존께서는 모두가 아라한인 500명의 많은 비구 승가와 함께 까삘라왓투418)에 있는 큰 숲[大林]에

---

417) 본경은 범부의 관점에서는 이해하기 힘든 수많은 신들의 세계를 언급하고 있다. 지금이나 예전이나 다신교적이요 물활론적이요 범신론적 성향이 아주 강하였던 인도 민중들이 있었기 때문에 이런 종류의 경이 결집될 수밖에 없지 않았나 생각된다. 그들은 사성제, 팔정도, 37조도품 등의 생사를 뛰어넘는 가르침이나, 계를 지키고 보시를 하여 천상에 태어나는 실천보다는, 직접적으로 여러 신들이나 눈에 보이지 않는 초자연적 현상의 가피를 입어서 삶의 현장에서 복잡다단하게 자신들을 힘들게 하는 여러 문제들을 해결하고 싶어 했을 것이기 때문이다. 이것은 지금 시대에 종교를 찾는 모든 나라의 사람들에게도 널리 퍼져 있는 관심사이기도 하다.
이런 요구에 부응하여 불교도 일찍부터 종교화와 신화화의 길을 채택하여 받아들였다고 보아지며, 특히 『디가 니까야』는 이런 성향을 잘 간직하고 있다. 본경의 결집도 이러한 배경에서 이해해야 할 것이다.
그리고 본경의 도입부분과 같은 내용을 담고 있는 경이 『상응부』의 「회경」(會經, Samaya Sutta, S1:37/i.26f.)인데 설한 장소도 본경과 같다. 본경은 「대회경」(大會經)으로 한역되어 『장아함』의 19번째 경으로 수록되어 있다.

서 삭까들419)의 사이에 머무셨다. 열 군데 세계의 신들도 세존과 비구 승가를 친견하기 위해 대부분 다 모였다.

2. 그때 정거천420)에 몸을 받은 네 명의 신들에게 이런 생각이 들었다. '그분 세존께서는 모두가 아라한인 500명의 많은 비구 승가와 함께 까뻴라왓투에 있는 큰 숲에서 사꺄족들의 사이에 머무신다. 열 군데 세계에서 신들도 세존과 비구 승가를 친견하기 위해 대부분 다 모였다. 그러니 우리도 세존께 가야겠다. 가서는 세존의 곁에서 각각 게송을 읊어야겠다.'

3. 그러자 그 신들은 마치 힘센 자가 오므렸던 팔을 펴고 편 팔을 오므리듯이 그와 같이 정거천에서 사라져서 세존 앞에 나타났다. 그리하여 그 신들은 세존께 절을 올린 뒤 한 곁에 섰다. 한 곁에 서서 어떤 신이 세존의 곁에서 이런 게송을 읊었다.

---

418) 까뻴라왓투(Kapilavatthu)는 히말라야에 가까운 곳에 있는 사꺄(Sakya) 족들의 수도이며 부처님의 고향이다. 까뻴라 선인(仙人)의 충고로 옥까까 왕의 왕자들이 터를 닦은 도시이다. 그래서 까뻴라왓투라고 이름 지었다. (DA.i.259f.) 까뻴라왓투와 사꺄 족들에 대해서는 「암밧타 경」(D3) §1.16을 참조할 것.
419) 부처님의 족성인 석가족(Sakyā)을 말한다. 석가족의 여러 표기법들에 대해서는 본서 제1권 「암밧타 경」(D3) §1.12의 주해를 참조할 것.
420) 정거천은 불환과를 얻은 성자들이 머무는 천상세계이며 주석서에서는 심지어는 번뇌 다한 자(아라한)들이 머무는 곳으로도 나타난다.(본서 「대반열반경」(D16) §5.6 주해 참조) 그러므로 정거천은 순수한 불교의 천상이다. 그들은 거기에 머물지만 이렇게 삼계를 임의자재로 다닌다. 역자는 이 정거천이야말로 대승불교의 정토 사상과 대력보살 사상으로 발전하게 된 초기불교적 배경으로 보고 있다.

"이 숲에 큰 회합이 있습니다.
신들의 무리가 모였고
이런 법다운 회합에 우리도 왔습니다.
패하지 않는 승가를 친견하기 위해서."

그러자 다른 신이 세존의 곁에서 이런 게송을 읊었다.

"여기 삼매에 든 비구들은
자신의 마음을 곧게 합니다.
마부가 고삐를 쥐고서 그리하듯이
지자들은 감각기능들을 보호합니다."

그러자 또 다른 신이 세존의 곁에서 이런 게송을 읊었다.

"동요하지 않는 자들은421) 빗장을 부수고
장벽을 부수고 석주를 뿌리 뽑았습니다.
그들은 청정하고 때가 없으며 눈을 갖추고
잘 제어되어 유행합니다. 잘 훈련된 어린 코끼리처럼."

그러자 또 다른 신이 세존의 곁에서 이런 게송을 읊었다.

"누구든지 부처님을 의지처로 하는 자들은
악처로 가지는 않을 것이다.
인간의 몸을 버린 뒤
신의 무리를 성취할 것입니다."

---

421) "이들은 갈애에 의한 동요(taṇhā-ejā)가 없기 때문에 동요하지 않는 비구들이다."(DA.ii.681)

신들이 모여듦

4. 그때 세존께서는 비구들을 불러서 말씀하셨다.

"비구들이여, 주로 열 군데 세계에서 신들이 여래와 비구 승가를 친견하기 위해 모였다. 비구들이여, 마치 지금 나에게 [열 군데의 세계에서 신들이 온 것처럼] 과거세의 아라한·정등각들인 그 세존들께도 이 만큼의 최대로 많은422) 신들이 모였었다. 그와 마찬가지로 비구들이여, 마치 지금 나에게 [열 군데의 세계에서 신들이 온 것처럼] 미래세의 아라한·정등각들인 그 세존들께도 이 만큼의 최대로 많은 신들이 모일 것이다. 비구들이여, 이제 나는 신들의 무리의 이름을 상세하게 말할 것이다. 비구들이여, 이제 나는 신들의 무리의 이름을 드러낼 것이다. 비구들이여, 이제 나는 신들의 무리의 이름을 가르칠 것이다. 그것을 들어라. 마음에 잘 새겨라. 이제 나는 설할 것이다."

"그렇게 하겠습니다, 세존이시여."라고 그 비구들은 세존께 대답했다.

모여든 신들의 무리

5. 세존께서는 이렇게 말씀하셨다.

"그들이 의지하는 영역에 따라

---

422) 원어는 etaparamā인데 주석서에서는 "그들에게는 이것이 최대의 크기인(etaṁ paramaṁ pamāṇaṁ etesaṁ)"(DA.ii.681)으로 풀이하고 있다. 즉 지금 모인 신들의 무리의 크기가 신들이 모일 수 있는 최고의 크기라는 뜻이다.

나는 게송으로 밝히리라.
많은 [비구들은] 산의 동굴에 의지하여
자신을 독려하고 삼매에 들었으며
마치 사자처럼 움직임 없고
털이 곤두서는 두려움을 극복했다.
그들의 마음은 희고 청정하고
고요하고 혼란하지 않았다.
까삘라왓투의 숲에 500명이 넘는 [아라한들이]
[모인 것을 천안으로] 알고서
가르침을 기뻐하는 제자들에게
눈을 가진 스승은 말씀하셨다.
'신들의 무리가 다가오고 있다.
그대 비구들은 [천안으로] 보아야 한다.'
그 [비구]들은 부처님의 교법을 듣고서 애를 썼도다."

6. "비인간인 [신들]을 보는 지혜가
그들에게는 드러났나니
어떤 자들은 백 명의 [신들을] 보았고
[어떤 자들은] 칠만 명을
어떤 자들은 십만 명의 비인간인 [신]들을 보았으며
어떤 자들은 무한한 [신들을] 보았나니
모든 방위를 다 덮었다.
그리고 이 모두를 최상의 지혜로 알아서
상세하게 설명한 뒤
가르침을 기뻐하는 제자들에게

눈을 가진 스승은 말씀하셨다,
'신들의 무리가 다가오고 있다.
그대 비구들은 [천안으로] 보아야 한다.
이제 나는 그대들에게 게송으로
차례대로 드러낼 것이다.'"423)

7. "칠천 명의 야카들은 까삘라왓투가 그 영역이다.
신통을 갖추고 광채를 가지고
용모를 갖추고 명성을 가졌으니
그들은 기뻐하면서 비구들을 보기 위해 숲으로 왔다.

육천 명의 히말라야의 야카들은 여러 색깔을 가졌고424)
신통을 갖추고 광채를 가지고
용모를 갖추고 명성을 가졌으니
그들도 기뻐하면서 비구들을 보기 위해 숲으로 왔다.

삼천 명의 사따기리의 야카들은 여러 색깔을 가졌고

---

423) 부처님이 읊으시는 게송에는 수많은 인도 신들(아수라, 용, 약카, 마라 등도 포함하여)의 이름이 나타난다. 역자가 보기에도 대부분의 신들의 이름은 베딕 문헌과 『마하바라따』와 『뿌라나』 문헌들에 나타나고 있는 것으로 여겨진다. 그러나 본경의 주석서는 이런 신들에 대한 설명을 거의 하지 않고 있다. 그러므로 역자도 여기에 대해서는 상세한 주를 달지 않는다.
주석서에서는 이 게송을 거의 산문 형식으로 풀어가면서 상세하게 설명하고 있다. 그래서 역자는 주석서를 대조하면서 나름대로 운문으로 옮겼다. 그러므로 [ ]안에 들어간 부분은 거의 대부분 주석서에서 설명하고 있는 대로 보충해서 넣었다. 그리고 주석서의 설명이 없이는 해석하기 힘든 부분은 주해에서 언급하였다.

424) "이들은 모두 푸른 색깔 등으로 여러 색깔을 가졌다."(DA.ii.686)

신통을 갖추고 광채를 가지고
용모를 갖추고 명성을 가졌으니
그들도 기뻐하면서 비구들을 보기 위해 숲으로 왔다.

이와 같이 만 육천 명의 약카들은 여러 색깔을 가졌고
신통을 갖추고 광채를 가지고
용모를 갖추고 명성을 가졌으니
그들은 기뻐하면서 비구들을 보기 위해 숲으로 왔다."

8. "오백 명의 위사밋따의 약카들은 여러 색깔을 가졌고
신통을 갖추고 광채를 가지고
용모를 갖추고 명성을 가졌으니
그들도 기뻐하면서 비구들을 보기 위해 숲으로 왔다.

꿈비라 [약카]는 라자가하에서 [태어나]
웨뿔라 산에 거주했다.
십만 명이 넘는 약카들이 그를 추종했나니
라자가하의 그 꿈비라도
비구들을 보기 위해 숲으로 왔다."

9. "다타랏타 왕은 동쪽 방위를 통치했고
간답바들의 주인이고 대왕이며 명성을 가졌다.
그의 많은 아들들은 인드라라 이름했고
큰 힘을 가졌으며
신통을 갖추고 광채를 가지고
용모를 갖추고 명성을 가졌으니

그들도 기뻐하면서 비구들을 보기 위해 숲으로 왔다.

위룰하 왕은 남쪽 방위를 통치했고
꿈반다들의 주인이고 대왕이며 명성을 가졌다.
그의 많은 아들들은 인드라라 이름했고
큰 힘을 가졌으며
신통을 갖추고 광채를 가지고
용모를 갖추고 명성을 가졌으니
그들도 기뻐하면서 비구들을 보기 위해 숲으로 왔다.

위루빡카 왕은 서쪽 방위를 통치했고
용들의 주인이요 대왕이며 명성을 가졌다.
그의 많은 아들들은 인드라라 이름했고
큰 힘을 가졌으며
신통을 갖추고 광채를 가지고
용모를 갖추고 명성을 가졌으니
그들도 기뻐하면서 비구들을 보기 위해 숲으로 왔다.

꾸웨라 왕은 북쪽 방위를 통치했고
약카들의 주인이요 대왕이며 명성을 가졌다.
그의 많은 아들들은 인드라라 이름했고
큰 힘을 가졌으며
신통을 갖추고 광채를 가지고
용모를 갖추고 명성을 가졌으니
그들도 기뻐하면서 비구들을 보기 위해 숲으로 왔다.

동쪽의 다따랏따, 남쪽의 위룰하까
서쪽의 위루빡카, 북쪽의 꾸웨라
그들 네 명의 대천왕은 네 방위 전체에서
광명을 내뿜으면서 까빨리왓투의 숲에 서있다."

10. "간계를 가졌으며 속임수에 능하고
교활한 그들의 수하들도 왔나니
간교한 꾸뗀두, 웨떤두, 위뚜, 위뜻짜, 위뚜따와 함께
짠다나, 까마셋타, 낀누간두, 니간두와
빠나다, 오빠만냐, 신들의 마부인 마딸리
쩟따세나 간답바, 날라, 라자, 자네사바
빤자시카, 띰바루, 수리야왓짜사
이들과 다른 간답바의 왕들도 왕들과 함께
그들도 기뻐하면서 비구들을 보기 위해 숲으로 왔다."

11. "나바사, 웨살리, 땃차까, 깜발라, 앗사따라 용들이 왔고
마야가 용들이 친척들과 함께 왔고
야무나에 사는 따랏따 용들
이런 명성을 가진 용들이 왔으며
신의 아들인 에라와나도[425]
비구들을 보기 위해 숲으로 왔다."

"용왕을 낚아채버리며 두 번 태어났고[426]

---

425) erāvaṇo mahānāgoti erāvaṇo ca devaputto, jātiyā nāgo na hoti. (DA.ii.688)
426) "어머니 뱃속(mātukucchi)으로부터와 알(aṇḍakosa)로부터 이렇게 두

청정한 눈을 가진 신성한 [가루다]427) 새들
　　　그들도 하늘을 날아서 숲의 가운데에 도착했나니
　　　찌뜨라와 수빤나가 그들의 이름이다.

　　　그때 용왕들에게는 두려움이 없었나니
　　　부처님이 수빤나로부터 안전하게 만드셨기 때문이다.
　　　부드러운 말을 나누면서 나가들과 수빤나들은
　　　부처님께 의지했다."

12.　"벼락을 손에 든 [인드라]에게 패한
　　　바다에 사는 아수라들도 왔나니
　　　그들은 와사와의 형제들이며
　　　신통을 갖추고 명성을 가졌다.
　　　아주 무시무시한 깔라깐자들, 다나웨가사 아수라들
　　　웨빠찟띠, 수찟띠, 빠하라다, 나무찌,
　　　모두 웨로짜라는 이름을 가진 100명의 발리의 아들들
　　　이들은 용감한 군대를 데리고

　　　 번 태어났다고 해서 두 번 태어난 자(dija)라 한다."(DA.ii.688)
　　　 범어 일반에서 dija(Sk. dvija)는 그래서 새라는 명사로 쓰인다. 본문의
　　　 pakkhi가 새를 뜻하므로 '두 번 태어난'으로 문자적으로 옮겼다. 한편 바
　　　 라문들도 두 번 태어난 자(dvija)라 불리는데 한 번은 어머니 뱃속에서 태
　　　 어났고 한 번은 성스러운 실을 어깨에 두르는 의례의식(upanayana)을
　　　 거침으로 해서 태어났기 때문이라고 설명한다.

427) 인도신화에 의하면 가루다는 용(뱀)들의 천적이어서 용들이 가루다에게는
　　　 꼼짝 못한다고 한다. 그래서 주석서에서는 "백 요자나 밖이든 천 요자나
　　　 밖이든 용을 발견할 수 있는 눈을 가졌다고 해서 청정한 눈을 가졌다고 한
　　　 다."(*Ibid*)로 설명하고 있다.

[아수라의 왕] 라후428)에게 가서
'영광이 있으시기를'이라면서
이제 비구들을 보기 위해 숲으로 왔다."

13. "물과 땅과 불과 바람의 신들도 거기에 왔으며
와루나들과 와루나에 속하는 신들과 소마와 야사
자애를 몸으로 하고 연민을 몸으로 하는
명성을 가진 신들도 왔나니
열 곳에 있는 이들 열 무리의 [신]들은
모두 여러 가지 색깔을 가졌으며
신통을 갖추고 광채를 가지고
용모를 갖추고 명성을 가졌으니
그들도 기뻐하면서 비구들을 보기 위해 숲으로 왔다."

14. "웬후(위슈누), 사할리, 아사마, 쌍둥이 야마
달에 의지하는 신들은 달을 앞세우고 왔고
태양에 의지하는 신들은 태양을 앞세우고 왔으며
별에 의지하는 신들은 별들을 앞세우고 왔으며
먹구름의 신들도 [왔으며]
와수들 가운데 최상의 와사와인 삭까는
오래된 보시자인데429) 그도 왔나니

---

428) 본래 라후(Rāhu)는 일식을 의인화한 것이다. 그래서 인도신화에서는 가장 신성한 태양을 먹는 자이므로 라후를 아수라의 우두머리로 간주한다.

429) '오래된 보시자'로 옮긴 원어는 purindada인데 삭까(인드라)의 다른 이름이라고 주석서는 설명한다.(DA.ii.690) 『리그베다』 등에는 인드라의 이름 가운데 하나로 뿌란다라(Purandara)가 자주 나타나는데 이 단어가 빠알

그들은 신통을 갖추고 광채를 가지고
용모를 갖추고 명성을 가졌으니
그들은 기뻐하면서 비구들을 보기 위해 숲으로 왔다."

15. "그러자 타오르는 불빛과 같은 광채를 가진
사하부 신들이 왔으며
아릿타까들, 우마 꽃처럼 빛나는 로자들,
사하담마들, 앗쭈따들, 아네자까들,
술래야와 루찌라들이 왔으며
와사와네시들도 왔나니
열 곳에 있는 이들 열 무리의 [신]들은
모두 여러 가지 색깔을 가졌으며
신통을 갖추고 광채를 가지고
용모를 갖추고 명성을 가졌으니
그들은 기뻐하면서 비구들을 보기 위해 숲으로 왔다."

16. "사마나들, 마하사마나들, 인간들,
인간을 능가하는 자들과

리에서는 이렇게 표기 되고 있다고 봐야 한다. 뿌란다라는 '도시를(pura) 파괴하는 자(dara, √dr, to pierce)'라는 의미이다. 베다에서는 인드라가 아수라의 도시를 정복하는 자로 많이 묘사되고 있는데 학자들은 아리야족들이 조로아스트교를 숭상하던 종족들(이란족)의 도시, 혹은 인도에 들어와서 선주민들의 도시를 정복하고 파괴한 역사를 나타낸다고 보고 있다. 아리야족들이 침입하기 이전에 인도 대륙에서 이미 거대한 도시 문명을 건설했던 모헨조다로(Mohenjodaro)나 하랍빠(Harappa)같은 잘 정비된 도시 유적들이 있었던 것을 보면 도시를 파괴하는 자라는 인드라의 모습을 그려볼 수 있을 것이다.

유희로 타락한 [신들]도 왔고
　　　마음이 타락한 [신]들도 왔으며
　　　하리 신들과 로히따와시들도 왔으며
　　　명성을 가진 신들인 빠라가들과
　　　마하빠라가들도 왔나니
　　　열 곳에 있는 이들 열 무리의 [신]들은
　　　모두 여러 가지 색깔을 가졌으며
　　　신통을 갖추고 광채를 가지고
　　　용모를 갖추고 명성을 가졌으니
　　　그들은 기뻐하면서 비구들을 보기 위해 숲으로 왔다."

17. "숙까들, 까룸바들, 아루나들, 웨가나사들,
　　　오다따가이하라는 뛰어난 신들과 위짝카나들도 왔으며
　　　사다맛따들, 하라가자들, 명성을 가진 혼합된 [신]들
　　　각 방향에 비를 내리는 빠준나도 그곳에 왔나니
　　　열 곳에 있는 이들 열 무리의 [신]들은
　　　모두 여러 가지 색깔을 가졌으며
　　　신통을 갖추고 광채를 가지고
　　　용모를 갖추고 명성을 가졌으니
　　　그들은 기뻐하면서 비구들을 보기 위해 숲으로 왔다."

18. "케미야들, 뚜시따들, 야마들, 명성을 가진 갓타까들,
　　　람비따까들, 라마의 수장들,
　　　조띠(광명)라는 [신들], 희망의 [신들]
　　　화락천들도 왔고 타화자재천들도 왔나니

열 곳에 있는 이들 열 무리의 [신]들은
모두 여러 가지 색깔을 가졌으며
신통을 갖추고 광채를 가지고
용모를 갖추고 명성을 가졌으니
그들은 기뻐하면서 비구들을 보기 위해 숲으로 왔다."

19. "이들 60의 신들의 무리들은
모두 여러 가지 색깔을 가졌으며
이름에 따라 무리지어 왔으며
다른 [신]들도 이런 방법으로 [왔다].
태어남을 넘어선 [성자들의 승가는]430)
완전히 격류를 건넜고 번뇌가 없으니
격류를 건너신 용[의 무리를] 우리는 뵙고자 합니다.
구름을 벗어난 달과 같은 분을."

20. "신통력 있는 [부처님의] 아들들인 수브라흐마, 빠라맛따
그들도 사낭꾸마라, 띳사와 함께
비구들을 보기 위해 숲으로 왔고,
천의 범천의 세상들을 [다스리는] 대범천도 있어서
광채를 가지고 무서운 몸을 가졌으며
명성을 가진 그도 도착했나니
여기에 각각의 [범천의 세상을] 다스리는

---

430) '태어남을 넘어선'으로 옮긴 원어는 pavuṭṭha-jāti인데 주석서에서는 "그는 태어남을 넘어섰고 더 이상 그에게 태어남은 없다(vigata)는 뜻이며 성자들의 승가(ariya-saṅgha, 불교 승가)가 바로 태어남을 넘어선 것이다."(DA.ii.692)라고 설명하고 있다.

열 명의 지배자들도 왔으니
그들의 가운데에 둘러싸여서 하리따도 왔다."

21. "인드라와 범천을 포함한 그 모든 신들이 도착하였고
마라의 군대들도 왔다.
보라, 검은 [마라]의 몽매함을!431)
[마라가 그의 수행원들에게 말했다.]
'[이 모든 신들의 무리들을] 잡아서 밧줄로 묶어라.
그들에게 애욕의 올가미를 씌워라.
사방으로 가두어서 어느 누구도
여기서 도망치지 못하게 하라.'
이렇게 하여 큰 군대를 가진 검은 [마라는]
그의 군대를 보냈다.
마치 억수같은 비구름과 천둥과 벼락처럼
손으로 땅바닥을 두드리고 무서운 소리를 지르면서
그는 격노하였지만 그러나 힘을 잃고 되돌아갔다."

22. "그리고 이 모두를 최상의 지혜로 알고
상세하게 설명한 뒤,
가르침을 기뻐하는 제자들에게
눈을 가진 스승은 말씀하셨다,
'마라의 군대들이 다가오고 있으니
그들을 그대 비구들은 알아야 한다.'라고

---

431) 원문은 kaṇhassa mandiyaṁ인데 주석서에서는 "검은 마라의 어리석은
상태(kālakassa mārasa bālabhāvaṁ)"(DA.ii.693)라고 설명하고 있다.

그 [비구들]은 부처님의 교법을 듣고서
방일하지 않고 정진하였다.
[마라의 군대는] 애욕을 벗어난 자들로부터 물러갔고
그 [비구]들은 털이 곤두서는 두려움이 없었다.
그들 모두는 전쟁에서 승리하였고
두려움을 건넜으며 명성을 가졌나니
사람들에게 잘 알려진 그 제자들은
모든 존재들과 함께 기뻐하였다."

「대회경」(大會經)이 끝났다.

제석문경(帝釋問經)

삭까(인드라)의 질문
Sakkapañha Sutta(D21)

제석문경(帝釋問經)[432]

삭까(인드라)의 질문

Sakkapañha Sutta(D21)

---

[432] 본서의「자나와사바 경」(D18)과「마하고윈다 경」(D19)이 불교를 외호하는 범천 사낭꾸마라가 중심이 된 경이요,「대회경」(D20)이 여러 신들과 정령들에 관한 경이라 한다면, 본경은 불교를 외호하는 최고의 천신이며 신들의 왕으로 불리는 삭까(인드라)가 중심이 되는 경이다. 신들의 왕인 제석(인드라)은 본경을 통해서 세존께 질문을 드리고 이 질문을 통해서 그는 예류과를 증득하여 불교의 성자(ariya)의 반열에 들어가게 된다. 이처럼 본경은 삭까가 세존께 질문을 드리는 것이 중심이 된 경이므로 경의 제목도 삭까빤하 숫따(Sakkapañha Sutta)이고 이를 직역하여 제석(Sakka)이 질문(pañha)을 드린 경(sutta)이라 하여「제석문경」(帝釋問經)으로 옮겼다. 중국에서는「석제환인문경」(釋帝桓因問經)으로 한역되어『장아함』의 14번째 경으로 전해온다.

비록 본경은 삭까(인드라)라는 인도의 신을 내세워 신화적인 구성으로 전개되는 가르침이지만 상좌부 전통에서는 본경을 수행과 관계된 중요한 경으로 취급하고 있다. 본경을 통해서 삭까가 예류자가 된 것으로 나타나기 때문에 불교에서 설하는 성자가 되기 위해서 구체적으로 어떤 수행을 해야 하는가를 본경은 심도 깊게 드러내고 있기 때문이다. 그래서 주석서도 그 내용이 상당히 길다. 이런 배경을 이해하고 본경을 소홀히 하지 말고 정독할 것을 권한다.

서언

1.1. 이와 같이 나는 들었다. 한때 세존께서는 마가다에서 라자가하의 동쪽에 있는 암바산다433)라는 바라문 마을 북쪽에 있는 웨디야 산의 인다살라 동굴434)에 머무셨다. 그 무렵에 신들의 왕 삭까435)에게 세존을 친견하려는 간절한 원436)이 생겼다. 그래서 신들

---

433) 암바산다(Ambasaṇḍā)는 amba(망고)+saṇḍa(밀림)가 합성해서 된 단어이며 주석서에서는 이러한 망고 나무 밀림에서 멀지 않은 곳에 있는 마을이라서 이런 이름을 가지게 되었다고 적고 있다.(DA.ii.697)

434) 주석서에 의하면 웨디야(Vediyaka) 산은 그 주위의 숲들로 에워싸여 있는 것이 마치 보석의 광맥(maṇivedikā)이 둘러 있는 것처럼 보였기 때문에 붙여진 이름이라고 한다.(*Ibid*)
주석서에 의하면 인다살라 동굴(Indasāla-guhā)은 이 산에 있는 두 개의 큰 바위 사이에 있는 굴로 그 입구에는 큰 살라 나무가 있었다고 한다. 동네 사람들이 벽과 창문과 문을 달고 잘 장엄을 하여 세존께 드렸다고 한다.(*Ibid*) 법현 스님이 방문했을 때는 스님들이 거주하고 있었으며 날란다에서 북동쪽으로 1요자나 거리에 있었다고 하나 현장 스님이 방문했을 때는 이미 폐허가 되어 있었다고 한다.(DPPN) 현재 인도 비하르주의 Giriyek 마을에서 남서쪽으로 2마일 정도의 거리에 있는 동굴이다.

435) 삭까(Sakka)는 본경에서도 신들의 왕(devānam Inda)이라고 불려지듯이 인도신화에서 신들의 왕으로 등장하는 인드라(Indra)를 말한다. 삭까에 대해서는 본서 제1권「께왓다 경」(D11) §70의 주해를 참조할 것.

436) '간절한 원'으로 옮긴 원어는 ussukka(호기심, 바람)인데 주석서에서는 "법에 대한 염원(dhammiko ussāho)"(DA.iii.697)이라고 설명하고 있다. 주석서에 의하면 삭까는 신들 가운데서도 가장 줄기차게 부처님을 뵈어왔고 신들 가운데 가장 불방일(不放逸)한 자이지만 이번에 마치 전에 세존을 친견하지 않은 것처럼 큰 염원으로 부처님을 친견하는 것은 특별한 목적이 있기 때문이라고 한다. 삭까는 그의 수명이 다해가는 전조(pubba-nimitta)를 보았으며 놀랍고 두려워서 세존을 찾아뵙고 세존의 도움을 청하기 위한 것이라고 설명하고 있다.(DA.iii.697~98)
삭까는 본경 §2.3의 세존의 심심미묘(甚深微妙)하신 설법을 듣고 예류도

의 왕 삭까에게 "지금 세존·아라한·정등각께서는 어디에 머물고 계실까?"라는 생각이 들었다. 신들의 왕 삭까는 세존께서 마가다에서 라자가하의 동쪽에 있는 암바산다라는 바라문 마을 북쪽에 있는 웨디야 산의 인다살라 동굴에 머물고 계시는 것을 보았다. 본 뒤에 삼십삼천의 신들을 불러서 말하였다.

"존자들이여, 그분 세존께서 마가다에서 라자가하의 동쪽에 있는 암바산다라는 바라문 마을 북쪽에 있는 웨디야 산의 인다살라 동굴에 머물고 계십니다. 존자들이여, 그러니 우리가 그분 세존·아라한·정등각을 뵈러 가는 것이 어떻겠습니까?"

"그렇게 하겠습니다, 존자시여."라고 삼십삼천의 신들은 신들의 왕 삭까에게 대답했다.

1.2. 그러자 신들의 왕 삭까는 간답바의 아들 빤짜시카437)를 불러서 말하였다.

"애야 빤짜시카야, 그분 세존께서 마가다에서 라자가하의 동쪽에 있는 암바산다라는 바라문 마을 북쪽에 있는 웨디야 산의 인다살라 동굴에 머물고 계신단다. 애야 빤짜시카야, 그러니 우리가 그분 세존·아라한·정등각을 뵈러 가는 것이 어떻겠느냐?"

"그렇게 하겠습니다, 존자시여."라고 빤짜시카는 신들의 왕 삭까에게 대답한 뒤 벨루와빤두 류트438)를 가지고 신들의 왕 삭까의 시

를 얻었으며 그 자리에서 죽어서 즉시에 다시 젊은 삭까로 태어났다고 한다.(§2.3의 주해 참조)

437) 빤짜시카에 대해서는 본서 「마하고윈다 경」(D19) §1의 주해 참조할 것.
438) 원어는 Veluvapaṇḍu-vīṇa이다. 주석서에 의하면 익은 벨루와(빌바) 열매처럼 노란 색깔이었기 때문에 붙인 이름이라고 한다.(DA.iii.699) 다른 주석서에 의하면 이 류트는 본래 마라(Māra)의 것이었다고 한다. 마라는

동(侍童)으로 따라나섰다.

그러자 신들의 왕 삭까는 삼십삼천의 신들에 에워싸여 간답바의 아들 빤짜시카를 앞세우고 마치 힘센 자가 오므렸던 팔을 펴고 편 팔을 오므리듯이 그와 같이 삼십삼천에서 사라져서 마가다에서 라자가하의 동쪽에 있는 암바산다라는 바라문 마을 북쪽에 있는 웨디야 산의 인다살라 동굴에 나타났다.

1.3. 그러자 그때 웨디야 산과 암바산다 바라문 마을에는 큰 광명이 생겨났다. 그것은 신들의 신성한 힘 때문이었다. 그래서 주위에 있는 마을들에서 사람들은 이렇게 말했다. "보시오. 오늘 웨디야 산은 불타고 있습니다. 오늘 웨디야 산은 타오르고 있습니다. 오늘 웨디야 산과 암바산다 바라문 마을에는 도대체 무슨 일이 있습니까?" 이렇게 말하면서 그들은 두려워서 떨었고 몸에 털이 곤두섰다.

1.4. 그때 신들의 왕 삭까는 간답바의 아들 빤짜시카를 불러서 말하였다. "얘야 빤짜시카야, 여래들께서 참선을 하시고 참선을 즐기면서 혼자 앉아계실 때에 나와 같은 자가 다가가기란 쉽지가 않다. 얘야 빤짜시카야, 그러니 그대가 먼저 세존을 편안하게 해드려라. 그대가 먼저 세존을 편안하게 해드린 다음에 나는 나중에 그분 세존·아라한·정등각을 뵈러 가는 것이 좋겠다."

"그렇게 하겠습니다, 존자시여."라고 간답바의 아들 빤짜시카는 신들의 왕 사까에게 대답한 뒤 벨루와빤두 류트를 가지고 인다살라

세존께서 고행을 시작하던 때부터 시작해서 정각을 이루신 후 1년이 될 때까지 무려 7년간을 세존의 허점을 찾았지만 실패하고 지쳐서 돌아가다가 너무 피곤해서 이 류트를 떨어뜨렸다고 한다. 삭까가 이를 주워서 빤짜시카에게 주었다고 한다.(SnA.ii.393f.)

동굴로 갔다. 가서는 "이 정도면 세존께서 내가 [연주하는] 소리를 들으시기에 너무 멀지도 않고 너무 가깝지도 않을 것이다."라면서 한 곁에 섰다. 한 곁에 서서 간답바의 아들 빤짜시카는 벨루와빤두 류트를 연주하면서 부처님을 칭송하고 법을 칭송하고 아라한을 칭송하면서도 연모의 정이 가득 담긴 이런 게송을 노래하였다.

빤짜시카의 노래

1.5. "선여인이여,439) 태양과 같이 밝은 분이여,
그대의 아버지 띰바루에게 경배합니다.
나에게 기쁨을 주는 아름다운 [그대가]
그분에 의해서 태어났습니다.

땀 흘리는 자에게 바람이 소중하고
목마른 자에게는 물이 소중하듯이
광채를 가진 그대는 나에게 사랑으로 다가오니
마치 아라한들에게 법과 같습니다.

병든 자에게 약과 같고
배고픈 자에게 음식과 같나니
선여인이여, 나의 [사랑의 열병을] 꺼주시오.
마치 타는 불꽃을 물로 끄듯이.

마치 무더위에 지친 코끼리가

---

439) 여기서 '선여인이여(bhadde)'라고 불려지고 있는 여인은 빤짜시카가 사랑했던 밧다(Bhaddā)이다. 그녀는 띰바루라는 간답바 왕의 딸이었다. 아래 §1.6을 볼 것.

연꽃잎과 꽃가루가 떠다니는
차가운 물의 연못에 뛰어드는 것처럼
나도 그대의 가슴 사이로 [뛰어듭니다].

마치 갈고리로도 제어하지 못하는 코끼리가
창이나 투창 따위에는 관심도 없듯이
그런 나도 무엇을 할지 알지 못하나니
그대의 뛰어난 자태에 취했기 때문입니다.

나의 마음은 그대에게 묶여 버렸으며
나의 마음은 평상심을 잃어버렸습니다.
나의 마음을 되돌릴 수 없나니
마치 미끼달린 낚시를 문 물고기처럼.

아름다운 여인이여, 나를 안아 주소서.
아름다운 눈을 가진 분이여, 나를 안아 주소서.
착한 여인이여, 껴안아 주소서.
이것이 내가 간절히 바라는 것입니다.

곱슬머리의 여인이여,
나의 욕망은 처음에는 작았지만
이제는 여러 가지로 자랐습니다.
마치 아라한에게 올린 보시처럼.

가장 아름다운 여인이여,
여여(如如)하신 아라한들에 대해

내가 지은 공덕이 있다면
그대와 함께 그 과보를 누리게 되기를.

가장 아름다운 여인이여,
이 둥근 대지 위에서
내가 지은 공덕이 있다면
그대와 함께 그 과보를 누리게 되기를.

마치 사꺄의 후예인 그 성자가
禪을 통해서 일념이 되고
현명하고 마음챙겨서 불사(不死)를 찾듯이
나 또한 나의 태양인 그대를 찾아다닙니다.

마치 성자가 최상의 바른 깨달음을
증득하고 기뻐하듯이
나 또한 그대와 하나 되어
기뻐할 것입니다. 선여인이여!

만일 삼십삼천의 주인인 삭까가
나의 소원을 들어 주신다면
선여인이여, 나는 그대를 원하리니
이렇듯 나의 욕망은 강합니다.

아주 현명한 여인이여!
머지않아 꽃이 필 살라 나무처럼 아름다운
그대의 아버지께 경배하면서 귀의합니다.

「제석문경」(D21)

그분의 이러한 딸을 위해서."440)

1.6. 이렇게 노래하자 세존께서는 간답바의 아들 빤짜시카에게 이렇게 말씀하셨다. "빤짜시카여, 그대의 활줄 소리는 노래 소리와 잘 어울리고 그대의 노래 소리는 활줄 소리와 잘 어울리는구나. 빤짜시카여, 그런데 언제 그대는 부처님을 칭송하고 법을 칭송하고 아라한을 칭송하면서도 연모의 정이 가득 담긴 이런 게송을 지었느냐?"

"세존이시여, 한때 세존께서는 우루웰라에서 네란자라 강둑에 있는 염소치기의 니그로다 나무 아래서 처음 정등각을 성취하여 머무셨습니다. 세존이시여, 저는 그때 한 여인을 사랑하였습니다. 그녀는 띰바루 간답바 왕의 딸이며 태양과 같이 밝은 밧다라는 여인이었습니다. 세존이시여, 그러나 그 여인은 다른 사람을 사랑하고 있었으니 시칸디라는 마부 마딸리의 아들을 사랑하였습니다. 세존이시여, 저는 어떤 수단으로도 그 여인을 얻지 못하였으므로 벨루와빤두 류트를 가지고 띰바루 간답바 왕의 거처로 갔습니다. 가서는 벨루와빤두 류트를 연주하면서 부처님을 칭송하고 법을 칭송하고 아라한을 칭송하면서도 연모의 정이 가득 담긴 이런 게송을 노래하였습니다."

1.7. "선여인이여, 태양과 같이 밝은 분이여,
그대의 아버지 띰바루에게 경배합니다.
나에게 기쁨을 주는 아름다운 [그대가]
그분에 의해서 태어났습니다.

---

440) 세속적인 사랑을 깨달음이나 성자와 비교해서 읊은 시들은 자이나교 전통에서도 발견할 수 있다. 아마 그 시대 인도사람들에게는 친숙한 표현들이었을 것이다.

… 〈중간생략〉 …

아주 현명한 여인이여!
머지않아 꽃이 필 살라 나무처럼 아름다운
그대의 아버지께 경배하면서 귀의합니다.
그분의 이러한 딸을 위해서.

세존이시여, 이렇게 노래하자 태양과 같이 밝은 밧다는 제게 이렇게 말했습니다. '존자여, 저는 그분 세존을 면전에서 뵙지는 못했습니다. 그러나 저는 삼십삼천의 수담마 의회에 춤을 추러 가서 그분 세존에 대해서 들었습니다. 존자여, 그대가 그분 세존을 칭송하시니 오늘 우리는 함께 지냅시다.'라고. 세존이시여, 그런 저는 그 여인과 함께 지냈습니다. 그 후로 지금까지 만나지 못하고 있습니다."

삭까가 세존을 친견함

1.8. 그때 신들의 왕 삭까에게 이런 생각이 들었다. '간답바의 아들 빤짜시카는 세존과 함께 환담을 나누고 세존께서도 빤짜시카와 환담을 하시는구나.'

그러자 신들의 왕 삭까는 간답바의 아들 빤짜시카를 불러서 말했다.

"애야 빤짜시카야, 그대는 내 [이름으로] '세존이시여, 신들의 왕 삭까가 대신들과 측근들과 함께 세존의 발에 머리로 절을 올립니다.'라고 하면서 세존께 절을 올려라."

"그렇게 하겠습니다, 존자시여."라고 간답바의 아들 빤짜시카는 신들의 왕 삭까께 대답한 뒤 "세존이시여, 신들의 왕 삭까가 대신들과 측근들과 함께 세존의 발에 머리로 절을 올립니다."라고 하면서 세존께 절을 올렸다.

"빤짜시카여, 신들의 왕 삭까와 대신들과 측근들은 행복하라. 신들과 인간들과 아수라들과 용들과 간답바들과 다른 모든 무리들은 행복을 원하기 때문이니라."

여래들은 이러한 큰 위력을 가진 약카들에게 이렇게 인사를 한다. 신들의 왕 삭까는 세존의 인사를 받고 인다살라 동굴로 들어가서 세존께 절을 올린 뒤 한 곁에 섰다. 삼십삼천의 신들도 인다살라 동굴에 들어가서 세존께 절을 올린 뒤 한 곁에 섰다. 간답바의 아들 빤짜시카도 인다살라 동굴에 들어가서 세존께 절을 올린 뒤 한 곁에 섰다.

1.9. 그 무렵에 인다살라 동굴은 고르지 못했는데 고르게 되었고 좁은 부분은 넓게 되었으며 동굴의 어둠은 사라졌고 광명이 나타났다. 그것은 모두 신들의 신성한 힘 때문이었다. 그러자 세존께서는 신들의 왕 삭까에게 이렇게 말씀하셨다.

"꼬시야441) 존자는 많은 업무와 해야 할 일로 바쁨에도 불구하고 여기에 친히 오시다니 참으로 놀랍고 참으로 경이롭습니다."

"세존이시여, 저는 오랫동안 세존을 친견하러 오고 싶었습니다만 삼십삼천의 신들의 이런저런 업무와 해야 할 일로 바쁘다 보니 세존을 친견하러 올 수가 없었습니다. 세존이시여, 한때 세존께서는 사왓

---

441) 꼬시야(Kosiya)는 산스끄리뜨 까우쉬까(Kauśika)에서 온 말로 『리그베다』에서부터 나타나는 인드라의 다른 이름이다. Kauśika는 Kuśika의 곡용형으로 '꾸쉬까의 아들, 꾸쉬까 가문에 속하는'이라는 뜻이다. 꾸쉬까(kuśika)는 사팔뜨기란 뜻이다. 꾸쉬까는 『리그베다』에서부터 나타나는 위슈와미뜨라(Viśvamitra)의 아버지 혹은 할아버지였다고도 하며 인드라의 아버지였다고도 한다. 그래서 인드라는 까우쉬까, 즉 꾸쉬까의 아들이라고 불리는 것이다.

티에서 살랄라 토굴에 머무셨습니다. 세존이시여, 그때 저는 세존을 친견하러 사왓티로 갔었습니다."

1.10. "세존이시여, 그때에 세존께서는 어떤 삼매에 들어442) 좌정하고 계셨습니다. 그리고 분자띠라는 웻사와나 대천왕의 궁녀가 세존의 시중을 들고 있었는데 합장한 채로 공경하면서 서있었습니다. 세존이시여, 그래서 저는 분자띠에게 이렇게 말했습니다.

'여인이여, 그대는 내 [이름으로] '세존이시여, 신들의 왕 삭까가 대신들과 측근들과 함께 세존의 발에 머리로 절을 올립니다.'라고 하면서 세존께 절을 올려주시오.'라고.

그러자 분자띠는 제게 이렇게 말했습니다.

'존자시여, 지금은 세존을 친견할 적당한 시간이 아닙니다. 세존께서는 홀로 앉아 계십니다.'

'여인이여, 그렇다면 세존께서 삼매에서 나오시면 그대는 내 말이라 전하면서 '세존이시여, 신들의 왕 삭까가 대신들과 측근들과 함께 세존의 발에 머리로 절을 올립니다.'라고 세존께 절을 올려주시오.'라고 [저는 말하였습니다.]

세존이시여, 그런데 그 여인이 세존께 저의 [이름으로] 절을 올렸습니까? 세존께서는 그 여인의 말을 기억하십니까?"

---

442) "그때 세존께서는 삭까의 지혜(ñāṇa)가 아직 익지 않은 것을(aparipāka-gata) 아시고 [친견할] 기회를 주지 않기 위해서 과의 증득(phala-samāpatti)에 머무시면서 앉아계셨다. 삭까는 이것을 모르고 '어떤 삼매에 들어서'라고 말하고 있다."(DA.iii.705)
과의 증득[等至]에 대해서는 『청정도론』 XXIII.5 이하를 참조할 것. 과의 증득을 결론적으로 표현하면 '소멸로 표현된 열반을 대상으로 본삼매에 안주함'이다.(『청정도론』 XXIII.6의 주해 참조)

"신들의 왕이여, 그 여인은 나에게 절을 올렸습니다. 나는 그 여인의 말을 기억합니다. 그리고 그때 나는 존자의 마차 바퀴소리를 듣고 그 삼매로부터 나왔습니다."

고빠까의 일화

1.11. "세존이시여, 저희 삼십삼천의 무리에 처음으로 태어난 신들이 '여래·아라한·정등각들께서 세상에 출현하실 때마다 참으로 하늘의 무리는 가득 차고 아수라 무리는 줄어든다.'고 하는 것을 저는 그들의 면전에서 직접 듣고 그들의 면전에서 직접 파악하였습니다. 세존이시여, 그리고 저는 '여래·아라한·정등각들께서 세상에 출현하실 때마다 참으로 하늘의 무리는 가득 차고 아수라 무리는 줄어든다.'고 하는 것을 제 눈으로 직접 보았습니다.

세존이시여, 여기 까삘라왓투에 고삐까라는 사꺄의 딸이 있었습니다. 그녀는 부처님께 청정한 믿음이 있었고 법에 청정한 믿음이 있었고 승가에 청정한 믿음이 있었고 계를 구족하였습니다.443) 그녀는 여성이 되기를 멀리하고 남성이 되는 것을 닦아서 몸이 무너져 죽은 뒤에 좋은 세계[善處], 하늘 세계[天界]에 생겨났으며 삼십삼천의 일원이 되어 저의 아들로 태어났습니다. 우리는 그를 '신의 아들 고빠까,444) 신의 아들 고빠까'라고 부릅니다.

세존이시여, 그리고 다른 세 비구도 청정범행(淸淨梵行)을 닦아서 낮은 간답바의 무리에 태어났습니다. 그들은 다섯 가닥의 감각적 욕

---

443) "그녀는 오계(五戒, pañca sīla)를 구족하였다."(DA.iii.706)
444) 고삐까(Gopikā)는 여성명사이고 이것의 남성명사가 고빠까(Gopaka)이다. 그녀가 삼십삼천의 신이 되었으므로 이름을 남성으로 부르는 것이다.

망을 갖추고 완비하여 즐기면서 우리들의 시중을 들고 우리들을 섬기러 옵니다. 그들이 우리들의 시중을 들고 우리들을 섬기러 오면 신의 아들 고빠까는 질책을 합니다.

'존자들이여, 그대들은 그분 세존으로부터 법을 들을 때 도대체 얼굴을 어디에다 두고 있었습니까? 나는 여인의 몸이었는데도 부처님께 청정한 믿음이 있었고 법에 청정한 믿음이 있었고 승가에 청정한 믿음이 있었고 [오]계를 구족하였습니다. 그런 나는 여성이 되기를 멀리하고 남성이 되는 것을 닦아서 몸이 무너져 죽은 뒤에 좋은 세계[善處], 하늘 세계[天界]에 생겨났으며 삼십삼천의 일원이 되어 신들의 왕인 삭까의 아들로 태어났습니다. 여기서는 나를 '신의 아들 고빠까, 신의 아들 고빠까'라고 부릅니다. 존자들이여, 그러나 그대들은 세존의 아래서 청정범행을 닦은 뒤 낮은 간답바의 무리에 태어났습니다. 같이 법을 배우던 동료가 낮은 간답바의 무리에 태어난 것을 보게 되니 참으로 보기에 민망합니다.'라고.

세존이시여, 그들은 신의 아들 고빠까의 질책을 받은 뒤 두 명의 신은 그때 그 자리에서 바로 마음챙김을 닦아서 범보천445)의 신의 몸을 받았으며 한 명은 계속 감각적 욕망에 빠져 있었습니다."

---

445) 범보천(brahmapurohita)은 초선을 닦아서 태어나는 색계 천상인 초선천 가운데 하나인데 초선천의 범중천(Brahma-pārisajjā)과 범보천(Brahma-purohitā)과 대범천(Mahā-brahmā) 가운데 두 번째에 속하는 천상이다. 범보천의 purohita는 본서에서 궁중제관으로 옮긴 바로 그 단어로 puras(앞에)+√dhā(to put)에서 파생된 단어인데 '앞에 서는 사람'을 뜻하며 이 단어는 왕의 곁에서 제사를 관장하는 제관을 뜻하는 술어로 베다에서부터 정착되었다. 그래서 중간 정도의 초선에 들어 죽은 자들은 범중천(범천의 일반 대중)보다는 더 높은 범천의 궁중제관 정도의 경지에 태어난다는 표현을 쓰고 있는 것이다.

1.12. "눈을 가진 분[世尊]의 청신녀(淸信女)가 있었으니
나의 이름은 고삐까였습니다.
부처님과 법에 청정한 믿음이 있었고
밝은 마음으로 승가를 모셨습니다.

그분 부처님의 좋은 법 때문에
나는 이제 삭까의 아들이 되어 큰 위력을 가졌으며
큰 광채를 가진 세 가지 천상446)을 얻었나니
여기서는 나를 고빠까라 부릅니다.

그러자 전에 본 적이 있는 비구들을 보았나니
간답바의 무리에 태어나서 살고 있었습니다.
그들은 고따마의 제자들이었나니
전에 인간이었을 때에 우리는
우리의 집에서 발을 [씻겨드리는 등으로] 공경한 뒤에
먹을 것과 마실 것으로 시중을 들었습니다.

[그런데] 이분들이 부처님의 법들을 호지할 때에
참으로 얼굴을 어디다 두고 있었나요?
눈을 가지신 분이 깨달으시고 잘 설하신

---

446) "'세 가지 천상을 얻은(tidivūpapanna)'이란 세 천상(tidiva) 즉 삼십[삼]천의 도시(tidasapura)에 태어난"이라는 뜻이다.(DA.iii.708)
여기서 삼십[삼]천으로 옮긴 원어는 tidasā인데 PED에서 밝히고 있듯이 30을 뜻하며 이것은 33천을 줄여서 30으로 표현한 것이다. 『천궁사』에서는 인드라와 함께 한 삼십[삼]천(tidasā sahindaka)으로 언급되고 있으며(Vv.19) 주석서에 의하면 tidasā는 완전히 삼십삼천(tāvatiṁsadeva-loka)의 동의어로 쓰이고 있다.(DhpA.i.27~28; VvA.90 등)

법은 참으로 각자 알아야 하는 것입니다.

[그때에] 나는 그대들을 섬겼지만
성자들의 좋은 말씀들을 들은 뒤
이제 삭까의 아들이 되어 큰 위력을 가졌으며
큰 광채를 가진 세 가지 천상을 얻었습니다.

그러나 그대들은 뛰어난 분을 섬겼고
위없는 청정범행을 닦고서도
낮은 몸을 받았으며
[청정범행에] 어울리지 않는 상태로 태어났으니
참으로 보기에 민망합니다.
같이 법을 배우던 동료가 낮은 몸을 받았으니까요.
그대들은 간답바의 무리에 태어나서
신들을 섬기기 위해서 [이곳으로] 오곤 합니다.

재가에 머무르던 우리가 성취한
[삼십삼천이라는] 이런 수승함을 보십시오.
그런 나는 여인이었지만 이제 남성의 신이 되어
천상의 욕락을 다 갖추고 있습니다."

그들 고따마의 제자들은 고빠까의 질책을 받고
그것을 잘 이해한 뒤 절박함이 생겼다.
"오, 돌아가서 정진합시다.
우리는 더 이상 남의 하인이 되지 맙시다."라고

그들 가운데 두 명은 정진을 시작하여
고따마의 교법을 계속해서 생각하였다.
바로 여기서 마음을 티끌이 없게 한 뒤
감각적 욕망들에서 위험을 보았다.447)

그들은 감각적 욕망의 족쇄와 속박들과
사악한 [마라의] 구속을 멀리 내팽개쳤다.
마치 코끼리가 얽어매는 줄들을 잘라 버리듯이 자른 뒤에
삼십삼천의 신들에게로 갔다.

신들은 인드라와 빠자빠띠와 함께
모두 수담마 의회에 모여 있었다.
앉아 있는 그들에게 다가간 [두] 영웅은
애욕을 없앴고 때를 제거하였다.

그들을 보자 신들의 지배자인 와사와448)는

---

447) "즉 [다섯 가지 장애를] 억압하는(vikkhambhana) 초선을 통해서 감각적 욕망들에 대한 위험을 보았다. 그리고 [감각적 욕망을 완전히] 근절(samuccheda)하는 세 번째 도(tatiyamagga, 불환도, 불환도에서 탐욕과 성냄은 완전히 근절되므로)를 통해서도 [위험을 보았다]"(DA.iii.709)

448) 여러 경들에서 와사와(Vāsava)는 삭까(인드라)의 이름으로 나타나고 본 경의 주석서에서도 그러하다.(jātasaṁvegassa sakkassa – *Ibid*) 앞의 「대회경」(D20) §14의 주해를 참조할 것.
상응부의 경에 의하면 그는 전생에 인간이었을 때 거주처(āvasatha)를 많이 보시했기 때문에 이런 이름을 얻었다고 한다.(S.i.229) 그러나 「대회경」(D20. §14) 등에서는 와수(Vasu)들 가운데서 최상인 자로 언급되며 주석서에서는 와수데와따(Vasudevatā)로 언급되고 있다.(DA.ii.690) 그래서 삭까는 Vāsava로 불려진다는 설명이 더 타당하다.
산스끄리뜨 문헌에서도 『마하바라따』 등에 인드라는 와사와(Vāsava)로

신들의 무리 가운데서 절박함이 생겼다.
"그들은 낮은 무리에 태어났는데
이제 삼십삼천의 신들을 능가하는구나."라고.

절박함이 생긴 [삭까의 이런] 말을 듣고서
고빠까는 와사와에게 말하였다.

"부처님은 인간의 세상에서 지배자입니다.
그분은 감각적 욕망을 다스리는
사꺄무니라고 알려졌습니다.
이들은 그분의 아들들인데 마음챙김을 놓아버렸습니다.
저의 질책을 받은 그들은
마음챙김을 다시 가지게 되었습니다.

그 세 명 가운데 한 명은 아직 여기에 머물면서
간답바 무리에 섞여서 살지만
두 분은 바른 깨달음의 길을 계속해서 생각하여
신들조차도 하시(下視)하나니
스스로 삼매에 들었기 때문입니다.

이와 같은 것이 여기 [교법에서] 법을 드러내는 것입니다.
여기에 대해서 어떤 제자가 의심을 하겠습니까?
격류를 건너고 의심을 잘라버린 성자요
만생명의 지배자이신 부처님께 예배합시다.

불리며 와수(Vasu)의 우두머리나 와수 왕의 아들로 설명하고 있다.

그들은 여기서 그런 법을 알고서
수승함을 증득했습니다.
그들은 범보천의 몸을 얻었나니
두 사람은 특별한 경지로 간 자들입니다.

그런 법을 얻기 위해서
존자시여, 우리는 여기에 왔습니다.
이제 세존께서 허락을 해 주신다면
존자시여, 우리는 질문을 드립시다."

1.13. 그러자 세존께 이런 생각이 드셨다. '삭까는 오랜 세월 청정하게 살았다. 그러니 나에게 질문하는 것은 무엇이든 모두 의미를 구족한 것이지 의미를 구족하지 못한 것이 아닐 것이다. 그가 질문한 것을 내가 설명하면 그것을 즉시에 정확하게 알 것이다.'

그러자 세존께서는 신들의 왕 삭까에게 게송으로 말씀하셨다.

"무엇이든 그대의 마음에 원하는 것이 있다면
모두 나에게 질문하십시오. 와사와여.
그런 모든 질문에 대해서
나는 결론에 이르도록 할 것입니다."

첫 번째 바나와라가 끝났다.

첫 번째 질문

2.1. 세존의 허락을 받은 신들의 왕 삭까는 세존께 다음과 같이 첫 번째 질문을 하였다.

"존자시여,449) 신들과 인간들과 아수라들과 용들과 간답바들과 그 이외 모든 무리들은 비록 '원망하지 않고 몽둥이를 들지 않고 적을 만들지 않고 적대감 없이 평화롭게 머무르리라.'고 하지만 무엇에 속박되어 원망하고 몽둥이를 들고 적을 만들고 적대감을 가져 원망하면서 머물게 됩니까?"

신들의 왕 삭까는 세존께 이러한 첫 번째 질문을 드렸다.

그분 세존께서는 첫 번째 질문에 대해서 다음과 같이 설명을 하셨다.

"신들의 왕이여, 질투와 인색450)에 속박되어서 신들과 인간들과 아수라들과 용들과 간답바들과 이외 모든 무리들은 비록 '원망하지 않고 몽둥이를 들지 않고 적을 만들지 않고 적대감 없이 평화롭게 머무르리라.'고 하지만 원망하고 몽둥이를 들고 적을 만들고 적대감을 가져 원망하면서 머무릅니다."

이와 같이 세존께서는 신들의 왕 삭까의 질문을 설명하셨다.

---

449) '존자시여'로 옮긴 원어는 마리사(mārisa)인데 신들이 남을 부를 때 사용하는 일반적인 호격이다. 삭까는 세존께 질문을 드릴 때 이런 호칭을 사용하다가 질문을 마무리하고 나서 확신이 생기자 §2.5에서는 반떼(bhante)라는 호칭을 사용하고 있다.

450) "타인의 성공에 지쳐 버리는(khīyana) 특징을 가진 것이 질투(issā)고 자신의 성공을 다른 사람과 나누어 가지는 것을 참지 못하는(asahana) 역할을 가진 것이 인색(macchariya)이다. 자세한 것은 아비담마에서 설해졌다."(DA.iii.718~19) 자세한 것은 『청정도론』 XIV.172 이하와 『아비담마 길라잡이』 2장 §4의 해설 9와 10을 참조할 것.

신들의 왕 삭까는 마음이 흡족해져서 세존의 말씀을 크게 기뻐하였다.

"참으로 그러합니다, 세존이시여.451) 참으로 그러합니다, 선서시여. 질문에 대한 세존의 상세한 설명[記別, 授記]452)을 듣고 저는 의심을 건넜으며 의문이 가시었습니다."

두 번째 질문

2.2. 이와 같이 신들의 왕 삭까는 세존의 말씀을 크게 기뻐한 뒤 세존께 다른 질문을 드렸다.

"존자시여, 질투와 인색은 무엇이 그 근원이며, 무엇으로부터 일어나고, 무엇으로부터 생기며, 무엇으로부터 발생합니까?453) 무엇이 있을 때 질투와 인색이 있으며, 무엇이 없을 때 질투와 인색도 없습니까?"

"신들의 왕이여, 질투와 인색은 좋아하고 싫어함454)이 그 근원이며, 좋아하고 싫어함으로부터 일어나고, 좋아하고 싫어함으로부터

---

451) 이하, "참으로 그러합니다, 세존이시여. 참으로 그러합니다, 선서시여."라는 문장에서 나타나고 있는 '세존이시여'는 호격 반떼(bhante)의 역어가 아니라 일반적으로 세존이라 옮기는 바가와(bhagava)의 호격이다.

452) '상세한 설명'으로 옮긴 veyyākaraṇa에 대해서는 본서 제1권 「범망경」 (D1) §3.74의 주해를 참조할 것.

453) 여기서 '근원'은 nidhāna의 역어이고, '일어남'은 samudaya의 역어이며, '생김'은 jātika의 역어이며, '발생'은 pabhava의 역어인데, 이 넷은 모두 동의어이다.

454) "좋아하는(piya) 중생과 상카라[行]들을 근원으로 하여 인색(macchariya)이 있고 싫어하는(apiya) 중생과 상카라들을 근원으로 하여 질투 (issā)가 있다. 혹은 둘은 둘 모두의 근원이 된다."(DA.iii.719)

생기며, 좋아하고 싫어함으로부터 발생합니다. 좋아하고 싫어함이 있을 때 질투와 인색이 있으며, 좋아하고 싫어함이 없을 때 질투와 인색도 없습니다."

"존자시여, 좋아하고 싫어함은 무엇이 그 근원이며 무엇으로부터 일어나고 무엇으로부터 생기며 무엇으로부터 발생합니까? 무엇이 있을 때 좋아하고 싫어함이 있으며 무엇이 없을 때 좋아하고 싫어함도 없습니까?"

"신들의 왕이여, 좋아하고 싫어함은 열의[欲]455)가 그 근원이며 열의로부터 일어나고 열의로부터 생기며 열의로부터 발생하노라. 열의가 있을 때 좋아하고 싫어함이 있으며 열의가 없을 때 좋아하고 싫어함도 없습니다."

"존자시여, 열의는 무엇이 그 근원이며 무엇으로부터 일어나고 무엇으로부터 생기며 무엇으로부터 발생합니까? 무엇이 있을 때 열의가 있으며 무엇이 없을 때 열의도 없습니까?"

"신들의 왕이여, 열의는 일으킨 생각[尋]456)이 그 근원이며 일으킨

---

455) 『청정도론』에서는 다음과 같이 열의(chanda)를 설명하고 있다. "열의[欲, chanda, 의욕]는 하고 싶어 함의 동의어이다. 그러므로 이것은 하고 싶어 하는 특징을 가진다. 대상을 찾는 역할을 한다. 대상을 원함으로 나타난다. 바로 그 대상이 가까운 원인이다. 이 열의는 대상을 잡는데 마음을 뻗는 것이 마치 손을 뻗는 것과 같다고 알아야 한다."(Vis.XIV.150)
본경의 주석서에서는 pariyesana-chanda(찾는 열의), paṭilābha-chanda(얻고자 하는 열의), paribhoga-chanda(즐기고자 하는 열의), sannidhi-chanda(축적하고자 하는 열의), vissajjana-chanda(집착하는 열의)의 다섯 가지 열의를 들고 각각을 설명한 뒤에 본경에서는 오직 갈애(taṇhā)를 두고 설한 것이라고 하며(DA.iii.720) 복주서에서는 이것은 바로 집착하는 열의라고 설명하고 있다.(DAṬ.ii.326) 그리고 문맥에 따라서 애정으로 옮긴 곳도 있다.

456) "'얻음을 조건으로 판별(vinicchaya)이 있다.'(D15 §16)라고 했는데 판

생각으로부터 일어나고 일으킨 생각으로부터 생기며 일으킨 생각으로부터 발생하노라. 일으킨 생각이 있을 때 열의가 있으며 일으킨 생각이 없을 때 열의도 없습니다."

"존자시여, 일으킨 생각은 무엇이 그 근원이며 무엇으로부터 일어나고 무엇으로부터 생기며 무엇으로부터 발생합니까? 무엇이 있을 때 일으킨 생각이 있으며 무엇이 없을 때 일으킨 생각도 없습니까?"

"신들의 왕이여, 일으킨 생각은 사량분별(思量分別)457)을 가진 인식이라는 헤아림458)이 그 근원이며 사량분별을 가진 인식이라는 헤

별하는 생각(vinicchaya-vitakka)이 바로 일으킨 생각이다. 여기서 판별은 두 가지이니 갈애(taṇhā)에 의한 판별과 사견(diṭṭhi)에 의한 판별이다."(DA.iii.720~21)
한편 본서 「대인연경」(D15)의 §16에서는 네 가지 판별을 들고 있는데 참조할 것.

457) "세 가지 사량분별(papañca)이 있나니 갈애(taṇhā)에 의한 사량분별과 자만(māna)에 의한 사량분별과 사견(diṭṭhi)에 의한 사량분별이다."(DA. iii.721)

458) '사량분별을 가진 인식이라는 헤아림'은 papañca(사량분별)-saññā(인식)-saṅkhā(헤아림)으로 분석해서 옮긴 것이다. 주석서는 다음과 같이 설명한다. "취하고(matta) 방일한(pamatta) 모습에(ākāra) 다다른다는(pāpana) 뜻에서 사량분별(papañca)이다. 이것과 함께한 인식이 사량분별을 가진 인식이다. 헤아림이란 부분이란 뜻이다."(Ibid)
즉 주석서에서는 papañca를 pamatta(방일함)의 pa와 '다다른다'를 의미하는 pāpana의 결합으로 해석하고 있는데 할 일 없이 빈둥거리면서 이리저리 생각을 굴리는 것으로 이해하면 되겠다.
빠빤짜(papañca, Sk. prapañca)는 불교에서 쓰이는 용어로서 pra(앞으로)+√pañc에서 파생된 남성명사이다. 빠니니 다뚜빠타에 'pañc는 퍼짐의 뜻으로 쓰인다.(paci vistāravacane)'라고 나타난다. 아마 '빵(pañc)'하고 터지면서 퍼져나가는 것을 나타내는 의성어가 아닌가 생각된다. 희론(戱論)이라고 한역되었으며 여러 가지 사량분별이 확장되고 전이되어 가는 것을 나타내는 불교술어이다. 그래서 사량분별로 옮겼다.

아림으로부터 일어나고 사량분별을 가진 인식이라는 헤아림으로부터 생기며 사량분별을 가진 인식이라는 헤아림으로부터 발생합니다. 사량분별을 가진 인식이라는 헤아림이 있을 때 일으킨 생각이 있으며 사량분별을 가진 인식이라는 헤아림이 없을 때 일으킨 생각도 없습니다."

세 번째 질문 — 느낌의 명상주제

2.3. "존자시여, 어떻게 도닦을 때 비구가 사량분별을 가진 인식이라는 헤아림의 소멸459)로 인도하는 도닦음을 실천하는 것이 됩니까?"460)

한편 '사량분별 없음(nippapañca)'은 열반의 여러 동의어들 가운데 하나로 나타난다. 아비담마의 가르침에 따르면 빠빤짜로부터 벗어난다는 것은 갈애, 자만, 사견으로부터 벗어남을 말한다.(VbhA.508)

459) '사량분별을 가진 인식이라는 헤아림의 소멸로 인도하는 도닦음'으로 옮긴 원어는 papañcasaññāsaṅkhā-nirodha-sāruppagāmini-paṭipanno라는 긴 합성어이다. 주석서에서는 "이러한 사량분별을 가진 인식이라는 헤아림의 부서짐, 소멸, 가라앉음과 이것에 적합하고 이것으로 인도하는 위빳사나와 함께 한 도를 여쭈었다.(etissā papañcasaññāsaṅkhāya khayā nirodho vūpasamo, tassa sāruppañceva tattha gāminiṁ cāti saha vipassanāya maggaṁ pucchati)"(DA.iii.721)라고 설명하고 있어서 이렇게 옮겼다. 원문에는 sāruppam(적합함)이라는 단어가 있지만 이것까지 살려서 옮기면 문장이 너무 번잡해지므로 생략하였다.

460) 위의 주해에서도 밝혔듯이 이러한 사량분별의 소멸이 바로 열반이다. 그래서 이제 세존께서는 열반을 실현하는 방법, 즉 도닦음을 신들의 왕 삭까에게 설하시는데 세존께서는 이제 세 가지 느낌들을 통해서 그것을 제시하고 계신다. 이것은 수행자들이 깊이 새겨볼 가르침이다.
한편 주석서에서는 물질의 명상주제(rūpa-kammaṭṭhāna)와 비물질(arūpa, 정신, 名)의 명상주제로 명상주제를 둘로 나누어서 자세히 설명한 뒤(이 내용은 『네 가지 마음챙기는 공부』 200~201쪽과 같음) "그런

"신들의 왕이여, 정신적 즐거움461)에도 두 가지가 있다고 나는 말합니다. 그것은 받들어 행해야 하는 것과 받들어 행하지 말아야 하는 것입니다. 신들의 왕이여, 정신적 괴로움에도 두 가지가 있다고 나는 말합니다. 그것은 받들어 행해야 하는 것과 받들어 행하지 말아야 하는 것입니다. 신들의 왕이여, 평온에도 두 가지가 있다고 나는 말합니다. 그것은 받들어 행해야 하는 것과 받들어 행하지 말아야 하는 것입니다.462)

데 여기서는 세존께서 비물질의 명상주제를 느낌을 상수(上首)로 하여 설하신다."(DA.iii.723)고 적고 있다.

461) 여기서부터 세 가지 느낌(tisso vedanā)을 설하기 시작하신다. 우리가 주목해 볼 점은 여기서는 다른 초기경들에서 설하는 세 가지 느낌인 苦受, 樂受, 不苦不樂受로 한역한 괴로운 느낌, 즐거운 느낌, 괴롭지도 즐겁지도 않은 느낌으로 설명하지 않으신다는 것이다. 왜일까? 이런 세 가지 느낌은 욕계의 몸을 바탕으로 한 느낌이기 때문이다. 그러나 신들은 이러한 거친 욕계의 몸은 없기 때문에 여기서는 정신적 즐거움(somanassa, 喜), 정신적 괴로움(domanassa, 憂), 평온(upekkhā, 捨)이라는 세 가지 느낌을 설하신다.
주지하다시피 아비담마에서는 다섯 가지 느낌을 설하는데 [육체적] 괴로움, [육체적] 즐거움, 정신적 즐거움, 정신적 괴로움, 평온이다. 이러한 아비담마의 분류는 본경의 이 문단을 통해서 그 경전적 증거를 얻게 된다. 본경의 주석서에서도 "왜냐하면 신들에게는 물질보다 비물질(arūpa, 無色, 정신)이 더 분명하며 비물질(정신)의 느낌이 더 분명하기 때문이다. (devatānañhi rūpato arūpaṁ pākaṭataraṁ, arūpepi vedanā pākaṭa-tarā, Ibid)"라고 간접적으로 이런 문제를 설명하고 있다.

462) 한편, 『중부』 「육처분별경」(M137)에는 정신적 즐거움과 정신적 괴로움과 평온을 다시 재가에 바탕을 둔 것, 출리(出離, 출가)에 바탕을 둔 것 등으로 나누고 이들을 다시 각각 여섯 가지로 상세하게 설명하고 있다. 본경에 해당하는 『장부 주석서』는 이것을 상세하게 인용하고 있는데 아래 주해에서 모두 인용하고 있으니 참조할 것. 한편 이것은 『네 가지 마음챙기는 공부』 207쪽의 주해에도 인용되어 있다.

신들의 왕이여, '정신적 즐거움에도 두 가지가 있다고 나는 말합니다.463) 그것은 받들어 행해야 하는 것과 받들어 행하지 말아야 하는 것입니다.'라고 나는 말하였습니다. 그러면 왜 정신적 즐거움에 대해서 이렇게 설했겠습니까? '내가 어떤 정신적 즐거움을 받들어 행할 때 해로운 법[不善法]들이 증장하고 유익한 법[善法]들이 제거된다.'고 알면 그러한 정신적 즐거움은 받들어 행하지 말아야 하는 것입니다.464) '내가 어떤 정신적 즐거움을 받들어 행할 때 해로운 법들이 제거되고 유익한 법들이 증장한다.'고 알면 그러한 정신적 즐거움은 받들어 행해야 하는 것입니다.465) 이 경우에 만일 일으킨 생각과 지속적인 고찰이 있기도 하고466) 만일 일으킨 생각과 지속적인 고찰이 없기도 하다면467) 일으킨 생각과 지속적인 고찰이 없는 경우가 더 수승합니다.

신들의 왕이여, '정신적 즐거움에도 두 가지가 있다고 나는 말한다.

---

463) 주석서에서는 이제 비물질(정신)의 명상주제 가운데서 그에게 분명한 느낌을 통해서 천착해 들어가는 입구(abhinivesa-mukha)를 보여 주시기 위해서 이렇게 문제 제기를 하시고 그에 대한 답을 설하신다고 설명하고 있다.(DA.iii.724)

464) "이러한 재가에 바탕을 둔(geha-sita) 정신적 즐거움은 받들어 행하지 말아야 한다."(DA.iii.724)

465) "이러한 출리(出離)에 바탕을 둔(nekkhamma-sita) 정신적 즐거움은 받들어 행해야 한다."(*Ibid*)

466) "이 출리에 바탕을 둔 정신적 즐거움이란 출리와 위빳사나와 계속해서 생각함(anussati, 隨念)과 초선을 통해서 생긴 일으킨 생각(vitakka, 尋)이 있고 지속적인 고찰(vicāra, 伺)이 있는 정신적 즐거움이라고 알아야 한다."(DA.iii.725)

467) "이것은 제2선과 제3선을 통해서 일어난 일으킨 생각이 없고 지속적인 고찰이 없는 정신적 즐거움이라고 알아야 한다."(*Ibid*)

그것은 받들어 행해야 하는 것과 받들어 행하지 말아야 하는 것이다.' 라고 내가 말한 것은 이것을 반연하여 말한 것입니다.468)

신들의 왕이여, '정신적 괴로움에도 두 가지가 있다고 나는 말합니다. 그것은 받들어 행해야 하는 것469)과 받들어 행하지 말아야 하는 것470)입니다.'라고 나는 말하였습니다. 그러면 왜 정신적 괴로움에

---

468) "이것을 통해서 무엇을 설하셨는가? 두 가지 아라한과를 설하셨다. 어떻게? 어떤 비구는 일으킨 생각과 지속적인 고찰이 있는 정신적 즐거움에서 위빳사나를 확립한 뒤 '이 정신적 즐거움은 무엇을 의지하였는가?'라고 호지(護持)하여 '이들은 [형상, 소리 등의] 토대(境)를 의지했다.'라고 꿰뚫어 안다고 감각접촉을 다섯 번째로 하는 것들에서 설명된(『네 가지 마음챙기는 공부』, 202 참조) 방법대로 차례대로 아라한과에 확립된다.
다른 비구는 같은 방법으로, 일으킨 생각과 지속적인 고찰이 없는 정신적 즐거움에서 위빳사나를 확립한 뒤 아라한과에 확립된다. 이 가운데서 후자가 더 수승하다. 그래서 일으킨 생각과 지속적인 고찰이 없는 경우가 더 수승하고 하셨다."(DA.iii.725)

469) 여기서도 받들어 행해야할 정신적인 괴로움은 출리에 바탕을 둔 정신적 괴로움이라고 주석서는 설명한다. 그리고 주석서는 다음의『중부』「육처분별경」(M137)을 인용하고 있다.(DA.iii.731)
"무엇이 여섯 가지 출리에 바탕을 둔 정신적 괴로움인가? 형상들은 참으로 무상하고 변하고 빛바래고 소멸한다고 꿰뚫어 알고 그리고 이전의 형상들이나 지금의 모든 형상들은 무상이고 괴로움이요 변하기 마련인 것이라고 있는 그대로 바른 통찰지(반야)로써 보면서 위없는 해탈들에 대해서 바람(願)을 일으킨다. '언제 나는 참으로 성자들이 지금 증득해서 머무는 그런 경지(āyatana)들을 증득해서 머물게 될 것인가?'라고 이처럼 위없는 해탈들에 대해서 바람을 일으키기 때문에 바람에 조건 지워진 정신적 괴로움이 일어난다. 이러한 정신적 괴로움을 출리에 바탕을 둔 불쾌함이라 부른다. 소리들은 … 냄새들은 … 맛들은 … 감촉들은 … 법들은 … 이러한 정신적 괴로움을 출리에 바탕을 둔 정신적 괴로움이라 부른다. 이들이 여섯 가지 출리에 바탕을 둔 정신적 괴로움이다."

470) 여기서도 주석서는 받들어 행하지 말아야 할 정신적인 괴로움은 재가에 바탕을 둔 것이라고 설명한다. 그리고『중부』「육처분별경」(M137)의 아래 구절을 인용하고 있다.(DA.iii.726)

대해서 이렇게 설했겠습니까? '내가 어떤 정신적 괴로움을 받들어 행할 때 해로운 법[不善法]들이 증장하고 유익한 법[善法]들이 제거된다.'고 알면 그러한 정신적 괴로움은 받들어 행하지 말아야 하는 것입니다. '내가 어떤 정신적 괴로움을 받들어 행할 때 해로운 법들이 제거되고 유익한 법들이 증장한다.'고 알면 그러한 정신적 괴로움은 받들어 행해야 하는 것입니다. 이 경우에 만일 일으킨 생각과 지속적인 고찰이 있기도 하고 만일 일으킨 생각과 지속적인 고찰이 없기도 하다면 일으킨 생각과 지속적인 고찰이 없는 경우가 더 수승합니다.

신들의 왕이여, '정신적 괴로움에도 두 가지가 있다고 나는 말합니다. 그것은 받들어 행해야 하는 것과 받들어 행하지 말아야 하는 것입니다.'라고 내가 말한 것은 이것을 반연하여 말한 것입니다.

신들의 왕이여, '평온에도 두 가지가 있다고 나는 말합니다. 그것은 받들어 행해야 하는 것471)과 받들어 행하지 말아야 하는 것472)입

"여기서 무엇이 여섯 가지 재가에 바탕을 둔 정신적 괴로움인가? 눈으로 알아지는 형상들이 있으니, 마음에 들고 사랑스럽고 매력있고 마음을 끌며 세속적인 부귀영화와 연결되어 있다. 이런 것을 획득하지 못한 것을 획득하지 못한 것이라고 여기거나 혹은 이미 지나갔고 소멸되었고 변해버린 이전에 획득한 것을 기억하면서 정신적 괴로움이 일어난다. 이러한 정신적 괴로움을 재가에 바탕을 둔 정신적 괴로움이라 부른다. 귀로 알아지는 소리가 … 코로 알아지는 냄새가 … 혀로 알아지는 맛이 … 몸으로 알아지는 감촉이 … 마노로 알아지는 법들이 … 이러한 정신적 괴로움을 재가에 바탕을 둔 정신적 괴로움이라 부른다. 이들이 여섯 가지 재가에 바탕을 둔 정신적 괴로움이다."

471) 같은 방법으로 출리에 바탕을 둔 평온이다. 여기에 해당하는 「육처분별경」(M137)을 인용한다.
"여기서 무엇이 여섯 가지 출리에 바탕을 둔 평온인가? 형상들은 참으로 무상하고 변하고 빛바래고 소멸한다고 알고 그리고 이전의 형상들이나 지금의 모든 형상들은 무상이고 괴로움이요 변하기 마련인 것이라고 있는 그대로 바른 통찰지(반야)로써 보면서 평온이 일어난다. 이러한 평온은 형

니다.'라고 나는 말하였습니다. 그러면 왜 평온에 대해서 이렇게 설했겠습니까? '내가 어떤 평온을 받들어 행할 때 해로운 법[不善法]들이 증장하고 유익한 법[善法]들이 제거된다.'고 알면 그러한 평온은 받들어 행하지 말아야 하는 것입니다. '내가 어떤 평온을 받들어 행할 때 해로운 법들이 제거되고 유익한 법들이 증장한다.'고 알면 그러한 평온은 받들어 행해야 하는 것입니다. 이 경우에 만일 일으킨 생각과 지속적인 고찰이 있기도 하고 만일 일으킨 생각과 지속적인 고찰이 없기도 하다면 일으킨 생각과 지속적인 고찰이 없는 경우가 더 수승합니다.

신들의 왕이여, '평온에도 두 가지가 있다고 나는 말합니다. 그것은 받들어 행해야 하는 것과 받들어 행하지 말아야 하는 것입니다.'라고 내가 말한 것은 이것을 반연하여 말한 것입니다.

신들의 왕이여, 이렇게 도닦을 때 비구가 사량분별을 가진 인식이라는 헤아림의 소멸로 인도하는 도닦음을 실천하는 것이 됩니다."473)

상을 초월한다. 그러므로 이러한 평온을 출리에 바탕을 둔 것이라 부른다. 소리들은 … 냄새들은 … 맛들은 … 감촉들은 … 법들은 … 그러므로 이러한 평온을 출리에 바탕을 둔 것이라 부른다. 이들이 여섯 가지 출리에 바탕을 둔 평온이다."

472) 같은 방법으로 재가에 바탕을 둔 평온이다. 여기에 해당하는 「육처분별경」(M137)을 인용한다.
"여기서 무엇이 여섯 가지 재가에 바탕을 둔 평온인가? 눈으로 형상을 보고 어리석고 미혹한 범부에게, [모든 오염원의] 한계를 정복하지 못했고 업의 과보를 정복하지 못했고 위험을 보지 못한 배우지 못한 범부에게 평온이 생기나니 이런 평온은 형상을 초월하지 못한다. 그러므로 이런 평온을 재가에 바탕을 둔 것이라고 부른다. 귀로 소리를 듣고 … 코로 냄새를 맡고 … 혀로 맛을 알고 … 몸으로 감촉을 감촉하고 … 마노로 법들을 알고 … 그러므로 이런 평온을 재가에 바탕을 둔 것이라고 부른다. 이들이 여섯 가지 재가에 바탕을 둔 평온이다."

이와 같이 세존께서는 신들의 왕 삭까의 질문을 설명하셨다. 신들의 왕 삭까는 마음이 흡족해져서 세존의 말씀을 크게 기뻐하였다.

"참으로 그러합니다, 세존이시여. 참으로 그러합니다, 선서시여. 질문에 대한 세존의 상세한 설명을 듣고 저는 의심을 건넜으며 의문이 가시었습니다."473)

네 번째 질문 — 계목의 단속

2.4. 이와 같이 신들의 왕 삭까는 세존의 말씀을 크게 기뻐한 뒤 세존께 다른 질문을 드렸다.

"존자시여, 어떻게 도닦을 때 비구가 계목의 단속475)을 위해서 도닦는 것이 됩니까?"

---

473) 세 가지 느낌을 토대로 한 도닦음에 대한 세존의 심심미묘하신 설법이 끝났다. 이제 드디어 삭까는 법안(法眼)이 생겨서 예류자가 된다. 참으로 통쾌한 가르침이 아닐 수 없다.

474) 주석서에서 삭까는 이 설법을 듣고 예류과를 얻고서 죽어서 즉시에 다시 태어났다고 한다. 아래 §2.4에서도 언급되고 있다. 주석서의 설명을 들어보자.
"삭까는 예류자가 된 후에 세존의 앞에서 죽은 뒤(cavitvā) 어린 삭까(taruṇa-sakka)가 되어 태어났다. 신들이 죽을 때는 [화현을 하기 때문에, opapātikattā, DAṬ.ii.339] 자기 자신이 가고 오는 경우를 [남들이] 알지 못한다. 마치 등불의 불꽃과도 같다. 그래서 다른 신들은 알지 못했다. 그러나 삭까는 자신이 죽었기 때문에 알았고 세존께서는 지혜를 잃지 않으셨기 때문에(appaṭihata-ñāṇattā) 아셨나니 이처럼 두 사람만이 알았다."(DA.iii.732)

475) "[본 문맥에서] 계목의 단속(pātimokkha-saṁvara)은 최고요 최상인 계의 단속(uttamajeṭṭhaka-sīlasaṁvarāya)"(DA.iii.733)
경들에서 일반적으로 나타나는 계목의 단속에 대해서는 본서 제1권 「사문과경」(D2) §42와 『청정도론』 I.43 이하를 참조할 것.

"신들의 왕이여, 몸으로 짓는 행위에도 두 가지가 있다고 나는 말합니다.476) 그것은 받들어 행해야 하는 것과 받들어 행하지 말아야 하는 것입니다. 신들의 왕이여, 말로 짓는 행위에도 두 가지가 있다고 나는 말합니다. 그것은 받들어 행해야 하는 것과 받들어 행하지 말아야 하는 것입니다. 신들의 왕이여, 추구477)에도 두 가지가 있다고 나는 말합니다. 그것은 받들어 행해야 하는 것과 받들어 행하지 말아야 하는 것입니다.478)

---

476) 이제 계목의 단속을 설명하기 위해서 몸으로 짓는 행위 등을 설하신다고 주석서는 말한다.(*Ibid*) 계속해서 주석서는 계에 대해서 다음과 같이 설명하고 있다.
"이러한 계의 설명은 [열 가지] 업의 길(kammapatha, 業道)과, 선포하신 것(paññatti)을 통해서 설명되어야 한다. 먼저 업의 길을 통해서 설명하면, 몸으로 짓는 행위 중에서 받들어 행하지 말아야 할 것은 살생, 투도, 사음을 말한다. 선포하신 것을 통해서 설명하면, 선포하신 학습계목(sikkhāpada)을 몸의 문(kāya-dvāra)에서 범하는 것으로 설명되어야 한다. 받들어 행해야 하는 것은 살생 등을 금하는 것과 선포하신 학습계목을 몸의 문에서 범하지 않는 것이다.
말로 짓는 행위 중에서 받들어 행하지 말아야 할 것은 거짓말 등으로 설명되어야 한다. 선포하신 것을 통해서 설명하면, 선포하신 학습계목을 말의 문(vacī-dvāra)에서 범하는 것으로 설명되어야 한다. 받들어 행해야 하는 것은 각각 거짓말 등을 금하는 것과 선포하신 학습계목을 말의 문에서 범하지 않는 것이다."(*Ibid*)

477) "추구(pariyesanā)는 몸과 말로써 추구하는 것이다."(*Ibid*)
몸으로 짓는 행위와 말로 짓는 행위가 나왔으니 당연히 마음으로 짓는 행위가 나와야 한다. 마음으로 짓는 행위는 너무나 광범위하기 때문에 여기서는 계목의 단속의 문맥에서 특별히 추구를 들고 있다.

478) 주석서에서는 받들어 행해야 하는 추구로『중부』「성구경」(聖求經, M26)에서 언급하고 있는 성스러운(ariya) 추구를 들고 있고, 받들어 행하지 말아야 하는 추구로는 같은 경에 언급되는 성스럽지 못한(anariya) 추구를 들고 그것을 인용하고 있다.(DA.iii.733) 성구경의 해당 부분을 여기서 인용한다.

신들의 왕이여, '몸으로 짓는 행위에도 두 가지가 있다고 나는 말합니다. 그것은 받들어 행해야 하는 것과 받들어 행하지 말아야 하는 것입니다.'라고 나는 말하였습니다. 그러면 왜 몸으로 짓는 행위에 대해서 이렇게 설했겠습니까? '내가 어떤 몸으로 짓는 행위를 받들어 행할 때 해로운 법[不善法]들이 증장하고 유익한 법[善法]들이 제거된다.'고 알면 그러한 몸으로 짓는 행위는 받들어 행하지 말아야 하는 것입니다. '내가 어떤 몸으로 짓는 행위를 받들어 행할 때 해로운 법들이 제거되고 유익한 법들이 증장한다.'고 알면 그러한 몸으로 짓는 행위는 받들어 행해야 하는 것입니다.

신들의 왕이여, '몸으로 짓는 행위에도 두 가지가 있다고 나는 말합니다. 그것은 받들어 행해야 하는 것과 받들어 행하지 말아야 하는 것입니다.'라고 내가 말한 것은 이것을 반연하여 말한 것입니다.

신들의 왕이여, '말로 짓는 행위에도 두 가지가 있다고 나는 말합

"비구들이여, 두 가지 추구가 있나니 성스럽지 못한 추구와 성스러운 추구가 그것이다. 비구들이여, 그러면 무엇이 성스럽지 못한 추구인가? 비구들이여, 여기 어떤 사람은 자신이 태어나기 마련이면서 태어나기 마련인 것을 오직 추구한다. 자신이 늙기 마련이면서 늙기 마련인 것을 추구한다. 자신이 병들기 마련이면서 병들기 마련인 것을 추구한다. 자신이 죽기 마련이면서 죽기 마련인 것을 추구한다. 자신이 슬퍼하기 마련이면서 슬퍼하기 마련인 것을 추구한다. 자신이 오염되기 마련이면서 오염되기 마련인 것을 추구한다.

비구들이여, 그러면 무엇이 태어나기 마련인 것이라고 말하는가? 비구들이여, 아들과 아내는 태어나기 마련인 것이다. 하인과 하녀는 태어나기 마련인 것이다. 염소와 양은 태어나기 마련인 것이다. 닭과 돼지는 태어나기 마련인 것이다. 코끼리와 소와 말은 태어나기 마련인 것이다. 금과 은은 태어나기 마련인 것이다. 비구들이여, 이런 집착의 대상들이 태어나기 마련인 것이다. 여기에 묶이고 홀리고 집착하여 자신이 태어나기 마련이면서 태어나기 마련인 것을 추구한다."

니다. 그것은 받들어 행해야 하는 것과 받들어 행하지 말아야 하는 것입니다.'라고 나는 말하였습니다. 그러면 왜 말로 짓는 행위에 대해서 이렇게 설했겠습니까? '내가 어떤 말로 짓는 행위를 받들어 행할 때 해로운 법[不善法]들이 증장하고 유익한 법[善法]들이 제거된다.'고 알면 그러한 말로 짓는 행위는 받들어 행하지 말아야 하는 것입니다. '내가 어떤 말로 짓는 행위를 받들어 행할 때 해로운 법들이 제거되고 유익한 법들이 증장한다.'고 알면 그러한 말로 짓는 행위는 받들어 행해야 하는 것입니다.

신들의 왕이여, '말로 짓는 행위에도 두 가지가 있다고 나는 말합니다. 그것은 받들어 행해야 하는 것과 받들어 행하지 말아야 하는 것입니다.'라고 내가 말한 것은 이것을 반연하여 말한 것입니다.

신들의 왕이여, '추구에도 두 가지가 있다고 나는 말합니다. 그것은 받들어 행해야 하는 것과 받들어 행하지 말아야 하는 것입니다.'라고 나는 말하였습니다. 그러면 왜 추구에 대해서 이렇게 설했겠습니까? '내가 어떤 추구를 받들어 행할 때 해로운 법[不善法]들이 증장하고 유익한 법[善法]들이 제거된다.'고 알면 그러한 추구는 받들어 행하지 말아야 하는 것입니다. '내가 어떤 추구를 받들어 행할 때 해로운 법들이 제거되고 유익한 법들이 증장한다.'고 알면 그러한 추구는 받들어 행해야 하는 것입니다.

신들의 왕이여, '추구에도 두 가지가 있다고 나는 말합니다. 그것은 받들어 행해야 하는 것과 받들어 행하지 말아야 하는 것입니다.'라고 내가 말한 것은 이것을 반연하여 말한 것입니다.

신들의 왕이여, 이렇게 도닦을 때 비구가 계목의 단속을 위해 도닦는 것이 됩니다."

이와 같이 세존께서는 신들의 왕 삭까의 질문을 설명하셨다. 신들의 왕 삭까는 마음이 흡족해져서 세존의 말씀을 크게 기뻐하였다.

"참으로 그러합니다, 세존이시여. 참으로 그러합니다, 선서시여. 질문에 대한 세존의 상세한 설명을 듣고 저는 의심을 건넜으며 의문이 가시었습니다."

다섯 번째 질문 — 감각기능의 단속

2.5. 이와 같이 신들의 왕 삭까는 세존의 말씀을 크게 기뻐한 뒤 세존께 다른 질문을 드렸다.

"존자시여, 어떻게 도닦을 때 비구가 감각기능의 단속479)을 위해서 도닦는 것이 됩니까?"

"신들의 왕이여, 눈으로 알아지는 형상에도 두 가지가 있다고 나는 말합니다. 그것은 받들어 행해야 하는 것과 받들어 행하지 말아야 하는 것입니다.480) 신들의 왕이여, 귀로 알아지는 소리에도 두 가지가 있다고 나는 말합니다. 그것은 받들어 행해야 하는 것과 받들어 행하지 말아야 하는 것입니다. 신들의 왕이여, 코로 알아지는 냄새에도 두 가지가 있다고 나는 말합니다. 그것은 받들어 행해야 하는 것

---

479) 이 역시 본서 제1권 「사문과경」(D2) §64에 정형구로 나타나며 『청정도론』 I.53 이하에 상세하게 설명되어 있다.

480) "간략하게 말하면, 어떤 형상을 보면서 감각적 욕망(rāga) 등이 일어나면 그것은 받들어 행해서는 안된다, 보아서는 안된다, 쳐다보아서는 안된다는 뜻이다. 그러나 그것을 보면서 부정의 인식(asubhasaññā, 不淨想)이 자리 잡거나 청정한 믿음이 일어나거나 무상하다는 인식(aniccasaññā, 無常想)을 얻게 되면 그런 것은 받들어 행해야 한다."(DA.iii.736)
주석서에서는 비슷한 방법으로 소리, 냄새, 맛, 감촉, 마노의 대상인 법을 대하는 것을 자세하게 설명하고 있다.

과 받들어 행하지 말아야 하는 것입니다. 신들의 왕이여, 혀로 알아지는 맛에도 두 가지가 있다고 나는 말합니다. 그것은 받들어 행해야 하는 것과 받들어 행하지 말아야 하는 것입니다. 신들의 왕이여, 몸으로 알아지는 감촉에도 두 가지가 있다고 나는 말합니다. 그것은 받들어 행해야 하는 것과 받들어 행하지 말아야 하는 것입니다. 신들의 왕이여, 마노[意]481)로 알아지는 법에도 두 가지가 있다고 나는 말합

---

481) '마노'는 빠알리 mano(Sk. manas)를 음역한 것인데 중국에서는 의(意)로 정착시켰다. 그러나 현재 우리가 이해하는 意와 mano의 의미는 전혀 다르기 때문에 역자는 마노로 음역을 하고 있다.
　마노를 이해하기 위해서 먼저 분명히 이해해야 할 것은 감각장소(āyatana, 處)와 감각기능(indriya, 根)과 문(dvāra, 門)이다. 중생은 매찰나 대상과의 연기(緣起)적 관계 속에서 살아가는데 이 가운데 물질적인 대상과의 관계는 눈과 귀와 코와 혀와 몸을 통해서 하게 된다. 그러므로 눈, 귀, 코, 혀, 몸은 각각 형상(혹은 색깔), 소리, 냄새, 맛, 감촉이라는 대상을 만나는 문이 된다. 그리고 이처럼 서로 대(對)가 되어 만남이 일어나는 곳을 불교에서는 감각장소[處]라 부른다. 그리고 이러한 감각장소는 눈에 보는 기능이 있고 귀에 듣는 기능이 있듯이 각각에 고유한 기능 혹은 능력을 가지고 있는데 그것을 불교에서는 감각기능[根]이라고 부른다. 그래서 설법하는 상황에 따라서 예를 들면 눈의 문[眼門]이라고도, 하고 눈의 감각장소[眼處]라고도, 하고 눈의 감각기능[眼根]이라고도 한다.
　그런데 매순간 우리의 삶을 조금만 깊이 들여다보면 우리 삶의 많은 부분은 정신적인 영역으로 구성되어 있음을 알 수 있다. 그러므로 이러한 정신적인 영역을 관장하는 문/감각장소/감각기능이 반드시 있어야 한다. 그것을 불교에서는 마노(mano, 意)라고 명명한다. 그래서 설법하는 문맥에 따라서 마노의 문[意門]이라고도 하고, 마노의 감각장소[意處]라고도 하고, 마노의 감각기능[意根]이라고도 한다. 이러한 마노는 초기불교가 천명한 독특한 가르침이며 인공지능을 연구하는 현대 과학자들에게도 큰 영감을 주고 있다고 한다.
　그리고 이러한 마노의 대상이 되는 정신적인 영역을 불교에서는 법(dhamma)이라고 부른다. 아비담마에서는 마노(mano, 意)의 대상인 법을 더욱 구체적으로 설명하는데 미세한 물질, 마음부수들, 열반을 들고 있다. 『아비담마 길라잡이』 7장 <도표 7.4>를 참조할 것. 미세한 물질은

니다. 그것은 받들어 행해야 하는 것과 받들어 행하지 말아야 하는 것입니다."

이와 같이 말씀하시자 신들의 왕 삭까는 세존께 이렇게 말씀드렸다.
"세존이시여, 세존께서 간략하게 설해 주신 뜻을 저는 이제 이와 같이 자세하게 잘 알고 있습니다. 세존이시여, 어떤 경우에 '내가 눈으로 알아지는 형상을 받아들일 때 해로운 법들이 증장하고 유익한 법들이 제거된다.'고 알면 그러한 눈으로 알아지는 형상은 받아들이지 말아야 합니다. 어떤 경우에 있어서 '내가 눈으로 알아지는 형상을 받아들일 때 해로운 법들이 제거되고 유익한 법들이 증장한다.'고 알면 그러한 눈으로 알아지는 형상은 받아들여야 합니다.

세존이시여, 어떤 경우에 '내가 귀로 알아지는 소리를 … 코로 알아지는 냄새를 … 혀로 알아지는 맛을 … 몸으로 알아지는 감촉을 … 마노로 알아지는 법을 받아들일 때 해로운 법들이 증장하고 유익한 법들이 제거된다.'고 알면 그러한 마노로 알아지는 법은 받아들이지 말아야 합니다. 어떤 경우에 '내가 마노로 알아지는 법을 받아들일 때 해로운 법들이 제거되고 유익한 법들이 증장한다.'고 하면 그러한 마노로 알아지는 법은 받아들여야 합니다.

세존이시여, 세존께서 간략하게 설해 주신 뜻을 저는 이제 이와 같이 자세하게 잘 알고 있기 때문에 질문에 대한 세존의 상세한 설명을 듣고 의심을 건넜으며 의문이 가시었습니다."

여섯 번째 질문

2.6. 이와 같이 신들의 왕 삭까는 세존의 말씀을 크게 기뻐한 뒤

『아비담마 길라잡이』 6장 §7의 해설 5를 참조할 것.

세존께 다른 질문을 드렸다.

"존자시여, 모든 사문·바라문들은 전일(專一)한 교설을 가지고 있고 전일한 계를 가지며 전일한 의욕을 가지고 전일한 목적482)을 가지고 있습니까?"

"신들의 왕이여, 모든 사문·바라문들은 전일한 교설을 가지고 있지 않고 전일한 계를 가지고 있지 않으며 전일한 의욕을 가지고 있지 않고 전일한 목적을 가지고 있지 않습니다."

"존자시여, 그러면 왜 모든 사문·바라문들은 전일한 교설을 가지고 있지 않고 전일한 계를 가지고 있지 않으며 전일한 의욕을 가지고 있지 않고 전일한 목적을 가지고 있지 않습니까?"

"신들의 왕이여, 세상은 여러 요소를 가지고 있고 각각 다른 요소를 가지고 있습니다.483) 이러한 여러 요소를 가지고 각각 다른 요소를 가진 세상에서 중생들은 그 요소가 어떤 것이든지 아무거나 천착(穿鑿)합니다. 그리고는 그들이 천착한 것만을 완강하게 고집하고 천착하여 '이것만이 진리고 다른 것은 쓸모없다.'고 주장합니다. 그러므

---

482) 전일한 교설을 가진 자, 전일한 계를 가진 자, 전일한 의욕을 가진 자, 전일한 목적을 가진 자는 각각 ekantavāda, ekantasīla, ekantachanda, ekantājjhosāna의 역어이다. 주석서에서는 대표로 첫 번째를 다음과 같이 설명하고 있다.
"이들의 말이 오직 하나인(eka) 끝(anta)을 가졌으며 둘로(dvedhā) 나누어진 교설이 아니라고 해서 '전일한 교설을 가진 자'라고 한다. [삭까가] '하나만을 말합니까?'라고 [세존께] 묻는 것이다."(DA.iii.737)

483) "이 세상은 여러 의향(ajjhāsaya)을 가지고 있고 다양한 의향을 가지고 있다. 한 사람이 가고자 하면 다른 사람은 서고자 한다. 한 사람이 서고자 하면 다른 사람은 눕고자 한다. 두 중생이 하나의 의향을 가지기란 참으로 어렵다. 이러한 여러 요소(dhātu)를 가지고 있고 각각 다른 요소를 가진 세상에서 중생들은 그것이 무슨 요소든 그것이 무슨 의향이든 그것을 천착하고(abhinivisanti) 거머쥔다(gaṇhanti)."(*Ibid*)

로 모든 사문·바라문들은 전일한 교설을 가지고 있지 않고 전일한 계를 가지고 있지 않으며 전일한 의욕을 가지고 있지 않고 전일한 목적을 가지고 있지 않습니다."

"존자시여, 그러면 모든 사문·바라문들은 구경의 완성484)을 이루고 구경의 유가안은(瑜伽安隱)485)을 얻으며 구경의 청정범행486)을 닦고 구경의 목적487)을 얻습니까?"

---

484) '구경의 완성'으로 옮긴 원어는 accanta-niṭṭhā인데 주석서는 이렇게 설명한다.
"여기서 anta(끝)란 파멸(vināsa)이다. 이들에게는 끝을 넘어선 완성(niṭṭhā)이 있다고 해서 구경의 완성이라고 한다. 이러한 완성 즉 최상의 안식(parama-assāsa)인 열반은 모두에게 파멸을 넘어선 영원한 것이라고 말한다."(Ibid)
구경의 유가안은 등에서도 이와 같이 적용하면 된다.

485) '유가안은(瑜伽安隱)'은 yogakkhema(요가케마)의 한역이다. 여기서 유가(瑜伽)는 yoga의 음역이고 안은(安隱)은 khema의 의역이다. 이 단어는 『리그베다』에서부터 나타나는데 yoga는 '획득'을 khema는 '보존(저축)'을 뜻했다. 그러나 빠알리 주석서들에서 예외 없이 yoga를 속박으로 해석해서 속박들로부터 풀려나서 안은한 열반(yogehi khemattā nibbānaṁ yogakkhemaṁ nāma - SA.i.255)으로 유가안은을 설명한다.
유가안은(Sk. yogakṣema)의 개념은 까우띨랴(Kautilya)의 정치학 논서인 『아르타샤스뜨라』(Arthaśāstra, 富論)에서 왕도정치의 이념으로 표방되었으며, 초기부터 불교에서 받아들여 anuttara(無上)란 수식어를 붙여 anuttara yogakkhema(무상 유가안은)라는 표현으로 사용되었다. 이것은 열반의 동의어로 중요하게 쓰였다. 본경의 주석서에서는 열반의 이름이라고 간단하게 언급만 하고 있다.(DA.iii.737)

486) 주석서에서는 "수승(seṭṭha)하다는 뜻에서, 범천(brahma)과 같은 성스러운 도(ariya-magga)를 실천한다(caranti)고 해서 청정범행(brahma-cāri)이라고 한다."고 설명하고 있다.(Ibid)

487) '목적'으로 옮긴 원어는 pariyosāna(끝, 결론, 완결)인데 열반의 다른 이름이라고 주석서는 언급하고 있다.(Ibid)

"신들의 왕이여, 모든 사문·바라문들은 구경의 완성을 이루지 못하고 구경의 유가안은을 얻지 못하며 구경의 청정범행을 닦지 못하고 구경의 목적을 얻지 못합니다."

"존자시여, 그러면 왜 모든 사문·바라문들은 구경의 완성을 이루지 못하고 구경의 유가안은을 얻지 못하며 구경의 청정범행을 닦지 못하고 구경의 목적을 얻지 못합니까?"

"신들의 왕이여, 갈애를 소멸하여 해탈한488) 비구들만이 구경의 완성을 이루고 구경의 유가안은을 얻으며 구경의 청정범행을 닦고 구경의 목적을 얻습니다."

이와 같이 세존께서는 신들의 왕 삭까의 질문을 설명하셨다. 신들의 왕 삭까는 마음이 흡족해져서 세존의 말씀을 크게 기뻐하였다.

"참으로 그러합니다, 세존이시여. 참으로 그러합니다, 선서시여. 질문에 대한 세존의 상세한 설명을 듣고 저는 의심을 건넜으며 의문이 가시었습니다."

삭까의 의심과 의문의 쇠살이 뽑힘

2.7. 이와 같이 신들의 왕 삭까는 세존의 말씀을 크게 기뻐한 뒤 세존께 이렇게 말씀드렸다.

"세존이시여, 동요489)는 병이요, 동요는 종기요, 동요는 쇠살이요,

---

488) "갈애의 소멸(taṇhā-saṅkhaya)이란 도(magga)와 열반이다. 도는 갈애를 소멸하고(saṅkhiṇāti) 파멸시킨다(vināseti)고 해서 갈애의 소멸이다. 열반은 갈애를 소멸하고 파멸시켜서 드러나는(āgamma) 것이기 때문에 갈애의 소멸이다. 갈애를 소멸하는 도에 의해서 해탈했고 갈애의 소멸인 열반 [속]으로 해탈한다, 향한다(확신한다, adhimutta)고 해서 갈애를 소멸하여 해탈한 것(taṇhā-saṅkhaya-vimuttā)이다."(DA.iii.738)

동요는 사람들을 이런저런 존재로 태어나도록 끌고 다닙니다. 그래서 사람들은 높고 낮은 이런저런 곳에 태어납니다. 세존이시여, 저 밖에 있는 다른 사문·바라문들은 제게 질문할 기회조차 주지 않았는데 세존께서는 제게 그 모두를 설명해 주셨습니다. 그래서 오랜 세월 동안 잠재해 있었던 저의 의심과 의문의 쇠살이 세존에 의해서 뽑혔습니다."

"신들의 왕이여, 그대는 이런 질문들을 다른 사문·바라문들에게도 했던 것을 기억합니까?"

"세존이시여, 저는 이런 질문들을 다른 사문·바라문들에게도 했던 것을 기억합니다."

"신들의 왕이여, 그런데 그들은 어떻게 설명을 하였습니까? 만일 그대에게 부담이 되지 않는다면490) 말해 주십시오."

"세존이시여, 세존이 앉아계시거나 세존과 같으신 분이 앉아계시는 한 제게 부담이 되지 않습니다."

"신들의 왕이여, 그렇다면 말해 보십시오."

"세존이시여, 저는 숲에 머무는 수행을 하는 외딴 거주처에서 사는 자로 보이는 자들을 만나러 간 적이 있습니다. 가서는 이런 질문들을 하였습니다. 그러나 그들은 저의 질문에 대답하지 않았습니다. 대답 대신에 '존자는 누구십니까?'라고 제게 되물었습니다. 그들의 질문을 받고 저는 '존자들이여, 저는 신들의 왕 삭까입니다.'라고 설

---

489) "동요(ejā)란 움직인다는(calana) 뜻에서 갈애(taṇhā)를 말한다."(*Ibid*)

490) '만일 그대에게 부담이 되지 않는다면'으로 옮긴 원문은 sace te agaru이다. 주석서에서는 "여기서 그대가 설명을 해도 짐(bhāriya)이 되지 않는다면, 불편함(aphāsukabhāva)이 없다면"(DA.i.159, D2의 주석)으로 설명하고 있다.

명을 하였습니다. 그들은 제게 '신들의 왕이시여, 그런데 존자께서는 무슨 업을 지어서 이런 지위를 얻었습니까?'라고 다른 질문을 하였습니다. 저는 들은 대로 배운 대로 그들에게 법을 설했습니다. 그들은 그 정도로도 마음이 흡족해서 '우리는 신들의 왕 삭까를 친견했다. 우리가 질문한 것을 모두 우리에게 설명하셨다.'라고 하였습니다. 제가 그들의 제자가 된 것이 아니라 오히려 그들이 저의 제자가 되었습니다. 세존이시여, 저는 세존의 제자이며 흐름에 든 자[預流者]가 되어, [악취에] 떨어지지 않는 법을 가지고 [해탈이] 확실하며 정등각으로 나아가는 자가 되었습니다."

"신들의 왕이여, 그대는 이 이전에도 이러한 만족을 얻고 이러한 기쁨을 얻은 것을 기억합니까?"

"세존이시여, 저는 이 이전에도 이러한 만족을 얻고 이러한 기쁨을 얻은 것을 기억합니다."

"신들의 왕이여, 그러면 어떻게 그대는 이 이전에 이러한 만족을 얻고 이러한 기쁨을 얻은 것을 기억합니까?"

"세존이시여, 전에 신들과 아수라들의 전쟁이 발발하였습니다. 세존이시여, 그 전쟁에서 신들이 승리하였고 아수라들은 패배하였습니다. 세존이시여, 그 전쟁에서 승리를 얻은 뒤 제게는 '이제 천상의 음식과 아수라들의 음식 둘 다를 신들이 즐기게 되었구나.' 라는 이런 생각이 들었습니다. 세존이시여, 그러나 그러한 저의 그런 만족과 그런 기쁨은 폭력을 수반하고 무력을 수반한 것이어서 [속된 것들을] 역겨워함으로 인도하지 못하고, 욕망이 빛바램으로 인도하지 못하고, 소멸로 인도하지 못하고, 고요함으로 인도하지 못하고, 최상의 지혜로 인도하지 못하고, 바른 깨달음으로 인도하지 못하고, 열반으로 인도하지는 못했습니다. 세존이시여, 그러나 세존의 법을 듣고 얻은 이러한 감격과 이러한 기쁨은 폭력을 수반하지 않고 무력을 수반하지 않은 것이어서 전적으로 [속된 것들을] 역겨워함으로 인도하고, 욕망이 빛바램으로 인도하고, 소멸로 인도하고, 고요함으로 인도하고, 최상의 지혜로 인도하고, 바른 깨달음으로 인도하고, 열반으로 인도해 줍니다."

여섯 가지 만족과 기쁨을 얻음

2.8. "신들의 왕이여, 그러면 그대는 어떠한 이익을 보기 때문에 그러한 만족과 그러한 기쁨을 설합니까?"

"세존이시여, 저는 여섯 가지 이익을 보기 때문에 이러한 만족과 이러한 기쁨을 설합니다.

> 저는 여기 이곳 [인다살라 동굴]에서
> 신의 상태로
> 다시 태어남을 얻었습니다.491)
> 존자시여, 이와 같이 아십시오.

세존이시여, 이것이 제가 이러한 감격과 이러한 기쁨을 설하는 첫 번째 이익입니다.

---

491) "다시 태어남을 얻었다(punarāyu ca me laddho)는 것은 다시 다른 업의 과보(kamma-vipāka, 業異熟)로 나의 생명을 얻었다는 뜻이다. 이것을 통해서 자신이 죽었음(cutabhāva)과 태어났음(upapannabhāva)을 드러내고 있다."(DA.iii.739)
자세한 내용은 위 §2.3의 마지막 주해를 참조할 것.

저는 하늘의 몸에서 떨어져
천상의 수명을 버린 뒤에
저의 마음이 좋아하는 대로
미혹하지 않고 모태를 찾을 것입니다.

세존이시여, 이것이 제가 이러한 감격과 이러한 기쁨을 설하는 두 번째 이익입니다.

그런 저는 미혹하지 않는 통찰지를 지닌 분의
교법을 좋아하며 머물 것이니
바른 방법으로 잘 알아차리고
마음챙겨 머물 것입니다.

세존이시여, 이것이 제가 이러한 감격과 이러한 기쁨을 설하는 세 번째 이익입니다.

제가 바른 방법으로 행하여
깨달음을 얻게 된다면492)
완전한 지혜를 원하면서493) 머무를 것이니
그것은 [인간으로는] 마지막이 될 것입니다.494)

---

492) "이것은 일래도(sakadāgāmi-magga)를 두고 한 말이다. 만일 일래자가 된다면이라고 밝힌 것이다."(*Ibid*)

493) "완전한 지혜를 가진 자(aññātā)란 완전한 지혜를 가지고자 하는 자가 되어(ājānitukāmo hutvā)라는 뜻이다."(*Ibid*)

494) "그런 나는 인간세상(manussaloka)에서 마지막이 될 것이라는 말이다." (*Ibid*)

세존이시여, 이것이 제가 이러한 감격과 이러한 기쁨을 설하는 네 번째 이익입니다.

> 제가 인간의 몸에서 떨어져
> 인간의 수명을 버린 뒤에
> 다시 신이 될 것이니
> 신들의 세상에서 가장 높은 자가 될 것입니다.495)

세존이시여, 이것이 제가 이러한 감격과 이러한 기쁨을 설하는 다섯 번째 이익입니다.

> 더욱더 수승한 신들은 명성을 가진 색구경천이니
> 그 거주처는 저의 마지막이 될 것입니다.496)

세존이시여, 이것이 제가 이러한 감격과 이러한 기쁨을 설하는 여섯 번째 이익입니다.

세존이시여, 저는 이러한 여섯 가지 이익을 보기 때문에 이러한 감격과 이러한 기쁨을 설합니다.

---

495) "다시 신의 세상에서 신들의 왕인 최상(uttama)의 삭까가 될 것이라고 말하는 것이다."(*Ibid*)

496) "즉 거기서 삭까의 상태에서 죽어서 그 몸에서 불환도를 얻기 때문에 위로 흐르는 자(uddhaṁ-sota) 즉 [낮은 경지로는 다시 태어나지 않고 위로만 태어나서] 색구경천으로 가는 자가 되어 [정거천의] 무번천 등에 태어나서 마지막에는 색구경천에 태어날 것이다. 이것을 두고 이렇게 말한 것이라고 한다. 그는 무번천에서 천 겁을 머물 것이고, 무열천에서 2천 겁을, 선현천에서 4천 겁을, 선견천에서 8천 겁을, 색구경천에서 1만 6천 겁을 머물 것이다. [이렇게 하여 모두] 3만 천 겁 동안 범천의 수명을 누릴 것이라고 한다."(DA.iii.739~40)

삭까의 귀의

2.9. "목적을 달성하지 못한 채497)
의심과 의문을 품고
오랜 세월 동안 저는
여래를 찾으면서 방랑하였습니다.

제가 생각하기에
외딴 처소에 머무는 사문들을
깨달은 분들이라고 여기면서
그들을 섬기러 저는 갔었습니다.

'어떻게 해서 성공합니까?'
'어떻게 해서 실패합니까?'
이렇게 물었지만 그들은 대답하지 못했고
도와 도닦음에 대해서도 [마찬가지였습니다].

대신에 그들은 신들의 왕 삭까가 왔다고
저에 대해서 알게 되자
오히려 저에게 묻기를
'무엇을 행하여 이것을 성취합니까?'라고 하였습니다.

---

497) 원문은 apariyosita-saṁkappo인데 '완결되지 않은 사유를 가지고'라고 직역할 수 있다. 그러나 주석서에서는 "목적을 달성하지 못한 것(a-niṭṭhita-manoratho)"(DA.iii.740)이라고 설명하고 있고, 복주서에서는 그 목적을 "수승한 존재의 성취와 열반의 성취를 이루고자 하는 것"(DAṬ.ii.349)이라고 구체적으로 설명을 하고 있어서 이렇게 옮겼다.

들은 대로 사람들이 알고 있는 대로
오히려 그들에게 법을 설하였습니다.
그러자 그들은 마음이 흡족해져서
'우리는 와사와를 보았다.'고 했습니다.

이제 저는 부처님을 뵈었고
의심을 다 건넜으며
오늘 모든 두려움이
남김없이 사라졌습니다.

갈애의 쇠살을 뽑으신 분이며
대적할 자가 없는 바른 깨달음을 얻으셨으며
대영웅이요 태양의 후예이신
부처님께 저는 예경합니다.

존자시여,
마치 신들이 범천을 공경하는 것처럼
오늘 우리는 당신께 경배합니다.
참으로 당신을 공경합니다.

오직 당신만이 바르게 깨달은 분이요
당신은 위없는 스승이십니다.
신을 포함한 세상에서
당신과 대적할 자는 아무도 없습니다."

2.10. 그러자 신들의 왕 삭까는 간답바의 아들 빤짜시카를 불러서

말하였다.

"애야 빤짜시카야, 그대가 먼저 세존을 편안하게 해드렸기 때문에 그대는 나에게 많은 도움을 주었도다. 애야, 그대가 먼저 편안하게 해드렸기 때문에 우리는 그분 세존·아라한·정등각을 친견하러 올 수 있었도다. 나는 그대의 아버지가 될 것이며 그대는 간답바의 왕이 될 것이로다. 그대가 그토록 원하던 태양과 같이 밝은 밧다498)를 그대에게 줄 것이로다."

그러자 신들의 왕 삭까는 손으로 땅을 짚고 세 번 감흥어를 읊었다.

"그분 세존·아라한·정등각께 귀의합니다.
그분 세존·아라한·정등각께 귀의합니다.
그분 세존·아라한·정등각께 귀의합니다."

맺는 말

2.11. 이 상세한 설명[記別, 授記]이 설해지자 신의 왕 삭까에게는 '일어나는 법은 그 무엇이든 모두 멸하기 마련인 법이다[集法卽滅法]'라는 티 없고 때가 없는 법의 눈이 생겼으며 8만 명의 다른 신들도 그러하였다.

이와 같이 신들의 왕 삭까는 질문하기를 원했던 것을 여쭈었으며 세존께서는 설명하셨다. 그러므로 이 상세한 설명은 '삭까의 질문'이라고 불린다.

「제석문경」이 끝났다.

---

498) 밧다(Bhaddā)는 본경 §1.6에서 언급된 빤짜시카가 사랑했던 여인이다.

대념처경(大念處經)
마음챙김의 확립
Mahāsatipaṭṭhāna Sutta(D22)

대념처경(大念處經)499)

마음챙김의 확립
Mahāsatipaṭṭhāna Sutta(D22)

서언

1. 이와 같이 나는 들었다. 한때 세존께서는 꾸루500)의 깜맛사

---

499) 부처님의 육성이 생생히 살아있는 초기경들 가운데서 실참수행법을 설한 경을 들라면 본경과 『중부』의 「들숨날숨에 마음챙기는 경」(Ānāpānasati Sutta, 出入息念經 M118)과 「몸에 마음챙기는 경」(Kāyagatasati Sutta, 念身經, M119)의 셋을 들 수 있다. 물론 『중부』의 「염처경」(M10)도 들어야겠으나 「염처경」은 사성제의 고성제에 관한 부분만 제외하고는 본경과 그 내용이 일치하기 때문에 언급하지 않았다. 그러므로 이 세 경들을 초기경들 가운데서 실참수행을 설하신 수행삼경(修行三經)이라 불러도 괜찮다.
이 가운데서 본경은 초기불교 수행법을 몸(身)·느낌(受)·마음(心)·법(法)의 네 가지 주제 하에 집대성한 경으로 초기 수행법에 관한 한 가장 중요한 경이며 그런 만큼 가장 유명한 경이기도 하다. 마음챙김으로 대표되는 초기불교 수행법은 이 경을 토대로 지금까지 전승되어오고 있으며 남방의 수행법으로 알려진 위빳사나 수행법은 모두 이 경을 토대로 하여 가르쳐지고 있다 하여도 과언이 아니다.
본경은 『장아함』에는 실려 있지 않고 「염처경」(念處經)으로 옮겨져서 『중아함』의 98번째 경으로 중국에 소개되었다.

500) 꾸루(Kuru)와 깜맛사담마(Kammāssadhamma)와 꾸루들에 대해서는 본서 「대인연경」(D15) §1.1의 주해들을 참조할 것. 주석서에서는 꾸루

담마라는 꾸루들의 성읍에 머무셨다. 그곳에서 세존께서는 "비구들이여"라고 비구들을 부르셨다. "세존이시여"라고 비구들은 세존께 응답했다. 세존께서는 이렇게 말씀하셨다.

"비구들이여, 이 도501)는 유일한 길이니,502) 중생들의 청정을 위

지방에서 「대념처경」을 설하신 이유를 다음과 같이 설명하고 있다.
"꾸루(Kuru) 지방 주민들은 심오한 가르침을 이해할 수 있는 능력을 갖추었기 때문이다. 꾸루 지방의 비구와 비구니, 청신사와 청신녀들은 아주 좋은 기후 등의 조건을 갖추어 살고 있었다 한다. 적당한 기후 조건 등으로 인해 그곳 사람들은 몸과 마음이 항상 건전했다고 한다. 그들은 몸과 마음이 건전하고 통찰지(慧, 반야)의 힘을 갖추었기 때문에 심오한 법문을 파악할 능력이 있었다. 세존께서는 그들이 심오한 법문을 파악할 능력을 가졌음을 보시고 아라한과를 얻는 것에 대해서 21가지로 명상주제를 담아 이 심오한 법문인 「대념처경」을 설하셨던 것이다."(DA.iii.741)

501) "도(magga)라는 것은 어떤 뜻에서 도인가? 열반으로 간다는 뜻에서, 열반을 원하는 자들이 가야 한다는 뜻에서 [도이다]."(DA.iii.745)

502) 주석서는 다음과 같은 다섯 가지로 '유일한 길'의 의미를 설명한다.
"(1) '비구들이여, 이것은 유일한 길이어서 두 갈래로 갈라지지 않았다.'고 그 뜻을 보아야 한다.
(2) 혹은, '혼자서 가야 한다.(ekena ayitabbo)'고 해서 유일한 길(ekāyano)이다. '혼자서'라는 것은 무리(gaṇa)짓는 것을 버리고 은둔하는 한적한 마음으로라는 말이며, '가야 한다.'라는 것은 '도를 따라가야 한다.' 혹은 '이 길을 따라서 간다.'는 말로서 윤회로부터 열반으로 간다는 뜻이다.
(3) 한 사람의(ekassa) 길이 유일한 길이다. '한 사람의'라는 것은 '최고로 수승한 분의'라는 말로 모든 존재들 가운데 최고로 수승하신 세존이시다. 그러므로 '세존의 [길]'이라고 말한 것이다. 비록 다른 사람들이 이 [길을] 따라간다 하더라도 이것은 세존의 길이다. 그분께서 일으키셨기 때문이다. 그래서 "바라문이여, 그분 세존께서는 아직 일어나지 않은 도를 일어나게 하는 분이십니다.(M108/iii.8)"는 등으로 말씀하셨다.
(4) 혹은, '간다'고 해서 '길'이다. '가다, 나아가다'라는 뜻이다. 하나에 있는 길이라고 해서 유일한 길이다. '이 법과 율에 존재하는 것이며 다른 곳에 있는 것이 아니다.'라고 말한 것이다. 그래서 "수밧다여, 참으로 이 법과 율에서 성스러운 팔정도를 얻게 된다.(D16/ii.151)"라고 말씀하셨다. 이것

하고,503) 근심과 탄식을 다 건너기 위한 것이며, 육체적 고통과 정신적 고통을 사라지게 하고, 옳은 방법을 터득하고,504) 열반을 실현하기 위한 것이다.505) 그것은 바로 '네 가지 마음챙김의 확립[四念處]'506)이다.507)

> 은 설명 방법만 다를 뿐 뜻으로는 같다.
> (5) 하나를 향해서 간다(ekaṁ ayati)고 해서 유일한 길이다. 처음에는 여러 방면으로 수행하는 방법이 존재하지만 결국은 하나인 열반으로 간다라는 말이다."(DA.iii.743)
>
> 503) 중생들의 청정을 위하고(sattānaṁ visuddhiyā)라는 것은 애욕(rāga) 등의 더러움과 욕심(abhijjhā)이라는 곧지 못한 탐욕 등의 오염원(kilesa)들로 인해 더렵혀진 중생들의 마음을 청정하게 하기 위해서라는 말이다. (DA.iii.745)
>
> 504) "옳은 방법을 터득하고(ñāyassa adhigamāya)에서 옳은 방법이란 성스러운 팔정도를 말한다. 그것을 터득하기 위해서, 증득하기 위해서라는 말이다. 예비단계요 세간적인 마음챙김의 확립인 이 도를 닦으면 출세간도를 터득하게 된다. 그래서 '옳은 방법을 터득하고'라고 말씀하셨다."(DA.iii.750)
>
> 505) "열반을 실현하기 위한 것이다(nibbānassa sacchikiriyāya)라는 것은 갈애라는 욕망(vāna)이 없기 때문에 열반(nirvāna)이라는 이름을 얻은 불사(不死)를 실현하기 위해서, 그것을 자신의 눈앞에 현전하게 하기 위해서라는 말이다. 이 도를 닦으면 순차적으로 열반을 실현한다. 그래서 '열반을 실현하기 위한 것이다.'라고 말씀하셨다."(DA.iii.751)
>
> 506) ""네 가지 마음챙김을 닦고 많이 [공부] 지으면 일곱 가지 깨달음의 구성요소(七覺支)들을 성취한다.("출입식념경" M118/iii.82)"라는 등에서 마음챙김이 바로 마음챙김의 확립이라고 설하셨다. 이 뜻은 다음과 같다. ① 일으켜 세운다(paṭṭhāti)라고 해서 확립이다. '일으킨다, 건넌다, 앞으로 간다, 펼친다'는 뜻이다. 마음챙김이 바로 확립이다. ② 혹은 [대상을] 억념(기억, saraṇa)한다는 뜻에서 마음챙김이고 확립한다는 뜻에서 확립이다. 이처럼 마음챙김과 확립이기 때문에도 마음챙김의 확립이다."(DA.iii.753)
>
> 507) 원문에는 '마음챙김의 확립들'이라고 복수로 나타난다. 여기에 대해서 주

석서는 다음과 같이 설명한다.
"왜 '마음챙김의 확립들'이라는 복수를 사용하는가? 마음챙김이 많기 때문이다. 대상이 다르기 때문에 이 마음챙김은 복수이다. 그러면 도(magga)는 왜 단수인가? '도'라는 뜻에서 하나이기 때문이다. 이 네 가지 마음챙김도 도라는 뜻에서는 하나가 된다."(*Ibid*)

주석서는 계속해서 "그런데 왜 세존께서는 많지도 적지도 않게 네 가지만으로 마음챙김의 확립을 설하셨는가?"라고 묻고 이에 대해서 다음과 같이 답변한다.

"(1) 제도될 사람들의 이익을 위해서이다. [세존께서는] ① 갈애의 기질을 가진 자 ② 사견의 기질을 가진 자 ③ 사마타의 길을 가는 자 ④ 위빳사나의 길을 가는 자 등 제도될 사람들에 대해 둔하고 예리함을 기준으로 두 부류씩 나누셨다.

① 갈애의 기질을 가진 둔한 자에게는 조대(粗大)한 몸(身)을 관찰하는 마음챙김의 확립이, 예리한 자에게는 미세한 느낌(受)을 관찰하는 마음챙김의 확립이 청정에 이르는 도(visuddhimagga)라고 설하셨다.

② 사견의 기질을 가진 둔한 자에게는 지나치게 세분되지 않은 마음(心)을 관찰하는 마음챙김의 확립이, 예리한 자에게는 아주 세분된 심리현상(法)을 관찰하는 마음챙김의 확립이 청정에 이르는 도라고 하셨다.

③ 사마타의 길을 가는 둔한 자에게는 별 어려움 없이 표상을 얻는 첫 번째인 [몸을] 관찰하는 마음챙김의 확립이, 예리한 자에게는 거친 대상에 머무르지 않기 때문에 두 번째인 [느낌을] 관찰하는 마음챙김의 확립이 청정에 이르는 도라고 하셨다.

④ 위빳사나의 길을 가는 자도 둔한 자에게는 지나치게 세분되지 않은 대상인 세 번째인 [마음을] 관찰하는 마음챙김의 확립이, 예리한 자에게는 아주 세분된 대상인 네 번째인 [법을 관찰하는 마음챙김의 확립이 청정에 이르는 도라고 설하셨다]. 이처럼 많지도 적지도 않게 네 가지만을 설하셨다.

(2) 혹은, 깨끗하고(淨) 즐겁고(樂) 항상하고(常) 자아(我)라는 전도된 인식을 제거하기 위해서 [네 가지로 설하셨다]. 몸은 부정(不淨)하다. 거기에 대해서 깨끗하다는 전도된 인식으로 헤매는 것이 중생들이다. 그들에게 여기에 대한 부정함을 보여줌으로써 그 전도된 인식을 버리게 하기 위해서 첫 번째인 몸에 대한 마음챙김의 확립을 설하셨다. 비록 느낌과 마음과 법을 각각 즐겁고 항상하고 자아라고 움켜쥐더라도 느낌은 괴로움이고 마음은 무상하고 법들은 무아이다. 그러나 중생들은 이들에 대해서 즐겁

무엇이 네 가지인가? 비구들이여, 여기 비구는508) 몸에서509) 몸
을 관찰하며[身隨觀] 머문다.510) 세상에 대한511) 욕심과 싫어하는 마

> 고 항상하고 자아라는 전도된 인식으로 헤맨다. 그들에게 괴로운 상태 등
> 을 보여줌으로써 그 전도된 인식을 버리게 하기 위해서 나머지 세 가지를
> 설하셨다.
> 이와 같이 깨끗하고 즐겁고 항상하고 자아라는 전도된 인식을 제거하기
> 위해서 많지도 적지도 않게 네 가지만을 설하셨다고 알아야 한다."(DA.
> iii.754)

508) "비구(bhikkhu)라는 것은 도닦음(paṭipatti)을 성취할 사람을 나타내는
술어이다. 물론 신들이나 인간들도 도를 이룰 수 있지만 비구가 되는 것이
도를 닦는데 가장 수승하다고 보기 때문에 '비구'라고 말씀하신 것이다. …
그리고 도를 닦는 자는 누구나 비구라고 이름한다. 그러므로 도닦음을 통
해서도 비구의 신분을 보기 때문에 '비구가'라고 말씀하셨다. 도를 닦는 자
는 신이든 인간이든 모두 비구라는 명칭을 가지게 된다. 그래서 말씀하셨
다."(DA.iii.755)

509) "몸에서(kāye)라는 것은 '물질로 된 몸에서(色身)'라는 뜻이다. 여기서
물질로 된 몸을 머리털, 몸털, 손발톱, 이빨 등 신체 각 부분들의 집합
(samūha)이라는 뜻에서 '까야(kāya, 몸)'라고 지칭한다. 마치 코끼리 떼
(hatthikāya)나 마차의 무리(rathakāya) 등에서 [까야라는 단어가 사용
되는] 것처럼."(DA.iii.756)

510) "'몸에 대해서'라고 말하고 또 다시 '몸을 관찰하며'라고 몸[이라는 단어]
를 취한 것은 (1) [대상이] 섞이지 않도록 확정 짓는 것과 단단하게 덩어리
진 것을 분해하는 것 등을 보이기 위해서라고 알아야 한다. 즉
① 몸에서 느낌(受)이나 마음(心)이나 법(法)을 관찰하는 것이 아니라 오
직 몸만을 관찰한다. 그러므로 몸이라는 대상에서 몸을 관찰하는 형태를
보여줌으로써 [대상이] 섞이지 않도록 확정 짓는 것을 보이신 것이다.
② 아울러 몸에서 사지나 부분을 떠나서 [전체로] 하나의 상태(eka-
dhamma)로도 관찰하지 않고, 머리털·몸털 등을 떠나서 여자와 남자로도
관찰하지 않는다. 여기서 머리털·몸털 등은 사대(四大)와 사대에서 파생
된 [물질]의 덩어리라 불리는 몸이다. 여기에 대해서도 근본물질[四大]과
파생된 물질을 떠나서 [전체로] 하나의 상태라고 관찰하지 않는다.
마치 마차의 구성요소를 관찰하듯이 사지나 부분들의 집합으로 관찰한다.
마치 도시를 구획별로 관찰하는 것처럼 머리털과 몸털 등의 집합으로 관

음512)을 버리면서 근면하게,513) 분명히 알아차리고514) 마음챙기는
자 되어515) 머문다. 느낌에서 느낌을 관찰하며[受隨觀] 머문다. 세상

> 찰한다. 마치 파초의 줄기와 잎과 껍질을 분리하듯이, 빈주먹을 펴듯이,
> [몸을] 오직 근본물질과 파생된 물질의 덩어리로 관찰한다.
> (2) 혹은 몸에 대해서 '나'라거나 '내 것'이라고 거머쥘 만한 그 어떤 것도
> 보지 않고 오히려 머리털, 몸털 등 여러 것의 집합이라고 관찰하기 때문에
> 몸에서 머리털 등의 현상의 집합이라 불리는 몸을 관찰한다고 그 뜻을 알
> 아야 한다.
> (3) 나아가서 "이 몸에서 무상함을 관찰하고 항상함을 관찰하지 않는다."
> 는 등의 순서대로 『무애해도』에 전해오는 방법인 무상의 특징에서부터
> 시작하여 모든 특징들을 가진 집합이라는 몸을 관찰하기 때문에 몸에서
> 몸을 관찰한다고 그 뜻을 보아야 한다."(DA.iii.756~57)

511) "세상에 대한(loke)이란 '바로 그 몸에 대한'이란 뜻이다. 왜냐하면 여기서
몸은 무너진다는 뜻에서(lujjana-palujjanaṭṭhena) 세상을 의미한다. 그
런데 단지 몸에 대한 욕심과 싫어하는 마음만을 버린다는 것이 아니라 느
낌 등에 대해서도 버린다. 그러므로 "[나 등으로] 취착하는 다섯 가지 무
더기[五取蘊]들도 또한 세상이다."(Vbh.195 등)라고 『위방가』(分別論)
에서 설하셨다."(DA.iii.758)

512) "욕심(abhijjhā)은 감각적 욕망을 포함하고 싫어하는 마음(domanassa)
은 악의를 포함한다. 그러므로 여기서 [다섯 가지] 장애(五蓋)에 포함된
이 두 가지 강한 법을 보여줌으로써 장애를 버리는 것을 설하신 것이라고
알아야 한다."(DA.iii.759)

513) "근면하고(ātāpī, 근면한 자)라는 것은 삼계에서 오염원들을 태워버리기
때문에 근면함이며 이것은 정진의 다른 이름이다. 근면함이 그에게 있기
때문에 '근면한 자'이다."(DA.iii.758)

514) "분명히 알아차리고(sampajāna)란 분명하게 알아차림(sampajañña)이
라는 지혜(ñāṇa)를 구족한 것이다."(Ibid)

515) "마음챙기는 자(satimā)라는 것은 몸을 철저하게 파악하는(pariggāhikā,
把持, 把握) 마음챙김을 구족한 자라는 뜻이다. 그는 이 마음챙김으로 대
상을 철저하게 거머쥐고 통찰지(반야)로써 관찰한다. 왜냐하면 마음챙김
이 없는 자에게 관찰이 있을 수 없기 때문이다. 그래서 말씀하셨다. "비구
들이여, 마음챙김은 모든 곳에 유익하다고 나는 말한다.(S.v.115)" 그러므

에 대한 욕심과 싫어하는 마음을 버리면서 근면하게, 분명히 알아차리고 마음챙기는 자 되어 머문다. 마음에서 마음을 관찰하며[心隨觀] 머문다. 세상에 대한 욕심과 싫어하는 마음을 버리면서 근면하게, 분명히 알아차리고 마음챙기는 자 되어 머문다. 법에서 법을 관찰하며[法隨觀] 머문다. 세상에 대한 욕심과 싫어하는 마음을 버리면서 근면하게, 분명히 알아차리고 마음챙기는 자 되어 머문다."516)

I. 몸의 관찰[身隨觀]
I-1. 들숨날숨에 대한 마음챙김

2. "비구들이여, 어떻게 비구는 몸에서 몸을 관찰하며 머무는가? 비구들이여, 여기 비구는 숲 속에 가거나 나무 아래에 가거나 외진 처소에 가서517) 가부좌를 틀고 몸을 곧추세우고 전면에 마음챙김

로 '몸에서 몸을 관찰하며 머문다.'고 여기서 몸을 관찰하는 마음챙김의 확립을 말씀하셨다."(*Ibid*)

516) 주석서는 이렇게 네 가지로 마음챙김을 설하신 이유를 다음과 같이 설명한다.
"바구니 만드는 숙련공은 거친 돗자리와 섬세한 돗자리와 상자와 바구니와 자루 등의 가재도구들을 만들고자 할 때 큰 대나무 하나를 네 등분으로 자른 다음에 그 각각의 대나무 토막을 다시 쪼개어서 그런 가재도구들을 만든다. 그와 같이 세존께서도 마음챙김의 확립을 가르치시면서 중생들로 하여금 다양한 형태의 수승함을 터득하게 하시려고 하나인 바른 마음챙김(sammā-sati, 正念)을 가지고 먼저 대상에 따라 그것을 네 등분으로 자르셨다. 그래서 '네 가지 마음챙김이 있나니 무엇이 네 가지인가? 비구들이여, 여기 비구는 몸에서 몸을 관찰하며[身隨觀] 머문다.'라는 등의 방법으로 설하신 것이다."(DA.iii.761~62)

517) "비구의 마음은 [출가하기 이전에] 실로 오랜 세월을 형상 등의 대상들에 산만해져 있어서 명상주제를 챙기는 과정으로 들어가려 하지 않는다. 그

을 확립하여518) 앉는다. 그는 마음챙겨 숨을 들이쉬고 마음챙겨 숨을 내쉰다. 길게 들이쉬면서 '길게 들이쉰다.'고 꿰뚫어 알고, 길게 내쉬면서 '길게 내쉰다.'고 꿰뚫어 안다. 짧게 들이쉬면서 '짧게 들이쉰다.'고 꿰뚫어 알고, 짧게 내쉬면서 '짧게 내쉰다.'고 꿰뚫어 안다. '온

> 것은 마치 사나운 황소에 멍에를 멘 달구지가 길을 벗어나서 달려가는 것과 같다. … 이 비구도 오랜 세월을 형상 등의 대상들이라는 맛난 것을 마시면서 자란 사나운 마음을 길들이고자 하면 형상 등의 대상으로부터 떨어져 나와 숲이나 나무 아래나 빈 방으로 들어가서 거기서 마음챙김을 확립하는 대상이라 불리는 그 기둥에 마음챙김의 고삐를 매어 묶어야 한다. 그러면 그 마음은 이리저리 날뛰더라도 오랫동안 탐닉하던 대상을 얻지 못하게 되고 마음챙김의 고삐를 자르고 도망칠 수 없어서 이제 근접 [삼매]와 본 [삼매]를 통해서 그 [마음챙김을 확립하는] 대상을 의지하여 앉거나 눕는다. …
> 이것이 그의 수행에 어울리는 거처이다. 그래서 마음챙김의 확립을 닦기에 적절한 거처를 취하는 것을 밝힌 것이라고 했다."(DA.iii.762)
> "나아가서 이 들숨날숨에 대한 마음챙김의 확립[出入息念處]은 몸의 관찰 가운데서도 아주 섬세하고, 모든 부처님과 벽지불과 성문들이 특별함을 증득하여 지금여기에서 행복하게 머무는 기초가 된다. 이 들숨날숨에 대한 마음챙김의 확립은 여자나 남자나 코끼리나 말 등의 소리가 시끄러운 마을을 떠나지 않고서는 성취하기가 쉽지 않다. 소리는 선(禪)의 가시이기 때문이다. 그러나 마을이 없는 숲에서는 수행자가 쉽게 이 명상주제를 거머쥐고[把持, 把握] 들숨날숨을 통해 제4선에 이르고 그 선(禪)을 기초로 삼아 상카라(行)들을 명상하고서 가장 높은 과위인 아라한과에 이를 수 있다. 그러므로 그에게 적절한 거처를 보이기 위해 세존께서 '숲 속에 가거나'라고 시작하셨다."(DA.iii.763)

518) "전면에 마음챙김을 확립하고: 명상주제를 향하여 마음챙김을 두고, 혹은 "접두어 pari(둘레에, 원만히)는 철저히 파악한다는 뜻이고, mukhaṁ(입, 얼굴)은 출구의 뜻이며, sati(마음챙김)는 확립한다는 뜻이다. 그러므로 parimukhaṁ satiṁ(철저히 파악하여 출구가 되는 마음챙김)이라고 설했다.(Ps.i.176)" 이와 같이 『무애해도』에서 설한 방법에 따라서도 이 뜻을 알아야 한다. 간략히 설하면 '철저히 파악하여 [반대되는 심리현상인 잊어버림으로부터] 출구인 마음챙김을 [공부]짓고'라는 뜻이다."(『청정도론』 VIII.161)

몸을 경험하면서 들이쉬리라.'며 공부짓고 온몸을 경험하면서 내쉬리라.'며 공부짓는다. '신행(身行)을 편안히 하면서 들이쉬리라.'며 공부짓고 '신행을 편안히 하면서 내쉬리라.'며 공부짓는다.

비구들이여, 마치 숙련된 도공이나 도공의 도제가 길게 돌리면서519) '길게 돌린다.'고 꿰뚫어 알고 짧게 돌리면서 '짧게 돌린다.'고 꿰뚫어 아는 것처럼, 그와 같이 비구는 길게 들이쉬면서는 '길게 들이쉰다.'고 꿰뚫어 알고 … '신행을 편안히 하면서 내쉬리라.'며 공부짓는다.

이와 같이 안으로520) 몸에서 몸을 관찰하며[身隨觀] 머문다. 혹은 밖으로521) 몸에서 몸을 관찰하며 머문다. 혹은 안팎으로522) 몸에서 몸을 관찰하며 머문다. 혹은 몸에서 일어나는 현상[法]을 관찰하며523) 머문다. 혹은 몸에서 사라지는 현상을 관찰하며524) 머문다.

---

519) "길게 돌리면서(dīghaṁ vā añchanto)라는 것은 큰 북의 가죽 등에 새길 때에 손과 발을 펴서 길게 끌어당기는 것을 말한다. 짧게 돌리면서라는 것은 상아통과 바늘통에 새길 때에 조금씩 짧게 끌어당기는 것을 말한다." (DA.iii.764)

520) "이와 같이 안으로(iti ajjhattaṁ vā)라는 것은 이와 같이 자신의 들숨과 날숨이라는 몸에 대해서 몸을 관찰하며 머무는 것을 말한다."(DA.iii.765)

521) "혹은 밖으로(bahiddhā vā)라는 것은 남의 들숨과 날숨이라는 몸에 대해서이다."(*Ibid*)

522) "혹은 안팎으로(ajjhatta-bahiddhā vā)라는 것은 때로는 자신의 들숨과 날숨, 때로는 남의 들숨과 날숨이라는 몸에 대해서이다. 이것은 [수행자의 마음이] 아주 능숙해진 명상주제를 내려놓지 않고 [안팎으로] 거듭해서 움직이는 때를 말하는 것이다. 그러나 [안팎을 관찰하는] 이 두 가지는 같은 시간엔(ekasmiṁ kāle) 일어나지 못한다."(*Ibid*)

523) "혹은 일어나는 현상[法]을 관찰하며(samudayadhammānupassī vā)라는 것은 마치 대장장이의 자루와 풀무의 튜브와 적절한 노력을 반연(攀緣)하여 바람이 계속해서 움직이듯 비구의 육체와 콧구멍과 마음을 반연

혹은 몸에서 일어나기도 하고 사라지기도 하는 현상을 관찰하며525) 머문다. 혹은 그는 '몸이 있구나.'라고526) 마음챙김을 잘 확립하나니 지혜만이 있고 마음챙김만이 현전할 때까지.527) 이제 그는 [갈애와 견해에] 의지하지 않고 머문다.528) 그는 세상에서 아무 것도 움켜쥐지 않는다.529) 비구들이여, 이와 같이 비구는 몸에서 몸을 관찰하며

하여 들숨과 날숨이라는 몸이 계속해서 움직인다. 몸 등의 현상을 일어나는 현상이라 한다. 이런 현상들을 보면서 '혹은 몸에서 일어나는 현상을 관찰하며 머문다.'라고 설하셨다."(*Ibid*)

524) "혹은 사라지는 현상을 관찰하며라는 것은 마치 자루를 치워버리거나 풀무의 튜브가 부서지거나 적절한 노력이 없으면 그 바람은 생기지 않듯이 몸이 무너지고 콧구멍이 부서지거나 마음이 소멸하면 들숨과 날숨이라는 몸은 생기지 않는다. 그러므로 몸 등이 소멸할 때 들숨과 날숨도 소멸한다고 보면서 '혹은 몸에서 사라지는 현상을 관찰하며 머문다.'라고 설하셨다."(*Ibid*)

525) "혹은 일어나기도 하고 사라지기도 하는 현상을 관찰하며라는 것은 때로는 일어남을, 때로는 사라짐을 관찰하며라는 말이다."(*Ibid*)

526) "'몸이 있구나.'라고(atthi kāyo ti vā pan' assa)하는 것은 '다만 몸이 있을 뿐이고 중생도 없고 인간도 없고 여자도 없고 남자도 없고 자아도 없고 자아에 속하는 것도 없고 나도 없고 내 것도 없고 어느 누구도 없고 누구의 것도 없다.'라고 하는 것이다. 이와 같이 그는 마음챙김을 확립한다."(*Ibid*)

527) "~때까지(yāvad eva)라는 것은 목적을 한정하여 설명하는 것이다. 이것은 이런 말이다. 이 마음챙김을 확립하는 것은 다른 것을 위해서가 아니다. 다만 지혜를 위하여, 계속해서 더 넓고 더 높이 지혜를 키우고 마음챙김을 크게 하기 위해서, 즉 마음챙김과 분명하게 알아차림을 증장하기 위해서라는 뜻이다."(DA.iii.766)

528) "이제 그는 의지하지 않고 머문다(anissito ca viharati)는 것은 갈애와 견해에 의지하던 것을 이제 의지하지 않고서 머문다[는 뜻이다.]"(*Ibid*) 여기서 견해로 옮긴 원어는 diṭṭhi이다. 주석서에서 diṭṭhi가 별다른 설명이 없이 쓰일 때는 대부분 삿된 견해(micchā-diṭṭhi, 邪見)를 뜻한다.

머문다."530)

---

529) "그는 세상에서 아무 것도 움켜쥐지 않는다(na ca kiñci loke upādiyati): 세상에서 물질이나 느낌이나 인식이나 의도들이나 혹은 알음알이를 "이것은 나의 자아라거나 자아에 속하는 것"이라고 움켜쥐지 않는다." (*Ibid*)

530) "그가 이와 같이 공부지을 때 들숨과 날숨을 표상으로 하여 네 가지 禪이 일어난다. 그는 禪으로부터 출정하여 들숨과 날숨이나 혹은 禪의 구성요소들을 파악한다.
　여기서 들숨과 날숨을 닦는 자는 "이 들숨과 날숨은 무엇을 의지하는가? 토대를 의지한다. 토대란 육체(karaja-kāya)이고 육체란 네 가지 근본물질과 파생물질이다."라고 이와 같이 물질(rūpa)을 파악한다. 그 다음에 동일한 대상을 가진 감각접촉(觸)을 다섯 번째로 하는 정신(nāma)을 파악한다.(감각접촉을 다섯 번째로 하는 것에 대해서는 『네 가지 마음챙기는 공부』126쪽 주해를 참조할 것.)
　이와 같이 정신·물질을 파악한 뒤 그것의 조건을 탐구하면서 무명으로 시작하는 연기(緣起)를 본다. "이것은 참으로 조건과 조건 따라 생긴 법일 뿐이지 중생이나 인간이라 할 어떤 것도 없다."라고 의심을 건너서 조건지워진 정신·물질에 대해 [무상·고·무아의] 삼특상을 제기하여 위빳사나를 증장시키면서 순차적으로 아라한과를 얻는다. 이것이 비구가 아라한까지 되는 출구가 된다.
　禪을 닦는 자도 "이 禪의 구성요소들은 무엇을 의지하는가? 토대를 의지한다. 토대란 육체이다. 禪의 구성요소는 정신이고, 육체란 물질이다."라고 정신·물질을 구분한 뒤 그것의 조건을 탐구하면서 무명으로 시작하는 연기(緣起)를 본다. "이것은 참으로 조건과 조건 따라 생긴 법일 뿐이지 중생이나 인간이라 할 어떤 것도 없다."라고 의심을 건너서, 조건지워진 정신·물질에 대해 [무상·고·무아의] 삼특상을 제기하여 위빳사나를 증장시키면서 순차적으로 아라한과를 얻는다. 이것이 비구가 아라한까지 되는 출구가 된다."(DA.iii.764)
　"여기서 들숨과 날숨을 철저하게 파악하는 마음챙김은 괴로움의 진리[苦諦]이다. 그 [마음챙김을] 일어나게 한 이전의 갈애는 일어남의 진리[集諦]이다. 이 둘이 생기지 않음이 소멸의 진리[滅諦]이다. 괴로움을 철저히 알아 일어남을 버리고 소멸을 대상으로 가지는 성스러운 도가 도의 진리[道諦]이다. 이와 같이 네 가지 성스러운 진리로써 노력하여 적멸(nibbuti)을 얻는다. 이것이 들숨과 날숨을 통해서 입문한 비구가 아라한까지

I-2. 네 가지 자세[四威儀]

3. "다시 비구들이여, 비구는 걸어가면서 '걷고 있다.'고 꿰뚫어 알고, 서있으면서 '서있다.'531)고 꿰뚫어 알며, 앉아 있으면서 '앉아 있다.'고 꿰뚫어 알고, 누워있으면서 '누워있다.'고 꿰뚫어 안다.532) 또 그의 몸이 다른 어떤 자세를 취하고 있든 그 자세대로 꿰뚫어 안다.533)

이와 같이 안으로534) 몸에서 몸을 관찰하며[身隨觀] 머문다. … 그

되는 출구가 된다."(DA.iii.766)

531) "'서리라'고 마음이 일어나면 그것은 바람을 생기게 하고 바람은 암시를 생기게 하여 마음의 작용에서 생긴 바람의 요소의 움직임에 의해서 온몸이 아래로부터 곧게 서는 상태를 '서는 것'이라 부른다." 나머지 자세에 대해서도 같은 방법으로 설명한다.(DA.iii.767)

532) "그가 이와 같이 꿰뚫어 알 때 '중생이 가고 중생이 선다고 말하지만 참뜻은 중생이라 할 어떤 이가 가거나 서는 것이 아니다.'라고 일컫게 된다. 이것은 마치 '수레가 가고 수레가 선다.'라고 말하지만 수레라고 이름 붙일 어떤 것이 가거나 서는 것이 아니라 네 마리 소에 멍에를 매어 솜씨 좋은 마부가 몰 때 '수레가 가고 수레가 선다.'라는 단지 일상생활에서 통용되는 언어(vohāra)가 있는 것과 같다. 여기서 몸은 [자신이 가고 서고 앉고 누우면서도 이를] 알지 못하기 때문에 수레에 비유된다. 마음의 작용에서 생긴 바람은 [수레를 끌고 가는] 소에 비유된다. 그리고 마음은 마부에 비유된다."(*Ibid*)

533) "또 그의 몸이 다른 어떤 자세를 취하고 있든 간에 그 자세대로 꿰뚫어 안다는 것은 [몸의 자세를] 모두 포함하는 표현이다. 이것은 이렇게 말씀하신 것이다. 어떤 형태로 몸이 놓여있더라도 각각의 형태대로 그것을 꿰뚫어 알아야 한다. 가는 형태를 통해서 '서 있다가 간다.(thitaṁ gacchati)' 라고 꿰뚫어 알고, 서고 앉고 눕는 형태를 통해서 '서 있다가 눕는다.'라고 꿰뚫어 안다."(DA.iii.768)

534) "이와 같이 안으로: 이와 같이 자신의 네 가지 자세를 파악함으로써 몸에서 몸을 관찰하며 머문다. 혹은 밖으로: 남의 네 가지 자세를 파악함으로

는 세상에서 아무 것도 움켜쥐지 않는다. 비구들이여, 이와 같이 비구는 몸에서 몸을 관찰하며 머문다."

I-3. 분명하게 알아차림

4. "다시 비구들이여, 비구는 나아갈 때도 물러날 때도535) [자신의 거동을] 분명히 알면서[正知]536) 행한다. 앞을 볼 때도 돌아 볼

써 몸에서 몸을 관찰하며 머문다. 혹은 안팎으로: 때로는 자신의, 때로는 남의 네 가지 자세를 파악함으로써 몸에서 몸을 관찰하며 머문다는 말이다."(*Ibid*)

535) "나아갈 때도라는 것은 가는 것이고 물러설 때도라는 것은 되돌아오는 것이다. 이 둘은 네 가지 자세에서 다 얻어진다. 우선 갈 때 앞으로 몸을 옮겨가는 것을 '나아간다(abhikkama)'라고 하며 되돌아오는 것을 '물러선다(paṭikkama)'라고 한다. 서있을 때 서있는 자가 몸을 앞으로 기울이는 것을 '나아간다'고 하며 뒤로 기울이는 것을 '물러선다'고 한다. 앉아있을 때 앉은 자가 자리의 앞부분으로 향하여 움직이는 것을 '나아간다'라고 하며 뒷부분을 향해서 뒤로 움직이는 것을 '물러선다'라고 한다. 누워 있는 경우에도 이 방법이 적용된다."(MA.i.253)

536) 『중부 주석서』는 분명하게 알아차림을 다음의 넷으로 나누어서 아주 길게 설명하고 있다. 상세한 것은 『네 가지 마음챙기는 공부』 136~169쪽을 참조할 것. 아울러 sampajāna는 다른 곳에서는 '알아차림[正知]'이라고 옮겼는데 본경에서는 모두 '분명하게 알아차림'이라고 강조하여 옮기고 있음을 밝힌다.
"분명하게 알아차리면서 행한다는 것은 분명하게 알면서 모든 행위를 하거나 분명하게 아는 것만을 오직 행하는 것을 말한다. 그는 나아가는 것 등에 대해서 분명하게 알아차림을 행하며 어디서든 분명하게 알아차림이 없지 않기 때문이다. 여기서 분명하게 알아차림에는 ⑴ 이익됨을 분명하게 알아차림(sātthaka-sampajañña) ⑵ 적당함을 분명하게 알아차림(sappāya-sampajañña) ⑶ 영역을 분명하게 알아차림(gocara-sampajañña) ⑷ 미혹하지 않음인 분명하게 알아차림(asammoha-sampajañña)의 네 가지 분명하게 알아차림이 있다."(MA.i.253)
복주서에서는 미혹하지 않음인 분명하게 알아차림이란 나아감과 물러감

때도 분명히 알면서 행한다. 구부릴 때도 펼 때도537) 분명히 알면서 행한다. 가사·발우·의복을 지닐 때도 분명히 알면서 행한다. 먹을 때도 마실 때도 씹을 때도 맛볼 때도 분명히 알면서 행한다. 대소변을 볼 때도 분명히 알면서 행한다. 걸으면서·서면서·앉으면서·잠들면서·잠을 깨면서·말하면서·침묵하면서도 분명히 알면서 행한다.

이와 같이 안으로538) 몸에서 몸을 관찰하며[身隨觀] 머문다. … 그는 세상에 대해서 아무 것도 움켜쥐지 않는다. 비구들이여, 이와 같이 비구는 몸에서 몸을 관찰하며 머문다."

I-4. 몸의 32가지 부위에 대한 혐오

5. "다시 비구들이여, 비구는 발바닥에서부터 위로 올라가며 그리고 머리털에서부터 아래로 내려가며 이 몸539)은 살갗으로 둘러

등에 대해서 미혹하지 않는 그 자체가 바로 분명하게 알아차림이라 설명하고 있다.(DAṬ.ii.315)

537) "구부릴 때도 펼 때도(samiñjite pasārite)라는 것은 '관절을 구부리고 펼 때'라는 말이다."(MA.i.264)
물론 이 경우와 다음에 나타나는 모든 경우에 있어서도 위의 네 가지를 다 적용해서 분명하게 알아차려야 한다고 주석서는 길게 설명하고 있다.

538) "이와 같이 안으로라는 것은 이와 같이 네 가지 분명하게 알아차림을 파악하여 자신의 몸에 대해서나 남의 몸에 대해서나 때로는 자신의 몸에 대해서 때로는 남의 몸에 대해서 몸을 관찰하며 머무는 것을 말한다."(MA.i.270)

539) "몸에는: 신체에는. 신체는 오물의 적집이기 때문에 더러운(kucchita) 머리털 등과 눈병 등 백 가지 병의 발생지(āya)이기 때문에 몸(kāya)이라고 한다."(『청정도론』 VIII.46)
'몸에 대한 마음챙김(kāyagata-sati)'은 『청정도론』 VIII.1~144에 아주 상세하게 설명되어 있다. 관심이 있는 분들은 필히 『청정도론』을 정독해 보실 것을 권한다.

싸여 있고 여러 가지 부정(不淨)한 것으로 가득 차 있음을 반조한다. 즉 '이 몸에는 머리털·몸털·손발톱·이빨·살갗·살·힘줄·뼈·골수·콩팥· 염통·간·근막·지라·허파·큰창자·작은창자·위·똥·쓸개즙·가래·고름· 피·땀·굳기름·눈물·[피부의] 기름기·침·콧물·관절활액·오줌 등이 있다.'고.540)

비구들이여, 이는 마치 양쪽에 주둥이가 있는 가마니에 여러 가지 곡물, 즉 밭벼·보리·녹두·완두·참깨·논벼 등이 가득 담겨 있는데 어떤 눈밝은 사람이 그 자루를 풀고 반조하는 것과 같다. '이것은 밭벼, 이것은 보리, 이것은 녹두, 이것은 완두, 이것은 참깨, 이것은 논벼다.'고.541)

비구들이여, 이와 같이 비구는 발바닥에서부터 위로 올라가며 그리고 머리털에서부터 아래로 내려가며 이 몸은 살갗으로 둘러싸여 있고 여러 가지 부정(不淨)한 것으로 가득 차 있음을 반조한다. 즉 '이 몸에는 머리털·몸털·손발톱·이·살갗·살·힘줄·뼈·골수·콩팥·염통·간· 근막·지라·허파·큰창자·작은창자·위·똥·쓸개즙·가래·고름·피·땀·굳기름·눈물·[피부의] 기름기·침·콧물·관절활액·오줌 등이 있다.'고.

이와 같이 안으로 몸에서 몸을 관찰하며[身隨觀] 머문다. … 그는

---

540) 여기서 보듯이 본경과 『중부』 「염처경」에는 뇌(matthaluṅga)를 제외한 31가지 부위만이 언급되고 있다. 그러나 『소부』의 『쿳다까빠타』와 『무애해도』에서는 똥과 쓸개즙 사이에 뇌가 포함된 32가지로 나타난다. 그래서 『청정도론』 VIII. §44에서는 경에서 언급한 골수 안에 뇌가 포함된 것으로 해석하고 있다.

541) "비유를 적용해 보자면 — 사대(四大)로 이루어진 몸은 양쪽에 주둥이가 있는 자루와 같다. 머리털 등의 32가지는 여러 가지 곡식이 섞여서 자루 안에 들어있는 것과 같다. 수행자는 눈 밝은 사람과 같다. 수행자에게 32가지 몸의 부분들이 분명하게 드러나는 때는 자루를 풀어서 여러 가지 곡물들이 그 사람에게 드러나는 때와 같다."(DA.iii.769)

세상에 대해서 아무 것도 움켜쥐지 않는다. 비구들이여, 이와 같이 비구는 몸에서 몸을 관찰하며 머문다."

I-5. 네 가지 근본물질[四大]

6. "다시 비구들이여, 비구는 이 몸을 처해진 대로 놓여진 대로 요소[界]별로 고찰한다.542) '이 몸에는 땅의 요소,543) 물의 요소, 불의 요소, 바람의 요소가 있다.'고.

비구들이여, 마치 솜씨 좋은 백정이나 그 조수가 소를 잡아서 각을 뜬 다음 큰 길 네거리에 이를 벌여놓고 앉아 있는 것과 같다.544) 비

---

542) "요소별로 따로따로 반조할 때 중생이라는 인식은 사라진다. 요소를 의지하여 그의 마음은 안주한다."(DA.iii.770)

543) 사대에 대한 설명은 『청정도론』 XI.33 이하와 『아비담마 길라잡이』 6장 §§2~3에 나타나는 해설들을 참조할 것.

544) "비유의 적용과 더불어 해설을 하면 — 마치 어떤 백정이나 혹은 그의 도제가 소를 잡아 각을 뜬 다음 사방으로 통하는 대로의 중심지라 불리는 큰 길 네거리에 부분씩 나누어 놓고 앉아 있을 것이다. 이와 같이 비구가 이 몸을 처해진 대로 놓여진 대로 — 네 가지 자세[四威儀] 가운데 어떤 하나의 형태로 처해 있고 놓여 있기 때문에 — '이 몸에 땅의 요소가 있고 … 바람의 요소가 있다.'고 반조한다.

무슨 뜻인가? 백정이 소를 키울 때도, 도살장으로 끌고 올 때도, 끌고 온 뒤에 묶어서 둘 때도, 잡을 때도, 잡혀 죽은 것을 볼 때도, 그것을 베어서 부분마다 나누지 않고서는 그에게 '소'라는 인식은 사라지지 않는다. 그러나 뼈로부터 살을 발라내어 앉아있을 때 '소'라는 인식은 사라지고 '고기'라는 인식이 일어난다. 그는 '나는 소를 팔고, 그들은 소를 사가져 간다.'고 생각지 않는다. 오히려 '나는 고기를 팔고, 그들은 고기를 사가져 간다.'고 생각한다. 이와 같이 이 비구가 이전의 재가자이었거나 출가를 하였어도 [명상주제를 들지 않은] 어리석은 범부일 때는 이 몸을 처해진 대로, 놓여진 대로 덩어리를 분해하여 요소별로 따로따로 반조하지 않는 이상 그것에 대해 중생이라거나 사람이라거나 인간이라는 인식이 사라지지 않는다."(DA.iii.770)

구들이여, 이와 같이 비구는 이 몸을 처해진 대로 놓여진 대로 요소[界]별로 고찰한다. '이 몸에는 땅의 요소, 물의 요소, 불의 요소, 바람의 요소가 있다.'고.

이와 같이 안으로 몸에서 몸을 관찰하며[身隨觀] 머문다. … 그는 세상에 대해서 아무 것도 움켜쥐지 않는다. 비구들이여, 이와 같이 비구는 몸에서 몸을 관찰하며 머문다."545)

I-6.~I-14. 아홉 가지 공동묘지의 관찰

7. "다시 비구들이여, ① 비구는 마치 묘지에 버려진 시체가 죽은 지 하루나 이틀 또는 사흘이 지나 부풀고546) 검푸르게 되고547) 문드러지는 것548)을 보게 될 것이다. 그는 바로 자신의 몸을 그에 비

---

545) "그가 이와 같이 노력할 때 머지않아 요소의 분류를 비추는 통찰지를 수반하는 삼매가 일어난다. 그것은 단지 근접삼매이다. 이것은 고유성질을 가진 법을 대상으로 하기 때문에 본삼매에는 이르지 못한다."(『청정도론』 XI.44)

546) "마치 바람이 가득 찬 풀무처럼 생명이 끝난 후부터 서서히 팽창하고 부어서 부풀었기 때문에 부푼 것이다(uddhumāta). 부풂(uddhumātaṁ)이 바로 부푼 것(uddhumātaka)이다. 혹은 부풀음(uddhumāta)은 혐오스러워서 넌더리난다(kucchita). 그러므로 부푼 것(uddhumātaka)이다." (DA.iii.771)

547) "퇴색되어 가는 것이 검푸른 것이다. 검푸름(vinīla)이 바로 검푸른 것(vinīlaka)이다. 혹은 검푸름(vinīla)은 혐오스러워서 넌더리난다. 그러므로 검푸른 것(vinīlaka)이다. 이것은 고깃덩이가 많은 곳은 붉은 색, 고름이 모여 있는 곳은 흰색이다. 그러나 마치 검푸른 곳에 검푸른 천으로 쌓여 있는 것처럼 대부분 검푸른 시체의 동의어이다."(Ibid)

548) "끊어져 나간 곳이나 아홉 구멍으로부터 고름과 함께 흘러내리는 것이 문드러짐이다. 문드러짐(vipubba) 그 자체가 바로 문드러진 것(vipubbaka)이다. 혹은 문드러짐은 혐오스러워서 넌더리난다. 그러므로 문드러진

추어 바라본다.549) '이 몸 또한 그와 같고, 그와 같이 될 것이며, 그에서 벗어나지 못하리라.'고.

이와 같이 안으로 몸에서 몸을 관찰하며[身隨觀] 머문다. … 그는 세상에 대해서 아무 것도 움켜쥐지 않는다. 비구들이여, 이와 같이 비구는 몸에서 몸을 관찰하며 머문다."

8. "다시 비구들이여, ② 비구는 마치 묘지에 버려진 시체를 까마귀 떼가 달려들어 마구 쪼아먹고,550) 솔개 무리가 쪼아먹고, 독수리 떼가 쪼아먹고, 개 떼가 뜯어먹고, 자칼들이 뜯어먹고, 별의 별 벌레들이 다 달려들어 파먹는 것을 보게 될 것이다. 그는 자신의 몸을 그에 비추어 바라본다. '이 몸 또한 그와 같고, 그와 같이 될 것이며, 그에서 벗어나지 못하리라.'고.

이와 같이 안으로 몸에서 몸을 관찰하며[身隨觀] 머문다. … 그는 세상에 대해서 아무 것도 움켜쥐지 않는다. 비구들이여, 이와 같이 비구는 몸에서 몸을 관찰하며 머문다."

것(vipubbaka)이다. 문드러져 버렸고 그런 상태에 이른 것이 문드러져 버린(vipubbakajāta) 것이다."(*Ibid*)

549) "자신의 몸을 그에 비추어 바라본다는 것은 그 비구는 자신의 몸을 저 시체와 더불어 지혜로 비추어 본다, 견주어 본다라는 말이다. 어떻게? '이 몸 또한 그와 같고, 그와 같이 될 것이며, 그에서 벗어나지 못하리라.'고 비추어 바라본다. 이 뜻은 다음과 같다 — 바람, 온기, 알음알이라는 이들 세 가지 현상이 존재하기 때문에 이 몸은 서고 가는 등을 할 수 있다. 이 셋이 없으면 이 몸도 이렇게 썩어가는 성질을 가졌고, 이렇게 부풀어 오르는 상태 등으로 무너질 것이고, 이렇게 부풀어 오르는 상태 등을 벗어나지 않으리라고 [비추어 바라본다]."(DA.iii.771~772)

550) "쪼아먹고(khajjamāna)란 [까마귀나 독수리 등이] 배 등에 앉아서 배의 살점이나 입술의 살점이나 눈 부위 등을 찍어먹는 것이다."(DA.iii.772)

9. "다시 비구들이여, ③ 비구는 마치 묘지에 버려진 시체가 해골이 되어 살과 피가 묻은 채 힘줄에 얽혀 서로 이어져 있는 것을 보게 될 것이다 … ④ 해골이 되어 살은 없고 아직 피는 남아 있는 채로 힘줄에 얽혀 서로 이어져 있는 것을 보게 될 것이다 … ⑤ 해골이 되어 살도 피도 없이 힘줄만 남아 서로 이어져 있는 것을 보게 될 것이다 … ⑥ 백골이 되어 뼈들이 흩어져서 여기에는 손뼈, 저기에는 발뼈, 또 저기에는 정강이뼈, 저기에는 넓적다리뼈, 저기에는 엉덩이뼈, 저기에는 등뼈, 저기에는 갈빗대, 저기에는 가슴뼈, 저기에는 팔뼈, 저기에는 어깨뼈, 저기에는 목뼈, 저기에는 턱뼈, 저기에는 치골, 저기에는 두개골 등이 사방에 널려있는 것을 보게 될 것이다. 그는 자신의 몸을 그에 비추어 바라본다. '이 몸도 또한 그와 같고, 그와 같이 될 것이며, 그에서 벗어나지 못하리라.'고.

이와 같이 안으로 몸에서 몸을 관찰하며[身隨觀] 머문다 … 그는 세상에 대해서 아무 것도 움켜쥐지 않는다. 비구들이여, 이와 같이 비구는 몸에서 몸을 관찰하며 머문다."

10. "다시 비구들이여, ⑦ 비구는 마치 묘지에 버려진 시체가 백골이 되어 뼈가 하얗게 변하여 조개껍질 색깔처럼 된 것을 보게 될 것이다 … ⑧ 백골이 되어 단지 뼈무더기가 되어 있는 것을 보게 될 것이다 … ⑨ 그 백골이 해를 넘기면서[551] 삭아[552] 가루가 된[553]

---

551) "해를 넘기면서(terovassika)란 몇 년이 지난 것이란 말이다."(*Ibid*)
552) "삭아(pūti)라는 것은 노지에 놓여 있어서 바람과 햇볕과 비에 맞아 몇 년이 지나서 삭은 것이다."(*Ibid*)
553) "가루가 된(cuṇṇakajāta)이란 가루가 되어서 흩어져 있는 것이다."(*Ibid*)

것을 보게 될 것이다. 그는 자신의 몸을 그에 비추어 바라본다. '이 몸도 또한 그와 같고, 그와 같이 될 것이며, 그에서 벗어나지 못하리라.'고.554)

이와 같이 안으로 몸에서 몸을 관찰하며[身隨觀] 머문다. 혹은 밖으로 몸에서 몸을 관찰하며 머문다. 혹은 안팎으로 몸에서 몸을 관찰하며 머문다. 혹은 몸에서 일어나는 현상[法]을 관찰하며 머문다. 혹은 몸에서 사라지는 현상을 관찰하며 머문다. 혹은 몸에서 일어나기도 하고 사라지기도 하는 현상을 관찰하며 머문다. 혹은 그는 '몸이 있구나.'라고 마음챙김을 잘 확립하나니 지혜만이 있고 마음챙김만이 현전할 때까지. 이제 그는 [갈애와 견해에] 의지하지 않고 머문다. 그는 세상에 대해서 아무 것도 움켜쥐지 않는다. 비구들이여, 이와 같이 비구는 몸에서 몸을 관찰하며 머문다."

II. 느낌의 관찰[受隨觀]

11. "비구들이여, 어떻게 비구가 느낌에서 느낌을 관찰하며[受隨觀] 머무는가?555) 비구들이여, 여기 비구는 즐거운 느낌556)을 느끼

---

554) 한편 『청정도론』 VI에서는 10가지 부정관을 설하고 있는데 그 열 가지는 다음과 같다. ① 부푼 것 ② 검푸른 것 ③ 문드러진 것 ④ 끊어진 것 ⑤ 뜯어 먹힌 것 ⑥ 흩어진 것 ⑦ 난도질 당하여 뿔뿔이 흩어진 것 ⑧ 피가 흐르는 것 ⑨ 벌레가 버글거리는 것 ⑩ 해골이 된 것이다.

555) "이처럼 세존께서는 물질의 명상주제를 설하신 뒤 이제 정신의 명상주제를 설하시면서 「제석문경」(D21)의 주석에서처럼 느낌으로 정신적인 명상주제를 설하신다. 왜냐하면 감각접촉이나 마음으로 그것을 설하게 되면 [명상주제가] 분명해지지 않는 것이 마치 암흑과도 같기 때문이다. 그러나 느낌들의 일어남은 아주 분명하기 때문에 느낌으로 설하면 [명상주제가] 분명해지기 때문이다. 거기서 '두 가지 명상주제가 있나니 물질적인 명상

면서 '즐거운 느낌을 느낀다.'고 꿰뚫어 안다.557) 괴로운 느낌을 느끼면서 '괴로운 느낌을 느낀다.'고 꿰뚫어 안다. 괴롭지도 즐겁지도 않은 느낌을 느끼면서 '괴롭지도 즐겁지도 않은 느낌을 느낀다.'고 꿰뚫어 안다.

세속적인 즐거운 느낌558)을 느끼면서 '세속적인 즐거운 느낌을 느낀다.'고 꿰뚫어 안다. 비세속적인 즐거운 느낌559)을 … 세속적인 괴로운 느낌560)을 … 비세속적인 괴로운 느낌561)을 … 세속적인 괴롭

주제와 정신적인 명상주제이다.'라는 등의 설명은 「제석문경」에서 주석한 방법대로 알아야 한다."(DA.iii.774)

556) "여기서 즐거운 느낌을(sukhaṁ vedanaṁ)이라는 것은 육체적이거나 정신적인 즐거운 느낌을 느끼면서 '즐거운 느낌을 느낀다.'고 꿰뚫어 안다는 뜻이다."(DA.iii.773)

557) "여기서 '누가 느끼는가?' — 어떤 중생이나 사람이 느끼는 것이 아니다. '느낌은 누구에게 속하는가?' — 느낌은 어떤 중생이나 사람에게 속하는 것이 아니다.
'무슨 작용으로 느끼는가?' — [형상, 소리 등의] 토대(境)를 대상(vatthu-ārammaṇa)으로 하여 느낌이 있다. 그러므로 그는 이와 같이 꿰뚫어 안다. '이런저런 즐거운 토대 등을 대상으로 삼아 오직 느낌이 느낄 뿐이다(vedanāva vedayati). 그런 느낌의 일어남을 가져 나는 느낀다고 하는 단지 일상적인 어법(vohāra)이 있을 뿐이다.'라고, 이와 같이 감각토대를 대상으로 하여 느낌이 느낀다고 숙고하면서 '즐거운 느낌을 느낀다고 꿰뚫어 안다.'고 알아야 한다."(*Ibid*)

558) "세속적인 즐거움(sāmisaṁ sukhaṁ)이라는 것은 세속의 다섯 가닥의 감각적 욕망에 바탕을 둔 여섯 가지 기쁜(somanassa) 느낌이다."(DA.iii.775)

559) "비세속적인 즐거움(nirāmisā sukhā)이란 것은 출가 생활에 바탕을 둔 여섯 가지 기쁜 느낌이다."(*Ibid*)

560) "세속적인 괴로움이란 세속 생활에 바탕을 둔 여섯 가지 고통스런(domanassa) 느낌이다."(*Ibid*)

지도 즐겁지도 않은 느낌562)을 … 비세속적인 괴롭지도 즐겁지도 않은 느낌563)을 느끼면서 '비세속적인 괴롭지도 즐겁지도 않은 느낌을 느낀다.'고 꿰뚫어 안다.

이와 같이 안으로 느낌에서 느낌을 관찰하며[受隨觀] 머문다. 혹은 밖으로 느낌에서 느낌을 관찰하며 머문다. 혹은 안팎으로 느낌에서 느낌을 관찰하며 머문다. 혹은 느낌에서 일어나는 현상[法]을 관찰하며 머문다. 혹은 느낌에서 사라지는 현상을 관찰하며 머문다. 혹은 느낌에서 일어나기도 하고 사라지기도 하는 현상을 관찰하며 머문다. 혹은 그는 '느낌이 있구나.'라고 마음챙김을 잘 확립하나니 지혜만이 있고 마음챙김만이 현전할 때까지. 이제 그는 [갈애와 견해에] 의지하지 않고 머문다. 그는 세상에 대해서 아무 것도 움켜쥐지 않는다. 비구들이여, 이와 같이 비구는 느낌에서 느낌을 관찰하며 머문다."

III. 마음의 관찰[心隨觀]

12. "비구들이여, 어떻게 비구가 마음에서 마음을 관찰하며[心隨觀] 머무는가?564) 비구들이여, 여기 비구는 ① 탐욕이 있는 마음565)

---

561) "비세속적인 괴로움이란 출가 생활에 바탕을 둔 여섯 가지 고통스런 느낌이다."(*Ibid*)

562) "세속적인 괴롭지도 즐겁지도 않음이란 세속 생활에 바탕을 둔 여섯 가지 평온한 느낌이다."(*Ibid*)

563) "비세속적인 괴롭지도 즐겁지도 않음이란 출가 생활에 바탕을 둔 여섯 가지 평온한 느낌이다."(*Ibid*)
이상의 각각에 대해서 『중부』 「육처분별경」 (M137)은 '재가에 의지한 것'과 '출가에 의지한 것'이라는 용어를 사용하여 상세하게 분석하고 있다. 이것은 본서 「제석문경」 (D21) §2.3의 주해들에 인용되어 있으므로 참조할 것.

을 탐욕이 있는 마음이라 꿰뚫어 안다. 탐욕을 여읜 마음을 탐욕이 없는 마음이라 꿰뚫어 안다.

② 성냄이 있는 마음566)을 성냄이 있는 마음이라 꿰뚫어 안다. 성냄을 여읜 마음567)을 성냄이 없는 마음이라 꿰뚫어 안다.

③ 미혹이 있는 마음568)을 미혹이 있는 마음이라 꿰뚫어 안다. 미혹을 여읜 마음569)을 미혹이 없는 마음이라 꿰뚫어 안다.

④ 위축된 마음570)을 위축된 마음이라 꿰뚫어 안다. 산란한 마

---

564) "여기서 [16가지로 마음의 현상을] 명상(sammasana)하는 것은 [이런 마음의 현상들이 무상이고 괴로움이요 무아임을 관찰하기 위한 것이지 구경]법을 요약한 것이 아니기 때문에 어떤 구절에도 출세간 [법]은 적용되지 않는다."(DA.iii.776)

565) "탐욕이 있는 마음(sarāga citta)이란 8가지 탐욕에 뿌리박은 마음이다. 탐욕을 여읜(virāga) 마음이란 세간적인, 유익하거나 판단할 수 없는[無記] 마음이다. 네 가지 해로운 마음들(성냄에 뿌리박은 마음 2가지와 어리석음에 뿌리박은 마음 2가지)은 앞의 [탐욕이 있는 마음이나] 뒤의 [탐욕을 여읜 마음에] 속하지 않는다."(*Ibid*)

566) "성냄이 있는(sadosa) 마음이란 정신적 고통과 함께 한 [성냄에 뿌리박은] 2가지 마음이다."(*Ibid*)

567) "성냄을 여읜(vītadosa) 마음이란 세간적인 유익하거나 판단할 수 없는 [無記] 마음이다. 그리고 나머지 열 가지 해로운 마음들은 앞의 [성냄이 있는 마음이나] 뒤의 [성냄을 여읜 마음에] 속하지 않는다."(*Ibid*)

568) "미혹이 있는(samoha) 마음이란 의심과 함께 한 마음과 들뜸이 함께 한 [어리석음에 뿌리박은] 2가지 마음이다. 미혹은 모든 해로운 마음들에서 일어나기 때문에 나머지 [해로운 법들도] 여기에 해당된다. 이 두 가지에 12가지 해로운 마음들이 모두 포함되기 때문이다."(*Ibid*)

569) "미혹을 여읜(vītamoha) 마음이란 세간적인 유익하거나 판단할 수 없는 [無記] 마음이다."(*Ibid*)

570) "위축된(saṅkhitta) 마음이란 해태와 혼침에 빠진 마음이다. 이것은 움츠러든 마음이기 때문이다."(*Ibid*)

음571)을 산란한 마음이라 꿰뚫어 안다.

⑤ 고귀한 마음572)을 고귀한 마음이라 꿰뚫어 안다. 고귀하지 않은 마음573)을 고귀하지 않은 마음이라 꿰뚫어 안다.

⑥ [아직도] 위가 남아 있는 마음574)을 [아직도] 위가 남아 있는 마음이라 꿰뚫어 안다. [더 이상] 위가 없는[無上心] 마음575)을 [더 이상] 위가 없는 마음이라 꿰뚫어 안다.

⑦ 삼매에 든 마음576)을 삼매에 든 마음이라 꿰뚫어 안다. 삼매에 들지 않은 마음577)을 삼매에 들지 않은 마음이라 꿰뚫어 안다.

⑧ 해탈한 마음578)을 해탈한 마음이라 꿰뚫어 안다. 해탈하지 않은 마음579)을 해탈하지 않은 마음이라 꿰뚫어 안다.

---

571) "산란한(vikkhitta) 마음이란 들뜸과 함께한 마음이다. 이것은 흩어진 마음이기 때문이다."(*Ibid*)

572) "고귀한(mahaggata) 마음이란 색계와 무색계의 마음이다."(*Ibid*)

573) "고귀하지 않은(amahaggata) 마음이란 욕계의 마음이다."(*Ibid*)

574) "[아직도] 위가 남아있는(sauttara) 마음이란 욕계의 마음이다."(*Ibid*)

575) "[더 이상] 위가 없는(anuttara) 마음이란 색계와 무색계의 마음이다. 이 색계와 무색계 마음들 중에서 색계 마음은 아직도 위가 남아있는 마음이고 무색계 마음은 더 이상 위가 없는 마음이다."(*Ibid*)

576) "삼매에 든(samāhita) 마음이란 본삼매나 근접삼매에 든 마음이다." (*Ibid*)

577) "삼매에 들지 않은(asamāhita) 마음이란 [본삼매와 근접삼매] 둘이 없는 마음이다."(*Ibid*)

578) "해탈한(vimutta) 마음이란 반대를 대체함으로 인해 해탈한 마음과 억압으로 인해 해탈한 마음이다."(*Ibid*)

579) "해탈하지 않은(avimutta) 마음이란 이런 두 가지 해탈이 없는 것이다. 근절의 해탈, 편안히 가라앉음의 해탈, 벗어남의 해탈은 여기에 해당되지 않는다."(*Ibid*)

이와 같이 안으로580) 마음에서 마음을 관찰하며[心隨觀] 머문다. 혹은 밖으로 마음에서 마음을 관찰하며 머문다. 혹은 안팎으로 마음에서 마음을 관찰하며 머문다. 혹은 마음에서 일어나는 현상[法]을 관찰하며 머문다. 혹은 마음에서 사라지는 현상을 관찰하며 머문다. 혹은 마음에서 일어나기도 하고 사라지기도 하는 현상을 관찰하며 머문다. 혹은 그는 '마음이 있구나.'라고 마음챙김을 잘 확립하나니 지혜만이 있고 마음챙김만이 현전할 때까지. 이제 그는 [갈애와 견해에] 의지하지 않고 머문다. 그는 세상에 대해서 아무 것도 움켜쥐지 않는다. 비구들이여, 이와 같이 비구는 마음에서 마음을 관찰하며 머문다."

IV. 법의 관찰[法隨觀]

IV-1. 다섯 가지 장애[五蓋]

13. "비구들이여, 어떻게 비구가 법에서 법을 관찰하며[法隨觀]

『청정도론 복주서』(Pm. 401 = 『청정도론』 XIII.12의 주석)에서는 "반대를 대체함에 의한 해탈은 욕계의 유익한 마음을, 억압에 의한 해탈은 고귀한 마음(즉 색계와 무색계의 마음)을, 근절의 해탈은 도의 마음을, 편안히 가라앉음의 해탈은 과의 마음을, 벗어남의 해탈은 열반을 뜻한다."라고 주석하고 있다. 그러므로 여기서는 세간적인 처음의 두 가지 해탈만이 해당된다. 어떤 경우에도 출세간의 마음은 마음에 마음챙기는 공부에 적용되지 않기 때문이다.

580) "이와 같이 안으로라는 것은 이와 같이 탐욕이 있는 마음 등을 파악하여 매 순간마다 어떤 마음이 일어나더라도 그 모두를 주시하고 자신의 마음에 대해서나 남의 마음에 대해서나 때로는 자신의 마음에 대해서 때로는 남의 마음에 대해서 마음을 관찰하며 머무는 것을 말한다."(DA.iii.777)

머무는가?581)

　비구들이여, 여기 비구는 다섯 가지 장애[五蓋]의 법에서 법을 관찰하며 머문다. 비구들이여, 어떻게 비구가 다섯 가지 장애의 법에서 법을 관찰하며 머무는가? 비구들이여, 여기 비구는 자기에게 감각적 욕망582)이 있을 때583) '내게 감각적 욕망이 있다.'고 꿰뚫어 알고584), 감각적 욕망이 없을 때585) '내게 감각적 욕망이 없다.'고 꿰뚫어 안다. 비구는 전에 없던 감각적 욕망이 어떻게 일어나는지 꿰뚫어

---

581) "세존께서는 몸의 관찰로 순수한 물질을 파악하는 것을 설하셨고 느낌과 마음의 관찰로 순수한 정신을 파악하는 것을 설하셨다. 이제 물질과 정신이 혼합된 것을 파악하는 것을 설하시기 위해 '비구들이여, 어떻게'라는 등을 말씀하셨다.
혹은 몸의 관찰로써 물질의 무더기(色蘊)를 파악하는 것을 설하셨고, 느낌의 관찰로써 느낌의 무더기(受蘊)를 파악하는 것을, 마음의 관찰로써 알음알이의 무더기(識蘊)를 파악하는 것을 설하셨으며, 이제 인식의 무더기(想蘊)와 상카라들의 무더기(行蘊)를 파악하는 것을 설하시기 위해서 '비구들이여, 어떻게'라는 등을 말씀하셨다."(*Ibid*)

582) "여기서 아름다운 표상에 대해서 지혜롭지 못한 주의[非如理作意]를 기울이기 때문에 감각적 욕망이 일어난다. 아름다운 표상이란, 아름다움 그 자체도 아름다운 표상이고 아름다운 대상도 아름다운 표상이다.
지혜롭지 못한 주의[非如理作意]란 잘못된 방법(anuāya)으로 주의를 기울이는 것[作意]이고 바른 길을 벗어나서(uppatha) 주의를 기울이는 것이다. 무상한 것에 대해서 항상하다고, 괴로움에 대해서 즐겁다고, 자아가 없는 것에 대해서 자아라고, 부정한 것에 대해서 아름답다고 주의를 기울이는 것이다. 이런 것을 많이 일으키기 때문에 감각적 욕망이 일어난다."(*Ibid*)

583) "있을 때(santaṁ)라는 것은 끊임없이 일어남을 통해서 존재하는 것을 말한다."(*Ibid*)

584) "꿰뚫어 안다는 것은 그 이유를 안다는 말이다."(*Ibid*)

585) "없을 때(asantaṁ)라는 것은 일어나지 않거나 제거되었기 때문에 존재하지 않는 것을 말한다."(*Ibid*)

알고, 일어난 감각적 욕망을 어떻게 제거하는지 꿰뚫어 알며, 어떻게 하면 제거한 감각적 욕망이 앞으로 다시 일어나지 않는지 꿰뚫어 안다.

자기에게 악의586)가 있을 때 '내게 악의가 있다.'고 꿰뚫어 알고, 악의가 없을 때 '내게 악의가 없다.'고 꿰뚫어 안다. 비구는 전에 없던 악의가 어떻게 일어나는지 꿰뚫어 알고, 일어난 악의를 어떻게 제거하는지 꿰뚫어 알며, 어떻게 하면 제거한 악의가 앞으로 다시 일어나지 않는지 꿰뚫어 안다.

자기에게 해태와 혼침587)이 있을 때 '내게 해태와 혼침이 있다.'고

---

586) "적의를 일으키는 표상(paṭigha-nimitta)에 대해서 지혜롭지 못하게 주의를 기울이기 때문에 악의가 일어난다. 여기서 적의(敵意) 그 자체도 적의를 일으키는 표상이고 적의를 일으키는 대상도 적의를 일으키는 표상이다. 지혜롭지 못한 주의란 모든 곳에서 같은 특징을 가진다. 이런 것을 많이 일으키기 때문에 악의가 일어난다. ··· <중략> ···
자애(mettā)를 통한 마음의 해탈[慈心解脫]에 대해서 지혜로운 주의를 기울여서 이것을 제거한다. 여기서 자애란 본삼매와 근접삼매에 다 적용된다. 마음의 해탈[心解脫]은 오직 본삼매이다. 지혜로운 주의[如理作意]는 앞서 설한 특징을 가진다. 이런 것을 많이 일으키기 때문에 악의가 제거된다."(DA.iii.778~79)

587) "나른함 등에 대해서 지혜롭지 못하게 주의를 기울이는 자에게 해태와 혼침이 일어난다. 권태로움은 몸의 게으름을 뜻하고, 하품은 몸의 늘어짐을 뜻하고, 식곤증은 식사 후에 오는 피곤함을 뜻하고, 마음의 가라앉음은 마음의 무기력함을 뜻한다. 이들 나른함 등에 대해서 지혜롭지 못한 주의를 많이 짓기 때문에 해태와 혼침이 일어난다. ··· <중략> ···
[정진을] 시작하는 요소(ārambhadhātu, 發勤界) 등에 대해서 지혜로운 주의를 통해서 해태와 혼침이 제거된다. 여기서 시작하는 요소라는 것은 처음 시작한 정진이다. 벗어나는 요소(nikkama-dhātu, 出離界)라는 것은 게으름에서 빠져나오는 것이기 때문에 그보다 더 강하다. 분발하는 요소(parakkama-dhātu, 勇猛界)라는 것은 더욱더 높은 경지로 나아가기 때문에 그보다 더 강하다. 이런 세 가지 정진들에 지혜로운 주의를 많이 기울이면 해태와 혼침이 제거된다."(DA.iii.780)
해태와 혼침에 대해서는 각각 『아비담마 길라잡이』 2장 §4의 해설 12와

꿰뚫어 알고, 해태와 혼침이 없을 때 '내게 해태와 혼침이 없다.'고 꿰뚫어 안다. 비구는 전에 없던 해태와 혼침이 어떻게 일어나는지 꿰뚫어 알고, 일어난 해태와 혼침을 어떻게 제거하는지 꿰뚫어 알며, 어떻게 하면 제거한 해태와 혼침이 앞으로 다시 일어나지 않는지 꿰뚫어 안다.

자기에게 들뜸과 후회588)가 있을 때 '내게 들뜸과 후회가 있다.'고 꿰뚫어 알고, 들뜸과 후회가 없을 때 '내게 들뜸과 후회가 없다.'고 꿰뚫어 안다. 비구는 전에 없던 들뜸과 후회가 어떻게 일어나는지 꿰뚫어 알고, 일어난 들뜸과 후회를 어떻게 제거하는지 꿰뚫어 알며, 어떻게 하면 제거한 들뜸과 후회가 앞으로 다시 일어나지 않는지 꿰뚫어 안다.

자기에게 회의적 의심589)이 있을 때 '내게 의심이 있다.'고 꿰뚫어

13을 참조할 것.

588) "마음이 고요하지 못한 것에 대해 지혜롭지 못하게 주의를 기울이는 자에게 들뜸과 후회가 일어난다. 고요하지 못함이라는 것은 고요하지 못한 모습인데 뜻으로는 들뜸과 후회이다. 여기에 대해 지혜롭지 못한 주의를 많이 짓기 때문에 들뜸과 후회가 일어난다. … <중략> …
삼매라고 불리는 마음의 고요함에 대해 지혜로운 주의를 통해서 들뜸과 후회를 제거한다."(DA.iii.781)
들뜸과 후회에 대해서는 『아비담마 길라잡이』 2장 §4의 해설 4와 11을 참조할 것.

589) "의심스러운 것들에 대해 지혜롭지 못한 주의를 기울이는 자에게 의심이 일어난다. 의심스러운 것들이라는 것은 계속적으로 의심을 하기 때문에 의심 그 자체이다. 여기에 대해서 지혜롭지 못한 주의를 많이 짓기 때문에 의심이 일어난다. … <중략> …
유익한 법[善法] 등에 대한 지혜로운 주의를 기울여서 의심을 제거한다."(DA.iii.782)
의심에 대해서는 『아비담마 길라잡이』 2장 §4의 해설 14를 참조할 것.

알고, 의심이 없을 때 '내게 의심이 없다.'고 꿰뚫어 안다. 비구는 전에 없던 의심이 어떻게 일어나는지 꿰뚫어 알고, 일어난 의심을 어떻게 제거하는지 꿰뚫어 알며, 어떻게 하면 제거한 의심이 앞으로 다시 일어나지 않는지 꿰뚫어 안다.

이와 같이 안으로 법에서 법을 관찰하며[法隨觀] 머문다. 혹은 밖으로 법에서 법을 관찰하며 머문다. 혹은 안팎으로 법에서 법을 관찰하며 머문다. 혹은 법에서 일어나는 현상[法]을 관찰하며 머문다. 혹은 법에서 사라지는 현상을 관찰하며 머문다. 혹은 법에서 일어나기도 하고 사라지기도 하는 현상을 관찰하며 머문다. 혹은 그는 '법이 있구나.'라고 마음챙김을 잘 확립하나니 지혜만이 있고 마음챙김만이 현전할 때까지. 이제 그는 [갈애와 견해에] 의지하지 않고 머문다. 그는 세상에 대해서 아무 것도 움켜쥐지 않는다. 비구들이여, 이와 같이 비구는 다섯 가지 장애의 법에서 법을 관찰하며 머문다."

IV-2. 다섯 가지 무더기[五蘊]

14. "다시 비구들이여, 여기 비구는 [나 등으로] 취착하는 다섯 가지 무더기[五取蘊]들590)의 법에서 법을 관찰하며[法隨觀] 머문다. 비구들이여, 어떻게 비구가 [나 등으로] 취착하는 다섯 가지 무더기들의 법에서 법을 관찰하며 머무는가? 비구들이여, 여기 비구는 '이것이 물질이다.591) 이것이 물질의 일어남이다.592) 이것이 물질의 사라

---

590) "여기서 취착하는 무더기[五取蘊]들의 법이라는 것에서 취착하는 무더기[取蘊]란 취착의 무더기이다. 즉 취착의 조건인 법들의 더미나 법들의 낱가리라는 의미이다. 여기서 이것은 간략하게 설한 것이다. 무더기[蘊]에 대한 상세한 설명은 『청정도론』(XIV장)에서 설하였다."(DA.iii.783)

591) "'이것이 물질이다(iti rūpaṁ)'라는 것은 이만큼이 물질이고 이것을 넘어

짐이다.593) 이것이 느낌이다. 이것이 느낌의 일어남이다. 이것이 느낌의 사라짐이다. 이것이 인식이다. 이것이 인식의 일어남이다. 이것이 인식의 사라짐이다. 이것이 상카라[行]들이다. 이것이 상카라들의 일어남이다. 이것이 상카라들의 사라짐이다. 이것이 알음알이다. 이것이 알음알이의 일어남이다. 이것이 알음알이의 사라짐이다.'라고 [관찰하며 머문다.]

이와 같이 안으로 법에서 법을 관찰하며[法隨觀] 머문다. … 그는 세상에 대해서 아무 것도 움켜쥐지 않는다. 비구들이여, 이와 같이 비구는 [나 등으로] 취착하는 다섯 가지 무더기들의 법에서 법을 관찰하며 머문다.

IV-3. 여섯 가지 감각장소[六處]

15. "다시 비구들이여, 여기 비구는 여섯 가지 안팎의 감각장소[六內外處]의 법594)에서 법을 관찰하며[法隨觀] 머문다. 비구들이여, 어

서는 물질이 있지 않다라고 고유성질을 통해서 물질을 아는 것을 말한다. 느낌 등에 대해서도 이 방법은 적용된다. 여기서 이것은 간략하게 설명한 것이다. 물질 등에 대한 상세한 설명은 『청정도론』의 「무더기[蘊]의 해설」(XIV장)에서 설하였다."(*Ibid*)

592) "이것이 물질의 일어남이다(iti rūpassa samudayo)라는 것은 이와 같이 무명 등이 일어남으로써 다섯 가지 형태로 물질의 일어남이 있다는 말이다."(*Ibid*)

593) "이것이 물질의 사라짐이다(iti rūpassa atthaṅgamo)라는 것은 이와 같이 무명 등이 소멸함으로써 다섯 가지 형태로 물질의 사라짐이 있다는 말이다. 느낌 등에 대해서도 이 방법은 적용된다. 여기서 이것은 간략하게 설명한 것이다. 상세한 것은 『청정도론』의 「일어나고 사라짐을 관찰하는 지혜의 해설」(XX장 §93 이하)에서 설하였다."(*Ibid*)

594) "여기서 여섯 가지 안팎의 감각장소[六內外處]의 법에서라는 것은 눈·귀·

떻게 비구가 여섯 가지 안팎의 감각장소의 법에서 법을 관찰하며 머무는가? 비구들이여, 여기 비구는 눈을 꿰뚫어 안다.595) 형상을 꿰뚫어 안다.596) 이 둘을 조건으로[緣] 일어난 족쇄도 꿰뚫어 안다.597)

코·허·몸·마노라는 이들 여섯 가지 안의 [감각장소]와 형상·소리·냄새·맛·감촉·법이라는 이들 여섯 가지 밖의 [감각장소]를 말한다."(DA.iii.784)

595) "눈을 꿰뚫어 안다는 것은 눈의 감성을 역할과 특징을 통해서 있는 그대로 꿰뚫어 안다는 말이다."(Ibid)

596) "형상을 꿰뚫어 안다는 것은 [업·마음·온도·음식의] 넷에서 생긴 밖의 물질을 역할과 특징을 통해서 있는 그대로 꿰뚫어 안다는 말이다."(Ibid)

597) "이 둘을 조건으로(緣) 일어난 족쇄도 꿰뚫어 안다는 것은 눈과 형상이라는 이 둘을 반연하여 (1) 감각적 욕망의 족쇄 (2) 적의의 족쇄 (3) 자만의 족쇄 (4) 사견의 족쇄 (5) 의심의 족쇄 (6) 계율과 의식에 대한 집착의 족쇄 (7) 존재에 대한 욕망의 족쇄 (8) 질투의 족쇄 (9) 인색의 족쇄 (10) 무명의 족쇄라는 열 가지 족쇄가 일어나는데 이것을 역할과 특징을 통해서 있는 그대로 꿰뚫어 안다는 말이다.(여기서 설명하는 열 가지 족쇄는 아비담마의 방법에 따른 것이다. 경에서 설하는 족쇄와 아비담마에서 설하는 족쇄는 조금 다르다. 이 둘에 대해서는 『아비담마 길라잡이』 7장 §§10~11을 참조할 것.)
그러면 어떻게 이것이 일어나는가?
(1) 눈의 문의 영역에 나타난 원하는 대상을 감각적 욕망의 달콤함을 통해서 그것을 맛보고 즐길 때 그에게 감각적 욕망의 족쇄가 일어난다. (2) 원하지 않는 대상을 증오할 때 그에게 적의의 족쇄가 일어난다. (3) '나를 제외하고 다른 누가 이 대상을 분별할 수 있단 말인가?'라고 여길 때 그에게 자만의 족쇄가 일어난다. (4) '이 형상은 항상하고 견고하다.'고 움켜쥘 때 그에게 사견의 족쇄가 일어난다. (5) '이 형상이 참으로 중생인가, 아니면 중생의 것인가?'라고 의심할 때 그에게 의심의 족쇄가 일어난다. (6) '이것은 번영하는 존재에서 쉽게 얻어질 것이다.'라고 존재를 원할 때 그에게 존재에 대한 욕망의 족쇄가 일어난다. (7) '미래에도 이런 계율과 의식을 받들어 행할 수가 있기를.'이라고 계율과 의식을 받들 때 그에게 계율과 의식에 대한 집착의 족쇄가 일어난다. (8) '오, 참으로 이 형상을 다른 사람들은 얻지 못하기를.'이라고 시샘할 때 그에게 질투의 족쇄가 일어난다. (9) 자신이 얻은 형상으로 남에게 인색하게 굴 때 그에게 인색의 족쇄가 일어

전에 없던 족쇄가 어떻게 일어나는지 꿰뚫어 알고,598) 일어난 족쇄를 어떻게 제거하는지 꿰뚫어 알며, 어떻게 하면 제거한 족쇄가 앞으로 다시 일어나지 않는지 꿰뚫어 안다.599)

귀를 꿰뚫어 안다. 소리를 꿰뚫어 안다. … 코를 꿰뚫어 안다. 냄새를 꿰뚫어 안다. … 혀를 꿰뚫어 안다. 맛을 꿰뚫어 안다. … 몸을 꿰뚫어 안다. 감촉을 꿰뚫어 안다. … 마노를 꿰뚫어 안다. 법을 꿰뚫어 안다. 이 둘을 조건으로 일어난 족쇄도 꿰뚫어 안다. 전에 없던 족쇄가 어떻게 일어나는지 꿰뚫어 알고, 일어난 족쇄를 어떻게 제거하는지 꿰뚫어 알며, 어떻게 하면 제거한 족쇄가 앞으로 다시 일어나지 않는지 꿰뚫어 안다.

이와 같이 안으로 법에서 법을 관찰하며[法隨觀] 머문다 …600) 그는 세상에 대해서 아무 것도 움켜쥐지 않는다. 비구들이여, 이와 같

난다. ⑽ 이 모든 것과 함께 생긴 무지함을 통해서 무명의 족쇄가 일어난다."(*Ibid*)

598) "전에 없던 족쇄가 어떻게 일어나는지 꿰뚫어 알고라는 것은 전에 일어나지 않았던 열 가지 족쇄가 어떻게 일어나는지 그 이유를 안다는 말이다."(*Ibid*)

599) "그러면 무슨 이유로 미래에 다시 일어나지 않는가? 사견·의심·계율과 의식에 대한 집착·질투·인색이라는 이 다섯 가지 족쇄는 예류도를 [얻음에] 의해서 미래에 다시 일어나지 않는다. 감각적 욕망과 적의의 두 가지 거친 족쇄는 일래도에 의해서, 미세한 것은 불환도에 의해서, 자만과 존재에 대한 욕망과 무명의 세 가지 족쇄는 아라한도에 의해서 미래에 다시 일어나지 않는다."(DA.iii.785)

600) "여기서 일어나는 현상[法]을 관찰하며라는 것은 무명이 일어남으로 해서 눈이 일어난다는 등 물질의 감각장소는 물질의 무더기[色蘊]에서, 그리고 정신의 감각장소들 가운데서 마노의 감각장소는 알음알이의 무더기[識蘊]에서, 법(法)의 감각장소는 나머지 무더기들[受蘊·想蘊·行蘊]에서 설한 방법대로 알아야 한다. 여기서 출세간의 법들은 취해서는 안된다."(*Ibid*)

이 비구는 여섯 가지 안팎의 감각장소의 법에서 법을 관찰하며 머문다."

IV-4. 일곱 가지 깨달음의 구성요소[七覺支]

16. "다시 비구들이여, 비구는 일곱 가지 깨달음의 구성요소[七覺支]들의 법에서 법을 관찰하며 머문다. 비구들이여, 어떻게 비구가 일곱 가지 깨달음의 구성요소들의 법에서 법을 관찰하며 머무는가? 비구들이여, 여기 비구는 자기에게 마음챙김의 깨달음의 구성요소[念覺支]601)가 있을 때 '내게 마음챙김의 깨달음의 구성요소가 있다.'고 꿰뚫어 알고, 마음챙김의 깨달음의 구성요소가 없을 때602) '내게 마음챙김의 깨달음의 구성요소가 없다.'고 꿰뚫어 안다. 비구는 전에 없던 마음챙김의 깨달음의 구성요소가 어떻게 일어나는지 꿰뚫어 알고, 일어난 마음챙김의 깨달음의 구성요소를 어떻게 닦아서 성취하는지 꿰뚫어 안다.603)

---

601) "마음챙김의 깨달음의 구성요소[念覺支]라는 것은 마음챙김이라 부르는 깨달음의 구성요소이다.
여기서 위빳사나를 시작하는 그때부터 수행자는 깨달음을 얻게 되므로 깨달음(sambodhi)이라 한다. 혹은 그는 마음챙김 등의 일곱 가지 법들의 조화(sāmaggi) 때문에 깨닫고, 오염원의 졸림에서 깨어나거나 [네 가지] 진리를 통찰한다. 그러므로 그 법의 조화로움이 깨달음(sambodhi)이다. 그런 깨달음의 구성요소(tassa sambodhissa tassā vā sambodhiyā aṅgaṁ)라고 해서 깨달음의 구성요소(sambojjhaṅgaṁ, 覺支)라고 한다. 그래서 마음챙김이라 부르는 깨달음의 구성요소라고 한 것이다. 나머지 깨달음의 구성요소들에 대해서도 이 방법으로 단어의 뜻을 알아야 한다."(DA.iii.785~86)

602) "없을 때(asantaṁ)라는 것은 얻지 못했기 때문에 존재하지 않는 것을 말한다."(DA.iii.786)

자기에게 법을 간택하는 깨달음의 구성요소[擇法覺支]가 있을 때 … 정진의 깨달음의 구성요소[精進覺支]가 있을 때 … 희열의 깨달음의 구성요소[喜覺支]가 있을 때 … 편안함의 깨달음의 구성요소[輕安覺支]가 있을 때 … 삼매의 깨달음의 구성요소[定覺支]가 있을 때 … 평온의 깨달음의 구성요소[捨覺支]가 있을 때 '내게 평온의 깨달음의 구성요소가 있다.'고 꿰뚫어 알고, 평온의 깨달음의 구성요소가 없을 때 '내게 평온의 깨달음의 구성요소가 없다.'고 꿰뚫어 안다. 비구는 전에 없던 평온의 깨달음의 구성요소가 어떻게 일어나는지 꿰뚫어 알고, 일어난 평온의 깨달음의 구성요소를 어떻게 닦아서 성취하는지 꿰뚫어 안다.

이와 같이 안으로 법에서 법을 관찰하며[法隨觀] 머문다. … 그는 세상에 대해서 아무 것도 움켜쥐지 않는다. 비구들이여, 이와 같이 비구는 일곱 가지 깨달음의 구성요소들의 법에서 법을 관찰하며 머문다."

IV-5. 네 가지 성스러운 진리[四聖諦]

17. "다시 비구들이여, 여기 비구는 네 가지 성스러운 진리[四聖諦]의 법에서 법을 관찰하며[法隨觀] 머문다. 비구들이여, 어떻게 비구가 네 가지 성스러운 진리의 법에서 법을 관찰하며 머무는가? 여기 비구는 '이것이 괴로움이다.'라고 있는 그대로 꿰뚫어 안다.604) '이것

---

603) 이하 일곱 가지 깨달음의 구성요소[七覺支]에 대한 자세한 설명은 『네 가지 마음챙기는 공부』 236~258쪽을 참조할 것.

604) "여기서 '이것이 괴로움이다.'라고 있는 그대로 꿰뚫어 안다는 것은 갈애를 제외하고 삼계에 있는 모든 것들에 대해 '이것은 괴로움이다.'라고 고유성질에 따라서 꿰뚫어 안다는 뜻이다."(DA.iii.797) 갈애는 괴로움의 원인

이 괴로움의 일어남이다.'라고 있는 그대로 꿰뚫어 안다. '이것이 괴로움의 소멸이다.'라고 있는 그대로 꿰뚫어 안다. '이것이 괴로움의 소멸로 인도하는 도닦음이다.'라고 있는 그대로 꿰뚫어 안다."605)

IV-5-1. 괴로움의 성스러운 진리[苦聖諦]606)

18. "비구들이여, 그러면 무엇이 괴로움인가? 태어남도 괴로움이다. 늙음도 괴로움이다. 병도 괴로움이다.607) 죽음도 괴로움이다.

[集]이기 때문에 제외한다.

605) "이런 괴로움을 생기게 하고 일어나게 하는 이전의 갈애를 이것은 괴로움의 일어남이다라고 꿰뚫어 알고, 이 둘이 일어나지 않는 열반을 이것은 괴로움의 소멸이다라고 꿰뚫어 알며, 괴로움을 철저하게 알고 일어남을 제거하고 소멸을 실현하는 성스러운 도를 이것은 괴로움의 소멸로 인도하는 도닦음이다라고 고유성질에 따라서 꿰뚫어 안다는 뜻이다. 태어남(生) 등의 단어를 분석하여 설명하는 것을 제외한 성스러운 진리의 설명은 『청정도론』 XVI장에서 상세하게 다루어졌다."(*Ibid*)

606) 미얀마본과 태국본에 의하면 『장부』 「대념처경」(D22)과 『중부』 「염처경」(M10)은 글자 한 자 다르지 않을 정도로 꼭 같다. 그러나 스리랑카본을 저본으로 삼은 PTS본에는 이 둘이 다르다. 그 다른 부분은 사제(四諦)의 구분을 상세하게 나열하는 바로 이 부분이다. 『중부』에는 사제를 상세하게 구분하는 이 부분이 나타나지 않는다. 그런데 『장부 주석서』의 「대념처경 주석」에 나타나는 고·집·멸·도 각각에 대한 상세한 주석은 『중부 주석서』의 「염처경 주석」에는 나타나지 않는다. 이런 사실을 미루어 볼 때 PTS본이 정확하다고 할 수 있다.

607) PTS본에는 '병도 괴로움이다.'에 해당하는 원문 vyādhi pi dukkhā가 [ ] 안에 넣어져서 편집되어 있다. 그리고 주에서 미얀마 본에는 이것이 없다고 설명하고 있다. 이 정형구가 나타나는 다른 경들에서도 어떤 곳에는 있는 것으로 나타나고 어떤 곳에서는 생략되기도 하여서 경이나 판본마다 일관성이 없다.
본경의 아랫부분에서도 유독 병에 대한 부연 설명만이 나타나지 않고 『청정도론』과 주석서들에서도 '병도 괴로움이다.'에 대한 설명은 전혀 없다.

근심·탄식·육체적 고통·정신적 고통·절망도 괴로움이다. 원하는 것을 얻지 못하는 것도 괴로움이다. 요컨대 [나 등으로] 취착하는 다섯 가지 무더기[五取蘊]들 자체가 괴로움이다.

비구들이여, 그러면 어떤 것이 태어남인가? 이런저런 중생들의 무리로부터 이런저런 중생들의 태어남, 출생, 도래함, 생김, 탄생, 오온의 나타남,608) 감각장소[處]를 획득함 — 비구들이여, 이를 일러 태어남이라 한다.

비구들이여, 그러면 어떤 것이 늙음인가? 이런저런 중생들의 무리 가운데서 이런저런 중생들의 늙음,609) 노쇠함, 부서진 [이빨], 희어진 [머리털], 주름진 피부, 수명의 감소, 감각기능[根]의 허약함 — 이를 일러 늙음이라 한다.

그러므로 vyādhi pi dukkhā가 없는 것이 더 고층 본이 아닌가 여겨진다. 사실 바로 다음에 언급되는 '근심·탄식·육체적 고통·정신적 고통·절망도 괴로움이다.'에서 육체적 고통은 육체적인 병을, 근심, 탄식 등은 정신적인 병을 나타내기 때문에 '병도 괴로움이다.'라는 구절이 없어도 병은 당연히 괴로움 속에 포함된다. 그리고 생·노·병·사·애별리고·원증회고·구부득고·오음성고로 우리에게 8품로 알려진 정형구는 『상응부』「초전법륜경」(S.v.421)에 나타난다.

608) "오온의 나타남이란 것은 궁극적 의미(paramattha, 구경법)로 설한 것이다. 하나의 구성성분을 가진 것 등에서 하나(색)와 넷(수·상·행·식)과 다섯(색·수·상·행·식)의 구성성분으로 나누어지는 무더기(蘊)들이 나타난 것이지 사람이 [태어난 것이] 아니다. 그러나 이것이 있을 때 '인간이 생겨났다.'라는 단지 일상생활에서 통용되는 언어(vohāra)가 있는 것이다." (DA.iii.798)

609) "늙음(jarā)이란 고유성질을 설명한 것이다. 노쇠함(jīraṇatā)이란 형태의 성질을 설명한 것이다. 부서짐(khaṇḍicca) 등은 변화를 설명한 것이다. 젊은 시절에 이빨은 희다. 그것이 나이가 들면서 점점 색깔도 변하고 여기저기가 빠진다. 이제 빠지고 남아있는 것에 비해 부서진 이빨을 '부서진 것'이라 한다."(*Ibid*)

비구들이여, 그러면 어떤 것이 죽음인가? 이런저런 중생들의 무리로부터 이런저런 중생들의 종말,610) 제거됨, 부서짐, 사라짐, 사망, 죽음, 서거, 오온의 부서짐,611) 시체를 안치함, 생명기능[命根]의 끊어짐612) — 이를 일러 죽음이라 한다.

비구들이여, 그러면 어떤 것이 근심인가? 비구들이여, 이런저런 불행을 만나고 이런저런 괴로운 현상에 맞닿은 사람의 근심, 근심함, 근심스러움, 내면의 근심, 내면의 슬픔613) — 이를 일러 근심이라

---

610) "여기서 종말(cuti)이라는 것은 고유성질에 따른 설명이다. 제거됨(cavanatā)이란 것은 형태의 성질에 따른 설명이다. 죽음에 이른 무더기(蘊)들이 부서지고 사라지고 보이지 않게 되기 때문에 부서짐(bheda), 사라짐(antaradhāna)이라고 부른다. 사망과 죽음(maccu-maraṇaṁ)이란 것은 찰나적인 죽음(khaṇika-maraṇa, 刹那死)이 아니다. 서거(kālakiriya)라는 것은 죽어서 없어지는 것이다. 이 모든 것은 인습적 의미로서 설한 것이다."(*Ibid*)

611) "오온의 부서짐(khandhānaṁ bhedo)이란 것은 '궁극적 의미에서 설한 것이다. 하나의 구성성분을 가진 것 등에서 하나와 넷과 다섯의 구성성분으로 나누어지는 무더기(蘊)들이 부서진 것이지 사람이 [죽은 것이] 아니다. 그러나 이것이 있을 때 '인간이 죽었다.'는 단지 일상생활에서 통용되는 언어가 있는 것이다."(DA.iii.798~99)

612) "생명기능(命根)의 끊어짐(jīvitindriyassa upacchedo)은 모든 측면에서 궁극적 의미의 죽음이다. 아울러 이것은 인습적 의미로서의 죽음이라고도 불린다. 왜냐하면 생명기능의 끊어짐을 두고 세상에서는 '띗사가 죽었다. 풋사가 죽었다.'고 말하기 때문이다."(DA.iii.799)

613) "불행(byasana)이란 친척의 불행 등 이런저런 불행을 말한다. 괴로운 현상(dukkha-dhamma)이란 죽이고 묶는 등의 괴로움을 주는 것이다. 맞닿은(phuṭṭhassa)이란 퍼진, 압도된이란 말이다. 근심(soko)이란 친척의 불행 등에 대해 혹은 죽이고 묶는 등에 대해 혹은 그 밖의 다른 것이 있을 때 그것에 압도된 자에게 일어나는 것이다. 근심함의 특징을 가진 것이 '근심(soko)'이다. 근심스러움(socitatta)이란 근심하는 상태이다. 그런데 이것은 내부에서 마르게 하고 말라붙게 하면서 일어나기 때문에 내면의

한다.

비구들이여, 그러면 어떤 것이 탄식인가? 비구들이여, 이런저런 불행을 만나고 이런저런 괴로운 법에 맞닿은 사람의 한탄, 비탄,614) 한탄함, 비탄함, 한탄스러움, 비탄스러움 — 이를 일러 탄식이라 한다.

비구들이여, 그러면 어떤 것이 육체적 고통인가? 비구들이여, 몸의 고통, 몸의 불편함, 몸에 맞닿아 생긴 고통스럽고 불편한 느낌615) — 이를 일러 육체적 고통이라 한다.

비구들이여, 그러면 어떤 것이 정신적616) 고통인가? 비구들이여, 정신적인 불편함, 마음에 맞닿아 생긴 고통스럽고 불편한 느낌 — 이를 일러 정신적 고통이라 한다.

비구들이여, 그러면 어떤 것이 절망인가? 비구들이여, 이런저런 불행을 만나고 이런저런 괴로운 법에 맞닿은 사람의 실망, 절망, 실망함, 절망함617) — 이를 일러 절망이라 한다.

근심(antosoko), 내면의 슬픔(anto-parisoko)이라 부른다."(*Ibid*)

614) "내 딸이나 내 아들이라고 일일이 지목하면서(ādissa ādissa) 한탄하고(devanti) 비탄한다라고 해서 한탄(ādevo)이다. 그런 것을 목청껏 소리지르면서(parikittetvā) 한탄한다(devanti)고 해서 비탄(parideva)이다. 그 다음의 둘은 이것의 상태를 설명한 것이다."(*Ibid*)

615) "몸의(kāyikaṁ)라는 것은 몸의 감성의 토대를 말한다. 괴롭다는 뜻에서 고통(dukkhaṁ)이고, 불편함(asātaṁ)이란 달콤하지 않음이다. 몸에 맞닿아 생긴 고통이란 몸에 맞닿음으로써 생긴 고통이다. 불편한 느낌이란 달콤하지 않은 느낌이다."(*Ibid*)

616) "정신적인(cetasikaṁ)이란 마음과 관계된 것이란 말이다. 나머지는 육체적 고통에서 설한 것과 같은 방법이다."(*Ibid*)

617) "실망(āyāso)이란 가라앉고 흩어지는 형태를 얻은 마음의 피곤함이다. 강한 실망이 절망(upāyāso)이다. 그 다음의 둘은 자신과 자신에 속하는 상

비구들이여, 그러면 어떤 것이 원하는 것을 얻지 못하는 괴로움인가? 비구들이여, 태어나기 마련인618) 중생들에게 이런 바람이 일어난다.619) '오, 참으로 우리에게 태어나는 법이 있지 않기를! 참으로 그 태어남이 우리에게 오지 않기를!'이라고. 그러나 이것은 원한다 해서 얻어지지 않는다.620) 원하는 것621)을 얻지 못하는 이것도 괴로움이다. 비구들이여, 늙기 마련인 중생들에게 … 병들기 마련인 중생들에게 … 죽기 마련인 중생들에게 … 근심·탄식·육체적 고통·정신적 고통·절망을 하기 마련인 중생들에게 이런 바람이 일어난다. '오, 참으로 우리에게 근심·탄식·육체적 고통·정신적 고통·절망하는 법이 있지 않기를! 참으로 그 근심·탄식·육체적 고통·정신적 고통·절망이 우리에게 오지 않기를!'이라고. 그러나 이것은 원한다 해서 얻어지지 않는다. 원하는 것을 얻지 못하는 이것도 역시 괴로움이다.

비구들이여, 그러면 요컨대 [나 등으로] 취착하는 다섯 가지 무더기들[五取蘊] 자체가 괴로움이라는 것은 어떤 것인가? 그것은 [나 등으로] 취착하는 물질의 무더기[色取蘊],622) [나 등으로] 취착하는 느

태를 밝히는 것을 설명하는 것이다."(*Ibid*)

618) "태어나기 마련인(jātidhammānaṁ)이라는 것은 태어남의 고유성질을 말한다."(*Ibid*)

619) "바람이 일어난다(icchā uppajjati)라는 것은 갈애가 일어난다는 말이다."(*Ibid*)

620) "그러나 이것은 원한다 해서 얻어지지 않는다라는 것은 이러한 태어남이 다시 오지 않는 것은 도를 닦지 않고서는 원한다고 해서 얻어지지 않는다는 뜻이다."(*Ibid*)

621) "원하는 것(yaṁ picchaṁ)이란 원하지만 어떤 법으로도 그것을 얻지 못하는 그 얻을 수 없는 대상을 뜻하며 그런 것을 바라는 것은 괴로움이다. 이 방법은 모든 곳에서 다 적용된다."(*Ibid*)

낌의 무더기[受取蘊], [나 등으로] 취착하는 인식의 무더기[想取蘊], [나 등으로] 취착하는 상카라들의 무더기[行取蘊], [나 등으로] 취착하는 알음알이의 무더기[識取蘊]이다. 비구들이여, 요컨대 이 취착하는 다섯 가지 무더기들 자체가 괴로움이다. 비구들이여, 이를 일러 괴로움의 성스러운 진리라 한다."

IV-5-2. 괴로움의 일어남의 성스러운 진리[集聖諦]

19. "비구들이여, 그러면 무엇이 괴로움의 일어남의 성스러운 진리[苦集聖諦]인가? 그것은 갈애이니, 다시 태어남을 가져오고623) 환희와 탐욕이 함께 하며624) 여기저기서 즐기는 것625)이다. 즉626) 감각적 욕망에 대한 갈애[慾愛],627) 존재에 대한 갈애[有愛],628) 존재

---

622) "물질과 그것을 취착하는 무더기라고 해서 [나 등으로] 취착하는 물질의 무더기[色取蘊]라고 한다. 이것은 모든 곳에 적용된다."(*Ibid*)
여기서 '나 등으로'라는 것은 경에서 오온을 두고 '나'라거나 '내 것'이라고 하는 표현(M28; M109 등)을 살려서 오취온의 의미를 보다 분명하게 드러내기 위해서 역자가 임의로 넣은 것이다.

623) "다시 태어남을 가져오고(ponobbhavikā)라는 단어는 다음과 같이 설명된다 — '다시 태어남을 만든다.'는 뜻이 '뿌놉바와(punobbhava)'이고, '습관적으로 다시 태어남을 만드는 것'이 '뽀놉바위까(ponobbhavikā)'이다."(DA.iii.799)

624) "환희와 탐욕이 함께 하며라는 것은 [갈애가] 환희와 탐욕과 뜻으로는 하나라는 뜻이다."(*Ibid*)

625) "여기저기서 즐기는 것(tatratatra-abhinandini)이란 어느 곳에서 몸을 받더라도 즐거워한다는 뜻이다."(DA.iii.800)

626) "즉(seyyathidaṁ)이란 부사로서 '어떤 것이 그것인가라고 만약 한다면'이란 뜻이다."(*Ibid*)

627) "감각적 욕망에 대한 갈애(kāma-taṇhā, 慾愛)란 다섯 가닥의 감각적 욕

하지 않는 것에 대한 갈애[無有愛]629)가 그것이다.

다시 비구들이여, 이런 갈애는 어디서 일어나서 어디서 자리 잡는가?630) 세상에서 즐겁고 기분 좋은 것631)이 있으면 거기서 이 갈애는 일어나서 거기서 자리 잡는다. 그러면 세상에서 어떤 것이 즐겁고 기분 좋은 것인가? 눈은 세상에서 즐겁고 기분 좋은 것이다. 귀는632)

망에 대한 탐욕의 동의어이다."(*Ibid*)

628) "존재에 대한 갈애(bhava-taṇhā, 有愛)란 존재를 열망함에 의해서 생긴 상견(常見, sassata-diṭṭhi)이 함께 하는 색계와 무색계의 존재에 대한 탐욕과 禪을 갈망하는 것의 동의어이다."(*Ibid*)

629) "존재하지 않는 것에 대한 갈애(vibhava-taṇhā, 無有愛)라는 것은 단견(斷見, uccheda-diṭṭhi)이 함께 하는 탐욕의 동의어이다."(*Ibid*)

630) "자리 잡는다(nivisati)는 것은 계속해서 일어나서 확립된다는 뜻이다."(*Ibid*)

631) "세상에서 사랑스럽고 기분 좋은 것(yaṁ loke piyarūpaṁ sātarūpaṁ)이라는 것은 세상에서 사랑스러운 고유성질과 달콤한 고유성질을 말한다."(*Ibid*)

632) "눈은 세상에서(cakkhu loke)라는 등에서, 세상에서 눈 등에 대해서 내 것이라는 생각에 빠진 중생들은 존재의 성취를 얻고서는 자기의 눈이 거울의 표면 등에서 영상을 취하는 것으로써 다섯 가지의 맑고 투명한 색깔(pasāda)의 황금으로 된 천상의 궁전에서 보배로 만든 열려있는 사자의 우리처럼 여긴다.(복주서에서는 이 다섯 가지 색깔을 푸른색, 노란색, 빨간색, 검은색, 흰색이라고 설명한다. - DAṬ.ii.430)
귀를 은으로 만든 대롱처럼 여기고 보석으로 만든 일련의 귀걸이처럼 여긴다. 오뚝한 코라는 표현을 가진 코를 가지고 둥그렇게 만들어 놓아둔 노란 야자수의 원형처럼 여긴다. 혀를 붉은 담요의 표면처럼 부드럽고 기름지고 달콤한 맛을 가진 것으로 여긴다. 몸을 살라 나무처럼, 황금으로 만든 현관처럼 여긴다. 마음을 다른 사람들의 마음과는 달리 너그러운 것으로 여긴다.
형상을 금화나 꽃 등의 색깔처럼 여기고, 소리를 가릉빈가 새나 뻐꾸기가 천천히 불어서 보배로 만든 대롱에서 울리는 소리처럼 여기고, 냄새도, 맛도, 감촉도, [마노의 대상인] 법(法)도, '다른 어느 누구에게 이런 것이 있

… 코는 … 혀는 … 몸은 … 마노는 세상에서 즐겁고 기분 좋은 것이다. 여기서 이 갈애는 일어나서 여기서 자리 잡는다. 형상은 … 소리는 … 냄새는 … 맛은 … 감촉은 … [마노의 대상인] 법[法]은 세상에서 즐겁고 기분 좋은 것이다. 여기서 이 갈애는 일어나서 여기서 자리 잡는다. 눈의 알음알이는 … 귀의 알음알이는 … 코의 알음알이는 … 혀의 알음알이는 … 몸의 알음알이는 … 마노의 알음알이는 세상에서 즐겁고 기분 좋은 것이다. 여기서 이 갈애는 일어나서 여기서 자리 잡는다.633)

눈의 감각접촉[觸]은 … 귀의 감각접촉은 … 코의 감각접촉은 … 혀의 감각접촉은 … 몸의 감각접촉은 … 마노의 감각접촉은 세상에서 즐겁고 기분 좋은 것이다. 여기서 이 갈애는 일어나서 여기서 자리 잡는다. 눈의 감각접촉에서 생긴 느낌은 … 귀의 감각접촉에서 생긴 느낌은 … 코의 감각접촉에서 생긴 느낌은 … 혀의 감각접촉에서 생긴 느낌은 … 몸의 감각접촉에서 생긴 느낌은 … 마노의 감각접촉에서 생긴 느낌은 세상에서 즐겁고 기분 좋은 것이다. 여기서 이 갈애는 일어나서 여기서 자리 잡는다. 형색에 대한 인식은 … 소리에 대한 인식은 … 냄새에 대한 인식은 … 맛에 대한 인식은 … 감촉에 대한 인식은 … 법에 대한 인식은 세상에서 즐겁고 기분 좋은 것이다. 여기서 이 갈애는 일어나서 여기서 자리 잡는다.

형색에 대한 의도는 … 소리에 대한 의도는 … 냄새에 대한 의도

을쏘냐.'라고 생각한다."(*Ibid*)

633) "그들이 이와 같이 생각할 때 그 눈 등은 사랑스러운 형상과 기분 좋은 형상이 된다. 여기서 이들이 일어날 때 갈애가 일어난다. 일단 일어난 갈애는 계속해서 일어남으로써 자리 잡는다. 그러므로 세존께서는 '눈은 세상에서 사랑스럽고 기분 좋은 것이다. 여기서 이 갈애가 일어나서 여기서 자리 잡는다.'라는 등으로 말씀하셨다."(*Ibid*)

는 … 맛에 대한 의도는 … 감촉에 대한 의도는 … 법에 대한 의도는 세상에서 즐겁고 기분 좋은 것이다. 여기서 이 갈애는 일어나고 여기서 자리 잡는다. 형색에 대한 갈애는 … 소리에 대한 갈애는 … 냄새에 대한 갈애는 … 맛에 대한 갈애는 … 감촉에 대한 갈애는 … 법에 대한 갈애는 세상에서 즐겁고 기분 좋은 것이다. 여기서 이 갈애는 일어나고 여기서 자리 잡는다. 형색에 대한 일으킨 생각[尋]은 … 소리에 대한 일으킨 생각은 … 냄새에 대한 일으킨 생각은 … 맛에 대한 일으킨 생각은 … 감촉에 대한 일으킨 생각은 … 법에 대한 일으킨 생각은 세상에서 즐겁고 기분 좋은 것이다. 여기서 이 갈애는 일어나고 여기서 자리 잡는다. 형색에 대한 지속적인 고찰[伺]은 … 소리에 대한 지속적인 고찰은 … 냄새에 대한 지속적인 고찰은 … 맛에 대한 지속적인 고찰은 … 감촉에 대한 지속적인 고찰은 … 법에 대한 지속적인 고찰은 세상에서 즐겁고 기분 좋은 것이다. 여기서 이 갈애는 일어나고 여기서 자리 잡는다. 비구들이여, 이를 일러 괴로움의 일어남의 성스러운 진리라 한다."

IV-5-3. 괴로움의 소멸의 성스러운 진리[滅聖諦]

20. "비구들이여, 그러면 무엇이 괴로움의 소멸의 성스러운 진리[苦滅聖諦]인가? 갈애가 남김없이 빛바래어 소멸함,634) 버림, 놓아버림, 벗어남, 집착 없음이다.635) 비구들이여, 이를 일러 괴로움의 소

---

634) "남김없이 빛바래어 소멸함(asesa-virāga-nirodho)이라는 등은 모두 열반의 동의어들이다. 열반을 얻으면 갈애는 남김없이 빛바래고 소멸하기 때문이다. 그러므로 갈애가 남김없이 빛바래어 소멸함이라고 설하셨다. 열반을 얻으면 갈애가 떨어지고 놓아지고 풀어지지 달라붙지 않는다. 그러므로 열반은 버림, 놓아버림, 벗어남, 해탈, 집착 없음이라 불린다."(DA. iii.800~801)

멸의 성스러운 진리라 한다.

다시 비구들이여, 그런 이 갈애는 어디서 없어지고 어디서 소멸되는가? 세상에서 즐겁고 기분 좋은 것이 있으면 거기서 이 갈애는 없어지고 거기서 소멸된다.636) 그러면 세상에서 어떤 것이 즐겁고 기분 좋은 것인가? 눈은 세상에서 즐겁고 기분 좋은 것이다. 귀는 …

---

635) "열반은 하나이지만 그 이름은 모든 형성된 것들의 이름과 반대되는 측면에서 여러 가지이다. 즉 남김없이 빛바램, 남김없이 소멸함, 버림, 놓아버림, 벗어남, 해탈, 집착 없음, 탐욕의 소멸, 성냄의 소멸, 어리석음의 소멸, 갈애의 소멸, 취착 없음, 생기지 않음, 표상 없음, 원함 없음, 업의 축적이 없음, 재생연결이 없음, 다시 태어나지 않음, 태어날 곳이 없음, 태어나지 않음, 늙지 않음, 병들지 않음, 죽지 않음, 슬픔 없음, 비탄 없음, 절망 없음, 오염되지 않음이다."(DA.iii.801)

636) "이제 도(道, magga)를 통해서 자른 뒤 열반을 얻어 갈애가 일어나지 않음에 이르렀지만 [앞에서] 각각의 대상들에서 갈애가 일어난 것을 보이셨고 이제 바로 그 각각의 대상들에서 갈애가 없어짐을 보이시기 위해서 '그런 이 갈애는'이라는 등을 말씀하셨다.
어떤 사람이 밭에서 생긴 쓴 호리병박 줄기를 보고 끝에서부터 시작해 뿌리를 찾아서 끊어버리면 그것은 점점 시들어져 없어지게 될 것이다. 그러면 그 밭에는 쓴 호리병박이 소멸되어 없어졌다고 한다. 그와 같이 눈 등에 대한 갈애는 밭에 있는 쓴 호리병박과 같다. 그것은 성스러운 도에 의해서 뿌리가 잘려 열반을 얻어 생겨나지 않음(不生, appavatti)을 얻는다. 이와 같이 되었을 때 갈애는 그 대상들에 대해 마치 밭에서 뿌리가 끊긴 쓴 호리병박처럼 알려지지 않는다.
마치 밀림에 있는 도적을 데려와 도시의 남쪽 문에서 사형에 처하면 그 다음부터는 밀림에 있는 도적이 죽었다거나 피살당했다라고 하는 것과 같다. 그와 같이 눈 등에 대한 갈애는 밀림에 있는 도적과 같다. 그것은 남쪽 문에서 사형당한 도적처럼 열반을 얻은 뒤 그쳤기 때문에 열반에서 소멸하였다. 이와 같이 소멸되었기 때문에 갈애는 밀림에 있는 도적이 [피살당한 것처럼] 이들 대상에서 알려지지 않는다.
그래서 여기서 갈애의 소멸을 보이시면서 눈은 세상에서 즐겁고 기분 좋은 것이다. 여기서 이 갈애는 없어지고 여기서 소멸된다라는 등을 말씀하셨다."(Ibid)

여기서 이 갈애는 없어지고 여기서 소멸된다. 형상은 … 소리는 … 냄새는 … 맛은 … 감촉은 … [마노의 대상인] 법은 세상에서 즐겁고 기분 좋은 것이다. 여기서 이 갈애는 없어지고 여기서 소멸된다. 눈의 알음알이는 … 귀의 알음알이는 … 코의 알음알이는 … 혀의 알음알이는 … 몸의 알음알이는 … 마노의 알음알이는 세상에서 즐겁고 기분 좋은 것이다. 여기서 이 갈애는 없어지고 여기서 소멸된다.

눈의 감각접촉은 … 귀의 감각접촉은 … 코의 감각접촉은 … 혀의 감각접촉은 … 몸의 감각접촉은 … 마노의 감각접촉은 세상에서 즐겁고 기분 좋은 것이다. 여기서 이 갈애는 없어지고 여기서 소멸된다. 눈의 감각접촉에서 생긴 느낌은 … 귀의 감각접촉에서 생긴 느낌은 … 코의 감각접촉에서 생긴 느낌은 … 혀의 감각접촉에서 생긴 느낌은 … 몸의 감각접촉에서 생긴 느낌은 … 마노의 감각접촉에서 생긴 느낌은 세상에서 즐겁고 기분 좋은 것이다. 여기서 이 갈애는 없어지고 여기서 소멸된다. 형색에 대한 인식은 … 소리에 대한 인식은 … 냄새에 대한 인식은 … 맛에 대한 인식은 … 감촉에 대한 인식은 … 법에 대한 인식은 세상에서 즐겁고 기분 좋은 것이다. 여기서 이 갈애는 없어지고 여기서 소멸된다.

형색에 대한 의도는 … 소리에 대한 의도는 … 냄새에 대한 의도는 … 맛에 대한 의도는 … 감촉에 대한 의도는 … 법에 대한 의도는 세상에서 즐겁고 기분 좋은 것이다. 여기서 이 갈애는 없어지고 여기서 소멸된다. 형색에 대한 갈애는 … 소리에 대한 갈애는 … 냄새에 대한 갈애는 … 맛에 대한 갈애는 … 감촉에 대한 갈애는 … 법에 대한 갈애는 세상에서 즐겁고 기분 좋은 것이다. 여기서 이 갈애는 없어지고 여기서 소멸된다. 형색에 대한 일으킨 생각은 … 소리에 대한 일으킨 생각은 … 냄새에 대한 일으킨 생각은 … 맛에 대한 일으킨 생각은 … 감촉에 대한 일으킨 생각은 … 법에 대한 일으킨 생각은 세상에서 즐겁고 기분 좋은 것이다. 여기서 이 갈애는 없어지고 여기서 소멸된다. 형색에 대한 지속적인 고찰은 … 소리에 대한 지속적인 고찰은 … 냄새에 대한 지속적인 고찰은 … 맛에 대한 지속적인 고찰은 … 감촉에 대한 지속적인 고찰은 … 법에 대한 지속적인 고찰은 세상에서 즐겁고 기분 좋은 것이다. 여기서 이 갈애는 없어지고 여기서 소멸된다. 비구들이여, 이를 일러 괴로움의 일어남의 성스러운 진리라 한다."

IV-5-4. 도닦음의 성스러운 진리[道聖諦]

21. "비구들이여, 그러면 무엇이 괴로움의 소멸로 인도하는 도닦음의 성스러운637) 진리[苦滅道聖諦]인가? 그것은 바로 여덟 가지 구성요소를 가진 성스러운 도[八支聖道]이니, 즉 바른 견해[正見], 바른 사유[正思惟], 바른 말[正語], 바른 행위[正業], 바른 생계[正命], 바른 정진[正精進], 바른 마음챙김[正念], 바른 삼매[正定]이다.

비구들이여, 그러면 무엇이 바른 견해[正見]인가? 비구들이여, 괴로움에 대한 지혜,638) 괴로움의 일어남에 대한 지혜, 괴로움의 소멸에 대한 지혜, 괴로움의 소멸로 인도하는 도닦음에 대한 지혜 — 이를 일러 바른 견해라 한다.639)

---

637) "성스러운(ariyo)이라는 것은 도에 의해서 파괴되어야 할 오염원들을 멀리 여의어 성스러운 상태가 되었으므로 성스럽다고 한다."(*Ibid*)

638) "괴로움에 대한 지혜(dukkhe ñāṇaṁ)라는 등으로 네 가지 진리의 명상주제를 보이셨다. 여기서 처음의 두 가지 진리(고와 집)는 윤회하는 것(vaṭṭa)이고 나중의 둘(멸과 도)은 윤회에서 물러나는 것(vivaṭṭa)이다. 이들 가운데서 비구가 윤회하는 것을 명상주제로 하여 명상하면 윤회에서 물러나는 것에 대해서는 명상하지 못한다."(*Ibid*)

비구들이여, 그러면 무엇이 바른 사유[正思惟]인가? 비구들이여, 출리(出離)에 대한 사유, 악의 없음에 대한 사유, 해코지 않음[不害]에 대한 사유 — 이를 일러 바른 사유라 한다.640)

비구들이여, 그러면 무엇이 바른 말[正語]인가? 비구들이여, 거짓말을 삼가고 중상모략을 삼가고 욕설을 삼가고 잡담을 삼가는 것 — 이를 일러 바른 말이라 한다.641)

---

639) "여기서 [괴로움과 일어남의] 두 가지 진리는 보기 어렵기 때문에 심오하고, [소멸과 도의] 두 가지는 심오하기 때문에 보기 어렵다. 괴로움의 진리는 일어날 때 분명하다. 막대기나 가시 등으로 때릴 때 '아, 괴롭다.'라는 말이 절로 나온다. 일어남의 진리는 먹고 싶어함 등을 통해서 일어날 때 분명하다. 그러나 특징을 통찰하는 것으로는 이 둘은 모두 심오하다. 이처럼 이 둘은 보기 어렵기 때문에 심오하다. 나머지 둘을 보기 위해 노력하는 것은 마치 우주의 꼭대기를 거머쥐려고 손을 펴는 것과 같고, 무간지옥에 닿으려고 발을 뻗는 것과 같고, 일곱 가닥으로 쪼갠 머리털 끝을 떼어내려는 것과 같다. 이처럼 이 둘은 심오하기 때문에 보기 어렵다.
이와 같이 보기 어렵기 때문에 심오하고, 심오하기 때문에 보기 어려운 네 가지 진리들에 대해서 공부짓는 등을 통해서 처음 단계의 지혜가 일어남을 두고 괴로움에 대한 지혜(dukkhe ñāṇaṁ) 등으로 설하셨다. [그러나] 통찰하는 순간에는 그 지혜는 오직 하나이다."(DA.iii.802)

640) "출리에 대한 사유 등은 감각적 욕망과 악의와 해코지를 삼가는 인식들의 다양함 때문에 처음에는 여럿이다. 그렇지만 도의 순간에는 이들 세 경우에 대해서 일어난 해로운 사유의 다리를 잘라버리기 때문에 이들은 더 이상 일어나지 않게 된다. 이렇게 도의 구성요소를 완성할 때에는 오직 하나의 유익한 사유가 일어난다. 이것을 바른 사유(正思惟, sammā-saṅkappo)라 한다."(*Ibid*)

641) "거짓말을 금하는 것 등도 거짓말 등을 삼가는 인식들의 다양함 때문에 처음에는 여럿이지만 도의 순간에는 이 네 경우에 대해서 일어난 해롭고 나쁜 행실을 가진 의도의 다리를 잘라버리기 때문에 이들은 더 이상 일어나지 않게 된다. 이처럼 도의 구성요소를 완성할 때는 오직 하나의 유익한 절제가 일어난다. 이것을 바른 말(正語, sammā-vācā)이라 한다."(*Ibid*)
절제는 주석서와 아비담마에서부터 쓰이는 전문술어로서 팔정도 가운데서 바른 말[正語], 바른 행위[正業] 바른 생계[正命]의 셋을 지칭한다. 자 비구들이여, 그러면 무엇이 바른 행위[正業]인가? 비구들이여, 살생을 삼가고 도둑질을 삼가고 삿된 음행을 삼가는 것 — 이를 일러 바른 행위라 한다.642)

비구들이여, 그러면 무엇이 바른 생계[正命]인가? 비구들이여, 성스러운 제자는 삿된 생계를 제거하고 바른 생계로 생명을 영위한다. — 비구들이여, 이를 일러 바른 생계라 한다.643)

비구들이여, 그러면 무엇이 바른 정진[正精進]인가? 비구들이여, 여기 비구는 아직 일어나지 않은644) 사악하고 해로운 법[不善法]들을

세한 것은 『아비담마 길라잡이』 2장 §6을 참조할 것.

642) "산 목숨을 죽이는 것을 금하는 것 등도 산 목숨을 죽이는 것 등을 삼가는 인식들의 다양함 때문에 처음에는 여럿이지만 도의 순간에는 이 세 경우에 대해서 일어난 해롭고 나쁜 행실을 가진 의도의 다리를 잘라버리기 때문에 이들은 더 이상 일어나지 않게 된다. 이처럼 도의 구성요소를 완성할 때에는 오직 하나의 유익한 절제가 일어난다. 이것을 바른 행위(正業, sammākammanto)라 한다."(DA.iii.803)

643) "삿된 생계(micchā-ājīvaṁ)란 먹는 것 등을 위해 일어난 몸과 말의 나쁜 행실이다. 제거하고(pahāya)라는 것은 없애고라는 말이다. 바른 생계로(sammā-ājīvena)라는 것은 부처님께서 칭송하신 생계를 통해서라는 말이다. 생명을 영위한다(jīvitaṁ kappeti)라는 것은 생명의 지속을 유지한다는 말이다.
바른 생계는 음모 등을 삼가는 인식들의 다양함 때문에 처음에는 여럿이지만 도의 순간에는 이 일곱 경우에 대해서 일어난 삿된 생계라는 나쁜 행실을 가진 의도의 다리를 잘라버리기 때문에 더 이상 일어나지 않게 된다. 이처럼 도의 구성요소를 완성할 때에는 오직 하나의 유익한 절제가 일어난다. 이것을 바른 생계(正命, sammā-ājīva)라 한다."(Ibid)

644) "아직 일어나지 않은(anuppannānaṁ)이라는 것은 '하나의 존재에 대해서나 그와 같은 대상에 대해서 아직 자신에게 일어나지 않은'이란 말이다. 남에게 일어나는 것을 보고서 '오, 참으로 나에게는 이런 사악하고 해로운 법들이 일어나지 않기를'이라고 이와 같이 아직 일어나지 않은 사악한 해로운 법들을 일어나지 않게 하기 위해서 [의욕을 생기게 한다.]"(Ibid)

일어나지 못하게 하기 위해서 의욕을 생기게 하고645) 정진하고 힘을 내고 마음을 다잡고 애를 쓴다.646) 이미 일어난647) 사악하고 해로운 법들을 제거하기 위하여 의욕을 생기게 하고 정진하고 힘을 내고 마음을 다잡고 애를 쓴다. 아직 일어나지 않은 유익한648) 법[善法]들을 일어나도록 하기 위해서 의욕을 생기게 하고 정진하고 힘을 내고 마음을 다잡고 애를 쓴다. 이미 일어난649) 유익한 법들을 지속시키고650) 사라지지 않게 하고 증장시키고 충만하게 하고 개발하기 위해서 의욕을 생기게 하고 정진하고 힘을 내고 마음을 다잡고 애를 쓴다. 비구들이여, 이를 일러 바른 정진이라 한다.651)

비구들이여, 그러면 무엇이 바른 마음챙김[正念]인가? 비구들이여,

---

645) "의욕을 생기게 하고(chandaṁ janeti)라는 것은 그들을 일어나지 않도록 하는 도닦음을 성취하는 정진의 의욕을 생기게 한다는 말이다."(*Ibid*)

646) "애를 쓴다(padahati)라는 것은 '피부와 힘줄과 뼈만 남은들 무슨 상관이랴.'라고 생각하면서 노력하는 것이다."(*Ibid*)

647) "이미 일어난(uppannānaṁ)이란 습관적으로 자신에게 이미 일어난 것이다. 이제 이런 것들을 일어나게 하지 않으리라고 생각하면서 이들을 버리기 위해서 의욕을 생기게 한다."(*Ibid*)

648) "아직 일어나지 않은 유익한(anuppannānaṁ kusalānaṁ)이란 것은 아직 얻지 못한 초선(初禪) 등을 말한다."(*Ibid*)

649) "이미 일어난이란 것은 이들을 이미 얻은 것이다."(*Ibid*)

650) "지속시키고(ṭhitiyā)라는 것은 계속해서 일어나도록 하여 머물게 하기 위해서라는 뜻이다."(*Ibid*)

651) "이 바른 정진도 아직 일어나지 않은 해로움을 일어나지 않도록 하는 마음 등의 다양함 때문에 처음에는 여럿이지만 도의 순간에는 이 네 경우에 대한 역할을 성취하여 도의 구성요소를 완성하면서 오직 하나의 유익한 정진이 일어난다. 이것을 바른 정진(正精進, sammā-vāyāmo)이라 한다."(*Ibid*)

여기 비구는 몸에서 몸을 관찰하며[身隨觀] 머문다. 세상에 대한 욕심과 싫어하는 마음을 버리면서 근면하게, 분명히 알아차리고 마음챙기며 머문다. 느낌들에서 … 마음에서 … 법에서 법을 관찰하며[法隨觀] 머문다. 세상에 대한 욕심과 싫어하는 마음을 버리면서 근면하게, 분명히 알아차리고 마음챙기며 머문다. 비구들이여, 이를 일러 바른 마음챙김이라 한다.652)

비구들이여, 그러면 무엇이 바른 삼매[正定]인가? 비구들이여, 여기 비구는 감각적 욕망을 완전히 떨쳐버리고 해로운 법[不善法]들을 떨쳐버린 뒤, 일으킨 생각[尋]과 지속적인 고찰[伺]이 있고 떨쳐버렸음에서 생겼고, 희열[喜]과 행복[樂]이 있는 초선(初禪)에 들어 머문다.

일으킨 생각과 지속적인 고찰을 가라앉혔기 때문에 [더 이상 존재하지 않으며], 자기 내면의 것이고, 확신이 있으며, 마음의 단일한 상태이고, 일으킨 생각과 지속적인 고찰이 없고, 삼매에서 생긴 희열과 행복이 있는 제2선(二禪)에 들어 머문다.

희열이 빛바랬기 때문에 평온하게 머물고, 마음챙기고 분명하게 알아차리며[正念正知] 몸으로 행복을 경험한다. 이를 두고 성자들이 '평온하게 마음챙기며 행복하게 머문다.'고 묘사하는 제3선(三禪)에 들어 머문다.

행복도 버리고 괴로움도 버리고, 아울러 그 이전에 이미 기쁨과 슬픔을 없앴으므로 괴롭지도 즐겁지도 않으며, 평온으로 인해 마음챙김이 청정한[捨念淸淨] 제4선(四禪)에 들어 머문다.653) 비구들이여, 이

---

652) "바른 마음챙김 역시 몸 등을 파악하는 마음의 다양함 때문에 처음에는 여럿이지만 도의 순간에는 이 네 경우에 대한 역할을 성취하여 도의 구성요소를 완성하면서 오직 하나의 마음챙김이 일어난다. 이것을 바른 마음챙김(正念, sammā-sati)이라 한다."(*Ibid*)

를 일러 바른 삼매라 한다.654)

653) "禪은 예비단계에도 도의 순간에도 여럿이다. 예비단계에는 [禪의] 증득에 따라 여럿이지만 도의 순간에는 여러 가지 도에 따라 여럿이다. 왜냐하면 어떤 자는 첫 번째 도(예류도)를 초선을 통해서 얻거나 혹은 두 번째 도(일래도) 등도 초선을 통해 얻거나 혹은 제2선 등 가운데 어느 한 禪을 통해서 얻기 때문이다. 어떤 자는 첫 번째 도를 제2선 등 가운데 어떤 禪을 통해서 얻기도 하고 두 번째 도 등도 제2선 등 가운데 어떤 선을 통해서 얻기도 하고 초선을 통해서 얻기도 하기 때문이다.
이와 같이 [예류도 등의] 네 가지 도는 禪을 통해서 같기도 하고 다르기도 하며 전적으로 같기도 하다. 이 차이점은 기초가 되는 禪(pādakajjhāna)에 의해서 결정된다.
기초가 되는 禪의 결정에 따라 우선 초선을 얻은 자가 초선에서 출정(出定)하여 위빳사나를 할 때 일어난 도가 초선을 통한 것이다. 도의 구성요소와 깨달음의 구성요소는 여기서 성취된다. 제2선에서 출정하여 위빳사나를 할 때 일어난 도가 제2선을 통해서 얻은 것이다. 그런데 여기서 도의 구성요소는 일곱 가지이다. 제3선에서 출정하여 위빳사나를 할 때 일어난 도가 제3선을 통해서 얻은 것이다. 여기서는 도의 구성요소는 일곱 가지이고 깨달음의 구성요소는 여섯 가지이다. 이 방법은 제4선에서 출정하는 것에서부터 비상비비상처까지 적용된다.
무색계에서는 '사종선(四種禪)'과 '오종선(五種禪)'이 일어난다. 이것은 출세간이지 세간적인 것이 아니라고 설했다. 왜 그런가? 여기서도 초선 등의 어떤 禪에서 출정하여 예류도를 얻고는 무색계 [禪]의 증득을 닦은 뒤 그는 무색계에 태어난다. 그 禪을 가진 자에게 그곳에서 세 가지 도가 일어난다. 이와 같이 기초가 되는 선에 따라 [도가] 결정된다.
그러나 어떤 장로들은 위빳사나의 대상이 되는 무더기[蘊]들이 [도를] 결정한다고 주장하고 어떤 자들은 개인의 성향이 결정한다고 주장하고 어떤 자들은 [도의] 출현으로 인도하는 위빳사나가 결정한다고 주장하기도 한다. 그들의 주장에 대한 판별은 『청정도론』에서 [도의] 출현으로 인도하는 위빳사나의 해설에서 설한 방법대로 알아야 한다."(DA.iii.803~04)
여기에 대해서는 『청정도론』 XXI.83 이하와 『아비담마 길라잡이』 808~809쪽을 참조할 것.

654) "비구들이여, 이를 일러 바른 삼매라 한다는 것은 이것이 예비단계에서는 세간적이고 나중에는 출세간에 속하는 바른 삼매이다라고 설하신 것이다."(DA.iii.804)

이와 같이 안으로 법에서 법을 관찰하며[法隨觀] 머문다. 혹은 밖으로 법에서 법을 관찰하며 머문다. 혹은 안팎으로 법에서 법을 관찰하며 머문다. 혹은 법들에서 일어나는 현상을 관찰하며 머문다. 혹은 법들에서 사라지는 현상을 관찰하며 머문다. 혹은 법들에서 일어나기도 하고 사라지기도 하는 현상을 관찰하며 머문다. 혹은 그는 '법이 있구나.'라고 마음챙김을 잘 확립하나니 지혜만이 있고 마음챙김만이 현전할 때까지. 이제 그는 [갈애와 견해에] 의지하지 않고 머문다. 그는 세상에 대해서 아무 것도 움켜쥐지 않는다. 비구들이여, 이와 같이 비구는 네 가지 성스러운 진리의 법에서 법을 관찰하며 머문다."655)

---

655) "이만큼이 21가지 명상주제이니 즉 ⑴ 들숨날숨 ⑵ 네 가지 자세 ⑶ 네 가지 분명하게 알아차림 ⑷ 32가지 몸의 형태 ⑸ 사대를 분석함 ⑹~⑭ 아홉 가지 공동묘지의 관찰 ⑮ 느낌의 관찰 ⑯ 마음의 관찰 ⑰ 장애(蓋)를 파악함 ⑱ 무더기(蘊)를 파악함 ⑲ 감각장소(處)를 파악함 ⑳ 깨달음의 구성요소(覺支)를 파악함 ㉑ 진리(諦)를 파악함이다.
이들 가운데서 들숨날숨과 32가지 몸의 형태와 아홉 가지 공동묘지의 관찰이라는 11가지는 본삼매에 드는 명상주제이다. 그런데『장부』를 암송하는 마하시와(Mahāsīva) 장로는 9가지 공동묘지의 관찰은 위험함을 관찰하는 것으로 설해졌다고 한다. 그러므로 그의 견해에 따르면 두 가지만이 본삼매에 드는 명상주제이고 나머지는 모두 근접삼매에 드는 명상주제이다.
그러나 '이 모든 명상주제에서 모두 다 천착(穿鑿, abhinivesa)이 생기는가?'라고 만약 묻는다면, 그렇지 않다. 네 가지 자세와 분명하게 알아차림과 다섯 가지 장애[五蓋]와 일곱 가지 깨달음의 구성요소[七覺支]에서는 천착이 생기지 않고 그 나머지 명상주제에서만 생기기 때문이다. 그러나 마하시와 장로는 "이런 명상주제에서도 천착이 생긴다고 말한다. 왜냐하면 나에게 네 가지 자세가 있는가 아니면 없는가, 나에게 네 가지 분명하게 알아차림이 있는가 아니면 없는가, 나에게 다섯 가지 장애가 있는가 아니면 없는가라는 식으로 파악하기 때문이다. 그러므로 모든 곳에서 천착이 생긴다."라고 말했다."(DA.iii.805)

맺는 말

22. "비구들이여, 누구든지656) 이 네 가지 마음챙김의 확립[四念處]을 이와 같이 칠 년을 닦는 사람은 두 가지 결과 중의 하나를 기대할 수 있다.657) 지금여기에서 구경의 지혜658)를 얻거나, 취착의 자취가 남아 있으면659) 다시는 돌아오지 않는 경지[不還果]660)를 기대할 수 있다.661)

비구들이여, 칠 년까진 아니더라도 누구든지 이 네 가지 마음챙김의 확립을 이와 같이 육 년을 닦는 사람은 … 오 년을 … 사 년을 … 삼 년을 … 이 년을 … 일 년까진 아니더라도 누구든지 이 네 가지 마음챙김의 확립을 이와 같이 일곱 달을 닦는 사람은 두 가지 결과 중의 하나를 기대할 수 있다. 지금여기에서 구경의 지혜를 얻거나, 취착의 자취가 남아 있으면 다시는 돌아오지 않는 경지를 기대할 수 있다.

---

656) "비구들이여 누구든지라는 것은 '비구들이여, 어떤 비구든 비구니든 청신사든 청신녀든'이라는 말이다."(*Ibid*)

657) "기대할 수 있다(pāṭikaṅkhaṁ)라는 것은 기대된다, 원하게 된다, 반드시 있게 된다는 뜻이다."(*Ibid*)

658) "구경의 지혜(aññā)란 아라한과이다."(*Ibid*)

659) "취착의 자취가 남아 있으면(sati vā upādisese)이란 것은 취착이 아직 남아있거나 완전히 제거되지 않은 것이다."(*Ibid*)

660) "다시 돌아오지 않는 경지(anāgāmitā)란 불환자(不還者)의 상태이다."(*Ibid*)

661) "이와 같이 칠 년으로써 교법이 출구가 됨을 보이신 뒤 다시 그보다도 더 짧은 시간들을 보이시면서 비구들이여, 칠 년까진 아니더라도라는 등을 말씀하셨다."(*Ibid*)

일곱 달까진 아니더라도 누구든지 여섯 달을 … 다섯 달을 … 넉 달을 … 석 달을 … 두 달을 … 한 달을 … 보름을 … 보름까지는 아니더라도 누구든지 이 네 가지 마음챙김의 확립을 이와 같이 칠 일을 닦는 사람은 두 가지 결과 중의 하나를 기대할 수 있다. 지금여기에서 구경의 지혜를 얻거나, 취착의 자취가 남아 있으면 다시는 돌아오지 않는 경지를 기대할 수 있다.662)

'비구들이여, 이 도는 유일한 길이니, 중생들의 청정을 위하고, 근심과 탄식을 다 건너기 위한 것이며, 육체적 고통과 정신적 고통을 사라지게 하고, 옳은 방법을 터득하고, 열반을 실현하기 위한 것이다. 그것은 바로 네 가지 마음챙김의 확립[四念處]이다.'라고 설한 것은 이것을 반연하여 설하였다."

세존께서는 이와 같이 설하셨다. 비구들은 마음이 흡족해져서 세존의 말씀을 크게 기뻐하였다.

「대념처경」이 끝났다.

---

662) "이것은 모두 제도되어야 할 보통 사람들을 기준으로 설하신 것이다. 예리한 통찰지를 가진 자를 두고는 "저녁에 지도를 받으면 아침에 특별함을 얻게 되고 아침에 지도를 받으면 저녁에 특별함을 얻게 될 것이다."(M85/ii.96)라고 설하셨다. 이것을 통해 세존께서는 "비구들이여, 나의 교법은 이와 같이 종결된다."라고 말씀하시는 것이다."(DA.iii.805~806)

빠야시 경
업과 윤회
Pāyāsi Sutta(D23)

빠야시 경663)

업과 윤회

Pāyāsi Sutta(D23)

---

663) 본경은 꾸마라깟사빠 존자가 빠야시라는 태수에게 한 법문이다. 그래서 경의 제목도 「빠야시 경」이다. 빠야시 태수는 '이런 [이유로] 저 세상이란 존재하지 않는다. 화생하는 중생도 존재하지 않는다. 선행과 악행의 업들에 대한 열매도 과보도 존재하지 않는다.'라는 나쁜 견해를 가지고 있었다 한다. 이런 견해는 본서 제1권 「사문과경」(D2) §23에서 아지따 께사깜발리의 [사후]단멸론(ucchedavāda)으로 정리되어 나타나는데 현대에도 많은 사람들이 가지고 있는 대표적인 유물론적 견해라 하겠다.

본경과 유사한 내용이 자이나 경전에도 언급되고 있다. 자이나의 우빵가 숫따(Uvaṅgasutta)에 포함된 라야빠세나이야(Rāyapaseṇaiya, 빠세나디 꼬살라 왕을 뜻함) 품의 빠에시 까하나감(Paesi-kahāṇagaṁ)이다. 본경의 빠야시 태수는 자이나의 이 자료에서 빠에시 라자(Paesi Rāja) 즉 빠에시 왕으로 언급이 되고 있으며 빠에시는 세야위야(Seyaviya, Sk. Śetavikā)의 왕이라고 언급되고 있는데 (Mahāprajña, 162쪽 이하, 특히 183쪽 이하를 참조할 것) 세야위야는 본경에서 빠야시 태수가 다스리는 세따뱌를 뜻한다. 아르다마가디의 빠에시가 산스끄리뜨 pradeśika(Pāli. padesika)임을 감안한다면 빠에시는 사람이름이라기 보다는 빠에시 라자(Paesi Rāja)가 지역의 왕이나 태수의 직책을 뜻하는 것으로도 볼 수 있다.(BHD s.v. 참조)

본경은 「폐숙경」(弊宿經)으로 한역되어 『장아함』의 일곱 번째 경으로 중국에 전해졌다. 물론 여기서 폐숙(弊宿)은 빠야시의 음역이다.

서언

1. 이와 같이 나는 들었다. 한때 꾸마라깟사빠 존자664)는 500명 정도의 많은 비구 승가와 함께 꼬살라665)를 유행(遊行)하다가 세

---

664) 주석서에 의하면 꾸마라깟사빠(Kumārakassapa) 존자의 어머니는 라자가하 출신이라고 한다. 그녀는 출가하고자 하였으나 부모가 허락하지 않았다. 결혼한 뒤에 남편의 동의를 받아 비구니가 되어 사왓티에 머물렀다. 출가하고 보니 그녀는 임신을 하고 있었고 그래서 승가에서 큰 문제가 되었다. 세존께서는 우빨리 존자에게 사태 해결을 위임하셨고 상세한 조사 끝에 그녀는 결백한 것으로 판명되었으며 우빨리 존자는 세존으로부터 큰 칭찬을 들었다고 한다. 아이가 태어나자 빠세나디 왕이 깟사빠라는 이름을 지어 아이를 키웠으며 일곱 살에 출가하였다고 한다.(DA.iii.808)

한편 주석서에서는 "세존께서 '깟사빠를 불러서 이 과일과 먹을 것을 깟사빠에게 주어라.'고 어떤 깟사빠(katarakassapa)'라거나 '꾸마라깟사빠(어린아이 깟사빠)'라고 이름을 부르셨기 때문에 그때부터 시작해서 커서도 꾸마라깟사빠라고 불리었다."(DA.iii.807)라고 그의 이름을 설명하고 있다. 아무튼 그는 어린 애(kumāra)였을 때 승가에 들어왔고 왕이 키웠기 때문에(kumāra는 왕자 즉 rājakumāra라는 뜻도 됨) 꾸마라깟사빠라는 이름을 가졌다. 세존께서는 그를 다양한 설법을 하는 자(cittakathika)들 가운데 최상이라고 칭송하셨다고 한다.(*Ibid*)

그는『중부』「왐미까 경」(Vammika Sutta, M.i.143*ff.*)을 통해서 아라한이 되었다. 『법구경 주석서』에 의하면 그녀의 어머니는 그에 대한 애정 때문에 12년 간을 울었다고 한다. 어느 날 그녀는 길에서 존자를 만나자 그를 향해서 달려가서 그의 앞에서 넘어졌는데 자식에 대한 큰 애정 때문에 가슴에서 젖이 나와 그녀의 가사를 적셨다고 한다. 깟사빠 존자는 그녀의 이러한 전일(全一)한 애정이 도를 증득할 인연이 됨을 알고 그녀를 심하게 나무랐다고 한다. 아들로부터 크게 경책을 받은 그녀는 바로 그날에 아라한이 되었다고 한다.(DhpA.iii.1 47.)

『천궁사 주석서』에 의하면 본경은 세존께서 입멸하신 뒤에 설해진 것이라고 한다.(VvA.297)

흥미롭게도 앞에서 언급한 자이나 문헌에서도 빠에서 왕과 대론을 한 사문은 께시 꾸마라 사문(Kesī Kumāra-samaṇa)이라고 언급되고 있다.

665) 꼬살라(Kosala)는 본서 제1권「암밧타 경」(D3) §1.1의 주해들을 참조

따비666)라는 꼬살라들의 도시에 도착하였다. 거기서 꾸마라깟사빠 존자는 세따뱌의 북쪽에 있는 심사빠 숲667)에 머물렀다. 그 무렵에 빠야시 태수668)는 세따뱌에 정착해 있었는데, 그곳은 사람들로 붐비고 풀, 나무, 물, 곡식이 풍부하였으며, 꼬살라의 빠세나디 왕이 왕의 하사품이자 거룩한 마음의 표시로 그에게 영지(領地)로 준 곳이었다.

빠야시 태수의 일화

2. 그 무렵에 빠야시 태수에게 '이런 [이유로] 저 세상이란 존재하지 않는다. 화생하는 중생도 존재하지 않는다. 선행과 악행의 업

할 것.

666) 세따뱌(Setavya)는 욱깟타(Ukaṭṭha, D3 §1.1주해 참조)와 가까운 곳에 있었으며 『숫따니빠따』에 의하면 바라문 바와리(Bāvarī)의 16제자들이 세존을 뵙기 위해서 사왓티에서 라자가하로 가는 도중에 첫 번째 쉰 곳으로 나타난다.(Sn.1012) 이 너머로 까삘라왓투(Kapilavatthu)와 꾸시나라(Kusinārā)와 빠와(Pāvā)가 언급되고 있다. 흥미롭게도 앞에서 소개한 자이나 문헌에 나타나는 빠에시 라자(Paesi Rāja)도 세야위야(Seyaviya, Sk. Śvetavikā) 시(nagari)의 왕이었다고 언급하고 있는데 이 세야위야 혹은 슈웨따위까의 빠알리 표기가 세따뱌인 것이 분명한 듯하다. 사실 자이나 문헌에 나타나는 지명은 빠알리 문헌의 지명과 일치하거나 유사한 경우가 대부분이다.

667) 초기경에서는 세 곳의 다른 심사빠 숲(siṁsapa-vana)이 언급되고 있다. 이 곳 세따뱌의 심사빠 숲과 알라위(Āḷavi)에 있는 심사빠 숲(A.i.136.)과 꼬삼비에 있는 심사빠 숲(S.v.437)이다. 부처님께서 심사빠 잎사귀를 손에 들고 내가 설한 가르침은 이 손에 든 잎사귀 정도이고 염오-이욕-소멸-열반에 도움이 되지 않기에 설하지 않은 가르침은 저 심사빠 숲처럼 많다는 유명한 가르침을 설하신 곳은 꼬삼비의 심사빠 숲이다.(S.v.437)

668) '태수'로 옮긴 원어는 rājañña인데 주석서에서 대관식을 거행하지 않은 왕(anabhisittaka-rājā)이라고 설명하고 있다.(DA.iii.808) 그리고 빠세나디 왕이 영지로 준 곳을 다스리므로 태수라고 옮겼다.

들에 대한 열매도 과보도 존재하지 않는다.'669)라는 이러한 사악한 나쁜 견해670)가 생겼다.

세따뱌에 사는 바라문들과 장자들은 들었다. "존자들이여, 사문 꾸마라깟사빠는 사문 고따마의 제자인데 500명 정도의 많은 비구 승가와 함께 꼬살라를 유행하다가 세따뱌라는 꼬살라들의 도시에 도착하여 세따뱌의 북쪽에 있는 심사빠 숲에 머무르고 있습니다. 그분 꾸마라깟사빠 존자에게는 이러한 좋은 명성이 따릅니다. '그는 현명한 분이고 영민한 분이며 슬기로운 분이고 많이 배운 분이며 명료하게 표현하는 분이고 선견지명이 있는 분이며 연세가 드셨고 아라한이다.' 라고. 그러한 아라한을 친견하는 것은 참으로 좋은 일입니다." 그러자 세따뱌의 바라문들과 장자들은 세따뱌로부터 나와 삼삼오오 무리를 지어 북쪽을 향해서 심사빠 숲으로 가고 있었다.

---

669) 이런 견해는 본서 제1권 「사문과경」(D2) §23에서 아지따 께사깜발리의 [사후]단멸론(ucchedavāda)으로 정리되어 나타나므로 참조할 것.
한편 앞서 언급한 자이나 문헌에서 빠에시 왕은 께시 꾸마라 사문에게 영혼(생명)과 몸은 다른가(añño jīvo añño sariiraṁ) 아니면 영혼(생명)과 몸은 같은가(taṁ jīvo taṁ sariiraṁ)를 질문하고 께시 꾸마라 사문은 본경에 나타나는 비유와 흡사한 여러 비유로써 영혼과 몸은 다른 것이지 같은 것이 결코 아님을 믿으라(saddahāhi)고 설명하는 것으로 나타나고 있다. 자이나교는 영혼(생명, 자아)과 몸을 다르게 보는 철저한 이원론에 바탕하고 있다.
그리고 만일 영혼과 몸이 같다고 하면 몸이 죽으면 자아나 영혼도 함께 소멸하고 만다는 유물론이나 사후단멸론이 되어버린다. 영혼(생명)과 몸의 문제에 대해서는 본서 제1권 마할리경(D6) §15 이하와 해당 주해를 참조할 것.

670) 나쁜 견해로 옮긴 원어는 diṭṭhigata인데 복주서는 다음과 같이 설명한다. "여실하지 않게(ayāthāva) 파악하여, 향해야 할 곳(gantabba)이 없기 때문에 단지 견해를 거머쥔 것에 지나지 않나니, 전적으로 그릇된 천착(micchābhinivesa)이란 뜻이다."(DAṬ.ii.444)

3. 그 무렵에 빠야시 태수는 누각 위에서 낮 동안의 휴식을 취하고 있었다. 빠야시 태수는 세따뱌의 바라문들과 장자들이 세따뱌로부터 나와 삼삼오오 무리를 지어 북쪽을 향해서 심사빠 숲으로 가는 것을 보았다. 그것을 보고 집사를 불러서 말했다.

"집사여, 왜 지금 세따뱌의 바라문들과 장자들이 세따뱌로부터 나와 삼삼오오 무리를 지어 북쪽을 향해서 심사빠 숲으로 가고 있는가?"

"존자시여, 사문 꾸마라깟사빠라는 분이 있습니다. 그는 사문 고따마의 제자로서 500명 정도의 큰 무리의 비구 승가와 함께 꼬살라를 유행하다가 세따뱌라는 꼬살라들의 도시에 도착하여 세따뱌의 북쪽에 있는 심사빠 숲에 머무르고 있습니다. 그분 꾸마라깟사빠 존자에게는 이러한 좋은 명성이 따릅니다. '그는 현명한 분이고 영민한 분이며 슬기로운 분이고 많이 배운 분이며 명료하게 표현하는 분이고 선견지명이 있는 분이며 연세가 드셨고 아라한이다.'라고 이들은 그분 꾸마라깟사빠 존자를 친견하기 위해서 가고 있습니다."

그러자 빠야시 태수는 집사를 불러서 말했다.

"집사여, 그렇다면 세따뱌의 바라문들과 장자들에게 가서 이렇게 전하시오. '여보시오, 빠야시 태수가 말씀하시기를 빠야시 태수도 사문 꾸마라깟사빠를 뵙기 위해서 갈 것입니다.'라고. 전에 사문 꾸마라깟사빠는 세따뱌의 어리석고 영민하지 못한 바라문들과 장자들에게 '이런 [이유로] 저 세상이란 존재합니다. 화생하는 중생도 존재합니다. 선행과 악행의 업들에 대한 열매도 과보도 존재합니다.'라고 천명을 하였소. 집사여, 그러나 저 세상도 없고 화생하는 중생도 없고 선행과 악행의 업들에 대한 열매도 과보도 없다오."

"그렇게 하겠습니다, 존자시여."라고 집사는 빠야시 태수에게 대답한 뒤 세따뱌의 바라문들과 장자들에게 가서 이렇게 말했다.

"존자들이여, 빠야시 태수가 말씀하시기를 빠야시 태수도 사문 꾸마라깟사빠를 뵙기 위해서 갈 것이라고 하셨습니다."

4. 그러자 빠야시 태수는 세따뱌의 바라문들과 장자들에 둘러싸여 심사빠 숲으로 꾸마라깟사빠 존자에게 다가갔다. 가서는 꾸마라깟사빠 존자와 함께 환담을 나누었다. 유쾌하고 기억할 만한 이야기로 서로 담소를 나누고 한 곁에 앉았다. 세따뱌의 바라문들과 장자들도 어떤 사람들은 꾸마라깟사빠 존자에게 절을 올리고 한 곁에 앉았다. 어떤 사람들은 꾸마라깟사빠 존자와 함께 환담을 나누고 유쾌하고 기억할 만한 이야기로 서로 담소를 나누고 한 곁에 앉았다. 어떤 사람들은 꾸마라깟사빠 존자에게 합장하여 인사드리고서 한 곁에 앉았다. 어떤 사람들은 꾸마라깟사빠 존자의 앞에서 이름과 성을 고하고 한 곁에 앉았다. 어떤 자들은 조용히 한 곁에 앉았다.

태양과 달의 비유

5. 한 곁에 앉은 빠야시 태수는 꾸마라깟사빠 존자에게 이렇게 말했다.

"깟사빠 존자여, 저는 '이런 [이유로] 저 세상도 없고 화생하는 중생도 없고 선행과 악행의 업들에 대한 열매도 과보도 없다.'라는 이런 주장과 이런 견해를 가지고 있습니다."

"태수여, 나는 일찍이 그런 주장과 그런 견해를 본 적도 없고 들은 적도 없습니다. 어떻게 '이런 [이유로] 저 세상도 없고 화생하는 중생도 없고 선행과 악행의 업들에 대한 열매도 과보도 없다.'라고 주장한단 말입니까?

태수여, 그렇다면 이제 여기에 대해서 내가 그대에게 되물어 보리니 그대가 옳다고 생각하는 대로 설명해 보시오. 태수여, 이를 어떻게 생각합니까? 저 달과 태양은 이 세상에 있습니까, 아니면 저 세상에 있습니까? 그들은 신입니까,671) 아니면 인간입니까?"

"깟사빠 존자여, 저 달과 태양은 저 세상에 있지, 이 세상에 있지 않습니다. 그들은 신이고, 인간이 아닙니다."

"태수여, 이러한 방법으로 '이런 [이유로] 저 세상이란 존재한다. 화생하는 중생도 존재한다. 선행과 악행의 업들에 대한 열매도 과보도 존재한다.'라고 이렇게 말해야 합니다."

6. "깟사빠 존자께서 무어라 말씀하셔도 저는 '이런 [이유로] 저 세상도 없고 화생하는 중생도 없고 선행과 악행의 업들에 대한 열매도 과보도 없다.'라고 생각합니다."

"태수여, 그러면 그대는 '이런 [이유로] 저 세상도 없고 화생하는 중생도 없고 선행과 악행의 업들에 대한 열매도 과보도 없다.'라는 것을 [입증할] 어떤 방법이 있습니까?"

"깟사빠 존자여, 제게는 '이런 [이유로] 저 세상도 없고 화생하는 중생도 없고 선행과 악행의 업들에 대한 열매도 과보도 없다.'라는 것을 [입증할] 어떤 방법이 있습니다."

---

671) 주석서에서는 "「천상의 음식에 대한 본생담」(Sudhābhojanīya Jātaka, Jā.v.382~412)에서 설하신 달에는 짠다(달) 신의 아들(devaputta)이 있고 태양에는 수리야(태양) 신의 아들이 있다고 전승되어 온다."(DA.iii. 809)는 구절을 인용해서 설명하고 있다. 그리고 인도신화에서도 달과 태양은 신으로 언급되고 있다.

"태수여, 그것은 어떤 것과 같습니까?"

"깟사빠 존자여, 여기 제게는 친구·동료와 일가친척들이 있는데 그들은 생명을 죽이고, 주지 않은 것을 가지고, 삿된 음행을 하고, 거짓말을 하고, 중상모략을 하고, 욕설을 하고, 잡담을 하고, 탐욕을 가지고, 악의에 찬 마음을 가지고, 삿된 견해를 가졌습니다. 그들은 나중에 중병에 걸려 아픔과 고통에 시달립니다. 저는 '이제 이들은 이 중병으로부터 일어나지 못하겠구나.'라고 알게 되었을 때 그들에게 다가가서 이렇게 말했습니다.

'존자들이여, 어떤 사문·바라문들은 '생명을 죽이고, 주지 않은 것을 가지고, 삿된 음행을 하고, 거짓말을 하고, 중상모략을 하고, 욕설을 하고, 잡담을 하고, 탐욕을 가지고, 악의에 찬 마음을 가지고, 삿된 견해를 가진672) 자들은 몸이 무너져 죽은 뒤에 비참한 곳, 나쁜 곳[惡處], 파멸처, 지옥에 태어난다.'는 이런 주장과 이런 견해를 가지고 있습니다.

존자들은 참으로 생명을 죽이고, 주지 않은 것을 가지고, 삿된 음행을 하고, 거짓말을 하고, 중상모략을 하고, 욕설을 하고, 잡담을 하고, 탐욕을 가지고, 악의에 찬 마음을 가지고, 삿된 견해를 가졌습니다. 만일 저 사문·바라문 존자님들673)의 말이 사실이라면 존자들은 몸이 무너져 죽은 뒤에 비참한 곳, 나쁜 곳[惡處], 파멸처, 지옥에 태

---

672) 이것은 다른 초기경들과 주석서들에서 열 가지 해로운 업의 길[十不善業道]로 정리되어 나타난다.

673) '존자님들'로 옮긴 원어는 bhavataṁ인데 2인칭 존칭대명사인 bhavant의 소유격 복수형이다. 이를 살려서 '존자들'이라고 옮겼다. 여기서 갑자기 사문·바라문들에게 '존자들'이라는 존칭을 써서 표현하는 것은 그들의 말을 조금 비아냥대는 듯한 반어법적인 어투인 듯하다.(본서 제1권 「범망경」(D1) §1.11의 주해 참조)

어날 것입니다.

존자들이여, 만일 그대들이 몸이 무너져 죽은 뒤에 비참한 곳, 나쁜 곳[惡處], 파멸처, 지옥에 태어나게 되면 나에게 와서 '이런 [이유로] 저 세상이란 존재합니다. 화생하는 중생도 존재합니다. 선행과 악행의 업들에 대한 열매도 과보도 존재합니다.'라고 알려주시오. 존자들은 내가 믿을 만하고 의지할 만한 사람들이니 존자들이 본 것은 내가 직접 본 것과 다름이 없을 것입니다.'라고.

그들은 제게 '좋습니다.'라고 대답하고 [죽었지만] 아직 아무도 와서 알려주지 않았고 전령도 보내지 않았습니다.

깟사빠 존자시여, 이것도 제가 '이런 [이유로] 저 세상도 없고 화생하는 중생도 없고 선행과 악행의 업들에 대한 열매도 과보도 없다.'라는 것을 [입증하는] 방법입니다."

도둑의 비유

7. "태수여, 그렇다면 이제 여기에 대해서 내가 그대에게 되물어 보리니 그대가 옳다고 생각하는 대로 설명해 보시오.

태수여, 이를 어떻게 생각합니까? 여기 그대의 사람들이 범죄를 저지른 도둑을 붙잡아 '존자시여, 이 자는 범죄를 저지른 도둑입니다. 태수님이 원하시는 처벌을 내리십시오.'라고 하면서 대령할 것입니다.

그러면 그대는 이렇게 말할 것입니다.

'여봐라, 그렇다면 이 사람을 단단한 사슬로 손을 뒤로 한 채 꽁꽁 묶어서 머리를 깎고 둔탁한 북소리와 함께 이 골목 저 골목 이 거리 저 거리로 끌고 다니다가 남쪽 문으로 데리고 가서 도시의 남쪽에 있는 사형장에서 머리를 잘라버려라.'라고.

그러면 그들은 '잘 알겠습니다.'라고 대답한 뒤 그 사람을 단단한 사슬로 손을 뒤로 한 채 꽁꽁 묶어서 머리를 깎고 둔탁한 북소리와 함께 이 골목 저 골목 이 거리 저 거리로 끌고 다니다가 남쪽 문으로 데리고 가서 도시의 남쪽에 있는 사형장에 앉힐 것입니다.

거기서 그 도둑이 '사형 집행관님들이시여, 아무개 마을이나 성읍에 저의 친구·동료들과 일가친척들이 있습니다. 제가 그들을 만나고 올 때까지 기다려주십시오.'라고 한다면 사형 집행관들은 그의 청을 들어주겠습니까, 아니면 그 말 많은 자의 목을 베겠습니까?"

"깟사빠 존자시여, 그 도둑이 '사형 집행관님들이시여, 아무개 마을이나 성읍에 저의 친구·동료들과 일가친척들이 있습니다. 제가 그들을 만나고 올 때까지 기다려주십시오.'라고 한다 해서 사형 집행관들은 그의 청을 들어주지 않습니다. 사형 집행관들은 그 말 많은 자의 목을 벨 것입니다."

"태수여, 그 도둑은 인간이면서도 인간인 사형 집행관들로부터 '사형 집행관님들이시여, 아무개 마을이나 성읍에 저의 친구·동료들과 일가친척들이 있습니다. 제가 그들을 만나고 올 때까지 기다려주십시오.'라는 그의 청을 허락받지 못합니다.

그런데 하물며 그대의 친구·동료와 일가친척들은 참으로 생명을 죽이고, 주지 않은 것을 가지고, 삿된 음행을 하고, 거짓말을 하고, 중상모략을 하고, 욕설을 하고, 잡담을 하고, 탐욕을 가지고, 악의에 찬 마음을 가지고, 삿된 견해를 가져서 몸이 무너져 죽은 뒤에 비참한 곳, 나쁜 곳[惡處], 파멸처, 지옥에 태어났습니다.

그런데 어찌 [인간도 아닌] 지옥지기들로부터 '지옥지기님들이시여, 우리가 빠야시 태수님에게 가서 '이런 [이유로] 저 세상이란 존재합니다. 화생하는 중생도 존재합니다. 선행과 악행의 업들에 대한 열매도 과보도 존재합니다.'라고 알려주고 올 때까지 기다려주십시오.'라는 허락을 받을 수 있겠습니까?

태수여, 이러한 방법을 통해서도 '이런 [이유로] 저 세상이란 존재한다. 화생하는 중생도 존재한다. 선행과 악행의 업들에 대한 열매도 과보도 존재한다.'라고 이렇게 말해야 합니다."

8. "깟사빠 존자께서 무어라 말씀하셔도 저는 '이런 [이유로] 저 세상도 없고 화생하는 중생도 없고 선행과 악행의 업들에 대한 열매도 과보도 없다.'라고 생각합니다."

"태수여, 그러면 그대는 '이런 [이유로] 저 세상도 없고 화생하는 중생도 없고 선행과 악행의 업들에 대한 열매도 과보도 없다.'라는 것을 [입증할] 어떤 방법이 있습니까?"

"깟사빠 존자여, 제게는 '이런 [이유로] 저 세상도 없고 화생하는 중생도 없고 선행과 악행의 업들에 대한 열매도 과보도 없다.'라는 것을 [입증할] 어떤 방법이 있습니다."

"태수여, 그것은 어떤 것과 같습니까?"

"깟사빠 존자여, 여기 제게는 친구·동료와 일가친척들이 있는데 그들은 생명을 죽이는 것을 금하고, 주지 않은 것을 가지는 것을 금하고, 삿된 음행을 하는 것을 금하고, 거짓말을 하는 것을 금하고, 중상모략을 하는 것을 금하고, 욕설을 하는 것을 금하고, 잡담을 하는 것을 금하고, 탐욕이 없고, 악의에 찬 마음을 가지지 않고, 바른 견해를 가졌습니다. 그들은 나중에 중병에 걸려 아픔과 고통에 시달립니다. 저는 '이제 이들은 이 중병으로부터 일어나지 못하겠구나.'라고 알게 되었을 때 그들에게 다가가서 이렇게 말했습니다.

'존자들이여, 어떤 사문·바라문들은 '생명을 죽이는 것을 금하고, 주지 않은 것을 가지는 것을 금하고, 삿된 음행을 하는 것을 금하고, 거짓말을 하는 것을 금하고, 중상모략을 하는 것을 금하고, 욕설을 하는 것을 금하고, 잡담을 하는 것을 금하고, 탐욕이 없고, 악의에 찬 마음을 가지지 않고, 바른 견해를 가진674) 자들은 몸이 무너져 죽은 뒤에 좋은 세계[善處], 하늘 세계[天界]에 태어난다.'는 이런 주장과 이런 견해를 가지고 있습니다.

존자들은 참으로 생명을 죽이는 것을 금하고, 주지 않은 것을 가지는 것을 금하고, 삿된 음행을 하는 것을 금하고, 거짓말을 하는 것을 금하고, 중상모략을 하는 것을 금하고, 욕설을 하는 것을 금하고, 잡담을 하는 것을 금하고, 탐욕이 없고, 악의에 찬 마음을 가지지 않고, 바른 견해를 가졌습니다. 만일 저 사문·바라문 존자님들의 말이 사실이라면 존자들은 몸이 무너져 죽은 뒤에 좋은 세계[善處], 하늘 세계[天界]에 태어날 것입니다.

존자들이여, 만일 그대들이 몸이 무너져 죽은 뒤에 좋은 세계[善處], 하늘 세계[天界]에 태어나게 되면 나에게 와서 '이런 [이유로] 저 세상이란 존재합니다. 화생하는 중생도 존재합니다. 선행과 악행의 업들에 대한 열매도 과보도 존재합니다.'라고 알려주시오. 존자들은 내가 믿을 만하고 의지할 만한 사람들이니 존자들이 본 것은 내가 직접 본 것과 다름이 없을 것입니다.'라고.

그들은 제게 '좋습니다.'라고 대답하고 [죽었지만] 아직 아무도 와서 알려주지 않았고 전령도 보내지 않았습니다.

---

674) 이것은 열 가지 유익한 업의 길[十善業道]이다.

깟사빠 존자시여, 이것도 제가 '이런 [이유로] 저 세상도 없고 화생하는 중생도 없고 선행과 악행의 업들에 대한 열매도 과보도 없다.'라는 것을 [입증하는] 방법입니다."

분뇨구덩이에 빠진 사람의 비유

9. "태수여, 그렇다면 이제 비유를 하나 들겠습니다. 이 비유를 통해서 여기서 어떤 지혜로운 사람들은 [내가 하려는] 말의 뜻을 잘 이해할 것입니다.

태수여, 예를 들면 어떤 사람이 분뇨구덩이에 머리까지 온통 빠졌다고 합시다. 이제 그대가 사람들에게 '여봐라, 저 사람을 저 분뇨구덩이에서 끄집어내어라.'고 명령을 한다 합시다. 그들은 '잘 알겠습니다.'라고 대답한 뒤 그 사람을 그 분뇨구덩이에서 끄집어낼 것입니다.

그러면 그대는 '여봐라, 그 사람의 몸을 대나무로 된 흙손으로 분뇨를 잘 문질러내어라.'고 말할 것이고 그들은 '잘 알겠습니다.'라고 대답한 뒤 그 사람을 대나무로 된 흙손으로 분뇨를 잘 문질러낼 것입니다.

그러면 그대는 '여봐라, 이제 그 사람의 몸을 황토 반죽으로 세 번을 잘 씻어주어라.'고 말할 것이고 그들은 '잘 알겠습니다.'라고 대답한 뒤 그 사람의 몸을 황토 반죽으로 세 번을 잘 씻어줄 것입니다.

그러면 그대는 '여봐라, 이제 그 사람에게 기름을 바르고 좋은 목욕가루로 세 번을 잘 씻어주어라.'고 말할 것이고 그들은 '잘 알겠습니다.'라고 대답한 뒤 그 사람에게 기름을 바르고 좋은 목욕가루로 세 번을 잘 씻어줄 것입니다.

그러면 그대는 '여봐라, 이제 그 사람의 머리와 수염을 잘 빗어주어라.'고 말할 것이고 그들은 '잘 알겠습니다.'라고 대답한 뒤 그 사람의 머리와 수염을 잘 빗어줄 것입니다.

그러면 그대는 '여봐라, 이제 그 사람에게 좋은 화환과 좋은 연고와 좋은 옷을 입혀주어라.'라고 말할 것이고 그들은 '잘 알겠습니다.'라고 대답한 뒤 그 사람에게 좋은 화환과 좋은 연고와 좋은 옷을 입혀줄 것입니다.

그러면 그대는 '여봐라, 이제 그 사람을 궁전에 오르게 하여 다섯 가닥의 감각적 욕망을 누리게 하라.'고 말할 것이고 그들은 '잘 알겠습니다.'라고 대답한 뒤 그 사람을 궁전에 오르게 하여 다섯 가닥의 감각적 욕망을 누리게 할 것입니다.

태수여, 이를 어떻게 생각합니까? 이처럼 목욕을 잘 하고 기름을 잘 바르고 머리털과 수염을 잘 빗고 화환으로 잘 치장을 하고 흰 옷을 잘 차려입고 멋진 궁전 위로 올라가서 다섯 가닥의 감각적 욕망이 가져다 주고 부여하는 것을 즐기는 그 사람에게 다시 그 분뇨구덩이로 떨어지려는 희망이 있겠습니까?"

"아닙니다, 깟사빠 존자시여."

"그것은 무슨 이유 때문입니까?"

"깟사빠 존자시여, 분뇨구덩이는 더럽습니다. 더러울 뿐만 아니라 더럽다고 알려졌고, 더러운 냄새가 나고 더러운 냄새가 난다고 알려졌고, 혐오스럽고 혐오스럽다고 알려졌고, 역겹고 역겹다고 알려졌기 때문입니다."

"태수여, 그와 마찬가지로 인간들은 신들에게는 더러울 뿐만 아니라 더럽다고 알려졌고, 더러운 냄새가 나고 더러운 냄새가 난다고 알려졌고, 혐오스럽고 혐오스럽다고 알려졌고, 역겹고 역겹다고 알려졌습니다. 태수여, 인간의 냄새는 백 요자나 밖에 있는 신들을 성가시게 합니다.

그대의 친구·동료와 일가친척들은 생명을 죽이는 것을 금하고, 주지 않은 것을 가지는 것을 금하고, 삿된 음행을 하는 것을 금하고, 거짓말을 하는 것을 금하고, 중상모략을 하는 것을 금하고, 욕설을 하는 것을 금하고, 잡담을 하는 것을 금하고, 탐욕이 없고, 악의에 찬 마음을 가지지 않고, 바른 견해를 가져서 몸이 무너져 죽은 뒤에 좋은 세계[善處], 하늘 세계[天界]에 태어났습니다.

그런 그들이 무엇 때문에 그대에게 돌아와서 '이런 [이유로] 저 세상이란 존재합니다. 화생하는 중생도 존재합니다. 선행과 악행의 업들에 대한 열매도 과보도 존재합니다.'라고 알려주겠습니까?

태수여, 이러한 방법을 통해서도 '이런 [이유로] 저 세상이란 존재한다. 화생하는 중생도 존재한다. 선행과 악행의 업들에 대한 열매도 과보도 존재한다.'라고 이렇게 말해야 합니다."

10. "깟사빠 존자께서 무어라 말씀하셔도 저는 '이런 [이유로] 저 세상도 없고 화생하는 중생도 없고 선행과 악행의 업들에 대한 열매도 과보도 없다.'라고 생각합니다."

"태수여, 그러면 그대는 '이런 [이유로] 저 세상도 없고 화생하는 중생도 없고 선행과 악행의 업들에 대한 열매도 과보도 없다.'라는 것을 [입증할] 어떤 방법이 있습니까?"

"깟사빠 존자여, 제게는 '이런 [이유로] 저 세상도 없고 화생하는 중생도 없고 선행과 악행의 업들에 대한 열매도 과보도 없다.'라는 것을 [입증할] 어떤 방법이 있습니다."

"태수여, 그것은 어떤 것과 같습니까?"

"깟사빠 존자여, 여기 제게는 친구·동료와 일가친척들이 있는데 그들은 생명을 죽이는 것을 금하고, 주지 않은 것을 가지는 것을 금하고, 삿된 음행을 하는 것을 금하고, 거짓말을 하는 것을 금하고, 방일하는 근본이 되는 술과 중독성 물질을 금하였습니다.675) 그들은 나중에 중병에 걸려 아픔과 고통에 시달립니다. 저는 '이제 이들은 이 중병으로부터 일어나지 못하겠구나.'라고 알게 되었을 때 그들에게 다가가서 이렇게 말했습니다.

'존자들이여, 어떤 사문·바라문들은 '생명을 죽이는 것을 금하고, 주지 않은 것을 가지는 것을 금하고, 삿된 음행을 하는 것을 금하고, 거짓말을 하는 것을 금하고, 방일하는 근본이 되는 술과 중독성 물질을 금한 자들은 몸이 무너져 죽은 뒤에 좋은 세계[善處], 하늘 세계[天界]에 태어나서 삼십삼천의 신들의 동료가 된다.'라는 이런 주장과 이런 견해를 가지고 있습니다.

존자들은 참으로 생명을 죽이는 것을 금하고, 주지 않은 것을 가지는 것을 금하고, 삿된 음행을 하는 것을 금하고, 거짓말을 하는 것을 금하고, 방일하는 근본이 되는 술과 중독성 물질을 금했습니다. 만일 저 사문·바라문 존자님들의 말이 사실이라면 존자들은 몸이 무너져 죽은 뒤에 좋은 세계[善處], 하늘 세계[天界]에 태어나서 삼십삼천의 신들의 동료가 될 것입니다.

존자들이여, 만일 그대들이 몸이 무너져 죽은 뒤에 좋은 세계[善處], 하늘 세계[天界]에 태어나서 삼십삼천의 신들의 동료가 되면 나에게 와서 '이런 [이유로] 저 세상이란 존재합니다. 화생하는 중생도 존재합니다. 선행과 악행의 업들에 대한 열매도 과보도 존재합니다.'라고

---

675) 여기서는 앞의 10선업도 혹은 10불선업도 대신에 5계가 나타나고 있다.

알려주시오. 존자들은 내가 믿을 만하고 의지할 만한 사람들이니 존자들이 본 것은 내가 직접 본 것과 다름이 없을 것입니다.'라고.

그들은 제게 '좋습니다.'라고 대답하고 [죽었지만] 아직 아무도 와서 알려주지 않았고 전령도 보내지 않았습니다.

깟사빠 존자시여, 이것도 제가 '이런 [이유로] 저 세상도 없고 화생하는 중생도 없고 선행과 악행의 업들에 대한 열매도 과보도 없다.'라는 것을 [입증하는] 방법입니다."

삼십삼천의 신들의 비유

11-1. "태수여, 그렇다면 이제 여기에 대해서 내가 그대에게 되물어 보리니 그대가 옳다고 생각하는 대로 설명해 보시오.

태수여, 인간의 백 년은 삼십삼천의 신들에게는 하루 낮과 밤에 해당합니다. 그러한 밤으로 30밤이 한 달이고 그런 달로 12달이 일 년이고 그러한 년으로 천상의 천 년이 삼십삼천의 신들의 수명입니다.

그런데 여기 그대의 친구·동료와 일가친척들은 생명을 죽이는 것을 금하고, 주지 않은 것을 가지는 것을 금하고, 삿된 음행을 하는 것을 금하고, 거짓말을 하는 것을 금하고, 방일하는 근본이 되는 술과 중독성 물질을 금하여 몸이 무너져 죽은 뒤에 좋은 세계[善處], 하늘 세계[天界]에 태어나서 삼십삼천의 신들의 동료가 됩니다.

그런데 만일 그들에게 '우리는 이틀이나 사흘을 하늘나라의 다섯 가닥의 감각적 욕망이 가져다 주고 부여하는 것을 즐깁시다. 그런 뒤에 우리는 빠야시 태수에게 가서 '이런 [이유로] 저 세상이란 존재합니다. 화생하는 중생도 존재합니다. 선행과 악행의 업들에 대한 열매도 과보도 존재합니다.'라고 알려줍시다.'라는 생각이 든다 합시다.

그러면 그들이 그대에게 와서 '이런 [이유로] 저 세상이란 존재합니다. 화생하는 중생도 존재합니다. 선행과 악행의 업들에 대한 열매도 과보도 존재합니다.'라고 알려줄 수 있겠습니까?"

"그렇지 않습니다, 깟사빠 존자시여. 깟사빠 존자시여, 그렇게 되면 우리는 이미 죽은 지 오래 되었을 것입니다.

그런데 누가 깟사빠 존자에게 '삼십삼천의 신들은 존재한다.'라거나 '삼십삼천의 신들은 이러한 긴 수명을 가졌다.'라고 알려주었습니까? 저는 깟사빠 존자가 '삼십삼천의 신들은 존재한다.'라거나 '삼십삼천의 신들은 이러한 긴 수명을 가졌다.'라고 하는 것을 믿지 않습니다."

선천적으로 눈이 먼 사람의 비유

11-2. "태수여, 예를 들면 선천적으로 눈이 먼 사람은 검거나 흰 색깔들을 보지 못하고 푸른색도 보지 못하고 노란색도 보지 못하고 붉은색도 보지 못하고 심홍색도 보지 못합니다. 고르고 울퉁불퉁한 것도 보지 못하고 별들도 보지 못하고 달과 태양도 보지 못합니다.

그래서 그는 말할 것입니다. '검거나 흰 색깔은 없고 검거나 흰색을 보는 자도 없다. 푸른색도 없고 푸른색을 보는 자도 없으며, 노란색도 없고 노란색을 보는 자도 없으며, 붉은색도 없고 붉은색을 보는 자도 없으며, 심홍색도 없고 심홍색을 보는 자도 없다. 고르고 울퉁불퉁한 것도 없고 고르고 울퉁불퉁한 것을 보는 자도 없으며, 별들도 없고 별들을 보는 자도 없으며, 달과 태양도 없고 달과 태양을 보는 자도 없다. 나는 이런 것을 알지 못하고 나는 이런 것을 보지 못한다. 그러므로 그런 것은 결코 존재하지 않는다.'라고.

태수여, 이렇게 말하는 자는 바르게 말한 것입니까?"

"깟사빠 존자시여, 그렇지 않습니다. 검거나 흰 색깔은 있고 검거나 흰색을 보는 자도 있습니다. 푸른색도 있고 푸른색을 보는 자도 있으며 … 달과 태양도 있고 달과 태양을 보는 자도 있습니다. 깟사빠 존자시여, '나는 이런 것을 알지 못하고 나는 이런 것을 보지 못한다. 그러므로 그런 것은 결코 존재하지 않는다.'라고 이렇게 말하는 자는 결코 바르게 말한 것이 아닙니다."

"태수여, 참으로 이와 같습니다. 그대는 나에게 말하기를 '그런데 누가 깟사빠 존자에게 '삼십삼천의 신들은 존재한다.'라거나 '삼십삼천의 신들은 이러한 긴 수명을 가졌다.'라고 알려주었습니까? 저는 깟사빠 존자가 '삼십삼천의 신들은 존재한다.'라거나 '삼십삼천의 신들은 이러한 긴 수명을 가졌다.'라고 하는 것을 믿지 않습니다.'라고 하였습니다. 이것은 바로 이러한 선천적으로 눈먼 사람의 비유와 같다고 생각합니다.

태수여, 저 세상은 그대가 생각하듯이 이러한 육체적인 눈[肉眼]으로는 결코 볼 수 없습니다. 태수여, 숲이나 밀림676) 속에 있는 조용하고 소리가 없고 한적하고 사람들로부터 멀고 한거하기에 좋은 외딴 처소들을 의지하는 사문·바라문들은 거기서 방일하지 않고 근면하고 스스로 독려하며 머물면서 하늘눈[天眼]을 청정하게 합니다. 그들은 인간의 능력을 넘어선 청정한 하늘눈[天眼]으로 이 세상도 보고 저 세상도 보고 화현하는 중생들도 봅니다. 태수여, 이와 같이 하여 저 세상을 보게 됩니다. 그대가 생각하듯이 이러한 육체적인 눈으로 [보는 것이] 아닙니다.

---

676) 본서 전체에서 숲은 araññā의 역어이고 밀림은 vanapattha의 역어이다.

태수여, 이러한 방법을 통해서 '이런 [이유로] 저 세상이란 존재한다. 화생하는 중생도 존재한다. 선행과 악행의 업들에 대한 열매도 과보도 존재한다.'라고 이렇게 말해야 합니다."

12. "깟사빠 존자께서 무어라 말씀하셔도 저는 '이런 [이유로] 저 세상도 없고 화생하는 중생도 없고 선행과 악행의 업들에 대한 열매도 과보도 없다.'라고 생각합니다."

"태수여, 그러면 그대는 '이런 [이유로] 저 세상도 없고 화생하는 중생도 없고 선행과 악행의 업들에 대한 열매도 과보도 없다.'라는 것을 [입증할] 어떤 방법이 있습니까?"

"깟사빠 존자여, 제게는 '이런 [이유로] 저 세상도 없고 화생하는 중생도 없고 선행과 악행의 업들에 대한 열매도 과보도 없다.'라는 것을 [입증할] 어떤 방법이 있습니다."

"태수여, 그것은 어떤 것과 같습니까?"

"깟사빠 존자시여, 여기서 저는 계를 갖추고 유익한 법을 지닌 사문·바라문들이 살기를 바라고 죽기를 바라지 않으며 행복을 바라고 괴로움을 혐오하는 것을 봅니다. 깟사빠 존자시여, 그런 제게는 이런 생각이 듭니다. 만일 계를 갖추고 유익한 법을 지닌 이 사문·바라문 존자들이 '우리는 여기서 죽어서 더 좋게 될 것이다.'라고 이와 같이 안다면 계를 갖추고 유익한 법을 지닌 이 사문·바라문 존자들은 독약을 먹을 것이고, 칼로 자결을 할 것이며, 목을 매달아서 죽을 것이고, 낭떠러지에서 떨어질 것입니다.

그러나 계를 갖추고 유익한 법을 지닌 이 사문·바라문 존자들이 '우리는 여기서 죽어서 더 좋게 될 것이다.'라고 이와 같이 알지 않기 때문에 계를 갖추고 유익한 법을 지닌 사문·바라문들은 살기를 바라고 죽기를 바라지 않으며 행복을 바라고 괴로움을 혐오하여 자살을 하지 않는 것입니다.

깟사빠 존자시여, 이것도 제가 '이런 [이유로] 저 세상도 없고 화생하는 중생도 없고 선행과 악행의 업들에 대한 열매도 과보도 없다.'라는 것을 [입증하는] 방법입니다."

임산부의 비유

13. "태수여, 그렇다면 이제 비유를 하나 들겠습니다. 이 비유를 통해서 여기서 어떤 지혜로운 사람들은 [내가 하려는] 말의 뜻을 잘 이해할 것입니다.

태수여, 옛날에 어떤 바라문에게 두 명의 아내가 있었습니다. 한 아내에게는 아들이 있었는데 열 살 내지 열두 살 정도가 되었고 다른 아내는 임신 중이었습니다. 그때 그 바라문이 임종을 하였습니다.

그러자 그 동자는 작은 어머니에게 말하기를 '여보세요, 이 재산과 재물과 금과 은은 모두 제 것입니다. 여기에 당신 것은 아무 것도 없습니다. 여인이여, 아버님이 제게 유산으로 물려주셨습니다.'라고 하였습니다. 이렇게 말하자 그 바라문 여인은 그 동자에게 '얘야, 내가 출산을 할 때까지만 기다려다오. 만일 사내아이면 한 부분은 그의 몫이 될 것이다. 만일 여자아이면 그 애는 너의 소유물이 될 것이다.'라고 대답하였습니다.

두 번째로 그 동자는 작은 어머니에게 말하기를 '여보세요, 이 재산과 재물과 금과 은은 모두 제 것입니다. 여기에 당신 것은 아무 것도 없습니다. 여인이여, 아버님이 제게 유산으로 물려주셨습니다.'라고 하였습니다. 이렇게 말하자 그 바라문 여인은 그 동자에게 '얘야,

내가 출산을 할 때까지만 기다려다오. 만일 사내아이면 한 부분은 그의 몫이 될 것이다. 만일 여자아이면 그 애는 너의 소유물이 될 것이다.'라고 대답하였습니다.

세 번째로 그 동자는 작은 어머니에게 말하기를 '여보세요, 이 재산과 재물과 금과 은은 모두 제 것입니다. 여기에 당신 것은 아무 것도 없습니다. 여인이여, 아버님이 제게 유산으로 물려주셨습니다.'라고 하였습니다. 이렇게 말하자 그 바라문 여인은 칼을 가지고 방으로 들어가서 '사내아이인지 여자아이인지 알아보리라.'면서 배를 갈랐습니다. 그 여인은 자신의 목숨과 태아와 재산을 모두 다 잃었습니다.

태수여, 어리석고 영민하지 못한 자들이 지혜롭지 못하게 유산을 추구하여 재앙을 자초하는 것처럼, 그와 마찬가지로 그대도 어리석고 영민하지 못하여 지혜롭지 못하게 저 세상을 추구하여 재앙을 자초하고 있습니다. 예를 들면 저 어리석고 영민하지 못한 바라문 여인이 지혜롭지 못하게 유산을 추구하여 재앙을 자초하는 것과 같습니다.

태수여, 계를 갖추고 유익한 법을 지닌 사문·바라문들은 아직 익지 않은 것을 설익게 하지 않습니다. 그들은 익기를 기다립니다. 태수여, 계를 갖추고 유익한 법을 지닌 사문·바라문들이 삶을 영위하는 것은 참으로 현명합니다. 태수여, 계를 갖추고 유익한 법을 지닌 사문·바라문들이 오랜 세월을 머무르면 머무를수록 그들은 많은 사람의 이익을 위하고, 많은 사람의 행복을 위하고, 세상을 연민하고, 신과 인간의 이상과 이익과 행복을 위하여 많은 공덕을 쌓습니다.

태수여, 이러한 방법을 통해서 '이런 [이유로] 저 세상이란 존재한다. 화생하는 중생도 존재한다. 선행과 악행의 업들에 대한 열매도 과보도 존재한다.'라고 이렇게 말해야 합니다."

14. "깟사빠 존자께서 무어라 말씀하셔도 저는 '이런 [이유로] 저 세상도 없고 화생하는 중생도 없고 선행과 악행의 업들에 대한 열매도 과보도 없다.'라고 생각합니다."

"태수여, 그러면 그대는 '이런 [이유로] 저 세상도 없고 화생하는 중생도 없고 선행과 악행의 업들에 대한 열매도 과보도 없다.'라는 것을 [입증할] 어떤 방법이 있습니까?"

"깟사빠 존자여, 제게는 '이런 [이유로] 저 세상도 없고 화생하는 중생도 없고 선행과 악행의 업들에 대한 열매도 과보도 없다.'라는 것을 [입증할] 어떤 방법이 있습니다."

"태수여, 그것은 어떤 것과 같습니까?"

"깟사빠 존자시여, 여기 저의 사람들이 범죄를 저지른 도둑을 붙잡아 '존자시여, 이 자는 범죄를 저지른 도둑입니다. 태수님이 원하시는 처벌을 내리십시오.'라고 하면서 대령합니다. 그러면 저는 '여봐라, 그렇다면 이 사람을 산 채로 항아리에다 넣고 입구를 막고 젖은 가죽으로 봉한 뒤 젖은 흙으로 두껍게 발라서 화덕 위에 놓고 불을 때어라.'고 말합니다. 그러면 그들은 '잘 알겠습니다.'라고 대답한 뒤 그 사람을 산 채로 항아리에다 넣고 입구를 막고 젖은 가죽으로 봉한 뒤 젖은 흙으로 두껍게 발라서 화덕 위에 놓고 불을 땝니다.

저는 '저 사람은 죽었다.'라고 알 때 그 항아리를 내려서 흙을 떼어내고 입구를 열어 '참으로 목숨이 빠져나가나 보자.'라면서 조심스럽게 살펴봅니다. 그러나 우리는 그의 목숨이 빠져나가는 것을 보지 못합니다.

깟사빠 존자시여, 이것도 제가 '이런 [이유로] 저 세상도 없고 화생하는 중생도 없고 선행과 악행의 업들에 대한 열매도 과보도 없다.'

라는 것을 [입증하는] 방법입니다."

꿈의 비유

15. "태수여, 그렇다면 이제 여기에 대해서 내가 그대에게 되물어 보리니 그대가 옳다고 생각하는 대로 설명해 보시오.

태수여, 그대는 낮잠을 잘 때 꿈에서 아름다운 원림과 아름다운 숲과 아름다운 땅과 아름다운 호수를 본 것을 기억합니까?"

"깟사빠 존자시여, 저는 낮잠을 잘 때 꿈에서 아름다운 원림과 아름다운 숲과 아름다운 땅과 아름다운 호수를 본 것을 기억합니다."

"그때에 곱추들과 난장이들과 소녀들과 동녀(童女)들이 그대를 [위험에서] 지키고 있지 않습니까?"677)

"깟사빠 존자시여, 그때에 곱추들과 난장이들과 소녀들과 동녀들이 저를 지키고 있습니다."

"그러면 그들은 그대의 목숨이 들어오고 나가는 것을 봅니까?"

"그렇지 않습니다, 깟사빠 존자시여."

"태수여, 참으로 살아 있는 자들이 살아 있는 그대의 목숨이 들어오고 나가는 것도 보지 못하는데, 하물며 그대는 죽은 자의 목숨이 들어오고 나가는 것을 보려합니까?

태수여, 이러한 방법을 통해서도 '이런 [이유로] 저 세상이란 존재한다. 화생하는 중생도 존재한다. 선행과 악행의 업들에 대한 열매도 과보도 존재한다.'라고 이렇게 말해야 합니다."

---

677) 이를 통해서 옛적에 왕이나 태수들에게는 이런 자들이 시동(侍童)으로 있었음을 알 수 있다.

16. "깟사빠 존자께서 무어라 말씀하셔도 저는 '이런 [이유로] 저 세상도 없고 화생하는 중생도 없고 선행과 악행의 업들에 대한 열매도 과보도 없다.'라고 생각합니다."

"태수여, 그러면 그대는 '이런 [이유로] 저 세상도 없고 화생하는 중생도 없고 선행과 악행의 업들에 대한 열매도 과보도 없다.'라는 것을 [입증할] 어떤 방법이 있습니까?"

"깟사빠 존자여, 제게는 '이런 [이유로] 저 세상도 없고 화생하는 중생도 없고 선행과 악행의 업들에 대한 열매도 과보도 없다.'라는 것을 [입증할] 어떤 방법이 있습니다."

"태수여, 그것은 어떤 것과 같습니까?"

"깟사빠 존자시여, 여기 저의 사람들이 범죄를 저지른 도둑을 붙잡아 '존자시여, 이 자는 범죄를 저지른 도둑입니다. 태수님이 원하시는 처벌을 내리십시오.'라고 하면서 대령합니다. 그러면 저는 '여봐라, 그렇다면 이 사람을 산 채로 저울에 올려놓고 달아본 뒤 숨을 못 쉬게 죽인 다음 다시 저울에 올려놓고 달아라.'고 말합니다. 그러면 그들은 '잘 알겠습니다.'라고 대답한 뒤 그 사람을 산 채로 저울에 올려놓고 달아본 뒤 숨을 못 쉬게 죽인 다음 다시 저울에 올려놓고 달아봅니다.

그러면 그가 살아 있을 때는 더 가볍고 더 부드럽고 더 유연하지만 죽었을 때는 더 무겁고 더 뻣뻣하고 더 유연하지 못합니다.

깟사빠 존자시여, 이것도 제가 '이런 [이유로] 저 세상도 없고 화생하는 중생도 없고 선행과 악행의 업들에 대한 열매도 과보도 없다.'라는 것을 [입증하는] 방법입니다."

달구어진 철환의 비유

17. "태수여, 그렇다면 이제 비유를 하나 들겠습니다. 이 비유를 통해서 여기서 어떤 지혜로운 사람들은 [내가 하려는] 말의 뜻을 잘 이해할 것입니다.

태수여, 예를 들면 어떤 사람이 하루 종일 데워지고 달구어지고 불꽃을 튀기고 빛을 내는 철환(鐵丸)을 저울에 놓고 달았다가 나중에 식고 꺼진 것을 다시 저울에 놓고 단다고 합시다. 그러면 어느 때 그것은 더 가볍고 더 부드럽고 더 유연합니까? 하루 종일 데워지고 달구어지고 불꽃을 튀기고 빛을 낼 때입니까, 아니면 식고 꺼졌을 때입니까?"

"깟사빠 존자시여, 하루 종일 데워지고 달구어지고 불꽃을 튀기고 빛을 내는 철환이 불과 함께 하고 바람과 함께 할 때가 더 가볍고 더 부드럽고 더 유연합니다. 식고 꺼져서 불과 함께 하지 않고 바람과 함께 하지 않을 때는 더 무겁고 더 뻣뻣하고 더 유연하지 않습니다."

"태수여, 그와 같이 이 몸도 바람과 함께 하고 온기와 함께 하고 알음알이와 함께 할 때 더 가볍고 더 부드럽고 더 유연합니다. 그러나 이 몸이 바람과 함께 하지 않고 온기와 함께 하지 않고 알음알이와 함께 하지 않을 때는 더 무겁고 더 뻣뻣하고 더 유연하지 않습니다.

태수여, 이러한 방법을 통해서도 '이런 [이유로] 저 세상이란 존재한다. 화생하는 중생도 존재한다. 선행과 악행의 업들에 대한 열매도 과보도 존재한다.'라고 이렇게 말해야 합니다."

18. "깟사빠 존자께서 무어라 말씀하셔도 저는 '이런 [이유로] 저 세상도 없고 화생하는 중생도 없고 선행과 악행의 업들에 대한 열

매도 과보도 없다.'라고 생각합니다."

"태수여, 그러면 그대는 '이런 [이유로] 저 세상도 없고 화생하는 중생도 없고 선행과 악행의 업들에 대한 열매도 과보도 없다.'라는 것을 [입증할] 어떤 방법이 있습니까?"

"깟사빠 존자여, 제게는 '이런 [이유로] 저 세상도 없고 화생하는 중생도 없고 선행과 악행의 업들에 대한 열매도 과보도 없다.'라는 것을 [입증할] 어떤 방법이 있습니다."

"태수여, 그것은 어떤 것과 같습니까?"

"깟사빠 존자시여, 여기 저의 사람들이 범죄를 저지른 도둑을 붙잡아 '존자시여, 이 자는 범죄를 저지른 도둑입니다. 태수님이 원하시는 처벌을 내리십시오.'라고 하면서 대령합니다. 그러면 저는 '여봐라, 그렇다면 피부와 내피와 살점과 근육과 뼈와 골수에 아무런 상처도 내지 말고 이 사람을 죽여라.'고 말합니다. 그러면 그들은 '잘 알겠습니다.'라고 대답한 뒤 그 사람의 피부와 내피와 살점과 근육과 뼈와 골수에 아무런 상처도 내지 않고 그 사람을 죽입니다.

그가 죽어갈 때 나는 이렇게 말합니다. '여봐라, 이제 이 사람을 등을 땅에 대고 눕혀라. 그러면 그의 목숨이 빠져나가는 것을 보게 될 것이다.' 그들은 그 사람을 등을 땅에 대고 눕힙니다. 그러나 저는 목숨이 빠져나가는 것을 결코 보지 못합니다.

그러면 저는 다시 이렇게 말합니다. '여봐라, 이제 저 사람을 엎드려 눕혀라. … 옆구리를 대고 눕혀라 … 다른 쪽 옆구리를 대고 눕혀라 … 바로 세워라 … 거꾸로 세워라 … 손으로 때려보라 … 흙덩이로 때려보라 … 몽둥이로 때려보라 … 칼로 때려보라 … 이리 흔들어보고 저리 흔들어보고 아래로 흔들어보라. 그러면 그의 목숨이 빠져나가는 것을 보게 될 것이다.' 그들은 그 사람을 이리 흔들어보고 저리 흔들어보고 아래로 흔들어봅니다. 그러나 저는 목숨이 빠져나가는 것을 결코 보지 못합니다.

그에게는 그런 눈이 있고 형상들도 있지만 그러한 감각장소를 경험하지 못합니다. 그에게는 그런 귀가 있고 소리들도 있지만 그러한 감각장소를 경험하지 못합니다. 그에게는 그런 코가 있고 냄새들도 있지만 그러한 감각장소를 경험하지 못합니다. 그에게는 그런 혀가 있고 맛들도 있지만 그러한 감각장소를 경험하지 못합니다. 그에게는 그런 몸이 있고 감촉들도 있지만 그러한 감각장소를 경험하지 못합니다.

깟사빠 존자시여, 이것도 제가 '이런 [이유로] 저 세상도 없고 화생하는 중생도 없고 선행과 악행의 업들에 대한 열매도 과보도 없다.'라는 것을 [입증하는] 방법입니다."

고동 부는 비유

19. "태수여, 그렇다면 이제 비유를 하나 들겠습니다. 이 비유를 통해서 여기서 어떤 지혜로운 사람들은 [내가 하려는] 말의 뜻을 잘 이해할 것입니다.

태수여, 옛날에 어떤 고동을 부는 사람이 고동을 가지고 변방으로 갔습니다. 그는 어떤 마을에 가서 마을 한 가운데 서서 세 번 고동을 분 뒤에 고동을 땅에 내려놓고 한 곁에 앉았습니다.

태수여, 그러자 그 변방에 사는 사람들에게 이런 생각이 들었습니다. '여보시오들, 이렇게 아름답고 이렇게 매혹적이고 이렇게 취하게 만들고 이렇게 얽어매고 이렇게 미혹하게 만드는 이 소리는 누가 낸

것인가요?'

그들은 모여들어서 그 고동을 부는 자에게 이렇게 말했습니다. '여보시오, 이렇게 아름답고 이렇게 매혹적이고 이렇게 취하게 만들고 이렇게 얽어매고 이렇게 미혹하게 만드는 이 소리는 누가 낸 것입니까?'

'이것은 고동이라 하는데 이것의 소리가 이렇게 아름답고 이렇게 매혹적이고 이렇게 취하게 만들고 이렇게 얽어매고 이렇게 미혹하게 만듭니다.'

그들은 고동을 땅에 바로 눕히고, 엎드려 눕히고, 옆을 대고 눕히고, 다른 옆을 대고 눕히고, 바로 세우고, 거꾸로 세우고, 손으로 때리고, 흙덩이로 때리고, 몽둥이로 때리고, 칼로 때리고, 이리 흔들어보고 저리 흔들어보고 아래로 흔들어보면서 '고동님이여, 말 좀 해보세요. 고동님이여, 말 좀 해보세요.'라고 하였습니다. 그러나 그 고동은 결코 소리를 내지 않았습니다.

태수여, 그러자 그 고동을 부는 사람에게 이런 생각이 들었습니다. '이 변방에 사는 사람들은 참으로 바보들이로구나. 어떻게 지혜롭지 못하게 고동소리를 찾는가?' 그래서 그는 그들이 보는 앞에서 고동을 쥐고 세 번 고동을 분 뒤 고동을 가지고 떠났습니다.

태수여, 그러자 그 변방에 사는 사람들에게 이런 생각이 들었습니다. '오, 참으로 이 고동이라는 것은 사람이 함께 하고 노력이 함께 하고 바람이 함께 할 때 소리를 내는구나. 그러나 이 고동은 사람이 함께 하지 않고 노력이 함께 하지 않고 바람이 함께 하지 않으면 절대로 소리를 내지 않는구나.'라고.

태수여, 그와 같이 이 몸도 바람과 함께 하고 온기와 함께 하고 알음알이와 함께 할 때는 나아가고 물러나고 서고 앉고 눕고, 눈으로 형상을 보고, 귀로 소리를 듣고, 코로 냄새를 맡고, 혀로 맛을 보고, 몸으로 감촉을 촉감하고, 마노[678]로 법을 압니다. 그러나 이 몸이 바람과 함께 하지 않고 온기와 함께 하지 않고 알음알이와 함께 하지 않을 때는 나아가지도 않고 물러나지도 않고 서지도 않고 앉지도 않고 눕지도 않고, 눈으로 형상을 보지 못하고, 귀로 소리를 듣지 못하고, 코로 냄새를 맡지 못하고, 혀로 맛을 보지 못하고, 몸으로 감촉을 촉감하지 못하고, 마노로 법을 알지 못합니다.

태수여, 이러한 방법을 통해서 '이런 [이유로] 저 세상이란 존재한다. 화생하는 중생도 존재한다. 선행과 악행의 업들에 대한 열매도 과보도 존재한다.'라고 이렇게 말해야 합니다."

20. "깟사빠 존자께서 무어라 말씀하셔도 저는 '이런 [이유로] 저 세상도 없고 화생하는 중생도 없고 선행과 악행의 업들에 대한 열매도 과보도 없다.'라고 생각합니다."

"태수여, 그러면 그대는 '이런 [이유로] 저 세상도 없고 화생하는 중생도 없고 선행과 악행의 업들에 대한 열매도 과보도 없다.'라는 것을 [입증할] 어떤 방법이 있습니까?"

"깟사빠 존자여, 제게는 '이런 [이유로] 저 세상도 없고 화생하는 중생도 없고 선행과 악행의 업들에 대한 열매도 과보도 없다.'라는 것을 [입증할] 어떤 방법이 있습니다."

"태수여, 그것은 어떤 것과 같습니까?"

"깟사빠 존자시여, 여기 저의 사람들이 범죄를 저지른 도둑을 붙

---

678) 마노(mano, 意)에 대해서는 본서 「제석문경」(D21) §2.5의 주해를 참조할 것.

잡아 '존자시여, 이 자는 범죄를 저지른 도둑입니다. 태수님이 원하시는 처벌을 내리십시오.'라고 하면서 대령합니다. 그러면 저는 '여봐라, 그렇다면 그 사람의 피부를 벗겨내어라. 그러면 그의 목숨이 빠져나가는 것을 보게 될 것이다.'라고 말합니다. 그러면 그들은 '잘 알겠습니다.'라고 대답한 뒤 그 사람의 피부를 벗겨 냅니다. 그러나 저는 목숨이 빠져나가는 것을 결코 보지 못합니다.

그러면 저는 다시 이렇게 말합니다. '여봐라, 이제 저 사람의 내피를 벗겨 내어라. … 살점을 잘라내어라. … 근육을 잘라내어라. … 뼈를 잘라내어라. … 골수를 잘라내어라. 그러면 그의 목숨이 빠져나가는 것을 보게 될 것이다.'라고 말합니다. 그러면 그들은 '잘 알겠습니다.'라고 대답한 뒤 그 사람의 골수를 잘라냅니다. 그러나 저는 목숨이 빠져나가는 것을 결코 보지 못합니다.

깟사빠 존자시여, 이것도 제가 '이런 [이유로] 저 세상도 없고 화생하는 중생도 없고 선행과 악행의 업들에 대한 열매도 과보도 없다.'라는 것을 [입증하는] 방법입니다."

불 섬기는 자의 비유

21. "태수여, 그렇다면 이제 비유를 하나 들겠습니다. 이 비유를 통해서 여기서 어떤 지혜로운 사람들은 [내가 하려는] 말의 뜻을 잘 이해할 것입니다.

태수여, 옛날에 불을 섬기는 어떤 자가 헝클어진 머리를 하고 밀림에서 초막을 짓고 살았습니다. 태수여, 그때 [한 무리의] 대상(隊商)이 마을에서 나와 그 헝클어진 머리를 하고 불을 섬기는 자의 토굴 근처에서 하룻밤을 묵고 떠났습니다.

태수여, 그러자 그 엉킨 머리를 하고 불을 섬기는 자에게 '나는 그 대상이 머물던 곳으로 가봐야겠다. 그러면 어떤 쓸모 있는 것이라도 얻을지 모른다.'라는 생각이 들었습니다. 그러자 그 엉킨 머리를 한 불을 섬기는 자는 일찍 일어나서 대상이 머물던 곳으로 갔습니다.

가서는 대상이 머물던 곳에서 아무것도 모른 채 [아직 뒤척이지도 못하고] 반듯하게 누워만 있는 어린 사내애가 버려진 것을 보았습니다. 그 애를 보고서는 '내가 발견한 이 아이를 죽게 내버려두는 것은 적당하지 않다. 그러니 나는 이 아이를 토굴로 데려가서 돌보고 먹이고 키워야겠다.'라는 생각이 들었습니다. 그래서 그 아이를 토굴로 데려가서 돌보고 먹이고 키웠습니다.

그 아이가 열 살 내지 열두 살이 되었을 때 그 엉킨 머리를 하고 불을 섬기는 자는 마을에 해야 할 일이 생겼습니다. 그래서 그 엉킨 머리를 하고 불을 섬기는 자는 아이에게 이렇게 말했습니다. '애야, 나는 마을에 가려고 한다. 그러니 불을 잘 돌보아라. 너는 불이 꺼지게 해서는 안된다. 만일 네가 불을 꺼뜨리거들랑 여기에 도끼가 있고 여기에 장작이 있고 여기에 부시막대가 있다. 그러니 불을 다시 지펴서 잘 돌보아라.'라고. 그 엉킨 머리를 하고 불을 섬기는 자는 이와 같이 가르친 뒤 마을로 떠났습니다. 그러나 그 아이는 노는데 정신이 팔려서 불을 꺼뜨렸습니다. 그러자 아이에게 이런 생각이 들었습니다.

'아버지가 나에게 이렇게 말씀하셨다. '애야, 나는 마을에 가려고 한다. 그러니 불을 잘 돌보아라. 너는 불이 꺼지게 해서는 안된다. 만일 네가 불을 꺼뜨리거들랑 여기에 도끼가 있고 여기에 장작이 있고 여기에 부시막대가 있다. 그러니 불을 다시 지펴서 잘 돌보아라.'라고. 그러니 나는 불을 다시 지펴서 잘 돌보리라.'라고.

그러자 그 아이는 '이제 불을 얻게 될 것이다.'라고 [생각하면서] 부시막대를 도끼로 뼈갰습니다. 그러나 그 애는 결코 불을 얻지 못했습니다. 그러자 그 애는 다시 부시막대를 두 토막으로 자르고 세 토막으로 자르고 네 토막으로 자르고 다섯 토막으로 자르고 열 토막으로 자르고 백 토막으로 자르고 조각조각 내고 조각조각 내어서 절구에 넣고 찧고 절구에 넣고 찧어서는 '이제 불을 얻게 될 것이다.'라고 [생각하면서] 바람에 대고 까불었습니다. 그러나 그는 결코 불을 얻지 못했습니다.

그때 그 엉킨 머리를 하고 불을 섬기는 자가 볼일을 본 뒤 자기 토굴로 돌아왔습니다. 와서는 아이에게 이렇게 말했습니다.

'얘야, 그런데 불이 꺼지게 하지는 않았느냐?'

'아버지, 제가 그만 노는데 정신이 팔려서 불을 꺼뜨렸습니다. 그런 제게 이런 생각이 들었습니다. '아버지가 나에게 이렇게 말씀하셨다. '얘야, 나는 마을에 가려고 한다. 그러니 불을 잘 돌보아라. 너는 불이 꺼지게 해서는 안된다. 만일 네가 불을 꺼뜨리거들랑 여기에 도끼가 있고 여기에 장작이 있고 여기에 부시막대가 있다. 그러니 불을 다시 지펴서 잘 돌보아라.'라고. 그러니 나는 불을 다시 지펴서 잘 돌보리라.'라고. 그래서 저는 '이제 불을 얻게 될 것이다.'라고 [생각하면서] 부시막대를 도끼로 뼈갰습니다. 그러나 저는 결코 불을 얻지 못했습니다. 그러자 저는 다시 부시막대를 두 토막으로 자르고 세 토막으로 자르고 네 토막으로 자르고 다섯 토막으로 자르고 열 토막으로 자르고 백 토막으로 자르고 조각조각 내고 조각조각 내어서 절구에 넣고 찧고 절구에 넣고 찧어서는 '이제 불을 얻게 될 것이다.'라고 [생각하면서] 바람에 대고 까불었습니다. 그러나 저는 결코 불을 얻

지 못했습니다.'

태수여, 그러자 그 엉킨 머리를 한 불을 섬기는 자에게 '이 아이는 참으로 어리석고 영민하지 못하구나. 어떻게 이다지도 지혜롭지 못하게 불을 찾는가?'라는 생각이 들었습니다. 그래서 그는 그 아이가 보는 앞에서 부시막대를 가지고 불을 다시 지펴서 아이에게 이렇게 말했습니다.

'얘야, 이와 같이 불을 지펴야 한단다. 너처럼 어리석고 영민하지 못하여 지혜롭지 못하게 불을 찾아서는 안된다.'라고.

태수여, 이와 마찬가지로 그대도 어리석고 영민하지 못하여 지혜롭지 못하게 저 세상을 추구하고 있습니다. 태수여, 사악한 나쁜 견해를 버리시오. 태수여, 사악한 나쁜 견해를 버리시오. 그대에게 오랜 세월 불행과 괴로움이 있게 하지 마시오."

22. "깟사빠 존자께서 [저를 어리석다고] 말씀하실지라도, 저는 결코 이러한 사악한 나쁜 견해[라 불리는 것]을 버릴 수가 없습니다. 빠세나디 꼬살라 왕과 다른 태수들은 '빠야시 태수는 '이런 [이유로] 저 세상도 없고 화생하는 중생도 없고 선행과 악행의 업들에 대한 열매도 과보도 없다.'라는 주장과 견해를 가졌다.'라고 알고 있습니다.

깟사빠 존자시여, 그런데 제가 사악한 나쁜 견해[라 불린다 해서 그것]을 버리게 되면 제게는 '빠야시 태수는 참으로 어리석고 영민하지 못하여 잘못된 것을 움켜쥐고 있었구나.'라는 이런 말들이 생길 것입니다. 그러니 저는 분노하면서 이것을 고수할 것입니다. 경멸하면서 고수할 것입니다. 앙심을 품고 고수할 것입니다."

두 대상(隊商)의 비유

23. "태수여, 그렇다면 이제 비유를 하나 들겠습니다. 이 비유를 통해서 여기서 어떤 지혜로운 사람들은 [내가 하려는] 말의 뜻을 잘 이해할 것입니다.

태수여, 옛날에 천 대의 수레를 가진 큰 대상(隊商)이 동쪽 지방으로부터 서쪽 지방으로 가고 있었습니다. 그 대상이 가는 곳마다 풀과 땔감과 물과 푸성귀가 즉시에 고갈이 되어버렸습니다. 그 대상에는 두 명의 우두머리가 있었는데 각각 오백 대의 수레를 책임지고 있었습니다.

그러자 두 우두머리에게 이런 생각이 들었습니다. '이 큰 대상은 천 대의 수레를 가지고 있다. 그러니 우리가 가는 곳마다 풀과 땔감과 물과 푸성귀가 즉시에 고갈이 되어버린다. 그러니 이제 우리는 각자가 오백 대의 수레를 맡아서 이 대상을 둘로 나누어야겠다.'라고. 그래서 그들은 각자가 오백 대의 수레를 맡아서 그 대상을 둘로 나누었습니다.

한 대상의 우두머리는 많은 풀과 땔감과 물과 푸성귀를 모아서 떠났습니다. 이삼 일이 지나자 그 대상은 어떤 붉은 눈을 한 검은 사람이 화살통을 메고 수련(睡蓮)으로 화환을 하고 젖은 옷을 입고 젖은 머리털을 하고 흙이 잔뜩 묻은 바퀴를 가진 당나귀 수레를 타고 반대편 길을 오는 것을 보았습니다. 그를 보고 물었습니다.

'여보시오, 어디서 오시오?'
'어떤 지방에서요.'
'어디로 가시오?'
'어떤 지방으로 가오.'

'여보시오, 저 앞의 밀림에는 비가 많이 내렸소?'

'그렇다오. 저 앞의 밀림에는 많은 비가 내렸다오. 그래서 길에도 물이 많고 풀과 땔감과 물도 많다오. 여보시오, 그러니 이전의 풀과 땔감과 물은 다 버리시오. 짐이 가벼우면 수레도 빨리 갈 것이오. 그러니 멍에를 맨 짐승들을 피곤하게 하지 마시오.'

그러자 그 대상의 우두머리는 짐마차꾼들을 불러서 말했습니다.

'여보게들, 이 사람이 말하기를 저 앞의 밀림에는 많은 비가 내려서 길에도 물이 많고 풀과 땔감과 물도 많다고 하오. 그러니 이전의 풀과 땔감과 물은 다 버리라고 하오. 짐이 가벼우면 수레도 빨리 갈 것이니 멍에를 맨 짐승들을 피곤하게 하지 말라고 하오. 여보게들, 그러니 이전의 풀과 땔감과 물은 다 버리고 수레의 짐을 가볍게 해서 갑시다.'

'그렇게 하겠습니다, 주인님.'이라고 그 짐마차꾼들은 대상의 우두머리에게 대답한 뒤 이전의 풀과 땔감과 물은 다 버리고 수레의 짐을 가볍게 해서 갔습니다.

그들은 첫 번째 야영장소에서도 풀과 땔감과 물을 발견하지 못했고 두 번째 … 세 번째 … 네 번째 … 다섯 번째 … 여섯 번째 … 일곱 번째 야영장소에서도 풀과 땔감과 물을 발견하지 못해서 모두 참변을 당했습니다. 그 대상에 있던 사람들과 동물들은 모두 그 비인간인 약카[679]의 먹이가 되었으며 오직 해골만이 남았습니다.

두 번째 대상의 우두머리는 '이제쯤이면 그 대상은 멀리 갔을 것이다.'라고 생각을 하고 많은 풀과 땔감과 물과 푸성귀를 모아서 떠났습니다. 이삼일이 지나자 그 대상은 어떤 붉은 눈을 한 검은 사람이

---

679) 약카(yakkha)는 본서 「대인연경」 (D15) §4의 주해를 참조할 것.

화살통을 메고 수련으로 화환을 하고 젖은 옷을 입고 젖은 머리털을 하고 흙이 잔뜩 묻은 바퀴를 가진 당나귀 수레를 타고 반대편 길을 오는 것을 보았습니다. 그를 보고 물었습니다.

'여보시오, 어디서 오시오?'

'어떤 지방에서요.'

'어디로 가시오?'

'어떤 지방으로 가오.'

'여보시오, 저 앞의 밀림에는 비가 많이 내렸소?'

'그렇다오. 저 앞의 밀림에는 많은 비가 내렸다오. 그래서 길에도 물이 많고 풀과 땔감과 물도 많다오. 여보시오, 그러니 이전의 풀과 땔감과 물은 다 버리시오. 짐이 가벼우면 수레도 빨리 갈 것이오. 그러니 멍에를 맨 짐승들을 피곤하게 하지 마시오.'

그러자 그 대상의 우두머리는 짐마차꾼들을 불러서 말했습니다.

'여보게들, 이 사람이 말하기를 저 앞의 밀림에는 많은 비가 내려서 길에도 물이 많고 풀과 땔감과 물도 많다고 하오. 그러니 이전의 풀과 땔감과 물은 다 버리라고 하오. 짐이 가벼우면 수레도 빨리 갈 것이니 멍에를 맨 짐승들을 피곤하게 하지 말라고 하오. 여보게들, 그러나 이 사람은 우리의 친구도 아니고 일가친척도 아니오. 그러니 어찌 우리가 이것을 믿고 가겠소. 그러니 그대들은 이전의 풀과 땔감과 물을 버리지 마시오.'

'그렇게 하겠습니다, 주인님.'이라고 그 짐마차꾼들은 대상의 우두머리에게 대답한 뒤 수레에 실은 대로 갔습니다.

그들은 첫 번째 야영장소에서도 풀과 땔감과 물을 발견하지 못했고 두 번째 … 세 번째 … 네 번째 … 다섯 번째 … 여섯 번째 … 일곱 번째 야영장소에서도 풀과 땔감과 물을 발견하지 못하였으며 그 [먼저 떠난] 대상이 모두 참변을 당한 것을 보았습니다. 그 대상에 있던 사람들과 동물들은 모두 그 비인간인 약카의 먹이가 되어, 오직 해골만이 남아 있는 것을 보았습니다.

그러자 그 대상의 우두머리는 짐마차꾼들을 불러서 말했습니다.

'여보게들, 그 어리석은 대상의 우두머리를 인도자로 하여 이 대상은 참변을 당했소. 여보게들, 그러니 우리의 대상에서 값나가지 않는 물품은 버리고 이 대상에서 아주 귀중한 물품들은 가지고 갑시다.'

'그렇게 하겠습니다, 주인님.'이라고 그 짐마차꾼들은 대상의 우두머리에게 대답한 뒤 그들의 대상에서 값나가지 않는 물품은 버리고 그 대상에서 아주 귀중한 물품들은 가지고 그 현명한 대상의 우두머리를 인도자로 하여 안전하게 그 밀림을 건넜습니다.

태수여, 그와 마찬가지로 어리석고 영민하지 못하여 지혜롭지 못하게 저 세상을 추구하면 그대도 참변을 당할 것입니다. 이는 마치 저 첫 번째 대상의 우두머리와 같습니다. 그리고 들은 것을 그대로 믿어야 한다고 생각하는 자들도 역시 참변을 당할 것입니다. 이는 마치 저 짐마차꾼들과 같습니다.

태수여, 사악한 나쁜 견해를 버리시오. 태수여, 사악한 나쁜 견해를 버리시오. 그대에게 오랜 세월 불행과 괴로움이 있게 하지 마시오."

24. "깟사빠 존자께서 [저를 어리석다고] 말씀하실지라도, 저는 결코 이러한 사악한 나쁜 견해[라 불리는 것]을 버릴 수가 없습니다. 빠세나디 꼬살라 왕과 다른 태수들은 '빠야시 태수는 '이런 [이유로] 저 세상도 없고 화생하는 중생도 없고 선행과 악행의 업들에 대한 열매도 과보도 없다.'라는 주장과 견해를 가졌다.'라고 알고 있습니다.

깟사빠 존자시여, 그런데 제가 사악한 나쁜 견해[라 불린다 해서 그것]을 버리게 되면 제게는 '빠야시 태수는 참으로 어리석고 영민하지 못하여 잘못된 것을 움켜쥐고 있었구나.'라는 이런 말들이 생길 것입니다. 그러니 저는 분노하면서 이것을 고수할 것입니다. 경멸하면서 고수할 것입니다. 앙심을 품고 고수할 것입니다."

똥을 이고 가는 사람의 비유

25. "태수여, 그렇다면 이제 비유를 하나 들겠습니다. 이 비유를 통해서 여기서 어떤 지혜로운 사람들은 [내가 하려는] 말의 뜻을 잘 이해할 것입니다.

태수여, 옛날에 어떤 돼지를 키우는 사람이 자기 마을을 떠나 다른 마을로 갔습니다. 거기서 마른 똥이 아주 많이 흩어져 있는 것을 보았습니다. 그것을 보고 이런 생각이 들었습니다. '마른 똥이 아주 많이 흩어져 있구나. 이것은 내 돼지들의 밥이다. 그러니 나는 이 마른 똥을 가지고 가야겠다.'

그는 윗옷을 벗어서 마른 똥을 많이 퍼 담아서 꾸러미로 만들어 머리에 이고 갔습니다. 길을 가는 도중에 먹구름이 몰려 큰 비가 내렸습니다. 그는 똥물이 이리 흐르고 저리 흘러서 손톱 끝까지 똥물에 뒤범벅이 되어 똥무더기를 가지고 갔습니다. 사람들이 이런 그를 보고 말했습니다.

'여보시오, 당신은 미친 것이 아니요? 당신은 제 정신이 아닌 것이 아니요? 어떻게 똥물이 이리 흐르고 저리 흘러서 손톱 끝까지 똥물에 뒤범벅이 되어 똥더미를 가지고 간단 말이오?'

'여보시오, 그대들이 미쳤고 그대들이 제 정신이 아닌 것 같소. 이

것은 내 돼지들에게 줄 밥이란 말이요.'

 태수여, 그와 마찬가지로 그대도 똥을 이고 가는 사람과 같은 말을 한다고 생각됩니다. 태수여, 사악한 나쁜 견해를 버리시오. 태수여, 사악한 나쁜 견해를 버리시오. 그대에게 오랜 세월 불행과 괴로움이 있게 하지 마시오."

26. "깟사빠 존자께서 [저를 어리석다고] 말씀하실지라도, 저는 결코 이러한 사악한 나쁜 견해[라 불리는 것]을 버릴 수가 없습니다. 빠세나디 꼬살라 왕과 다른 태수들은 '빠야시 태수는 '이런 [이유로] 저 세상도 없고 화생하는 중생도 없고 선행과 악행의 업들에 대한 열매도 과보도 없다.'라는 주장과 견해를 가졌다.'라고 알고 있습니다.

 깟사빠 존자시여, 그런데 제가 사악한 나쁜 견해[라 불린다 해서 그것]을 버리게 되면 제게는 '빠야시 태수는 참으로 어리석고 영민하지 못하여 잘못된 것을 움켜쥐고 있었구나.'라는 이런 말들이 생길 것입니다. 그러니 저는 분노하면서 이것을 고수할 것입니다. 경멸하면서 고수할 것입니다. 앙심을 품고 고수할 것입니다."

노름꾼의 비유

27. "태수여, 그렇다면 이제 비유를 하나 들겠습니다. 이 비유를 통해서 여기서 어떤 지혜로운 사람들은 [내가 하려는] 말의 뜻을 잘 이해할 것입니다.

 태수여, 옛날에 두 노름꾼이 주사위로 노름을 하였습니다. 첫 번째 노름꾼은 [제일 나쁜] 깔리 패680)가 나올 때마다 그것을 삼켰습니다.

---

680) 인도의 전통적인 노름은 주사위(akkha, die)를 던져서 나오는 패를 가지고 승부를 겨룬다고 한다. 패에는 네 가지가 있다. 가장 좋은 패는 끄르따

두 번째 노름꾼은 그 노름꾼이 깔리 패가 나올 때마다 그것을 삼키는 것을 보고 그 노름꾼에게 이렇게 말했습니다.

'착한 사람아, 그대가 완전히 이겼네. 그러니 나에게 주사위들을 주게. 나는 기도나 올려야겠네.681)'

'착한 자여, 그러시게나.'라고 하면서 그 노름꾼은 두 번째 노름꾼에게 주사위들을 주었습니다.

그러자 두 번째 노름꾼은 주사위에 독을 바른 뒤 첫 번째 노름꾼에게 이렇게 말했습니다.

'이리 오시오, 착한 사람이여. 주사위로 노름을 합시다.'

'그럽시다.'라고 그 노름꾼은 두 번째 노름꾼에게 대답했습니다.

두 번째로 그 노름꾼들은 주사위로 노름을 했습니다. 두 번째도 역시 그 노름꾼은 깔리 패가 나올 때마다 그것을 삼켰습니다. 두 번째 노름꾼은 두 번째에도 그 노름꾼이 깔리 패가 나올 때마다 그것을 삼키는 것을 보고 이렇게 말했습니다.

(kṛta)라고 하며 그 다음은 뜨레따(tretā), 그 다음은 드와빠라(dvāpara)라고 하고 가장 나쁜 패는 깔리(kali)라고 한다. 그래서 인도 문헌 전반에서 깔리(kali)는 '사악함, 불운, 죄악' 등의 의미로도 쓰인다.

인도에서는 일찍부터 이런 네 가지 패를 시대(yuga) 구분에도 적용시켜 부르는데 끄르따 유가(kṛta-yuga)는 참된 시대(satya-yuga)라고도 불리듯이 가장 좋은 시대를 뜻하고 이런 시대는 점점 타락하여 차례대로 뜨레따 유가, 드와빠라 유가가 되고 마침내 가장 나쁜 말세인 깔리 유가(kali-yuga)가 된다고 한다. 힌두 신화에서는 지금 시대를 깔리 유가(말세)라고 설명한다.

681) '기도를 올리다'로 의역한 원어는 pajjohissāmi인데 pra(앞으로) + √dyut(*to light*)의 미래형 동사로 '불을 지피다'라는 뜻이다. 주석서에서는 "헌공하는 일(balikamma)을 할 것이라는 뜻이다."(DA.iii.812)라고 설명하고 있어서 이렇게 의역을 하였다.

'주사위를 삼키는 사람은 모르지만
최고로 타오르는 [독]을 발랐으니,
사악한 노름꾼이여, 삼키고 삼켜보라.
나중에 그대에게 혹독함이 있을 것이로다.'

태수여, 그와 마찬가지로 그대도 노름꾼의 비유와 같은 말을 한다고 생각됩니다. 태수여, 사악한 나쁜 견해를 버리시오. 태수여, 사악한 나쁜 견해를 버리시오. 그대에게 오랜 세월 불행과 괴로움이 있게 하지 마시오."

28. "깟사빠 존자께서 [저를 어리석다고] 말씀하실지라도, 저는 결코 이러한 사악한 나쁜 견해[라 불리는 것]을 버릴 수가 없습니다. 빠세나디 꼬살라 왕과 다른 태수들은 '빠야시 태수는 '이런 [이유로] 저 세상도 없고 화생하는 중생도 없고 선행과 악행의 업들에 대한 열매도 과보도 없다.'라는 주장과 견해를 가졌다.'라고 알고 있습니다.

깟사빠 존자시여, 그런데 제가 사악한 나쁜 견해[라 불린다 해서] 그것을 버리게 되면 제게는 '빠야시 태수는 참으로 어리석고 영민하지 못하여 잘못된 것을 움켜쥐고 있었구나.'라는 이런 말들이 생길 것입니다. 그러니 저는 분노하면서 이것을 고수할 것입니다. 경멸하면서 고수할 것입니다. 앙심을 품고 고수할 것입니다."

삼[麻]을 지고 가는 사람의 비유

29. "태수여, 그렇다면 이제 비유를 하나 들겠습니다. 이 비유를 통해서 여기서 어떤 지혜로운 사람들은 [내가 하려는] 말의 뜻을 잘 이해할 것입니다.

태수여, 옛날에 어떤 지역에 사람들이 거주하게 되었습니다. 그러자 어떤 사람이 그의 동료를 불러서 말했습니다. '이리 오시오, 착한 자여. 우리는 저 지역에 가봅시다. 아마 거기서 어떤 재물을 얻을 수 있을 것이오.' '착한 자여, 그렇게 합시다.'라고 그는 동료에게 대답했습니다.

그들은 그 지역으로 가서 어떤 마을에 들어갔습니다. 그들은 거기서 많은 삼이 흩어져 있는 것을 보았습니다. 그것을 보고 한 동료가 다른 동료를 불러서 말했습니다. '착한 자여, 이렇게 많은 삼이 흩어져 있소. 그러니 그대도 삼[껍질] 꾸러미를 꾸리시오. 나도 삼 꾸러미를 꾸리겠소. 우리 둘이 삼 꾸러미를 꾸려 가지고 갑시다.' '착한 자여, 그렇게 합시다.'라고 한 동료는 다른 동료에게 대답한 뒤 삼 꾸러미를 꾸려서 둘 모두 삼 꾸러미를 가지고 다른 마을로 갔습니다.

거기서 그들은 삼실이 많이 흩어져 있는 것을 봤습니다. 그것을 보고 한 동료가 다른 동료를 불러서 말했습니다. '착한 자여, 이렇게 삼실이 많이 흩어져 있소. 이것은 이 삼[껍질]로 우리가 가지고자 하는 바로 그것이오. 그러니 그대도 삼실 꾸러미를 꾸리시오. 나도 삼실 꾸러미를 꾸리겠소. 우리 둘 다 이 삼실 꾸러미를 꾸려가지고 갑시다.' '착한 자여, 나는 이 삼[껍질] 꾸러미를 멀리서 가지고 왔고 짐은 튼튼하게 잘 꾸려졌다오. 나는 이것으로 충분하오. 그대는 알아서 하시오.' 그러자 처음 동료는 삼[껍질] 꾸러미를 버린 뒤 삼실 꾸러미를 꾸려서 가지고 갔습니다.

그들은 또 다른 마을로 갔습니다. 거기서 그들은 많은 삼베가 흩어져 있는 것을 봤습니다. 그것을 보고 한 동료가 다른 동료를 불러서 말했습니다. '착한 자여, 이렇게 많은 삼베가 흩어져 있소. 이것은 이

삼[껍질]과 삼실에서 우리가 가지고자 하는 바로 그것이오. 그러니 그대도 삼베 꾸러미를 꾸리시오. 나도 삼베 꾸러미를 꾸리겠소. 우리 둘 다 삼베 꾸러미를 꾸려가지고 갑시다.' '착한 자여, 나는 이 삼[껍질] 꾸러미를 멀리서 가지고 왔고 짐은 튼튼하게 잘 꾸려졌다오. 나는 이것으로 충분하오. 그대는 알아서 하시오.' 그러자 처음 동료는 삼실 꾸러미를 버린 뒤 삼베 꾸러미를 꾸려서 가지고 갔습니다.

그들은 또 다른 마을로 갔습니다. 거기서 그들은 아마가 많이 흩어져 있는 것을 봤습니다. … 아마실이 흩어져 있는 것을 봤습니다. … 아마천이 흩어져 있는 것을 봤습니다. … 목화가 흩어져 있는 것을 봤습니다. … 무명실이 흩어져 있는 것을 봤습니다. … 무명이 흩어져 있는 것을 봤습니다. … 철이 흩어져 있는 것을 봤습니다. … 구리가 흩어져 있는 것을 봤습니다. … 주석이 흩어져 있는 것을 봤습니다. … 납이 흩어져 있는 것을 봤습니다. … 은이 흩어져 있는 것을 봤습니다. … 금이 흩어져 있는 것을 봤습니다.

그것을 보고 한 동료가 다른 동료를 불러서 말했습니다. '착한 자여, 이렇게 많은 금이 흩어져 있소. 이것은 이 삼과 삼실과 삼베와 아마와 아마실과 아마천과 목화와 무명실과 무명과 철과 구리와 주석과 납과 은으로 우리가 가지고자 하는 바로 그것이오. 그러니 그대도 금으로 짐을 꾸리시오. 나도 금으로 짐을 꾸리겠소. 우리 둘이 금으로 짐을 꾸려가지고 갑시다.' '착한 자여, 그런데 나는 이 삼으로 꾸린 짐을 멀리서 가지고 왔고 짐은 튼튼하게 잘 꾸려졌다오. 나는 이것으로 충분하오. 그대는 알아서 하시오.' 그러자 처음 동료는 은으로 꾸린 짐을 버린 뒤 금으로 짐을 꾸려서 가지고 갔습니다.

그들은 자신의 마을로 돌아갔습니다. 거기서 삼으로 꾸린 짐을 가지고 간 동료는 그의 부모도 기뻐하지 않았고 처자식들도 기뻐하지 않았고 친구와 동료들도 기뻐하지 않았다. 그 자신도 그것으로 인한 행복과 기쁨을 누리지 못했습니다. 그러나 금으로 꾸린 짐을 가지고 간 동료는 그의 부모도 기뻐하였고 처자식들도 기뻐하였고 친구와 동료들도 기뻐하였다. 그 자신도 그것으로 인한 행복과 기쁨을 누렸습니다.

태수여, 그와 마찬가지로 그대도 삼을 지고 가는 사람과 같은 말을 한다고 생각됩니다. 태수여, 사악한 나쁜 견해를 버리시오. 태수여, 사악한 나쁜 견해를 버리시오. 그대에게 오랜 세월 불행과 괴로움이 있게 하지 마시오."

빠야시 태수의 귀의

30. "저는 깟사빠 존자께서 해 주신 바로 처음의 비유로 마음이 흡족하고 크게 기뻤습니다. 그래도 이러한 여러 가지 뛰어난 답변을 듣고 싶어서 깟사빠 존자께 이의를 제기해야겠다고 생각했습니다.

경이롭습니다, 깟사빠 존자시여. 경이롭습니다, 깟사빠 존자시여. 마치 넘어진 자를 일으켜 세우시듯, 덮여있는 것을 걷어내 보이시듯, [방향을] 잃어버린 자에게 길을 가리켜 주시듯, '눈 있는 자 형상을 보라.'고 어둠 속에서 등불을 비춰 주시듯, 깟사빠 존자께서는 여러 가지 방편으로 법을 설해주셨습니다.

깟사빠 존자시여, 저는 이제 그분 고따마 존자께 귀의하옵고, 법과 비구 승가에 또한 귀의하옵니다. 깟사빠 존자께서는 저를, 오늘부터 목숨이 있는 날까지 귀의한 청신사로 받아 주소서.

깟사빠 존자시여, 그리고 저는 큰 제사를 지내려 하고 있습니다.

깟사빠 존자께서는 제가 오랜 세월 동안 이익을 얻고 행복할 수 있도록 제게 가르침을 주십시오."

제사

31. "태수여, 그 제사를 통해서 소들을 죽이고 염소와 양들을 죽이고 닭과 돼지들을 죽이고 여러 생명들을 살해하며, 아울러 제사에 동참하는 자들도 삿된 견해와 삿된 사유와 삿된 말과 삿된 행위와 삿된 생계와 삿된 정진과 삿된 마음챙김과 삿된 삼매를 가진 자들이라면, 그런 제사는 큰 결실도 없고 큰 이익도 없고 큰 광채도 없고 크게 빛나지도 않습니다.

태수여, 예를 들면 농부가 씨앗과 쟁기를682) 가지고 숲으로 들어간다고 합시다. 그는 거기서 그루터기와 가시덤불이 제거되지 않았으며 경작되지 않은 나쁜 땅에 씨앗을 뿌리긴 했지만 훼손되고 썩고 바람과 햇빛에 손상되고 상하고 [뿌리를] 잘 내리지 못하고 마침 비도 제때에 내리지 않았다고 합시다. 그런데도 그 농부는 그 씨앗들이 자라고 증장하고 충만하게 되어 많은 결실을 얻을 수 있겠습니까?"

"그렇지 않습니다, 깟사빠 존자시여."

"태수여, 그와 마찬가지로 그 제사를 통해서 소들을 죽이고 염소와 양들을 죽이고 닭과 돼지들을 죽이고 여러 생명들을 살해하며, 아울러 제사에 동참하는 자들도 삿된 견해와 삿된 사유와 삿된 말과 삿된 행위와 삿된 생계와 삿된 정진과 삿된 마음챙김과 삿된 삼매를 가진 자들이라면, 그런 제사는 큰 결실도 없고 큰 이익도 없고 큰 광채

---

682) '씨앗과 쟁기'로 옮긴 원어는 bījanaṅgala라는 합성어이다. 주석서에서 bījañ ca naṅgalañ ca(씨앗과 쟁기)로 드완드와(병렬) 합성어로 분해하고 있어서(DA.iii.813) 이렇게 옮겼다.

도 없고 크게 빛나지도 않습니다.

태수여, 그러나 그 제사를 통해서 소들을 죽이지 않고 염소와 양들을 죽이지 않고 닭과 돼지들을 죽이지 않고 여러 생명들을 살해하지 않으며, 아울러 제사에 동참하는 자들도 바른 견해와 바른 사유와 바른 말과 바른 행위와 바른 생계와 바른 정진과 바른 마음챙김과 바른 삼매를 가진 자들이라면, 그런 제사는 큰 결실이 있고 큰 이익이 있고 큰 광채가 있고 크게 빛납니다.

태수여, 예를 들면 농부가 씨앗과 쟁기를 가지고 숲으로 들어간다고 합시다. 그는 거기서 그루터기와 가시덤불이 잘 제거되었으며 잘 경작된 좋은 땅에 씨앗을 뿌려서 그것이 훼손되지 않고 썩지 않고 바람과 햇빛에 손상되지 않고 상하지 않고 [뿌리를] 잘 내리고 마침 비도 제때에 내린다고 합시다. 그러면 그 농부는 그 씨앗들이 자라고 증장하고 충만하게 되어 많은 결실을 얻을 수 있겠습니까?"

"그렇습니다, 깟사빠 존자시여."

"태수여, 그와 마찬가지로 그 제사를 통해서 소들을 죽이지 않고 염소와 양들을 죽이지 않고 닭과 돼지들을 죽이지 않고 여러 생명들을 살해하지 않으며, 아울러 제사에 동참하는 자들도 바른 견해와 바른 사유와 바른 말과 바른 행위와 바른 생계와 바른 정진과 바른 마음챙김과 바른 삼매를 가진 자들이라면, 그런 제사는 큰 결실이 있고 큰 이익이 있고 큰 광채가 있고 크게 빛납니다."

웃따라 바라문 학도의 일화

32. 그러자 빠야시 태수는 사문, 바라문, 탄원자, 여행자, 가난한 자, 거지들에게 보시를 베푸는 곳을 개설하게 하였다. 그런데 그 보

시를 통해서 그는 시큼한 죽과 함께 싸라기 쌀로 만든 음식과 가장자리에 덩어리가 엉겨 붙은 거친 옷감을 베풀게 하였다. 그 보시를 베풀 때 웃따라라는 바라문 학도가 책임자로 있었다. 그는 보시를 하면서 이렇게 지적을 하였다.

"이번 보시를 통해서 나는 빠야시 태수와 이생에서는 함께 하지만 저승에서는 함께 하지 않았으면 좋겠다."라고.

빠야시 태수는 '웃따라 바라문 학도가 보시를 하면서 '이번 보시를 통해서 나는 빠야시 태수와 이생에서는 함께 하지만 저승에서는 함께 하지 않았으면 좋겠다.'라고 지적을 한다.'고 들었다. 그러자 빠야시 태수는 웃따라 바라문 학도를 불러서 이렇게 말하였다.

"애야 웃따라야, 그대가 보시를 하면서 '이번 보시를 통해서 나는 빠야시 태수와 이생에서는 함께 하지만 저승에서는 함께 하지 않았으면 좋겠다.'라고 지적을 한 것이 사실이냐?"

"그러합니다, 존자시여."

"애야 웃따라야, 그러면 왜 그대는 보시를 하면서 '이번 보시를 통해서 나는 빠야시 태수와 이생에서는 함께 하지만 저승에서는 함께 하지 않았으면 좋겠다.'라고 지적을 하였느냐? 애야 웃따라야, 우리는 공덕을 원하는 자이고 보시의 결실을 바라고 있지 않느냐?"

"존자님은 보시를 통해서 시큼한 죽과 함께 싸라기 쌀로 만든 음식을 베풀었습니다. 그러나 존자께서는 그런 것을 발에 닿는 것조차 꺼릴텐데 어떻게 먹겠습니까? 그리고 존자님은 보시를 통해서 가장자리에 덩어리가 엉겨 붙은 거친 옷감을 베풀었습니다. 그러나 존자께서는 그런 것이 발에 닿는 것조차 꺼릴텐데 어떻게 입겠습니까? 그러나 존자께서는 우리들을 사랑하고 마음에 들어 하십니다. 그런데 어찌 우리가 마음에 들어 하는 분을 마음에 들지 않은 것으로 대응하겠습니까?"

"얘야 웃따라야, 그렇다면 그대는 내가 먹는 음식과 같은 음식을 마련하게 하여라. 그리고 내가 입는 옷과 같은 옷을 마련하게 하여라."

"그렇게 하겠습니다, 존자시여."라고 웃따라 바라문 학도는 빠야시 태수에게 대답한 뒤 빠야시 태수가 먹는 음식과 같은 음식을 마련하고 빠야시 태수가 입는 옷과 같은 옷을 마련하게 하였다.

그때 빠야시 태수는 마지못해서 보시를 베풀고, 자기 손으로 직접 건네지 않고,683) 충분히 배려하지 않고, 내버리듯이 보시를 베푼 뒤, 몸이 무너져 죽은 후에 사대왕천들의 동료로 태어나서 [하잘 것 없는] 텅 빈 세리사까 궁전에 태어났다.

그러나 그 보시에서 책임자로 있던 웃따라라는 바라문 학도는 정성으로 보시를 베풀고, 자기 손으로 직접 보시를 베풀고, 충분히 배려하면서 보시를 베풀고, 소중히 여기면서 보시를 베푼 뒤, 몸이 무너져 죽은 뒤에 좋은 세계[善處], 하늘 세계[天界]에 생겨나서 삼십삼천의 신들의 동료로 태어났다.684)

신의 아들 빠야시

33. 그 무렵에 가왐빠띠685) 존자는 낮 동안의 머묾을 위해서 텅

---

683) 보시는 직접 자기 손으로 건네주는 것을 근본으로 한다. 그래서 지금도 남방에서는 모든 보시물을 보시자가 직접 스님들께 건네준다.

684) 여기서는 보시하는 태도를 두 가지 경우로 대비해서 보이고 있다. 우리 불자들도 새겨서 읽고 바른 보시를 해야 할 것이다.

685) 문자적으로 Gavampati는 소들의(gavam) 주인(pati)이라는 의미이다. 이 존자에 대해서는 다음 주해를 참조할 것.

빈 [천상의] 세리사까 궁전686)으로 가곤하였다. 신의 아들 빠야시687)는 가왐빠띠 존자에게 다가갔다. 가서는 가왐빠띠 존자에게 절을 올린 뒤 한 곁에 섰다. 한 곁에 선 신의 아들 빠야시에게 가왐빠띠 존자는 이렇게 말했다.

"도반이여, 당신은 누구십니까?"

"존자시여, 저는 빠야시 태수입니다."

"도반이여, 참으로 당신은 '이런 [이유로] 저 세상도 없고 화생하는 중생도 없고 선행과 악행의 업들에 대한 열매도 과보도 없다.'라는 이런 견해를 가지고 있지 않았습니까?"

"존자시여, 그렇습니다. 저는 '이런 [이유로] 저 세상도 없고 화생

---

686) 율장에 의하면 가왐빠띠(Gavampati) 존자는 와라나시의 장자의 아들이었으며 야사 존자의 친구로 출가하여 아라한이 되었다고 한다. 그리고 그는 깟사빠 부처님 시대에 어떤 아라한이 땡볕에 앉아 공양을 하는 것을 보고 그의 거처를 마련해 드리고 그 앞에 시리사(sirīsa) 나무를 심었다고 한다. 그 공덕으로 그는 사대왕천에 태어났으며 그의 궁전은 세리사까(Serīsaka)로 불리게 되었다고 한다.(Vin.i.18f.)
한편 본경의 주석서에는 다음과 같이 나타난다.
"가왐빠띠 존자는 옛적에 인간으로 태어났을 때 소치는 자(gopāla)의 장남으로 태어나서 큰 시리사 나무 아래를 깨끗하게 하고 개미집을 제거하여 어떤 탁발하는 장로를 그 나무 아래 앉게 하여 자신이 얻은 음식을 공양하였다. 이런 공덕으로 거기서 죽어서 [신의 아들이 되어] 은으로 된 천상의 궁전(vimāna)에 태어났으며 시리사 나무가 그 천상의 궁전의 문에 서있었다. 그 나무는 50년을 열매를 맺었다. 그러자 '50년이나 흘렀구나.' 하고 신의 아들은 급박함이 생겨서 우리 세존 재세 시에 인간으로 태어나서 스승의 설법을 듣고 아라한이 되었다. 그는 전생의 습관대로 낮 동안의 머묾을 위해서 그 천상의 궁전으로 계속해서 갔다."(DA.iii.814)

687) 원어는 Payāsi-devaputta인데 '빠야시 — 신의 아들'로 직역할 수 있다. 이렇게 옮기면 자칫 '빠야시 신'의 '아들'인 것처럼 읽을 수도 있어서 '신의 아들 빠야시'로 옮겼다. 빠야시 태수가 죽어서 사대왕천의 신으로 태어났기 때문에 이렇게 부르는 것이다.

하는 중생도 없고 선행과 악행의 업들에 대한 열매도 과보도 없다.'라는 이런 주장과 이런 견해를 가지고 있었습니다. 그러나 저는 꾸마라깟사빠 스님을 만나서 그런 사악한 나쁜 견해를 떨쳐버렸습니다."

"도반이여, 그런데 그대가 보시를 베풀 때 책임자로 있었던 웃따라라는 바라문 학도는 지금 어디에 태어났습니까?"

"존자시여, 제가 보시를 베풀 때 책임자로 있었던 웃따라라는 바라문 학도는 정성으로 보시를 베풀고, 자기 손으로 직접 보시를 베풀고, 충분히 배려하면서 보시를 베풀고, 소중히 여기면서 보시를 베푼 뒤, 몸이 무너져 죽은 뒤에 좋은 세계[善處], 하늘 세계[天界]에 생겨나서 삼십삼천의 신들의 동료로 태어났습니다.

존자시여, 그러나 저는 마지못해서 보시를 베풀고, 제 손으로 직접 건네지 않고, 충분히 배려하지 않고, 내버리듯이 보시를 베푼 뒤, 몸이 무너져 죽은 후에 사대천왕들의 동료로 태어나서 이 텅 빈 세리사까 궁전에 태어났습니다.

존자시여, 그러니 인간의 세상에 돌아가시면 이와 같이 전해 주십시오.

'정성으로 보시를 베푸시오. 자기 손으로 직접 보시를 베푸시오. 충분히 배려하면서 보시를 베푸시오. 소중히 여기면서 보시를 베푸시오. 빠야시 태수는 마지못해서 보시를 베풀고, 자기 손으로 직접 건네지 않고, 충분히 배려하지 않고, 내버리듯이 보시를 베푼 뒤, 몸이 무너져 죽은 후에 사대왕천들의 동료로 태어나서 이 텅 빈 세리사까 궁전에 태어났습니다.

그러나 그가 보시를 베풀 때 책임자로 있었던 웃따라라는 바라문 학도는 정성으로 보시를 베풀고, 자기 손으로 직접 보시를 베풀고,

충분히 배려하면서 보시를 베풀고, 소중히 여기면서 보시를 베푼 뒤, 몸이 무너져 죽은 뒤에 좋은 세계[善處], 하늘 세계[天界]에 생겨나서 삼십삼천의 신들의 동료로 태어났습니다.'라고."

맺는 말

34. 그러자 가왐빠띠 존자는 인간 세상에 돌아와서 이와 같이 전했다.

"정성으로 보시를 베푸시오. 자기 손으로 직접 보시를 베푸시오. 충분히 배려하면서 보시를 베푸시오. 소중히 여기면서 보시를 베푸시오. 빠야시 태수는 마지못해서 보시를 베풀고, 자기 손으로 직접 건네지 않고, 충분히 배려하지 않고, 내버리듯이 보시를 베푼 뒤, 몸이 무너져 죽은 후에 사대왕천들의 동료로 태어나서 텅 빈 세리사까 궁전에 태어났습니다.

그러나 그가 보시를 베풀 때 책임자로 있었던 웃따라라는 바라문 학도는 정성으로 보시를 베풀고, 자기 손으로 직접 보시를 베풀고, 충분히 배려하면서 보시를 베풀고, 소중히 여기면서 보시를 베푼 뒤, 몸이 무너져 죽은 뒤에 좋은 세계[善處], 하늘 세계[天界]에 생겨나서 삼십삼천의 신들의 동료로 태어났습니다."

「빠야시 경」이 끝났다.

대품은

대전기경, 대인연경, 대반열반경, 마하수닷사나 경,
자나와사바 경, 마하고윈다 경, 대회경, 제석문경,
대념처경, 빠야시 경을 묶은 것이다.

대품이 끝났다.

역자 · 각묵스님

1957년 밀양생. 1979년 화엄사 도광 스님을 은사로 사미계 수지. 1982년 범어사에서 자운 스님을 계사로 비구계 수지. 7년간 제방 선원에서 안거 후 인도로 유학, 인도 뿌나 대학교(Pune University)에서 10여 년간 산스끄리뜨, 빠알리, 쁘라끄리뜨 수학. 현재 실상사 한주, 대한불교조계종 교육아사리, 초기불전연구원 지도법사.

역·저서로 『금강경 역해』(2001, 12쇄 2023), 『아비담마 길라잡이』(전2권, 대림 스님과 공역, 2002, 12쇄 2016, 전정판 4쇄 2021), 『네 가지 마음챙기는 공부』(2003, 개정판 9쇄 2022), 『상윳따 니까야』(전6권, 2009, 7쇄 2023), 『초기불교 이해』(2010, 9쇄 2024), 『니까야 강독』(I/II, 6쇄 2023), 『담마상가니』(전2권, 2016), 『초기불교 입문』(2017, 4쇄 2023), 『위방가』(전 2권, 2018), 『이띠웃따까』(2020), 『우다나』(2021), 『테리가타』(전3권, 2024), 「간화선과 위빳사나 무엇이 같고 다른가」 『선우도량』제3호, 2003) 외 다수의 논문과 글이 있음.

디가니까야 제2권

2006년 1월 5일 초판 1쇄 인쇄
2025년 10월 20일 초판 8쇄 발행

옮긴이 | 각묵 스님
펴낸이 | 대림스님
펴낸곳 | **초기불전연구원**
　　　　경남 김해시 관동로 27번길 5-79
　　　　전화 (055)321-8579
홈페이지 | http://tipitaka.or.kr
　　　　　http://cafe.daum.net/chobul
이 메 일 | chobulwon@gmail.com
등록번호 | 제13-790호(2002.10.9)
계좌번호 | 국민은행 604801-04-141966 차명희
　　　　　하나은행 205-890015-90404 (구.외환 147-22-00676-4) 차명희
　　　　　농협 053-12-113756 차명희
　　　　　우체국 010579-02-062911 차명희

ISBN 89-91743-03-X 04220
ISBN 89-91743-01-3 (세트)

값 30,000원